I0135539

# CONTRA TODA ESPERANZA
## ARMANDO VALLADARES

El Hombre es el ser maravilloso de la Naturaleza. Torturarlo, destrozarlo, exterminarlo por sus ideas es, más que una violación de los Derechos Humanos, un crimen contra toda la Humanidad.

EL AUTOR

# CONTRA TODA ESPERANZA

## 40 ANIVERSARIO

«Abraham, habiendo esperado contra toda esperanza… no desfalleció en la Fe.» San Pablo, Epístola a los romanos IV, 18, 19.

Copyright © 1985 por Armando Valladares

Prólogo y Edición de Yamil Cuéllar

No se permite la reproducción de este libro sin la autorización del titular de los derechos de autor. Esta restricción se aplica a diversos formatos y medios, incluyendo copias físicas y digitales. Sin embargo, exhortamos un uso parcial de la obra bajo la ley de Fair use (U.S. trademark law) en los Estados Unidos con un fin educativo, académico y sobretodo basado en el interés de divulgar las atrocidades cometidas por el régimen de los Castro hacia el pueblo de Cuba y los prisioneros políticos.

Impreso en los Estados Unidos.
ISBN: 978-0-9908515-3-0

La presente obra ha sido llevada al formato de audiolibro en la voz de Yamil Cuéllar, una lectura dramatizada disponible en la plataforma de SoundCloud y de acceso gratuito. Es muy probable deba registrarse en dicha plataforma antes de escuchar el audio.

Para acceder escanee el código de barra a continuación:

DEDICATORIA

A la memoria de mis compañeros
torturados y asesinados en las
cárceles de Fidel Castro y a los
miles de prisioneros que actualmente
agonizan en ellas.


2025

# Prólogo

Han transcurrido cuarenta años desde la publicación de *Contra toda esperanza*, uno de los testimonios más estremecedores escritos por un preso político en la segunda mitad del siglo XX. Cuatro décadas después, el régimen castrista sigue en el poder, con sus cárceles aún llenas de prisioneros políticos. La única diferencia con respecto a las circunstancias que vivió su autor es que, finalmente, el mundo reconoce la existencia de una dictadura en Cuba. Puede parecer un detalle menor, pero en ese reconocimiento radica la clave para entender la trascendencia del testimonio de Armando Valladares y su influencia en la opinión internacional, especialmente en Europa, marcada por el antes y el después que significó el éxodo del Mariel.

Durante años, la revolución cubana proyectó una imagen casi mítica más allá de los límites del Caribe. El mundo se dejó seducir por el relato heroico de una pequeña isla que, desafiando al imperio, se liberaba del yugo imperialista. Ese imaginario —"¡Cuba sí, yanquis no!"— sirvió de base al gigantesco aparato propagandístico del régimen, que exportó con habilidad sus cuentos de redención: la potencia médica, la universidad para todos, la epopeya revolucionaria, etc. Bastaba recibir a los emisarios de la cultura, sumergirlos en un baño de amor, y enviarlos de vuelta a sus países con una visión idealizada.

Mientras tanto, tras el telón, se vivían los horrores que Valladares narraría años después en su libro. Las violaciones a los derechos humanos en Cuba fueron denunciadas desde el principio, pero ¿qué fuerza podían tener aquellas voces aisladas frente al aparato propagandístico de un Estado en un mundo mayoritariamente antiestadounidense y cautivado por el carisma de Castro? Como en toda revolución, había vencedores y vencidos. Los del bando perdedor fueron etiquetados como batistianos, esbirros, burgueses al servicio del imperio, y muchos terminaron ante el paredón o en prisión. Para el régimen, eran traidores, escoria, vende-patria.

Durante mucho tiempo, las denuncias apenas cruzaron el lago Okeechobee en la Florida, desestimadas incluso por instituciones internacionales, incluida la ONU, que practicaba el silencio cómplice. Todo cambió con el éxodo del Mariel. En 1980, no escapaban batistianos ni burgueses, sino los propios hijos de la revolución: obreros, campesinos, estudiantes, los más humildes. Aquella estampida quebró la farsa y obligó, sobre todo a Europa, a mirar con otros ojos al régimen cubano. Poco después, en 1985, apareció la primera edición de *Contra toda esperanza*, convertida rápidamente en un éxito internacional, con más de un millón de ejemplares vendidos y traducciones a varios idiomas. Es, desde entonces, una obra esencial para comprender la historia del presidio político en Cuba.

Contrario a lo que el gobierno de La Habana intentó difundir, Valladares no fue un policía batistiano, sino un joven funcionario de apenas veintitrés años que se negó a colocar una calcomanía comunista en su escritorio. Por un acto tan mínimo fue encarcelado, como miles de otros cubanos de distintos estratos sociales, muchos de ellos incluso simpatizantes de la revolución. Las prisiones del castrismo se llenaron de hombres que representaban toda la diversidad de la nación, no de los esbirros del antiguo régimen. El testimonio de Valladares conmueve por su crudeza y precisión. En sus páginas el lector asiste, casi sin respiro, a un descenso a los infiernos que se combina con destellos de humor, ironía y fe. Su relato mantiene viva la tensión narrativa sin sacrificar la humanidad del protagonista. A medida que avanza la lectura, el lector comprende la magnitud del sufrimiento y se pregunta si habría resistido tanto. Sin embargo, en medio de la oscuridad, la esperanza se impone.

Tras su intento fallido de fuga, Valladares se juró dos cosas: que saldría vivo de la prisión para casarse con Martha, y que escribiría un libro contando su historia, un libro que alcanzaría éxito mundial. Ambas corazonadas se cumplieron, aunque después de veintidós años de cautiverio. En esta edición conmemorativa se ha realizado una lectura comparativa de versiones anteriores para conservar el texto más fiel a la voluntad de su autor. Con ella, rendimos homenaje no solo a Armando Valladares, sino también a todos aquellos que, como él, supieron mantener viva la esperanza frente al horror.

Yamil Cuéllar

# Introducción del autor a la primera edición

Este libro es mi testimonio de veintidós años pasados en las cárceles políticas de Cuba, únicamente por manifestar mis criterios distintos a los del régimen de Fidel Castro.

En mi país hay algo que ni los más fervientes defensores de la revolución cubana pueden negar, y es el hecho de que existe una dictadura hace más de un cuarto de siglo. Y no puede un dictador mantenerse en el poder durante tanto tiempo sin violar los Derechos Humanos, sin persecuciones, sin presos políticos y cárceles.

En Cuba existen en este momento más de doscientos establecimientos penitenciarios, que van desde las cárceles de mayor seguridad a los campos de concentración y a las llamadas granjas y frentes abiertos, donde los presos efectúan trabajo forzado.

En cada una de estas doscientas prisiones hay suficiente historia para escribir muchos libros. Por eso, los testimonios que aquí aparecen son apenas un esbozo de la terrible realidad de algunas de aquellas cárceles.

Algún día, cuando toda la Historia se conozca con detalles, la humanidad se horrorizará como lo hizo cuando se conocieron los crímenes de Stalin.

Amnistía Internacional en sus últimos informes, ha denunciado los fusilamientos de decenas de opositores políticos, los maltratos físicos, las palizas. Y cuando se dirigieron al gobierno de Cuba pidiéndole suprimiera la pena de muerte, el vicepresidente cubano, antiguo ministro de Batista, Carlos Rafael Rodríguez, les respondió que en Cuba la pena de muerte era necesaria. Este mismo funcionario, en entrevista aparecida en el Diario 16 de Madrid, el día 10 de octubre de 1983, cuando el periodista le preguntó si existían en Cuba grupos que luchaban por libertad sindical y Derechos Humanos, respondió que sí, que había gente con esas ideas festivas de libertad sindical y Derechos Humanos, pero que les auguraba el ridículo.

Para mí este testimonio es la noche que ha quedado atrás, pero no para los miles de mis compañeros prisioneros que siguen en las cárceles, algunos de ellos han cumplido ya veinticinco años. Son los presos políticos más antiguos de América Latina y quizá del mundo.

Las situaciones de violencia, la represión, las golpizas, las torturas e incomunicaciones son práctica diaria; hoy, ahora mismo, cientos de prisioneros políticos, por rechazar la rehabilitación política, se encuentran hace cuatro años, desnudos, sin asistencia médica, sin visitas, durmiendo en el suelo y encerrados en celdas cuyas ventanas y puertas han sido tapiadas.

Jamás ven la luz del sol, ni artificial. Yo soy un superviviente de estas terribles celdas tapiadas de Boniato.

Hay fotos de algunos de los personajes que aparecen en el libro, para que sepan que son personas que existieron, que existen, que tienen un rostro. Los vivos están actualmente en Estados Unidos, Venezuela y otros países. Debo decir que en aquel peregrinar por las prisiones, conocí militares y funcionarios con gran calidad humana, que nos ayudaron en la medida de sus posibilidades, y con ello se arriesgaban a ir a la cárcel. Los nombres de estas personas, por razones de seguridad para ellos, no pueden ser revelados, así como los favores que hicieron.

No quiero terminar sin evocar a quienes hicieron posible mi libertad y reiterarles mi reconocimiento. No estribo nombres porque la lista sería muy larga y porque hay personas que pensaron en mí, que hicieron por mí y yo ni siquiera conozco sus nombres. Para ellos lo mejor de mi recuerdo y corazón.

*Madrid, 1985*                                                                                                 *Armando Valladares*

# Capítulo I
# Detención

El frío cañón de la metralleta en la frente me despertó. Abrí los ojos, asustado. Tres hombres armados rodeaban mi cama... El del arma me empujaba la cabeza contra la almohada.

—¿Dónde está la pistola? —preguntó el más viejo, flaco y con el pelo canoso. Luego sabría que ese agente de la Policía Política de Castro había sido también policía del dictador Batista.

Cuando tocaron a la puerta fue mi madre la que salió y les abrió. Mi cuarto era el último, mi sueño pesado, hacía frío y no los sentí entrar.

El de la metralleta seguía apoyando con fuerza el cañón del arma en mi frente. Uno de ellos metió la mano bajo la almohada buscando la pistola imaginaria. Luego, el canoso me dijo que tenía que acompañarlos y que me vistiera. En la sala, un cuarto policía custodiaba a mi madre y hermana.

En presencia de ellos tuve que vestirme. Hice un ademán para abrir el closet, pero uno de los policías cortó mi intención. Abrió él mismo la puerta y haló las gavetas una a una; luego echó una rápida mirada a todo lo demás. Y comencé a vestirme, mientras ellos me rodeaban y vigilaban. Iniciaron el registro. Los veía más tranquilos, más confiados. Estos operativos reciben órdenes de detener a un ciudadano, sin saber quién es ni por qué se le detiene. Como sistema les dicen que es muy peligroso y que está armado. Ahora sabían que yo no lo estaba. No lo estuve jamás. Tranquilicé a mi madre y a mi hermana; les dije que, con toda seguridad, se trataba de un error, puesto que yo no había cometido ningún delito.

Yo era entonces funcionario del Gobierno Revolucionario en la Caja Postal de Ahorros, adscrita al Ministerio de Comunicaciones, y mi ascenso en aquella dependencia oficial había sido rápido, motivado en gran medida por mi condición de estudiante universitario.

El registro fue minucioso, largo: casi cuatro horas invirtieron en revisarlo todo. No quedó ni una sola pulgada de la casa en que no hurgaran. Abrieron los frascos, repasaron los libros hoja por hoja, vaciaron los tubos de pasta dentífrica, miraron el motor del refrigerador, los colchones...

Conversaba con mi madre, que era la que estaba más nerviosa, y mientras lo hacía pensaba en quién habría denunciado que yo tenía armas. Para mí, evidentemente, era alguien que quería hacerme pasar el mal rato de ser detenido, aunque luego se aclarara todo. Pensé que la denuncia habría salido de mi trabajo. Había allí algunos compañeros que sabía me tenían hostilidad. Unas semanas antes, uno de los jefes, a quien me unía una buena amistad, me llamó para advertirme que la Policía Política había estado pidiendo informaciones sobre mí. Yo había tenido algunas fricciones por mis ideas religiosas y mis concepciones idealistas del mundo, que esgrimía frecuentemente como instrumento para discrepar del comunismo como sistema.

En aquellos días habían sucedido algunos hechos que iban radicalizando la situación interna dentro del Ministerio de Comunicaciones. El ingeniero Enrique Oltuski, el ministro, había sido destituido, y en su lugar nombraron a Raúl Curbelo, un comunista que peleó con Castro en las guerrillas y que sólo conocía de vacas. Así me lo dijo unos días después de nombrado, cuando se presentó en mi departamento:

—Mira, Valladares, yo de esto no conozco nada. Yo estaba en el Instituto de Reforma Agraria, pero Fidel me dijo que tenía que hacerme cargo de este ministerio y yo de lo único que conozco es de vacas. Por eso necesito que me ayuden a echar esto para alante.

Sólo conocía de vacas, era cierto. Pero era un hombre de confianza de Castro.

El subdirector de la Caja Postal fue sustituido por otro comunista, y el tesorero era, también, un viejo militante del Partido en la provincia de Camagüey. Fue entonces cuando a uno de mis mejores amigos y compañeros de trabajo, Israel Abreu, lo expulsaron por sus manifestaciones antimarxistas. Israel había luchado en los grupos clandestinos contra la dictadura de Batista, y aquella decisión del nuevo ministro motivó descontento entre todos. Personalmente critiqué la medida como un abuso de autoridad y una violación de la libertad de expresión, que había sido uno de los postulados de la revolución de Castro. No era ajeno a que estaba señalado como un anticomunista. Uno de mis últimos enfrentamientos lo motivó un slogan que se repetía en todo el país, lanzado por el aparato propagandístico del gobierno, y que tenía por objetivo ir preparando a las masas, irles infiltrando la idea comunista. Castro ya era acusado de tal y entonces divulgaron la consigna:

«Si Fidel es comunista, que me pongan en la lista, yo estoy de acuerdo con él.»

Este slogan se imprimió en calcomanías para pegar en los automóviles, en placas de latón para colocar en las puertas de los hogares, se publicaba en los periódicos diariamente, se hicieron afiches que fijaron en las paredes de las escuelas, cuarteles, fábricas, talleres y oficinas del gobierno. El propósito era bien claro y simple: Castro era presentado al pueblo como un Mesías, un salvador, el hombre que devolvería al país la libertad, la prosperidad, la felicidad; Castro no podía estar ligado a nada malo, a nada negativo. Lo que era o fuese Castro tenía necesariamente que ser bueno; por eso, si era comunista, pues «que me pongan en la lista». Era éste el análisis que habían hecho los especialistas en propaganda del Partido. La inmensa mayoría del pueblo de Cuba no sabía mucho acerca del comunismo, no tenía formación política, y se le hacía difícil creer lo que se decía acerca del marxismo.

Los comunistas del ministerio se aparecieron para colocar en mi mesa de trabajo uno de aquellos *slogans*... «si Fidel es comunista...». Yo me negué. Quedaron sorprendidos y desorientados, porque, aunque conocían mi rechazo al marxismo, pensaron que no iba a protestar, ya que eso sería rechazar a Castro. Me preguntaron si yo no estaba de acuerdo con Fidel. Les respondí que si era comunista no, que no formaría parte de esa lista. Aquello motivó una discusión.

Cada día me señalaba más y más. En realidad fui muy ingenuo. Había calculado que, como consecuencia extrema, me expulsarían del trabajo, como habían hecho con Israel. Pero nada más. No pensé nunca que por manifestarme, por expresar mis criterios contrarios al marxismo, me llevaran a la cárcel. Además, todavía el gobierno no se había declarado marxista, cosa que haría Castro unos meses más tarde. Existían dentro de las filas de los revolucionarios miles de personas que se aferraban a la idea de que Castro no era comunista. Admitían que era cierto que los comunistas iban ocupando determinadas esferas del poder, que estaban sucediendo algunas cosas muy malas; pero a espaldas de Fidel. Cuando éste las supiese, les pondría fin. ¡Qué ingenuos! Yo los comprendía. No todos eran capaces de enfrentar la realidad de que Castro los había engañado, usado, puesto a pelear, manipulado en favor de sus ideas.

Estas personas esgrimían como argumento las primeras declaraciones de Castro al principio de la revolución, hechas en Cuba, en países de América Latina, ante dirigentes de la Comisión de Relaciones Exteriores de Estados Unidos y en numerosas conferencias de Prensa, como la que ofreció, invitado por la Sociedad de Editores de Periódicos, en Washington, el día 17 de abril de 1959. Fue en el hotel Statler Hilton. Allí declaró:

—«He dicho de manera clara que no somos comunistas.»

Aquel mismo día, Charles Porter, representante por Oregón, le manifestó a Castro que su hermano Raúl impartía adoctrinamiento comunista a los soldados, y el jefe de la revolución, «indignado», le respondía:

—«¿Usted cree que yo permitiría a los comunistas destruir el ejército que he edificado?»

El 19 de abril del mismo año 1959, Fidel Castro se presentó como invitado en el famoso programa «Meet the press» y allí, en los estudios de la NBC, respondió a las preguntas de los periodistas. Uno de ellos, Hervers, inició el interrogatorio:

—¿En qué lugar se pondría usted en caso de un conflicto? Castro respondió con rapidez:

—Lo mismo que las democracias. La democracia es mi ideal. Yo no soy comunista, ni estoy de acuerdo con los comunistas.

Luego manifestó:

—Estamos contra el comunismo y las dictaduras de todo tipo.

Éstas eran las declaraciones a que apelaban los que no se atrevían o no querían aceptar la realidad del engaño, y obraban así porque juzgaban a Castro con sus propias escalas de valores, con sus mismos principios éticos. Olvidaban, o no sabían, que Lenin había definido claramente el comportamiento del revolucionario cuando manifestó:

—La moral comunista está subordinada a los intereses de 1a lucha de clases.

El doctor Raúl Roa, representante de Cuba en las Naciones Unidas, también arremetía contra el comunismo calificándola de «teoría inhumana porque esclaviza al hombre».

Decir que no eran comunistas, que no mentían jamás, que convocarían a elecciones libres, que respetarían los Derechos Humanos, no eran más que tácticas de lucha, una cortina de humo. Por eso, los revolucionarios que mantenían a todo trance la esperanza de que Fidel terminaría con el poder creciente de los comunistas, no eran capaces de admitir que, aun cuando todavía el gobierno no se hubiese declarado marxista, las expropiaciones forzosas, el despojo de tierras, las nacionalizaciones, el traspaso de los medios de producción de manos privadas al estado, las ejecuciones y la prédica constante del odio y la exaltación de la lucha de clases, eran irrefutablemente prácticas comunistas.

Los policías continuaban el registro. Terminaron en los dormitorios, baño, cocina y pasaron a la sala. Revisaron los cuadros, las figuras de porcelana; una de ellas les llamó la atención: habían descubierto algo dentro. Con un bolígrafo, uno de ellos logró sacar un papel; era de los usados para empaquetar los cristales. Lo abrió y al darse cuenta de que yo lo miraba con cierto aire burlón, lo estrujó y lanzó por la ventana. Nos hicieron levantar del sofá, lo volcaron, lo examinaron cuidadosamente. Terminó el registro y no aparecieron armas, ni explosivos, ni propaganda, ni listas. Nada, absolutamente nada. Tuvieron que irse con las manos vacías. Es decir, conmigo, pues me dijeron que tenía que acompañarlos. Aunque no habían encontrado nada, debía responder a unas preguntas de rutina. Mi madre argumentó que yo no había hecho nada, que no había razón para llevarme. Le respondieron que no se preocupara, que regresaría en seguida: ellos mismos me traerían de vuelta a casa. El regreso demoró más de veinte años.

Salimos a la calle. Eran las cuatro de la madrugada, hacía frío y el viento soplaba con fuerza. Subí a un «V.W.» gris, con un agente a cada lado. Entonces me colocaron las esposas en las muñecas. Otro carro se nos unió en la esquina. No se habló una sola palabra. A ratos, la planta de radio lanzaba un mensaje incomprensible para mí. Uno de ellos era para el carro en que viajábamos. El chófer descolgó y respondió con una frase breve: una contraseña.

Llegamos a la 5.ª Avenida y Calle 14, en el reparto Miramar. Era entonces la sede central de la Policía Política, la Lubianka cubana. Varias residencias producto del despojo formaban el complejo del G-2, que era como llamaban a Seguridad del Estado al principio. Un soldado con casco blanco y fusil nos abrió la reja. A la entrada de la oficina había un banco y me indicaron que me sentara en él. A la media hora me condujeron al fondo del edificio, donde habían construido un grupo de celdas. Me quitaron las esposas y me metieron en la primera. Había otros presos allí, en aquel pequeño calabozo. En un rincón, detrás de un muro, se veía una taza sanitaria. Tres torres de camas se adosaban a las paredes. Algunos, desde sus lechos, sacaron la cabeza para ver al nuevo huésped.

Me llamaron. Fui llevado a la segunda planta, al archivo. Me tomaron las huellas digitales y me fotografiaron con un letrero que decía: «contrarrevolucionario».

Aquella misma tarde me sometieron al primer interrogatorio. Una oficina pequeña, con una «pillera» de cristal verde oscuro, de esas que permiten espiar a quien esté al otro lado. Un grupo de oficiales me esperaba.

El que estaba sentado me habló. Me dijo que ellos lo sabían todo, que yo era un contrarrevolucionario, un enemigo de la revolución y que iban a condenarme por eso. Les respondí que no había cometido delito alguno. Que con el registro practicado en mi casa habían podido comprobar que no tenía en mi poder nada que pudiera ser utilizado para acusarme.

—Pero conocemos tus declaraciones en tu centro de trabajo, y has estado atacando a la revolución.

Me defendí diciéndole que no había atacado a la revolución como institución.

—Pero has atacado al comunismo.

Eso no lo negué. No podía, ni quería hacerlo.

—Sí, es cierto —les dije—, considero que el comunismo es una dictadura peor que la que acabamos de padecer los cubanos, y si se establece en Cuba, sería como en Rusia, pasar del zarismo a la dictadura del proletariado.

—Nosotros no hicimos la revolución para seguir tolerando los privilegios de los explotadores. En Cuba se acabó ya la explotación del imperialismo yanqui, y no vamos a permitir que gente como tú, al servicio de los intereses de los capitalistas, interrumpa la marcha del proceso revolucionario.

Así fue el primer interrogatorio. Duró apenas unos diez minutos.

Aquella misma tarde me llevaron con otros detenidos a un pequeño salón. Una mujer entre ellos. Nos mandaron sentar en un banco de madera. Había reflectores que se encendieron, y los fotógrafos y camarógrafos comenzaron a filmar. Al día siguiente aparecimos en los periódicos como una banda de terroristas, agentes de la CIA, capturados por la Seguridad del Estado.

No conocía a ninguna de aquellas personas. No las había visto jamás. Fue allí donde entré en contacto con Néstor Piñango, Alfredo Carrión y Carlos Alberto Montaner, los tres estudiantes universitarios. También conocí a Richard Heredia, quien había sido uno de los jefes del Movimiento 26 de Julio en la provincia de Oriente. Combatió en la Sierra Maestra y en la clandestinidad. Al triunfo revolucionario fue el primer gobernador de Santiago de Cuba. Cuando lo detuvieron le obligaron a vestir el uniforme del ejército anterior y lo fotografiaron y sacaron en los periódicos como recluta de la dictadura.

Al día siguiente se efectuó el segundo interrogatorio. Todos los días nos entregaban la prensa oficial, el diario Revolución, en el que nos llamaban terroristas. Yo protesté de aquello. El oficial me respondió que ellos estaban seguros de que yo era un enemigo del pueblo.

—Usted estudió en una escuela de curas —me dijo.

—Sí, en los Escolapios, ¿pero eso qué importa?

—Sí importa, los curas son contrarrevolucionarios y el hecho de que usted estudiara en esa escuela religiosa es una evidencia más en su contra.

—Pero Fidel Castro estudió en la escuela de Belén, de los padres Jesuítas.

—Pero Fidel Castro es un revolucionario y usted es un contrarrevolucionario, aliado a los curas y a los capitalistas, y por eso lo vamos a condenar.

—No hay ninguna prueba contra mí, nada me han ocupado.

—Es cierto que no tenemos ninguna prueba concreta contra usted, pero tenemos la convicción de que es un enemigo potencial de la revolución. Para nosotros es suficiente.

Al salir del interrogatorio escuché un griterío y bocinas de automóviles. Una manifestación, frente a los edificios, por la 5.ª Avenida, pedía a gritos «paredón» para los terroristas de la CIA. Los comunistas organizaron el acto. Y otro frente al Palacio Presidencial pidiendo que fuéramos fusilados.

En la noche, temprano, nos sacaron de la celda a Richard Heredia y a mí. Nos trasladaron a un salón y nos hicieron una película para los noticieros cinematográficos. Una de las periodistas, refiriéndose a mí, comentó a media voz que era una pena que me fusilaran tan joven. La campaña organizada por los comunistas alcanzó proporciones tan vastas que me hicieron temer muy seriamente por mi vida.

Ya mi suposición de que lo más que podía sucederme era que me quitaran el trabajo, había sido desechada ante la realidad que estaba viviendo.

Esa madrugada fui llevado al último interrogatorio. Fue como una despedida.

—Sabemos que tú conoces a elementos que están conspirando, que debes tener contacto con algunos de ellos. Si cooperas con nosotros podemos dejarte en libertad, y reintegrarte a tu trabajo.

—No conozco a ninguna de esas personas, ni tengo contacto con conspiradores.

—Es la última oportunidad que tienes de salir de este problema.

—Yo no sé nada. Ustedes no pueden condenarme porque nada he hecho. No hay pruebas contra mí. No pueden demostrar nada.

—Nos basta con nuestra convicción. Sabemos que eres un enemigo potencial de la revolución. Mira... —y me alargó unos periódicos de la tarde. En grandes letras, en la primera plana, se leía: «Paredón para los terroristas»—. El pueblo pide un escarmiento y... —dejó la amenaza en el aire.

Esa misma noche, Carlos Alberto, Richard y yo, con un abridor de latas, empezamos a hacer un agujero en la pared posterior del servicio sanitario. Trataríamos de escapar. La tarea era difícil. Intentaríamos levantar la capa que recubría la pared para sacar un primer bloque.

Al día siguiente de mi arresto, mi hermana se dirigió a la estación de Policía más cercana buscando información. Le dijeron que nada sabían de mí. Fue a 5.ª Avenida y Calle 14, donde yo me encontraba, y le dijeron que tampoco estaba allí.

Cuando salió la información en los periódicos, los comités de vigilancia cercanos a mi casa, dirigidos por varios agentes de la Policía Política vestidos de civil, organizaron una manifestación en la calle. Apedrearon las puertas y ventanas de mi hogar. La turba enardecida gritaba:

—¡Paredón! ¡Que lo fusilen!

Mi madre sufrió un ataque de nervios y cayó al suelo sin conocimiento. Mi hermana salió gritando en busca de un médico. Más tarde volvió a indagar por mi paradero y ya en esta ocasión no le negaron que estaba en la sede de la Policía Política. La mandaron sentarse. Al rato la pasaron a una oficina y comenzaron a interrogarla acusándola de ser también una contrarrevolucionaria. Hacían su odio extensivo a toda la familia, a tal extremo que no sólo sufrió un interrogatorio y acusaciones, sino que además la fotografiaron como a mí con un cartel que decía: «contrarrevolucionaria». No le permitieron que me viera.

Carlos Alberto, Richard y yo nos turnábamos en la perforación de la pared. Sabíamos que nos arriesgábamos a represalias. Pero nos dedicamos con ahínco al trabajo. No logramos terminarlo, sin embargo. Nos sacaron antes. Nunca supimos si fue casualidad o si alguno de los muchos que se encontraban allí era un delator o un agente de la Policía Política.

En el patio interior esperaba un auto. Adentro ya estaba otra detenida: Zoila, la misma mujer que había visto cuando nos hicieron las fotos. Nos advirtieron que no podíamos hablar.

Eran los primeros días del año 1961. Todo el litoral de La Habana estaba lleno de cañones que apuntaban al norte. Los Estados Unidos habían roto relaciones con Cuba y el gobierno agitaba la amenaza de invasión. El aire levantaba grandes olas que saltaban por encima del muro del malecón que bordea la costa habanera. El auto corría a gran velocidad. Pasó el túnel de la bahía y entró en la fortaleza de La Cabaña.

Se detuvo frente a la alta verja que da entrada al rastrillo de la prisión. Nos hicieron bajar, entregaron unos papeles al militar de posta y el auto siguió rumbo a la cárcel de mujeres, destino de la pasajera.

# Capítulo II
# La Cabaña

La fortaleza de La Cabaña había sido construida por los españoles dos siglos atrás, para proteger la entrada del puerto. Cuando los ingleses tomaron La Habana en 1762 se apoderaron primero de esta fortaleza. Por su ubicación se decía que quien dominase La Cabaña, era dueño de la ciudad. Desde el triunfo de la revolución fue convertida en prisión política y en sus fosos se llevaban a cabo las ejecuciones. Levantada sobre una loma al otro lado de la bahía, estaba, sin embargo, aislada. Grandes polígonos y terrenos la rodeaban. Radicaba allí la escuela de artillería.

Abrieron una puerta metálica, pequeña, y me mandaron entrar. Ya en el rastrillo pude ver el patio frente a las galeras y a cientos de presos que miraban con curiosidad a los recién llegados. Pasé a un departamento donde me ficharon. Luego al almacén. Aquí me despojaron de la ropa que traía — un traje nuevo— y me entregaron el uniforme de preso con una «P» en la espalda. Prometieron devolver el traje a mi familia en la primera visita, pero nunca lo hicieron. El jefe del almacén había sido un alzado de las guerrillas de Castro, ahora preso por un delito de robo a mano armada. Vivían estos delincuentes en una galera fuera del patio central que daba al rastrillo. Vestían todavía el uniforme verde olivo y éste usaba el pelo recogido en forma de cola de caballo, imitando a Raúl Castro. Odiaba a los presos políticos y no perdía ocasión de demostrarlo.

Y me vi de pronto en el patio, en medio de aquella multitud de prisioneros. No conocía a nadie. Me asignaron la galera 12 y a ella me dirigí. En la puerta, un preso joven, con gafas, tras las cuales brillaban con impaciencia sus ojos claros, se me quedó mirando, sonrió afable y me tendió la mano. Era Pedro Luis Boitel, dirigente estudiantil universitario. Combatió a Batista en la clandestinidad, y luego había logrado huir a Venezuela, de donde regresó a la caída del dictador. Me había reconocido por las fotos aparecidas en los periódicos. Fue la primera persona que conocí allí, y llegamos a ser grandes amigos, como hermanos.

Pedro Luis vivía al centro de la galera, en una litera alta. Todas las camas estaban ocupadas. Había exceso de prisioneros. Las galeras eran como túneles ovalados, abiertos en sus extremos y daban al foso que circundaba la fortaleza. Estaban cerradas con dos rejas de gruesos barrotes, separadas a la distancia de un metro. En las dos garitas del techo escoltas con ametralladoras apuntaban siempre al patio, a los prisioneros, a las rejas de las galeras.

Esa misma tarde llegaron algunos presos de los que estaban conmigo en la jefatura de Policía Política: Carlos Alberto Montaner, Alfredo Carrión, Néstor Piñango y otros. Conocían a Pedro Luis de la universidad y también fueron destinados a nuestra galera. La primera noche tuvimos que dormir en el piso, entre cama y cama, y en los pasillos. Como el fondo de todas las galeras daba al norte, por la ventana enrejada entraba el viento frío. No había frazadas suficientes y nos helábamos.

Al día siguiente logramos avisar a nuestras familias que permitirían visita.

Ulises y Julio Antonio Yebra habían sido detenidos la misma madrugada que yo. También aparecían en las fotos. Julio Antonio era médico y de un valor temerario. En el registro efectuado en su casa le habían encontrado un viejo fusil calibre 22. Solamente eso. La Policía Política dedujo que si él tenía un fusil era para agredir a alguien. Por las relaciones que Julio Antonio tenía dentro del gobierno, por su nivel como profesional, no se trataría de atentar contra un soldado de filas o un simple y desconocido miliciano. Debía ser alguien importante, un dirigente de la revolución. Y de los dirigentes, ¿quién más importante que Fidel Castro? Por este razonamiento, Julio fue acusado de tener un fusil para atentar contra Fidel Castro, y lo condenaron a muerte.

En épocas del dictador Batista, Armando Hart, uno de los jefes del Movimiento 26 de Julio, y actual ministro de Cultura de Cuba, había sido encarcelado junto con su esposa Haydée Santamaría, la tercera figura femenina del régimen, que ocupó la dirección de la Casa de las Américas, y que años más tarde, el 26 de julio de 1982, decepcionada del sistema que ayudó a implantar, se suicidó. Julio, en una acción valerosa, contribuyó a rescatar a Armando Hart de las manos de la policía batistiana cuando le celebraban juicio en la Audiencia de La Habana. Ahora Julio era el que estaba preso y la madre tocó a las puertas de Armando Hart y de Haydée. Era la hora de la lealtad, pero se negaron rotundamente a interceder por el hombre que les había salvado la vida. Más que eso, Haydée escribió una carta acusando a Julio de supuestas manifestaciones contra Castro y señalando que nunca le había resultado persona de fiar.

Julio Antonio fue juzgado por la Ley N.° 5 de 1961, la cual entró en vigor cinco días después que él había sido detenido. Se la aplicaron con efecto retroactivo. El juicio comenzó en la madrugada. A las 12 del día siguiente se suspendió para continuarlo dos horas después. Julio regresó a su galera y dirigiéndose a uno del grupo le dijo:

—Quiero que abras esa lata de peras en conserva que guardas ahí y un vaso de leche. Es lo único que comeré en esta tierra, pues esta noche estaré lejos de aquí, cerca de Dios.

Muchos quisieron darle apoyo con frases de consuelo y él, con afable sencillez y tranquilidad, les repitió:

—Sí, voy a estar cerca de Dios esta noche.

Escribió varias cartas. A las 2 de la tarde se lo llevaron de nuevo a juicio. Julio no regresó del tribunal a la galera. Lo dejaron en las capillas para los condenados a muerte. Cuentan que en el juicio se portó con la misma valentía con que vivió siempre. A las nueve se acostumbraba a rezar en grupo por todas las galeras: la fe en momentos difíciles. El ruido de un motor se dejó escuchar. Se hizo un silencio total. Era el camión que llevaba la caja para el cadáver. Luego se escuchó el motor del jeep que transportaba al preso y algunas voces. Por una larga escalera de piedra se bajaba al foso. A unos metros de la pared había un madero al que ataban al condenado.

Antes de que lo amarraran, Julio dio la mano a cada uno de los guardias que componían el pelotón y les dijo que los perdonaba.

—¡PELOTÓN ATENCIÓN...!

—APUNTEN... ¡FUEGO!

—¡ABAJO EL COMU...! —El grito de Julio quedó inconcluso. No fue una descarga cerrada, sino que dispararon en desorden, no al unísono. Luego el golpe seco del tiro de gracia detrás de la oreja. Jamás olvidaré ese único sonido mortal.

En la prisión, el silencio era denso, dramático. Y comenzó a escucharse el ruido de los martillos clavando la rústica caja de pino.

Desde nuestra galera nada podía verse, pero todo se escuchaba. Imaginaba la escena: el preso atado frente a los fusileros, luego el derrumbamiento del cuerpo agonizante, con el pecho roto por las balas...

—¡Que Dios lo reciba en sus brazos!—exclamó alguien y Ulises, sin poder contenerse más, rompió a llorar... Eran primos.

Al día siguiente, Pedro Luis, Villanueva y otros más se declararon en huelga de hambre protestando por los fusilamientos. Fueron sacados del patio y llevados a las capillas. Allí estaba Clodomiro Miranda, el ex comandante del ejército de Fidel Castro. Clodomiro se había alzado en las montañas de la provincia de Pinar del Río, la más occidental de Cuba. Había ganado los grados de comandante y se había batido con valor defendiendo la libertad. Sin ser un hombre de mucha cultura había comprendido que el curso de la revolución no era el que había prometido Castro, y viendo la traición empuñó de nuevo el fusil y se marchó otra vez a las montañas. Castro ordenó cazarlo y se lanzaron contra él miles de milicianos. Fue herido en combate. Cuando lo capturaron tenía las piernas destrozadas a tiros, y otros balazos en un brazo y en un costado del tórax. Lo llevaron a juicio en una camilla y cuando lo condenaron a muerte, lo sacaron del Hospital Militar y lo metieron en aquellas celdas inmundas, sin cama. Clodomiro no podía pararse, se arrastraba por el piso sucio. Las heridas sin atención se infectaron y llenaron de gusanos. Así lo vieron Pedro Luis y Manuel Villanueva. Fueron los últimos presos que hablaron con él.

En camilla también bajaron a Clodomiro para fusilarlo. La escalera que desciende a los fosos está pegada a la pared por un lado; por el otro no hay ni siquiera un pasamano o barandilla de seguridad. Los escalones bicentenarios, de piedras gastadas por generaciones de esclavos y presos, se ven desde las últimas galeras. La comitiva de guardias que transportaba a Clodomiro se bamboleaba. Ya casi llegando al suelo uno de ellos resbaló; las manos soltaron la camilla buscando un asidero y Clodomiro cayó sobre sus piernas rotas, golpeándose con los escalones.

Un guardia nos contó que trataron de amarrarlo al poste, pero no podía sostenerse en pie. Tuvieron que fusilarlo en el suelo, mientras gritaba:

—¡Abajo el comunismo...!

Clodomiro fue quizás el único fusilado que ya estaba siendo devorado por los gusanos antes de morir.

# Capítulo III
## La Visita

La primera visita fue en la mañana. Los hombres no podían visitar a los prisioneros. Sólo permitían la entrada de mujeres. Las requisas que hacían eran humillantes. Las desnudaban a todas, sin respetar ni aun a las ancianas. Entre las mujeres que practicaban los registros estaban dos que protagonizaron varios escándalos: La China y Mirta, dos lesbianas, que se aprovechaban de la situación. Por mucho que mi madre y mi hermana quisieron ocultarme la vergüenza y la indignación por la requisa que habían sufrido, no lograron hacerlo. Les prohibí que volvieran.

Todas las noches había fusilamientos. Los gritos de los patriotas de: «¡Viva Cristo Rey! ¡Abajo el comunismo!» estremecían los fosos centenarios de aquella fortaleza. Cuando escuchaba las descargas de fusilería, el horror se apoderaba de mí, y me abrazaba a Cristo con desesperación. Yo había llegado a la cárcel con formación religiosa. Por aquel entonces mis creencias eran genuinas, pero probablemente superficiales, pues no habían sido sometidas a una dura prueba. Tenía y mantenía la religión que había aprendido en el hogar, en la escuela; pero era algo así como quien adquiere buenos modales, o las primeras lecturas. Sin embargo, aquella mínima cantidad de religiosidad había sido suficiente para señalarme como un enemigo de la revolución comunista, y estaba seguro que de alguna forma contribuyó a convencer a los de la Policía Política de que yo era un peligroso adversario, aunque en estado potencial.

Muy pronto comencé a experimentar una modificación sustancial en la naturaleza de mis creencias. En primer lugar, me abracé a Cristo, quizá por miedo a perder la vida, porque estaba en peligro de ser fusilado. Pero aquella forma de acercarme a Él, aunque humana, me pareció incompleta, utilitaria. Sin embargo, cuando estremecido de dolor veía partir a aquellos jóvenes llenos de valor a morir frente a los paredones gritando «¡Viva Cristo Rey!», comprendí, de pronto como una revelación súbita, que Cristo no sólo servía para que yo le pidiera que no me mataran, sino también para darle a mi vida y a mi muerte, si llegaba a suceder, un sentido ético que las dignificara. Creo que fue en aquel momento, y no antes, cuando el cristianismo, además de ser una fe religiosa, se convirtió en una forma de vida que en mi particular circunstancia sólo podía concretarse en resistir, pero con el alma llena de amor y de esperanza.

Aquellos gritos devinieron un símbolo. Ya en 1963 los condenados a muerte bajaban al paredón amordazados. Los carceleros temían a esos gritos. No toleraban en los que iban a morir ni siquiera una última exclamación viril. Aquel gesto de rebeldía, de desafío, en los instantes supremos; aquella demostración de valor y entereza de quienes morían gritando sus ideales, podía ser un mal ejemplo para los soldados: podía hacerles meditar.

Los reclutas que componían los pelotones de ejecución recibían una paga de cinco pesos y tres días de licencia por cada fusilado. Es costumbre, al menos en los países occidentales, que los militares que fusilan, por razones de conciencia, no puedan tener nunca la certeza de que han matado a otro hombre. Para ello, de los seis fusiles uno está cargado con balas de salva. Los soldados los toman al azar; así nunca saben si la bala tiene o no proyectil. Esto es un alivio para sus conciencias. En Cuba no: todos los fusiles están cargados con balas de plomo.

Balbino Díaz y Robertico Cruz eran muy jóvenes. Los acusaban de haber disparado contra el entonces vocero del gobierno, José Pardo Llada. Durante el juicio nada pudo probarse. Nadie los identificaba. En un momento del proceso el abogado defensor se acercó al fiscal Flores Ibarra, a quien todo el pueblo conocía por el apodo de Charco de Sangre, pidiéndole que modificara sus conclusiones provisionales, pues era evidente que no había podido probarse la culpabilidad de los acusados. Flores le respondió:

—He recibido órdenes de fusilar de todas maneras, como una medida de profilaxis social. Si no lo hiciéramos, otros contrarrevolucionarios envalentonados desatarían una ola de atentados contra los dirigentes de la revolución.

Los milicianos Sergio Arenas y Alejandro Meneses, miembros del Tribunal, como eran analfabetos y no sabían firmar, estamparon sus huellas digitales en la sentencia. Balbino y Robertico fueron fusilados de inmediato.

El abogado defensor, doctor Acosta Mir, fue detenido al terminar el juicio y dejado en libertad más tarde, después de advertirle que no debía volver a defender contrarrevolucionarios.

El fusilamiento de Robertico y Balbino me afectó mucho, y me hice el propósito de no conocer a nadie más. En la prisión y en situaciones difíciles hay una necesidad de comunicación urgente con los demás. El amigo nuevo nos habla de su vida, de sus hijos, en la visita nos presenta a la familia. En sólo unos días se forjan grandes amistades, se establece un afecto y simpatía muy profundos. Pero, una tarde, a ese amigo entrañable lo llaman a juicio y no regresa, y en la noche es fusilado. Comprendí muy bien entonces la actitud de los más viejos, que no querían conocer a los que todavía no habían ido a juicio.

Jesús Carreras era uno de los jefes de las guerrillas contra la dictadura de Batista. Operaba en el Escambray, cordillera montañosa de la zona central de la Isla. Su valor personal en los combates lo había convertido en un héroe legendario por aquellos lugares. Pero el comandante Carreras tampoco había combatido para la instauración de una dictadura más feroz mil veces que la que ayudó a derrocar. Y Castro lo envió a la cárcel, como a tantos otros oficiales; pero hacia los de alta graduación había un odio especial, como un ensañamiento. Carreras había tenido fricciones con el Che Guevara en plena guerra, porque no aceptaba la imposición de Castro de situar a un comunista como jefe del frente guerrillero del Escambray. Cuando el Che Guevara penetró en la zona rebelde que controlaba Carreras, éste estuvo a punto de matarlo. El Che y Castro nunca lo olvidaron. Hablamos con frecuencia porque vivíamos en el mismo grupo de literas, y me dijo que estaba seguro de que por aquello sería condenado a muerte.

Jesús Carreras fue fusilado después del comandante Clodomiro Miranda. Luego fusilaron a William Morgan: con éste se ensañó el jefe del pelotón y le disparó varios tiros de gracia. Ya antes, pero en la provincia de Las Villas, caía frente a los pelotones de ejecución otro comandante que luchó junto a Castro: Porfirio Ramírez, presidente de la Federación Estudiantil de la Universidad Central.

Por los constantes fusilamientos, la prisión de La Cabaña se había convertido en la más terrible de todas las cárceles. Y para mantenernos bajo el terror, comenzaron las requisas de madrugada. Los pelotones, armados con barras de madera, cadenas, bayonetas, y cuanto sirviera para golpear, irrumpían en las galeras gritando y pegando sin contemplaciones.

La orden que teníamos los presos era la de salir como estuviéramos. Se abrían las rejas y aquella turba enardecida de soldados entraba como una tromba, repartiendo golpes a ciegas. Los presos, también como una tromba, trataban de salir al patio. Pero en la puerta se formaba un nudo entre prisioneros y guardias que los golpeaban, pues todos no podíamos salir al mismo tiempo. Siempre, en esas requisas, el terror, la angustia, la confusión hacían presa de nosotros; se trataba de escapar indemne, aspiración casi imposible, porque afuera, en el patio, una doble hilera de guardias armados con fusiles y bayoneta calada se encargaba de que nadie dejara de recibir su ración de golpes.

Muchos salían a medio vestir, en calzoncillos, desnudos, con zapatos, descalzos. Cuando todos estábamos fuera arremetían contra nosotros y nos golpeaban con más saña. A medida que los guardias iban golpeando y gritando se enardecían, el rostro se les descomponía. Arriba, en la azotea, una fila de militares —mujeres inclusive—, fusil en mano, contemplaban el espectáculo. Entre ellos un grupo de oficiales y civiles de la Policía Política, que no faltaban nunca. El capitán Hernán F. Marks, un norteamericano, había sido nombrado por Fidel Castro jefe de la guarnición de La Cabaña y verdugo oficial. Era este hombre el que disparaba los tiros de gracia y el que dirigía las requisas. Cuando se emborrachaba, cosa que hacía muy frecuentemente, Hernán mandaba a formar a la guarnición y en zafarrancho de combate se lanzaba contra los presos. Él mismo llamaba a la prisión su «coto de caza». Otro de sus entretenimientos era pasear por las galeras y llamar a la reja a los que les pedían pena de muerte para preguntarles detrás de qué oreja quería que les disparara. Años más tarde volvió a su país, Estados Unidos.

Cada amanecer, La Cabaña despertaba con una nueva interrogante: «¿A quién fusilarán hoy?»

Después del recuento de la mañana abrían las rejas y nos reuníamos en el patio, en la interminable cola para tomar el desayuno. El más joven de nuestro grupo era Carlos Alberto, todavía menor de edad, aunque en estatura nos sobrepasaba a todos. Carlos Alberto se había casado muy joven y su esposa, Linda, le había traído en la última visita a Gina, la hija de ambos, de sólo unos meses de edad. Ya Carlos y yo habíamos hecho aquel intento de escapar en los calabozos de la Policía Política. La posibilidad y casi certeza de ser fusilados era una amenaza que pendía sobre nuestras cabezas. La familia de Carlos Alberto hacía gestiones para que, atendiendo a su edad, lo trasladaran a una cárcel de menores. Unos días después del juicio, fue llamado al rastrillo con sus pertenencias: lo destinaron a una prisión en las afueras de La Habana. A las pocas semanas, provisto de una segueta, cortó los barrotes de su celda y escapó. Logró entrar en la embajada de Venezuela y tras meses de presiones, el gobierno cubano le permitió salir del país.

Carrión, Piñango, Boitel y yo celebramos con júbilo la huida de Carlos Alberto. ¡Uno menos en aquel infierno! Cuando, días antes, pensaba en Linda y en la bebita de pocos meses, no podía evitar que la angustia se apoderase de mi espíritu. Recordaba a Juan José, a Pedrito, a sus hijos pequeñitos con los que jugué en la visita y que a la semana siguiente ya eran niños huérfanos. Gina no sería una niña huérfana.

Normalmente no avisaban a los familiares de los fusilados, y era frecuente que en las visitas se aparecieran las madres y las esposas con los niños preguntando por ellos. Se hacía entonces un silencio angustioso. Los presos se miraban unos a otros, como diciendo «Díselo tú». A veces los familiares interpretaban aquel silencio y abrían los ojos con doloroso asombro y rompían a llorar... Cuando la madre de Julio Antonio Yebra conoció el fusilamiento de su hijo, con una entereza extraordinaria exclamó:

—Si la muerte de mi hijo fuera la última sangre que se derramara en esos paredones, aceptaría su muerte sin protestar.

Pero no sería la última. Miles y miles seguirían a Julio.

En una ocasión, cuando la esposa y la suegra de un fusilado llegaron al rastrillo, sin sospechar siquiera que su familiar estaba muerto, al comprobar las listas, aquel jefe de almacén, el del pelo recogido en cola de caballo, les gritó:

—A ese gusano lo fusilamos anoche, así que dígale a ésa (refiriéndose a la esposa embarazada) que se busque otro marido, o que, si necesita un macho, que me vea a mí.

No habían transcurrido todavía dos semanas desde mi detención cuando me llevaron a juicio. La mañana era fría y Manolito Villanueva me prestó un suéter. Fui esposado a la salida del rastrillo y dos militares armados de metralletas checas me flanquearon. Soplaba el viento del norte y unos papeles se arremolinaban a mis pies:

—Andando...

Y echamos a andar. La calle que comienza a la salida del rastrillo era de adoquines, llevados desde España en épocas de la colonia y colocados por esclavos negros. Las botas de los militares golpeaban los bloques gastados por dos siglos de iniquidad. Una llovizna lenta comenzó a caer. Atravesamos los fosos y dejamos atrás la prisión. Volví la cabeza: la vieja pared enmohecida y las rejas de las galeras; a mi izquierda el poste de fusilamiento, un viejo madero rústico, detrás una pared de sacos de arena, algunos con huecos hechos por las balas que atravesaban de parte a parte los cuerpos. Al pie del madero, manchas de sangre y unas gallinas que picoteaban, quizá, los restos de masa encefálica de un fusilado la noche anterior. El norteamericano jefe de la guarnición tenía un perro que llevaba con él a los fusilamientos, para que lamiera la sangre de los cadáveres.

Llegamos a la última posta después de atravesar el foso de los laureles, una alameda de árboles frondosos; luego el extenso polígono por el que marchaban pelotones de guardias. En una de aquellas antiguas casitas de los oficiales habían instalado los Tribunales Revolucionarios. Entramos y me señalaron un cuartico pequeño, a la derecha. Dos sofás verdes y un aparato automático de «Coca-Cola» era todo lo que había. Más tarde trajeron a dos mujeres vestidas con el uniforme de las presas. Una de ellas era Zoila; la otra, a la que veía por primera vez, era Inés María, una enfermera a la que habían detenido cuando ayudaba a Olver Obregón a ganar las montañas del Escambray para unirse a los alzados. Yo había sido incluido en aquel grupo. Originalmente, la Policía Política pensó conformar, con todos los detenidos aquella madrugada del 28 de diciembre de 1960, una sola causa. Luego cambiaron de idea y nos agruparon en cinco causas diferentes.

# Capítulo IV
## Muerte tras muerte

Trajeron otros dos prisioneros, para juzgarlos también. Eran los hermanos Bayolo, dos campesinos acusados de haber sustraído cartuchos de dinamita de las canteras de su pueblo natal. Los Bayolo no tenían abogado defensor; no les habían permitido establecer contacto con ninguno. Yo les prometí que si venía el mío, le hablaría para que los defendiera. Pero, ¿qué podría hacer él?, ¿cómo ayudarlos si ni siquiera conocía el caso? ¿Cómo podría organizar la defensa de reos a los que veía por primera vez diez minutos antes del juicio? El abogado que yo esperaba no asistió hasta más tarde, cuando ya se habían llevado a los Bayolo, condenados a muerte.

Luego de una hora, decidieron que el juicio no sería en ése, sino en otro edificio, el del Club de Oficiales. En aquel momento, tres empleados de la Compañía de Teléfonos estaban siendo juzgados allí. Sólo Armando Rodríguez Vizcaíno salvó la vida, los otros dos fueron fusilados aquella misma madrugada. La esposa de uno de ellos, embarazada, lloraba sin consuelo. Fue la última escena que vi al salir.

Trece días habían transcurrido desde la madrugada en que fui sacado de mi hogar y llevado a la comisaría para hacerme unas preguntas. En ese corto tiempo la Policía Política preparó todo el proceso. En doce o trece días era materialmente imposible realizar una investigación, pero así eran los juicios. No me fue posible conversar a solas con el abogado que actuó en mi defensa, y a él tampoco le permitieron acceso al sumario.

Sobre una plataforma de madera, una larga mesa en la que los miembros del tribunal charlaban entre sí, reían y fumaban tabacos que sostenían a un lado de la boca mordiéndolos al estilo de Pancho Villa. Todos vestían uniforme militar. Era uno de esos tribunales típicos que integran de cualquier forma; estaba compuesto por obreros y campesinos.

Al comenzar el juicio el presidente del tribunal, Mario Taglé, subió las piernas encima de la mesa, cruzó las botas y se echó hacia atrás en el sillón reclinable y abrió una revista de muñequitos. A ratos se dirigía a los que estaban a su lado y les enseñaba algún pasaje de la historieta que había despertado su hilaridad y entonces reían juntos. En verdad, el prestar interés, aunque hubiese sido cortés, no era necesario, y ellos lo sabían. Las sentencias ya venían decididas y redactadas de la sede de la Policía Política. Se dijera lo que se dijera, se hiciera lo que se hiciera, la sentencia no variaría.

El fiscal inició el interrogatorio con Obregón, acusándolo de ser un enemigo del pueblo. Luego le preguntó si me había conocido en la calle. La respuesta de Obregón fue negativa.

A Zoila le hizo la misma pregunta. Y obtuvo idéntica respuesta. Ninguno me conocía. Nadie me acusaba de absolutamente nada.

El fiscal llamó al jefe del grupo que me detuvo en mi casa.

—¿Usted efectuó la detención del acusado?

—Sí, señor, y efectuamos un registro en su casa, pero no se ocupó nada...

—¡Cállese y no responda hasta que se le pregunte! —le gritó el fiscal, visiblemente molesto por aquella declaración que era muy beneficiosa para mí ante los ojos de los pocos espectadores militares presentes. A los familiares les estaba prohibido asistir al juicio y ni sabían cuándo se celebraría.

El abogado defensor de Obregón, el doctor Aramís Taboada, había sido compañero de estudios de Castro en la universidad y luego de graduados trabajaron en el mismo bufete. En una ocasión Castro pidió a Taboada que escribiera un libro sobre aquellos años. Debía ser una apología del dictador, una obra para engrosar la extensa producción dedicada al culto de la personalidad de Castro. Taboada fue dilatando la solicitud, y acabó en las cárceles políticas. Años después fue indultado, pero sólo por cierto tiempo. En 1983 fue nuevamente encarcelado, acusado de ser uno de los responsables de que se filtrara al exterior la noticia de que cinco jóvenes sindicalistas iban' a ser fusilados, por intentar organizar un sindicato independiente al estilo Solidaridad, denuncia que generó una campaña internacional de protesta.

Taboada, al principio de los años sesenta, solía defender a presos políticos y tenía, por sus relaciones, muy buena información anticipada de las sentencias. Por él se conoció que no había penas de muerte en nuestro juicio. Ya esto significó un gran alivio.

El fiscal no pudo aportar una sola prueba en mi contra. Inició un monótono discurso acerca de la Cuba anterior a Castro, arremetió contra la explotación yanqui, habló de la prostitución, y terminó diciendo que todos los acusados en aquella sala queríamos el retorno al pasado ignominioso del capitalismo explotador.

Me hizo dos o tres preguntas, en especial relacionadas con mis creencias religiosas.

—Entonces usted está de acuerdo con los curas esos que redactan pastorales contrarrevolucionarias.

—Yo no tengo nada que ver con eso.

—Pero las investigaciones dicen que usted tiene muchas relaciones con los curas, y que estudió en un colegio católico.

Se volvió hacia el presidente del tribunal y le dijo que yo era un enemigo de la revolución y que había cometido los delitos de estragos y sabotajes y recitó un número de artículos que supuestamente se referían a las sanciones que yo merecía.

Ni entonces ni después, porque durante 20 años lo seguí preguntando, ninguna de las autoridades pudo decirme dónde cometí un delito de estragos. Se llama así a los destrozos que ocasiona una bomba, un incendio, un acto cualquiera de sabotaje. Son algo concreto, visible, palpable. Le pregunté al fiscal dónde, en qué fábrica, en qué establecimiento, en qué fecha. No pudo responderlo, porque nunca hice nada parecido.

Es como si alguien estuviera acusado de asesinato y al preguntarle al fiscal a quién mató, respondiera que no sabía; y si indagara por el cadáver, respondiera que tampoco había cadáver. Algo así como matar un fantasma.

Ningún tribunal en un régimen de derecho me hubiese podido condenar. No hubo un solo testigo que me acusara, no hubo quien me señalara. Sin una sola prueba fui condenado por la equivocada convicción de la Policía Política.

No fue mi caso una excepción. Otro de los más conocidos fue el del doctor Rivero Caro, abogado. No ha olvidado nunca las palabras del interrogador de la Policía Política, Ildefonso Canales, que visiblemente enojado por no lograr arrancar ni con torturas una confesión al detenido, le dijo claramente:

—¿Sabe usted qué es lo que lo pierde? Su mentalidad de abogado. Usted está contemplando su situación con mentalidad de abogado, y se equivoca. Mire, lo que usted declare en el juicio no importa; las pruebas que usted pueda aportar, tampoco importan; lo que diga su abogado, lo que alegue o proponga, no importa; lo que diga el fiscal y las pruebas que presente, no importa; lo que piense el presidente del tribunal, tampoco importa. Aquí lo único que importa es lo que diga el G-2.

En la causa número 4-6 de 1961, en la que estaba encartado Jorge Gutiérrez, los abogados de oficio tuvieron acceso al sumario dos horas antes del juicio. El fiscal conocía que había dos penas de muerte. A uno de los abogados, por el poco tiempo que tenía, se le hacía materialmente imposible leer los documentos y le preguntó al fiscal, antes de comenzar el juicio, si existía alguna posibilidad de modificar la petición de pena de muerte. El fiscal le respondió que ninguna, que la orden de fusilarlos a las 9 ya estaba dada, que fuera tramitando todo el papeleo de apelación para cubrir la forma.

En algunas ocasiones los presos que tenían relaciones con abogados muy cercanos a la dirección de la Policía Política podían saber, antes de la celebración del juicio, la sanción que recibirían en el tribunal. Fue precisamente un contacto como éste el que permitió a la anciana madre del comandante Humberto Sorí Marín saber que su hijo, uno de los hombres cercanos a Castro, iba a ser fusilado, acusado de conspiración.

Irónicamente, Sorí Marín había sido el autor de una conocida ley mediante la cual fusilaron a decenas de partidarios del dictador Batista en los primeros meses de 1959. La mañana que Sorí Marín entró al patio de La Cabaña fue quizás el momento más difícil de su vida. Había allí una galera de hombres que esperaban ser fusilados en virtud de aquella ley y de su personal petición de pena máxima, y muchos otros ya habían caído frente al paredón. Por eso su asombro no tuvo límites cuando uno de aquellos condenados a muerte le tendió la mano y le dijo:

—Doctor, siéntase usted entre amigos. De esa reja hacia adentro todos somos compañeros.

Era el ex comandante Mirabal, antiguo jefe del Servicio de Inteligencia Militar y uno de los participantes del golpe de estado dado por Batista el 10 de marzo de 1952. Llevó a Sorí a la galera, le buscó una cama, le obsequió uno de sus mejores tabacos y le dijo simplemente:

—¡Que Dios nos ayude, doctor!

Sorí Marín fue uno de los más estrechos colaboradores de Castro. Luchó junto a él en las montañas y formó parte de su Estado Mayor. Hizo y firmó la Ley de Reforma Agraria. En los primeros meses del triunfo revolucionario, estos lazos se anudaron más todavía. Castro solía almorzar algunas veces en la casa de Sorí Marín, atraído por la excelente cocinera que era la madre de éste. Por eso, la señora Marín, cuando supo que su hijo iba a ser fusilado, transida de dolor fue a ver a Castro. El encuentro fue dramático. La anciana se abrazó llorando al líder revolucionario, que le acariciaba la cabeza venerable.

—Fidel, te lo suplico..., que no maten a mi hijo, hazlo por mí...

—Cálmese..., a Humberto no le pasará nada, se lo prometo.

Y la madre de Sorí Marín, loca de alegría, todavía con los ojos llenos de lágrimas, besó a Fidel y se marchó corriendo a comunicar a la familia que lo había logrado. Ella tuvo esperanza en que lo perdonaría, ¡habían pasado tantos peligros juntos!, ¡habían compartido tantos sinsabores y angustias! Aquel pasado común no podía olvidarse así como así.

La noche siguiente, por orden expresa de Castro, Humberto Sorí Marín fue fusilado.

Los hombres que lucharon con Castro para establecer la democracia fueron engañados; algunos huyeron del país, otros volvían a empuñar las armas o participaban en planes conspirativos. Ya los oficiales y policías del régimen depuesto, y a los que acusaron de delitos criminales, que no fueron comprobados en muchos casos, habían sido fusilados. Eran los días aquellos en que un grupo de señoras, vestidas de negro, penetraba en las galeras aguzando la vista, escrutando los rostros... Bastaba que una de aquellas mujeres levantara el índice para acusar a alguien...

—¡Ése..., ése fue el que mató a mi hijo!

Aquel testimonio, sin otra comprobación, era suficiente. El preso era fusilado. Esta situación se prestó a venganzas personales, sin ninguna vinculación real con hechos criminales. En los primeros días de enero, el 21 exactamente, Castro, en una manifestación frente al Palacio Presidencial, declaraba:

—Los esbirros que estamos fusilando no van a pasar de cuatrocientos.

Pero muchos más habían caído ya frente a los pelotones en aquellos días de barbarie y de muerte.

El día 12 de enero, en el campo de tiro situado en un pequeño valle llamado San Juan, en el extremo de la Isla, en la provincia de Oriente, cientos de militares del derrotado ejército de Batista fueron metidos hasta las rodillas en una zanja de más de 50 metros de largo, las manos atadas a la espalda, y ametrallados allí; luego, con máquinas bulldozer, cerraron la zanja. No les habían celebrado juicio siquiera. Muchos de aquellos soldados eran jovencitos que entraron en el ejército por apremios económicos. Aquellos fusilamientos fueron ordenados y presenciados por Raúl Castro. Y no se trató de un hecho aislado; otros oficiales de las guerrillas de Castro fusilaron masivamente a los ex militares, sin juicio, sin que existiera contra ellos cargo alguno, únicamente como una operación de represalia contra el ejército derrotado.

Contaban los que estaban en La Cabaña desde los primeros días del 59, que cuando en el rastrillo aparecía una de aquellas comitivas de mujeres, algunos se escondían bajo las camas. Fue muy conocido el caso de una madre que señaló al supuesto asesino de su hijo. Lo ejecutaron a las pocas horas, pero al otro día el hijo, sano y salvo, llegó de Venezuela, donde estaba exiliado sin que su madre lo supiera, y se apareció en la prisión, horrorizado por la idea de que mataran a un inocente.

En las galeras once, doce y catorce habían agrupado a los más disímiles personajes: estaban allí los oficiales del ejército de Batista y los revolucionarios que los habían vencido. Muchos de aquellos ex castristas habían muerto por las mismas leyes que dictaron para fusilar a sus enemigos. Estaba David Salvador, dirigente del Movimiento 26 de Julio y ex secretario general de la Confederación de Trabajadores de Cuba, muy conocido, además de por sus méritos revolucionarios, por su radicalismo. Fue él quien en un mitin, al comienzo del proceso revolucionario, arrebató el micrófono al ex presidente de Costa Rica, José Figueres, cuando éste señaló que en un conflicto armado entre Estados Unidos y Rusia, Latinoamérica formaría al lado de los norteamericanos. Fidel estaba en la tribuna y aquel gesto del jefe del movimiento obrero le hizo sonreír, con simpatía. No obstante, unos meses más tarde, David Salvador era condenado a treinta años de cárcel por contrarrevolucionario.

La maquinaria de la revolución no se detenía y, como Saturno, devoraba a sus propios hijos. Pero en aquella población carcelaria tan heterogénea, formada por banqueros, estudiantes, ex militares de uno y otro bando, obreros, campesinos, había algo que los unificaba a todos, un principio de identidad más poderoso y decisivo que viejas discrepancias: todos llevaban una P negra en las espaldas y eran las mismas bayonetas las que los acosaban y herían, y los mismos fusiles los que aguardaban para fusilarlos.

Si algo caracterizaba aquellas épocas difíciles era la camaradería, el compañerismo. Quizá se producía algún encono aislado cuando llegaba un revolucionario que había sido el fiscal que condenó a cualquiera de los que estaban allí, o le pidió la pena capital, o el que lo detuvo; pero en general eso sucedía poco. Rejas adentro se despertaba el espíritu de solidaridad frente al común opresor: los comunistas.

Guillermo Díaz Lanz era hermano del primer jefe de la Fuerza Aérea Revolucionaria, que escapó a los Estados Unidos a los pocos meses del triunfo revolucionario y desde allí combatía a Castro. Para Guillermo ese parentesco constituyó un delito. Lo condenaron por ser el hermano del «traidor» Pedro Luis Díaz Lanz, sólo por eso. Guillermo era un magnífico pintor, muy completo, que manejaba con destreza la técnica del retrato, la caricatura, el paisaje o el diseño. Una mañana, sobre el pedazo de pared encima de la reja del fondo, escribió un pensamiento de José Martí, el Apóstol de la independencia cubana:

«Asesino alevoso. Ingrato a Dios. Enemigo de los hombres el que so pretexto de dirigir a las nuevas generaciones, les enseña un cúmulo absoluto de doctrinas extrañas y les predica al oído, antes que la dulce plática del amor, el evangelio bárbaro del odio.»

En el recuento de la tarde, el oficial de recorrido vio el pensamiento. Al día siguiente la guarnición irrumpió en la galera. La alusión a Castro era clara. Pero un pensamiento de Martí no podía ser subversivo. Al menos Guillermo lo había creído así; pero se equivocaba. Lo obligaron a borrarlo y se lo llevaron a las celdas de confinamiento solitario; al salir del rastrillo descargaron varios bayonetazos en su espalda.

\* \* \*

Eran las tres de la madrugada aproximadamente cuando el grito de: «¡Requisa!» dado desde las galeras más cercanas al rastrillo nos despertó a todos. Casi al instante, el patio se llenó de guardias, pero no abrían las rejas. La situación era extraña. Los militares seguían frente a las galeras. Cuando abrieron y dieron la orden de salir, comenzaron los golpes; pero no entraron, golpeaban afuera. Uno de nosotros, Goicochea, anciano de 78 años, que casi no podía caminar, fue empujado, cayó al suelo y se fracturó el fémur.

Con el terror y la angustia que me producían las requisas, olvidé mi reloj al salir, el cual guardaba dentro de un zapato al acostarme. Sacarlo en las requisas era una medida que tomábamos siempre los que teníamos reloj. Ahora con toda seguridad lo perdería. Y si el preso se atrevía a reclamar, los militares lo consideraban como una acusación de ladrones. Perdería seguro el reloj, que había sido un regalo de mi padre.

Nadie levantó a Goicochea; le pasábamos por el lado huyendo de los golpes, y tratando de no pisotearlo. Corríamos hasta la pared de enfrente, donde nos agrupábamos siempre bajo los gritos de los guardias que allí nos esperaban armados con fusiles y bayonetas caladas. En aquella requisa, como en algunas otras, estaban presentes pelotones de la Policía Nacional Revolucionaria, que colaboraban con la guarnición de La Cabaña. Esta vez había un propósito especial: el gobierno revolucionario había iniciado meses atrás una campaña de recaudación de fondos para la compra de armamentos. Aquel slogan del propio Castro a principios de 1959: «¿Armas para qué?», había quedado en el olvido y predominaba ahora el afán de armarse... El gobierno había pedido al pueblo que contribuyera con dinero y con joyas: anillos, pendientes, cadenas de oro... Todos los presos fueron despojados de los relojes, las cadenas, los anillos de bodas. Uno a uno, al ir entrando a las galeras, completamente desnudos, les quitaban sus prendas. Los oficiales gritaban animando el despojo:

—¡Arriba, ustedes también tienen que contribuir a la compra de armas y aviones!

Si alguno se atrevía a no entregar una prenda era además golpeado... Mi reloj había quedado dentro de los zapatos, donde lo guardaba todas las noches. Con toda seguridad lo habían encontrado en el registro de la galera.

En un maletín de lona habían ido colocando las prendas. Cuando regresamos a las galeras, un revoltijo de ropas y artículos personales llenaba el pasillo. Ya seguros, sin la presencia de los guardias, los prisioneros descargaban su indignación acusándolos de ladrones. Cuando recogí uno de mis zapatos bajo la litera, me sorprendió encontrar el reloj, que había escapado a la requisa. ¿Qué hacer ahora? Y sentí miedo. Miedo a tener conmigo aquel reloj que me pertenecía. ¿Y si la guarnición interpretaba que se lo había ocultado? Podían sentirse burlados, desafiados. ¿Qué hacer, Dios mío? Me quedé allí, con el reloj en las manos, como atontado, mientras algunos a mi alrededor lo miraban incrédulos y preguntaban:

—¿Cómo pudiste pasarlo...?

Ahora me embargaba la preocupación de tener mi propio reloj. Tenía que ocultarlo como si yo lo hubiera robado. Pasó por mi mente la idea de ir a la puerta, llamar al escolta y entregarlo buenamente, luego de explicar lo sucedido. Así me evitaba represalias; pero me pareció un proceder flojo, débil y hasta mezquino, que me hacía sentir mal conmigo mismo. Decidí no hacerlo y creo que de alguna forma fue aquella decisión la que sentó definitivamente mi comportamiento futuro. Actuaría siempre en armonía con mis criterios, porque serían más soportables las represalias que las censuras y reproches de mi propia conciencia.

# Capítulo V
# El año del paredón

La lucha del pueblo cubano tratando de que el comunismo no se consolidara se incrementaba día a día. Voraces incendios consumían grandes almacenes y tiendas de la capital. Cientos de hectáreas de sembrados de caña de azúcar eran pasto de las llamas y las noches cubanas eran alumbradas por aquellas gigantescas hogueras. Las bombas demolían vías telefónicas y eléctricas, descarrilaban trenes y el enfrentamiento armado entre los patriotas y las fuerzas represivas, en la ciudad y en las montañas, eran constantes.

A medida que la resistencia aumentaba, también aumentaba el terror del gobierno. Caían frente a los pelotones culpables e inocentes. En las montañas, cuando las tropas del gobierno apresaban a los patriotas, éstos eran fusilados en el sitio de su captura, y médicos forenses les abrían el abdomen para tratar de localizar al resto de las guerrillas guiándose por los alimentos que tuviesen en el estómago.

Castro había manifestado en el teatro de la Confederación de Trabajadores de Cuba:

—Contestaremos la violencia con la violencia. Por fin es que nosotros no tenemos a Dios, pero tenemos una infantería que es la mejor del mundo.

Juan Carlos Alvarez Aballí tuvo la fatalidad de ser detenido en su hogar en medio de aquel clima de violencia. Simplemente le dijeron que tenía que aclarar algo en la sede de la Policía Política. Estaba en mangas de camisa; cuando fue a ponerse una corbata y el saco, los militares le manifestaron que regresaría en menos de una hora, que no tenía que vestirse con elegancia. Besó a su esposa y a sus hijos. Estaba tranquilo, con esa confianza que da el saber que nada se ha hecho. Uno de los agentes, el más viejo, tuvo unas palabras para la esposa:

—No se preocupe señora, dentro de una hora a más tardar, yo mismo se lo traigo.

El cuñado de Alvarez Aballí había buscado refugio en una embajada: estaba complicado en actividades conspirativas. Ésta era la única razón por la que Alvarez Aballí era detenido ahora. Ya que no podían echar mano al que estaba en la embajada, al menos lo tendrían a él. Y allí estaba, en el patio de la prisión, esperando por un juicio injusto del que pensaba salir absuelto. Hasta que escuchó la petición del fiscal: le acusaba de estar conspirando con su cuñado, el que estaba asilado en la embajada, y le pedía pena de muerte. Cuando leyó el documento, Alvarez Aballí se desplomó llorando y repitiendo que era inocente.

La tarde que lo llamaron a juicio estaba sereno y tenía puesta su fe en Dios. Con vehemencia y sinceridad conmovedoras contó al tribunal toda su vida, dedicada por entero a su trabajo y a su familia, alejado de cualquier actividad política. El abogado defensor, en un acto de valor, se atrevió a presentar una carta del cuñado, certificada por el embajador, en la que se hacía único culpable de una sustracción de armas y explicaba con detalles hechos que demostraban la inocencia de Alvarez Aballí. El tribunal rechazó rotundamente la carta de Juan Maristany y planteó que si éste salía de la embajada y se entregaba a las autoridades, entonces cambiarían la sentencia.

Al día siguiente de finalizado el juicio, fue conducido a las celdas para los condenados a muerte. Con él iba otro prisionero que tuvo mejor suerte y a quien sacaron de la celda unos minutos antes de que Alvarez Aballí fuera llevado al paredón. Nos contaba que frente a la muerte éste se creció, pasó todo el tiempo rezando y se despidió con un abrazo. Pero ni una sola lágrima asomó a sus ojos.

Cuando lo sacaron rumbo a los fosos, pasó frente a los retratos de Fidel y Raúl Castro y se detuvo un momento, exclamando:

—¡Y pensar que por estos dos miserables quedan cinco huérfanos! —Y, colérico, se volvió hacia el teniente Manolito, jefe de la prisión, y le dijo—: Vamos, terminemos esto rápido.

Enrique Tellería era el jefe del pelotón. Cuando la descarga de fusiles atravesó el pecho de Juan Carlos Álvarez Aballí, Castro anunciaba en un discurso la partida de los primeros mil niños cubanos hacia la Unión Soviética para que estudiaran allá. Eran hijos de obreros y campesinos. Mientras tanto, los de Juan Carlos quedaban sin padre.

A todo lo largo de la Isla, los pelotones de fusilamiento no cesaban de ejecutar. Fue en aquellos días que el capitán Antonio Núñez Jiménez declaró que en lo adelante el año de 1961, que había sido bautizado como el «Año de la Educación», se llamaría «Año del Paredón». Y fue cierta su predicción.

Los condenados a muerte, al salir del juicio no regresaban a las galeras. Eran conducidos a unas celdas pequeñitas situadas al final de la galera 22 donde alojaban a los militares del ejército revolucionario sancionados por robo, drogas y otros delitos comunes. Estos presos se mantenían separados de nosotros por el pequeño patio rodeado de altas verjas que constituía el rastrillo, lo que evitaba el contacto físico con los mismos; pero podían verse desde nuestro patio.

Los condenados a muerte eran confinados a aquellas celdas individuales, para llegar a las cuales tenían que pasar a todo lo largo de la galera de los presos comunes militares. En ese recorrido, acompañados de los escoltas, con las manos amarradas a la espalda, eran insultados y recibían toda clase de humillaciones por parte de aquellos delincuentes comunes, que buscaban quizá ganar méritos con la guarnición o que canalizaban verdaderamente su odio contra los que se enfrentaban a la revolución que muchos de ellos apoyaban. Pero no solamente eran los pocos instantes del paso obligatorio por su galera los aprovechados por los delincuentes comunes para atropellar y vejar a los condenados a muerte. Había quienes los seguían hasta sus propias celdas, a las que tenían acceso, y allí continuaban ofendiéndolos, negándoles en sus últimas horas la paz y el recogimiento que les permitiera rezar, repasar sus vidas, meditar. Las autoridades no ocultaban su beneplácito con estos procedimientos y cuando había prisioneros políticos en las celdas de la muerte, repartían bebidas alcohólicas a los delincuentes comunes para que entonaran La Internacional y celebraran los triunfos de la revolución sobre los contrarrevolucionarios.

El respeto al hombre que va a morir por sus ideas sólo pueden tenerlo quienes creen en Dios, en una vida espiritual trascendente. Por eso no les concedían ni la asistencia de un sacerdote, ni respetaban sus últimos momentos.

Muchos condenados a muerte, lejos de sentirse derrumbados o amedrentados por tanta maldad, respondían con arengas políticas y denunciaban al marxismo frente a aquella chusma.

Algunos se dirigían a las autoridades pidiéndoles que no toleraran que aquellos delincuentes continuaran frente a sus celdas insultándolos. Mas para ellos no había un ápice de conmiseración. Desde que salían maniatados de los tribunales rumbo a las celdas de la muerte, comenzaban las burlas de los escoltas. Los despojaban de los zapatos y se los tiraban a los delincuentes comunes, que se los disputaban tumultuosamente.

Cuando la escuadra de guardias los conducía al paredón de fusilamiento, al pasar por la galera 22 eran despedidos con gritos de «Viva Fidel Castro, viva la revolución».

Desde que la camioneta con los componentes del pelotón de fusilamiento traspasaba la entrada que conduce a los fosos, se escuchaba el ruido inconfundible del motor en las galeras y en las celdas de los condenados, que sentían acercarse el momento decisivo. En las galeras comenzaba entonces el murmullo de las letanías del rosario. En las camas, los presos guardábamos un silencio opresor y angustioso, mezclado con la impotencia de no poder hacer absolutamente nada por impedir la muerte de quien hasta horas antes compartía con nosotros sus esperanzas, sus sueños, sus preocupaciones. Un cúmulo de imágenes y pensamientos se confundían en nuestras mentes en aquellos instantes: sus hijos huérfanos, la viuda, la madre transida de dolor. También nos asaltaba, estremeciéndonos, la idea de que aquel a quien aguardaba el pelotón podía ser uno mismo. Y de pronto me veía con las manos atadas, amordazado, conducido al foso... Bajar aquellos escalones, el madero frente a la pared de sacos de arena y los reflectores iluminándolo... Unos oficiales me empujaban y me rodeaban con una cuerda por la cintura..., levantaban los fusiles y un relámpago ensordecedor retumbaba por todos los fosos... Así me sucedería a mí..., lo esperaba. Cada noche ensayaba aquel camino, lo veía en mi mente, conocía el recorrido de memoria, cada escalón, el madero...

Luego del tiro de gracia, siempre sollozaba alguien. Hubo noches de diez o doce fusilados. Se escuchaba la reja del rastrillo y alguien que avanzaba a la puerta para ver al amigo y gritarle el último adiós. No se podía dormir en las galeras. Fue entonces cuando Dios comenzó a convertirse para mí en un compañero constante, y la perspectiva de la muerte, en una puerta para la verdadera vida, en un paso de las tinieblas a la luz eterna.

Para los condenados no había un solo átomo de compasión, de respeto. Si el sentenciado no caminaba con la rapidez que deseaban los escoltas, la emprendían con él a culatazos, lo arrastraban como un fardo y lo amarraban al poste.

El golpe de los martillos clavando la caja de madera es repetido por el eco de los fosos. El cadáver no se entrega a los familiares para velarlo y acompañarlo al camposanto. Una furgoneta que dice INRA (Instituto Nacional de Reforma Agraria), en la que van un oficial de la Policía Política y varios militares, se lo lleva hasta el cementerio donde será enterrado en fosas comunes en una parcela reservada para ello por el Ministerio del Interior en el cementerio de Colón. No hay una marca, una tarjeta, nada que los identifique. Los familiares no tendrán siquiera el triste privilegio de conocer dónde están sepultados sus seres queridos.

Pero no sólo desaparecerían cadáveres, algunos detenidos eran sometidos secretamente a los procesos de interrogatorio, y al terminar eran llevados directamente de la sede de la Policía Política al paredón de fusilamiento. Eso podíamos verlo desde el fondo de las galeras. Estando en el patio vi, con un grupo de mis compañeros, cuando bajaban a un hombre amordazado y con las manos atadas a la espalda. Vestía de verde olivo. Lo fusilaron con prisa. No había salido de aquella prisión. No lo conocía nadie. Esto sucedía muchas veces: fusilados y enterrados secretamente.

# Capítulo VI
# Isla de Pinos

En el patio de la prisión había dos altavoces. Cuando los militares querían dirigirse a los presos, lo hacían a través de ellos. Una tarde, al terminar el recuento, comenzaron a leer una lista de prisioneros que debían recoger de inmediato todas sus pertenencias. Iban a ser trasladados. Cuando llamaban a estos grupos se hacía un silencio total en toda la cárcel. Cada cual aguzaba el oído para distinguir si pronunciaban su nombre. Nunca decían para dónde era el traslado, pero desde La Cabaña, y tantos prisioneros, sólo podían tener un destino: la Isla de Pinos.

Ya los que habían nombrado de mi galera comenzaban a echar sus pertenencias en bolsas de lona. Había como una angustia en el ambiente. El traslado para aquella prisión, situada en una isla al sur de Cuba, sobrecogía los ánimos. Eran muchos los horrores que se comentaban de lo que allá sucedía. Además, era el alejamiento de los familiares, mayor incomunicación. Al menos en La Cabaña, teníamos noticias frecuentes de la familia, un par de veces por semana. Luego de mi prohibición de que volvieran a visitarme, para ahorrarles la vejación de aquellas requisas en las que desnudaban hasta a las más viejecitas, mi madre había ido una vez. Mi hermana no entró, la esperó afuera. Supe entonces por mi madre que el ministro de Comunicaciones le había enviado una carta donde le informaba que yo había sido expulsado de mi trabajo por «traidor a la revolución». Este mismo ministro pronunció unas palabras contra mí en una asamblea que organizaron los comunistas de aquella dependencia. Unos cartelones, esgrimidos por algunos de mis ex compañeros, pedían: ¡paredón!, ¡que lo fusilen...!

La bocina seguía emitiendo la letanía de nombres y nombres: los repetía dos veces. Escuché el mío y abandoné la puerta para preparar mis cosas. Frente a mí, Pedro Luis Boitel, y a mi lado Alfredo Carrión, también preparaban su equipaje. Fue aquel uno de los traslados mayores que se hizo: más de trescientos en un solo llamado. Todos sabíamos que allá las visitas estaban suspendidas, que hacía solamente unos días habían matado a Monteiras a culatazos en una requisa y que imperaba el terror.

El traslado del preso es siempre aprisa. Cuando terminaron de leer la lista, pelotones de militares ya formaban frente a las puertas y ordenaban a los llamados que fueran saliendo. Con verdadera agitación íbamos echando en desorden nuestros escasos artículos en los sacos de lona de los que todos los presos se habían provisto, traídos por los familiares.

—¡Vamos..., apúrense...! —los guardias repetían mecánicamente la orden. Se les veía cansados. En los traslados, los retenes, los que salieron después de prestar sus servicios de posta, tienen que incorporarse y no pueden dormir. Esto los disgusta, los pone de mal humor y siempre es el preso el que paga las consecuencias.

Ya los primeros que habían salido de las galeras 8, 9 y 10 se amontonaban en el patio, cargados con sus sacos y con otras bolsas de yute, y del cinturón, colgando, el jarro de aluminio y la cuchara, al cuello una toalla, y asomando por el bolsillo de la chamarreta el cepillo dental y la pasta.

—¡Vamos..., saliendo...! ¡Esos que llamaron, afuera...! —Eran muy dramáticas las despedidas de los que se quedaban. Los apretones de manos deseándoles suerte en el juicio. El abrazo a quien se sabe tiene muy pocas posibilidades de salvarse es como abrazar a un muerto. Y se tenía casi la certeza de que jamás se les volvería a ver vivos y en aquellos instantes no se sabía qué decirles, faltaban las palabras adecuadas y se les miraba a los ojos. En el corazón, silenciosamente, brotaba una plegaria por aquellos hombres.

Pedro Luis era de complexión débil, muy delgado, y sus fuerzas escasas. Había sido un niño enfermizo. Desde pequeño tuvo que comenzar a trabajar, ayudaba a uno de sus tíos a repartir café a domicilio. Así, con el esfuerzo de sus padres y su voluntad de superación, llegó hasta la universidad, donde estudió ingeniería eléctrica. Se sumó a los grupos de acción que combatían a Batista y en peligro de muerte logró escapar a Venezuela. Desde allí continuó ayudando a Castro. Fue en Caracas donde lo sorprendió la caída del tirano. En enero de 1959 regresó y se reincorporó a la universidad, a su facultad, de la que había sido elegido presidente por los demás alumnos, que lo admiraban por sus valores personales, hombría de bien y dotes de dirigente.

Pero Luis casi no podía con su saco y lo arrastraba. Usaba un crucifijo grande —regalo de un sacerdote católico— que lo acompañó en su candidatura a presidente de la Federación Estudiantil Universitaria, a la que tuvo que renunciar personalmente amenazado por Castro, porque Boitel era un anticomunista activo. Fue entonces cuando pasó a la clandestinidad, en la que estuvo viviendo durante meses, hasta que fue capturado.

Casi doscientos presos con sus sacos estábamos en el patio. Un grupo de tenientes con listas en las manos comenzaron a llamar y los presos que estaban más cerca de los militares se volvían y repetían el nombre. Así fuimos saliendo y formando en el rastrillo de dos en fondo. Cuando hubo un grupo como de cincuenta, lo sacaron, y luego otro, y otro: así transcurrieron muchas horas. El nuestro fue casi de los últimos. Salimos a la calle, aquella misma que yo conocía de cuando me llevaron a juicio; pero ahora estaba llena de guardias que iban y venían constantemente, con cascos y fusiles con bayonetas.

—¡Arriba... Formando ahí de dos en fondo!

Era un sargento negro y gordo que yo no había visto antes. Los presos comenzaron a formar. Pasó el sargento contando, confrontó con unas listas que tenía en la mano y dio la orden de echar a andar. A la salida del primer túnel, un poco más allá de la entrada de la prisión, esperaban los ómnibus. Eran «Leyland» ingleses, pintados de blanco, de los que componían las líneas de Autobuses Modernos, S. A., expropiados por el gobierno. El asiento del fondo estaba ocupado por seis escoltas con metralletas. Cuando se llenaron todos los asientos, otros escoltas se apostaron en las puertas y detrás del chofer. Un teniente amenazó a los que intentaran pararse, y partió aquella comitiva de varios autobuses escoltados por patrulleros de la Policía Nacional y carros de la Policía Política.

Yo había escondido el reloj desde el día de la requisa. Con toda seguridad, al llegar a Isla de Pinos, lo descubrirían, y pensé que sería mejor que me lo pusiera en la muñeca. Pero no ahora, sino cuando estuviera acercándome a la otra prisión; quizás allí lograría pasarlo sin mayores consecuencias. La caravana de autobuses dejó atrás la fortaleza, arribó a la vía Monumental, torció a la derecha y entró en el túnel, rumbo al Campamento Militar de Columbia, lugar de donde saldrían los aviones cargados de prisioneros para Isla de Pinos.

Sentado a mi lado iba Carrión. Boitel se había acomodado en el primero de los asientos. Siempre un traslado genera interrogantes en el preso, son mil las preguntas que se suceden y quedan sin respuesta. Hay una actividad mental muy intensa en cada uno de los hombres mientras se desliza el silencio y no se escucha una sola voz. Quizá muchos pasaron frente a sus propias casas porque hubo que atravesar la ciudad, y un cúmulo de recuerdos los asaltó de forma directa. ¡Cuántas veces yo mismo no había caminado por aquellas avenidas, libre, sin sospechar ni remotamente que un día pasaría por ellas siendo un preso!

Llegamos al campamento militar, frente a las instalaciones y hangares de la Fuerza Aérea. Altas cercas y vigías con fusiles custodiaban el aeropuerto. Un poco más allá de los edificios de oficinas y dormitorios, las pistas grises y las siluetas de aviones de transporte que se desdibujaban en la noche opaca.

Bajamos frente a unas barracas. Guardias por todas partes. Entraban y salían. Se escuchaba el golpeteo de martillos. Estaban terminando de clavar unas tablas que clausuraban las ventanas. El salón estaba lleno de literas de dos pisos, de madera con una lona gruesa, sin almohadas. Las órdenes se escuchaban afuera de manera constante. Colocaron postas rodeando el edificio y un guardia arrastró una silla y se sentó frente a la única puerta.

Boitel, Carrión, Ulises, Piñango y yo ocupamos dos de las últimas literas. Ya los presos comenzaban a adaptarse a la nueva situación. Se le preguntó al guardia por los servicios y hubo que esperar a que consultara a los superiores. Cuando llegó la respuesta, nos autorizaron a pasar de cuatro en cuatro.

Fuimos Boitel y yo, más que por necesidad fisiológica, para inspeccionar el lugar con la idea de aprovechar cualquier posibilidad de escapar. Pero sólo existía una ventana muy alta, casi pegada al techo, y daba además al costado donde estaban las postas. Regresamos y nos tiramos en las literas, a pensar, a meditar, queriendo penetrar en el futuro que nos aguardaba.

Por entonces había un optimismo enorme en cuanto a la pronta caída del régimen. Hacía sólo unas semanas que los Estados Unidos habían roto relaciones con Cuba, y el presidente Eisenhower declaró que «la penetración comunista en Cuba era real y constituía una grave amenaza para el mundo occidental». Se tenía entonces la creencia de que no se toleraría un régimen marxista en el continente americano. Los analistas esgrimían como argumento los tratados de la OEA, la proximidad geográfica a Estados Unidos... Se daba por seguro que Castro no duraría muchas semanas más en el poder. Por otra parte, y eso sí era más razonable, la resistencia cubana se hacía más y más poderosa. Almacenes y fábricas eran pasto de los incendios, se multiplicaban las guerrillas en las montañas. Y los que se alzaban no eran los terratenientes, ni ex soldados de Batista, sino los mismos que lucharon junto a Castro para establecer la democracia. Al verse engañados volvían a tomar las armas. Uno de los más conocidos y legendarios jefes lo fue el capitán Osvaldo Ramírez.

El día 11 de enero de 1961 Castro envió un mensaje a Ramírez:

—Dígale a Osvaldo Ramírez que sabemos que es un idealista. Que le invito a que converse conmigo para demostrarle que la revolución no es comunista; y que le garantizo que si no se convence, tendrá plenas garantías para regresar a las montañas.

Pero el capitán Ramírez, que conocía a Castro muy bien, le respondió que aceptaba la conversación, pero con un cambio: que subiera él a las montañas y si no los convencía, le darían garantías para regresar. Castro se indignó y ordenó atacar.

Decenas de miles de milicianos, en la más gigantesca operación que se recuerda, cercaron las montañas del Escambray persiguiendo a los rebeldes.

Todas las noches, en todas las ciudades de la Isla, las bombas estremecían el aire. Tableteaban las metralletas y caían sin vida combatientes de uno y otro bando.

Muy temprano, aún sin aclarar, entró un grupo de oficiales para contamos:

—¡Arriba... A formar aquí para recuento! —Adormilados, nos fuimos alineando, envueltos en las frazadas, porque hacía frío a pesar de estar la barraca completamente cerrada.

Trajeron un tanque de aluminio y nos dieron un pan y un sorbo de café. Nos ordenaron recoger y nos sacaron de aquel dormitorio. El cielo seguía gris y opaco, y las nubes, muy bajas, corrían empujadas por el viento del norte. Atravesamos una de las pistas. Batallones de milicianos estrenando las boinas verdes marchaban y cantaban himnos revolucionarios, entre ellos La Internacional. De aquel campamento militar había escapado Batista la madrugada de un primero de enero, hacía escasamente dos años. Ahora marchaban las milicias y aguardaban cientos de presos políticos un destino incierto.

El primer grupo fue seleccionado por listas que ya venían confeccionadas de la prisión. Y llegó el avión, un viejo C-46. Los guardias gritaban y amenazaban a los que subían; era una medida de coacción para atemorizamos... más todavía.

Cuando el avión giró, una nube de polvo, papeles sucios y basura nos envolvió. Estábamos a un costado de la pista, entre las hierbas amarillentas y resecas. Era necesario esperar que el avión regresara para transportar un nuevo contingente de hombres. Aquel traslado era lento y lo suspendieron porque el avión tenían que usarlo para llevar un lote de ganado a la provincia de Camagüey. Estuvimos allí hasta el anochecer; esperábamos que nos regresaran nuevamente a la barraca. Espera inútil. Habría que permanecer allí, a la intemperie, de noche y con un frío que calaba los huesos. Los militares recibieron refuerzos y tiraron un cordón de guardias alrededor de nosotros. Sacamos las frazadas y nos agrupamos lo más estrechamente posible para esperar un nuevo día... La explosión de las bombas se escuchaba a ratos.

En la madrugada descendió bastante la temperatura y entonces fue imposible dormir: tiritábamos de frío. Cuando por encima de las casas y las copas de los árboles, al otro lado de las cercas, comenzó a aclarar, trajeron un poco de café y pan. El viento barría la pista grisácea, inclinando las hierbas o arremolinando papeles. Con cuidado saqué el reloj y me lo coloqué en la muñeca; lo tapaba la manga del uniforme, pero además até un pañuelo en torno a él. Quizás en la otra cárcel podría usarlo.

Sólo quedábamos un grupo, no muy grande. Frente a los hangares se formaron los pelotones de milicianos e iniciaron los ejercicios de marcha. Pasaban muy cerca de nosotros y nos miraban de soslayo. Muchos de aquellos hombres que estaban entonces dispuestos a pelear defendiendo la revolución, caerían combatiéndola o irían a las cárceles políticas años después por enfrentársele; pero entonces no eran capaces de sospechar siquiera en lo que se convertiría el país cuando el comunismo lo controlara totalmente.

Por fin llamaron a nuestro grupo. Boitel fue separado un momento para colocarle unas esposas en las muñecas, y otros más fueron esposados de dos en dos. Una medida de ensañamiento. Al acercarnos a la escalerilla del avión los militares comenzaron a gritar, iban enardeciéndose. El avión de transporte, que estuvieron usando para trasladar ganado, no tenía asientos, y no lo habían limpiado siquiera, por lo que el piso estaba lleno de los excrementos de las reses. Una soga dividía el avión: de un lado nosotros, del otro, los escoltas.

—¡Todo el mundo al suelo... sentándose! —Hubo un titubeo, porque había que tirarse sobre aquel piso lleno de mierda de vacas... y los guardias comenzaron a empujar y a gritar como condenados:

—¡Apúrense... Al suelo todos! —Boitel, esposado, trataba de arrastrar uno de sus bultos, el otro se lo cargaba Carrión. A Guillermo le apoyaron un fusil en la espalda y lo empujaron con violencia. Cayó de bruces, enredado con sus bultos.

Se escuchó el ruido metálico de los cerrojos de las metralletas, y órdenes, y gritos. Nadie se movió. Yo me sentí aterrorizado.

—Y ahora escuchen bien —era un teniente el que hablaba; tenemos órdenes de dispararle al que no obedezca. No pueden mirar por las ventanillas, ni siquiera levantar la cabeza. El que lo haga que se atenga a las consecuencias... ¡Ah!, otra cosa, hay que hacer silencio, no pueden hablar durante el viaje.

Todas aquellas medidas represivas tenían el fin de desalentar cualquier intento de apoderarnos del avión. Había en nuestro grupo hombres de acción que habían demostrado su coraje en muchas ocasiones, en las montañas, peleando en las guerrillas, o en la ciudad, en los grupos clandestinos.

El piloto subió con los escoltas, que se encerraron con él en la cabina. Esta medida no se adoptó en Cuba solamente para trasladar presos. Ya en aquella época, todos los vuelos nacionales llevaban dos escoltas, y además la puerta de la cabina era blindada y con una mirilla de cristal también blindado. Hasta que el aparato aterrizara no podía abrirse la puerta de la cabina, pasara lo que pasara. Así ocurre todavía.

Con las cabezas gachas, sin hablar, transcurrió el viaje. El avión tomó tierra en el pequeño aeropuerto de Nueva Gerona, la capital de Isla de Pinos.

El avión dio unos tumbos como si la pista se hubiera terminado y avanzara sobre un terreno irregular. Y así era en realidad. El aparato torció a la izquierda hacia donde aguardaban los camiones y la guarnición del presidio, nuestro comité de recepción.

Abrieron la portezuela. Afuera, la hierba alta daba por encima de las rodillas y decenas de guardias con fusiles y bayonetas caladas rodeaban el aparato.

Mientras descendíamos del avión, aquellos militares comenzaron a gritar desaforados. La mayoría de los que se agrupaban frente a la portezuela eran negros, no parecían cubanos; del cuello les colgaban collares de semillas llamadas «ojo de buey» y cuentas de colores y en las boinas, como distintivos, llevaban unas ramitas de mijo.

Si gritaban y amenazaban los de afuera, mucho más lo hacían los de adentro:

—¡Abajo, pero eso es ya..., rápido!

Esta vez no había escalerilla. Tirarse era lo único que podía hacerse. Y nos fuimos tirando con el lastre de los sacos encima. Todo era como un maratón, un revoltijo desesperado. Boitel llegó frente a la puerta, y aunque apenas se detuvo unos segundos, uno de los militares levantó la pierna, apoyó la bota en su espalda y lo empujó con fuerza. Boitel se precipitó de frente sobre las hierbas, con las manos esposadas; los espejuelos se le cayeron.

—¡Subiendo a esos camiones, vamos, apúrense! —Y se cagaban en nuestras madres—: Llegaron a la Isla, ¡hijos de puta! ¡Ustedes van a saber lo que es bueno..., apúrense...!

Era horroroso aquello. Los presos se movían como animales asustados; al menos, yo me sentía así. Esperaba que de un momento a otro me dieran un bayonetazo o un culatazo. El miedo se había apoderado de mí. Sentía como una opresión en el vientre, como si una garra de acero me apretara el estómago y tirara de él lentamente. A partir de entonces, aquella sensación me acompañaría durante años, y yo sabía que era miedo, pánico.

Subimos a los camiones perseguidos por los gritos constantes..de los guardias. Iba en aquel grupo un preso muy gordo, lento en sus movimientos, al que llamábamos Tito. Subir a un camión no era tarea fácil para él, y se quedó abajo esperando que le dieran una mano; pero en aquellos instantes de confusión y miedo nos olvidamos de él. Uno de los guardias levantó el brazo armado de una bayoneta y descargó un planazo sobre el gordo Tito:

—¡Sube…, te dije que subieras…! —y volvió a golpearlo. Varias manos se tendieron hacia Tito y lo izaron hasta el camión.

Una soga dividía la plataforma. Los presos íbamos amontonados en la parte anterior, la que está junto a la caseta del chofer; y del otro lado, como en el avión, los militares. Nos miraban con ferocidad, y cuando el camión echó a andar levantaron sus bayonetas y las colocaron muy cerca de las gargantas de los más próximos.

Carrión y yo estábamos delante. Las puntas filosas de las bayonetas, a pocos centímetros de nosotros, se mecían con cada movimiento del camión. Hubiera bastado un frenazo brusco para que se hundieran en nuestros cuellos.

También estaba prohibido mirar, volver la cabeza o saludar. Las bayonetas seguían avanzando y retrocediendo al vaivén del camión. Instintivamente, la cabeza se echaba hacia atrás y entonces el guardia adelantaba un poquito más el fusil…

—¿Tienes miedo, maricón? —Y había que tragarse el insulto—. No saben lo que les espera, han llegado a Isla de Pinos y ahora van a saber lo que es esto —nos decían.

Mucho habíamos oído hablar de los horrores del presidio a donde nos llevaban, de los trabajos forzados en las canteras, de las escalofriantes requisas donde siempre algunos prisioneros resultaban muertos y cientos heridos a bayonetazos. Mucho habíamos oído hablar de los tenebrosos pabellones de castigo, de sus celdas, donde se confinaban a los presos que protestaban por las injusticias y abusos que a diario se cometían contra ellos; o simplemente porque a los carceleros les complacía ver a los presos allí, desnudos, con la puerta de la celda soldada, usando como cama el duro y frío suelo. Allí pasaban meses, y era práctica diaria arrojarles cubos de agua helada y excrementos. El que lograba controlar su mente y no salía con las facultades psíquicas afectadas, volvía casi siempre con los pulmones destrozados, tuberculoso…

Y hacia ese lugar nos encaminábamos. En silencio, respirando profundamente, llenándonos de aquel aire libre que en mucho tiempo no volveríamos a respirar y con la angustia constante de que un brusco frenazo del camión, un bache de la carretera, fuera suficiente para que aquellas bayonetas nos traspasaran las gargantas.

En ese momento el recuerdo de mis compañeros caídos, fusilados en el paredón de La Cabaña, venía a mi memoria. Pensé en Julio y en su desprecio por la vida, defendiendo sus criterios de Libertad y de Patria, y pensé en todos aquellos que con una sonrisa en los labios marchaban a los paredones, y pensé en la integridad de aquellos mártires que morían gritando: «¡Viva Cuba libre! ¡Viva Cristo Rey! ¡Abajo el comunismo!» y me avergoncé por haberme sentido tan temeroso, y pensé que la única manera de rendir honor al recuerdo de esos héroes era portándome con la firmeza que ellos habían tenido, y comprendí entonces que nada debía importar la vida frente a los peligros que trae consigo la defensa de los ideales y de la Libertad, y me sentí orgulloso de ser uno de aquellos hombres, y supe que aquél era mi lugar allí, porque era una manera de combatir. O como cuando estaba en la calle, alertando a cuantos podía para evitar que la cortina roja se cerrara definitivamente alrededor de Cuba, de nuestra Cuba, ya bañada en lágrimas y sangre, pero con su esperanza depositada en los que estaban dispuestos a luchar por la libertad a cualquier precio. Mi corazón se elevó a Dios y le pedí, con un fervor único, que me ayudara a resistir. Sentí que Dios me había escuchado.

# Capítulo VII
## Un modelo de presidio

La prisión de Isla de Pinos era entonces la más grande de Cuba. Era el llamado Presidio Modelo. Lo construyó el dictador cubano Gerardo Machado. Seis edificios enormes, circulares, con una capacidad mucho mayor que la necesitada en los años treinta, cuando fueron levantados. Alguien señaló al dictador que era demasiado grande, que jamás se llenaría aquel presidio, y Machado respondió:  —No te preocupes, ya vendrá alguien que lo llenará.

Ese alguien fue Fidel Castro.

Las puertas corredizas del primer cordón de seguridad se abrieron para dar paso a la comitiva. Hermosos y bien cuidados jardines era lo primero que veía el recién llegado. Presos comunes regaban y limpiaban de malas hierbas los rosales y marpacíficos. Al centro, el edificio de la dirección; a cada lado, en forma de arco, un grupo de casas para los oficiales. Al fondo se veían las moles enormes de las circulares, donde estaban los reclusos.

—¡Abajo, hijos de puta! ¡Ahora sí están presos, llegaron a la Isla!

El insulto nos golpeó el rostro, pero nadie respondió. Comenzamos a saltar del camión; frente a mí, dos compañeros venían unidos por las mismas esposas, y uno de ellos trataba de acomodarse buscando apoyo para bajar; un guardia del camión se acercó a su espalda y de una patada lo lanzó a tierra arrastrando en la caída a su compañero con la muñeca desgarrada por la pulsera metálica. Arriba del camión, el guardia prorrumpió en una burlona carcajada que fue coreada por el resto de los militares. Uno de ellos se acercó a los dos presos que, golpeados y magullados por la caída, trataban de incorporarse, y les dijo:

—¿Ven qué buenos somos? Hasta los ayudamos a bajar... —Y otra vez las carcajadas burlonas. Y nosotros allí, impotentes, sin atrevernos siquiera a protestar, pensando que si aquél era el comienzo, cómo sería lo demás. Inmediatamente llegó un jeep, preguntaron por uno de nosotros, que había estado involucrado en la muerte de un miliciano, muerto en un tiroteo. Sus dos compañeros habían sido fusilados y él condenado a 30 años:

—¿Dónde está ese hijo de perra? —gritó enfurecido un sargento saliendo del jeep.

—Ése es —respondió uno de los que nos escoltaban desde La Habana.

—Vamos, apúrate, vas a saber ahora quiénes somos nosotros.

El preso fue empujado hacia el jeep y a golpes lo metieron dentro; uno de los guardias le pegó con la culata del fusil y un quejido sordo escapó de los labios de aquel infeliz, casi un niño todavía.

—Llévense a ése para el pabellón —gritó el sargento alto y gordo que parecía ser el que mandaba en aquel grupo—. Y ustedes —siguió, dirigiéndose a nosotros—, formando ahí rápidamente, vamos, apúrense. —Uno junto al otro nos alineamos, y comenzaron a comprobar nuestros nombres con la lista que traían los escoltas desde Cuba.

—Bien, ¿quiénes son los de la huelguita? —preguntó el sargento.

Se refería a una huelga que habían hecho unos presos en La Cabaña como protesta por los fusilamientos de aquel terrible mes de enero de 1961, cuando los comunistas, sedientos de sangre, y mediante la publicación de una ley, legalizaban y buscaban excusas para justificar aquellos asesinatos, tratando de aterrorizar a los que ya comprendían el engaño y se lanzaban a la lucha para conquistar la libertad que tanto ansiaban.

Llamaron a Cheo Guerra, a Guillermo y a otros. Varios milicianos se separaron del grupo, las armas en ristre, caladas las bayonetas, indicando el camino que debían tomar: una carretera que se adentraba por el resto de las instalaciones del penal.

—¡Vamos, corran! —gritaban a las espaldas de los presos y los pinchaban con las bayonetas. Los vimos alejarse y vimos también cómo sus pantalones se iban tiñendo de sangre en los muslos. Uno de ellos tropezó y cayó, y sobre él cayeron las botas de los guardias, y lo patearon hasta dejarlo sin conocimiento, sobre un charco de sangre. Fue arrastrado por los brazos y así se lo llevaron. Ésa era una de las diversiones favoritas de los guardias, lo supimos después. Mas, para nosotros en aquel momento, resultaba un espectáculo dantesco. ¡Qué lejos estábamos de imaginar que veríamos desde nuestras celdas, machas veces más, aquel mismo ensañamiento contra otros presos que irían llegando a la Isla!

—Bueno, que suban éstos ya —dijo el jefe de escoltas. Y comenzamos a subir unas escalinatas que daban acceso a las oficinas y dirección del reclusorio. Una vez allí, nos condujeron a lo largo de un corredor. Ni un solo momento habían cesado los insultos y las vejaciones para con nosotros. Éramos entonces trescientos doce hombres, y nosotros formábamos el último contingente de la cordillera más grande que fue trasladada a Isla de Pinos.

Llegamos al final del corredor; por una escalera descendimos a la parte inferior del edificio central del presidio, una especie de sótano donde nos esperaban ya los milicianos frente a unos montones de ropas de presos. Eran los uniformes del antiguo ejército, con una P negra en la espalda y otras dos en las perneras.

—¡Vamos, rápido, quítense las ropas todos, vamos, encuérense! —Todo era agitación, todo había que hacerlo de prisa, bajo constantes amenazas de ser golpeados o bayoneteados. Comenzamos a desnudarnos. La camisa, el pantalón, la camiseta, los calzoncillos, todo quedó a nuestros pies.

—Los zapatos también, ¡coño! —gritó otro. Y también nos quitamos los zapatos y los calcetines.

No puedo describir lo que yo sentía en aquel momento. Me imaginaba, suponía, que lo mismo pensaban y sentían los demás, al verse así, desnudos, de cara a la pared, y con aquellos milicianos y guardias riéndose y vejándonos con bromas y comentarios acerca de nuestra desnudez. Nada hay que deprima tanto como verse en esas condiciones.

—Ya, vírense ahora y quédense tranquilos hasta que los llamen —dijo uno de los soldados.

Nos fueron llamando uno a uno hasta un banco que nos separaba de los guardias y donde harían la requisa de nuestras propiedades, lo poco que traíamos: algunas latas de conserva, medicinas, pasta dental, jabón, ropa interior. Y comenzó el saqueo. Nos quitaron todo lo que tenía valor o les gustaba. Mi reloj atrajo la atención del teniente Paneque y casi me desgarra la muñeca para arrancármelo. Ahora sí lo di por perdido definitivamente. Eran buitres repartiéndose el botín, allí mismo. Con un descaro sin límites discutían entre ellos por la posesión de una u otra prenda: unas medias, una máquina de afeitar, una pluma. Llevaba conmigo un crucifijo regalo de un joven amigo, Neno Medina. Neno apenas tenía 16 años, pero Castro no había logrado engañarlo, toda su familia había pedido asilo político en Venezuela durante la

43

dictadura porque su padre era un revolucionario de Castro. Neno, más que conocer, intuía que el comunismo no era bueno para Cuba. Además había caído en sus manos uno que otro libro como *La Gran Estafa*, de Eudocio Ravines, que me comentaba con interés. Neno le decía a Fidel, ya en 1960, «Fidelosky». Obligado a ingresar en las milicias, viendo traicionada la revolución por la cual luchó y murió su padre, lo trasladaron como chófer a las montañas del Escambray, en una operación militar destinada a sofocar los reductos de rebeldes que luchaban contra Castro. Neno no pudo soportar aquello, porque estaba del lado de los alzados. Tomó entonces una dramática decisión: conduciendo un camión lleno de tropas, apretó el acelerador a fondo y lo lanzó por un precipicio. Todos murieron.

La mano del teniente Paneque se alargó hacia mi cuello y tiró con furia, pisotearon y patearon brutalmente el crucifijo, y por el suelo quedó la cruz en pedazos.

De pronto, en el extremo opuesto a donde yo me encontraba, se escucharon unas risotadas, exclamaciones de indignación y casi inmediatamente el preso que protestaba atacó a puñetazos a uno de los guardias que lo requisaba. Le cayeron encima varios militares. El preso se debatía, mordía, arañaba, hasta que los golpes lo hicieron desplomarse al suelo, la cabeza rota y la cara empapada por la sangre que le brotaba de la nariz. Trató de incorporarse y de un culatazo en la espalda lo hicieron caer de nuevo. Los demás guardias que nos rodeaban, al comenzar la pelea, retrocedieron inmediatamente, manipulando los fusiles y ametralladoras, amenazándonos con nerviosismo.

—¡Que no se mueva nadie, las manos arriba y cuidado con lo que hacen o disparamos!

Tenían miedo, estaban nerviosos, temerosos de hombres desarmados, desnudos, y sentí que nos crecíamos ante aquella turba que apenas podía sostener las armas por el temblor de las manos. Inmediatamente sacaron al que atacó al guardia. No sabíamos qué había motivado el incidente, sólo vimos al preso con varias heridas y las marcas de los culatazos cuando era arrastrado por dos guardias, dejando una mancha de sangre en el suelo. Muchos pensamos que moriría a consecuencia de los golpes y las heridas. Después supimos que el guardia que lo requisaba, al volcar sus propiedades, sacó una foto de la madre de nuestro compañero, de una madre como la mía, como la de todos, una de las tantas que sufrían el dolor terrible de verse separadas de sus hijos, de saberlos confinados en las cárceles, donde el atropello, el maltrato físico y moral eran la orden del día. Por eso aquel hombre no pudo contenerse cuando el guardia, insolente, con la foto en la mano, le preguntó en qué prostíbulo trabajaba aquella mujer. Allí se agotó su paciencia. Ciego de ira, con lágrimas de furia en los ojos, se abalanzó sobre el ofensor. ¡Qué ajena estaría aquella madre de que muy lejos del hogar, su hijo era arrastrado casi muerto, a consecuencia de una golpiza que por defenderla le propinaron los guardias! Y sentí una profunda admiración por aquel hombre y pensé en las madres que ya nunca más verían a sus hijos, en las que nunca podrían abrazarlos otra vez, y pensé en las madres de los fusilados y sentí que mientras alentara en mí un soplo de vida, trataría de ser digno de mis seres queridos. Recordé que no hay noche eterna y me sentí de momento más tranquilo y feliz por haber tomado interiormente aquella determinación.

Una vez terminada la requisa, entregaban una muda de ropa a cada recluso. A los que usaban una talla pequeña o mediana, le daban una grande, y a los grandes y gordos una pequeña, y había que ponérsela y salir de allí vestidos.

Los delgados no tenían problemas, envolvían el pantalón alrededor de la cintura y doblaban sus bajos, así como las mangas de la camisa. Para los gordos era un suplicio. Tito forcejeaba tratando de entrar en un pantalón que no le servía. Al fin logró meterse dentro de él, pero faltaban dos palmos de tela para poder abrocharlo y le quedaba a media pierna. Ésta era otra de las diversiones de la guarnición.

Al salir, en la pared de aquel sótano, un cartel con un pensamiento de Fidel Castro: «La revolución es más verde que las palmas.»

Formamos de dos en dos y echamos a andar. A uno y otro lado de la fila iban y venían los guardias. La puerta de entrada a la segunda alambrada se abrió: se alzaba allí una garita de concreto con reflectores y una ametralladora que apuntaba hacia los edificios. Ya estábamos dentro del presidio. Desde allí no se veían los jardines. Aquella puerta se abría a un mundo enajenante del que no saldrían muchos de los que entrábamos ahora. Pasamos entre los edificios 5 y 6, enormes, de cinco pisos de altura y forma rectangular, y ante nosotros se levantaban, impresionantes, las enormes edificaciones de hierro y concreto de las circulares, con sus siete plantas fabricadas para alojar 930 reclusos en cada una. Llegarían a albergar 1.300. Eran cuatro y al centro, también circular, pero de sólo dos plantas, estaba el comedor, capaz de admitir 5.000 comensales a un tiempo; la cocina y los almacenes estaban también aquí. Las cuatro circulares y el comedor se distribuían como el número cinco en los dados: el punto del centro era el comedor. Pasamos también entre las circulares uno y dos. Desde muchas ventanas nos saludaron los presos. Pero los guardias daban gritos de que no podía saludarse, ni levantar las manos para responder. Quienes lo intentaron, recibieron golpes. Bordeamos el comedor por una carretera asfaltada y nos detuvimos frente al rastrillo de la circular cuatro, nuestro edificio de destino. Sobre la puerta, un irónico cartel: «Bienvenidos a la Circular 4».

El rastrillo era una caseta amplia, de bloques de concreto sin pintar y un techo de planchas corrugadas de fibra de cemento. A través de las ventanas los presos que habían llegado el día anterior nos gritaban, llamaban por sus nombres a algunos de nosotros, a los que habían conocido en La Cabaña. Ya los guardias no hablaban. Era como si al llegar allí no tuvieran, ni hubieran tenido jamás, relación alguna con nosotros. Les éramos totalmente ajenos. Y eso me animó y me atreví a levantar la cabeza y mirar hacia lo alto, a las últimas ventanitas enrejadas del quinto y sexto piso, desde donde se agitaban manos dando la bienvenida. Luego fui bajando los ojos hasta las ventanas del primer piso, que quedaban muy cerca. Los hombres detrás de aquellos balaústres de hierro parecían cadáveres, los rostros blanquísimos por la falta de sol. Había uno tan flaco, pero tanto, que parecía irreal. No hablaba, no gesticulaba, sólo estaba allí, mirando: parecía una de esas figuras de los museos de cera... Sin embargo, de aquellos hombres, el que más tiempo podía llevar en la cárcel no pasaba de dos años y unos días. De sólo pensarlo, un escalofrío de terror me subió por la espalda. ¡Dos años...! No podría resistirlo. Pensaba... ¿Cómo estaban vivos todavía?, ¿por qué no habían muerto? Si alguien me hubiera dicho entonces que yo pasaría 22 años en la cárcel, creo que me hubiese echado a reír y lo hubiera considerado el ser más mentiroso del mundo.

Al fin abrieron la reja de entrada, luego de contarnos varias veces. Una multitud de presos esperaba en la planta baja, un patio circular de unos 70 metros de circunferencia. En el centro se levantaba una torre de concreto hasta la altura del cuarto piso. En su parte alta, un balconcillo con una baranda para las rondas del vigía. Una puertecilla metálica y aspilleras. El acceso a esta torre se tenía que hacer desde

45

afuera, por un túnel, lo que permitía a los militares llegar a ella sin necesidad de entrar al edificio.

Pegadas a la pared de la circular, como un enorme panal de abejas, las celdas, alineadas una junto a la otra. Había 93 en cada piso. Frente a ellas, un balcón protegido por barandas de hierro que lo convertían en pasillos por los que se podía caminar con seguridad. Los pisos se comunicaban entre sí por las escaleras de mármol. Otras escaleras más pequeñas, en número de cuatro, daban acceso desde la planta baja al primer piso de celdas. En el patio, ubicado en la planta baja, sólo había lavaderos y duchas. Las celdas eran pequeñas, con una ventana grande de rejas con barrotes cuadrados. El sexto piso no tenía paredes ni divisiones. Se usaba antes como área de castigo para los presos comunes. Existían en él varias celdas que habían sido demolidas. Ahora, y debido al exceso de población penal, se utilizaban también. Esta circular cuatro, excepcionalmente, tenía rejas en las celdas del primer piso. Asimismo fueron usadas como sitios de castigo en épocas de los presos comunes. El resto de las celdas no tenía rejas y se podía deambular por el pasillo o subir y bajar de un piso a otro.

Aquello parecía un circo romano. Todos hablando y gritando al mismo tiempo. Unos cuantos nos acercamos a la base de la torre y tiramos nuestros bultos para tomar aliento... Desde lo alto de los pisos, acodados en las barandas, muchos reclusos nos miraban con curiosidad. Los que tenían conocidos allí eran ayudados por éstos a subir sus bultos y les buscaban sitio en las celdas que lo permitieran. Boitel, Carrión y yo contemplábamos aquello como atontados, aquel mundo absurdo donde todo tenía como una dimensión diferente:

—«¡Cuán gritan esos malditos!» —Era una frase favorita de Carrión, sacada del *Don Juan Tenorio* de Zorrilla, y que Alfredo repetía en momentos en que encajaba perfectamente, como ahora en que el griterío amenazaba volver locos a todos:

—Señores... señores... hagan silencio por favor.

Era la voz del Mayor de la circular, Lorenzo, un mulato de 1,83 metros de estatura y 100 kilos de peso que había sido motociclista de la policía anterior. Los presos elegían mediante voto secreto una especie de gobierno interno; se le llamaba «mandancia». El elegido tenía la responsabilidad de elegir a su vez a los que se ocuparían del mantenimiento del edificio: limpieza, servir el rancho, etc. El Mayor era el que trataba con los militares y retransmitía lo que ellos quisieran comunicar. A principios del año 1959, los ex militares de Batista que llegaron a aquella prisión, tuvieron que soportar mandancias de presos comunes impuestas por la guarnición, con la que colaboraban. Baste decir que los presos comunes tenían en sus celdas retratos de Fidel Castro y gozaban de la protección de la dirección del penal. A los pocos meses y gracias a la participación de uno de los pilotos de la Fuerza Aérea, prisionero allí, llamado Beruvides, lograron desplazar del mando a los presos comunes. Todavía no habían arribado los primeros grupos de presos políticos y sólo estaban allí los ex oficiales y soldados del ejército de Batista.

—Bueno, vamos a subir —dijo alguien del grupo y tomamos los bultos y echamos a andar hacia las escaleras.

Había que avanzar pasando por encima de largas filas de cubos; y cuanta vasija existía se alineaba por todo el patio formando meandros, como el curso de un extraño río. Pronto supimos el porqué: el agua estaba racionada en la prisión. Servían 5 litros por recluso cada semana, y ésa era la única agua, para tomar, para lavarse la cara, para bañarse, para lavar la ropa. Por supuesto que no alcanzaba. La razón de este

46

racionamiento la motivaba una reparación de las instalaciones que abastecían el penal. Los camiones pertenecían a otro organismo y no siempre podían ir hasta la prisión; en esta ocasión habían demorado nueve días. Cuando preguntamos a uno de los presos «viejos» dónde podíamos tomar agua nos contó todo esto. Guardaban el agua como un verdadero tesoro. Uno de aquellos hombres, que había sido enfermero en el Hospital Nacional de Psiquiatría, conocía a Boitel y nos invitó a su celda para descansar unos minutos. Vivía en la primera planta. Nos dijo que haría gestiones para conseguirnos un poco de agua, pero sólo un poquito. Aquella misma tarde los militares habían dicho que llegaría el camión-cisterna, pero no todos lo creían.

El que nos facilitó el agua era un anciano que vivía solo en una de las celdas del primer piso. Cuando el amigo de Boitel se la pidió, nos miró escrutadoramente, sacó un cubo de abajo de la litera que estaba tapado con un cartón y en el fondo había un poco de agua.

—Yo tomo poca, muy poca, ¿saben?, y por eso me queda algo todavía. —Nos dio un sorbo. Yo sentí más sed todavía y me creí capaz de beberme aquel cubo lleno.

Luego subimos al sexto piso. Los que llegaron el día anterior alcanzaron celdas vacías y nos llevaron a muchos de nosotros para ellas. El tráfico por las escaleras era constante, se trasladaban literas de un piso a otro, de una celda a otra. Las celdas tenían dos de estas camas a las que llamaban «aviones» en la jerga carcelaria. Nunca logré saber por qué, aunque quizá les decían así porque se plegaban como alas. El marco era un tubo al que se cosía una lona o saco de yute; se fijaba a la pared con dos ganchos de hierro metidos en el concreto y tenían dos tirantes de cadenas también fijadas a la pared; podían recogerse durante el día y abrirse solamente cuando iban a usarse. Tener uno de estos aviones de lona en buen estado era la máxima aspiración de un preso.

Estábamos agotadísimos cuando al fin alcanzamos el 6.° piso. Carrión, Piñango, Boitel, Jorge Víctor y algunos más de nuestro pequeño grupo. En la prisión se tiene decenas, cientos de amigos, pero siempre hay un grupo reducido con el que pasamos la mayor parte del tiempo, con los que se comparten más las horas y esa necesidad de comunicarse que para algunos es más importante que todo lo demás. Jorge Víctor era callado, apenas hablaba y daba la impresión de ser inmutable. Realmente lo era. Había estado estudiando para sacerdote, y parecía que andaba con hábitos. Era un compañero extraordinario con el que Carrión bromeaba de continuo. Había sido detenido la misma madrugada que nosotros. Jorge Víctor se había sentado en el suelo, impasible, y otro tanto hicimos los demás. Nos ubicamos en aquel cuadrado, sacamos las frazadas y nos dispusimos a dormir lo mejor que pudiéramos. Al día siguiente trataríamos de conseguir aviones, colchones y celdas. Aquel lugar, con el suelo terroso, lleno de huecos, resultaba en verdad bastante incómodo. Pero con el agotamiento que traíamos de los últimos días, casi de inmediato nos hundimos en un sueño profundo.

Carrión nos despertó tan sólo unos minutos después de habernos dormido, pues una rata nos estaba pasando por encima. Las ratas también nos iban a acompañar para siempre. No podía haber presidio sin ratas y aquélla era insignificante comparada con las que veríamos más adelante.

Decididamente, esa noche no iban a dejarnos dormir los acontecimientos. Ya muy entrada la madrugada un griterío y ruido infernal nos despertó sobresaltados. Nos incorporamos y nos asomamos a la baranda. Desde nuestro sitio se veía la reja de entrada: el espectáculo era alucinante. Habían traído la cisterna de agua, metieron dos mangueras de cuatro pulgadas por entre las rejas y abrieron los grifos. El precioso líquido se había estado botando hasta que los primeros, medio dormidos, bajaron al grito de: ¡AGUA!

Los presos se precipitaban hacia la planta baja, frenéticos, con cubos, latas, jarros y todo lo que sirviera para almacenar agua. Cientos de hombres llenando sus latas a medida que les iba llegando el turno en las colas interminables. Por las escaleras corrían como demonios, gritaban y gritaban. Por encima de aquel barullo el torrente de voz del Mayor Lorenzo se dejaba escuchar...

—¡Cordura, señores... cordura!

Pero ya aquellos hombres no eran seres civilizados, actuaban como la manada sedienta que de pronto ventea agua cercana y se desborda en estampida. Corrían por las escaleras; algunos, más ágiles, se descolgaban por las barandas para bajar así de piso en piso con el riesgo de caer al vacío.

—¡Por favor, señores, no parecemos seres humanos! —seguía gritando Lorenzo, sin camisa, con los espejuelos oscuros que no se quitaba nunca. Estaba junto a la reja, pegado a las mangueras. El volumen de agua que salía por ellas llenaba las vasijas de inmediato, al pasar de un cubo al otro se botaba y ya se había formado un charco en la planta baja. Alguien, corriendo, había resbalado... y seguían corriendo por escaleras y pasillos.

Me quedé mirando todo aquello como hipnotizado, hasta que pasó frente a nosotros otro preso con un cubo de plástico.

—¡Eh, ustedes, apúrense, o se quedarán sin agua!

Y sus palabras nos hicieron despertar; era cierto, y estábamos sedientos. Tomamos nuestros cubos y nos lanzamos veloces escaleras abajo. Yo sentía que ya era uno más de aquellos hombres.

# Capítulo VIII
# La proteína animal

A las cinco de la mañana, el toque de una corneta llamaba para el recuento, que se efectuaba a las seis. El cornetista era un preso común que se colocaba en el comedor, frente a las circulares tres y cuatro. Tocaba bien. Más adelante lo contemplaría muchas veces en las tardes. Solía emborracharse bebiendo alcohol mezclado con azúcar y entonces tenía que recostarse a una de las columnas del edificio, porque de lo contrario se caía. Curiosamente, estando beodo era cuando tocaba mejor. Era este trompetista el que daba el toque de «silencio» cuando sacaban los cadáveres de los que morían allí. El Mayor ordenaba atención y los presos se ponían de pie, en posición de firmes. Todo se detenía por un corto tiempo. Unicamente las notas de «silencio» resonaban dramáticas.

Carrión y yo logramos conseguir una celda en el segundo piso, la número 64. Boitel no quiso mudarse con nosotros, le gustaba dormir la mañana y había conseguido un catre de campaña, y el sexto piso era ideal para eso. Ya Jorge Víctor, Piñango y los demás se habían instalado con otros compañeros. Pero nos reuníamos para comer, y a nuestro grupo se integraron Manolito y Vladimir Ramírez. Este último era psicólogo y había formado una célula de acción que planeó atentar contra Castro desde el apartamento de Vladimir, situado frente al restaurante «El Carmelo», sitio que frecuentaba el tirano. Fueron descubiertos y la detención estuvo precedida por una balacera. Vladimir y Fernando López del Toro se parapetaron detrás de los muros de una casona colonial en el Vedado, y fue necesario un gran despliegue policial para rendirlos.

La hora de comer se convertía en una interesante tertulia, con comentarios de toda índole, pero muy en especial de los acontecimientos políticos. El tema enfilaba siempre hacia la caída del régimen, porque día a día llegaban rumores de un aumento de la resistencia interna, de sabotajes, del número de alzados en el campo y de las gigantescas operaciones militares que tenía que llevar a cabo el gobierno para exterminar a las guerrillas.

El rancho era cocinado por presos comunes. La comida era tan desabrida, tan neutra, tan sosa que la habían bautizado con el apodo de «La boba». Cuando los tanques de comida, llevados en una carretilla tirada por presos, llegaba a la puerta, el Mayor o el rejero —otro preso que estaba siempre sentado junto a la reja para este tipo de menesteres— gritaba:

—¡Llegó «La boba»... preparando...!

Este aviso significaba que todos los presos debían formar filas en sus pisos respectivos, provistos del plato y un jarro. Los tanques eran entrados por nosotros, que también servíamos la comida, tarea asignada por el Mayor a distintos compañeros. Se bajaba en orden rotativo: hoy comenzaba por el primer piso, mañana era el segundo, al día siguiente el tercero, y así hasta el sexto y de nuevo otra ronda.

El menú no era muy variado: en el almuerzo, arroz y chícharos; en la tarde, harina de maíz y un caldo grasiento. Generalmente, los chícharos u otros granos eran destinados a la prisión cuando estaban en mal estado, llenos de gusanos. Entonces sobre aquellos tanques flotaba una capa de pequeños bichitos. Pero aun en las situaciones más desagradables, el cubano, por su carácter, por su idiosincrasia, toma las cosas a broma, era como una válvula de escape para quitarle dramatismo a las cosas graves. Así, cuando venían los granos llenos de gusanos, el rejero pregonaba:

—¡Chícharos con proteína!

Muchos días estuve casi viviendo del pan. Yo tenía ciertos remilgos para comer, pero la prisión y el hambre se encargarían de quitármelos. Semanas después, devoraba aquellos chícharos como el que más. Cuando alguien decía que estaba mala la comida, o sabía mal, Carrión siempre respondía:

—¿Quién ha visto que el preso coma para darse gusto? Come para subsistir.

Y era cierto. Había que comer lo que fuera para subsistir, y me hice el firme propósito de echar a un lado todos aquellos escrúpulos y tragarme lo que viniera. Terminamos haciendo competencia con la cuchara, pescando los gusanitos y poniéndolos aparte. Eran pequeños, blancoamarillentos, con una mancha carmelita en la cabeza. Poco a poco se iba perdiendo el asco y se racionalizaba la situación: los gusanitos estaban muertos, habían hervido en los tachos a vapor, ¿qué daño podían hacer? Ninguno. Sólo sucedía que no teníamos el hábito de consumirlos. En Asia comen insectos. Todos estos argumentos iban preparando la mente, acondicionándola, y es ése el verdadero secreto de la subsistencia. Terminamos revolviendo el potaje con el arroz sin pasar más trabajo pescando los gusanitos. Después de todo, era cierto que eran proteínas. Y nunca enfermé por comerlos.

Como eran los comunes los que cocinaban, supervisados por un militar, y el ser revolucionario se medía, entre otras cosas, por la hostilidad y agresividad contra nosotros, muchas cosas ocurrieron con los alimentos.

Una mañana, el agua con azúcar del desayuno que llevaban en un tanque de 55 galones, de los usados para almacenar combustibles, comenzó a tener un sabor extraño. Cuando faltaban tres o cuatro palmos, se puso espumosa. El batir constante del cucharón del sirviente había formado un espumarajo. Se dejó de servir, y pasando una paleta de madera por el fondo, ésta tropezó con algo duro. Se decidió volcar lo que quedaba del agua con azúcar: en el fondo del tanque había dos barras de jabón de lavar.

En otra ocasión, dentro de una sopa flotaba más de la mitad de un intestino grueso de res, el recto incluido, y lleno de la mierda de la vaca. Aquella sopa fue devuelta. Se daban las quejas al militar jefe de la cocina y siempre eludía su responsabilidad alegando que eso era cosa de los cocineros. Era frecuente hallar pedazos de vidrio. Un día trajo ratones muertos. Pero la más grave de las consecuencias por ingerir alimentos en mal estado tuvo lugar cuando sirvieron chícharos envenenados. Miles de presos con diarreas incontenibles; se deshidrataban. Las autoridades se asustaron, ya que bajaron al patio decenas y decenas de presos que casi no podían hablar. Llevaron sueros, pero no alcanzaban para todos y tuvieron que avisar al hospital civil de Nueva Gerona. Tampoco fueron suficientes los medicamentos que aportaron. Entonces, de Cuba, el Ministerio del Interior envió un avión lleno de sueros y otras medicinas. Las propias autoridades dijeron que el preso común jefe de los cocineros había agregado una sustancia tóxica a la comida. Incluso aclararon que había sido el líquido que se usaba para fumigar los granos, y que se tomarían medidas contra él. Pero este presidiario siguió de jefe por mucho tiempo más, hasta que todos los comunes fueron sacados de la prisión, que fue reservada únicamente para prisioneros políticos.

Hasta los primeros tres meses del año 1961, cada cuarenta y cinco días la prisión vendía a los presos ciertos artículos: especias, aceite, sal, cigarrillos y tabacos. Con ello se disfrazaba «La boba», ya que se volvía a cocinar el rancho, pero esta vez agregándole sal, un poco de aceite y algunas especias. Todo esto se terminó en el mes de abril.

Aunque no había visitas, permitían que cada cierto tiempo los familiares enviaran un pequeño paquete que contuviera leche en polvo, gofio de trigo, azúcar, y se logró, asimismo, que autorizaran la entrada de colchones. Cuba aún estaba en las postrimerías del capitalismo.

La correspondencia funcionaba muy mal. Autorizaron a los que habíamos llegado el envío de un escueto telegrama comunicando a nuestros familiares dónde nos encontrábamos. El reglamento del penal permitía, asimismo, recibir un telegrama de la familia y una carta mensual, escrita por una sola cara del papel. Los que tenían la suerte de recibir las cartas — que no todos la tenían— a veces casi no podían leerlas, pues estaban llenas de cuños con consignas revolucionarias que les ponían en la requisa: «¡Patria o muerte! ¡Venceremos!», etc., y los estampaban varias veces, unos sobre otros, y la tinta oscura del gomígrafo tapaba los textos de las cartas.

Bañarse en aquellos primeros días no fue posible. Continuaban llevando el agua en el camión-cisterna y la cuota había que consumirla estrictamente para tomar.

Al amanecer y al atardecer, el recuento. Nos teníamos que parar en las puertas de las celdas, dos frente a cada una; los demás se alineaban en la planta baja. Los oficiales eran muy hábiles para contar. El que más se destacaba era un sargento, que procedía de las filas del ejército de Batista, muy marcial; daba taconazos y todo. A este sargento lo apodaban los presos Pinguilla. De un vistazo, y muy rápido, recorría los seis pisos y si por la forma de ordenar el personal no cuadraba el recuento con la lista que él tenía, lo detectaba en el acto.

Bastaba recostarse a la puerta de la celda en los momentos en que se estaba contando para que el preso fuera llevado a las celdas de confinamiento solitario, además de recibir los planazos del sargento Naranjito, que no abandonaba jamás un sable de caballería heredado de la guardia rural de Batista. Naranjito era un verdadero sádico, cuya diversión y placer consistían en llevar a los presos corriendo hasta el pabellón de las celdas de castigo golpeándolos con aquel sable.

Más allá de las circulares, en dos edificios rectangulares, de una sola planta, estaban instaladas las celdas y la capilla, con algunos salones habitados por presos comunes. El otro, exactamente al frente, era el hospital. Batista lo había dejado muy bien habilitado: salón moderno de rayos X, laboratorio, quirófano, farmacia, gabinete dental, etc., pero su uso para dar asistencia a los presos era muy restringido. Todas las salas tenían un patio interior, al aire libre. Ahora tenían allí a Huber Matos, uno de los hombres que luchó junto a Castro en las montañas, que bajó con él de la Sierra Maestra con el grado de comandante, ganado en combate; pero que discrepó de la orientación marxista de la revolución y escribió una carta a Castro renunciando a su grado y a su cargo de jefe militar del Ejército Rebelde de Camagüey. Castro lo acusó de ingrato y de traidor y lo envió a la cárcel, condenándolo a veinte años con varios de sus oficiales. Huber Matos tenía una vigilancia especial. No era custodiado por la guarnición del presidio, sino por un grupo escogido de la Policía Política. Castro temía a las simpatías que el ex comandante tenía dentro de las filas del Ejército Rebelde, y por esta razón sus carceleros eran cuidadosamente seleccionados. Su incomunicación con el resto de los presos era total; hasta los alimentos se los entregaban crudos para evitar cualquier contacto con ellos. Sería en el año 1966 cuando por primera vez Matos saldría de su aislamiento y entraría en relación con los demás presos políticos.

Una tarde, desde una ventana del quinto piso, gritaron que estaban sacando a los presos castigados. El pabellón de castigo y el hospital se veían perfectamente desde las circulares tres y cuatro. Cada dos o tres meses las autoridades sacaban a unos cuantos, generalmente cuando estaba muy lleno y necesitaban castigar a otros. En aquel grupo venía Cheo Guerra y Guillermo Díaz Lanz. Habían adelgazado hasta los huesos, los ojos hundidos, con una palidez de cirio, y los rostros cubiertos por una barba de meses, que casi los hacía irreconocibles. Contaron las vicisitudes que habían pasado allí. Los presos comunes controlaban todas las actividades. Estuvieron encerrados en celdas con las puertas casi tapiadas por completo por una plancha de hierro, sin bañarse en todo el tiempo, sin saber nada del exterior. A veces los comunes, por orden de los militares de posta, les arrojaban cubos de agua fría, y también el agua sucia luego de enjuagar y exprimir en ella las frazadas de limpiar los suelos.

Por entonces recibí una carta de mi madre en la que me contaba que mi padre y ella se habían presentado en la dirección de la prisión haciendo gestiones para que les permitieran verme. Obviamente sin resultado alguno.

Estaba prohibida la entrada de periódicos, y si un escolta descubría a un preso con uno, era llevado a las celdas de castigo bajo una lluvia de planazos.

La noticia, el rumor o la «bola» eran como una droga para muchísimos de los presos. Yo había leído acerca de este fenómeno en libros que trataban sobre los campos de concentración, pero nunca pensé que fuera tan complejo y que tantos hombres vivieran sostenidos en muchos casos por la información. Los comunistas conocen muy bien esta necesidad y lo que significa como apoyo al prisionero, ya que lo mantiene en contacto con la realidad exterior. Precisamente todo lo que se hacía estaba encaminado a romper ese vínculo, para así aislar más al hombre encarcelado. En esta época aún eran un poco torpes en esta práctica. Pero lentamente, a medida que los cuadros de las prisiones y de la Policía Política se fueron entrenando en la Alemania Oriental y en Checoslovaquia, las técnicas se hicieron más refinadas, más científicas, más inhumanas, más destructoras.

En la circular tres, Macuran, un ex militar del derrotado ejército, había logrado armar una rudimentaria radio que tenía locos a los soldados de la guarnición. Inútilmente hacían una requisa tras otra tratando de encontrarlo. Los presos habían logrado organizar un lenguaje de señas con las manos, similar al que emplean los sordomudos, pero mucho más simplificado, que permitía hablar con una rapidez asombrosa. Hubiera podido parecerle cosa de locura a un espectador ajeno al asunto, ver a uno de aquellos hombres, detrás de su reja, moviendo las manos como un poseído, abriendo y cerrando el puño, o tocando algunas veces las baras de hierro. Por ejemplo, rodear uno de los balaústres con toda la mano, como quien agarra un bate de béisbol, significaba la letra D; colocar dos dedos únicamente sobre el mismo barrote correspondía a la letra N, y si eran tres dedos, a la M. De esa forma se transmitían las noticias desde la circular tres y eran copiadas por nosotros en la cuatro. Ambas estaban separadas solamente por la estrecha carretera de asfalto. Ya para las circulares uno y dos, era imposible el lenguaje de las manos y la comunicación se establecía usando la clave de Morse. Había entre nosotros muchos telegrafistas y otros aprendieron con ellos. Una regla de cartón o una tablilla pintada de blanco se usaba como aparato transmisor. Un golpe lateral de esta tablita equivalía al punto; hacia el frente, la raya. Tiempo después se perfeccionaron las comunicaciones y se llegó a tener un «blinker», *made in home*, y se usaría el silbato, hecho con tubos vacíos de dentífrico: así nació la comunicación sonora.

Hablar de una circular a otra estaba prohibido: los que lo hacían, si eran sorprendidos, iban a las celdas de castigo. Los escoltas daban vueltas alrededor de las circulares. Por fuera cada celda tenía, debajo de la ventana, el mismo número que por dentro, y bien visible. El guardia podía saber así el número de la celda que estaba usando el preso sorprendido. No había manera de escapar.

Cuando llegaban las noticias de la radio de Macuran, de inmediato se hacían seis copias, una para cada piso, y se leían en círculos pequeños. Había que vigilar al escolta de la torre, pero pocas veces en aquella época subían los guardias a la atalaya central. Las buenas noticias levantaban los ánimos por las nubes y cuando se disolvía el grupo, se notaba en muchos un optimismo, una alegría extraordinaria. Había quienes seguían al que leía para volver a escucharlas. Era como una droga, como un vicio.

Mantener las comunicaciones era tarea prioritaria en el preso, y se había logrado tender una línea entre las dos circulares para el envío de cartas. Para lanzarlas, muy dobladas, se usaba un tiraflechas fabricado con pedazos de liga, obtenidas de las gomitas de los equipos de sueros o de la goma que ata el brazo cuando va a inyectarse en la vena. El proyectil era un pedazo de plomo al cual iba atado un hilo fino. Este hilo se obtenía, luego de una paciente labor, destejiendo un calcetín;' era un trabajo como el que se realiza en las hilanderías, pero al revés.

También se usaban camisetas, sábanas o cualquier otro tejido. Los primeros intentos por lanzar uno de aquellos hilos no dieron resultado. El tiro era tan veloz que por más cuidado que se pusiera en colocar el hilo a los pies del tirador, siempre se enredaba. Alguien pensó en los ovillos de las hilanderías, que no se traban, y así se solucionó el problema. En un vaso cónico de aluminio se enrolló el hilo, tal y como viene de fábrica en los carreteles, una vuelta junto a la otra. Cuando se hizo el primer tiro, junto al lanzador había otro preso con la mano metida dentro del vaso, sujetándolo. El plomo salió disparado y detrás, con rapidez vertiginosa, se fueron desenrollando las vueltas, limpiamente.

Del otro lado, para recibir el plomo, se sacaban dos palos de escoba, de una celda a la más próxima, unidos por otro hilo, que era el que pescaba el plomo. Este sistema se fue perfeccionando y ya el último avance consistió en conseguir un nylon de pescar, que tenía la ventaja de ser incoloro, lo que permitió dejarlo fijo. Y como estaba en el quinto piso los guardias no podían verlo desde abajo. Todo duró hasta una tarde en que el teniente Paneque, caminando entre las dos circulares, miró distraídamente hacia arriba; dio un respingo y se quedó como petrificado mirando a lo alto. Allí, delante de sus ojos, había un pajarillo posado en el aire, sin moverse, en el vacío... Así lo descubrieron: un lindo y libre pajarillo nos echó a perder la línea con su idea de posarse en ella.

—¡Requisa! —era el grito de alarma entre nosotros. El cuartel de la guarnición estaba situado en el fondo del presidio, visible muy claramente desde la circular cuatro. Desde allí salían los militares para las requisas. No podían sorprendernos nunca porque se había organizado una vigilancia de día y de noche. Un hombre por cada piso; eran relevados cada dos horas, y así se mantenía las 24 horas una observación atenta del exterior. Cuando se formaban los pelotones de guardias frente al cuartel, ya los presos estaban al tanto, siguiendo cada movimiento con atención. Si subían a los camiones o se dirigían a los edificios, se lanzaba el grito de: «¡Requisa!» No se podía saber para qué circular iban, pero la alarma se daba en las cuatro. A la guarnición le molestaba que nunca pudieran sorprendernos dormidos. Aunque nuestro aviso sólo se adelantaba en dos minutos a su llegada, servía para destruir cualquier papel comprometedor, esconder el radio o algún objeto.

Los guardias, armados de machetes, palos, cadenas enfundadas en mangueras de caucho y bayonetas, llenaban en un segundo el patio. Varios de ellos, portando fusiles, aparecían en la torre central para vigilar los pisos altos y los movimientos de los presos. Si veían alguna operación sospechosa disparaban un tiro de advertencia y apuntaban a la celda que fuera, gritándole al preso que levantara los brazos y que no se moviera hasta que los otros guardias que estaban abajo llegaran a su celda.

Dentro del penal había dos corrales de 80 metros por cada lado, cercados por una malla de acero de 3 metros coronada con unas alambradas en forma de V. Desde la puerta de las circulares hasta aquellos corrales se formaban dos filas de guardias armados de fusiles con bayoneta, y por entre esas dos filas había que pasar, desnudos y corriendo a toda velocidad. En el rastrillo se amontonaban los guardias y golpeaban a los que íbamos saliendo. Luego los guardias de las dos filas nos pinchaban con las bayonetas, en las nalgas y en los muslos, siempre por detrás. Cada requisa dejaba un saldo de más de cien heridos a cuchilladas, además de los golpeados.

Al regreso era lo mismo. Y se encontraba uno la circular como si por dentro hubiera pasado un huracán. En el patio se amontonaban las ropas, los zapatos, artículos de aseo, que habían sido lanzados desde todos los pisos hacia abajo. Por esta razón se le ponía el nombre o el número del preso a todo, desde el cepillo dental hasta los calzoncillos y los calcetines.

En cada requisa muchos encontraban las lonas o los sacos del camastro cortados con un tajo de bayoneta. O el azúcar volcado sobre la cama, o la leche en polvo que enviaban los familiares y que se administraba cuidadosamente para que durara cuarenta y cinco días, echada dentro del cubo de agua... Los paquetes de cigarrillos cortados a la mitad, lo mismo que los jabones.

La tarea primordial, luego de la requisa, era la de curar a los heridos. Si algún caso era considerado grave por haber penetrado mucho la hoja de la bayoneta en la carne, se le comunicaba a los guardias de posta para que a su vez lo informaran al oficial superior, con el objetivo de que llevaran al herido al hospitalito, donde estaban concentrados los médicos presos. En las semanas siguientes, en nuevos grupos que fueron arribando a las circulares, vinieron más médicos.

Entre los presos comunes que se encontraban en aquella prisión estaban los más peligrosos por su índice de criminalidad y reincidencia. Las autoridades iniciaron con ellos unos programas de charlas y adoctrinamiento a principios de 1961. Les decían que la revolución les iba a dar la oportunidad de convertirse en héroes librando a otros pueblos que estaban bajo dictaduras, que ellos se habían visto obligados a delinquir porque vivían en una sociedad injusta, pero que el futuro podía ser diferente. Luego prepararon militarmente a estos presos y los enviaron en una invasión a Santo Domingo para derrocar a Trujillo. La aviación del dictador dominicano los estaba esperando. Ni uno solo llegó a tierra. No se salvó nadie. Castro avisó a los cuerpos de inteligencia de Trujillo proporcionándoles toda la información necesaria para interceptar el contingente militar.

Entre la masa de presos comunes que había en aquel momento en Isla de Pinos, muchos simpatizaban con los presos políticos, porque aborrecían el sistema. Estos hombres nos proporcionaron valiosas ayudas, y se arriesgaban a represalias con tal de hacernos un servicio. La comunicación con ellos no era fácil, pues tenían prohibición absoluta de hablar con nosotros. Si los sorprendían, consideraban este contacto como una identificación con lo que representábamos y se pudrían en las celdas de castigo.

A través de la ventana de una de las celdas del primer piso, que daba a una pequeña calle, Boitel y yo logramos establecer contacto con uno de aquellos presos comunes, simpatizante nuestro. Fue una labor de días y días, sentados allí, junto a la ventana. El preso trabajaba en la panadería, y al atardecer, de regreso al edificio cinco, donde vivían entonces los comunes, pasaba a unos tres o cuatro metros de la celda; pero no podía detenerse. Todos los días le decíamos una o dos frases. Las teníamos escritas y se las fuimos diciendo día a día. Le pedíamos que nos consiguiera el periódico, y la posibilidad, para más adelante, que nos sacara y entrara correspondencia, cosa que a los prisioneros por delitos comunes, en aquella época, les era sencillo.

Logramos convencerlo. Aquel hombre aceptó colaborar con nosotros a pesar de que le advertimos los riesgos a que se exponía. Y no lo hizo por dinero. Era su manera de oponerse al régimen. Ideamos entonces la forma de pasar el periódico. La entrega debía efectuarse no frente a la celda, sino unos metros antes de llegar a la circular, para que si alguien lo veía de lejos no pudiera sospechar nada. Debía cuidarse no solamente de los militares, sino también de los otros presos comunes, delatores y colaboradores de la guarnición, que podían denunciarlo.

Aquella tarde, Boitel y yo estábamos apostados en la ventana y Carrion vigilaba en la puerta. Cuando nuestro hombre apareció al final de la carretera rumbo a nosotros, preparamos el «equipo».

El periódico lo recogíamos utilizando un hilo teñido de verde con un plomo atado a la punta. Lo lanzábamos con un tiraflechas a través de los barrotes de la ventana. Yo efectué el tiro que llevó el hilo hasta el borde de la carreterita. Luego lo descolgamos en cantidad suficiente para que bajara pegado a la pared, que también estaba pintada de ese color, de modo que no podía distinguirse.

Ya se acercaba nuestro amigo, mirando disimuladamente el borde de la carreterita. Boitel dio un leve tirón que movió las hierbas; fue suficiente para que el hombre descubriera el hilo. Se agachó como si se atara el cordón del zapato, con rapidez sacó de adentro de la media un paquetico aplanado, hizo una rapidísima manipulación y continuó su camino. Sólo fueron segundos. Esperamos cinco minutos, dilatados, larguísimos, para dar tiempo a que nuestro amigo llegara a su edificio. Entonces Boitel haló lenta, muy lentamente el cordel... Apareció de pronto, doblando los pabellones, el *jeep* de recorrido. Con prisa se lanzó un poco el hilo hacia afuera para evitar que se viera, y nos quitamos de la ventana. Ya oscurecía y nos ayudaba la penumbra. Pasó el jeep y nosotros suspiramos con alivio. Izamos el paquetico. Un periódico Revolución, órgano oficial del gobierno, casi entorchado por un cordel, llegó a nuestras manos. Desde aquel día tuvimos periódicos con alguna frecuencia. Pero no podíamos decirlo; se sabía que existían delatores dentro de aquellos mil y tantos hombres. Y decidimos, con Ulises, redactar un boletín con las noticias que enviaba Macuran. Bautizamos el nuevo periodiquito con el nombre de «Prensa Libre».

Los libros estaban prohibidos. Solamente existían dos que se habían salvado, no se sabía ni cómo, cuando, meses atrás, a finales de 1960, antes de que nuestro grupo llegara, la guarnición arrasó con todo. Los dos libros que quedaban eran una biografía de María Antonieta, de Stefan Zweig, y *El hombre mediocre*, de José Ingenieros. Los turnos solicitados para leerlos sumaban varios centenares.

# Capítulo IX
# Suicidios y excrementos

Cajigas era un campesino de la zona montañosa del Escambray, escenario de alzamientos contra Castro desde 1960. Varios de los hijos de este anciano se sumaron a aquellos grupos de patriotas que combatían el comunismo. Únicamente por esta causa, porque sus hijos estaban allá, en las montañas, y no habían podido atraparlos, detuvieron al viejo Cajigas, pensando que los muchachos se entregarían. Luego de interrogarlo tratando de lograr información acerca de los contactos y los campamentos de alzados, Cajigas fue encarcelado en Isla de Pinos. Pero las torturas a que lo sometieron en los interrogatorios perturbaron sus facultades. Su mente no pudo soportarlo. Lo llevaron a la Campana, lugar de las estribaciones del Escambray, que utilizaron durante muchos años para fusilar a los que se oponían a Castro. Y allí fingieron fusilarlo con balas de salva. Esto lo desequilibró. No les importó que aquel pobre hombre no fuera otra cosa que un anciano agotado por una larga vida de trabajo. En la locura de Cajigas había una ida obsesiva: ver a sus hijos. Y constantemente se acercaba a las rejas de la entrada llamándolos. Los escoltas avisaban entonces al Mayor y éste bajaba con otros presos que tomaban cariñosamente al viejo por los brazos y le hablaban como si fuera un niño para regresarlo a su celda. Muchas semanas antes se había comunicado la situación de aquel pobre viejo a la dirección del penal, pidiendo que lo trasladaran al hospitalito, donde seguramente podrían tratarlo mejor, o al Hospital Psiquiátrico de La Habana; pero nunca respondieron. Cajigas bajaba no sólo por el día, sino también en horas de la madrugada, cuando había orden de disparar sobre los que se atrevieran a descender al patio. Se advertía a los escoltas del rastrillo para que supieran de aquel anciano enloquecido, que llegaba a la reja, con los ojos vacíos y repitiendo siempre lo mismo:

—¡Quiero ver a mis hijitos... Quiero ver a mis hijitos!

Un día, a uno de los guardias se le ocurrió la idea de decirle que sus hijos habían sido fusilados:

—¿Oyó viejo? A sus hijos los fusilamos, ya no joda más, están fusilados..., ¡bien muertos!

Cajigas se aferró entonces a los hierros de la reja, llorando. Llamaron para que bajaran a llevárselo. El viejo tenía las manos agarrotadas en torno a las rejas y hubo que separarlo por la fuerza. El guardia informó al oficial que Cajigas había roto el silencio, y alterado el orden, y no valieron explicaciones. Lo metieron en las celdas de castigo. A la mañana siguiente, cuando pasó el militar haciendo el recuento, el cadáver de Cajigas se balanceaba lúgubremente. Se había ahorcado con el pantalón.

Los días se hacían largos y monótonos. Yo solía bajar al primer piso, a la celda de Gomila. Allí nos reuníamos un grupo de amigos: Cuco Muñiz, Domínguez, Vidal Morales, y pasábamos buenos ratos conversando.

Cuco Muñiz era un viejo militante del Partido Auténtico, de los que se habían enfrentado a la dictadura de Batista y a la de Castro. Participó en actividades que trataban de impedir la consolidación del comunismo y fue detenido con Roberto Perdomo y otros revolucionarios que integraban los grupos de acción de dicho partido. Él también había sido detenido la misma madrugada que yo.

Una de aquellas tardes, una ráfaga de ametralladora nos cortó la conversación. De pronto se generó un tiroteo tremendo; los guardias llegaban corriendo, se echaban los fusiles a la cara y disparaban contra la circular. Nos lanzamos al suelo. Las balas entraban silbando por los cientos de ventanas y rechinaban cuando chocaban contra los hierros. Además del fuego de fusiles y metralletas, se escuchaba el tableteo de las ametralladoras de mayor calibre emplazadas sobre el cuartelito y en la garita de entrada. Aquello pudo durar tres o cinco minutos. En la misma forma que comenzó, terminó. No supimos nunca la razón de que nos atacaran a tiros. Y aunque parezca increíble, no hubo un solo herido por impacto directo, sino sólo por esquirlas.

Los presos que estaban allí desde el 1.° de enero de 1959, nos contaban de cuando los sacaban a trabajos forzados. Pero, desde finales 1960, ya se había terminado aquella práctica. Entonces la población de presos por delitos comunes asumió todas las tareas de la cárcel: panadería, cocina, tejar, las canteras, etc.

La escasez del agua continuaba. Los mayores de las circulares habían hecho mil gestiones, pero inútiles todas. Seguíamos sin bañarnos y con el racionamiento de un cubo por semana.

Cuando el grito de «¡Requisa!» se escuchó, eran las 8 de la mañana, una hora a la que nunca solían practicar registros. El pelotón, de unos 80 hombres, milicianos en su mayoría, armados con fusiles R-2 y metralletas, se quedó frente a la reja. Aquello no era lo habitual, sino que se empujaran unos a otros, impacientes por entrar a agredirnos. Unos oficiales le entregaron al Mayor una lista con la orden de que presentara inmediatamente a los que figuraban en ella. La lista incluía a algunos de los que habíamos llegado de La Cabaña condenados a veinte y treinta años. Carrión, Boitel y yo éramos de los primeros. Cuando terminó el llamado abrieron el rastrillo y nos mandaron salir. Nos formaron de dos en fondo. La tropa, con las bayonetas caladas, nos rodeaba: unos nos miraban curiosos, otros con odio mal contenido.

—Este personal —dijo un sargento— saldrá todos los días a trabajar por orden del mando superior. Así que ya saben, mañana cuando se les diga bajen, no esperen ni un minuto, porque van de cabeza para las celdas... Así que andando.

Aquella medida desorientó a todos. Sin embargo, era un cambio dinámico dentro de la rutina de la prisión. Yo creí que iríamos a trabajar fuera del penal, cuando nuestra columna, flanqueada por los guardias, se dirigió hacia el fondo del presidio y pasamos por frente al hospital y los pabellones de castigo. Pensé que nos sacarían por la puerta de atrás. Pero no fue así. Torcimos a la derecha, cruzamos ante la planta eléctrica y la panadería y aquí mandaron hacer alto. El trabajo consistía en limpiar de hierbas malas y piedras toda aquella área, y cavar con picos y palas, profundas zanjas para la instalación de tuberías albañales. Fue entonces cuando designaron a un militar para cada preso. Este guardia solamente debía vigilar, hostigar y hacerle la vida imposible a su preso.

Allí estaban, también prisioneros, tres norteamericanos agentes de la CIA, Daniel L. Carswell, Eustace H. Dunbrunt y Edmund K. Taranky, descubiertos cuando espiaban a la agencia de noticias chino-comunista SINJUA, en el hotel Saint John. A uno de ellos lo obligaron a echarse encima un bulto de hierbas cortadas un par de días antes, donde pululaban las hormigas bravas, cuya picadura es dolorosa y urticante. Si los soviéticos hubieran «olido» solamente quiénes eran aquellos hombres, todavía estarían en la Unión Soviética o muertos. Eran quizá de los agentes más buscados por la KGB. Tiempo después conoceríamos el porqué.

Boitel, Rino Puig y yo fuimos incorporados al grupo que cavaría las zanjas. Los tres militares que nos correspondían nos miraban con agresividad. Dos eran jóvenes, no pasarían de 25 años, el otro tenía alrededor de 60, era mulato y gordo. A todos ellos, antes de ir a buscarnos, les habían dado una charla diciéndoles que éramos criminales desalmados, drogadictos, proxenetas y cuanta vileza existe, y que teníamos la culpa de todos los sabotajes y bombas que habían explotado en Cuba, que éramos agentes de la CIA y sólo queríamos entregar el país a la explotación imperialista, etc., etc. Veinte años después seguirían diciéndole exactamente lo mismo a cada nueva guarnición. Uno de aquellos milicianos era sobrino de un preso de nuestro grupo y logró hablar unos minutos con su tío.

El primer incidente se produjo cuando el miliciano que escoltaba a Samuel Aguilar se empeñó en que éste moviera una roca que ni cinco hombres fuertes hubieran sido capaces de hacerlo:

—¡Muévela..., te dije que la muevas...!

Samuel se abrazaba a la roca, sudaba, hacía el esfuerzo más grande de que era capaz, pero inútilmente. El miliciano se sentía comprometido con su propia orden; ya algunos habían mirado hacia allá y una orden dada por ellos había que cumplirla.

Samuel jadeaba, apoyaba las manos contra la roca como quien empuja un automóvil, su cuerpo estaba casi en línea paralela con el suelo, le patinaban los zapatos en la tierra..., pero la enorme piedra ni se enteraba. Uno de los jefes militares se acercó y salvó la situación llevándose a Samuel a recoger las hierbas cortadas.

El sol era muy fuerte y pedimos agua; sudábamos a chorros. Quisieron obligarnos a continuar trabajando sin tomar agua, pero hubo una actitud firme por nuestra parte, y llevaron varios cubos. Como el trabajo era dentro de las alambradas, a la hora del almuerzo regresamos a la circular. Dos horas después allí estaban de nuevo a buscarnos.

Boitel, a pesar de su delgadez y débil complexión física, resistía bastante bien el trabajo. Seguíamos junto a él, Riño y yo. Yo había tenido la precaución de llevar un poco de sal, porque la sudoración de la mañana había sido intensa y sabía que se perdía con ella mucha sal, y fue muy oportuna.

Rino Puig era un coloso de fuerte, tenía espaldas y bíceps poderosos debido a sus muchos años dedicados a la práctica de ejercicios constructivos con pesas. Para él, dar pico y pala era un juego. Pero comenzó a sudar a chorros; yo lo invité a que tomara un poco de sal, pero no lo creyó necesario. Boitel y yo sí ingerimos algunos granos de sal. Rino seguía sudando, y de pronto comenzaron a faltarle las fuerzas: sufrió una fatiga súbita. Bastó que aceptara al fin un poco de sal para que a los pocos minutos ya estuviera recuperado. Boitel se burlaba entonces de su falta de resistencia a pesar de lo «forzudo» que era y aquello fue motivo para bromear con los demás amigos al regresar a la circular.

Cuando el sol se escondió detrás de las montañas, regresamos. Agotados, llenos de tierra y fango hasta las orejas, y sin agua para bañarnos siquiera. Preferíamos entonces, para no ensuciar las literas, tirarnos en el suelo y dormimos allí. ¡Cuánto deseaba un baño! Pensaba en ello: algo tan simple, tan al alcance de cualquier hombre por humilde y modesta que fuera su situación, y sin embargo imposible para nosotros. Lo peor de aquellas jornadas era precisamente tener que quedarse así al regreso, apestoso del sudor y la grasa del cuerpo.

Los católicos habían formado sus grupos y se reunían en determinadas celdas. Los protestantes también se reunían, casi siempre en el sexto piso, para elevar sus oraciones al Señor. Esto se hacía si no había escolta en la torre; cuando a veces subían, de inmediato ordenaban romper el grupo y todos tenían que dispersarse. Si los cantos de alabanza a Cristo eran escuchados por algunos de los escoltas del rastrillo, mandaban que se hiciera silencio. Poco a poco, a medida que la revolución se fue radicalizando más, la represión contra las prácticas religiosas dentro de la cárcel se hizo mayor. Todavía Castro negaba que fuera comunista, y él mismo, cuando bajó de la Sierra Maestra, llevaba un crucifijo colgado del cuello.

Generalmente nos congregábamos a las horas de las comidas; creo que esto ayudaba grandemente a ingerir aquel rancho. Entonces se comentaba la última noticia o «bola» llegada de otra circular o con los prisioneros recién trasladados. Seguían los atentados a Castro. Cerca del aeropuerto de Varadero, un grupo de milicianos dispararon sus baterías antiaéreas contra el avión en que se suponía viajaba Castro. Murieron los tres tripulantes: el piloto checo Martín Klein, el copiloto y un capitán de la Policía Política. Castro, en el último minuto, había decidido no abordar el aparato y esto le salvaba una vez más. Todos los militares que pertenecían a la dotación de aquella batería antiaérea fueron fusilados en el mismo pueblo. Esta práctica se llevó a cabo en toda la isla de Cuba. Si los condenados a muerte eran fusilados en las fortalezas o en los cuarteles y lugares destinados para esos fines, sólo se enteraba un reducido número de personas, porque hasta los familiares, aterrorizados, trataban de que se ignorara que les habían fusilado a un pariente, pues ello les acarrearía persecuciones, represalias y ensañamiento. Pero como el objetivo de la Policía Política era el escarmiento, necesitaba que todos vieran y supieran que por oponerse a la revolución, se fusilaba. Difundir el terror entre la población era el propósito de esas ejecuciones públicas.

En el parque central del pueblo levantaban una pared de sacos llenos de arena, un poste y se improvisaba un paredón. Se avisaba a todos los organismos de masas. La Policía Política, vestida de civil, se encargaba de organizar las turbas, de ir por las calles «invitando» a todos a que asistieran al «ajusticiamiento» de un criminal. Los Comités de Defensa de la Revolución eran los encargados de que asistiera la mayor cantidad posible de habitantes, incluidos los niños. No ir significaba señalarse contra el gobierno y como consecuencia lo podían interpretar como simpatía por el que iban a fusilar. Y salían aquellas turbas gritando «¡Paredón!» y «¡Que viva Fidel!». Muchos no sabían ni a quién iban a fusilar. Ése fue el caso de una señora en el pueblo de Santiago de las Vegas, muy próximo a la ciudad de La Habana, que al llegar al parque conoció con horror que estaba pidiendo que fusilaran a su propio hijo.

El condenado a muerte era conducido al parque con las manos atadas a la espalda. Un miembro de la Regional del Partido pronunciaba una arenga, dirigida a todos como una amenaza. Comenzaba con una apología de la revolución y arremetía contra los enemigos del pueblo vendidos al imperialismo yanqui, señalando que la justicia revolucionaria sería implacable con los que traicionaran a la clase obrera. Y acto seguido, se producía el fusilamiento, en presencia de todos.

Así fusilaron a Macario Quintana y Aquilino Cerquera en el pueblo de Trinidad, donde habían nacido y eran conocidos por todos. Estos dos mártires llevaban casi dos años en la prisión de Isla de Pinos cuando los sacaron para ejecutarlos.

Este procedimiento fue utilizado también en las prisiones. En el Castillo del Príncipe, en La Habana, a tres presos comunes que se habían fugado, como escarmiento para que ningún otro intentara lo mismo, los fusilaron en presencia de miles de presos. Hasta los que se encontraban incomunicados en las celdas de castigo fueron sacados para que vieran el espectáculo. El que dirigió estos fusilamientos fue el entonces Jefe de Cárceles y Prisiones, Medardo Lemus, que llegaría a alcanzar el grado de Teniente Coronel.

Seguían sacándonos a trabajar. El agua continuaba racionada. Una tarde, agotadísimo, sudando mucho, bajo un sol abrasante, me dirigí al aguador. Todos salíamos ya con un jarro de aluminio colgado del cinto por un gancho de alambre. Como estaba paleando, dentro del mío había caído tierra. Pedí al aguador, otro preso, que me sirviera agua, y comencé a moverla dentro del jarro en forma circular para limpiarlo. El miliciano comprendió lo que yo estaba haciendo y autoritario me dijo:

—No vayas a botar esa agua, hay que ahorrarla. Tómatela así mismo...

—Yo no tomo agua con tierra, militar...

—Pues vas a tomar ésa o no tomas ninguna.

Arrojé el agua sucia y el miliciano levantó el fusil para golpearme con la culata... Boitel y los más cercanos le gritaron y lo contuvieron. Desde aquel día, colocaba el jarro con el fondo hacia arriba.

Cuando se construyó el complejo carcelario de Isla de Pinos, todas las celdas estaban habilitadas con una taza sanitaria, un lavabo y una bombilla eléctrica. Todo eso fue eliminado por la revolución, y sólo dos celdas por piso fueron convertidas en servicios sanitarios. Pero en casi todos los pisos las tazas y lavabos fueron arrancados a medida que los de la guarnición los iban necesitando. Hasta los «sockets» de las bombillas desaparecieron, y también los interruptores de la luz. Unicamente quedó una bombilla de 500 o 1.000 bujías en la torre, que esparcía en la noche una luz mortecina sobre todo el local. La circular parecía entonces como una plaza de toros a media luz.

Como no había agua corriente, como ya no existían instalaciones sanitarias en las celdas, había que ir necesariamente a los servicios de los pisos. Allí habían dejado las tazas; pero ir a una de aquellas tazas era algo indescriptiblemente repugnante. Los excrementos se desbordaban. Estos servicios no tenían puertas, cortinas ni nada que aislara o separara, aunque fuera parcialmente, al que tenía necesidad de usarlos. Frente a él, una cola de los que esperaban. Había que defecar así, como si lo hiciera uno en plena calle a las 12 del día. Además, el solo hecho de poder colocar los pies sobre el borde de la taza, era un acto peligroso; mil veces la gente resbalaba y se hundía hasta media pierna dentro de aquella tembladera de mierda. Cuando estaban así, desbordándose, había quienes se subían a la ventana, se agarraban de los hierros y echaban las nalgas hacia atrás, para dar encima de la taza; daban la impresión de monos. Cuando vi aquello me dije que nunca podría defecar allí. Estuve varios días sin ir al servicio. Se me ocurrió esperar a horas de la madrugada, pero muchos habían tenido la misma idea. Para ir a aquel retrete era necesario tomar medidas especiales, en prevención de accidentes. Ibamos desnudos, con una toalla alrededor de la cintura y descalzos, pues si se resbalaba y se introducía el pie dentro de la taza, había que botar el zapato que se hundiera allí. La única ventaja en horas de la noche era que las miles y miles de moscas no molestaban.

Cuando los excrementos comenzaban a desbordarse, había que sacarlos con cubos y palas, Siempre, en toda sociedad o grupo humano, hay quienes son capaces de ocuparse de las tareas más desagradables. Los que se dedicaban a la evacuación de los excrementos eran hombres que merecían una grandísima admiración y agradecimiento. ¿Pero qué hacer con aquellos excrementos? Se lanzaban desde todos los pisos a la planta baja, al patio, y allí se acumulaban en una pila de cuatro o cinco metros de diámetro sobre la que pululaban millones de moscas. Cuando se miraba desde los pisos, parecía como si aquella asquerosa montaña se moviese: era la capa de moscas que la cubría constantemente. Cuando uno se acercaba, aquel enjambre se levantaba como una nube oscura. La peste, la hediondez, eran insoportables; toda la circular hedía. La gente se desplazaba hacia el lado de donde soplara el viento buscando un poco de aire puro, respirable. En las noches, o cuando se estaba comiendo y el aire traía oleadas de aquella fetidez, se nos revolvían las entrañas.

Una vez por semana pasaba el camión de la basura. Entonces, en tanques de cincuenta y cinco galones, se paleaba la mierda. Si en reposo apestaba, cuando se revolvía, su fetidez era intolerable. El riesgo de enfermedades y epidemias era grande y por ello tomábamos medidas, en especial contra las moscas, por la hepatitis. Los platos y cucharas se guardaban en bolsas de nylon y se trataba de no dejar ningún jarro o alimento al alcance de estos insectos. Aun así, hubo epidemias, con muertos por tifoidea. Los casos de diarreas, vómitos y de infecciones estomacales eran muchos y constantes.

# Capítulo X
## Las requisas, golpes y saqueo

Las requisas a la circular tres eran frecuentes, a la búsqueda constante, pero inútil, de la radio que escondíamos. Los guardias se amontonaban en la salida y repartían bayonetazos y cadenazos a mansalva; las víctimas salían protegiéndose la cabeza con las manos, bajo una lluvia de golpes. En una de ellas un preso cayó a tierra por efecto de la paliza que le estaban propinando y quedó allí; los demás le pasaban por el lado o saltaban sobre su cuerpo inerte. Cada uno atendía a su propio terror. Haberse detenido para ayudar al compañero caído hubiera significado recibir una andanada extra de golpes. En aquellas circunstancias el instinto de conservación predominaba, y seguían corriendo... corriendo.

Los guardias gritaban, siempre lo hacían, era un mecanismo para enardecerse, para excitarse. Probablemente golpear a otros hombres, sin una causa, sin un motivo, no es sencillo, aun para los más desalmados. Aquellos guardias eran hombres con esposas, con hijos. Algunos vivían en las casitas a la salida de la prisión. Acababan de llegar, todavía con el calor de su hogar, sin sacudirse por completo del sueño, y ya les daban una bayoneta, una cadena o un palo para que agredieran a hombres con los que no habían cruzado siquiera un grito, una ofensa verbal. ¿Qué sentirían aquellos guardias cuando los primeros prisioneros asomaban por la reja, asustados, y tenían que levantar la bayoneta y golpearlos? Pienso que para un acto así el ser humano tiene que justificar su acción, hallar una motivación interior, y como no la tenían, la buscaban en los gritos, en los insultos. Por supuesto, también existían los criminales natos, individuos a quienes golpear les proporcionaba un placer sádico. Luego de pasar el rastrillo, los presos continuaban corriendo hasta el corral, sorteando las estocadas de las filas de guardias.

De pronto apareció un preso alto, de raza negra, vestido de completo uniforme. Usaba unos espejuelos redondos, pequeños y de cristales transparentes. Enlazado al antebrazo izquierdo llevaba un banquito de madera y en la derecha un abanico con el que se echaba fresco tranquilamente. Era el doctor Velazco, uno de nuestros mejores médicos. Caminaba en la misma forma que hablaba, con parsimonia, dibujando cada letra, cada sílaba. Inmutable, imperturbable. Por su lado seguían pasando veloces otros presos; pero el doctor Velazco mantenía su ritmo de marcha, dando la impresión de que paseaba serenamente por el jardín de su casa en una tarde apacible. Ver aquello era algo insólito. Jamás pudieron hacer correr al doctor Velazco. Los guardias se quedaban atónitos ante aquel hombre que seguía caminando lentamente. Cuando los militares que formaban las dos filas reaccionaban, ya el doctor Velazco había pasado. Sentía una admiración muy grande por aquel hombre del que todos hablaban con profundo respeto y cariño. Años más tarde coincidiríamos en uno de los traslados internos y llegamos a ser grandes amigos. Juntos trabajamos en actividades culturales y de orientación a los jóvenes.

Recuerdo otra requisa, tiempo después, en la circular dos. Las escaleras estaban tomadas por los guardias y en ellas golpeaban salvajemente a los que íbamos bajando. Ya casi todos estábamos en la planta baja, sólo quedaban unos cuantos rezagados. Entre ellos el doctor Velazco. Como siempre, caminaba despaciosamente. Desde la planta baja sus amigos le pedíamos que se apurara para evitar que lo golpearan. Al llegar al último tramo de la escalera, con su inseparable abanico de cartón, los guardias descargaron con furia sobre su espalda una andanada de planazos. El doctor Velazco no movió un solo músculo, como si no fueran sus propias espaldas las que estaban recibiendo el castigo. Se levantó un rugido de indignación:

—¡Ése es el médico... no le den más! —gritábamos. ¿Pero qué le importaba a la guarnición que fuera médico?

El doctor Velazco bajó los últimos escalones y aunque los golpes no cesaron, él no se apuró en absoluto. Uno de los guardias, que alcanzaban ya el segundo piso, se echó hacia atrás, sacó medio cuerpo fuera de la escalera, sosteniéndose con un brazo, y con el otro, en el que blandía un machete, le descargó el último planazo. Los que esperábamos al doctor Velazco en la planta baja nos acercamos a él, preocupados. Con su hablar parsimonioso nos dijo que no tenía importancia... y buscó un lugar junto a la torre, plantó allí su banquito y se sentó a abanicarse. Yo estaba seguro que las espaldas le ardían, quemadas como debían estar la piel y la carne por los planazos. Pero él se mantenía impertérrito.

Una tarde llamaron a Boitel. Lo trasladaban para La Cabaña, donde iban a someterlo a otro juicio en el que pedían veinticinco años, la famosa causa «Capri», la número 600.

Arribaban con frecuencia prisioneros procedentes de las diferentes cárceles de la Isla. En aquella época comenzaba la política de alejar al preso de sus familiares. El Ministerio del Interior, para hacer más difíciles los contactos con los parientes, para impedir que las puertas de las cárceles estuvieran siempre llenas de madres y esposas, enviaban a los prisioneros lo más lejos posible de sus hogares. Así, a los detenidos que vivían en el extremo occidental de la Isla, los enviaban a las cárceles de la provincia de Oriente, a 800 ó 900 kilómetros de distancia. Esto prácticamente imposibilitaba a sus familias viajar hasta allá con frecuencia.

A principios de 1961 comenzaron a afluir al presidio modelo prisioneros pertenecientes a los alzados que, en numerosos focos guerrilleros, operaban en el Escambray. A través de ellos conocimos detalles de la gigantesca operación que el gobierno había desplegado: más de 60.000 efectivos, en su mayoría milicianos, participaban en lo que se llamó la «limpia del Escambray».

La represión contra las guerrillas fue costosa para Castro. En el periódico Granma —órgano oficial del Partido— de mayo de 1970, Raúl Castro, haciendo un balance de lo que fueron aquellos años de lucha contra los campesinos alzados, admitió que la pérdida en vidas del ejército había pasado de 500 y que costó unos 800 millones de pesos. Hubo 179 guerrillas integradas por 3.591 hombres, confesó el hermano de Fidel.

Para ocultar el hecho de que había un fuerte rechazo por parte de los campesinos al gobierno comunista, los llamaron «bandidos» y crearon una fuerza especial contra los insurgentes a la que bautizaron con el nombre de Batallones de Lucha contra Bandidos, más conocida por sus siglas: L.C.B.

Es interesante señalar que por primera vez en Cuba surgió un genuino levantamiento campesino, con jefes y tropas campesinas.

Procurando su exterminio, fusilaban no sólo a los guerrilleros, sino también a los campesinos que servían como guías, correos y contactos. Los campesinos de la zona discrepaban ya en gran número del régimen de Castro, y los que no integraban las guerrillas, cooperaban con ellas de muchas formas. Aquellas tierras son muy feraces y los campesinos sembraban plátanos, tubérculos y toda clase de frutos menores;

criaban cerdos y aves en sus pequeñas parcelas y el gobierno consideraba que de estas fuentes se abastecían los alzados. Para quitarles este apoyo, el gobierno ideó un plan de reconcentración. Todas las familias asentadas en el Escambray, y sus estribaciones, fueron desalojadas.

El día que iniciaron los desalojos, camiones del Instituto de la Reforma Agraria y los ZIL soviéticos de guerra, llenos de tropas, se detuvieron frente a los humildes bohíos. Solamente les permitieron llevarse algunas ropas y artículos personales. Las frutas, aves, cerdos y algún ganado, fueron confiscados por el INRA: Instituto Nacional de la Reforma Agraria. Destruyeron los plantíos, prendieron fuego a las casas y las aguas de los pozos fueron envenenadas. La política de tierra arrasada para eliminar las fuentes de suministros de los guerrilleros fue llevada a cabo meticulosamente. Las mujeres y los niños fueron separados de los hombres, y trasladados a La Habana. Las destinaron a residencias de la lujosa barriada de Miramar, pero las encerraron allí como en cárceles. Las familias se hacinaban en aquellas casas. No conformes con esto, informaron a las mujeres que tenían que ir al campo a realizar tareas agrícolas. Las ancianas quedarían cuidando a los niños.

Esta situación duró años, y en todo ese tiempo jamás vieron a sus esposos, a sus hermanos. Los niños en edad escolar fueron separados de las madres y «becados» en escuelas del gobierno para «lavarles el cerebro» y anular así la influencia «dañina» de los mayores.

Los hombres fueron llevados hasta la península de Guanahacabibes, la zona más occidental de Cuba y una de las más inhóspitas, a cientos de kilómetros del teatro de la guerra y de sus familiares. Estos campesinos no fueron nunca presentados ante un tribunal, no se les celebró juicio, pero estaban presos. Se les amenazó con el fusilamiento si intentaban escapar del lugar donde habían sido situados, y se les hizo saber que tomarían represalias contra sus parientes, que aquellos infelices no sabían siquiera dónde se encontraban. Les impusieron trabajos agrícolas y la fabricación de los Campos de Concentración Sandino 1, 2 y 3, que todavía existen.

Cuando terminaron estos tres campos de concentración, les dijeron que iban a construir un pueblecito y que al terminarlo vivirían en él con sus familias. Fue entonces cuando les comunicaron que los llevarían a ver a sus familiares a La Habana. Aquel encuentro fue dramático, luego de años sin verse. Ese día les informaron que a partir de ese momento permitirían que intercambiaran una carta por mes.

—¡En cuanto terminen los edificios, pueden irse todos para allá! —les dijeron los militares—. Así es que ahora eso queda por ustedes.

Con esa ilusión, aquellos hombres trabajaron día y noche, y levantaron los bloques de edificios. Al terminarlos, las mujeres y los niños fueron llevados hasta allí. De este modo, mucho antes de que existieran las aldeas estratégicas en Vietnam, ya Castro las había puesto en práctica en Cuba. Esta primera se llamó Ciudad Sandino. Sus habitantes no podían viajar fuera de los límites territoriales de la provincia. Con ello se buscaba evitar que trataran de regresar a la zona montañosa. Todavía existe esta aldea estratégica.

Muy poco se conoce en el extranjero de estas aldeas y de la terrible tragedia de aquellas familias. Los hombres estuvieron presos, obligados a trabajos forzados. Sin embargo, no hay un papel, un documento, nada, para cubrir al menos la forma de aquel despojo y lo sucedido en años posteriores.

# Capítulo XI
## Las «equivocaciones» de un dentista

El hospitalito de la prisión estaba muy bien instalado. El gabinete dental tenía todos los equipos necesarios, pero no se usaba para los entonces cuatro mil presos políticos que había en el Presidio Modelo. Por más que se insistía a las autoridades del penal, no lográbamos obtener autorización para ser llevados al dentista. Las dentaduras iban deteriorándose, y venían las crisis. Un dolor de muelas es algo enloquecedor, y los dolientes desesperados, se arrancaban las piezas a sangre fría, con lo que pudieran: una cuchara, un clavo, un viejo alicate, un alambre, cualquier instrumento que previamente era expuesto al fuego para lograr algo de asepsia. Luego se aplicaba un poco de yodo que había en el botiquín.

Sin ser dentistas, hubo quienes ayudaron a estos enloquecidos compañeros en la tarea de extraerse una muela. Un ex militar, alto, rubio, medio calvo, preso desde enero de 1959, era una especie de barbero al estilo del Oeste americano: pelaba y sacaba muelas. Él decía que los pioneros de la odontología habían sido los barberos. No se sabía por qué medios se había provisto de unas tenazas de electricista, que además mantenía esterilizadas en un poco de alcohol que le facilitaron en el botiquín.

Cuando uno de sus clientes llegaba —ya decidido por la tortura del dolor— a ponerse en sus manos, él solicitaba la ayuda de los más cercanos, para agarrar al paciente y evitar que se moviera. Pasaba un poco de yodo por la encía, abría un poco las piernas, como los luchadores al comienzo de una pelea, y empuñaba las tenazas. En estos instantes, cuando acercaba la herramienta a la boca, muchos clientes se levantaban y huían. Pero si se quedaba, los ayudantes lo afianzaban al cajón de madera en que estaba sentado. Era una extracción a lo bestia. Los pacientes mugían sordamente de dolor, se contraían y en ocasiones quedaban en el aire, como electrificados, sostenidos por cuatro o cinco que trataban de suplir con la fuerza la inmovilidad que daría la anestesia.

Un día trajeron la noticia de que iban a dar asistencia dental y que atenderían unos pocos casos por cada circular. El dentista era el doctor de la Poza, alto, flaco, con el pelo blanco; un viejo militante del Partido Comunista. Vestía el uniforme verde olivo, con bolsillos superpuestos, que usaban todos los médicos militares.

Pero solamente harían extracciones; nada de empastes o prótesis. Y CINCO CASOS cada QUINCE DIAS... Los que necesitaban sacarse piezas pasaban de 200, así que hacía falta cuatro años y medio para qué todos pudieran ir al dentista. ¿Cómo seleccionar entre tantos que padecían dolores de muela quiénes iban a ir en los primeros turnos? Se encontró la única solución que no podía dejar descontento a nadie: se sortearon los turnos y se confeccionó una lista con los afortunados, la cual se entregó a las autoridades de la prisión. Pues para sacar a un prisionero de las circulares había que iniciar todo un papeleo hasta la autorización del «CONDUCE», que es como llamaban a ese último permiso.

El dentista de la Poza recibió a los cinco primeros prisioneros. La consulta era una dependencia represiva más; pero los pacientes deseaban terminar de una vez con los terribles dolores de muelas. Juan Antonio era negro como un carbón, medía 1,80 metros de estatura y poseía magnífica dentadura. Únicamente aquel molar de la mandíbula inferior se le había cariado y era casi un cascarón. Por eso, cuando el doctor de la Poza tiró de la pinza y le dijo que ya, sintió un alivio y una tranquilidad muy grande. Al regresar habló a los demás de la «mano» que tenía aquel dentista, tan diestra que no había sentido dolor alguno. Pero esa misma noche le volvió el dolor y entonces descubrió que la muela cariada estaba en su lugar y que le habían extraído la de al lado, perfectamente sana, sin una caries. De los cinco que fueron ese día, a dos el dentista les extrajo piezas sanas, dejándoles las enfermas. Y no fue una sola vez, sucedió muchas otras. Por esta causa había quienes preferían seguir sacándose las muelas sin anestesia con el barbero, pues al menos tenían la certeza de que no se «equivocaría» en la extracción.

Todavía no había llegado a presidio Enrique Cepero, estudiante universitario de la Facultad de Odontología, cuyos conocimientos e imaginación constituyeron una ayuda decisiva para estos males. Gracias a él salvamos no pocas piezas. Cepero fabricó artesanalmente todo un «instrumental» odontológico. Con clavos, limados en un trabajo de verdadera orfebrería, talló fresas, que luego montaba en empuñaduras de madera. En la misma forma diseñó espejitos retrovisores que se pulían y redondeaban con paciencia de preso, y luego con plástico derretido y alambres fijaba a cabos de cepillos de dientes. Hizo cucharillas, exploradores, espátulas, todo un rudimentario instrumental odontológico. Poco después se consiguió la entrada clandestina de polvos de porcelana y de amalgamas con sus aglutinantes. Estos materiales se utilizaban para empastes. Con la goma que se usa en los atomizadores contra el asma y la varilla metálica, ya vacía, de un bolígrafo, hizo una pera para echar aire caliente y secar las caries que estaba trabajando.

Yo fui paciente de Cepero. La silla era un viejo cajón de madera que alguna vez contuvo latas de carne rusa. Un ayudante le sostenía al doliente la cabeza inclinada. Cepero advertía antes que no era cómodo preparar una caries, ampliarla y limpiarla para empastarla, y que existía el riesgo de que la pieza se fracturara. Yo acepté el riesgo, pues de lo contrario más adelante la perdería irremediablemente, y tendría que soportar los dolores de muelas. Abrí la boca y Cepero inició su trabajo, con un martillo y uno de aquellos instrumentos. Cada martillazo me estremecía: cuando recibí cuatro o cinco, los demás eran como si me los diera en el cerebro directamente. Tenía que abrir más la caries para entonces trabajarla con las fresas. El tratamiento duraba varias sesiones y la cabeza quedaba retumbando varios días. Cuando logró, sin que se fracturara la muela, romper un poco la entrada de la caries, empuñó la «fresa», una pieza de madera como una peonza, con un clavo tallado en la punta. La apoyaba en la palma de la mano, empujaba con fuerza y movía a uno y otro lado para ir rebajando. Tenía otras en forma de T, como los sacacorchos. La pieza que Cepero me salvó fue el segundo molar izquierdo superior. El empaste quedó tan bien hecho que actualmente aún lo tengo, y algunos dentistas que lo han visto tras mi excarcelación, y les he contado cómo y cuántos años hace que fue realizado, se quedan atónitos.

Mucho debemos a Cepero y a su dedicación, pues trabajaba larguísimas horas en favor de todos nosotros. Mientras tanto, el gabinete dental del hospitalito, habilitado con todo el instrumental necesario, permanecía con sus vitrinas cerradas bajo llave y sólo tres veces por semana el doctor de la Poza iba por allí a extraer muelas enfermas o sanas: todo dependía de cómo tuviera el día.

Exclusivamente casos considerados como muy graves eran llevados al hospitalito. No existían consultas periódicas, ni análisis ni exámenes de ninguna índole. Desmantelaron parte del quirófano y se llevaron también piezas del equipo de rayos X, con el pretexto, dado por un delegado de Salud Pública, de que los rayos X y el

66

salón de operaciones prácticamente no se usaban. Se suponía que si alguien enfermaba de gravedad sería trasladado al Hospital Nacional de Reclusos, instalado en la prisión del Castillo del Príncipe, en La Habana. Pero en realidad esto no ocurría, y hubo muertos por falta de asistencia médica y amputaciones por demorar un tratamiento, así como fallecimientos por negar medicamentos anticoagulantes, como sucedió con Cuéllar del Río, al que se le presentó una trombosis en una pierna. Se llamó al jefe médico, el doctor Agramonte, militante del Partido. Uno de nuestros médicos le explicó que necesitaba urgentemente unos medicamentos. El doctor Agramonte tomó nota y prometió enviar la medicina. Pasaron horas, días y la medicina no llegaba, hasta que el enfermo falleció. A la semana regresó el doctor Agramonte, feliz porque lo habían ascendido y diciendo que se le había olvidado el medicamento, pero que lo mandaría esa misma tarde ya que tenía algunos frascos del mismo. Se le dijo que ya no era necesario porque el enfermo, precisamente por no tener esos frascos, había muerto. Fingió no saberlo. Pero había sido quien firmó, en el hospital, el acta de defunción.

Ya organizábamos el tiempo: creamos pequeños grupos en los que se impartían clases en forma de charlas. Así la enseñanza resultaba más amena. Entre nosotros había catedráticos universitarios, pedagogos, profesores y maestros para todas las materias. Se inició la tarea de enseñar a leer a los analfabetos, casi todos campesinos, y de aumentar el nivel escolar de los que sabían leer, con horarios para gramática, aritmética, geografía. Incluso se instituyeron seminarios para los estudiantes universitarios.

Una tarde dieron la voz de alarma. Desde la dirección traían un prisionero bajo una lluvia de golpes. Era Boitel, rapada la cabeza, y quien lo castigaba era el cabo Naranjito, con su inseparable sable de caballería. Le gritamos desde la circular que no siguiera golpeándolo, pero nuestra protesta pareció darle bríos, porque descargó entonces con más saña el sable sobre sus flacas espaldas. Intervenir en situaciones así, gritarle cobarde al militar, aunque era algo que nos salía de muy adentro, resultaba contraproducente, pues el guardia se enfurecía más y le cobraba a su víctima lo que le decían sus compañeros, por el momento fuera del alcance de su ira. Por esto pronto aprendimos a callar con rabia y dolor ante aquellos abusos.

Tratamos de obtener información acerca de lo ocurrido a través de nuestros contactos entre los comunes. Boitel estaba todo amoratado y adolorido por los golpes, pero se encontraba bien de ánimo. Por entonces la guarnición había designado como jefe de las celdas de castigo a un preso común a quien se conocía por el apodo de Cascarita. Desde el primer día tuvo problemas con Boitel, cuando éste protestó a gritos porque Cascarita, con otros dos compinches, estaba violando a un preso común jovencito. Esto era habitual y la guarnición lo sabía y lo usaba como método represivo. Cuando los jóvenes mantenían una actitud indisciplinada en el servicio militar obligatorio, no cubrían las postas a tiempo, se ausentaban o se fugaban, y no era posible someterlos ni aun con castigos corporales o confinamientos en las celdas de los cuarteles, usaban entonces a los presos comunes como Cascarita. Metían a uno de estos jovencitos en una celda con varios delincuentes envilecidos y en la celda contigua a seis u ocho de los compañeros de la víctima para que escucharan, para que fueran testigos de cómo violaban repetidamente a su compañero. Los reclutas salían de allí aterrorizados y prometiendo no volver jamás a escapar. Esta práctica se llevó a efecto en toda la Isla desde el principio de los años sesenta, y veinte años después la siguen usando en todas las cárceles.

Conocí un caso que ilustra dramáticamente las consecuencias terribles de aquel proceder infame. El caso de Pandeao. No recuerdo su nombre porque él no quería que nadie lo llamara nada más que por el apodo. Él, como cientos de jóvenes en Cuba, no aceptó el servicio militar obligatorio. Fue entonces acusado de sedición militar y lo condenaron a la pena de veinte años de cárcel. Fue uno de los tantos infelices adolescentes que las autoridades metieron en celdas con delincuentes comunes, homosexuales, con el objeto de que lo violaran.

Desde que entró a la celda se arrinconó. Los presos comunes, cinco en total, se abalanzaron sobre él y lo violaron, ese día y los siguientes.

Desde entonces este jovencito perdió la sonrisa para siempre y sus ojos impactaban por la tristeza, la angustia, el vacío que reflejaban. Juró matar a cada uno de aquellos que lo habían violado. El Pandeao se convirtió además en un defensor de otros jóvenes que llegaban a la prisión como llegó él, y los protegía. Mató a dos de sus violadores, se convirtió en un tipo terrible. Se llenó los brazos de tatuajes, y su cerebro con la idea fija de encontrar a los que le faltaban. Nos decía que cuando los liquidara a todos, buscaría que lo mataran, porque era lo único que deseaba, ya que jamás podría vivir tranquilo. Cuando mató a otros dos, lo destinaron a las celdas de castigo, entonces contiguas al patio de los presos políticos. Lo llevaron a juicio y lo condenaron a pena de muerte. Cuando marchaba rumbo al paredón de fusilamiento, lo vi por primera vez sonreír con alegría. Meses más tarde, en una publicación oficial del gobierno, la Revista Psiquiátrica, informaron el caso del Pandeao como el de un criminal feroz con el cual se habían ensayado todas las posibilidades y recursos para su rehabilitación social, pero que habían resultado inútiles.

Cascarita se ensañó con Boitel y le arrojaba cubos de agua sucia, modalidad frecuente en aquellas celdas. Pero Boitel no se inmutaba y se burlaba en su cara de aquel criminal que hacía temblar de terror a los presos comunes. Cascarita amenazó a Boitel con derramar un galón de gasolina dentro de la celda y prenderle fuego. Supimos esto por un preso de la circular tres, que regresó luego de cumplir su castigo en aquellas celdas.

El presidio estaba situado cerca de la costa norte de la Isla. Se veía desde allí el mar Caribe. Muy cerca de la orilla se divisaba el Cayo de los Monos, llamado así porque años atrás albergó monos con fines de experimentación y estudios de laboratorio. Algunos naturales de Isla de Pinos afirmaban que seguían existiendo. Al oeste flanqueaba la prisión la Sierra Caballos; al sur, una extensa planicie reservada para los ejercicios y prácticas de tanques y campo de tiro; al este, pinares muy verdes y pequeñas colinas. Además de la guarnición de la cárcel, varios campamentos militares, de milicianos en especial, rodeaban el presidio. Estos milicianos entraban y salían constantemente de la prisión, deambulaban en grupos, como turistas uniformados, y se detenían a contemplar las circulares, donde estaban aquellas fieras contrarrevolucionarias: nosotros, los presos políticos.

Desde el quinto piso se abarcaba con la vista muchos kilómetros a la redonda. Las prácticas de tiro se efectuaban con regularidad. Esto permitió que los oficiales artilleros que había entre nosotros pudieran clasificar y localizar con bastante exactitud los emplazamientos cercanos. En la cima de la sierra, de casi 400 metros de altura, las llamadas de los cañonazos eran perfectamente visibles desde las circulares. Por las noches, y desde mi celda, que se abría hacia estas montañas, distinguía, allá arriba, el amarillento resplandor de una cerilla de los guardias que fumaban. Al sur, los tanques disparaban sus cañones y repercutían las ametralladoras. Las estelas naranjas de las balas trazadoras cruzaban veloces las penumbras.

Para algunos el tiroteo era excitante, y lanzaban gritos eufóricos, aun sabiendo que eran prácticas del enemigo. Eran los hombres de acción, los que habían estado combatiendo en las guerrillas y que recordaban los fragores de anteriores combates contra la milicia comunista y añoraban aquellos momentos difíciles, de privaciones, de angustia, pero libres. Sin embargo, otros se ponían muy nerviosos, ansiosos, y se notaba que les afectaba el solo eco de los disparos.

El Mayor de la circular, Lorenzo, vivía solo en la celda 93 del quinto piso. Tenía este hombre unas ansias de superación que merecían ayuda. Comencé a darle clases de ortografía y dictado. Él cumplía sanción de cinco años, acusado por haber dado una bofetada a alguien cuando prestaba servicios como motociclista del departamento de tránsito de la policía del régimen anterior. Casos como éste hubo muchos. Conocí allí hombres condenados a cien años en diferentes causas por maltrato a detenidos. Hubo ex militares que odiaban a los que conspiraban contra Castro porque consideraban que habían degradado la situación del país, y por esa causa una amnistía que ellos esperaban ya no iba a ser concedida; amnistía que sólo existía en las mentes de algunos de aquellos infelices.

Recuerdo un personaje que a Carrión le causaba verdadera risa. Era un mulato claro, muy corpulento, viejo, que había pertenecido al ejército. Tenía varios tatuajes en el brazo, y uno de ellos decía: «Batista, por usted me la juego.» Y en el hombro y brazo izquierdos, una mujer desnuda, pintada de manera que su pierna izquierda quedaba en el bíceps y la derecha sobre el pectoral; de esta forma, cuando él alzaba el brazo era como si la mujer abriera las piernas, y quedaba entonces a la vista la vulva, tatuada en el pliegue de la axila. Este personaje, que vivía en los pisos altos, desde que llegaba «La boba» empezaba a gritar:

—Tú que lo pusiste, ¡cómetela!... —Se refería a los que habían luchado contra Batista, a los revolucionarios que según él «habían puesto la revolución», sin pensar que esos hombres, por no ser comunistas, también se enfrentaron a Castro y por esta razón se encontraban allí. Pero no sólo esto. Muchos ex militares sentían y demostraban una abierta hostilidad por los que combatieron la dictadura batistiana. El tiempo se encargaría de echar a un lado aquellas diferencias, así como el trato diario, el compartir las mismas angustias, hambre, humillación e idénticas agresiones, irían llenando con amistad y compañerismo el espacio que ocupaban el rencor y la desconfianza. Hubo, sí, individuos pendencieros, llenos de odio, que en las sombras, sin dar nunca la cara, incitaron y alimentaron el fuego de aquellas diferencias. Pero pasaron igualmente y hoy no se recuerdan ni sus nombres.

Néstor Piñango y Armando Rodríguez también lograron, con la ayuda de varios técnicos, fabricar una radio, muy rudimentaria, pero capaz de captar las noticias internacionales. Beneficiaba mucho para la captación de emisoras extranjeras, la situación de la Isla y el lugar donde se operaba la radio, el sexto piso. Incluso sacaban una antena que por la oscuridad y la altura no era posible detectar fácilmente desde afuera. Para instalarla zafaron los tornillos de una teja del techo y por la abertura izaban la antena.

Aquella radio operó durante años. El trabajo de Piñanzo y del Vizcaya, que era como todos llamábamos a Armando, logró como nunca antes, ni despés, un método de trabajo y un escondite insuperable. Más tarde se sumaría al equipo que manejaba el aparato, Rafael del Pino, el antiguo amigo de Castro, que antes del triunfo de la revolución, estando los dos en México, compartiendo la misma habitación, escuchó de los propios labios de Castro sus planes para instaurar el comunismo en Cuba si la lucha que pensaba iniciar contra la dictadura de Batista triunfaba. Fue ésta la razón por la cual Rafael del Pino, que estaba dispuesto a luchar por establecer un régimen democrático, no una dictadura marxista, abandonó el grupo. Castro jamás se lo perdonó, por ese odio tremendo que profesa a los que habiendo estado con él no aceptan sus ideas, y lo abandonan o combaten.

La radio de Piñango se escondía en siete u ocho lugares diferentes. Algunas veces Piñango salía con un pequeño paquete, sin tomar muchas precauciones y lo metía en uno de los escondrijos. Pero ahí no iba la radio: era una maniobra para despistar a posibles delatores, en tanto que otro, tomando precauciones, escondía una parte de la radio. Digo una parte, porque el rudimentario aparatito se desarmaba todo. Los guardias podían tener en sus manos una de esas piezas y no sospechar, ni remotamente, que tuviera relación con una radio. Las baterías se fabricaban allí mismo; no conocí el proceso en todos sus detalles, pero sí sabía que de vez en vez había que orinar en unos frascos porque el técnico necesitaba los orines. También se utilizaban las minas de los lápices, ya que con varias unidas se hacía un haz que sustituía esa barita que tienen en el centro las baterías. También a través de un contacto del hospital se obtenía el sulfato de cobre, que es otro de los elementos necesarios para fabricar las baterías.

Asimismo, las noticias se escuchaban con audífonos fabricados en la prisión. Del aparato salían seis mangueritas plásticas de suero, con unos como taponcitos que iban al oído de los tres escuchas. Las noticias se copiaban en taquigrafía, luego se escribían normalmente y se hacían las hojas que a la mañana siguiente serían leídas en cada piso.

# Capítulo XII
## Sobre un polvorín

Por aquellos días se produjo un incidente horrible en la visita a una de las circulares. De las piezas de artillería emplazadas en lo alto de las lomas, una fue disparada accidentalmente y el proyectil le arrancó una pierna a una mujer que visitaba a su hermano. Creo que no hubo nunca un caso de visita más trágico.

Carrión dormía en la litera de arriba: tenía un sueño pesado y había que sacudirlo para que se despertara. Cuando sentí aquel tableteo de ametralladoras y el estampido de los cañones, de un salto llegué a la ventana. En la cima de las lomas fulguraban las llamaradas entre rojizas y anaranjadas de las baterías instaladas allí. Las balas trazadoras surcaban el cielo azulado, dirigidas contra un blanco invisible para mí.

Sacudí a Carrión por un pie y me precipité escaleras arriba, al sexto piso, para ver mejor de qué se trataba. En la circular, la alarma era general, y la confusión tremenda.

—¡Nos están atacando a nosotros! —gritaban algunos.

—¡Nos tirotean! —decían otros.

Pero indudablemente no era la circular el objetivo de aquellos proyectiles.

Llegué al sexto piso. Muchos miraban por las ventanas subidos en latas, en catres, o alzándose en las puntas de los pies y con las manos cogidas a los barrotes.

Al este del presidio, casi sobre nosotros, estallaban los obuses antiaéreos en unos hongos de humo negro, y entre ellos se paseaba lentamente un avión bombardero B-26. Su fuselaje plateado brillaba al sol mañanero y las explosiones seguían escoltando su recorrido.

Lo vi alejarse rumbo a la desembocadura del río Las Casas. De allí comenzaron a dispararle desde una unidad de la marina cubana. La fragata *Baire* era la que lo atacaba.

El piloto la descubrió y se lanzó sobre ella en picado, las ametralladoras disparando.

Yo veía todo aquello como se ve una película en un cine.

La fragata comenzó a moverse para no ser blanco del avión: éste disparó el primer cohete y un surtidor de agua, altísimo, se levantó delante de la proa del barco, que comenzó a alejarse a toda máquina.

Entonces el B-26 banqueó a la izquierda. De las lomas comenzaron a dispararle de nuevo, y de nuevo se paseó olímpicamente entre los obuses de artillería que lo buscaban con rabia.

Aquel piloto hacía un derroche de sangre fría. Era como si se burlara de la cortina de fuego dirigida a derribarlo.

Enfiló nuevamente hacia la nave que le disparaba, y esta vez no falló el tiro. El cohete hizo saltar la popa de la fragata que se envolvió en un torbellino de humo negro.

El avión se alejó entonces rumbo al noroeste.

Se iniciaba la invasión de Cuba por Bahía de Cochinos. Era el 17 de abril de 1961.

Aquel hecho produjo una excitación extraordinaria entre los presos. De inmediato sacamos el aparatito de radio del escondrijo y lo pusimos a funcionar.

Cuanta idea pudiera ocurrírsele a alguien era expuesta con vehemencia. De pronto, camiones militares se desplegaron en zafarrancho de combate alrededor de las circulares y las tropas que transportaban —milicianos en su mayoría— se bajaron disparando hacia las ventanas.

Un grupo llegó al rastrillo. No había nadie en la planta baja. Metieron las bocas de las metralletas por entre los barrotes y dispararon varias ráfagas que rechinaron en la torre y aun rebotaron en los hierros y barandas. Me lancé al suelo de cabeza y aunque no tuve tiempo de mirar, estoy seguro que los demás hicieron lo mismo.

La circular fue rodeada por completo. Llamaron entonces al Mayor Lorenzo al rastrillo. Hasta el sexto piso llegaban los gritos desaforados de los oficiales y las órdenes que debía transmitirnos nuestro compañero.

—¡Señores... de orden superior que tienen instrucciones de disparar a los que se asomen a las ventanas! Si alguien tiene ropa tendida por fuera, que la recoja de inmediato. Van a dar tres minutos para eso. Luego de esos tres minutos, ni se acerquen, que dicen que van a tirar. Así que ya saben.

Lorenzo subió y en el tercer piso lo acosamos a preguntas. Queríamos saber si habían dicho algo más. El preso tiene esa tendencia: hurga a ver si algo faltó, si no se escapó algún gesto que pudiera tener una significación. Pero esta vez no había absolutamente nada. Los gritos de los oficiales se habían escuchado en toda la circular y no era necesario que Lorenzo los repitiera.

Se creó una situación de tensión. Si alguno de los entretenidos, que siempre los hay, se acercaba a la ventana, le disparaban una ráfaga de metralleta. Allá afuera, mirando hacia arriba, los guardias parecían perros de caza, y para hacer más real esa imagen, algunos usaban gorras con orejeras que se atan debajo de la barbilla, las cuales colgaban como las largas orejas de los perros. En las celdas 46 y 47, dedicadas a los servicios, se creó una difícil situación; no era posible usarlos, porque para ello había que estar cerca de la ventana. Los que primero lo intentaron recibieron sustos inolvidables. Aquellos guardias disparaban sin el menor titubeo.

Por entonces solían traer paquetes de cigarrillos, latas de leche, azúcar y galletas adquiridos por los familiares de los presos en un pequeño mercado de la prisión. El familiar hacía la compra, que no podía tocar siquiera, a precios exorbitantes, y luego se la entregaban al preso. Usaban para ello un camión de la guarnición. Teníamos un compañero, Sánchez, que era el encargado de recibir los paquetes, ordenarlos en la planta baja y luego llamar a sus destinatarios para que los recogieran.

Esa tarde, luego del almuerzo, un camión tapado con una lona, con varios soldados armados encima de él y escoltado por dos vehículos, culateó frente al rastrillo. Alguien, como un chiste, gritó:

—¡Sánchez... los paquetes!

Pero no eran los paquetes; al menos no para consumo nuestro, aunque sí estaban dedicados a nosotros.

Eran cajas de cartuchos de dinamita, de fabricación canadiense.

Los militares, dirigidos por el comandante William Gálvez, comenzaron a descargar la temible mercancía. Un oficial llamó al Mayor Lorenzo para decirle que había que desalojar toda la parte delantera de la circular, que los presos debían echarse hacia el fondo hasta que terminara la operación de descargue.

La dinamita fue depositada en el sótano.

Aquel acontecimiento cambió completamente el clima de la circular. Muchos especulaban acerca del por qué los explosivos. Unos pensaban que habían sido depositados allí para tenerlos en un lugar seguro, al abrigo de ataques como el de aquella mañana, pues los aviones no bombardearían las circulares sabiendo que en ellas estábamos nosotros.

Al atardecer se conocieron las primeras informaciones a través de la radio clandestina. Se combatía en la ciénaga de Zapata, en la Bahía de Cochinos, desde muy temprano. Los cables eran muy optimistas y la euforia de los prisioneros ya no tuvo diques. Los hubo que gritaban a todo pecho, saltaban y se abrazaban a los amigos, invadidos por una alegría que sólo puede imaginarse en hombres que se encontraban en una situación como la nuestra.

Los boletines se sucedían. Muy temprano, al día siguiente, militares provistos de martillos neumáticos, comenzaron a trabajar dentro del túnel. Estaban abriendo agujeros, barrenando los cimientos de la gigantesca estructura para colocar la dinamita, que ahora tenia un macabro significado para nosotros: hacernos volar por los aires.

Con los militares que perforaban llegaron los técnicos en explosivos y vimos descargar las cajas de los detonadores, los rollos de mecha y todos los equipos usados para provocar la explosión.

Los comunicados de la prensa internacional continuaban llegándonos. Los compañeros que manipulaban el aparatito de radio no descansaban; casi no durmieron en dos días.

En la madrugada Radio Swan, la emisora que transmitía para Cuba, lanzó un mensaje recabando ayuda de la resistencia interna en apoyo a la invasión.

«Pueblo de La Habana: atención, pueblo de La Habana. Deben cooperar con los valientes patriotas del ejército de liberación. Las plantas eléctricas no deben suministrar electricidad a las pocas industrias que el régimen trata de mantener en operación. Hoy, a las 7,45 a.m., cuando demos la señal por esta emisora, todas las luces de los hogares deben encenderse y los aparatos eléctricos conectarse para aumentar la carga sobre los generadores de la planta eléctrica.»

Otros cables decían que las fuerzas invasoras, arrollándolo todo a su paso, se acercaban triunfantes a La Habana. Era falso, y la invasión fue derrotada. Castro, el mismo que había declarado mil veces que no era comunista y que la revolución era más verde que las palmas, se despojaba del disfraz con que engañó a tantos y proclamaba la verdadera naturaleza de la revolución, la que tuvo siempre: la del totalitarismo.

—Ésta es una revolución socialista... —dijo— y la defenderemos con esos fusiles.
—Y terminaba con un lenguaje inconfundiblemente comunista —: ¡Viva la clase obrera! ¡Vivan los campesinos! ¡Vivan los humildes! ¡Viva la revolución socialista! ¡Patria o Muerte, Venceremos!

Durante su discurso, la claque lo interrumpía para gritar las consignas dadas por el Partido: «¡Fidel, Kruschev, estamos con los dos!»

Era el 16 de abril de 1961, en el cementerio de Colón, en la ciudad de La Habana, y mientras Castro despedía el duelo de los muertos en los bombardeos del día 15, por la puerta del fondo, en silencio, sin flores, coronas ni familiares o amigos para pronunciar unas palabras de despedida, seis cadáveres de cubanos, fusilados en la prisión de La Cabaña, llegaban y eran enterrados en una fosa común.

Desde el primer ataque, el día 15, cuando los B-26 bombardearon aeropuertos en diversos lugares de la Isla, el gobierno desató una feroz represión contra todos los que consideraba que no eran simpatizantes del régimen. Cerca de 500.000 personas fueron detenidas en todo el país. Sacerdotes, obreros, ancianos y mujeres, militares y estudiantes fueron confinados en teatros, estadios, edificios públicos, cuarteles, escuelas, etc., por estar abarrotadas las cárceles.

En el patio de La Cabaña, a la intemperie, hacinaron a cientos de personas, incluyendo a algunas mujeres con niños. También en los fosos, que rodearon de ametralladoras: únicamente dejaron libre el foso donde está el paredón para los fusilamientos.

Aquella redada a ciegas llevó a la cárcel a cientos de cubanos que conspiraban, algunos infiltrados y que, una vez identificados, fueron fusilados de inmediato, sin juicio alguno; y también a funcionarios del gobierno, como a varios directivos del Banco Nacional, élite marxista que fue arrestada mientras comían en un restaurante y pasaron dos días encerrados.

En los fosos del Castillo del Morro tuvieron a miles de personas dos días sin agua, ni alimentos. Al cabo de ellos, les lanzaron una manguera para que calmaran la sed.

Decenas de personas murieron en aquel hacinamiento; hubo mujeres embarazadas que abortaron y otras que dieron a luz allí mismo, en el suelo, asistidas por las demás mujeres. Los guardias los amenazaban con el ametrallamiento si triunfaba la invasión.

El teatro Blanquita, el mayor de Cuba, se convirtió en un gigantesco presidio que albergó a más de 8.000 personas. Durante cinco días los allí concentrados sólo recibieron alimentos en cuatro ocasiones.

El Palacio de los Deportes alojó a otros millares y una noche los milicianos comenzaron a gritar que todos se echaran al suelo, y para divertirse dispararon sus metralletas y hubo varios heridos.

La persecución y represión se desató de forma aniquilante. Todo ciudadano era un enemigo potencial. Si no estaba en las fuerzas armadas o en la milicia, o no podía probar su militancia revolucionaria, era detenido.

Jorge Rodríguez y Jesús Casais, jóvenes revolucionarios que habían luchado por una verdadera democracia, caían abatidos por miembros de la Policía Política, en plena calle, delante de varios testigos que certificaron que sus agresores no hicieron siquiera el intento por detenerlos.

Marcial Arufe y su esposa Digna, recién casados, pasaban su luna de miel en un apartamento de la barriada de Luyanó, en La Habana. La Policía Política tocó a la puerta y al abrirles, los ametrallaron.

No hay datos de cuántos fueron fusilados en aquellos días en toda la Isla; pero los pelotones de ejecución funcionaron en el regimiento de Pinar del Río; en la Base de San Antonio de los Baños; en el Morro; en La Cabaña; en el Castillo de San Severino, en Matanzas; en La Campana, en Camagüey, y en Oriente. Esta vez ni siquiera metieron los cadáveres en cajas; los desnudaban e introducían en sacos de nylon, y así los enterraban.

En el cementerio de Colón, en La Habana, un oficial de la Policía Política y dos soldados, en una furgoneta «VW» de color blanco, recibían los cadáveres y los trasladaban a un área bajo control militar, donde eran arrojados a una fosa común. Juan Hernández, uno de aquellos militares, cayó después preso, acusado de conspiración y nos lo contó con detalles.

Envalentonados por el triunfo, los mandos de las prisiones se volcaron sobre nosotros; la represión se hizo más violenta, y se nos comunicó oficialmente que la dinamita permanecería colocada en los cimientos para hacernos volar si se producía otro intento de invasión.

Muchos de nosotros se negaban a aceptar la realidad de la dinamita, y hasta los hubo que decían que aquellas cajas no contenían explosivos, y que todo era una gran farsa para aterrorizarnos. Otros la aceptaban, pero descartaban que la fueran a utilizar para volarnos, y sí como un instrumento de chantaje político. Funcionaban aquí los complejos mecanismos de defensa. El rechazo rotundo a una realidad que hacía mucho daño. Eso de aceptar que vivíamos sobre un polvorín, era duro.

Alguien dijo que para no reventarse cuando estallara la dinamita era necesario morder un pedazo de madera. Infelices que se aferraban a cuanto decía cualquiera, se colgaban del cuello entonces un pedazo de madera del grueso de un tabaco, que pensaban morder con fuerza cuando saltaran por los aires. Se produjo un éxodo hacia el sexto piso, creyendo que cuanto más alejados se hallaran del sótano, más posibilidades de salir ilesos tenían. En chapitas de aluminio, colgadas al cuello también, otros, más realistas, grabaron sus nombres y número de preso, para que al menos por ella fueran identificados.

Se acudió a los tres oficiales de la Agencia Central de Inteligencia (CIA) para conocer su criterio. Ellos eran expertos en explosivos y demolición, especialmente Caswell; se les suministró toda la información necesaria, incluso muestras de los explosivos, detonadores, etc., que fueron obtenidos por Luis Lemus, el Americanito, que logró llegar hasta el sótano en una complicada operación, deslizándose por dentro de uno de los pequeños túneles verticales por donde iban las tuberías.

Los tres especialistas norteamericanos llegaron a la conclusión de que todo estaba listo para hacernos volar con un doble sistema de detonación, eléctrico y mecánico, para que no hubiera fallos. Había suficientes explosivos para hacer añicos el edificio, y lo mismo sucedería con las otras circulares, que fueron dinamitadas el mismo día.

El comandante García Olivera, jefe del Cuerpo de Ingenieros del Ejército, y un capitán de la Policía Política, conocido por Mario, eran los jefes de aquella operación.

Un grupo de técnicos dirigidos por otro militar, flaco y desgarbado, llamado Chanito, se encargaban de revisar diariamente toda la maquinaria de muerte que habían instalado.

Al fondo del pabellón de las celdas de castigo, a unos 250 metros de las circulares, detrás de un pequeño montículo de tierra, estaba la caseta desde donde harían detonar las cargas. Todas las conexiones, en tubos plásticos soterrados, se dirigían hacia aquel lugar. La explosión sería tan gigantesca que los que oprimieran los detonadores morirían también, y el presidio entero quedaría convertido en un cráter calcinado.

Este grupo de técnicos solía pasar entre las circulares y hacernos señas con las manos, como si empujaran esa palanca que activa los detonadores, y luego hacían un ademán simulando la explosión. ¿Qué sentirían aquellos militares que tenían la misión de asesinar a seis mil presos?

Su sadismo los señalaba como verdaderos enfermos. Años más tarde supimos que dos de ellos terminaron en un manicomio que tiene el Ministerio del Interior para sus miembros. Allí aíslan a los elementos militares para que nadie pueda saber los horrores que los enloquecieron.

Una mañana, varios camiones con algunos soldados y los técnicos empezaron a bajar cajas y a sacar otras del sótano. Cambiaron la dinamita por un explosivo más poderoso y más seguro, ya que no estalla por simpatía, sino con una carga inicial de otro explosivo. Rellenaron la torre del patio con una tonelada de TNT, convirtiéndola así en un gigantesco petardo de grueso concreto, cuya explosión generaría calor, dispersaría metralla y produciría una onda expansiva más que suficientes para matarnos a todos. La torre llegaba hasta la altura del cuarto piso.

Un grupo de los nuestros, expertos en explosivos, se dedicó a la tarea de organizar equipos para intentar hacer algo que pudiera anular los planes de volarnos que tenían las autoridades.

Estos equipos no eran conocidos por todos; se trabajaba secretamente y se consiguió una discreción total en cuanto a las operaciones que se realizaban.

Toda la energía se concentró en desactivar los explosivos. Hasta los delatores cooperaron, seguros de que también ellos volarían, como los demás, pues los comunistas no iban a sacarlos cuando decidieran matarnos.

No obstante, se tomaron medidas de seguridad interior y un grupo de compañeros fue nombrado para leer todas las cartas que, una vez por mes, o cada 45 días, nos permitían escribir, para evitar que alguno de los confidentes pudiera informar lo que se estaba haciendo.

El Americanito seguía explorando el sótano. Subió muestras de las mechas que habían quedado abandonadas allí y dibujó planos con la colocación de las cargas.

El sistema mecánico, con una mecha llamada «primacord» o cordón detonador, fue el primero que se desactivó. Los encargados de la tarea hicieron un trabajo impecable. Se sabía que los técnicos, para comprobar la continuidad de la mecha, simplemente la tomaban por sus extremos y tiraban de ella. Si se ponía tensa consideraban que estaba intacta, que no había sido cortada.

Esta mecha es como una manguerita hueca, recubierta de un forro que le sirve de aislante, y adentro va rellena de TNT en polvo. Nuestro equipo de desactivación le hizo un corte por debajo, sacándole el polvo en una o dos pulgadas del trayecto; limpiaron bien este espacio y en él colocaron un tubito cilíndrico del mismo diámetro que la mecha. Luego cosieron con cuidado el corte, y como la mecha estaba en el suelo polvoriento le aplicaron un poco de esta tierra a la costura. Así quedó perfectamente disimulada la alteración. El día que activaran esta mecha, su recorrido quedaría interrumpido y no llegaría a los detonadores.

El sistema eléctrico resultó mucho más complicado. Básicamente se anuló mediante un puente eléctrico que desviaba la corriente.

Sin embargo, todas estas medidas, si daban resultado, sólo nos concederían unos minutos. Porque los genocidas, al ver que el TNT no explotaba, que no saltábamos en pedazos, ensayarían otros métodos para liquidarnos. Bastaría que le cayeran a cañonazos a cualquiera de las circulares, pues cada una de ellas continuaba siendo un polvorín.

Para esos instantes, nuestros grupos de acción habían organizado un plan de ataque. Cortaron parcialmente algunas ventanas y dejaron otras preparadas para que con sólo unos cortes rápidos fueran echadas abajo. Se quitó la tapa de una de las entradas de los tragantes, de casi un metro cuadrado, y allí se excavó un túnel que pasaba por debajo de los cimientos y salía a varios metros de la circular, aunque la tierra, a la salida, no había sido removida todavía.

Muchos de los cartuchos de TNT fueron vaciados a medias y se fabricaron granadas de tecnología casera, con unas mechas construidas con cabezas de fósforos.

Aunque todo el trabajo en nuestra circular resultara eficiente, correcto, si no ocurría lo mismo en la de al lado, de nada serviría. Bastaría que uno de aquellos polvorines estallara para que la circular contigua también lo hiciera.

Nadie podía determinar si la labor realizada rendiría el resultado previsto. En lo que sí no hay duda era en la intención criminal de hacer volar en pedazos a miles de prisioneros políticos.. Después de mil trabajos logramos denunciar en el exterior lo que se pretendía. En Miami se publicaron artículos acerca de los monstruosos planes del gobierno. Pero todas nuestras peticiones y las de nuestros familiares ante los organismos internacionales, especialmente la Comisión de Derechos Humanos de la ONU, fueron inútiles. Nadie prestó atención a aquel acto de barbarie que planeaba el gobierno cubano. No se levantó una sola voz de protesta. Los primeros ministros de la Europa civilizada se abrazaban con Castro y le enviaban millones de dólares. El gobierno mexicano, conocedor de los hechos, daba la callada por respuesta, y su embajada en La Habana se convertía en una trampa de la Policía Política, en la que ingenuamente caían los que pensaban encontrar asilo, pues eran entregados por los diplomáticos mexicanos. Como sucedió con mi compañero Reynaldo Aquit. En 1966 logró escapar espectacularmente de los campos de trabajos forzados y el agregado cultural lo entregó a las autoridades. Conocí muchos otros casos como el de él.

# Capítulo XIII
## Operación represalia

Las condiciones se hicieron más severas después del fracaso de la invasión por Bahía de Cochinos. La privación de alimentos se acentuó. Llevaban entonces unos tanques de agua grasienta con algunos tubérculos, papas, calabazas, boniatos, frecuentemente sucios y podridos. Por los que trabajaban en la cocina, que pertenecían a la circular cuatro, sabíamos que la cantidad de frutos que disponían para los 6.000 presos era de cincuenta kilos; es decir, menos de medio kilogramo para cada 50 presos. Esto constituía la comida. El pan no tenía absolutamente una sola gota de grasa, únicamente sal, y no siempre. Su textura era gomosa, podía estirarse hasta más de un tercio de su largo sin que se rompiera.

Las inmundicias, cucarachas y ratones, seguían apareciendo dentro de los alimentos.

Fue por aquellos meses cuando llegó a Isla de Pinos la *guanina*, una legumbre pequeñita como la lenteja y muy parecida en su color, pero horrible al paladar, con un intenso sabor a tierra amarga. Se usa como pienso para el ganado mezclada con otros ingredientes, pues, sola, su valor nutritivo es escaso. No se utiliza para el consumo humano. Pero a las autoridades de la cárcel no les importaba mucho esto.

El agua caliente dulce que servían como desayuno la preparaban con azúcar teñida de verde, destinada a la alimentación del ganado. Los sacos tenían un rótulo que decía «Not for human consumption» . Era el azúcar de desecho, la que se recoge en los pisos de las fábricas con palas, llena de impurezas y basuras.

Allí estaba con nosotros Vivas Bartelemí, estudiante de medicina que formó parte de una comitiva que visitó China comunista. Vivas salió en una foto dándose la mano con Mao. Por eso se extendió el rumor de que aquella *guanina* la había comprado él en aquel viaje. Vivas se divertía con esto. Por conocer su sentido del humor, sospecho que él mismo se encargó de lanzar aquel rumor. Vivas estuvo combatiendo a Batista y fue hecho prisionero. Irónicamente, cuando triunfó Castro fue confinado a la misma prisión en que le tuvo el dictador anterior.

Uno de los platos combinados que nos servían era la *guanina* con harina de maíz, llena de gusanos y muy amarga. Los alimentos que se echaban a perder por cualquier causa eran destinados a la prisión. El arroz también tenía gusanos y un desagradable sabor. No lo lavaban antes de cocerlo. Aparecieron entonces los macarrones y espaguetis, que se convertirían durante los próximos 20 años en el alimento básico del pueblo cubano... y de los presos, por supuesto. Pero no se piense en un sabroso plato de macarrones a la italiana. Los que servían en la cárcel eran hervidos con un poco de sal, hechos una torta, y sin absolutamente nada más. Para servirlos había que cortarlos en trozos, y para poder tragárselos, agregarles un poco de azúcar. La venta que nos hacían de aceite, especias y sal fue suspendida. La ausencia de proteínas era total. La monotonía de aquella dieta carente de vitaminas y demás elementos necesarios al organismo, tendría consecuencia más adelante, cuando la avitaminosis y la hipoproteinemia dejaran sentir sus efectos.

Nos llamaron en grupos de veinticinco para conducirnos al archivo instalado en la parte posterior del edificio 5. Unas escaleras y un salón amplio. Me raparon, tomaron mechones de pelo de las sienes y estamparon mis huellas digitales en varias plantillas.

Desnudo, me revisaron el cuerpo buscando tatuajes, marcas o cicatrices que pudieran servir un día para identificarme. Luego me fotografiaron y me dieron el número de preso: 26.830. En lo adelante ya el nombre nada significaría para la guarnición y pasaría a ser, como los demás, un número. Se produjo un incidente porque había que firmar una tarjeta autorizando a la dirección del penal a que abriera y leyera nuestra correspondencia. Alguien se negó y mandaron a buscar la guarnición. A golpes le obligaron a firmar. Hubo un preso al que ni aun así le hicieron firmar la tarjeta aquella: se llamaba Mitre, era tranquilo, sereno, pero de una voluntad indestructible.

Saberse viviendo sobre un colchón de explosivos destrozó los nervios a numerosos presos y actuó como factor desencadenante para que otros enloquecieran por completo, atrapados por un pánico animal.

Dos noches fuimos despertados por los alaridos desgarradores de presos que se lanzaban al patio desde el sexto piso. Uno de ellos hacía dos años que estaba en aquella cárcel; el otro había llegado en las últimas cordilleras procedentes de la provincia de Oriente. Recuerdo que este último se llamaba Arturo, pues había conversado con él en algunas ocasiones.

Cada vez que el grupo de técnicos, comandados por Chanito, entraba al sótano, numerosos presos hacían crisis nerviosas.

—¡Están ahí abajo... Seguro que van a conectar los explosivos para volarnos...!

Aquel anciano vivía a dos o tres celdas de la mía. Y cada vez que entraban los técnicos en explosivos, venía a mí con la misma frase. Yo trataba de tranquilizarlo, pero era como hablarle a un enajenado con una idea fija. No entendía, no razonaba. Sus ojos no se apartaban del túnel y cuando los veía salir corría a la ventana del servicio para ver si se dirigían a la caseta donde estaba el centro de detonación.

Con aquella angustia, con aquella zozobra, vivían decenas de hombres, que apenas dormían, vigilando por cuenta propia, sobresaltados si había mucho silencio afuera, pues interpretaban que las postas habían recibido órdenes de desalojar porque iban a explotar el TNT.

Era el mes de julio. Una noche de lluvia estruendosa fue la elegida por Cheo Guerra, Pedro Cario Osorio el Mexicano, Edmundo Amado y otros dos más, para escapar. Cortaron una ventana que daba al hospital. La lluvia caía a cántaros y con un ruido ensordecedor. En estas condiciones los reflectores eran inútiles, pues la cortina de agua interrumpía la luz que proyectaban. Lograron bajar sin inconvenientes, pero no pudieron alejarse más que unos metros. Un intenso tiroteo, apagado un poco por el sonido de la lluvia, dio la alarma y fueron capturados. Allí mismo, empapados, les dieron una paliza brutal. No podían los militares, ciegos de ira, esperar siquiera a que llegaran a las celdas de castigo, donde pasaron larguísimos meses. Era aquélla la segunda visita de Cheo Guerra a las celdas tenebrosas, y no sería la última.

A la mañana siguiente, el teniente Julio Tarrau, director de la prisión, se presentó al frente de la guarnición. Enarbolaba la pistola «Makarof», rusa, que nunca nadie le vio disparar, pero que a él parecía darle más autoridad, más valor.

—¡El hijo de puta que se mueva, lo mato! ¡Todo el mundo frente a su celda en atención...!

La guarnición, compuesta de unos doscientos soldados para aquella requisa, llenaba la planta baja. La primera oleada sin armas de fuego, sólo empuñando bayonetas y garrotes; detrás los armados con fusiles y bayonetas caladas.

—¡A ver...! —volvió a hablar Tarrau—. ¡Quitándose la ropa, desnudándose todo el mundo frente a la celda!

Carrión y yo nos desnudarnos. A nuestro lado, en la celda contigua, el ex capitán Tápanes-Tápanes, de la ciudad de Cárdenas, y su compañero Chávez, se desnudaron también.

Hubo alguien por el cuarto piso que no se quitó el calzoncillo. El teniente Tarrau le gritó que bajara. La tensión se hizo todavía mayor, más angustiosa y expectante. Miles de ojos estaban fijos en aquel hombre que iba bajando las escaleras lentamente.

En la mente de todos, si pensaban como yo, se abría la misma interrogante, que era además como una súplica para la que no había ya tiempo: «¿Por qué no te quitaste el calzoncillo como todo el mundo?»

Al llegar a la planta baja, el propio Tarrau lo empujó; un grupo de guardias se le echó encima; el preso forcejeó, pero sólo unos segundos; la lluvia de golpes lo aniquiló, y tambaleándose, con dificultad para andar, fue sacado rumbo a las celdas mientras le hacían trizas el calzoncillo. No había llegado aún a la puerta del rastrillo cuando ya iba desnudo. Se levantó un murmullo de protesta, de indignación, en toda la circular.

Tarrau rastrilló la pistola y los guardias apalancaron los fusiles. Los de la torre también accionaron las metralletas apuntando a los presos frente a las celdas.

El poder de persuasión de los fusiles hizo el silencio.

Supe después que aquel hombre no había querido quitarse los calzoncillos, porque cuando luchaba en las montañas, junto a Fidel Castro, una mina enemiga le arrancó de cuajo el miembro y le destrozó un testículo.

El espectáculo era impresionante. Mirar era hasta el momento lo único que podía hacerse. Cientos de hombres completamente desnudos formaban como una legión surrealista, en perfecta formación, erguidos. Aquella escena no la olvidaré nunca por lo absurda, por lo irreal.

—¡Bajando los del primer piso!

Tarrau era el único que daba órdenes. Estaba iracundo. Era el director y se le habían tratado de fugar, a él.

Los presos comenzaron a descender y les ordenaron que se colocaran de frente a la pared, junto a los lavaderos. Al azar, algunos fueron golpeados y empujados. Cuando todos estuvimos abajo, la guarnición subió a las celdas. Cinco o seis horas más tarde estábamos todavía de pie. Los tobillos y piernas de varios ancianos se inflamaron. No se podía levantar la cabeza, so pena de ser golpeado y conducido a las celdas de castigo. Quienes no pudieron resistir la tentación de mirar hacia arriba, para contemplar el destrozo, y fueron sorprendidos, recibieron palizas y pasaron meses desnudos en el pabellón de castigados.

Cuando se fueron y la reja del rastrillo se cerró detrás del último guardia, pudimos regresar a nuestras celdas. Los mil y pico de presos desnudos llenaron las escaleras, todos ansiosos por ser los primeros en llegar, más que para ver lo que habían hecho, para cubrirse. No hay nada que humille más al hombre, y lo haga sentirse en condiciones más desfavorables, que la desnudez, en especial obligatoria y frente a enemigos.

Ellos lo sabían y usaban esta práctica como un arma psicológica. La implantaron en los interrogatorios de la Policía Política. Los presos eran mantenidos desnudos, sin distinción de sexo. Llevaban así a las mujeres para ser interrogadas por un grupo de oficiales. Si para un hombre resulta humillante y vergonzoso que lo obliguen a pararse desnudo frente a un grupo de interrogadores, a una mujer le es infinitamente más horrible, y muchos de los suicidios e intentos de suicidio en las presas fueron motivados precisamente por esta humillación. Todavía se siguen usando estos métodos con las presas políticas. Cuando las confinan a celdas solitarias, las desnudan completamente y allí van a verlas oficiales de la Dirección de Cárceles y Prisiones y de la Policía Política.

Llegamos a nuestras celdas. En el piso, revueltas, nuestras escasas propiedades: ropa interior, calcetines, los uniformes y las almohadas. Sobre ellas habían regado un poco de gofio de trigo y azúcar que nos quedaba, nuestra única reserva alimenticia, que administrábamos cuidadosamente, para mitigar un poco el hambre. Además, encima le volcaron el agua del cubo.

En la planta baja, frente a las duchas, se acumulaban montones de ropas de todas las celdas y pisos. Varios compañeros se dedicaron más tarde a separar esa ropa y buscar el número para llamar a sus propietarios. Decenas de literas cortadas con las bayonetas, a otros les mezclaron la sal y los detergentes con los alimentos. Era la operación de represalia que no faltaba nunca después de una fuga. Los que quedaban tenían que pagar las ansias de libertad de los que intentaban escapar. Ése era el mensaje que querían hacer sentir las autoridades.

Los comunistas propagaban la idea de que el preso que se fugaba no tenía conciencia de compañerismo; era un egoísta que sólo pensaba en resolver su situación y no le importaban los que dejaba atrás, abandonados a su suerte. Siempre hubo alguien que diera crédito a aquellas falacias.

Fue después de la fuga de Cheo y de el Mexicano que iniciaron las rondas alrededor de las circulares, un escolta y su perro. Llegaba a las seis de la tarde, fusil al hombro, paseaba mirando las ventanas. Coincidía en sus vueltas con el que vigilaba en igual forma la circular tres. Entonces se detenían, charlaban unos minutos y reiniciaban la ronda, monótona y aburrida para ellos. Esta costumbre de conversar entre ellos nos sería muy beneficiosa en el futuro.

Nuestra celda, en el segundo piso, era lugar de reunión de un grupo de amigos, casi todos estudiantes. Celebrábamos en ella entretenidas tertulias, que nos alejaban de la realidad de los cerrojos y las rejas. Solíamos recitar poesías, Villanueva nos cantaba sus últimas canciones o reíamos con una de las caricaturas de Díaz Lanz.

Las cordilleras de diferentes prisiones de Cuba llegaban con frecuencia. En una de las procedentes de La Cabaña arribó Benito López, un comerciante detenido únicamente por manifestarse contrario al comunismo. Fue suficiente que se negara a enrolarse en las actividades de las turbas y expresara su descontento con el curso que tomaba la revolución, para que el presidente del Comité de Defensa lo denunciara a la Policía Política. Por eso estaba allí, desconcertado y embargado por una tristeza profunda. Una de las acusaciones terribles que le hicieron fue la de enviar a su hijo Rubén a los Estados Unidos.

Benito llegó a nuestro piso. Me impresionó su tristeza y traté de animarlo. Teníamos exceso de prisioneros y vivían hasta cuatro en una celda. A él le designaron la de Celestino Méndez, cercana a la mía; pero tenía que dormir en el suelo, lo cual lo obligaba a levantarse muy temprano. Por esta razón le dije que podía venir a mi celda por el día y descansar y dormir en mi camastro. Así comenzamos a hacer amistad, ajenos los dos a que un día seríamos familia. No sé cómo se las arregló para conservar unas fotos pequeñitas de sus hijos. La más pequeña, Martha, era una niña con espejuelitos redondos, y cuando la vi en realidad no encontré en ella nada especial. Para Benito su familia era una obsesión y no dejaba de hablar de ella. Para alegrarlo un poco yo solía repetirle una frase:

81

—¡Estamos en la calle!

Y los dos bromeábamos con este estribillo, que se convirtió en una manifestación de optimismo entre los presos.

# Capítulo XIV
## Preparativos de fuga

Luego del fracaso de Bahía de Cochinos, Boitel, Ulises y yo analizamos la situación política y concluimos en que, por muchos y largos años, la revolución permanecería en el poder. Ante esa perspectiva sólo había una cosa que hacer: tratar de escapar. Esta idea, esta ilusión, yace en el fondo de todo preso; es una aspiración que no todos acometen, no por falta de decisión o valor solamente, sino porque determinados factores los frenan: la familia, las pocas posibilidades de triunfo y las muchas de morir. Otros, sencillamente, se resignan a su suerte y se sientan a esperar los acontecimientos. Éstos son los más en todas las cárceles del mundo.

Desde que concebimos la idea de escapar, nuestros cerebros se ocupaban del tema casi todas las horas del día. Cada uno por su lado pensaba, analizaba, consideraba cómo debía hacerse. Fueron días de intensas consultas: uno proponía un plan y los otros lo analizábamos. Descartamos la ruptura de las alambradas al estilo clásico de cortar con unos alicates poderosos la malla de acero y escapar por la brecha. La fuga tampoco podía implicar violencia, pues entonces sus posibilidades de éxito eran muy pocas. Debía ser tan simple y sencilla que no despertara sospechas.

En la fase de estudios, yo fui el encargado de levantar un mapa de los alrededores. Debía situar en él, con la mayor exactitud posible, los caminos, elevaciones, postas, y cuanto pudiera ser de interés en el momento de la fuga. A pesar de que desde el quinto piso se cubrían con la vista muchos kilómetros a la redonda, logramos conseguir con Tasi, un preso que había sido el acompañante de los hijos de Batista cuando viajaban al extranjero, un pequeño catalejo fabricado allí mismo con unos cristales entrados clandestinamente. Con su ayuda se acercaban un poco más los objetivos, y me pasaba muchas horas del día y de la noche en atenta observación. Poco a poco el mapa iba adquiriendo nuevos detalles: los pequeños campamentos de milicianos al noroeste, la guardia cosaca al otro lado del cordón, entre los pinos, y que sólo pudimos descubrir por los cigarrillos que encendían durante la noche.

Además, me iba familiarizando con todo el movimiento de la guarnición. Conseguimos que el rejero, autorizado para usar reloj, nos facilitara el suyo. Fue una gran ayuda. Podía entonces calcular cuánto demoraba un militar en llegar desde el cuartelillo a la última posta que se veía, o a una casa, situada al este, más allá del bosquecillo de pinos, donde se escondía otra cabañita de guardias. Esta casa fue muy importante, tanto que gracias a ella pudimos escapar de la prisión. En ella lavaban y planchaban los uniformes a los guardias. Podían verse largas tendederas de ropa verde olivo agitadas por el viento. Los preparativos de una fuga generan una actividad muy grande, son necesarios mil detalles, importante cada uno por sí mismo. Otro de los presos comunes que colaboraba con nosotros nos brindó un enorme apoyo. Nos comunicábamos con él porque necesitábamos contactos en el exterior. Boitel y Ulises tenían fuera quienes podían resolver cuanto necesitáramos. A todas estas, la Dirección General de Cárceles y Prisiones, como un acto de generosidad, decidió concedernos dos visitas al año, una en el mes de junio y la otra en setiembre. Aquello fue un verdadero acontecimiento para el presidio. Para nosotros, y para los planes de fuga en especial, una bendición.

Habíamos decidido escapar vestidos de milicianos. Este uniforme requería un pantalón verde olivo, camisa azul, boina negra, cinturón militar también verde olivo y botas negras.

¿Por qué de milicianos? Porque eran los que constantemente entraban y salían, porque eran numerosos los campamentos de milicias en los alrededores y resultaba más fácil confundirse con ellos que con los soldados de la guarnición regular.

La información que necesitábamos iba llegando por la vía de los presos comunes. Boitel era el que se ocupaba de esos contactos. Ulises de los uniformes. Yo de la vigilancia y otros detalles. Con nosotros iría un cuarto hombre, Benjamín Brito, que sería el guía y práctico. Brito era marinero, un experto en todas las cuestiones de mar y conocía las ciénagas de la Isla, ya que se había dedicado a la caza de caimanes por aquella zona.

Los presos comunes nos consiguieron un mapa de Isla de Pinos con bastantes detalles: curvas de nivel, ríos y arroyuelos y también las regiones cenagosas.

Con el reloj en la mano y contando los pasos de los guardias, hice un patrón para calcular distancias y tiempo entre un punto determinado y otro, de una garita al cuartel, del cuartel hasta nuestra circular... Las horas de cambio de posta también eran importantes, ya que si una fuga se efectúa poco tiempo después que el guardia ha recibido la posta, corre el riesgo de malograrse debido a que el relevo se encuentra muy despierto, más vigilante. Todo lo contrario sucede si está ya en la última hora, cansado y deseoso de irse. Su vigilancia entonces no es tan efectiva. Presta menos atención. Sólo piensa en su sustituto.

Sabía que entre las garitas había 50 metros de distancia, y guiándome por este dato chequeaba a varios militares para sacar un promedio del tiempo que empleaban en ese recorrido. Luego, ya conocido este dato, sólo me quedaba averiguar el tiempo que demoraba un militar en ir desde el cuartelito hasta la casa donde les lavaban la ropa. Este cálculo lo hacía por el tiempo empleado y porque conocía que la distancia entre un punto y otro era de unos 400 metros.

Las alambradas tenían una vigilancia imposible de burlar. Cada 50 metros había una garita provista con reflectores y un centinela armado de fusil. Las de los extremos, al frente y al fondo, eran más altas y estaban armadas con ametralladoras. Las cercas de malla de acero fueron restauradas en 1960. Se erigían sobre profundos cimientos de concreto, donde estaban empotradas, rematados por piezas de metal en forma de V por las que iban tendidas diez o doce líneas de alambres de púas. Después de las seis de la tarde, un jeep de recorrido daba vueltas ininterrumpidamente por fuera del presidio, marchando paralelo a la alambrada, en tanto que otro hacía lo mismo por dentro.

En el ínterin conseguimos dos cristales para un catalejo más potente. Fabricamos los tubos con cartón, que pegamos con una pasta hecha de macarrones. Los teñimos de negro por dentro con hollín y humo, proporcionado por el petróleo que conseguían a veces los rejeros con los guardias para matar las chinches.

El catalejo era desmontable y yo tenía la precaución de no dejarlo armado si no estaba usándolo. Sus cristales eran más poderosos y permitían una visión mucho más amplia. Ocultar los lentes era muy sencillo: cada vez que terminaba de utilizarlos los echaba en el cubo del agua: incluso si se producía una requisa, por más que miraran y miraran los guardias no podrían descubrirlos.

Necesitábamos camisas de milicianos y boinas. Los pantalones color kaki, del antiguo ejército, que eran nuestros uniformes, podíamos teñirlos de verde olivo.

Muchos de estos pantalones, por el uso y las constantes lavadas, habían perdido las letras P. Los cintos militares los daban como parte del uniforme de preso. Las botas las teníamos ya. También hacían falta hojas de segueta para cortar los barrotes, dinero cubano y americano, instrumental de primeros auxilios, cuchillas, tabletas para purificar agua, y mil cosas más.

Llegó al fin el día de la visita. Mil doscientos prisioneros recibiríamos a nuestros familiares al mismo tiempo y en el mismo lugar: en el corral de 80 metros cuadrados con su alta cerca de alambradas. En el año de 1960 habían permitido una visita allí, pero la de esta vez no tenía precedentes por la cantidad de reclusos y de familiares que se encontrarían.

La capital de Isla de Pinos, Nueva Gerona, está situada a varios kilómetros del reclusorio, al que la une la carretera que atraviesa el río Las Casas, y que conduce hasta la puerta misma de la prisión. La capacidad hotelera de Nueva Gerona y sus alrededores era muy reducida: apenas dos hotelitos y varias casas de huéspedes pequeñas. Y para aquella visita de junio arribaron unos 4.000 visitantes. Dormían en los parques, en portales, en plena calle. Desde el anochecer se fueron dirigiendo a las puertas de la prisión y allí formaron larguísimas colas, cargados con los paquetes de alimentos que les habían autorizado llevar.

Los preparativos dentro de la circular me dieron a conocer prácticas asombrosas por parte de los presos viejos. Escuchaba decir a uno de nuestros vecinos de celda que tenía que planchar el uniforme para la visita. Me llamó la atención porque no existían allí planchas, ni electricidad, ni nada semejante. Le pedí que me explicara cómo iba a planchar la ropa y, sonriendo, me respondió que fuera con él para enseñarme, que en el cuarto piso un amigo suyo ya estaba planchando. Cuando llegamos vi cómo se las arreglaban. La plancha era un jarro de aluminio al que habían clavado un mango de madera fuerte; dentro echaban bolsas de nylon torcidas y anudadas a las que prendían fuego; esto producía una temperatura alta al jarro que deslizaban sobre la ropa planchándola con su fondo. Luego de un laborioso proceso, también extraían almidón de los macarrones. Igualmente planchaban usando botellas con agua caliente. El sacrificio de aquellos hombres era admirable, pero me dije para mis adentros que si ésa era la forma de acudir elegante a la visita, yo indudablemente nunca lo lograría. Me bastaba con colocar el pantalón cuidadosamente sobre la lona de la litera, luego le ponía las frazadas encima y dormía sobre él. Este tipo de «planchado» era el más popular entre los presos.

Los servicios nunca daban abasto las vísperas de visita, y las colas frente a ellos eran constantes. Los nervios actuaban sobre el aparato digestivo de muchos. Incluso ya conocíamos a quienes sin tener jamás problemas estomacales o descomposiciones de vientre, ese día los tenían sin falta.

Boitel, Ulises y yo preparamos tres notas minúsculas, iguales las tres, para tratar de que una al menos lograra pasar la requisa. En ella, Boitel pedía a los contactos de fuera lo que necesitábamos para la fuga, y les explicaba la manera de enviarlo; además, solicitaba hicieran gestiones para que una embarcación nos recogiera en la costa en lugar, hora y día señalados, cosa ésta que podríamos confirmar en la visita siguiente. Y se pedía respuesta. Las notas iban en clave y la forma de descifrarlas se le diría verbalmente en la visita a la persona encargada de las notas. Era una sola palabra de cinco letras, que no he olvidado porque era el apellido del Maestro, del Apóstol de la independencia cubana: MARTI.

Desde la madrugada ya estábamos levantados, haciendo cola frente a las letrinas, afeitándonos, preparándolo todo. Se revisaba la ropa cuidadosamente para no sacar chinches en ella. Estos asquerosos insectos eran una plaga inextinguible. Los había por millones. Todo aquel edificio gigantesco, las seis plantas, estaban repletas de chinches. La lucha contra ellas era constante. Pero se ocultaban en los lugares menos imaginables: en las suelas de los zapatos, dentro de las hebillas del cinto, en las costuras de la ropa... Las paredes de muchas celdas habían perdido el revestimiento de cemento o tenían huecos que se llenaban de estos pequeñísimos bicharracos. Pero en realidad no todos se preocupaban por extinguirlas, les importaban poco; caían rendidos en el catre y aunque legiones de estos insectos empezaban a chuparles la sangre, ni se despertaban. Cuando estos animalitos están hartos, saciados, caminan con torpeza; el preso, dormido, se vira, los aplasta y al día siguiente la lona de la litera aparece llena de manchas de sangre. Esta sangre chupada por las chinches despide un olor característico, penetrante, repulsivo. En algunas paredes podía verse una mancha oscura del tamaño de un huevo. Si se tocaba, comenzaba a disgregarse en todas direcciones: eran cientos de chinches que se agrupan en esa forma.

Para combatirlas había dos métodos favoritos. El petróleo —difícil de conseguir por todos—, o lavar la litera con un cepillo restregando bien las costuras de la lona. Los camastros de sacos de yute eran fatales para el preso, y para las chinches el verdadero paraíso; se camuflaban en el tejido oscuro y a las pequeñitas era casi imposible distinguirlas.

Cuando se les aplicaba una solución de agua con detergente, morían en el acto, en esa forma característica de morir que tienen estos insectos: se estiran, luego se hacen un arco, y mueren. Pero la adquisición del detergente tampoco era fácil. Después de lavar la litera se le pasaba un pedazo de jabón por las costuras hasta dejarlas pastosas, pues las chinches rehúyen ese olor. Por eso algunos presos, cuando hacían una redada, para que por la noche las chinches de la celda vecina no invadieran la suya, levantaban una barrera de jabón. Si una chinche invasora llegaba a esta barrera, no la cruzaba. Viejos campesinos utilizaban el método de colocar palitos o nervaduras de hojas de tabaco, porque su olor también las ahuyentaba. Había quienes conservaban ánimo para cierto humor negro y decían que les daba sentimiento matarlas porque eran sangre de su sangre.

Inútiles fueron durante casi diez años las solicitudes a la dirección de la prisión de que fumigaran las celdas. De modo que teníamos que unir a todos los demás sufrimientos el de aquella plaga. A mí, que tengo antecedentes alérgicos, las picadas de las chinches me formaban ronchas grandes que me duraban días.

# Capítulo XV
## Fusilamientos y rehabilitación

A las 7 de la mañana el pelotón de guardias que nos registraría para salir a la visita llegó frente al rastrillo. El rejero informó a los reclusos que se fueran preparando, porque en unos minutos llamarían al personal por las listas.

Ya salían los primeros. Había que desnudarse por completo. El guardia revisaba entonces la ropa, costura por costura, así como los bajos de los pantalones, los dobles forros de las portañuelas... Metían la mano dentro de los zapatos buscando una nota, un papelito cualquiera. Igual con los calcetines. Ordenaban levantar los brazos para mirar bajo las axilas. Terminado este registro, el preso se vestía y salía rumbo al corral; seis u ocho guardias estaban apostados a todo lo largo del camino, pero esta vez el preso no corría aterrorizado. Nos agolpábamos junto a la reja de salida mirando cómo registraban a los demás. Si a mí me hacían un registro como los que observaba, no tendría problemas. Cuando llegó mi turno, me sentía nervioso; pero la nota oculta era muy difícil descubrirla; se había empaquetado de forma aplanada, casi no abultaba, iba envuelta en un nylon protector y sellada con calor.

Cerca de mí, Ulises también era registrado. Como llamaban por orden alfabético, además de por el número de preso, Boitel había sido de los primeros y había pasado sin problema. Cuando el guardia me entregó las ropas, sentí un gran alivio. El registro había sido minucioso, pero no lo suficiente: las notas habían salido pegadas con un esparadrapo detrás de los testículos.

Cuando todos los presos estuvimos en el corral, situaron guardias en cada esquina, por fuera, armados de fusil. Todos mirábamos hacia la carretera por donde entrarían nuestros familiares, que desde la noche antes aguardaban frente al presidio, a la intemperie, tirados en las orillas de la carretera, bajo los árboles, haciendo sus necesidades fisiológicas entre los arbustos que crecían a los costados. ¡Al fin apareció aquella multitud de familiares! La marcha la abría un militar que caminaba unos metros delante y al que nadie podía adelantar ni acercársele demasiado. Los visitantes estaban ansiosos por llegar, desesperados. Constantemente, el militar se paraba en seco y aquella masa humana frenaba. El guardia se volvía y gesticulaba hacia ellos. No podíamos escuchar lo que les decía, pues estaban muy lejos todavía. Esto lo hizo cinco o seis veces.

Abrieron la puerta y nos amontonamos esperando la entrada de nuestros parientes. Los que ya habían distinguido a alguno gritaban y agitaban las manos. Al entrar, las escenas fueron dolorosas, dramáticas: las mujeres se abrazaban a los presos llorando, los niños igual. Mi madre y mi hermana llegaron en los primeros grupos. A los hombres les estaba prohibido pasar al corral; tenían que permanecer fuera, del otro lado de la cerca. Allí estaba mi padre. Luego de mi detención y la subsiguiente información en los periódicos, lo habían molestado. La visita era de pie o sentados en la tierra, bajo el sol implacable, que en el mes de junio, en pleno trópico, agota hasta el extenuamiento.

No había agua y los niños se quejaban de sed. Los mayores aguantaban estoicamente aquella larga exposición al sol abrasador. Hubo familiares desmayados.

La visita terminó a las tres de la tarde. Las ancianas estaban a punto de desplomarse por las tantas horas bajo el sol.

Las familias no podían irse inmediatamente, sino que quedaban retenidas dentro de la prisión hasta que nos contaran y comprobaran que ninguno se había fugado. Los niños gritaban a los padres:

—¡Adiós, papi! ¡Adiós, papá!

Uno de ellos, abrazado al cuello de su padre, le pedía que no se quedara allí, que se fuera con él a casa. Lloraba con un desconsuelo muy grande y la patética escena fue interrumpida por los militares que invadieron el corral apurando a los familiares rezagados, apremiándoles con gritos de:

—¡Saliendo...! ¡Se acabó ya... Saliendo!

Cuando todos salieron nos contaron y, de regreso a la circular, otra vez nos desnudaron. Al principio, la mayoría tenía un aire de nostalgia, estábamos cabizbajos. Sin embargo, una vez adentro, nos reuníamos con los amigos a comentar la visita, los sucesos familiares, políticos, los rumores.

Cuco Muñiz y yo, con una pierna por encima de la baranda del primer piso, frente a la celda 35, charlábamos de las últimas noticias entradas con la visita, de la situación en las prisiones de la Isla.

De pronto, y viniendo desde arriba, un bulto pasó frente a nosotros, muy cerca porque estábamos echados hacia afuera. Con estrépito chocó contra el suelo de la planta baja. Jamás olvidaré aquel ruido producido por la cabeza al reventarse contra el piso. El hombre cayó boca abajo, casi frente a los lavaderos. Tenía la cara ladeada y una pierna recogida. La masa encefálica fluía lentamente por su nariz. Jesús López Cuevas se había suicidado lanzándose desde el cuarto piso. Yo me quedé con los ojos clavados en aquel infeliz. Estaba allí, frente a mí, a sólo tres metros más abajo.

Un grupo de alzados apresados en la sierra del Escambray, vivían en la circular cuatro. Una tarde los llamaron para celebrarles juicio. Constituyeron el tribunal dentro del presidio en un teatro de la guarnición.

Todos aquellos campesinos fueron condenados a muerte. Los trasladaron a la provincia de Las Villas.

En un camión de volteo, con las manos amarradas a la espalda y fuertemente custodiados, los llevaron a las estribaciones del Escambray, la zona de los alzamientos. Dos de los prisioneros, Aquilino Cerquera y Macario Quintana, fueron separados y fusilados en el parque de su pueblo natal, la villa de Trinidad, para implantar el terror entre los demás pobladores de la comarca. El camión, con rumbo a La Campana, continuaba su viaje por carreteras que ascendían. En un jeep militar, también esposado, otro prisionero viajaba separado de los demás. El camión se detuvo, los guardias se bajaron, lo rodearon y comenzaron a disparar sobre los presos; descargaron las metralletas y los fusiles contra aquella masa de hombres maniatados. Una verdadera carnicería. Este espectáculo se desarrolló ante los ojos desorbitados del prisionero que viajaba separado, Cristóbal Airado. Fue el único superviviente. Lo dejaron con vida para que presenciara la escena. Luego del ametrallamiento, accionaron el mecanismo de volteo del camión y los cuerpos rodaron y cayeron unos sobre otros. Uno de los oficiales le dijo a Cristóbal:

—¡Para que sepas lo que haremos con los que se enfrentan a la revolución!

Habían llevado a Cristóbal para que contara lo sucedido. Los comunistas sabían que esa noticia se conocería en toda Cuba y el pueblo mismo se encargaría de transmitir el mensaje de terror.

# Capítulo XVI
# Los cuadrados

La represión en toda la Isla y en la cárcel nos hacía pensar que si fallábamos en nuestro intento de fuga, la consecuencia sería la muerte, pero continuamos los preparativos. Habíamos dado instrucciones a nuestros familiares para que enviaran ciertas sumas de dinero a una dirección que habíamos convenido con nuestro enlace, el preso común que nos ayudaba, y también fotos de carnés. Dos semanas después de la visita, nuestro amigo nos hacía llegar, por la vía establecida, a través de la ventana, cuatro flamantes carnés de milicianos con nuestras fotos. Un trabajo profesional. Según aquellos documentos, cada uno de nosotros pertenecía a una de las compañías de milicianos cercanas al presidio. Y los nombres en los carnés no eran inventados, existían en realidad. Yo me llamaba Braulio Barceló, y pertenecía al Batallón 830, acantonado en «Los Mangos», un campamento próximo. Supuestamente podía ser detenido en un lugar de la Isla, pero si llamaban a «mi batallón» y preguntaban por el nombre del carné, le responderían que, en efecto, ese miliciano pertenecía a aquella unidad militar.

Un amigo, muy hábil en la fabricación de cuchillos, nos hizo cuatro, con mangos de madera, muy bien terminados; los fabricó con una hoja de machete. Poco a poco íbamos aprovisionándonos de lo necesario.

Continuaba mis observaciones con el catalejo. Llegué a familiarizarme hasta con las caras de los soldados de las garitas y de los que hacían guardia frente al cuartel, a los que veía como si estuviera a un palmo de mis ojos.

Para elegir la celda de la que debíamos escapar, hicimos un estudio de la ubicación ideal y resultó que era la 64 la que nos ofrecía mayor seguridad de no ser vistos. Ésa era precisamente la nuestra, pero en el segundo piso, y necesitábamos la del primero. No debía ser ninguna otra, ya que de utilizar la 63 o la 65 seríamos vistos desde la garita del fondo, al oeste, y por la posta situada frente al cuartelito.

A mediados de agosto llegó un colchón para Boitel, grueso. Los guardias lo habían cortado de arriba abajo para hurgar en el relleno de guata en busca de algún objeto o carta que pudiera traer escondido. Esto lo hacían siempre. Luego doblaban el colchón con la parte rota hacia dentro para que no se cayera el relleno y lo ataban con una cuerda. Así llegó. Un colchón inofensivo, aparentemente bien requisado. Los colchones en Cuba tenían a todo alrededor un reborde de unos 3 centímetros de espesor. Dentro de éste iban cuatro camisas de milicianos. Las habían preparado estirándolas, torciéndolas y enrollando sobre ellas un hilo fuerte, entorchándolas. Las colocaron en los rebordes envueltos en una fina capa de guata, dos arriba y dos abajo. Carmen Jiménez, la novia de Boitel, se había trasladado a Isla de Pinos para observar qué tipo de requisa hacían a los colchones, pues el registro de los artículos se efectuaba en presencia de los familiares, para responsabilizarlos si trataban de pasar algo prohibido. Tres o cuatro registros fueron presenciados por ella. Así comprobó que únicamente había un lugar donde no registraban: los gruesos bordes del colchón. Ya con esta información se marchó a La Habana y en la casa de unos amigos preparó el colchón. Ella misma lo llevó a la prisión. Si la hubieran descubierto, Carmen habría terminado en la cárcel, cosa que ocurrió más tarde.

Ya sólo faltaba teñir los pantalones y los cintos. Las boinas habían entrado en la misma forma, así como las seguetas. Tuvimos suerte, porque precisamente fue aquélla la última vez que permitieron la entrada de colchones.

Iniciamos un entrenamiento de marcha para adquirir resistencia. Calculamos la circunferencia de los pisos y todos los días los recorríamos decenas de veces, del quinto al primero y del primero al quinto, aumentando cada dos o tres días las vueltas y la velocidad. Muchos presos lo hacían como ejercicio, de modo que no despertamos sospechas. Llegamos a caminar 25 kilómetros todos los días. Nos turnábamos para la vigilancia. Cuando yo caminaba, Ulises vigilaba.

Otro detalle que podía llamar la atención era la falta de sol en nuestra piel, pálida por los meses de encierro. Necesitábamos adquirir el color moreno que tenían los milicianos. Aquélla sí que fue una tarea tremenda. Cazando el sol por las ventanas de las celdas y exponiendo nuestros rostros a los rayos que entraban por entre los barrotes, fuimos tostándonos un poco.

En una bolsita plástica, cosida dentro de un nylon mayor y relleno éste con gofio, ocultamos las tabletas de Halazone para purificar agua.

La mañana que el Mayor nos comunicó que la dirección del penal autorizaba la entrada de libros y periódicos, un murmullo general y exclamaciones de asombro no lo dejaron terminar. Pidió silencio y continuó:

—Todos los reclusos podrán recibir tres libros cada mes, pero tienen que ser de la Imprenta Nacional de Cuba; no se permitirá la entrada de libros extranjeros, ni cubanos editados por otras editoriales. Se autoriza asimismo la entrada de revistas e impresos de los países socialistas y periódicos nacionales.

Dos semanas después, un camión de libros y revistas desembarcaba frente a la circular. Todos impresos por la Imprenta Nacional. Venían algunas obras clásicas, como Don Quijote de la Mancha, editada al principio de la revolución, cuando Castro y sus secuaces se empeñaban en negar que eran comunistas. Pero la mayor parte de los textos eran marxistas, y otros que, sin serlo abiertamente, llevaban implícita una crítica severa, parcial y malintencionada de las sociedades libres, de los países democráticos. Recuerdo Los principios elementales de filosofía marxista de George Pulitzer, textos de economía soviéticos, y novelas rusas del período comunista. También las revistas de propaganda editadas para el extranjero por los países del Este: Polonia, Hungría, Rumania, Bulgaria, etc.

El objetivo de aquella autorización era inundarnos de propaganda con el fin de adoctrinarnos. Sabían las autoridades que la mayoría de los prisioneros estaba compuesta por campesinos, obreros, militares; y que los profesionales, estudiantes y elementos con formación académica y cultura política, eran los menos. La lectura de esos materiales crearía confusión en más de uno y tendríamos que luchar contra la penetración y el adoctrinamiento masivos que se pretendía con la difusión de aquellos textos. En una ocasión, Boitel planteó una solución drástica: quemar todos los textos marxistas, pero en seguida la descartamos. Nosotros estábamos presos por defender, precisamente, un modelo de sociedad en el que nadie pudiera quemar nunca los libros adversarios.

Aquélla era una nueva etapa, ya en el gobierno había decidido, copiando lo que habían hecho los demás países comunistas, establecer la rehabilitación política para los prisioneros. Como ha ocurrido siempre, los rusos exigen a sus satélites una reproducción exacta de los medios y sistemas empleados por ellos. Todas las dictaduras marxistas se estructuran por el modelo soviético, y Cuba no iba a ser una excepción. La composición de los organismos de masas, la milicia, los sindicatos, los cuerpos represivos, la propaganda, son idénticos; se usan, incluso, hasta las mismas frases.

La Rehabilitación Política tenía como objetivo, al principio, disminuir la población penal que mantenía una actitud de repudio al gobierno. Para ello prometían un mejor trato, visitas frecuentes de los familiares, correspondencia, separación del resto de los presos rebeldes y la promesa de una pronta libertad, e integración a la nueva sociedad. A cambio de esto, las autoridades exigían la neutralidad del prisionero o la renuncia a los criterios que sustentaba. Para que su expediente se cerrara era indispensable, además, la colaboración del preso con la Policía Política; que diera informes y se hiciera una autocrítica; que se arrepintiera de su anterior actitud contrarrevolucionaria y confesara lo que ocultó durante los interrogatorios. Inicialmente tenían que firmar declaraciones en apoyo al gobierno y contra la guerra en Vietnam y los Estados Unidos.

No fue fácil hacerles comprender a los dirigentes de la represión carcelaria los fines de la Rehabilitación Política. Se suponía, al menos teóricamente, que el recluso que aceptara pasar al Plan de Rehabilitación sería tratado de inmediato de forma diferente. Pero, ¿cómo quitarles el placer de la tortura y los maltratos, la renuncia a las golpizas, a las huestes represivas de cárceles y prisiones y a la Policía Política? Presionados por la alta dirigencia del Partido, se vieron obligados a obedecer la orden de no golpear a los que se acogían a la Rehabilitación. Se les hizo comprender que la Unión Soviética exigía la instauración de la Rehabilitación Política, y se les convenció de que la única forma de venganza contra los antagonistas del régimen no era solamente el golpe, que existían otros métodos para canalizar el odio y la sevicia, la vejación, la humillación diaria, en todos los aspectos: político, moral, cultural, religioso, etc. El objetivo último de la Rehabilitación era el aniquilamiento interior del preso, la destrucción de sus principios. Convertirlo en un guiñapo moral sería la venganza suprema.

La implantación de la Rehabilitación se llevó a cabo con diferentes técnicas. Una de las más conocidas fue la empleada en la prisión de La Cabaña. La dirección del penal creó una «escuelita»; los asistentes a ella recibían «clases» que impartían otros reclusos. Pero no tenía esta «escuelita» el loable propósito de aumentar el nivel escolar de sus alumnos, sino que sus fines eran políticos. Se explicaban allí las teorías marxistas, se daban charlas en defensa del comunismo, y los alumnos tenían que participar en actividades de apoyo a la revolución. Mientras tanto, todas las noches, los patriotas caían frente a los pelotones de fusilamiento. La dirección del penal ofrecía ciertos privilegios a los asistentes a la escuelita. El descontento y el rechazo a este grupo que contemporizaba con el enemigo por parte de los restantes reclusos fue creando una atmósfera de hostilidad, que llegó a su clímax cuando la dirección comunicó que se instituiría el Plan de Rehabilitación.

Por entonces, en la galera número 13 de La Cabaña, estaban condenados doscientos menores de edad, acusados de delitos políticos, entre ellos los hijos de muchos patriotas que tomaron las armas para combatir a Castro y estaban alzados en las montañas. Como represalia por no poder capturarlos, encarcelaban a sus hijos. Había allí niños de 14 y 15 años. Estos muchachos formaban un grupo tremendamente identificado en su actitud frente a los carceleros. Nunca hubo un grupo más combativo, más dispuesto siempre a chocar físicamente con la guarnición, que los atacaban armados de bayonetas, barras de hierro y cadenas. La galera de los menores escribió páginas memorables en la historia de la prisión de La Cabaña.

Fueron precisamente ellos quienes imprudentemente esperaron a los rehabilitados al regreso de la «escuelita» y los recibieron con una lluvia de hollejos de naranja conseguidos en los latones de desperdicios de la cocina. Era aquélla una forma juvenil de demostrar el repudio, el rechazo a la Rehabilitación, y el deseo de que los que la aceptaban vivieran segregados. El lanzamiento de cáscaras de naranjas y otros desperdicios originó una pelea entre los dos grupos, una riña generalizada que convirtió el patio de la prisión en un coliseo. El posta de la azotea disparó al aire e hizo sonar la alarma, y la guarnición, en zafarrancho de combate, irrumpió en el patio y propinó una de las más salvajes golpizas que se dieron nunca. Hubo decenas de heridos, entre los más graves, Alcides Cruz y Miguel Aceituno, bayoneteados.

Cuando terminó esta primera acometida, el jefe de la Policía Política de la prisión, en compañía del director, el jefe de la guarnición y otros oficiales, seguidos por los reclusos que formaban parte de la escuelita, recorrieron galera por galera y obligaron a estos últimos a señalar a los que los habían «agredido». Los rehabilitados trataron de no identificar a nadie. Pero a una señal del jefe de la Policía Política los escoltas los tomaron por el cuello y los zarandearon, exigiéndoles que delataran a sus compañeros. Aquellos hombres, aterrorizados, señalaron indiscriminadamente en cada galera, mezclando a quienes de verdad habían participado con otros que eran completamente inocentes. Los señalados, en su mayoría niños de la galera de menores, fueron sacados y les dieron una nueva paliza: culatazos, patadas, que dejó más heridos todavía, algunos con los brazos y las costillas fracturados.

La primera vez que los comisarios políticos se presentaron en la prisión de Isla de Pinos, se dirigieron a la circular cuatro. Su jefe era un militar de aspecto venerable, el pelo blanco, y cierto aire bondadoso. Se apellidaba Méndez. Unos cuantos estábamos en la planta baja, charlando, y nos llamó a la reja. Su forma de hacerlo fue muy respetuosa, y nos extrañó, porque no era lo habitual; no estábamos acostumbrados a ese trato. Pronto un pequeño grupo de presos conversaba con él. Entre ellos, el Vivas.

Quien escuchara hablar a aquel comisario y no conociera lo que ocultaba, quien no supiera la naturaleza del comunismo, podía pensar que el marxismo era la solución de la humanidad, su única salida. Nos decía que estaba allí para ayudarnos, para resolver nuestros problemas y los de nuestra familia; nos pidió que no lo viéramos como un militar: para él nosotros éramos como sus nietos. Desde ese momento fue bautizado como el Abuelito Méndez. Y de aquí que a los comisarios políticos se les llamara siempre, burlonamente, «los abuelitos».

El Vivas pasaba largos ratos charlando con el Abuelito Méndez, que no comprendía que aquél estaba divirtiéndose a sus expensas. Una tarde, Vivas le mostró la revista *China Popular* donde aparecía la famosa foto de él con Mao Tsé-tung. Entonces Cuba y China estaban en plena luna de miel; por eso cuando el Abuelito Méndez vio aquella foto abrió los ojos asombrado:

—Pero Vivas, ¿qué tú haces allá adentro...?

Vivas dejó caer la cabeza sobre el pecho con aire de arrepentimiento (era un artista) y le respondió que había fallado, que sólo quería que la revolución le diera una oportunidad para dedicarse a trabajar un pedacito de tierra que tenía, y salir así de aquella prisión terrible. El comisario anotó en seguida, en su inseparable libreta, lo que él le decía. Durante los días siguientes Vivas insistía para que elevara la petición de que le dieran la oportunidad de ir a trabajar su pedacito de tierra.

Ya era costumbre que un grupo de presos bromistas le hicieran coro al Abuelito Méndez en la reja, para tomarle el pelo. El Caribe le había pedido que le trajera un papalote y un carrete de hilo para «empinarlo» desde su celda del 5.° piso.

—¿Usted no dice que nosotros somos sus nietos?

Y entonces, cada vez que el comisario político pasaba cerca de la circular, desde el 5.° piso la voz de el Caribe le gritaba:

—¡Abuelito, mi papalote!

Una tarde el comisario llamó a Vivas. Había un grupo numeroso alrededor.

—Estuve planteando tu solicitud, hijo, pero necesito algunos datos. Me dijiste que tenías un pedazo de tierra que querías trabajar, pero ¿dónde lo tienes, aquí en la provincia de La Habana?

—No abuelito, en California, en los Estados Unidos.

El comisario político abrió los ojos, se quedó sin habla, se puso rojo como un tomate; le temblaba la barbilla y yo pensé que le iba a dar una apoplejía. El grupo prorrumpió en carcajadas. Esa noche, y muchas más, Vivas durmió en las celdas de castigo, con la espalda ardiendo por los planazos. Pero el Abuelito Méndez no volvió a detenerse en la reja a conversar con nosotros.

A mitad de aquel año sacaron dos grupitos de voluntarios de bajas condenas de nuestra circular: uno para trabajar en la cocina y el otro para algunas tareas dentro del cordón de seguridad. Un día les dieron a estos últimos una tarjeta de autorización para entrar y salir de la prisión en horas de trabajo acompañados por escoltas, pues iban a construir unas naves para la cría de pollos, a la salida misma de la prisión.

Comenzó la construcción. Estos presos salían por la mañana y regresaban al atardecer. Nunca les hicieron ninguna exigencia, hasta el día en que los llevaron no a las naves, sino a un costado de la circular —para que fueran vistos por los demás— y les ordenaron la más humillante de las tareas, la más indigna: abrir trincheras en las que se refugiarían los soldados comunistas si los nuestros atacaban Isla de Pinos. De inicio se negaron. Entonces, un pelotón emplazó una ametralladora y amenazaron con ametrallarlos si no cavaban las trincheras. Había en aquel grupo hombres con un alto nivel académico y político, universitarios, estudiantes. Pero el primero que habló fue un hombre de raza negra, al que todos conocían sólo por el apodo de Camaleón; se dirigió al pelotón y les dijo que él era casi analfabeto, pero sabía que al enemigo no se le abrían trincheras, que podían empezar a disparar... Otros se le unieron en la protesta y fueron devueltos a la circular.

Los demás se quedaron abriendo trincheras. Desde las ventanas de las celdas que miran al este, cientos de sus compañeros los observaban en silencio. Se decidió, cuando regresaran, expulsarlos de la circular. Pero ya las autoridades lo habían preparado todo. Los llevaron a un salón previamente acondicionado para ellos en los pabellones de castigo. A los pocos días los trasladaron para el edificio 6, una de las dos instalaciones rectangulares. Fue por esto que a los rehabilitados se les designó con el nombre de «cuadrados», para diferenciarlos de los que estaban en los edificios redondos, las circulares.

Los comisarios políticos comenzaron entonces a entrevistar a los campesinos, a los obreros, a los ex militares que no tenían condenas altas. El momento, la coyuntura sicológica era ideal por la reciente derrota de la invasión de Bahía de Cochinos. La charla de los comisarios se basaba en los argumentos que seguirían usando en los próximos 20 años: que los norteamericanos se habían olvidado de nosotros, que nos habían traicionado, que los Estados Unidos fueron derrotados en la invasión, que la revolución estaba consolidada y era indestructible. Argumentaban que la familia estaba pasando necesidades, que los niños no tenían a veces qué comer. Pero la revolución, tan generosa con sus enemigos, les daba la oportunidad de rectificar su conducta. Con un sincero arrepentimiento podían ganar la libertad y reintegrarse a sus hogares.

Para establecer una diferencia cada vez mayor, que forzara a los vacilantes a la aceptación de la Rehabilitación, en las circulares la represión aumentó de día en día, creciendo las hostilidad y el ensañamiento, los maltratos físicos y las vejaciones.

# Capítulo XVII
# Martha bajo la lluvia

Estábamos impacientes, ansiosos porque llegara el día de la fuga. Cuando esta idea penetra en la mente de un prisionero se convierte en una obsesión. No veía la hora en que trataríamos de romper el mito que la vigilancia en aquella prisión había originado: que era imposible evadirse. Teníamos, además, otras razones políticas para intentar la evasión. En octubre se celebraría una importante reunión en Punta del Este, Uruguay, convocada por la OEA (Organización de Estados Americanos), y trataríamos de presentarnos allí para denunciar la situación de Cuba y la violación de los Derechos Humanos en las cárceles.

Levanté planos de todos los alrededores de la prisión, pero especialmente de la zona sureste, rumbo que habíamos elegido para alejarnos, rehuyendo las poblaciones, evitando las carreteras. Esperábamos sólo la próxima visita para confirmar la respuesta de nuestro mensaje a los contactos de fuera, que debían enviar una embarcación a recogernos a un punto de la costa. La fecha se decidiría en la visita del mes de septiembre.

Todavía no sabíamos que teníamos las hojas de segueta para cortar los barrotes, pues iban también dentro del colchón y no nos habíamos percatado de ello. Ya lo demás se había resuelto. Una de las preocupaciones que más nos angustiaba era la de que, en cualquier requisa, pudieran descubrir los objetos escondidos. Habría sido una verdadera catástrofe.

En una ocasión, Ulises propuso escapar con lo que ya teníamos, y sobre el terreno tratar de encontrar la forma de salir de la Isla. Boitel se negó rotundamente. También a mí me parecía una acción precipitada. Pensaba que era preferible tomar todas las medidas, pues precisamente de esa actitud, de no olvidar detalles en apariencia insignificantes, era de lo que dependía el éxito de la operación.

Boitel dormía hasta casi el mediodía y se acostaba muy tarde. Estábamos conversando hasta que daban la orden de hacer silencio. En todo caso, continuábamos sólo unos pocos minutos más, porque el cuchicheo molestaba a los de las celdas vecinas.

Todas las noches, en esos minutos que anteceden al sueño, pensaba en mi familia, y me encomendaba a Dios, pidiéndole robusteciera mi fe y me permitiera mantener el propósito firme que me había hecho de no dejar que los carceleros me aplastaran espiritualmente, que no me envilecieran el alma sembrando en ella el rencor o el odio. Mi preocupación, en todo momento, era no hundirme en el desaliento, en la desesperación, que tanto daño estaba haciendo a muchos de los que estábamos allí. En mis conversaciones con Dios, en la soledad de aquellos minutos, iba encontrando los cimientos de una fe que con el transcurso de los años sería sometida a titánicas pruebas de resistencia, pero de las que saldría victoriosa. Una actitud de confianza frente a toda circunstancia difícil se convirtió en mí en instrumento de combate. Más de veinte años después los coroneles de la Policía Política tendrían que comentar, con odiosa envidia, que siempre me estaba riendo. Me quitaban el espacio, la luz, el aire, pero no pudieron quitarme la sonrisa. Yo lo consideraba como un triunfo del amor frente al odio.

Una gran cantidad de oficiales rebeldes que lucharon contra Batista, junto a Fidel Castro, por no ser partidarios del comunismo se enfrentaban también al nuevo tirano marxista y estaban allí en la circular cuatro de la prisión de Isla de Pinos. Entre éstos el capitán Regino Machado y un cierto número de oficiales que combatieron a sus órdenes en el Escambray. Machado disfrutaba del respeto de la mayoría de los combatientes que lo conocieron, algunos de los cuales formaban parte de la dotación militar del presidio. Uno de ellos llegó una mañana, como guardia de escolta, al rastrillo; se reconocieron y comenzaron los contactos. Este guardia le llevó un recado a uno de los oficiales que había peleado junto a Machado, y a partir de aquel momento comenzó a organizarse una conspiración en la que estuvieron implicados alrededor de veinte militares pertenecientes a la guarnición.

El bosquecito de pinos situado al este de las alambradas, aquél donde descubrimos una cabañita en la que se alojaban algunos soldados, fue utilizado por los conspiradores para comunicarse con Machado y su grupo en la circular. La comunicación se realizaba en clave Morse; se fabricó un *blinker* con una lata que tenía dentro una lamparita de petróleo y un agujero que se abría o cerraba a diferente ritmo, según quisieran transmitir puntos o rayas.

La Policía Política descubrió la conspiración y al menos unos 17 de aquellos militares fueron detenidos. En el campo de tiro, al fondo de la cárcel, más allá de las alambradas y un sembrado de plátanos, fueron fusilados varios de ellos. No se supo nunca cuántos ni a quiénes. Era la primara vez que fusilaban en el Presidio Modelo. Tiempo después, en el mismo lugar, serían fusilados presos políticos.

Los día pasaban lentos para mi ansiedad. Las requisas eran frecuentes y las medidas represivas iban en aumento. Bastaba que un recluso, a la hora del recuento apoyara un hombro en la pared de la celda, se colocara las manos en la cintura, cruzara los brazos o los levantara, para que lo bajaran y a golpes lo trasladaran a las bartolinas de castigo, donde era confinado durante meses. El teniente Julio Tarrau, director de la prisión, había establecido un régimen de terror. Este hombre, mestizo, militante en las filas del Partido Comunista desde los años cuarenta, no perdía ocasión de ejercer su odio hacia los presos políticos. Fue Tarrau el que nombró jefe del Orden Interior al teniente Bernardo Díaz, un viejo camarada del Partido.

El 5 de setiembre amaneció gris y lluvioso. Una de las típicas perturbaciones ciclónicas del Caribe se acercaba a Cuba y en los días anteriores a su llegada los chaparrones y el viento habían sido frecuentes. Para nosotros la visita de ese día sería trascendental; para mí muchísimo más, pues aunque no lo sospechaba siquiera, en ella conocería a mi futura esposa. Y precisamente este contacto, más que el otro que esperábamos, iba a ser el que me sacaría de la cárcel, veintidós años después...

Llovía a ráfagas, luego cesaba la lluvia y un viento del este empujaba las nubes bajas. Todos rogábamos que mejorara un poco el tiempo y pensábamos con preocupación y tristeza en los familiares que sabíamos allá fuera, desde la noche anterior, sin lugares donde cobijarse. Por el horizonte se abrió un poco el cielo y el sol asomó pálido. Nos llenó de alegría aquella promesa de que el día, al fin, levantaría.

La salida fue como la de la visita anterior. Llamaron por números, nos desnudaron, revisaron toda la ropa, y nos concentraron en el corral. El terreno estaba convertido en un lodazal. Los zapatos levantaban tortas de fango al caminar. En el centro, el agua se había empozado y formaba una charca de cuatro o cinco metros de diámetro.

A las nueve aproximadamente se avistaron los primeros grupos de visitantes. Yo miraba al cielo a ratos; las nubes seguían pasando veloces y daba la impresión de que no llovería en la mañana. Dos horas más tarde, la mayoría de los familiares estaban dentro del corral; pero los míos y los de otros prisioneros no aparecían. Sabríamos después que dos días antes, cuando estaban a bordo del ferry que los llevaría desde el puerto de Batabanó, en la costa sur de Cuba, hasta la Isla, fueron obligados a bajar del barco para transportar un contingente de milicianos y armamentos.

Los viajes a Isla de Pinos los realizaban dos barcos heredados del gobierno anterior: El Pinero, con capacidad para unas 300 personas y el ferry Isla del Tesoro, cuyos motores se dañaron por falta de asistencia técnica a mitad de 1960, y tenía que ser halado por un remolcador. Su capacidad era para 500 pasajeros sentados, pero se hacinaban en él hasta 1.400. Un viaje que normalmente cubría una embarcación no muy rápida en tres horas y media, demoraba catorce y dieciséis en el ferry remolcado. Todo dependía de la fuerza y la dirección del viento.

Nuestros familiares se acomodaban incluso en las bodegas, buscando espacio entre la carga. Mientras cupieran, iban entrando. Muchos hacían el viaje de pie, y llegaban con los tobillos hinchados. Algunos llevaban frazadas para tenderlas en el piso y echarse sobre ellas. Para caminar había que hacerlo por encima de los demás. Sólo disponía de un baño para mujeres y otro para hombres, frente a los cuales se organizaban colas tumultuosas. La cubierta iba también repleta, y cuando llovía no todos podían entrar porque físicamente no cabían, teniendo que continuar a la intemperie mojándose.

Me asaltaba el presentimiento de que no iba a tener visita. Deambulaba por el corral con esa preocupación, cuando Benito me llamó para presentarme a su familia:

—Miren, éste es Armando, se ha portado como un verdadero hijo conmigo.

Me dieron las gracias con emoción. Habían venido a verlo su esposa y su hija menor, Martha, la misma muchachita que había visto en una foto que me mostrara Benito semanas antes, pero, indudablemente, aquella fotografía era muy anterior, pues ahora, frente a mis ojos asombrados, no estaba la niña insignificante con espejuelos, sino una linda jovencita quinceañera, alta, elegante y de finos modales, con una cara infantil y dulce. En sus ojos se reflejaba una firme voluntad, mezcla de ternura y valor. Creo que fue eso lo que me causó mayor impresión en ella.

Les pregunté si sabían algo acerca de los familiares bajados del barco dos días antes. Me respondieron que les habían dicho que los traerían de todas formas, y me invitaron a que me quedara con ellos hasta que llegaran mis padres y mi hermana.

Martha y su madre habían llegado en el primer barco, el más pequeño, y desde el día anterior hacían cola frente al presidio. Nos contaron que una masa de miles de personas, ancianas, niños, mujeres embarazadas, atestaba la carretera. Algunos automóviles, echados sobre el bordillo de tierra, servían de refugio a los que habían tenido la suerte inmensa de alquilarlos. Un grupo reducido de taxis era cuanto existía en Nueva Gerona, pero ni remotamente los suficientes para las cinco mil personas que asistieron a la visita, la más concurrida en toda la historia del presidio, y la más incómoda, pues transcurrió entre chubascos a los que luego se unían las insufribles plagas de mosquitos. Así pasaron la noche. Cuando alguna mujer tenía necesidades fisiológicas, las demás formaban un círculo a su alrededor para ocultarla.

A las seis de la mañana les dieron la orden de pasar al reclusorio, y comenzaban de nuevo las colas, ya dentro del área de la prisión. Una fila para registrar el pequeño paquete con alimentos que llevaban al preso. Después otra para ser requisados físicamente: los hombres a un lado, las mujeres en otro, donde eran desnudadas por completo. Tan vejaminosas eran las requisas realizadas por mujeres militares que se produjeron incidentes, en especial con una tal Zenaida. Ni siquiera respetaban a las ancianas. A la madre de Iglesias de la Torre, uno de los pilotos prisioneros, enferma y casi ciega, la hicieron desnudarse a pesar de tener más de 70 años.

Saber que nuestras madres, hijas y esposas, novias y hermanas tenían que sufrir vejaciones de toda índole, era algo indignante. Más aún cuando no había necesidad de registrarlas, porque nosotros mismos, a la salida y al regreso de la visita, éramos desnudados y minuciosamente revisados. No lo hacían por razones de seguridad, sino únicamente para humillar a nuestros familiares, para ensañarse, por odio. A las mujeres que estaban en los días críticos les exigían quitarse las compresas sanitarias para abrirlas y examinarlas, alegando que por dentro de ellas podía ir oculta una nota o dinero en billetes.

Martha se ruborizaba visiblemente cuando yo la asediaba con mis preguntas y le pedía detalles. Los familiares evitaban contar estos vejámenes al preso para ahorrarle disgustos, para impedir que éstos les exigieran no volver a las visitas.

En aquel enorme corral, ahora convertido en un fanguero, no existía un banco siquiera, ni instalación sanitaria alguna. Tampoco había donde tomar agua.

El cielo se oscureció por el este y gruesas nubes aparecieron. Con un ímpetu tremendo comenzó a llover. Cerca de seis mil personas bajo la lluvia. Me coloqué frente a Martha, de espaldas al viento, para que las ráfagas de agua no cayeran sobre ella directamente; era cuanto podía hacer. En unos minutos todos estábamos empapados hasta los huesos. Desabotoné mi camisa y la abrí para protegerla más. El espectáculo deprimente de aquellas mujeres y niños tiritando de frío, el intento inútil de los presos queriendo resguardarlos de la lluvia es algo que no he olvidado jamás. Luego de mil solicitudes y gestiones se logró que la dirección permitiera a las mujeres cruzar la calle para trasladarse al comedor, en el que todos cabíamos, por su inmensa capacidad de casi 6.000 comensales. Abrieron el corral y los visitantes comenzaron a salir. No cesaba la lluvia. La caravana de familiares, tratando de proteger los paqueticos donde llevaban unos bocadillos para almorzar, fue entrando al comedor. Inspiraba lástima y furor ver a las ancianas con los vestidos empapados, chorreantes las canas venerables, y los guardias dando órdenes que no eran necesarias.

A los hombres no se les permitió ir al comedor; tuvieron que quedarse del otro lado de la cerca, y cuando nosotros entramos les ordenaron salir y permanecer bajo el torrencial aguacero. No podrían abandonar la prisión hasta que, terminada la visita, contaran a los presos y comprobaran que nadie se había fugado.

Nos formaron bajo la lluvia, nos contaron y sólo entonces pudimos pasar al comedor. Los familiares rompieron en aplausos cuando llegamos. Fue un momento emocionante; chorreábamos agua de las ropas empapadas; los guardias, subidos a las mesas, golpeaban en ellas con las culatas de los fusiles ordenando que cesaran los aplausos. Saltaban de una mesa a la otra asustando a mujeres y niños con sus golpes y sus gritos.

Seguí con Benito y su familia. Martha y yo nos sentamos uno frente al otro en una estrecha mesa. Me quité las botas, las volqué y de ellas salió el agua como si se hubiera virado un vaso. Ella estaba con los cabellos chorreantes, vestía un sencillo traje claro que, mojado, se le pegaba al cuerpo. Yo la encontraba radiantemente bella; no se maquillaba y era la primera vez que le habían permitido arreglarse las cejas. Me invitaron a comer unos bocadillos que, al morderlos, soltaban agua.

Mi conversación con Martha aquel día de nuestro primer encuentro fue trivial, pero inolvidable para los dos. En unas horas, una simpatía mutua nos hizo sentir como amigos de toda la vida. Ella tenía 14 años y yo 24, y precisamente me atraía su juventud casi infantil. Iniciamos una charla sobre temas generales, yo buscando información acerca de sus actividades, dedicaciones. Recuerdo que cruzó los brazos sobre la mesa y reclinó en ellos la cabeza. Estaba así más cómoda y el cansancio del viaje y las 48 horas sin dormir hicieron el resto; se quedó dormida mientras su admirador y futuro esposo le hablaba... Me levanté con cuidado y me acerqué a una de las ventanas enrejadas por las que entraba el aire para tratar de secarme un poco la ropa. Pero terminé tiritando de frío. Volví a la mesa. Mi linda amiga dormía todavía, y me quedé contemplándola. Sentí una gran ternura al hacerlo, una ternura que nunca había experimentado. Dios es sabio en sus designios y emplea a veces los métodos más insospechados para que dos seres se encuentren y unan sus almas. De haber llegado mi familia entre los primeros visitantes, de no haber sido obligados a bajar del barco, Martha y yo quizá no nos hubiésemos identificado. Si entonces alguien nos hubiera dicho a Martha, a mi familia y a mí, que años después todos nos alegraríamos de lo sucedido, sencillamente no lo habríamos entendido.

Cuando Martha despertó se sintió apenada y me pidió disculpas. Reímos juntos y nuestra naciente amistad también sonrió feliz.

Media hora antes de finalizar la visita, mi madre y mi hermana, con otros parientes, llegaron al comedor. No les permitieron pasar el paquete que me traían. Ellos les habían bajado del barco, ellos les habían impedido llegar temprano y ahora les argumentaban que estaban demasiado retrasadas para la visita. Apenas tuvimos unos minutos de conversación. Hicieron también un viaje terrible, en la cubierta todo el tiempo y bajo la implacable lluvia.

Cuando aquel militar subió a una de las mesas y comenzó a gritar que todos hicieran silencio, sabía lo que esto significaba:

—¡Se acabó la visita...! ¡Saliendooo...!

Y decenas de guardias lo repitieron golpeando contra las mesas, separando a los presos de sus parientes. No obstante, unos y otros seguían saludándose, y los militares gritando. Del lado donde se amontonaban los visitantes, un cordón de guardias, siempre armados con fusiles, les impedía volver a acercarse a nosotros. Vi a un niñito de unos tres años, con su andar errático, echar a correr para abrazar por última vez a su papá. Un guardia lo frenó interponiéndole la culata del fusil; el niñito se agarró a ella y el guardia lo empujó hacia atrás: el pequeño rompió a llorar. También empujaban a las ancianas con el fusil atravesado. Al ver aquello, un rugido de indignación se levantaba de nosotros. Pero teníamos un cordón de bayonetas apuntándonos.

El incidente con los familiares amargó la visita. Provocaban constantemente para golpearnos y enviarnos a las celdas de confinamiento.

Me contó Martha que cuando iban a subir al barco allá en Batabanó, uno de los militares le faltó el respeto a la esposa de un preso. Ella no lo permitió y el guardia le dijo que tenía que darle una satisfacción por haberle contestado. Ella se negó. El militar la quiso humillar delante de los demás, pero aquella mujer se le enfrentó. Entonces le dijo que si no le pedía perdón le suspendería la visita. Ella se negó y el militar la obligó no solamente a bajar del barco y perder la visita, sino que además no permitió que ninguna de las otras mujeres le llevara el paquete a su esposo.

Con alguna regularidad sucedían estos hechos con las esposas de los prisioneros que eran hermosas. Las pretendían con chantajes, como si las mujeres de los vencidos debieran ser parte del botín de las fuerzas triunfantes. Cuando no podían lograr nada, les prohibían las visitas, pensando así que ellas, por amor a sus presos, accederían.

# Capítulo XVIII
## La fuga

De regreso, Ulises, Boitel, Brito y yo nos reunimos en mi celda. Todo marchaba bien. Un hombre, mandado por los que enviarían el barco, había entrado con la visita. Boitel habló con él unos minutos a través de la cerca. Quería saber cómo pensábamos salir de allí, porque ellos lo creían imposible. Boitel le dijo que teníamos un plan que trataríamos de llevar a cabo, pero los detalles no podía dárselos.

Se acordó que una embarcación nos recogería en la desembocadura del río Júcaro, muchos kilómetros al sureste del presidio, el 21 de octubre, a la 1 de la madrugada. Nosotros la esperaríamos dos días seguidos. Se convinieron las señales para identificar la nave.

Saber que nuestros planes de fuga adelantaban, nos llenó de alegría. No nos interesaban ahora las decenas de noticias y rumores que había traído la visita. En menos de dos meses nosotros intentaríamos obtener la libertad por medios propios. Este pensamiento me hacía sentir ya fuera de aquellas rejas. Mientras un hombre piensa en su libertad y lucha por obtenerla, aunque tenga cadenas a los pies y brazos, no se siente esclavo. Seguro que no.

Con el frasquito de petróleo y la pimienta en polvo para neutralizar a los perros que lanzarían tras nuestro rastro, y las tabletas para teñir de verde olivo los pantalones, completamos cuanto necesitábamos. Todo lo demás estaba escondido convenientemente. Nada sabía nuestra familia de lo que proyectábamos; no se lo comunicamos por la gravedad del asunto y para ahorrarles angustias. Sólo Carmen, la novia de Boitel, estaba al tanto de todo, porque fue el enlace, la coordinadora de toda la actividad en el exterior... Su participación fue decisiva; sin ella no hubiéramos podido pensar en el reto de romper el mito de que no había quien pudiera escapar del presidio de Isla de Pinos.

No abandonamos nunca la observación. Ahora los cuatro debíamos vigilar, para familiarizarnos con los alrededores por los que tendríamos que cruzar. Necesitábamos conocer el movimiento del cuartelito, las postas, los recorridos de las mismas... Resultaba aburrido, pero gracias al perpetuo acecho, semanas después hubiéramos sido capaces de hacer el recorrido con los ojos cerrados.

El camino, bordeado de dagames, que llevaba hasta el bohío donde lavaban y planchaban los uniformes de los soldados, iba a ser nuestro primer sendero. Para los que nos observaran, nuestro destino sería la casita; no despertaríamos sospechas porque todos iban a ella. Al costado del cuartelito, de donde arrancaba el camino de tierra rojiza, había una puerta pequeña; el guardia de posta a la entrada del cuartel, frente a la calle misma, siempre se mantenía a unos diez metros de ella. Por esta puerta jamás pasaba vehículo alguno; sólo servía de entrada a militares y milicianos, que, de no utilizarla, habrían tenido que dar un rodeo de un par de kilómetros por lo menos para llegar a la casita. Aquella salida era en realidad muy útil.

Un día, a Ulises le llamó la atención la ausencia total de milicianos dentro del penal. En efecto, no se vio uno solo en todo aquel día, y el siguiente tampoco. Pensamos que estarían acuartelados; sin embargo, el movimiento de acuartelamiento de tropas lo descubríamos en seguida. Al parecer no era ésa la causa; la vida del

101

cuartelito transcurría con normalidad. Poco tardamos en conocer la razón verdadera: les habían prohibido la entrada a la prisión.

La noticia fue impactante para nosotros. Entrar las cuatro camisas y las boinas para disfrazarnos de milicianos había sido una tarea colosal. ¿Qué hacer ahora? Sólo quedaba una solución: teñir también las camisas de verde olivo y hacernos pasar por soldados. Para ello había que fabricar urgentemente las cuatro gorras, cosa que no era muy difícil porque el ejército usaba gorras de campaña. Teníamos allí sastres, talabarteros y de cuanto oficio existiera. Las gorras, indispensables, no serían un problema. La orden de no permitir la entrada de la milicia obedecía a razones de seguridad. La Policía Política conocía perfectamente que no todos los milicianos simpatizaban con el régimen, y que en sus filas, además de los no afectos, había contrarrevolucionarios. La entrada masiva de milicianos a la cárcel podía prestarse para establecer contacto con los presos, para hacerles llegar información, e incluso para facilitar posibles evasiones. Mas, sin saberlo, la Policía Política alteraba los planes de cuatro prisioneros.

Nuestro ánimo y espíritu de lucha no decayó por eso. Desechado ya el plan de salir como milicianos, concentramos todo nuestro esfuerzo en evadirnos vestidos de guardias. Por suerte las pastillas de tinte eran suficientes.

Por fuera de las circulares, además de los reflectores fijos, y de los instalados en la garita, que barrían todo el presidio con sus chorros de luz blanquecina, a unos metros había un tendido eléctrico con bombillas de 500 bujías.

Estas bombillas no se apagaban jamás, permanecían encendidas día y noche. No importaba que el cielo fuera azul y un sol clarísimo lo alumbrara todo: seguían encendidas. Al oscurecer, se iluminaban los otros reflectores y comenzaban a peinar todo el presidio: edificios, ventanas, áreas verdes. La hora decidida por nosotros para escapar era minutos antes de que oscureciera, para evitar así el peligro de los reflectores. Sin embargo, una de aquellas bombillas estaba frente a la celda; de modo que decidimos inutilizarla en el momento de salir. Usaríamos para ello un tiraflechas, desde el segundo piso, pues desde allí era más fácil hacer blanco.

Estaba yo de guardia cuando iniciaron los trabajos y lo que vi hizo que el alma se me cayera a los pies: la puertecita por la que pensábamos huir estaba siendo clausurada. Abrieron unos agujeros, colocaron postes de metal y un paño completo de malla de acero, tal y como estaba el cordón. La puerta desapareció así, y con ella nuestras posibilidades de escapar.

Llamé a los demás para comunicarles la terrible noticia. Creo que no habían recibido una tan mala en los últimos tiempos. Ahora sí el reto era más que difícil. No obstante, decidimos seguir observando en busca de alguna solución.

El cuartelito tenía a su alrededor una cerca con postes de metro y medio de alto y varias líneas de alambre. En esos alambres los soldados tendían medias y ropa interior a secar. Los uniformes seguían llevándolos a la casita. Y no les importó que cerraran la puertecita. Sencillamente inauguraron un nuevo camino: levantaban los alambres de la cerca y pasaban al otro lado. Así quedó establecida por ellos la nueva ruta.

Si queríamos escapar tendríamos que hacer como ellos. Pero la empresa era más arriesgada ahora; había que entrar al cuartel y esto elevaba muchísimo el porcentaje de posibilidades en contra nuestra.

Después que uno lleva meses preparándose para una acción de esta naturaleza es imposible desistir; y a medida que surgen obstáculos, se van eludiendo con nuevas variantes. Acordamos escapar por aquella vía, la única que existía, aunque tuviésemos que pasar por dentro del cuartel. Nuestra atención se concentró en la actividad misma del cuartel, en observar cómo entraban y salían los militares. La clausura de la puerta permitía al escolta de la posta frente al jardincito más libertad de movimientos, al no tener que permanecer junto a ella. Esto fue una ayuda para nuestros planes, pues de las dos entradas que tenía el cuartelito podríamos utilizar la que estuviera más lejos del escolta en el momento de llegar nosotros.

Creo que ningún plan de fuga tuvo más inconvenientes que vencer más interrupciones que el nuestro. Los militares continuaban reforzando sus sistemas defensivos. Desbrozaron el terreno al fondo del cuartel; con bulldozers arrancaron árboles y arbustos, dejando más de cien metros tan lisos como una pista para aviones. Al mismo tiempo, levantaron una alambrada de más de tres metros para sustituir la endeble cerca anterior. A esta nueva verja le colocaron una línea de alambres de púas cada diez centímetros. Si el cuartel era atacado desde el exterior, su asalto sería más difícil. Aquella alambrada pareció clausurar definitivamente nuestras esperanzas de escapar.

Ahora sí estábamos desolados. Escudriñábamos con ansiedad todo lo que quedaba al alcance de nuestros ojos buscando un lugar, un rincón, una posibilidad de huida. Y no debía ser después de la fecha fijada para que nos recogieran en la costa.

La mañana en que varios guardias provistos de picos y palas iniciaron una excavación al pie de la alambrada, yo estaba vigilando. ¿Qué sería aquello? No los perdí de vista con el catalejo ni un solo segundo. Ya habían hecho una zanja hasta sus rodillas, pero seguían cavando; la tierra se amontonaba en una pila que crecía lentamente. Se trataba de una trinchera que pasaba por debajo de la alambrada. Cuando todo el trabajo concluyó, trajeron una ametralladora y la emplazaron en la trinchera, mientras sobre el techo del cuartel colocaron un potente reflector fijo, que se encendía desde abajo e iluminaba el terreno desbrozado al fondo.

El que cuidaba de la ametralladora lo hacía desde la parte de atrás del cuartelito, a unos cinco metros, sentado en un taburete recostado a la pared.

Pero otra vez aquella casa de campesinos donde lavaban los uniformes de los guardias nos ayudó. La trinchera fue usada como puerta de salida. Sentimos una enorme alegría cuando vimos que los guardias comenzaron a entrar y salir por ella para llevar o recoger sus uniformes.

Nos quedaban muy pocos días, y por eso apresuramos los preparativos, Boitel sacó los pelos de segueta para cortar los barrotes. Descubrimos entonces que eran lisos y no tenían soportes en los extremos para dejarlos fijos a la ranura del marco metálico donde debían montarse. Con el asa de un cubo fabriqué el marco, estrecho para que cupiera entre los dos barrotes. Las ranuras las hice con una de las mismas seguetas, pero no había forma de incrustarlas en ellas. Boitel dio la solución. Había que doblarlos en ambos extremos, pero se partirían si se hacía en frío. Con una lamparita de petróleo, la manguerita plástica de un suero y un repuesto de bolígrafo vacío, fabricamos un soplete. Yo soplaba el chorrito de fuego sobre el extremo del pelo de acero que Boitel sostenía. Así hasta que la puntita se ponía al rojo vivo. Con las tenazas que usaba el barbero para extraer muelas y unos clavos y punzones, se doblaron sin que se partieran. Después de doblados, otra vez fuego con ellos y al rojo vivo los sumergimos en un pequeño recipiente de aceite para que no perdieran el temple. Así preparamos media docena.

Ulises, por su parte, procedía a teñir las gorras que, entre paréntesis, habían quedado mejor que las que usaban los propios guardias.

Como Carrión no iba con nosotros, cambiamos su lugar con Brito, pues si Carrión se quedaba en la celda desde donde se había producido la fuga, las represalias que caerían sobre él serían terribles.

Para cortar los hierros de la ventana Boitel y yo teníamos que tomar precauciones. Entonces permitían tender ropa por fuera de las rejas hasta las cinco de la tarde. Así que con poner una toalla a secar ya estábamos protegidos de las miradas del exterior. De todos modos, mientras uno cortaba los barrotes, otro tenía que vigilar, pues aun con la toalla el movimiento podía atraer la atención de algún militar. Cuando alguien se acercaba, dejábamos de cortar. Para precavernos de la eventual subida de un guardia a la torre, se bajaron las literas y se tendió otra toalla que colgaba de los extremos, mientras Carrión permanecía en el estrecho pasillo para obstruir la visión, no sólo de los guardias, sino de indiscretos dentro de la misma circular, donde sabíamos había delatores que, de ver algo, lo denunciarían a la guarnición.

Los barrotes que debíamos cortar eran tres. Aunque Brito, Boitel y yo cabíamos por el espacio que dejarían dos barrotes, Ulises, el gordo del grupo, no pasaría. No terminábamos de cortarlos por completo; se dejaron dos puntos de unión que luego, en unos minutos, separaríamos por completo. Se hacía esto por seguridad. Asimismo, las ranuras que dejó el corte se rellenaron con cuchillas de afeitar, que se introducían a presión. Cuando los guardias hacían requisas, pasaban por los barrotes un hierro que arrancaba un sonido uniforme de aquella especie de arpa rígida que era la ventana. Si uno de los barrotes estaba cortado esa continuidad sonora se interrumpía, y se descubría. Mas al no cortar totalmente los barrotes y rellenar con cuchillas las ranuras, la vibración no quedaba interrumpida. Podía el guardia tocar el arpa de la reja con su hierro, que el sonido se prolongaba uniformemente. Luego de colocadas las cuchillas, se ocultaba la ranura con una mezcla bien espesa fabricada con una pasta dental y leche en polvo. Se cubría y se le pasaba la suela del zapato, para «envejecer» y ensuciar un poco el barrote. Quedaban así perfectamente disimulados los cortes.

El preso que vivía debajo de nosotros, en la 64 del primer piso, había sido un combatiente en la lucha contra Batista. Boitel y yo fuimos a hablar con él y le planteamos claramente que necesitábamos su ayuda para la fuga. Lo único que tenía que hacer era cambiar de celda con nosotros. Eso no implicaba ningún riesgo para él. Le explicamos que si teníamos que saltar desde el segundo piso —que en realidad venía a ser un tercero, pues en la planta baja no había celdas— la caída podía resultar peligrosa. La celda del primer piso era ideal. No obstante, no hubo manera de convencerlo. Se negó con unos pretextos inconcebibles. Entonces hablamos con Gomila, muy amigo de él, para que tratara de convencerlo. Pero fue inútil; tenía miedo, temía a las represalias. Es interesante ver cómo el valor de unos hombres es temerario para ciertos actos y para otros no. Y no podía ser otra celda, sólo la 64 nos servía. Decidimos saltar desde el segundo piso. Aumentaba otra vez el peligro, pero había que actuar sin pérdida de tiempo, o perderíamos el barco que nos recogería en la costa. Y pusimos manos a la obra.

Fabricamos seis piezas con platos de aluminio que se usarían, luego de nuestra escapada, para volver a colocar los barrotes en su sitio. Eran unas plaquitas que unirían los hierros cortados a los que quedaban en la reja. Se atarían con un alambre y como las placas habían sido pintadas del mismo color que las rejas, la ronda no distinguiría nada desde abajo. No podíamos dejar el hueco en la ventana porque la posta los descubriría, daría la alarma y no llegaríamos ni al cuartelito. El tiempo necesario para esta operación de nuestra retaguardia se ganaría entreteniendo al guardia que daba vueltas con la simple estratagema de sacar una toalla, cosa que a esa hora estaba prohibido. El preso le pediría permiso. Él le respondería que no estaba autorizado. El preso le diría que le autorizara una hora tan solo, que no tenía más toallas, y esos segundos de conversación serían suficientes para que Carrión, Vidal y Chaguito colocaran de nuevo los barrotes.

Incluimos en nuestro equipo mosquiteros verde olivo para cubrirnos la cabeza, porque los mosquitos de las zonas cenagosas son capaces de enloquecer a cualquiera: guantes negros y debajo de las camisas, chalecos con varias filas de bolsillos, donde llevaríamos las tabletas para purificar agua, barras de chocolate, medicinas de urgencia, cuchillas de afeitar, fósforos en envases sellados a prueba de agua, un espejito para señales, etc. Con la orientación no tendríamos dificultades, pues habíamos estudiado los mapas, y aunque fuera de noche confiábamos en que no nos perderíamos; si bien para guiarnos no teníamos más que una pequeña brújula de las que tienen algunos llaveros como adorno. Pero yo conocía las constelaciones más importantes y Brito también, que era de nosotros el que más sentido de la orientación tenía por haberse pasado toda la vida navegando.

Boitel seguía obsesionado con la idea de llegar a la Conferencia de Punta del Este.

# Capítulo XIX
# Destruir un mito

Teníamos un grupo valioso de amigos cuya colaboración fue utilísima; sin ella no hubiésemos podido escapar. Hablamos con ellos por separado para ultimar algunos detalles. Era necesario colocar vigías en el momento de huir para cerciorarnos de que no avanzaba hacia la circular ningún vehículo. Por tanto, tres compañeros nuestros, repartidos por los pisos, se encargarían de esta observación y darían la señal de vía libre a Chaguito, que se encontraría a la entrada de la celda.

Ulises mandó preparar una soga por la cual nos deslizaríamos hasta tierra desde lo alto de la ventana. Las sogas se fabricaban destejiendo los hilos de los sacos de yute. Se unían diez o doce de estos hilos para obtener una hebra gruesa. Luego la soga se hacía torciendo cuatro o cinco hebras juntas. Las sogas, si estaban bien tejidas, eran lo suficientemente resistentes como para soportar el peso de un hombre.

Ya los uniformes estaban teñidos y planchados, y las gorras eran impecables. Amaneció nuestro día, el 21 de octubre de 1961. Hubo visita en la circular número tres.

Fuimos a hablar con Perdomo, pues sabíamos que él y León, en la celda del primero, la 13, estaban cortando los hierros con miras a escapar próximamente. Les comunicamos esa misma tarde que lo intentaríamos nosotros, para que tomaran precauciones y tuvieran tiempo de ocultar los equipos, seguetas, camuflar los hierros, etc.

Me despedí de mi buen amigo y alumno aventajado de talla en madera, Vidal Morales. Y se iniciaron los preparativos luego de terminado el recuento de la tarde. Si todo salía bien, tendríamos hasta el recuento del día siguiente, al amanecer, momento en que sería descubierta nuestra fuga. Con el tiraflechas se rompió el foco frente a la celda.

A partir de aquel momento en que los cuatro entramos a la celda, todo fue hecho con rigor cronométrico. De pronto notamos que faltaba la soga. Carrión corrió a buscarla, y luego nos vestimos: los chalecos, las bandas de goma con los cuchillos, cigarros, fósforos en los bolsillos, dinero cubano y dólares que yo llevaba en una vieja billetera, los carnés de identificación... Empezaba a atardecer, ya el escolta que daba vueltas a la circular había llegado y había hecho una ronda con desgano, fumaba y su perro marchaba con él.

Con un pedazo de tela humedecida en petróleo, nos frotamos las axilas y los genitales para desorientar a los perros. Los primeros en saltar serían Brito y Ulises. Chaguito, en la entrada, daría los avisos atendiendo a las señales que iría recibiendo de los vigías. Obregón cubría las escaleras.

El guardia conversó con su compañero que hacía el mismo turno de vigilancia alrededor de la circular tres y los dos se alejaron.

Quitamos los barrotes, ya la soga estaba amarrada, Chaguito dio el «okey» y Brito salió y se deslizó con rapidez; detrás Ulises, seguido por Boitel. Pero en ese momento se apagaron todas las luces, un apagón general. Yo no lo sabía, pero la soga se le había destrenzado a Boitel, lo que le obligó a dejarse caer y se golpeó fuertemente, produciéndose dos líneas de fractura en los huesos calcáneos, los que forman el talón del pie. Cuando yo salté, la soga destrenzada no tenía espesor suficiente; fui a dar una brazada rápida y me quedé con unas hilachas en las manos. Me precipité al vacío y caí sobre un montón de escombros. Sentí un dolor terrible en el pie derecho, pero me incorporé instantáneamente. En momentos de peligro, el hombre es capaz de actos increíbles, de sobreponerse a dolores y limitaciones físicas. Es como si la mente, ocupada en un solo objetivo, bloqueara todas las demás sensaciones.

Más adelante sabría que en la caída me había fracturado el calcáneo, el escafoide y la primera cuña, y que el astrágalo, presionado entre los otros huesos, se había desplazado de su lugar. Sin embargo, caminé normalmente, sin cojear, y me uní a Boitel, que encendiendo un cigarrillo me esperaba al borde de la carretera. Echamos a andar.

No habíamos tenido tiempo de cruzar palabra cuando salió del hospital el sargento Pinguilla, el que hacía los recuentos; llevaba al hombro una metralleta checa. Brito y Ulises, que caminaban a unos 40 metros delante de nosotros, iban a cruzarse con él. La cara de Ulises era redonda, muy llamativa, y en efecto, cuando pasaron el sargento se detuvo, volvió la cabeza extrañado por aquella cara que no recordaba. Fue un momento de tensión indescriptible. Ulises se le había hecho sospechoso. Boitel y yo, que nos acercábamos al sargento, alzamos la voz conversando:

—Mira qué prisa lleva el gordo que ni espera por nosotros. Ya está desesperado por regresar a La Habana. Si el capitán Kindelán estuviera ahora, nos iríamos mañana temprano.

El sargento pudo escuchar perfectamente mis palabras que respondieron a sus dudas, a sus interrogantes. No los conocía porque eran de La Habana y estaban allí para ver al capitán Kindelán, jefe de la guarnición. Indudablemente que su mente simplista estaba satisfecha con mis justificaciones. Cuando pasamos a su lado, Boitel y yo charlábamos con naturalidad. Al cruzarnos yo lo saludé:

—¿Qué tal sargento...?

—Muy bien, mi hijo...

Creo que por primera vez en los últimos dos minutos, logramos respirar... Si el sargento hubiera salido treinta segundos antes del hospital nos hubiera sorprendido bajando por las cuerdas. Era aquél uno de los riesgos imprevisibles. De escasos segundos había dependido que estuviéramos vivos o muertos. Pero gracias a Dios no había ocurrido nada.

La noche llegó como de improviso, sin otro síntoma que esa penumbra que da paso a la oscuridad total. Caminando rumbo al cuartel se encendieron los reflectores de rastreo. Nuestro plan era bordear el edificio militar por los patios laterales, como hacían los guardias que iban a buscar calcetines y ropa a las cercas o se dirigían a la casa aquella que les servía de tintorería. Debíamos salir por la trinchera donde estaba la ametralladora, avanzar hacia la derecha rumbo a los arbustos al costado del terreno desbrozado. Aquellos minutos serían decisivos, pues bastaría que el guardián de la ametralladora encendiera el reflector fijo sobre el techo para que se descubriera nuestra fuga; pero en nuestras observaciones habíamos podido comprobar que esto sólo lo hacían ya bien entrada la noche.

Vimos a Ulises y a Brito entrar en el jardín del cuartelito como por su propia casa. El escolta estaba a la izquierda. Ellos torcieron a la derecha y los perdimos de vista; ya había sombras y oscuridad. La pierna me dolía terriblemente, pero sabía que no podía permitirme cojear ni un solo paso; eso hubiera sido fatal. Yo recordaba un episodio en la lucha revolucionaria contra Batista: un estudiante universitario, con un balazo en la pierna, había entrado en un hospital de urgencia sin un solo titubeo, sin cojear, pues de haberlo hecho los militares de posta lo habrían descubierto. Pensé que si aquel estudiante pudo caminar derecho con un balazo, yo, con menos que aquello, también podría. Y lo logré. Erguido, como si la pierna que me dolía no fuera mía, me encomendé a Dios y tuve su ayuda durante todo aquel trayecto.

Ya estábamos Boitel y yo frente al pequeño jardín, siempre hablando en tono normal, tratando de dar la mayor naturalidad a nuestra presencia. El guardia, del que pasamos a unos quince metros, no pudo notar nada extraño: dos guardias más de los muchos que entraban y salían.

Torcimos a la derecha. Una puerta abierta, amplia, daba a las duchas. Se estaba bañando un guardia a quien sus compañeros apodaban el Chino y que solía hacer posta en nuestra circular. Boitel le gritó:

—¡Eh, Chino, lávate la espalda...!

Gritar aquello aplacó la tensión que sentíamos, fue como un alivio, un escape.

Llegamos al patiecito del fondo. Un guardia alto, rubio, recostado en un taburete a la pared cantaba décimas, la música típica del campo cubano. Allí crecía la hierba casi hasta media pierna. No vimos ni rastro de Brito y Ulises, que ya habían pasado. Boitel y yo buscamos la trinchera, pero por la oscuridad y las hierbas no la distinguimos. Fueron momentos angustiosos; yo le dije a Boitel en voz alta que esperara un momento, que iba a orinar al pie de la cerca. Me volví de espaldas al guardia que estaba de lo más entonado en sus canciones y me hice el que orinaba. Esto le dio tiempo a Boitel para que, deslizándose junto a la cerca, llegara a la trinchera. En cuanto lo vi agacharse en las sombras, lo seguí. Tropecé con algo compacto y distinguí entre las hierbas unas ruedas dentadas de hierro: estaban unas sobre otras, y casi tropiezo con otras por segunda vez. La operación de pasar por la trinchera hizo que el pie me doliera casi hasta el grito; sudé frío y abundante. Boitel me esperaba afuera. Doblamos a la derecha, cruzando cerca de la casa del teniente Antonio, la Sombra, como lo llamaban, aludiendo con este nombre a su siniestra y represiva naturaleza. Ulises y Brito nos estaban esperando allí. Ladraron los perros del teniente Antonio, pero no eran aquellos los que nos preocupaban, sino los sabuesos del Ministerio del Interior.

Fuimos avanzando por un seto de arbustos que dejaron los bulldozers al desbrozar. Ya aunque se encendiera el reflector del cuartel no podría delatarnos. Caminamos más de cien metros paralelos al terreno limpio; al final nos volvimos para echar un vistazo a las moles imponentes de las circulares. La nuestra, la más cercana de todas, era impresionante con las ventanas iluminadas mortecinamente por las bombillas de la torre central. Fue un momento muy emocionante, inolvidable; ningún preso había podido ver las circulares desde aquella perspectiva. El mito de la fuga imposible acababa de fenecer por nosotros, que habíamos demostrado que sí era vulnerable la fortaleza.

Nos adentramos en el monte. Hicimos un pequeño alto para dejar pistas a los perros: tres trocitos de tela sobre los que echamos cuidadosamente un poco de pimienta en polvo. Cuando los perros se acercaran a olisquear, en esa forma característica que los hace respirar con fuerza, se llenarían las narices del polvillo de la pimienta, comenzarían a estornudar y su olfato quedaría anulado. Los colocamos separados.

Cuando saltamos, nuestra retaguardia en la circular comenzó a trabajar de inmediato. Los barrotes fueron colocados en su sitio en la forma convenida, los materiales sobrantes, tales como pelos de segueta, tabletas de tintes, etc., fueron entregados a otros amigos para futuros intentos. Lo más importante fue tomar, medidas de seguridad en evitación de que alguno de los informantes internos pudiera avisar a la guarnición.

Frente a una de las celdas del primer piso, donde vivía un prisionero del que existían fuertes sospechas de que era un delator, se situaron Vladimir Ramírez y otro más. En efecto, aquel hombre nos vio bajar y cuando trató de salir precipitadamente de su celda, Vladimir le cortó el camino colocándole un arma punzante en la garganta y obligándole a retroceder hasta el fondo.

Lo mismo sucedió con otros sospechosos. Ya la fuga era de conocimiento general, y para acallar murmullos o comentarios que pudieran alertar a los guardias de que algo anormal estaba sucediendo, nuestros amigos organizaron, con latas, cubos y cucharas, una rumba típica cubana cuyos compases estremecieron la circular. En aquella época una docena de presos de la circular trabajaban en la cocina, en el turno de madrugada que salía a las 12 de la noche. Fueron reunidos y se les habló, diciéndoles que serían responsables de lo que nos sucediera si alguno cometía una indiscreción. Se pensaba que en aquel grupo había algún infiltrado.

Cuando se producía una fuga, la guarnición tomaba represalias contra el jefe de la circular, porque lo consideraba cómplice. La dirección de la prisión pretendía así convertir en delatores de sus compañeros a los otros prisioneros. El director, teniente Tarrau, había amenazado al jefe de la circular y a los de pisos diciéndoles que si se producía una fuga y ellos no lo comunicaban en el acto, serían considerados como colaboradores de los fugados. Era el método fascista: tomar venganza contra los inocentes para obligarlos, por el terror, a colaborar con las autoridades.

El preso encargado del segundo piso, cuando supo que habíamos escapado, temblaba horrorizado pensando en las represalias que caerían sobre él, y sostenía una lucha tremenda entre su instinto de conservación y su deber de solidaridad para con nosotros. Fue entonces cuando uno de nuestros compañeros le dijo que él asumía la responsabilidad de su cargo, y que cuando llegara la guarnición él se presentaría ante ellos como el jefe de piso.

Escuchamos ladridos de perros, muy lejanos, y pensamos que quizás ya iniciaban la persecución. Nunca creímos que nuestra fuga se mantendría en secreto hasta la mañana siguiente. Habíamos pensado en eso, pero como una posibilidad remota, porque sabíamos que existían colaboradores.

Arribamos a un desnivel muy abrupto del terreno. El tobillo me dolía terriblemente y la presión que estaba produciendo la inflamación hacía más doloroso aún el caminar. Nos detuvimos un instante, el necesario para extraer el cuchillo y cortar la bota que me oprimía casi hasta la puntera. Esto me alivió un poco y continuamos la marcha hasta llegar a un terreno llano; la luna derramaba su blanquecina luz sobre el terreno amarillento. Estábamos en un descampado, y aun cuando no había casas cercanas, sin la protección de los arbustos nos sentíamos más expuestos al peligro, pues cualquier campesino o miliciano podía pasar por aquellos parajes y divisarnos.

Estábamos echados en tierra, observando los alrededores. Fue Brito el que dijo que debíamos atravesar corriendo aquel tramo. Como yo no podía correr, Brito me cargó sobre sus espaldas, y con una agilidad increíble, con una fuerza que no sé de dónde pudo sacar, corrió conmigo casi 200 metros. Cuando llegamos otra vez al terreno boscoso, Brito estaba fresco como si nada hubiera llevado a sus espaldas. Hombre endurecido en el mar, tenía una capacidad de resistencia extraordinaria.

La primera carretera se atravesó frente a nosotros. Amplia, con dos cunetas desnudas a los lados, y cercas de alambre para que no escaparan las reses. El cruce debía hacerse con todas las precauciones para que no fuera a echársenos encima un vehículo. Se escuchó un motor a lo lejos y nos pegamos todavía más contra el suelo, escondiéndonos entre las hierbas. Se acercaba. Un camión soviético «Zil» pasó como un bólido levantando una inmensa nube de polvo amarillo.

—¡Vamos, ahora...!

Y diciendo y haciendo, Boitel se deslizó boca arriba por debajo del último alambre de la cerca. Luego yo, Ulises y Brito en la retaguardia. Cruzamos al otro lado de la carretera dando vueltas sobre nuestros cuerpos, ya que hacerlo de pie nos exponía a ser vistos desde lejos. Antes de internarnos en el bosquecillo de pinos colocamos otros pedazos de tela con pimienta para los sabuesos. Ya no se escuchaban ladridos. La noche se deslizaba tranquila y silenciosa.

Yo continuaba apoyándome en una rama recta a manera de bastón. En dos ocasiones más en que se hizo necesario atravesar parajes descubiertos, Brito me llevó sobre sus espaldas, a pesar de mis protestas, apenado con él. Pero Brito tenía un espíritu de compañerismo admirable y un optimismo que daba nuevos bríos al grupo.

Recuerdo que Ulises, para animarme, me decía que lo que tenía en la pierna era una simple luxación, que con mucho más que eso él había terminado de jugar un partido de fútbol. A pesar de la empresa en que estábamos metidos, el ánimo y la moral se mantenían altos y nos sentíamos satisfechos de lo que estábamos haciendo. Lógicamente, el que peor se sentía físicamente era yo. A Boitel le dolían los calcañales, pero caminaba sin apoyo y sólo trastabillaba en algún agujero o depresión súbita del terreno.

Apareció el segundo camino. Ibamos en ruta, y nuestro mapa señalaba con exactitud todos los detalles que necesitábamos para orientarnos. Dejamos a la derecha un rústico bohío de techo de hojas de palma. Los perros de la casa nos olieron y ladraron.

La vegetación comenzó a cambiar y aparecieron los mosquitos, en nubes, agresivos. Nos acercábamos a las ciénagas del Júcaro, a la desembocadura del mismo río. Ése era nuestro objetivo y la embarcación debía estar allí a la una de la madrugada.

Brito iba a la vanguardia, de explorador. El río sólo estaba a unos metros delante de nosotros. A nuestra derecha un camino de tierra que llevaba al puentecito de madera, señalado en nuestro mapa. Ahora debíamos torcer a la izquierda, hacia el este.

Una vegetación compuesta de altas hierbas y unas pequeñas palmas erizadas de espinas en las hojas cambió poco a poco el paisaje. Avanzábamos paralelamente al río. Un caserío apareció a la izquierda y para alejarnos de él nos acercamos más al río. Atravesamos otro camino de tierra y Brito se adelantó. Todo parecía en calma. Los ruidos propios de la noche, los sonidos de los insectos y el croar de alguna rana... El agua de aquellos pantanos nos llegaba al tobillo. Hacía frío y un vientecillo del noroeste comenzaba a soplar con alguna fuerza. Para nosotros era una bendición, porque barría las nubes de mosquitos. Yo había perdido uno de los guantes, el de la mano izquierda y no sabía dónde. Lo noté antes de que dejáramos la segunda trampa para los perros. No podía sacar la mano del bolsillo, porque los mosquitos ya me la tenían acribillada.

Diez minutos y Brito no volvía. Comenzamos a impacientarnos. ¿Por qué se demoraba tanto? Ulises se ofreció para ir en su busca, pero Boitel propuso esperar otros cinco minutos. Al fin apareció Brito y nos informó. Estuvo observando una embarcación, pero había entrado al río. Estábamos exactamente frente al punto de la cita. Boitel miró el reloj que nos había dejado el rejero. Habíamos llegado 30 minutos antes. En media hora más, pensábamos estaría allí nuestra embarcación y al amanecer nos encontraríamos a muchas millas, en alta mar y proa a Gran Caimán, el rumbo que menos podían sospechar nuestros enemigos, que nos imaginarían rumbo al norte, hacia Cuba, o al oeste, hacia México.

Nos aproximamos lo más posible a la orilla del mar. La ciénaga se hacía intransitable por momentos, más espesa la vegetación. Llegamos al fin. Boitel encargó a Brito que se adelantara para reconocer el lugar, siempre mirando hacia el mar, y si veía aparecer nuestro barco, que regresara de inmediato. Veíamos el mar perfectamente. Las 12:50. Seguía soplando un brisote ligero. Pero no había embarcación alguna en todo lo que abarcaba nuestra vista.

Regresó Brito con el resultado de su observación: al otro lado de la desembocadura del río estaba el campamento de milicias que conocíamos por el mapa, y a nuestra izquierda, hasta donde había avanzado, sólo ciénaga y manglares. Pero sabíamos que un poco más allá se asentaban otros pequeños campamentos de milicianos. Estábamos exactamente en el punto acordado.

Boitel miraba el reloj con impaciencia. Y cuando le hacíamos señas pidiendo ver la hora, bajaba el guante y alargaba la muñeca. No hablábamos, porque en el silencio de la noche podían escucharse nuestras voces y delatarnos.

Del río salieron unas embarcaciones de pescadores. Pasaron frente a nosotros con sus faroles bamboleándose. Pero nuestro barco no llegaba. La una..., una y media..., dos... A las tres de la madrugada el desaliento comenzó a dominar nuestros ánimos. ¿Qué podía haber ocurrido? Estábamos en el lugar exacto, a la hora y día convenidos. No lo comprendíamos. Los que nos vendrían a recoger sabían a lo que nos exponíamos si éramos capturados. La muerte casi seguro.

A las seis de la mañana, cuando surgieron los primeros albores y el ruido de los milicianos al otro lado del río llegaban como un cuchicheo lejano, nos retiramos de la costa. Los de nuestro barco habían quedado en acudir dos días seguidos a la cita. Esa noche estarían allí con seguridad. Al menos eso queríamos creer. Teníamos que estar otra vez, dentro de 18 horas, en el mismo sitio. Dios nos ayudaría y a Él me confié nuevamente cuando el sol teñía de grana las nubes altísimas y surcaron el aire unas gaviotas.

# Capítulo XX
## La cacería

Fue el mismo sargento Pinguilla, el que se cruzó con nosotros la noche anterior, quien al terminar el recuento en los pabellones dio la voz de alarma.

Carrión y otros se habían encargado de quitar las presillas de aluminio que sostenían los barrotes cortados y tirarlos en el piso de la celda. Cuando Pinguilla levantó la cabeza y vio el hueco en la ventana, se paró en seco. Más de mil pares de ojos lo miraban. Salió corriendo mientras gritaba:

—¡Fuga... fuga...!

A los diez minutos el teniente Pomponio, estrenando su primer uniforme verde olivo, llegaba a la circular. Llamó a Lorenzo a la reja y ordenó que todos los presos formaran para recuento físico, un recuento que se efectúa no por los números, sino por nombres y comprobación con una tarjeta provista de fotos.

Fue así como supieron que aquellas cuatro tarjetas que sobraban eran las nuestras.

Terminado el recuento salieron y trataron de encontrar rastros nuestros bajo la ventana. Pomponio se agachaba con trabajo por el vientre voluminoso y levantaba, ya una piedra, una ramita de hierba... De la circular empezaron a gritarle:

—¡Frío... frío...!

—¡Caliente... caliente...!

Estas expresiones provienen de un juego infantil muy popular en toda Cuba llamado «el chucho escondido». Consiste en esconder una ramita; un jugador la oculta y los otros salen a buscarla. Es obligación del que la esconde darle una pista a los que la buscan. Así, cuando están lejos del «chucho» grita «¡frío!», y cuando están cerca «¡caliente!».

En las situaciones más dramáticas, había estos chispazos tan típicos del cubano. Además, a pesar de que sabían lo que les vendría encima en la requisa de represalia, sentían como propia nuestra fuga. Era un triunfo sobre el enemigo compartido por todos. Habíamos destruido el mito de que nadie podía escapar de allí, y quienes lo habíamos hecho representábamos al presidio político y su espíritu de combatividad. Luego de nuestra ida, los amigos se encargaron de comunicar que los planes eran llegar a la Conferencia de Punta del Este para denunciar las violaciones de los Derechos Humanos y las torturas que padecían los presos políticos en Cuba. Ya nos hacían fuera de la Isla, porque Carrión sabía que nos irían a recoger a un punto de la costa.

Expertos de la Policía Política, con perros, comenzaron a examinar las alambradas, buscando el lugar por donde habíamos salido. Pero fue inútil. Estaban intactas. El cordón de seguridad no había sido violado. Los postas de las garitas no habían notado nada anormal. Los que hacían la ronda alrededor de la circular, tampoco.

—¿Cómo salieron? —preguntó el teniente Tarrau a Lorenzo, el Mayor de la circular. Lorenzo respondió que no sabía. Llamó entonces al preso que era jefe de piso, el que había asumido la noche antes esa responsabilidad. Y con una cara de susto que estaba muy lejos de sentir, creyéndonos ya en el extranjero, le dijo a Tarrau que él nos había visto bajar por la ventana, vestidos de militares y que el teniente Paneque y otro oficial aguardaban en la callecita con un jeep. Subieron a él y partió el vehículo rumbo a la dirección.

—Yo no dije nada porque eso es un problema entre militares —terminó diciendo Rolando.

Aquella «declaración» fue una bomba. El director salió velozmente a informar lo que acababa de escuchar.

Creerlo era la única alternativa que tenían las autoridades. Si el cordón de seguridad no había sido violado, únicamente con ayuda interna de otros militares pudo efectuarse la fuga. Esa lógica sencilla y la sospecha hacia los demás, que caracteriza al sistema comunista, alimentan la desconfianza y los inclinan a ver en todos, hasta en sus más cercanos compañeros, un enemigo potencial vendido al capitalismo. Esto hizo que la Policía Política ordenara que todos los oficiales y soldados que se encontraban de servicio desde la noche anterior permanecieran acuartelados, retenidos y sin poder salir del área de la prisión.

El Mayor Lorenzo, varios rejeros y Rolando, el que dijo que nos había visto subir al jeep, fueron trasladados a las celdas de castigo. Allí tenían un comité de recepción. Les ordenaron quitarse las ropas y quedarse totalmente desnudos. El teniente Pomponio, al frente del pelotón, enarbolaba un cable eléctrico trenzado. Lo acompañaba su hijo, un niño de ocho años al que Pomponio llevaba con él para enseñarle cómo tratar a los enemigos de la revolución. Ese niño se crió en aquel ambiente de barbarie y violencia. Cuando tenía 12 años también iba armado de un cable y golpeaba a los prisioneros.

Los presos se negaron a desnudarse. El sargento Naranjito levantó el sable que llevaba siempre colgado al cinto y dio el primer planazo. A golpes les hicieron tirar las ropas. Luego los arrojaron a las celdas, atontados por la paliza.

\* \* \*

Acampamos a la entrada misma de la parte más inhóspita de la ciénaga. Frente a nosotros, una zona llana de unos cientos de metros en la que crecían unas hierbas llamadas «caguasos», de hojas tubulares y huecas del grueso de un cigarrillo, que llegaban a la altura de la cintura. Toda esa zona era baja y pantanosa. Donde nos encontrábamos igual, pero allí crecían árboles y palmeras de tronco muy ancho, pero de sólo unos tres metros de alto y con unas hojas provistas de espinas enormes. Peligrosísimas, pues al menor descuido podían clavarse en la cara y aun en los ojos.

Diseminados, se veían pequeños montículos de tierra húmeda, oscura y virgen. Aquel lugar era frecuentado por pájaros y mosquitos. Unos árboles, raquíticos de tronco pero altos y de hojas carmelitosas, crecían en abundancia. Las peligrosas tembladeras; capaces de engullir una res, comenzaban un poco más al sur. En estas arenas movedizas perdieron la vida muchos prófugos, sin dejar rastro. Brito era el único del grupo que tenía experiencia en ese tipo de terreno, adquirida durante sus años de cazador de caimanes, peligrosa profesión que ejerció cuando era apenas un adolescente.

Todo el tiempo permanecíamos en silencio, aguardando con ansias la noche que nos haría sentir más protegidos y que traería nuestro barco. Comimos una tableta de chocolate y otra de azúcar. El agua la cogíamos en unas bolsitas de plástico plegables y le agregábamos unas tabletas de Halazone para purificarla. La ingeríamos una hora más tarde.

Los mosquitos nos hostigaban; mi mano izquierda, sin protección, había sido implacablemente picada por ellos y la sentía ardiente, y estaba enrojecida. Brito logró alejarse un poco y trepar a la copa de un árbol, desde donde echó una mirada a los alrededores. Todo parecía tranquilo. Al mediodía sentimos el lejano ruido de un motor; se fue acercando: era una avioneta, que volaba a baja altura y pasó al norte de nuestra posición. Había comenzado la operación de búsqueda.

Por la tarde, el sonido característico de un helicóptero nos hizo escondernos más todavía. Éste sí pasó directamente sobre nuestras cabezas, casi rozando las copas de los árboles. Pero no había posibilidad de que nos detectaran con nuestro uniforme verde olivo y confundidos con los arbustos. El ruido de ráfagas de ametralladoras, casi apagado por la distancia, se escuchó algunas veces. Nosotros no podíamos relacionarlo con nuestra búsqueda, más bien creimos que sería una de las frecuentes prácticas militares. Pero no era así. La búsqueda, a una escala sin precedentes, se había iniciado aquella misma mañana. Los detalles los conocimos más tarde.

Como el día anterior, el de nuestra fuga, los presos de la circular tres habían tenido visita, miles de familiares se encontraban en la Isla. Lo primero que hicieron las autoridades fue prohibir su regreso a Cuba. Cercaron los pueblos de Nueva Gerona, Santa Fe y Santa Bárbara y efectuaron registros casa por casa. Las carreteras que iban hacia el sur fueron cerradas y se autorizó por ellas únicamente el tráfico militar controlado.

Los familiares sospechosos, según criterios de los militares, fueron detenidos. De inmediato la capacidad de los calabozos de Gerona fue insuficiente y los metieron en el parquecito del pueblo rodeados por un cordón de guardias armados.

Patrullas en vehículos recorrían todas las carreteras y caminos, en los que establecieron emboscadas. Los barcos que la noche antes salieron a pescar de los puertos del norte, fueron llamados por radio para que regresaran, y lanchas patrulleras recorrían las costas.

La búsqueda por tierra se organizó peinando todo el territorio de la Isla hacia el sur. Nosotros supimos después, por boca del mismo comandante William Gálvez, que cuando Fidel Castro conoció que Boitel se había escapado, llamó al teniente Tarrau, y le dijo que si Boitel lograba evadirse de Isla de Pinos, él, Tarrau, tendría que cumplir sus 35 años de condena.

El estado de alerta fue dado en toda la isla. Miles de milicianos y tropas regulares salieron en nuestra persecución. Nos hacían armados, y por esta razón siempre que llegaban a un bosquecillo donde pensaban que pudiéramos estar ocultos, la tropa se echaba a tierra, emplazaba las ametralladoras B-Z checas y abría fuego. Luego se acercaban a registrar. Ésas eran las ráfagas que escuchábamos.

Los hotelitos y moteles cercanos fueron asaltados por la Policía Política. En uno de ellos detuvieron a Carmen, la novia de Boitel. El comandante William Gálvez la interrogó personalmente, amenazándola y diciéndole que sería llevada a la cárcel si su novio llegaba al extranjero.

Ya casi de tarde, Brito avistó militares que se acercaban al punto donde nos encontrábamos. Frente a nosotros, la amplia extensión poblada de los «caguasos» que llegaban a la cintura, y al final el bosquecillo donde nos ocultábamos. Cuando los guardias comenzaron a disparar sobre este bosquecillo, una lluvia de hojas y ramitas cayó sobre nosotros desmenuzadas por los proyectiles. Las ráfagas pasaban alto, pero nos inclinábamos buscando protección. Borramos las marcas que nuestros cuerpos habían dejado en el lugar y nos fuimos desplazando hacia la derecha del cerco. El firme de la ciénaga, donde empezaba la vegetación, se dilataba en forma semicircular.

Los militares, cuando continuaran su marcha, desembocarían forzosamente en el terreno despoblado de árboles donde sólo crecían los «caguasos».

Al aparecer los primeros guardias, ya nosotros avanzábamos por el borde de la vegetación. Ellos caminaban en abanico. Sabían que al otro lado de aquella franja cenagosa estaba el campamento del Júcaro y no disparaban por esa causa. Quizá la proximidad del enclave militar les hizo pensar en la imposibilidad de que nos fuéramos a esconder allí precisamente. Y esto los llevó a ser menos exigentes al peinar el terreno. Entre el último militar y el borde de la vegetación, a nuestra derecha, quedaron unos 30 metros sin guardias para cerrar el peine. Por ese flanco íbamos nosotros, protegidos por el follaje, a rastras algunos tramos. Teníamos la ventaja de ver sin ser vistos. El peligro verdadero habría sido si hubieran decidido peinar, como se suponía, con soldados dentro de la ciénaga. Pero no lo hicieron.

Sin embargo, el último guardia se desvió un poco hacia donde estábamos, escuchamos el ruido de sus botas pisando los «caguasos» y hundiéndose en el agua empantanada. Pero rectificó el rumbo y avanzó otra vez hacia el frente, cruzando a escasos metros de nosotros. Ya estábamos salvados. Al menos esta vez habíamos escapado al peine. Los guardias ni siquiera entraron al lugar que habíamos abandonado. Se movieron hacia el sur, buscando el camino de tierra y el puentecito que cruzaba el río y nosotros nos quedamos en el mismo lugar unos treinta minutos. Luego regresamos a nuestro campamento original. Ya no buscarían más allí, pues acababan de hacerlo; mal, pero ellos dirían que bien y los superiores darían por rastreada la zona.

No lo sabíamos, pero frente al puerto de Gerona un barco canadiense cargaba toronjas. Las autoridades cubanas creyeron en la posibilidad de que hubiésemos abordado el carguero y trataron de efectuar un registro. El capitán de la nave se negó rotundamente. En aquellos momentos Canadá mantenía un magnífico comercio con Cuba y al gobierno cubano le interesaba muchísimo que esas relaciones no se afectaran.

La negativa del capitán canadiense a dejarse registrar, fue interpretada por la Policía Política como una prueba de que nosotros estábamos a bordo.

Desde las once y media de la noche nos encontrábamos nuevamente en el punto acordado, esperando ser recogidos. El cielo lucía despejado y las estrellas se veían radiantes. Igual que la noche anterior, unos botes de pescadores estaban fondeados al este. La pierna me dolía terriblemente, su inflamación era tremenda y el trabajo y esfuerzos a que yo la sometía la habían afectado más. La piel tenía un color violáceo en el área del tobillo, donde el golpe que produjo la caída fue mayor. Había tomado aspirinas todo el día, pero no me calmaban el dolor. A Boitel también le molestaban un poco las dos líneas de fractura en el calcáneo. Pero no podíamos quejarnos, Dios nos había ayudado y proporcionado la entereza y tranquilidad que se requerían para llevar a vías de hecho una evasión como la que habíamos planeado, que quedaría registrada para siempre en los anales del presidio político. Debíamos estar agradecidos porque todo nos había salido bien y estábamos vivos y llenos de optimismo.

Llegó la una, la una y media, las dos, las tres de la madrugada y el barco no aparecía por ningún lugar. Taladrábamos el horizonte aguzando la vista, pero nada. No habían ido a recogernos.

Al amanecer, cuando nos disponíamos a volver a nuestro escondrijo, escuchamos gritos lejanos, luego unos disparos y de inmediato ráfagas de ametralladoras pesadas

115

provenientes de la desembocadura del río. Después silencio... A los pocos minutos otras voces, pero no podíamos distinguir lo que decían.

Permanecimos allí hasta que el cielo empezó a clarear. Habíamos dormido a ratos, pero estábamos agotados del cansancio, y la tensión era ahora más intensa. El que la embarcación tampoco hubiera llegado en la segunda noche nos desalentó, y Boitel propuso secuestrar un barco. Brito era especialista en este tipo de acción: había secuestrado varias naves a las Cooperativas Pesqueras del Estado para llevarlas con personas que escapaban al extranjero.

El lugar donde acampábamos, luego de la operación de rastreo de los militares, era seguro. Aunque nuestras provisiones de boca —tabletas de chocolate y azúcar— eran nuestro único alimento, hasta el momento resultaban suficientes, para las calorías al menos.

* * *

A las 13 horas el carguero canadiense, lleno de toronjas, levó anclas y enfiló al canal rumbo a mar abierto. La Policía Política creyó que nosotros íbamos escondidos en sus bodegas. Una hora más tarde ordenaron poner fin a la búsqueda en toda la Isla y transmitieron esta decisión a todos los mandos para que sus tropas regresaran a los cuarteles y campamentos.

Ya el sol iniciaba su descenso cuando Brito nos alertó de que una numerosa tropa se nos echaba encima. En efecto, saliendo del bosquecillo como la vez anterior, los soldados avanzaban. Eran decenas, y al frente de ellos, a unos diez o doce metros de separación, un hombre de pelo blanco, con su fusil R-2, abría la marcha. El peine llegaba hasta el borde mismo de la ciénaga. Retrocedimos con toda la prisa de que éramos capaces. Ya casi estaban encima de nosotros. Tratar de repetir la maniobra de la primera vez, esto es, llegar hasta el bosquecillo e internarnos un poco, era imposible por la escasa distancia que nos separaba de los soldados.

Nos agazapamos tras los gruesos troncos de las palmas espinosas. El más cercano a la tropa era Ulises, a mi derecha estaba Brito, y un poco detrás Boitel:

—¡Vamos a torcer por la derecha a buscar el puentecito! —gritó uno de los guardias.

Y yo rogué para que lo hicieran, pues si iniciaban un avance de frente, era inevitable que nos encontraran. Con frenesí cavaba la tierra pantanosa para enterrar el carné y los mapas que tenía. Los demás debían estar haciendo lo mismo porque lo habíamos acordado así caso de que una situación como aquélla llegara a presentarse.

—No, por el puente nos desviamos, vamos a seguir adelante.

Y se internaron entre las malezas, hacia nosotros. Sólo unos metros más y estaríamos frente a frente. Consideré que aquéllos eran los últimos minutos de nuestra existencia. Me encomendé a Dios y pensé en mi familia y un caudal de cosas me vinieron a la mente con precipitación. Pensé que iba a morir allí, en aquella ciénaga inmunda y fétida, y sentí un miedo atroz, esa garra invisible que se clava siempre en mi estómago y lo va atenazando casi hasta el dolor y el espasmo.

—¡No tiren, que estamos desarmados!

Ulises, con su advertencia, desencadenó los sucesos. Se escuchó el chasquido metálico de los cerrojos de los fusiles y el griterío de los guardias, pidiendo al que abría la marcha que se quitara para ellos poder disparar.

—¡No tiren que estamos desarmados..! —volvió a gritar Ulises.

116

El guardia canoso que abría la marcha se volvió a la tropa que comandaba y les gritó que no hicieran fuego.

—¡Que nadie dispare...! ¡Es una orden mía y aquí mando yo! —les dijo con energía.

Los segundos fueron de una tensión indescriptible. Yo creía que ya las ráfagas contra nosotros iban a comenzar.

El soldado canoso seguía ordenando al resto de la tropa que no disparara. Y volviendo el rostro hacia el frente, nos gritó que no saliéramos de detrás de los troncos que nos ocultaban, que no nos moviéramos hasta que él lo dijera. Con esta medida quería evitar que fuéramos ametrallados.

A pesar de que sólo habían transcurrido segundos, los guardias, sabiendo que estábamos allí y que no les dispararíamos, se calmaron un poco. Los gritos histéricos al que los comandaba de que se quitara para hacer fuego, ya no se escuchaban. El hombre aquel, al que debemos la vida por su ecuanimidad, controló en seguida a los otros. Volvió a repetirnos que no saliéramos. Pasaron unos segundos dilatados de angustia...

—Salgan ahora..., de uno en uno y con las manos en la nuca.

Ulises salió el primero...

—¡Otro!

Boitel le siguió. Y luego Brito:

—Hay uno de nosotros lesionado en una pierna —les dijo Boitel.

Yo salí cojeando. Allí estábamos los cuatro, las manos detrás de la cabeza. Con un desaliento y cansancio muy grandes. Nos rodeaba tropa de cerca de un centenar de hombres. Nos miraban con una tremenda hostilidad.

—Tenemos que haberlos matado aquí mismo —dijo uno de ellos y nos amenazó con el fusil.

Todo había cambiado en unos escasos minutos. Nunca pensé que seríamos capturados con vida. Ninguno de nosotros, creo que ni en el más recóndito rincón de su esperanza, había tenido esa ilusión. Conocíamos perfectamente al enemigo.

Unicamente la intervención de aquel hombre canoso, con visible ascendencia española, que mandaba la tropa, nos había librado de la muerte. Hubo un momento en que, cuando sólo nosotros podíamos oírlo, nos susurró que habíamos tenido suerte de que él hubiera estado allí, porque si no..., y dejó incompleta la frase, cuya significación y alcance nosotros comprendimos.

Hubo órdenes y cuchicheos entre jefes y algunos otros militares. Dos salieron a dar el aviso al campamento cercano.

El viento soplaba con fuerza y siempre acompañados por el jefe y un grupo pequeño que nos rodeaba, iniciamos la marcha rumbo a un camino de tierra, al oeste de nuestra posición.

Yo arrastraba la pierna, que se había inflamado más aún y estaba ennegrecida alrededor del tobillo. La marcha por aquel terreno cenagoso me resultaba dolorosísima, pues mis pies se hundían en el fango. Volví a apoyarme en el hombro de Brito y salimos a un terreno más firme, de tierra amarillenta. Al llegar a la primera cerca decidí cruzarla tendiéndome de espaldas y pasar a rastras por debajo del último pelo de alambre. Fue entonces cuando noté que tenía todavía en un bolsillo la vieja billetera con el fajo de dólares. No habíamos sido registrados y hasta los cuchillos estaban en sus bandas de goma alrededor de las piernas. ¿Cómo deshacerme de aquel dinero? Al aproximarnos a otra cerca, en un lugar donde las hierbas crecían

117

abundantes, se me ocurrió sacar la billetera cuando pasara a rastras y dejarla allí. Así lo hice. Detrás de nosotros pasaba la tropa. Uno de ellos descubrió la billetera. Le dio con la punta de la bota y los dólares saltaron. El viento que soplaba con fuerza hizo que los billetes verdes se levantaran por los aires...

—¡Dólares..., dólares! —gritaron y se lanzaron tras el dinero que el aire se llevaba. En turba perseguían los billetes. De nada valió la orden del jefe. Corrían desorganizadamente. En el futuro nunca se habló de aquel dinero.

En el camino de tierra nos aguardaban otros militares. Hicieron unos disparos al aire. Posiblemente obedecían a una señal convenida. Estábamos sentados sobre un montón de troncos de los usados para hacer cercas. El martilleo del motor de un helicóptero se escuchó. El aparato descendió al otro lado de la cerca. Se bajaron unos oficiales. No saludaron siquiera. Hoscos y prepotentes se acercaron a Ulises, el que estaba más próximo a ellos y le levantaron el cuello de la camisa por la parte posterior, volteándolo. Allí vieron las etiquetas con la marca de fábrica que nosotros habíamos olvidado retirar.

—Mira, esto es obra de los traidores que tenemos entre nosotros —le dijo al oficial que lo acompañaba. Y soltó la camisa con un gesto grosero.

—Ellos les dieron esos uniformes.

Se dirigió entonces a Boitel, al que evidentemente conocía:

—¿Quién les hizo llegar esas ropas?

Boitel lo miró sin responderle. El teniente repitió la pregunta.

—Un preso común muy gordo, al que le dicen Chito —le contestó Boitel. Y, desde aquel momento, este preso común inexistente "muy gordo", para que no hubiera confusiones, sería el que mencionaríamos constantemente como la persona encargada de hacernos llegar los uniformes y equipos, que ellos no podían sospechar habían entrado en el interior de un colchón.

Los del helicóptero se retiraron y casi de inmediato llegó un jeep militar soviético a recogernos. Nos sentaron atrás. Un capitán manejaba. Otro lo acompañaba vuelto hacia nosotros con una metralleta presta a hacer fuego. Sobre los guardabarros del vehículo se sentaron otros oficiales. Uno de ellos sacó la pistola, la rastrilló y la apoyó en la frente de Boitel. Lo conocía. Era un elemento gansteril, de aquellos que el Partido Comunista tenía matriculados en la universidad por años y años y que jamás pasaban de curso, porque su tarea no eran los estudios, sino la agitación. Años atrás, Boitel había desenmascarado a este agitador que, por obra y gracia de la revolución, era ahora un flamante oficial de la Policía Política. Este individuo, al encontrárselo inerme y preso, se complacía en vejarlo.

Le llamé la atención al oficial, porque sabía que Boitel no le diría una palabra. Le pedí que quitara la pistola de su cabeza, pues como estaba montada y él tenía el dedo en el disparador, bastaría un frenazo para accionar el gatillo.

—Que me lo diga él, que me pida el favor de quitar la pistola si está apendejado.

Boitel le respondió indignado, iracundo casi:

—¡Yo en cualquier circunstancia soy mil veces más hombre que tú, con pistola y uniforme! ¡Tú no eres más que un cobarde y un miserable!

El oficial de la Policía Política empujó la cabeza de Boitel con la pistola. Ulises, Brito y yo empezamos a protestar y el capitán le ordenó al teniente que guardara el arma.

Pronto salimos de aquellos caminos polvorientos y enfilamos la primera carretera. A uno y otro lado se veía a los militares desmovilizados que se acercaban a las vías de comunicación. El helicóptero sobrevolaba el jeep.

Entramos a la prisión por la posta principal. Regresábamos al infierno aquel, quién sabía ahora por cuántos años más. Estábamos preparados para la venganza que tomarían contra nosotros. Cuando, apoyado en Ulises y Brito, inicié el ascenso de las escalinatas, rumbo a las oficinas de la dirección, una nutrida recepción de militares nos aguardaba arriba. La pierna me seguía doliendo intensamente, pero tuve más suerte que Sergio Bravo unas horas antes.

# Capítulo XXI
# Pabellón de castigo

Quizás en el momento en que los guardias se iban acercando a nuestro campamento, allá en las ciénagas, la requisa de represalia en las circulares se llevaba a cabo. Llenos de ira por nuestra fuga, los militares se ensañaron con los presos. Colocaron sacos de arena y ametralladoras apuntando a las puertas de las circulares y entraron empuñando sus fusiles con bayoneta. Hirieron a decenas de hombres. Sergio Bravo tenía apenas 30 años. De complexión atlética, muy ágil y entusiasta, su mayor dedicación era predicar la palabra de Dios. Su perenne labor religiosa era una gran ayuda en la lucha del amor contra el odio, de Cristo contra las malas pasiones.

Sergio vivía en el 5.° piso de la circular número tres. Hacía algún tiempo, y valiéndose de las más inimaginables argucias, logró entrar, hojita a hojita, y armar con cuidadoso amor, una Biblia pequeñita, de esas que no sobrepasan el tamaño de una cajetilla de cigarros. En un escondite de su celda —muy bien disimulado en la pared— había logrado salvar el libro de las requisas.

Cuando empezó el vocerío de los guardias y sus golpes, Sergio, que descansaba en su camastro, de un salto cayó de pie en medio de la celda, miró hacia el rastrillo abierto y el espectáculo lo horrorizó: era una carnicería la que estaban cometiendo. Se lanzó escaleras abajo, de tres en tres escalones. Al llegar al cuarto piso recordó de pronto la Biblia, la había dejado bajo la almohada, fuera del escondite. Con seguridad se la llevarían los guardias. Sabía que los golpes que le darían por retrasarse en bajar serían más todavía; pero no le importó y regresó a esconder la Biblia. De unas zancadas sus piernas poderosas desandaron el camino. Entró precipitadamente a su celda, con el corazón en la boca; pero logró ocultar la Biblia y una gran alegría lo invadió. Se sintió tranquilo y reconfortado. El libro sagrado estaba a salvo y sólo entonces reaccionó ante su situación. Salió de nuevo al pasillo, corriendo veloz la última carrera de toda su vida. Ya los guardias habían comenzado a disparar y el proyectil de un fusil le hizo estallar los huesos de la pierna por debajo de la rodilla. El impacto fue como un hachazo brutal.

Mientras yo marchaba apoyado en los hombros de Ulises y de Brito, a Sergio Bravo le amputaban la pierna. Nunca más volvería a correr. Supimos, tiempo después, que la amputación no era necesaria, pero la cirugía para la reconstrucción de la pierna era demasiado trabajosa para los médicos militares y simplemente decidieron cercenársela.

\* \* \*

Nos hicieron entrar en el despacho del teniente Tarrau. Éste no se encontraba porque había salido con el teniente Cruz, un viejo borrachín que yo conocía de niño, allá en el puerto de la Coloma, militante del Partido Comunista desde entonces y convertido por la revolución en el jefe de la Policía Política de Isla de Pinos.

Sobre la mesa del director vimos cuatro columnas de fotos nuestras, sobrantes de las que se habían distribuido por toda la Isla para nuestra identificación. Nos señalaron un sofá y los cuatro fuimos sentados allí. De inmediato llegó el teniente

Paneque, el mismo que acusó nuestro compañero de que nos había recogido en un jeep, pero nosotros no sabíamos eso.

Sí nos extrañó su gentileza; él, siempre represivo, abusador, déspota. Con toda seguridad pensó que teníamos planeado complicarlo en la evasión y su trato afable en aquel momento obedecía a un intento de que fuéramos indulgentes con él. Porque sabía que si declarábamos que nos había ayudado iría a la cárcel sin remedio. De no haber existido esta especialísima circunstancia, otra muy distinta habría sido su conducta. Tenía miedo, temor a lo que dijéramos.

Un tumulto de militares entró en el despacho. Al frente venía el comandante William Gálvez, jefe territorial de Isla de Pinos, que conocía también a Boitel. Gálvez era famoso por sus excentricidades, como aquella de andar patinando de completo uniforme por las calles de la ciudad de Matanzas y aparecerse así en los Tribunales Revolucionarios, de los que formaba parte como fiscal.

Estaba muy interesado en los detalles de la evasión. Aventurero por naturaleza, Gálvez no podía disimular su admiración por nuestra fuga. Hubo un momento en que dijo que ellos sabían que un submarino de la Agencia Central de Inteligencia venía a recogemos.

Boitel lo negó. Pero Gálvez no lo creyó y se produjo un careo. Boitel siguió negando que submarino alguno tuviera que recogemos.

—¿Cómo iban entonces a salir de la Isla?

—Pensábamos llevamos un barco.

—Pero, ¿quiénes creen ustedes que son...? —casi gritó aquel insólito comandante, considerando imposible que fuéramos capaces de hacerlo.

—Piense, comandante, si es más difícil llevarse una embarcación que lo que nosotros hemos hecho.

William Gálvez guardó silencio. Se quedó mirando a Boitel fijamente. Se volvió y en voz baja murmuró:

—Sí..., es cierto.

No obstante, la Policía Política se ocupó de difundir la historieta del submarino de la CIA, y la primera versión se la dieron a Martha González, una exiliada que regresó a Cuba desde Estados Unidos con el compromiso de escribir un libro lleno de falsedades y mentiras, titulado: Bajo palabra, con materiales proporcionados por la misma Policía Política.

Cuando el director Tarrau entró en su oficina se hizo un silencio total. Nos miró con un odio que le salía a chorros por los ojos. Bufaba, tenía las aletas de la nariz lívidas y se notaba que hacía un grandísimo esfuerzo por contenerse.

—Ustedes van a saber ahora... —Y dejó la amenaza en suspenso.

Sentí que se me helaba la columna vertebral. Para mí todo aquello era como un sueño, algo irreal por lo ajeno que resultaba a toda mi existencia anterior. Repasaba los últimos días y no creía que yo fuera en verdad uno de los protagonistas de tales acontecimientos. Mi vida, hasta el día de mi detención, había transcurrido de manera convencional, como transcurre la de cualquier joven de mi edad, ajena a toda peripecia, sin nada que mereciera la atención de los demás y mucho menos ser contado. Y de pronto me veía allí, casi aturdido por cuanto había ocurrido.

El director Tarrau no amenazaba por el gusto de hacerlo; tenía cuanto era necesario para cumplir sus amenazas.

Inició también un interrogatorio. El único conocido del grupo era Boitel. Los demás no. Y hacia él iban todas las acusaciones, a él le exigían las responsabilidades. Y para él había un odio especial expresado personalmente por Castro en muchas ocasiones. En la mirada de Tarrau el rencor hacia Boitel era evidente. No podía olvidar las amenazas de Castro de encarcelarlo si Boitel escapaba.

Me parecía que la responsabilidad de aquel hecho debía ser compartida, como compartimos la esperanza de lograr nuestro objetivo. Por eso tomé la palabra y le dije a Tarrau y a Gálvez que Boitel no era el único responsable, que desde mi celda se había efectuado la fuga y que yo había cortado los hierros de la ventana. Brito y Ulises se responsabilizaron también del intento de evasión.

Boitel sonrió con satisfacción. Podía estar seguro que sus compañeros no le fallarían en ningún momento.

—Aquí todos tendrán que asumir responsabilidades. Los cuatro van a pudrirse en las celdas de castigo. Jamás saldrán de allí y se van a arrepentir de esto que me han hecho.

Tarrau interpretaba como una ofensa personal, como un acto directo contra él, nuestras ansias de huir, legítimas en todo prisionero. Y nos amenazaba por lo que «le habíamos hecho».

El teniente Paneque, cada vez más gentil, nos llevó jarros de agua fría. Luego ordenó que nos prepararan comida. A mí, las atenciones de aquel hombre me hacían temer una represalia brutal cuando llegáramos a las celdas. Toda aquella preocupación la veía como una especie de sadismo; pretendía hacernos creer que no pasaría nada y luego se saciaría en nosotros.

Nos ordenaron salir. Bajamos las escaleras hasta la entrada de la cerca de seguridad. El comandante William Gálvez y Tarrau encabezaban la comitiva. El teniente Paneque me agarró por un brazo para ayudarme a bajar.

—Gracias, teniente, yo puedo apoyarme en mis compañeros.

—No, ellos están muy agotados —insistió.

—Es que estoy lleno de fango por todas partes y se va a ensuciar el uniforme —le dije buscando un pretexto. Pero Paneque se había hecho el propósito de ayudarme.

—Eso no tiene importancia —agregó. Y me auxilió de todas maneras.

¿Qué sentiría aquel hombre viéndose de cierta forma a nuestra merced? Él, acostumbrado a golpear, humillar y vejar a todos los presos. Temido por su crueldad y el abuso que del cargo hacía, ahora tenía miedo de que uno de aquéllos, a los que posiblemente en otras circunstancias hubiese dado una golpiza, lo complicara en la fuga, y hacía esfuerzos desesperados por neutralizarnos, por hacernos desistir de lo que suponía era nuestro propósito: acusarlo como cómplice. Sabía que si nosotros declarábamos que nos había sacado hasta las afueras del presidio, nada lo salvaría de la cárcel.

Más de doscientos metros nos separaban de las celdas de castigo. A mí me subieron a un jeep, pero a los otros los llevaron por la carreterita, para exhibirlos, de manera que todo el presidio viera que nos habían capturado. Querían demostrar su triunfo.

Cuando el jeep se detuvo frente al pabellón de castigo, todavía los oficiales, rodeando a Boitel, Ulises y Brito, pasaban entre las circulares. Al descubrirlos, los presos comenzaron a llamarlos y a saludarlos. Los militares se encolerizaron por aquella demostración de compañerismo y amistad y empujaron a Boitel que, a punto de caer, dio varios traspiés.

El abuso desató una reacción de violencia en los presos. Dolidos, frustrados al contemplar nuestra captura, canalizaron toda la hostilidad y el disgusto que los embargaba gritando a los guardias. El comandante Gálvez se llevó la mano a la portañuela y sacudió los genitales hacia los presos... Una voz se destacó entonces, la de Ubaldo Alvarez, Manino..., uno de los más valerosos y jóvenes del presidio, y que había sido compañero de Gálvez en la lucha contra Batista.

—William, te habla Manino, tú eres un cobarde, entra aquí a empujarme.

Sin duda alguna que identificarse de aquella manera para luego gritarle ¡cobarde! y retar a uno de los que podían disponer de la vida de cualquier preso sin ninguna consecuencia, era un acto de valor. Manino era un valiente.

El comandante Gálvez, frente a la gritería de los presos, perdidos los estribos, se inclinó en el bordillo de la carretera, recogió algunas piedras y las tiró contra las ventanas de las celdas. Cuando llegaron a donde yo estaba, aún los perseguían los gritos de los presos.

—Tengo necesidad de ser visto por un médico —les dije.

El comandante Gálvez me miró indignado:

—¿Todavía tiene el cinismo de pedirnos asistencia médica?

Cuando estuvimos reunidos, nos llevaron al primer salón, donde estaban las celdas de castigo. Aquella área había sido desalojada para nosotros. Eran once celdas, construidas dentro de un salón que no había sido fabricado para esos fines. El alto puntal de la antigua construcción permitió levantar celdas de unos dos metros y cuarto de altura. El techo era una malla de acero, de huecos grandes, como las usadas en las cercas del presidio. Desde estas mallas al techo del salón había espacio suficiente para que los guardias pudieran caminar por encima y mantener así una vigilancia total de los castigados.

Las puertas estaban cubiertas por una plancha de hierro soldada a los barrotes. Solamente en la parte inferior de la reja, muy pegada al suelo y en uno de los costados, quedaba una estrecha franja que no cubría la plancha: era la pillera por la que metían el plato con el rancho.

En un rincón, en el centro de una ligera concavidad, un agujero hacía las veces de letrina. Y un pedazo de tubo doblado encima era la ducha. La llave que daba paso al agua estaba afuera y la controlaban los guardias de posta. La celda estaba totalmente vacía, y la cama era el piso de granito. Medía unos dos metros y medio de largo por dos de ancho. Años después conocería muchas celdas de castigo, pero ninguna individual mayor en tamaño que aquéllas de Isla de Pinos.

Fui destinado a la número uno, Boitel a la tres, Ulises a la cinco y Brito a la siete, con una celda vacía entre cada uno de nosotros.

El teniente Paneque, con dos guardias, se ocupó de mí:

—Tiene que quitarse toda la ropa, es una orden superior... —Lo dijo sin su arrogancia y despotismo habitual. Quería manifestarse en toda oportunidad como «el bueno». Era una manera de pedir indulgencia. Seguía pensando en la posibilidad de que la acusación contra él estuviera entre nuestros planes.

Pienso que no se decidió a tratarnos el tema directamente porque siempre estaba acompañado por otros militares; ni una sola vez le permitieron quedarse a solas con nosotros. Luego de conocer lo ocurrido, estoy seguro de que era vigilado, y por ser miembro del Partido no lo encarcelaron, en espera seguramente de que nos interrogaran.

Sentado en el suelo, comencé a desvestirme. Los que nos capturaron no tomaron siquiera la precaución de registrarnos y todavía llevaba sujeto a la pierna, con la banda de caucho, el cuchillo, y también bajo la camisa el chaleco con los frascos de vitaminas, tabletas para purificar agua, fósforos, etc.

Ni siquiera la ropa interior me dejaron conservar. Totalmente desnudo quedé allí, en la oscuridad de la celda. Hacía frío y lo sentía. La pierna me dolía muchísimo y seguía igual de inflamada.

Al salir los militares y cerrar la reja que daba acceso al pasillo, Boitel nos llamó preguntando en qué celdas estábamos. No tuve confusión por ser la primera. Sólo Ulises no sabía exactamente cuál era la suya. No tuvo la precaución de mirar el número que, en caracteres negros, tenía pintado sobre la reja.

No sabía exactamente el tiempo que había transcurrido —una hora quizá— cuando nos trajeron un plato con alimentos. Jamás lo olvidaré: arroz blanco y carne rusa en conserva con patatas. No era la misma que llevaban a las circulares, por supuesto, sino la que preparaban para ellos. Después de la comida se presentaron varios oficiales con uniformes para cada uno de nosotros. Nos ordenaron que nos vistiéramos, porque iban a sacarnos. Apoyándome en Brito y en la pared, caminando sólo con un pie, dando saltos, atravesé el patio interior y salimos al salón.

Habían preparado allí largas mesas con máquinas de escribir. Decenas de militares nos abrieron paso. Toda la guarnición franca de servicio y sus oficiales respectivos se encontraban en aquel recinto.

Una señora de mediana edad estaba sentada frente a una máquina de escribir. Era la jueza de Nueva Gerona, que iba a instruirnos de cargos. A un espectador desprevenido le hubiera parecido un trámite correcto de la ley. Claro, la Instrucción de Cargos fue hecha, pero nosotros JAMAS concurrimos a juicio. Un día nos llegó la sentencia del tribunal. Nos condenaron a diez años más de cárcel por el delito de «quebrantamiento de condena y daño a la propiedad del Estado» cometido al cortar los hierros de la ventana.

El comandante Gálvez, el jefe local de la Policía Política y otros oficiales vestidos de civil llegados de La Habana, comenzaron entonces las preguntas.

Los de la Policía Política trataron de que les dijéramos la forma en que habíamos obtenido los uniformes, las hojas de segueta y todo lo demás. La respuesta fue la misma: el preso común gordo, al que llamaban Chito, había sido el enlace que nos había provisto de lo necesario. Nosotros y ellos sabíamos que no existía tal personaje, pero no hubo forma de sacarnos de aquella respuesta.

El interrogatorio comenzó a complicarse cuando nos preguntaron por dónde habíamos salido. Ninguno de ellos creyó en nuestra explicación detallada de cómo lo hicimos por el cuartel. En verdad parecía algo tan imposible que se hacía difícil lo aceptaran.

—Sabemos que hay militares complicados con ustedes en esta intentona de fuga —dijo uno de los civiles, oficial de la Policía Política—, sabemos de eso más de lo que ustedes se imaginan. Ustedes fueron sacados y dejados fuera del cordón, ya sin peligro —agregó.

Boitel y yo, que estábamos uno junto al otro, nos miramos. No queríamos complicaciones que podían involucrarnos en situaciones que no nos interesaban en lo absoluto.

Había gran expectación entre los militares que nos rodeaban, pendientes de cada una de nuestras palabras y como hipnotizados por el curso que iban tomando las cosas.

La discusión se acaloró. Nuestra explicación era la misma: que habíamos salido por el cuartel.

—Ustedes conocen todos los detalles: el cuartel, la trinchera al fondo, porque estuvieron vigilando desde la circular y desde allí todo eso puede verse. La misma descripción pueden hacerla decenas de presos. —El planteamiento del oficial de la Policía Política tenía para ellos una lógica irrefutable.

Fue repasando los momentos aquellos, que recordé las ruedas de hierro ocultas entre las hierbas del patio, con las que casi me caigo, cuando fingí que orinaba para dar tiempo a que Boitel hallara la trinchera. No era posible distinguir aquellas ruedas desde la circular. Se lo expliqué al oficial. Me miró con una visible expresión de duda, llamó a otro de los civiles y salió.

Regresó. Había estado en el patio del cuartel y pudo comprobar que las ruedas estaban allí. Sólo entonces creyeron lo que decíamos.

Entre aquellos militares había uno que seguía con especial interés nuestro relato. Alto y de pelo amarillo, era el que estaba de posta en la trinchera y que entonaba canciones campesinas cuando pasamos al otro lado de la cerca.

Supimos después que al teniente jefe de la requisa, que apodaban Tareco, elemento represivo y abusador, lo enviaron a una granja condenado a diez años de cárcel por «infidelidad en la custodia de la requisa». Lo consideraron responsable de que entráramos lo necesario para la fuga. No supieron nunca de qué medios nos valimos. Sólo ahora, después de más de veinte años, se dan a conocer en este libro.

Nos devolvieron a las celdas y nos desnudaron otra vez. No cerraron la reja y aquel detalle despertó mi atención. Estaba sentado en el suelo. Afuera se escucharon voces de varios militares que se acercaban. Tres o cuatro de ellos, o cinco, no sabría decir exactamente cuántos, aparecieron frente a la celda abierta. Ya terminados los interrogatorios y todo el papeleo, iban a ajustarnos las cuentas, a cobrarnos el haber intentado escapar. Como la bombilla del pasillo daba a sus espaldas, no me percaté de que iban armados con gruesos cables eléctricos trenzados y palos.

—¡Levántate, que se te van a quitar las ganas de fugarte para siempre...!

Sentí que el estómago se me contraía más que nunca antes, que me faltaba el aire y una opresión grande me aplastaba el pecho. Yo conocía bien estas reacciones de mi cuerpo: era miedo, terror. En unos segundos, la visión de lo que iba a suceder pasó por mi mente y comprendí con horror la realidad.

A mis compañeros ya les estaban pegando. Escuché los impactos secos de los golpes en los cuerpos desnudos y los gritos y ofensas de los guardias.

—¡Que te levantes, maricón...! —volvió a gritar el guardia levantando el brazo armado.

Y todo fue como un vértigo repentino. La cabeza me dio vueltas y vueltas. Me golpearon en el suelo. Uno de ellos me haló por un brazo para ladearme y presentar mi espalda en posición más cómoda, y así golpear mejor con los cables.

Los golpes me producían la misma sensación que si me pegaran a la carne un hierro al rojo vivo. De pronto sentí el dolor más intenso, indescriptible y brutal de mi vida. Uno de los guardias saltó con todo el peso de su cuerpo sobre mi pierna rota e inflamada.

Los dolores de los golpes no me dejaron dormir aquella noche.

La espalda me ardía como si estuviera encendida y el dolor de la pierna era casi insoportable. Se cumplía así la amenaza del teniente Tarrau, hecha sólo horas antes en su despacho de la dirección.

# Capítulo XXII
# La vara Ho Chi Minh

A la mañana siguiente soldaron las puertas. El teniente Cruz, jefe de la Policía Política, nos dijo que era una orden personal de Castro, y que supiéramos que nos quedaríamos años en aquellas celdas. El médico militar era un comunista que trataba de parecerse a Lenin, usando el mismo tipo de perilla. Alto —más de 1,80 metros de estatura—, de tez blanca y muy corpulento. Se llamaba Lamar, vestía el uniforme que usaban los médicos y era un sádico. Cuando le pedí asistencia médica, se asomó por la ranura, me miró la pierna y me dijo:

—Espero que eso sea una buena gangrena... Yo mismo entraré a cortarla.

Y logró angustiarme, porque entonces realmente tuve miedo a que se me produjera una infección irremediable. La pierna seguía muy inflamada y alrededor del tobillo y del pie el derrame le daba una coloración negruzca y la piel brillaba de tan estirada que estaba.

En aquel pasillo no podía entrar absolutamente nadie. Estábamos sujetos a la investigación que realizaban los cuerpos de seguridad para detener a los supuestos contactos y colaboradores. Trajeron entonces a dos presos de la circular tres, Oruña y Sierra, a quienes les ocuparon la radio, delatados por otro preso. La llegada de Oruña y Sierra nos permitió saber cuanto había sucedido después que descubrieron la evasión.

No podía ponerme en pie y me movía sentado, arrastrándome sobre las nalgas. Vino a hacer más difícil la situación que nombraran como guardianes nuestros a los soldados que estaban de posta en el cuartel la noche de la fuga. Los que cuidaban las celdas eran los guardias castigados. El ensañamiento de aquellos hombres no hay cómo narrarlo. En especial el del rubio alto de la ametralladora, que nos consideraba culpables de su desgracia.

Este guardia se buscó una vasija de cinco galones, de las usadas para fregar los suelos, y la llevó a los presos comunes para que orinaran y defecaran en ella. Cuando la tuvo llena hasta la mitad de porquería y orines, le agregó agua y subió al techo de malla de las celdas.

Fui el primero en recibir el impacto. Como la frialdad de la noche no dejaba dormir, a mediodía, aprovechando que hacía menos frío, me tiraba en uno de los rincones, agotado y rendido de sueño.

La impresión de frialdad fue lo que me despertó. Estaba bañado de arriba a abajo y sentado en un charco carmelitoso y pestilente. Por mi cabeza y mi cara se deslizaban pedazos de excrementos. No pude evitar, por la sorpresa, que me cayeran dentro de la boca.

El guardia estaba sobre mi cabeza, del otro lado de la malla; veía las suelas de sus botas, enormes. Me miraba con odio. No dijo una sola palabra. Yo tampoco.

Con el índice me sacudí unos restos de excrementos de los hombros, de los muslos y me desplacé hasta la letrina para abrir la ducha y bañarme. Estaba cerrada. Llamé al guardia. No respondió. Entonces llamé a Boitel y a los demás y les conté lo sucedido. Todos empezaron a gritar:

—¡Agua..., agua...!

Entró el guardia rubio en el pasillo, el mismo que me había arrojado los orines y excrementos, y mandó a hacer silencio. Luego dijo que había una orden superior de dar únicamente agua para tomar y a la hora de las comidas.

Un rato más tarde llegó otro militar con una llave inglesa y cerró con toda la fuerza posible los grifos situados en el pasillo y fuera de nuestro alcance. Durante más de tres meses permanecieron clausurados. En todo ese tiempo no se nos permitió bañarnos ni una sola vez. Únicamente aquellos baños de orines y excrementos con los que nos obsequiaban los guardias desde la malla del techo.

En el pelo y el cuerpo se secó la porquería. La fetidez llenaba la celda.

Cuando alguien lee o escucha acerca de un prisionero confinado en una celda en las condiciones en que estábamos nosotros, no piensa nunca en ciertas cosas, porque éstas no pueden concebirse fuera de la cárcel. Entre ellas las necesidades fisiológicas. Teníamos que hacerlas allí, en aquel agujero, en uno de los rincones; pero al terminar no había absolutamente nada para higienizarse: ni agua, ni jabón, ni papel, ni un trozo de tela. Como papel sanitario había que usar los dedos. No había otra forma.

Boitel estaba gritando y discutiendo con un guardia. Yo no sabía de lo que se trataba:

—¡Eso es una cobardía y ustedes son unos miserables y hacen todo esto amparados en la fuerza y en el uniforme!

—¿Qué pasa, Boitel? —preguntó Ulises.

Boitel nos explicó que lo habían pinchado con un palo. En realidad no entendía bien lo que quería decir con aquello hasta que el guardia, caminando por el techo, llegó sobre mi celda. Iba provisto de una larga vara de madera, desbastada en la punta, y de inmediato comprendí lo que había sucedido.

Boitel dormía y el guardia, con sigilo, metió aquella vara y lo aguijoneó, despertándolo.

Desde entonces, las varas «Ho-Chi-Minh» nos torturarían y nos pondrían casi al borde de la locura. No había posibilidad de escapar, pues el guardia, desde lo alto, dominaba toda la celda y podía pinchar a su antojo. La punta era roma, no hería, pero lastimaba y no nos dejaba dormir. El objetivo que perseguían precisamente era ése.

Sólo había un escolta que no nos aguijoneaba, y cuando cada tres días entraba de posta en aquella área, entonces dormíamos seis horas seguidas. En cuanto su relevo llegaba, subía a las mallas, vara en mano, y nos aguijoneaba. Luego bajaba y a la hora volvía a subir, y otra vez el despertar súbito.

Yo estaba agotadísimo. La falta de sueño y la tensión me afectaban seriamente, y lo notaba. Acudía entonces a Dios. Mis conversaciones con Él terminaban en un fortalecimiento espiritual que sentía me brindaba nuevas energías. Nunca le pedí que me sacara de allí. No creía que Dios debía usarse para esas peticiones; sólo que me permitiera resistir, que me diera la fe y la fortaleza de espíritu necesarias para soportar aquella situación sin que enfermara de odio. Únicamente le rogaba que me acompañara. Y su presencia, que yo sentía, hizo de mi fe un arma indestructible.

Continuaron echándonos los cubos de orines y excrementos. En las madrugadas de aquel frío invierno, nos lanzaban también agua helada. Era desagradable, pero me permitía limpiar un poco los restos de excrementos del piso de la celda.

Poco a poco la letrina, sin agua para evacuar las heces fecales, se fue llenando. Al anochecer las cucarachas caminaban por las paredes, por el piso, se me subían al cuerpo y su andar cosquilleante me hacía despertar sobresaltado.

En las madrugadas, entraba el sargento de recorrido. Iba de celda en celda y alumbraba hacia adentro con una linterna para cerciorarse de que el preso estaba allí. Me había extrañado mucho no haber visto en los días que llevábamos en los calabozos de castigo al sargento Pinguilla, el mismo con el que nos habíamos cruzado en la carreterita frente al hospital la tarde de la fuga. Él tuvo que comprender después que aquellas dos parejas que le habían pasado por el lado, y saludado incluso, eran precisamente los presos fugados. Si sus superiores se enteraban de que nos había visto, de que se enfrentó con nosotros sin sospechar nada, con toda seguridad que tendría problemas.

Pensaba que justamente por esa causa no se había dejado ver por nosotros, temeroso de nuestra reacción, de que dijéramos delante de otro militar lo ocurrido.

Me dediqué a cazarlo. Tirado en el suelo podía ver un pedazo de pasillo y la reja de entrada. Una madrugada entró. Lo llamé y se quedó petrificado. Como él estaba solo le insistí en voz baja.

—Hágame el favor, sargento, acérquese. —Mi voz era un susurro casi inaudible.

Con mil trabajos, me paré detrás de la plancha de hierro y cuando el sargento Pinguilla se acercó, le hablé al oído:

—No se preocupe, sargento, nosotros somos hombres a cabalidad y no hemos dicho ni diremos nunca que nos cruzamos con usted la tarde de la fuga. Así que si eso le preocupa, puede estar tranquilo. No queremos hacerle daño.

La cara del sargento estaba pegada a la ranura de la reja. Noté, bajo la mortecina luz de la bombilla del pasillo, cómo el rostro se le relajaba.

—¡Gracias, hijo...!

Salió y a los pocos minutos regresó. Hacía un frío tremendo. Bajo el grueso abrigo militar traía un termo con chocolate caliente del que repartían a las postas.

Jamás fue una bebida tan exquisita y estimulante como aquel jarro de chocolate. Si yo hubiera sido rico, con capital en un Banco, habría pagado miles de dólares por cada gota de aquella bebida. Era como tragar sorbos de vida; me calentaba, me daba la impresión de que ya no podía necesitar nada más. ¡Qué terrible es la miseria!

—Muchas gracias, sargento... Le agradecería que si le queda algo, le diera un poco a mis compañeros.

No alcanzó para todos, pero siempre que el sargento Pinguilla estaba de posta, se las ingeniaba para hacernos llegar un sorbo de chocolate caliente.

Al finalizar las investiga128128ciones se levantaron las medidas de seguridad en el área donde estábamos y llenaron las celdas vacías con otros presos castigados.

La tortura de aguijoneamos para impedir que durmiéramos continuaba. Sólo podíamos hacerlo a cortos intervalos, o ya muy avanzada la madrugada, cuando el guardia dormitaba. El odio no era tanto como para que ellos dejaran de dormir por pincharnos. Pero ya a las cinco y media estaban de nuevo sobre el techo. El relevo les llegaba a las seis y con nosotros se iban desperezando.

Me dormía profundamente en cuanto tenía oportunidad. El sueño viejo se iba acumulando, y una de las cosas que más deseaba era dormir..., dormir días completos. Luego de la ronda del guardia por los techos de las celdas, sabía que tendría unos minutos o unas horas de descanso y me hundía en un sueño profundo del que sólo podía despertarme el aguijonazo de la vara de madera.

Fue en una de estas ocasiones en que dormía profundamente, cuando la rata entró en la celda. Allá las ratas, como en todas las prisiones, abundantes y hambrientas, se metían en las celdas o entraban por los tragantes de las letrinas, si no estaban atascadas.

Debió darle confianza mi cuerpo inmóvil. Las alimañas intuyen cuándo pueden acercarse sin peligro. No sé si olfateó primero mis pies que estaban más cercanos a la puerta, o si directamente se deslizó hasta las manos y empezó a comerme los dedos, a roerlos con voracidad. Algo debió asustarla momentáneamente —quizá me moví inconscientemente— y se alejó; pero volvió de nuevo. Fue el escolta quien me salvó. La rata estaba entre mis muslos, presta a devorarme el miembro. El guardia gritó y pateó sobre la malla, llamándome. Lo horrorizó la escena que estaba viendo. La rata huyó, me desperté y fue entonces que noté, por el ardor, que tenía mordeduras en el dedo medio de la mano derecha. En dos sitios diferentes. Me sangraban las dos heridas donde los dientes de la rata habían estado royendo. ¿Y si aquella rata tenía rabia?, me pregunté sobresaltado.

El guardia bajó y se acercó a la ranura de la reja. Estaba impresionado. Le mostré la mano sangrante y le pedí comunicara que había sido mordido por una rata para que me inyectaran contra la rabia.

No sé si lo hizo. Nunca fueron por allí. Lo único que me quedaba era echarme orines, un remedio de los campesinos. A los pocos días, una gruesa escara cubría las heridas con un poco de pus.

# Capítulo XXIII
## «Diablos» y más «plantados»

Valdés era un preso que trabajaba como chivato para la guarnición. Un delator que había sido expulsado por esa causa de la circular número tres. Desde entonces vivía en los pabellones de castigo y era el delegado y protegido de la guarnición. Tenía a sus órdenes varios presos comunes y era quien se ocupaba de repartir los alimentos, de la limpieza y de golpear a los castigados, siempre con el apoyo y protección de los guardias. Valdés era, además, homosexual, y participó en violaciones de jovencitos que llegaban castigados. Igualmente era analfabeto, no sabía leer ni una palabra. La primera vez que entró a nuestro pabellón, tomó la vara de madera y pinchó a Boitel, y por ello se armó un escándalo entre los propios escoltas. Nosotros éramos víctimas de uso exclusivo de los militares; algo así como piezas de caza mayor, no autorizadas para Valdés.

No sé si fue por iniciativa suya o siguiendo instrucciones del teniente Pomponio, que era su protector, pero el caso es que comenzó a insistir para que enviáramos un recado a nuestros compañeros en la circular, asegurándonos que él tenía la manera de hacerlo llegar. Nos tenía aburridos con esta cantilena. Le dije a Boitel que iba a darle una nota.

—¡Tú estás loco; la va a entregar a los militares! —me advirtió, creyendo que yo había perdido el juicio.

—Sí, por eso mismo lo haré; y ya verás cómo no va a insistir más.

Al decirle a Valdés que iba a mandar un recado, salió como un bólido y al instante estaba de regreso con una libreta y un lápiz.

El mensaje no era muy largo. Decía más o menos:

«El portador de la presente es informante de la guarnición y prueba su condición de chivato el hecho de que entregará esta nota a uno de ustedes.»

Doblé cuidadosamente el papelito. Sabía que Valdés no podría leerlo. Cuando se lo di me pidió la libreta y el lápiz que me había entregado. Pero ya yo le había arrancado varias hojas del centro, que escondí dobladas detrás del cerrojo de la puerta, entre éste y la plancha de hierro.

Salió disparado a entregar la nota. Imagino que cuando el militar la leyó se habrá burlado de él, insultado o golpeado. El caso es que a la hora del almuerzo regresó con una agresividad incontrolable. Me tiró el plato del rancho con rabia; eran macarrones hervidos, y estaban helados. Al echarme la primera cucharada en la boca, los escupí: Valdés les había agregado petróleo. Lo mismo hizo con los demás. A partir de aquel día, cuando llegaba la comida, Valdés servía cuatro platos, salía y los colocaba en el patio, a la intemperie, para que se enfriaran bien. Luego les agregaba petróleo. De nada valieron nuestras reclamaciones y quejas a los militares. Valdés continuaba echando a perder nuestro rancho. Hasta que decidí hablar con el sargento Pinguilla y plantearle la situación. No sé exactamente qué hizo, pero no volvió la comida con petróleo.

Las semanas sin bañarme hicieron que se me cubriera el cuerpo de una capa grasosa, oscura, que producía escozor en las axilas, genitales y cabeza. Una erupción de granitos pequeñitos me invadía todo el cuero cabelludo.

Los hongos también comenzaron a aparecer dada la suciedad de mi cuerpo, que era el ambiente ideal para su proliferación. Primero en los pies, en las ingles y las piernas, luego en el cuello. Cuando me invadieron los testículos, la picazón era insoportable. En una lata de conservas nos servían el agua a la hora del almuerzo y de la cena. Para obtener agua entre comidas o a otras horas, había que llamar mil veces a los guardias, gritar y armas un escándalo. Con esto conseguíamos, a veces, otro poquito de agua.

Mi gran preocupación era no contraer una hepatitis. Conocía los peligros de la falta de higiene, las heces fecales acumuladas en el rincón de la letrina sobre la que pululaban cientos de gusanillos viscosos que ascendían por las paredes y reptaban por el piso de la ergástula.

No tocaba jamás los alimentos con las manos. La cuchara había que devolverla con el plato. Ulises trató de quedarse con la suya, pensando que no entrarían a buscarla. Y en efecto, no entraron: simplemente le dijeron que no le darían alimentos hasta que la devolviera, y entonces tuvo que entregarla. A la siguiente comida no dieron cucharas a nadie: hubo que comer con los dedos.

Como tomar los macarrones o la harina o el pan con las manos sucias, llenas de excrementos, era algo que no quería hacer, cogía el plato por el fondo, colocaba el borde entre los labios y con cortas sacudidas iba echándome su contenido dentro de la boca. Así comía, o como lo haría un perro: metiendo el hocico en el plato. Materialmente estaba reducido a una condición infrahumana. Era más animal que hombre, y sólo me salvaba de aquella animalidad inventando mundos interiores, que yo enriquecía por el extraño procedimiento de cerrar los ojos e imaginarme luz, aire, soles inextinguibles, horizontes a los que no podían ponerse alambradas, cielos, estrellas, flores y mil sonidos gratos arrancados del olvido: los pájaros, las olas al chocar contra las rocas, las ramas de los árboles. Me bastaba, en la oscuridad de aquel rincón inmundo, cerrar los ojos para que el milagro bíblico de hacer la luz se repitiera dentro de mí. Allí, en mis mundos, estaba fuera del alcance de mis carceleros, me sentía libre, podía vagar por prados y riberas, habitando un universo secreto en el que la fe religiosa se conjugaba con la imaginación y el recuerdo.

Al final del corredor de nuestro pabellón, había un salón amplio. Los militares cambiaron el método de ingresar a los prisioneros destinados a las circulares: primero los depositaban allí, aislados —para aterrorizarlos, para golpearlos—, y al cabo de un par de meses los trasladaban a los edificios.

El primer grupo que arribó constituyó para nosotros todo un acontecimiento. Fue nuestro primer contacto con compañeros que llegaban de Cuba. Venían de la prisión de La Cabaña y traían información, noticias. Entre los recién llegados estaba Paco Almoina. Nos conocíamos de la calle. Él había sido presidente del Instituto Nacional de Turismo, un cargo que casi tenía categoría de ministro. Nuestra relación se debió a un plan de turismo nacional que se financió con dinero de la Caja Postal de Ahorros, de la que yo era funcionario.

Paco, un luchador contra la dictadura de Batista, fue de los primeros en descubrir el engaño de Castro. Su alta posición dentro del gobierno no le impidió que se lanzara nuevamente a la conquista de la libertad, que escamoteaba la triunfante revolución. Condenado a muerte, durante semanas esperó ser ejecutado, hasta que la pena capital le fue conmutada por la de 30 años de cárcel.

Siempre que los guardias salían, los del salón se amontonaban en la reja para hablar con nosotros. Mi calabozo quedaba a unos dos metros de distancia de ellos.

Paco me regaló un tubo de pasta dentífrica, a medio usar, mentolada, que apliqué a las ingles y testículos. El frescor calmaba la picazón desesperante que me producían los hongos.

También a ellos les racionaron el agua. Los sacaban al patio una vez por semana. En el tumulto que se armaba en el pasillo entonces, se acercaban a nuestras celdas y le alcanzaban cigarrillos a Boitel y a Brito, fumadores incansables. También yo fumaba, y bastante, hasta que comprendí que el cigarrillo lo utilizaban nuestros carceleros como un medio más para manipularnos. Dejé entonces de fumar radicalmente, liberándome con ello de una dependencia que los militares explotaban siempre. Me hice el propósito de no darles armas que pudieran usar contra mí. El cigarrillo era una de ellas.

Vi a compañeros míos, en el borde de la desesperación, fumar hilos de saco de yute, trapos, guata de colchones, hojas secas de plantas cuya toxicidad se ignoraba. Cuando el cuerpo no recibía la cuota de nicotina a la que estaba habituado, el fumador se excitaba, se ponía irritado, hostil. Se apoderaba de él un estado de ansiedad incontrolable en muchos casos. Había quienes recogían colillas, las guardaban y luego, envueltas en un pedazo de cualquier papel, las volvían a encender. Vivían pendientes de cuándo llegarían los cigarrillos. Los militares les anunciaban que al día siguiente..., pero no llegaban. Les daban un pretexto cualquiera: que el camión que los traía estaba roto, que aún no había llegado la cuota..., pero sin falta el lunes los recibirían. Y el lunes les decían que el martes, y el martes que el miércoles... Cuando al fin, después de manipularlos durante días y días, llegaban los cigarrillos, el escándalo era tremendo. El fumador actuaba como un niño al que le dan un juguete. Pero entonces no les proporcionaban fósforos, y aquello constituía otra enorme preocupación. Así surgieron los «diablos». Éstos eran largos hilos de saco de yute que se tejían, fabricándose una larguísima hebra a la que se prendía fuego. Se apagaba la llama y el hilo ardía entonces lentamente durante muchas horas. Era colgado de una reja y se informaba a los fumadores dónde estaba situado. No se apagaba durante todo el día y por la noche siempre quedaba algún «diablo» para los desvelados.

Otro invento que provocó la necesidad, fue cortar los fósforos con una cuchilla de afeitar. Había quienes los cortaban hasta en cuatro partes; yo aprendí a hacerlo. En Cuba el pabilo que sostiene la cabeza del fósforo es de papel parafinado; de manera que éste se cortaba en dos junto con la cabeza. Luego las dos mitades volvían a dividirse y así se cuadruplicaban los fósforos. Claro, quedaban muy pequeñitos y daban una minúscula llamita, pero era suficiente para encender un cigarrillo.

La llegada del grupo al salón contiguo hizo más frecuentes las visitas de funcionarios del penal. Para los recuentos, dos diarios, iban varios oficiales. También los comisarios políticos, pues los encarcelados allí eran «plantados», esto es, presos que rechazaban la rehabilitación política.

Una tarde, el teniente Pomponio, jefe del Orden Interior, pretendió que los presos le dieran a su entrada la voz de atención, como tenían que hacer los comunes y los rehabilitados; mas los «plantados» se negaron. El asunto motivó un incidente y la guarnición irrumpió e intentó obligarlos, pero no pudieron lograrlo. Los presos recibieron una paliza y hubo varios heridos de bayoneta. Nosotros, desde las celdas, les gritábamos que eran unos asesinos y unos cobardes. Estábamos hasta cierto punto a salvo de los golpes por estar las rejas soldadas; y si el guardia, desde arriba, introducía la vara para pincharnos, podíamos arrebatársela.

Al día siguiente de estos acontecimientos, un preso común cortó con un soplete los puntos de la soldadura. Colocaron un candado y un cepo, que cerraban con una tuerca enorme y una llave inglesa. Ya podían introducirse en nuestras bartolinas y molernos a golpes.

Pomponio entró a contar a los del salón, acompañado de su hijo menor, un niño de ocho años. De pronto sentí una gritería, me arrastré hasta la reja y vi pasar a Pomponio chillando mientras escupía y se limpiaba con un pañuelo:

—¡La guarnición..., que venga la guarnición!

Iba histérico y tenía el uniforme verde olivo y la cara manchados de un polvo blanquecino que trataba de sacudirse con las manos y el pañuelo. Le habían lanzado una bolsa de gofio, que le reventó en pleno rostro. Cuando vi aquello me aterroricé. Sabía que la represalia sería brutal.

Los guardias, con Pomponio al frente, corriendo como demonios, aparecieron en el pasillo en zafarrancho de combate.

Se escuchaba el sonido de las bayonetas y los palos golpeando las cabezas y espaldas de los reos, los gritos y las maldiciones. El primero que salió al terminar la paliza fue Pomponio, seguido por su hijo, que empuñaba una barra de madera. De aquel muchachito al que en lugar de un papalote o un trompo le ponían en las manos un garrote para golpear a seres humanos, ¿qué resultaría unos años más tarde?

A fines de diciembre, el preso que metieron en la celda 2 y que no hablaba jamás, amaneció imitando el ruido de una motocicleta. Así se pasó el día entero. Por la madrugada inició nuevamente su imaginario paseo entre acelerones y explosiones del supuesto motor: había enloquecido por completo y a su vez aquel infeliz nos estaba enloqueciendo a nosotros. Un demente en una celda es el mayor tormento para un castigado. Las autoridades de las prisiones lo saben y usan a estos enfermos como un recurso más para hostigar, para coaccionar, para torturar.

En la celda once habían metido otro loco a viva fuerza. Una tarde, a la hora del recuento, el teniente de recorrido, al mirar hacia adentro, no lo vio. Llamó al guardia de posta y le ordenó que le abriera. El loco se había escondido junto a la puerta, bien pegado a la pared. Si el oficial hubiese mandado al guardia subir al techo, lo habrían descubierto en seguida, pero le pareció más sencillo pedirle que le abriera. La reja chirrió y el preso, agazapado, saltó con una torta de excrementos en las manos y se la restregó en la cara al teniente.

Cuando lo sacaron a rastras, gravemente herido o muerto quizás, iba dejando tras de sí, por el piso, una huella de sangre. No volvió nunca más a la celda. Nosotros hicimos indagaciones para saber si estaba en el hospital, pero tampoco lo tenían allí. Luego un guardia dijo que lo habían trasladado para el Hospital Psiquiátrico de La Habana. Mas nuestra convicción era que aquel preso común había muerto a consecuencia de los golpes. No supimos siquiera su nombre.

Seguíamos desnudos y el invierno se tornaba riguroso porque avanzábamos hacia los meses más fríos del año. Fue en aquellos días que llegó un nuevo guardia, llamado Juan Rivero, que ascendía rápidamente por su sadismo, llegando a ocupar jefaturas y direcciones en campos de concentración. Ulises lo conocía de años atrás, cuando era escolta de un oficial en la barriada de Marianao, en La Habana. Quizá por esto Juan Rivero se portó bien con nosotros. Durante su posta no hubo nunca maltratos físicos.

# Capítulo XXIV
# La primera victoria

Debido a la proximidad de mi celda con la reja del pabellón donde se encontraba Paco Almoina y los demás amigos, me sacaron y trasladaron a una de las más alejadas, la número 10.

La inflamación de la pierna había cedido mucho. Pero los huesos fracturados y desplazados habían soldado mal y tenía el pie torcido hacia adentro, con una visible deformidad. Nunca dejamos, mis compañeros y yo, de pedir asistencia médica. La negativa siempre fue total.

Las colonias de hongos continuaban invadiendo mi cuerpo, y mi gran temor era que me llegaran a los ojos. El único paliativo seguía siendo la aplicación de pasta dental.

Adquirí entonces una infección intestinal con fiebre muy alta. Las diarreas eran constantes y me deshidrataban. La restricción del agua persistía y no habíamos podido bañarnos durante meses. Mi cuerpo estaba cada día más negruzco y mugriento. Casi no tenía fuerzas para hablar, pero mis compañeros comenzaron a exigir que se me atendiera. Al fin accedieron a llevarme al hospital.

Por aquella época, los médicos prisioneros se ocupaban de dirigir las salitas del hospital. De no haber sido por ellos, no hubiéramos tenido la más mínima asistencia.

El doctor Armando Zaldívar era el jefe de la salita a la que fui destinado. Zaldívar era un médico joven, graduado en España. Católico practicante, regresó a Cuba con el triunfo de la revolución. Pronto comprendió que el país era dirigido hacia el comunismo y no vaciló en dejar a un lado el estetoscopio, para empuñar el fusil y alzarse en las montañas del Escambray a combatir a Castro. Capturado y condenado a 30 años, llevaba ya varios meses en la prisión de Isla de Pinos.

Mi aspecto impresionó a los que estaban allí. Lo primero que hizo Zaldívar fue ordenar que me cortaran la melena de meses que me cubría las orejas y casi me llegaba a los hombros. También me afeitaron.

Mientras tanto preparaban un baño. Recuerdo que con una tapa de latas de conserva, que se dividía a la mitad para usarla como cuchillo, me raspé la costra de mugre que tenía sobre el cuerpo. Ésta salía enroscándose como una corteza, como una cáscara. Algo inaudito, increíble.

Hicieron falta varias latas de agua de 5 galones para aquel primer baño y afeitado, después del cual era otro hombre; y luego acostado en una cama limpia. Me sentía como si me hubieran puesto en libertad. La salida de los pabellones de castigo hacia el hospital o las circulares, era como la libertad.

Con sueros y antibióticos se eliminó la infección intestinal. Zaldívar mandó a que me hicieran unos burritos de madera para apoyarme en ellos. Caminar sin ese sostén era imposible, pues no podía afirmar el pie dañado. En tanto llegaban los burritos, usaba una muleta.

Aquel contacto con mis compañeros era algo así como una relación con el mundo exterior, incluso más allá del presidio. Ellos tenían algunas noticias porque el hospital era un centro de recepción de informaciones, ya que al mismo acudían presos de todos los edificios.

Con Raúl López, uno de los pilotos del anterior ejército, logré sacar un mensaje para mi familia. La acogida ofrecida por todos fue cariñosa, cálida. Se desvivían por tener una atención cualquiera conmigo.

Zaldívar consiguió que me hicieran una radiografía del pie. Fue así como supe el daño que me produjo la caída y quizá también el guardia que saltó sobre mi pierna. Los huesos fracturados habían soldado fuera de su sitio, formando un amasijo. Tenía, además, una artritis postraumática y cambios artrósicos. Ya nada podía hacerse allí.

Entonces, para retenerme unos días más en el hospital, pues la dirección estaba presionando para que me devolvieran a los calabozos de castigo, Zaldívar ideó enyesarme la pierna y levantarla en la cama con unas poleas de hierro. Él mismo colocó la escayola desde la pantorrilla hasta los dedos de los pies. Luego que ésta fraguó, con una tijera la cortó por debajo, hasta la punta del pie, y la sacó. Esta bota de yeso podía ponérmela y quitármela con rapidez. Cuando entraban los oficiales a la sala para contarnos, me veían en la cama con la venda de yeso y la pierna levantada por las poleas. En cuanto salían, me la quitaba.

Una noche, el teniente Tarrau entró sorpresivamente. Me buscaba, pero como la sala estaba apagada y usábamos mosquiteros, tuvo que mandar encender las luces y preguntar por mi cama, lo que me dio tiempo a ponerme la bota. Llegó frente a mí, levantó la malla del mosquitero y se me quedó mirando con odio...

—Así que te me fugaste...! —Movió la cabeza de arriba abajo, como una velada amenaza, y se marchó.

Aquella visita la repitió varias veces. Habló con Zaldívar para que me diera de alta; pero éste se negó y dijo que no lo haría, que si quería lo hiciera él bajo su responsabilidad.

Por entonces trajeron también al hospital a Roberto Perdomo. En la requisa descubrieron los barrotes cortados en su ventana y lo condenaron, junto con León, su compañero de celda, a los pabellones de castigo. No los habíamos visto porque estaban en otra área. Había tres secciones de celdas para confinamiento en aquel pabellón.

Perdomo enfermó de una infección renal y estuvo muchos días orinando sangre, hasta que al fin accedieron a llevarlo al hospital.

La coincidencia de estar ambos aquí hizo pensar a la dirección del penal que todo aquello era una conspiración para un nuevo plan de fuga. Y tomaron medidas para impedirlo, a pesar de que era lo más absurdo del mundo. Yo no podía caminar si no era apoyado en las muletas o en los burritos de madera. Sin embargo, la guarnición se metía todos los días en la sala, registrándola de arriba abajo. Por las noches llegaban con linternas y revisaban los hierros de las ventanas que daban a otro patio interior, donde suponíamos se encontraban aislados Huber Matos y algunos de sus oficiales. Todo aquello me parecía una gran comedia.

La tranquilidad del hospital perturbada de esta manera iba en perjuicio de los enfermos. Había allí un paciente que Zaldívar estaba seguro tenía lesiones sifilíticas. Le hicieron análisis, pero el resultado era siempre normal. Zaldívar se desconcertaba, pero su intuición profesional seguía haciéndole sospechar. En eso llegó el doctor Ibarra, profesor precisamente de la cátedra de piel y sífilis de la Universidad de La Habana. Zaldívar le mostró el caso. El doctor Ibarra observó las manchas y diagnosticó lesiones terciarias sifilíticas. Ordenaron otro análisis y dio normal. Entonces el mismo doctor Ibarra hizo el análisis y demostró que el paciente estaba sifilítico. El laboratorista no sabía hacer los exámenes. Aquello creó una alarma.

Zaldívar nos reunió a los siete u ocho pacientes que estábamos allí y nos explicó que no podía confiar en los exámenes del laboratorio, que como habíamos estado conviviendo con el enfermo existía la probabilidad de que alguien se hubiera contagiado. Por tanto, él tendría que tomar una medida drástica: y nos estuvo inyectando antibióticos a todos, como si estuviéramos sifilíticos.

En aquella sala estaba ingresado el doctor Antonio Valdés Rodríguez, uno de los mejores neurocirujanos de Cuba. Era miope y cuando no tenía puestos los lentes de contacto, usaba unos espejuelos de grueso cristal, de esos que forman círculos concéntricos. Sin lentes, era prácticamente ciego.

Valdés Rodríguez y yo hicimos una rápida y gran amistad. Entretenido como él no existía otro. Cuando leía en la mesita de la enfermería se podía caer el mundo a su alrededor, que él no se enteraba. Una tarde en que repasaba un texto de anatomía, Jorge Caos perdió el conocimiento; le dio una lipotimia, un descenso brusco de la tensión arterial, a escasos metros de donde él estudiaba y todos empezamos a llamar a un médico...

—¡Médico..., médico urgente!

Los gritos sacaron a Valdés Rodríguez de su concentración en el estudio. Alzó la cabeza e increíblemente también gritó:

—¡Señores, un médico!

Había olvidado que él mismo lo era. Lo recordó de pronto y se levantó con rapidez para prestar ayuda a Jorge.

El tratamiento, varias veces al día, contra los hongos, estaba dando resultados. La piel nueva y limpia iba surgiendo en las zonas antes infectadas. La boca, por primera vez en largos meses, la pude limpiar con un cepillo dental.

La represión contra nuestra sala se hizo más intensa, al punto de que la dirección ordenó que nos devolvieran a las celdas de castigo. Los que quedaron en el hospital nos prepararon unas bolsas con algunos artículos. Era muy difícil que permitieran su entrada, pero nuestros amigos insistieron en que lo intentáramos. Llevé conmigo un poco de chocolate y leche en polvo, azúcar, un frasco de yodo salicílico para combatir los hongos, fósforos, una pequeña lata con luz brillante y una mecha, jabones y algunas otras cosas más. Iba dando tumbos, apoyándome en los burritos de madera que me ayudaban a caminar.

Sólo tenía que cruzar la calle para entrar a los pabellones de castigo. En aquellos días estaban repletos y por esta circunstancia, para que no nos mezclaran con otros reclusos, fui metido en la misma celda con Boitel. El preso común que estaba al frente de aquel pasillo, en presencia del guardia me arrebató la bolsa de yute con los artículos que llevaba diciendo que no podía pasarla. La misma noche me la trajo de vuelta. De no haberse adelantado, el militar me la habría quitado. Una vez dentro, los sucesivos guardias interpretaban que había sido autorizada.

Ya tarde, en la noche, nos dimos a la tarea de calentar el chocolate con el improvisado mechero. Fue una tarea titánica, de horas. Luego construimos un «tren» con hebras de la bolsa de yute. Este «tren» era un largo hilo con un objeto pesado atado a un extremo. Sacábamos la mano por entre los hierros, bajo la plancha, e impulsábamos el objeto que arrastraba el hilo hasta la celda contigua, donde el otro preso lo atrapaba, halaba hilo y a su vez seguía tirándolo a las demás celdas. Así nos pasábamos cigarrillos, fósforos y aquella noche un pequeñito pomo plástico con un sorbo de chocolate caliente para cada uno. Un verdadero acontecimiento.

Boitel y yo conversábamos mucho, durante horas y horas. Una espesa barba de más de tres meses le llegaba al pecho, el pelo largo y ensortijado le tapaba ya las orejas. Solía acostarse tarde y levantarse a media mañana. Yo, todo lo contrario. Por esta razón, cuando el oficial del recuento pasaba me encontraba siempre despierto.

Dictaron una nueva orden disciplinaria: todos los castigados tendrían que permanecer de pie dentro de las celdas mientras durara el recuento. Normalmente, el militar que contaba se asomaba por las ranuras de la puerta y así veía al preso. No importaba que estuviera echado en el piso, dormido, de pie o sentado; el objetivo del conteo era comprobar la presencia física del recluso.

Pero ahora la dirección quería extremar la disciplina. Antes, el castigado era como un objeto o como si no existiera. Lo tiraban en uno de aquellos calabozos y lo sacaban al cabo de varios meses, barbudo, sucio. Ahora tenían nuevos planes para con él. La represión iba recrudeciéndose.

A la mañana siguiente, cuando el oficial se detuvo en nuestra celda, Boitel dormía y yo estaba sentado con la espalda apoyada en la pared.

—¡Levántese...! —Pero ninguno de los dos lo hicimos. El militar volvió a gritar, mas comprendiendo que era inútil, se marchó.

Al otro día el teniente Pomponio, a quien comunicaron que los que estaban en aquella celda no se ponían de pie, se apareció con otro guardia. Éste introdujo el cañón de un fusil por la parte superior de la reja apuntando hacia el techo y disparó. El estampido hizo que Boitel se despertara y se pusiera en pie de un salto.

Cuando lo repitieron a la mañana siguiente, estábamos los dos despiertos; pero nos hicimos los dormidos y el ruido del disparo no nos tomó de sorpresa.

Volvieron a meterme en una celda solo. Los meses transcurrían lentos; el encierro iba embotando mis sentidos. Solíamos hablar a gritos, pero era un esfuerzo agotador. Pasaron por el pabellón decenas de presos castigados; sólo nosotros continuábamos allí, semana tras semana, mes tras mes. La inflamación de la pierna había cedido casi completamente, y fue recobrando el color normal. No obstante, seguía sin poder apoyarla y tenía que auxiliarme de los burritos para caminar.

La celda donde me encontraba, la número 9, estaba al final del pasillo. En la pared, un preso había dibujado a Cristo en la cruz con mosquitos. El original artista había aplastado a estos insectos llenos de sangre contra la pared, donde aparecían pegados. Aquella cruz oscura y con tonos rojinegros tenía más de un metro de altura, y me causó una impresión sobrecogedora cuando la vi.

Únicamente Ulises tenía un compañero de celda, el marinero Santiesteban, que llevaba meses castigado. Parecía que la profecía del teniente Tarrau de que pasaríamos años en aquellos calabozos iba a cumplirse. Decidimos entonces hacer una huelga de hambre exigiendo que nos regresaran a las circulares. La represión por habernos fugado era ya intolerable.

Fui designado delegado de huelga. Es decir, yo sería el único que trataría con los militares, los demás no intervendrían. Al oficial de recuento le comuniqué nuestra decisión, haciéndole saber que no íbamos a ingerir alimentos hasta que fuéramos sacados de ahí.

Entonces desconocía absolutamente el comportamiento del cuerpo y de la mente en una huelga de hambre. Pensaba que con cinco o seis días sin comer era posible morir. Tomábamos agua únicamente. No me movía y permanecía todo el tiempo echado en el suelo para ahorrar energías. Pasó el primer día, el segundo...

Al tercero, el teniente Cruz, jefe de la Policía Política de Isla de Pinos, fue a visitarnos. Llamó a Boitel y éste le dijo que se dirigiera a mí. Cruz me preguntó que por qué no queríamos comer, aunque sabía perfectamente las causas. No obstante, se las expliqué y le dije que la medida de castigo había excedido todos los precedentes y que no íbamos a seguir allí.

Se quitó la boina de color rojo brillante que usaba aquel día, se rascó la cabeza y me dijo:

—Dos veces estando en La Habana me han mandado buscar por ustedes: primero cuando se fugaron, ahora con esto de la huelguita... —y se marchó.

Al cuarto día ya la sensación de estómago estragado desapareció. Físicamente me sentía bien, pero la angustia de morir por hambre me llenaba de miedo. Me consideraba en peligro de muerte en cualquier momento. Si alguien me hubiera dicho que haría huelgas de 19, 25, 36 y más días, que Boitel lograría diez años después superar los 50 días sin comer y que Olegario Chariot moriría a los 65, sencillamente no lo hubiera creído.

El que no acudiera ninguna autoridad nos hacía pensar que les importaba poco que muriéramos. Boitel tuvo la idea de precipitar los acontecimientos para comprobar la intención y actitud de los militares.

Acordamos que uno de nosotros debía hacerse el desmayado; los demás gritaríamos y veríamos así qué ocurría. Para darle más realismo, el «desmayado» debía golpearse al caer. Como autogolpearse podía resultar fallido, o arriesgado, se ideó que Ulises y Santiesteban, que estaban juntos, echaran a suerte quién golpeaba a quién. Y le tocó a Santiesteban darle a Ulises. Le propinó un puñetazo en la frente, sobre la ceja, y ése fue el golpe que presentó Ulises como consecuencia de la supuesta caída contra el piso.

Comenzamos a gritar alarmados. Todo el pabellón se sumó a la gritería ensordecedora que clamaba por un médico. Se llevaron a Ulises para el hospital.

El sargento Naranjito se detuvo frente a mi celda. De la cintura le colgaba su inseparable sable de caballería.

—¡Valladares, la circular cuatro se alzó...! Dicen que los apoyan a ustedes y que mañana se declaran en huelga, y la circular dos también...

Aquella información que nos daba Naranjito nos llenó de optimismo. Hablaba con ligero acento nasal. Había discutido conmigo días atrás acerca de la huelga y llegó a confesarme que él consideraba excesivo el tiempo que nos habían tenido allí.

¡Hasta aquel abusador y torturador de Naranjito admitía que era excesivo el castigo que nos estaban imponiendo!

Una hora más tarde trajeron al enfermero de la circular, López de León, para que nos viera. La dirección había cedido ante la presión de nuestros compañeros de las circulares, que exigían les dijeran nuestro estado de salud, pero no por boca de un militar, sino de otro preso. Era la primera vez que aquello sucedía.

López de León recorrió nuestras celdas. Fue él quien nos dijo que la dirección había comunicado a la circular que al día siguiente nos sacarían del pabellón de castigo.

El triunfo sencillo de aquella primera huelga inspiró a Boitel la idea de organizar una general en la que participaron todos los presos políticos de Isla de Pinos, que eran cerca de seis mil en aquella época. Y acordamos trabajar con ese objetivo.

Muy temprano, al día siguiente, el médico Lamar, el de la barba al estilo de Lenin, se apareció en el pabellón. Insistió en hablar con Boitel acerca de condiciones para deponer la huelga. Boitel le dijo que el único que estaba autorizado para tratar con ellos era yo, y nadie más. Ya la orden de sacarnos estaba dada, y nosotros lo sabíamos, pero el médico parecía ignorar que estábamos al tanto de la decisión tomada. Mi negativa a suspender la huelga fue rotunda. Le dije que solamente depondríamos nuestra actitud fuera de allí. Le informé, además, que Boitel estaba en muy malas condiciones físicas y necesitaba asistencia médica de inmediato.

A las pocas horas se lo llevaron también al hospital.

Cuando el militar que fue a buscarnos me alargó una muda de ropa y me dijo que iba para la circular, experimenté una de las más grandes alegrías de mi vida. Salir de allí era como salir del mismísimo infierno.

Para que nunca más volviéramos a planear una fuga juntos, fuimos dispersados por las cuatro circulares, uno en cada una. Ulises en la tres, Brito en la dos, Boitel en la uno y yo en la cuatro, de la que habíamos escapado.

Apoyado en los dos burritos de madera eché un último vistazo al pasillo, a las celdas del pabellón de castigo. Allí había sufrido, pero me llevaba una noción más ajustada de mi capacidad de resistencia y un descubrimiento singular: el dolor también puede ser instrumento de lucha.

# Capítulo XXV
# Huelga general

Me sentí ligeramente mareado al llegar a la carreterita. Dos guardias caminaban a mi lado. Después de tantos meses encerrado, sin poder mirar a lo lejos, algo se había alterado en mí, pues me daba la impresión que las dos moles enormes de las circulares y las montañas a mi izquierda, se me echaban encima, avanzaban hacia mí en un movimiento constante, como en oleadas.

Me detuve, cerré los ojos y sacudí un poco la cabeza, para ver si me despejaba y se me quitaba aquella rara sensación.

—¡Vamos, apúrese un poco! —Al guardia parecía no importarle que iba usando apoyo para caminar. Yo no podía andar más aprisa y así se lo dije.

Continué lentamente, sin pensar en el militar y su apremio, ignorándolo. Los ochenta o noventa metros que me separaban de la circular fueron un recorrido inolvidable. Respiraba con glotonería, llenándome los pulmones del aire fresco cargado del aroma de los pinos, disfrutando del reencuentro con la luz.

El cielo estaba intensamente azul y limpio, sin una nube.

Desde las circulares me distinguieron en seguida y las ventanas se fueron llenando de rostros.

El año anterior, vestido de militar, recorrí aquel camino tratando de escapar. Ahora el viaje de regreso agolpaba en mi cerebro muchos recuerdos y emociones de aquella tarde memorable, próxima en el tiempo, pero inexplicablemente remota en la memoria.

Desde los dos edificios, mis compañeros comenzaron a gritarme; sacaban las manos y agitaban pañuelos en una cariñosa bienvenida.

Nos detuvimos frente al rastrillo. Los guardias que me escoltaban entregaron los papeles de traslado e ingreso a los que custodiaban la circular y se marcharon.

Abrieron el candado. El pesado cerrojo chirrió y también los goznes oxidados de la reja.

La planta baja estaba llena. Cuando entré, una atronadora ovación y ¡vivas! retumbó para recibirme. Fue tan emocionante verlos aplaudiéndome en forma tan sincera que no pude evitar, entre abrazos y saludos, que los ojos se me llenaran de lágrimas.

Hablé tanto que me quedé afónico. No sé cuántas veces conté la historia de cómo había pasado todo. Fui a vivir en la celda de los hermanos Cruz, en el quinto piso, y unos días después, en condiciones más cómodas, a la 35 del mismo piso, con Chaguito, el corredor de automóviles, campeón muchas veces en Cuba y en el extranjero, y el mismo que había sido uno de los vigías de la fuga.

En los días posteriores a mi regreso me informé de cuanto había ocurrido durante la ausencia. Continuaban los explosivos en el sótano, y los técnicos en demolición de la Policía Política los inspeccionaban periódicamente. Pero al menos en la circular nuestra, había la seguridad de poder desactivarlos en el momento decisivo. Continuaban organizados los grupos de vigilancia y no había forma de que los técnicos encargados de volarnos no fueran detectados cuando entraban al área de los edificios, no importaba la hora.

Me llamó la atención el asunto de los libros. Como estaban autorizados en número de 3 ejemplares por cada preso, una vez al mes, había cientos y cientos.

Para burlar la prohibición de entrar libros que no fueran los oficiales de la Imprenta Nacional de Cuba, nuestros familiares se las ingeniaron y se convirtieron en verdaderos artistas del enmascaramiento de libros prohibidos.

Así podíamos ver que un texto sobre el marxismo, luego de las primeras páginas, se convertía en América Latina, un continente en erupción de Eudocio Ravines.

Los familiares buscaban publicaciones del gobierno del mismo tamaño que el libro que deseaban pasarnos. Cambiaban la carátula y las primeras hojas. También con las revistas de los países comunistas, Unión Soviética, Polonia, etc., pasaban L'Express, Time y otras publicaciones. Los que requisaban eran generalmente guardias de muy bajo nivel, que apenas sabían leer. Cuando veían la portada con la hoz y el martillo, o el letrerito de la Imprenta Nacional, dejaban pasar el texto sin contratiempo alguno. En las cajas de cartón corrugado, que enviaban los familiares con los artículos autorizados, entraban hojas de Biblia escondidas entre las tapas que habían sido despegadas previamente.

Años después, un personal más capaz de la Policía Política entraba en algunas ocasiones a las requisas a revisar los libros, descubría algunos engaños y se los llevaban.

Por otra parte, existía un ambiente de mucho descontento hasta entre los prisioneros más resignados. Siempre, en todo grupo humano, hay quienes lo soportan todo, los que callan y en épocas de violencia se dejan matar lentamente, y no tienen siquiera el desahogo de la protesta o el valor de la rebeldía. Pero hasta ésos estaban hartos. Llega un momento en que inclusive el más manso de los hombres siente que la paciencia se le ha agotado.

La situación era muy propicia para declarar una huelga de hambre general en demanda de trato humano, asistencia médica, cartas, sol, alimentación adecuada, etc. Así lo hice saber al Mayor de la circular, que ya no era Lorenzo, y me reuní con amigos para explicarles la conclusión que Boitel y yo habíamos sacado del éxito de la nuestra en las celdas de castigo. Los comunistas, acostumbrados a ser siempre ellos quienes hacían las huelgas de hambre, no sabían todavía cómo combatirlas, y antes de que reaccionaran podíamos ganarles la primera gran batalla del presidio político.

Desde mi llegada, dediqué todo el tiempo a convencer a mis compañeros de que el momento era oportunísimo, que no debíamos dejarlo pasar. Poco a poco el grupo más combativo fue simpatizando con la idea.

Ya Boitel estaba en la circular uno. Para comunicarnos usábamos dos telegrafistas. Se construyó otro *blinker* con un envase de lata, de los usados para guardar galletas. Se le hizo un corte en el fondo y allí se colocó la persianita. Con una liga y unos alambres se fabricó el mecanismo que permitía abrirla y cerrarla con intermitencia para transmitir los puntos y las rayas. La luz la emitía una lamparita de petróleo situada dentro del recipiente. Desde el 5.° piso, por la noche, se efectuaban las transmisiones.

La comida empeoraba de día en día. Sentíamos debilidad por la carencia de alimentos. Y aquel mediodía, cuando entraron los tanques del almuerzo, los encargados de servir las raciones los revolvieron pensando que en el fondo había algo; pero nada encontraron: era sólo agua caliente con una nata de grasa en la superficie.

Y comenzaron los gritos de que la devolvieran. Los ánimos estaban dispuestos y estalló la huelga, pero con un elemento de violencia, porque hubo quienes desde las ventanas que daban al rastrillo gritaban y descargaban toda la hostilidad contenida durante meses. De los gritos pasaron a la acción y lanzaron un frasco de cristal contra el techo del rastrillo. Uno de los guardias levantó la metralleta y disparó. La ráfaga se fragmentó en los barrotes de la ventana y uno de los hermanos Rivero fue herido en el cuello, y otros dos presos en el pecho, por suerte a sedal.

Pero sonar los tiros y empezar los presos a lanzar botellas contra la reja, fue la misma cosa. Otras ráfagas disparadas al patio siguieron a la primera. No obstante, pedazos de trapo encendidos y envueltos en cualquier objeto pesado tirados desde todos los pisos, ardían ya en la planta baja bloqueando la entrada.

Fue entonces que el enfermero López León tomó un galón de alcohol del botiquín y desde el segundo piso lo proyectó contra una de aquellas hogueras. La explosión que se produjo originó una llamarada que llegó hasta el primer piso.

Los guardias se alarmaron, prácticamente se aterrorizaron, porque recordaron que a escasos metros de aquel fuego estaba el TNT. Y echaron a correr abandonando la posta y gritando que estábamos locos.

A los cinco minutos toda la plana mayor del presidio estaba frente a la circular.

Limpiamos la entrada y se bajaron a los heridos para sacarlos rumbo al hospital. Se les comunicó a los oficiales que nos declarábamos en huelga de hambre y que más adelante les informaríamos por escrito.

En ese momento, una de las circulares tenía visita y todos los familiares y los presos se encontraban dentro del comedor, por lo que escucharon los disparos y la gritería.

Subí con toda la rapidez que me lo permitía la pierna —pues seguía usando los burritos— hasta el 5.º piso, a mi celda. Allí, con René, Chaguito y otros, buscamos y cosimos con rapidez cuatro sábanas. Todavía faltaban unas horas para que terminara la visita. Con una mezcla de mercurocromo, rojo aseptil y agua con tinta de lápices, pinté un letrero en las telas:

¡ESTAMOS EN HUELGA DE HAMBRE!

Lo colocamos con cuerdas por fuera de las ventanas del 5.º piso. Cuando los familiares comenzaron a salir lo vieron, y por ellos se conoció la noticia en Cuba al día siguiente.

La circular uno se sumó a la huelga, la circular dos también y de la tres sólo una parte, pues un grupo de prisioneros que estaban allí desde 1959 no quisieron unirse al movimiento.

Al otro día, llevaron los tanques con un almuerzo que parecía apetitoso. Como no lo aceptamos, lo dejaron a la entrada de la circular: los barriles contenían arroz y se les veía encima carne y pimientos en abundancia. Pretendían, con una comida como aquélla, nunca antes vista en el presidio, debilitar nuestra decisión y romper así la huelga. No la aceptó ninguna circular, salvo la tres donde Alberto Müller y un reducido grupo apoyaban la huelga y no comían.

Los comisarios políticos estaban enervando a los guardias contra nosotros. Lo supimos por uno de ellos, que se lo contó al rejero.

Entonces, para neutralizar aquella campaña, pinté otra sábana, esta vez dirigida a los guardias y que decía:

¡SOLDADO, MILICIANO, NO TENEMOS NADA CONTRA TI. PEDIMOS TRATO HUMANO!

Esta tela fue sacada por el lado que daba al cuartel, para que fuera vista por los guardias.

La dirección del penal llamó a los Mayores de las circulares para una entrevista con Tarrau y otros funcionarios.

De regreso nos comunicaron que la dirección les había dicho rotundamente que no cederían en nada. Que depusiéramos la huelga incondicionalmente y entonces volverían a mandarlos a buscar, más adelante, para que los Mayores de las circulares les plantearan las necesidades que teníamos.

La respuesta fue concentrarnos en la planta baja. Descendimos con colchas, sábanas y catres y a los que se encontraban mal de salud, enfermos crónicos y ancianos, los situamos delante. Pinté otra tela dirigida a la dirección y a la circular uno. Nuestra respuesta:

## HOMBRES DISPUESTOS A MORIR

La decisión de resistir fue cerrada, como si aquellos miles fuéramos un solo hombre. Los comunistas seguían llevando los tanques con alimentos insólitos: pollos en salsas olorosas y ensaladas y dulces, y los dejaban al otro lado de la reja. Como estábamos en la planta baja, estos tanques quedaban muy cerca de nosotros, podíamos verlos, olerlos, era una verdadera tortura..., pero la resistimos.

La protesta colectiva fue más allá de las circulares. Una tarde, varios oficiales llamaron al rastrillo al doctor Valdés Rodríguez, el neurocirujano. Una niñita, gravemente herida, se encontraba en el hospital civil de Nueva Gerona. Era necesario una intervención quirúrgica cerebral para salvarla. Valdés Rodríguez no vaciló. Cuando llegaron al hospital lo pasaron a un pequeño saloncito, acompañado por el director del centro y otros médicos y oficiales que lo escoltaban. Habían servido allí una cena suculenta, para que comiera antes de entrar al salón. Valdés Rodríguez no aceptó. Insistieron, pero su negativa fue rotunda. La operación duró dos horas. La niñita se salvó y Valdés Rodríguez regresó a la celda hambriento.

En tanto, en la circular uno Tony Lamas, con riesgo de su vida, subió por las vigas del edificio hasta el punto más alto del techo cónico. Esta operación requería serenidad y nervios de acero. A una altura de más de 30 metros, tuvo que caminar por unas vigas estrechas para alcanzar el lugar donde iban a converger todas las demás, distribuidas como si fueran rayos de una rueda de bicicleta. Hacia aquel centro se dirigió él. Abajo, el vacío y la muerte. Y estaba en huelga de hambre. El más ligero mareo significaba caer y destrozarse contra el suelo. Cuando alcanzó ese punto tuvo que gatear hasta otro más alto, donde se abrían unas ventanas a manera de tragaluces, y por allí sacó una bandera cubana, cumpliendo así la misión que se había encomendado a sí mismo.

Este hecho tuvo una gran significación entre nosotros. Lo considerábamos un triunfo, porque la guarnición no pudo nunca quitar aquella bandera. No hubo entre ellos quien se atreviera a subir hasta allá arriba. Lo intentaron varias veces, durante las requisas, pero a mitad de camino se atemorizaban. Y allá se quedó nuestra enseña patria, ondeando al aire, como recordando que entre nosotros los había mejores. Con el paso de los meses, las lluvias y el viento, se fue decolorando y deshilachando.

En una ocasión, uno de nosotros se volvió loco y subió hasta allá con el propósito de lanzarse al vacío. Fueron unas horas de tensión terrible. Desde abajo se trataba de convencer al suicida para que bajara; sus amigos le hablaban desde el sexto piso invitándolo a que regresara; intentaban que desistiera recordándole a su familia, su condición de preso, los valores cristianos contrarios al suicidio. Pero inútil, no podían convencerlo...

Entonces Rolando de Vera decidió subir a hablar con él y tratar de hacerlo renunciar a su propósito. Yo había sido trasladado y cuando esto sucedió me encontraba en la misma circular de Rolando. El peligro a que se exponía con aquel loco era muy grande; no podía preverse cuál sería la reacción de aquella mente fuera de la realidad.

Los minutos transcurrieron con una angustia y suspenso indescriptibles. Se hizo un silencio total en la circular. Los presos, como hipnotizados, no apartábamos los ojos de Rolando, que se iba acercando lentamente, paso a paso, al lugar donde se encontraba el loco.

A un metro aproximadamente se detuvo y comenzó a hablarle. Eran amigos, y aunque no podíamos escuchar la conversación, comprendíamos que Rolando le hablaba pausadamente, en voz baja, con suavidad, persuadiéndolo de que cambiara de actitud. Dio un paso más hacia él. Y siguió hablándole. Otro paso, y otro, y ya estaba a su lado. Hubiera bastado un leve empujón del loco para que Rolando se precipitara al vacío.

Éramos muchos los que rezábamos a Dios pidiéndole protegiera a los dos. Y el milagro se realizó. Rolando lo convenció de que bajara.

\* \* \*

La huelga continuaba. La falta de preparación mental afectaba tanto como la de los alimentos mismos. Los quince o veinte sueros de que disponía el botiquín se los pusieron a los más viejos y débiles y a varios que estaban vomitando, deshidratándose, porque no resistían el agua en el estómago.

La impresión que ofrecíamos debió ser muy alarmante. Como no teníamos de donde colgar los frascos de los sueros, se empataron varias cuerdas de las usadas para halar los cubos de agua desde los pisos, y se tendió de un lado al otro de la planta baja sobre los primeros catres y de ella se colgaron los recipientes.

Al día siguiente de haber dicho que no cederían, la dirección mandó a buscar nuevamente a los Mayores. Se entrevistaron con Sanjurjo, entonces director de Cárceles y Prisiones de Cuba. Llegado desde La Habana con urgencia, Sanjurjo escuchó las explicaciones sobre la medida adoptada por nosotros. No obstante, trató de negociar con promesas solamente. La actitud firme de nuestros representantes le hizo comprender que no transigiríamos y así tuvieron que ser ellos los que cedieron.

Ganamos la huelga.

La alegría fue tremenda. Aquella victoria nos vivificó. Luego de tanto atropello, de tanta ignominia y miseria, el triunfo sirvió para fortalecer nuestro espíritu combativo y de resistencia.

La alimentación mejoró en todos los aspectos. Además, nos entregaban correspondencia una vez a la semana y nos permitían escribir una carta cada quince días. Asimismo, abrían la entrada del agua más tiempo. Dieron un poco más de medicamentos y las visitas aumentaron a una vez cada tres meses. Lograr aquello de la Dirección de Cárceles y Prisiones, constituyó un éxito sin precedentes.

La razón del por qué las autoridades capitularon tan pronto, tuvo mil explicaciones y criterios. No pienso que fuese porque el gobierno nos tuviera miedo, ni por razones humanitarias, que son ajenas y extrañas al marxismo, dogma que admite el exterminio de quienes no siguen su doctrina, sino porque los comunistas no estaban preparados para enfrentar un movimiento huelguístico de miles y miles de presos. Boitel y yo lo comprendimos desde las celdas de castigo, cuando, ante la amenaza de la circular cuatro de sumarse a nuestra huelga de hambre, cedieron en el acto.

El gobierno no supo qué hacer frente a la situación. Fue la sorpresa lo que nos dio el triunfo. Pero muy pronto ya estarían preparados para la próxima confrontación, y para entonces la sorpresa sería nuestra.

Pero los comunistas no se sienten obligados a cumplir lo que prometen. Así, a las pocas semanas, se presentaban problemas. Por ejemplo, no llevaban la correspondencia y nosotros, para presionar, nos negábamos a efectuar el recuento hasta que nos entregaban las cartas.

El 1962 fue un año de grandes acontecimientos en Cuba; debe recordarse la crisis de los cohetes soviéticos en la Isla, que llevó al mundo a los umbrales de la guerra atómica. Además, la Policía Política abortó una conspiración militar a nivel nacional que tenía como objetivo el derrocamiento del gobierno.

El ejército, la marina y la policía estaban implicados en aquel complot. La reacción del gobierno, luego de descubiertos los conspiradores, fue una verdadera orgía de sangre. Decenas de militares detenidos entraban a la cárcel de La Cabaña y al Castillo del Morro y eran fusilados de inmediato, sin juicio previo, únicamente por decisión del Alto Mando de la Policía Política.

Fueron, sin duda, las noches más terribles que se pasaron en La Cabaña.

Por esta conspiración, conocida como la del 30 de agosto en las cárceles cubanas, fusilaron en toda la Isla a 460 militares.

Es interesante señalar que mientras estos fusilamientos masivos se efectuaban, las visitas en las prisiones de El Morro, La Cabaña y otras no fueron suspendidas, con el objetivo de que los familiares se encargaran de difundir el terror entre la población.

Castro, para que nunca más pudiera vertebrarse una conspiración como aquélla, de nivel nacional, creó entonces tres ejércitos: el de Occidente, el del Centro y el de Oriente. Estos ejércitos tienen cada uno su propio Estado Mayor, y son totalmente independientes entre sí. Cualquier contacto entre ellos es considerado como alta traición y se paga con el inmediato fusilamiento.

Tuvimos varios meses de relativa tranquilidad, hasta que llegó el mes de setiembre. Estaban haciendo requisa en todas las circulares. Los presos fueron sacados al corral donde se efectuaban las visitas anteriormente. En la circular dos descubrieron cortados los barrotes de la celda de Héctor González y de Domingo Sánchez, el Hacha, como le decíamos sus amigos.

Varios oficiales y un comisario político se presentaron en la puerta del corral, llamándolos. Los dos salieron. El Hacha iba al frente, Héctor unos metros detrás. Siempre, en las requisas, el preso está observando. Yo los miraba distraídamente; no era raro que llevaran a algunos a las celdas de castigo, era la rutina. Pero súbitamente comenzaron a golpearlos. El Hacha era robusto, con los cabellos blancos, y una fortaleza física extraordinaria. Los dos se rebelaron, respondieron a los golpes y les cayó encima una turba de guardias que los fueron apaleando durante todo el trayecto hasta el pabellón de castigo.

De inmediato, en cuanto les dieron el primer golpe, de las circulares comenzaron a gritarles a los soldados.

Ya una parte de los prisioneros de la circular dos había entrado, pero un grupo se negó a entrar. Lo hicieron por solidaridad con los presos que habían sido golpeados. Exigían que los sacaran de las celdas de castigo.

La guarnición fue reforzada y entraron al corral a sacar por la fuerza a los que protestaban. Se produjo entonces un enfrentamiento entre presos y guardias. Éstos golpeaban con salvajismo. Impotentes detras de las rejas, nosotros sólo podíamos gritarle a la guarnición para tratar de detener la agresión.

Desde la circular dos les tiraron a los guardias platos, botellas y cuantos objetos tenían a mano. La respuesta fue dispararles. Ametrallaron las ventanas y hubo varios heridos, dos de ellos graves, pero no falleció ninguno. Un nuevo refuerzo antimotín llegó y disparó gases lacrimógenos. El sargento Naranjito iba al frente, y fue él quien tiró las primeras granadas soviéticas a la circular uno. Tenían la forma cilíndrica de las latas.

Esa misma tarde, y como protesta por la bárbara agresión, la circular dos decidió devolver la comida. Se cruzaron comunicaciones entre ésta y las demás circulares y la protesta se generalizó. Al principio no se pensó realmente en una huelga de hambre, sino en una devolución de los alimentos con la intención de provocar la presencia de un funcionario de la dirección del penal para plantearle la situación de los golpeados que estaban en las celdas de castigo y su regreso a la circular. Sin embargo, a la mañana siguiente, alentados por el fácil triunfo del movimiento anterior, amanecimos en huelga de hambre.

Con Samuel Aguilar pinté en una sábana una bandera cubana. La colocamos en la ventana grande de la escalera del quinto piso. Llevaba atado un crespón negro.

El día transcurrió sin novedad alguna. No había todavía amanecido cuando Samuel me despertó sacudiéndome. Estaba visiblemente asustado y traía la bandera en la mano, doblada.

—¡Estamos rodeados...! —me dijo y señaló con el dedo hacia la ventana.

Bajé de la litera y cuando miré hacia la carreterita, la mole metálica de un tanque ruso Stalin, con el cañón apuntando para nuestra circular, me dejó atónito. Junto al comedor otro... y luego vería otros dos más.

Había una ligera niebla todavía y eso no permitía distinguir más lejos. El tanque mismo parecía asentado en una densa nube que flotaba sobre la carretera.

—¿Qué hago con la bandera...? —me preguntó Samuel.

—Pues vete y ponla donde estaba. Que la quiten ellos.

Cuando el sol ahuyentó la neblina pudimos ver el gigantesco despliegue de fuerzas que habían hecho. Del otro lado del cordón cuatro-bocas —ametralladoras antiaéreas múltiples—, morteros, tropas que desembarcaban de camiones, nos rodeaban. Varios helicópteros volaban sobre la prisión y posiblemente desde ellos se dirigía la operación.

Una tanqueta se detuvo entre la circular tres y la cuatro. El cañón de la torreta de un tanque giraba lentamente, apuntando a las celdas. Unos mil quinientos efectivos, o quizá más, participaron en aquel zafarrancho de combate.

Un cordón de guardias rodeaba cada circular; tan cerca estaban uno del otro que podían tomarse las manos. Cada 18 ó 20 metros colocaron un trípode alto y emplazaron en él una ametralladora. Patrullas con perros pastores iban y venían. Pasaban camiones y jeeps en una actividad tremenda.

Cuando las cuatro circulares estuvieron rodeadas, llegaron el comandante William Gálvez, Curbelo, Tarrau y varios oficiales de alto rango de la Policía Política, y llamaron a los Mayores para informarles que iban a hacer una requisa «pacífica». Fue por esta sádica ironía que bautizamos aquella requisa como «La Pacífica». Los comunistas son de un cinismo sorprendente en el uso de los nombres. Así, el campo de concentración para las presas políticas, donde eran torturadas, golpeadas, incomunicadas, lo llamaron «América Libre»; el otro, también de mujeres, que aún existe, «Nuevo Amanecer», pero para las reclusas es una noche eterna, sombría. El campo de concentración para niños en la zona de Santiago de las Vegas se llama «Arco-Iris».

Primero entraron en las circulares uno y dos. La requisa duró desde el comienzo de la mañana hasta la noche. Vimos cómo sacaban camiones y camiones de pertenencias nuestras.

Las tanquetas estuvieron toda la noche patrullando alrededor de las circulares. Los tanques permanecían inmóviles. Casi nadie pudo dormir por la tensión, esperando el amanecer y con él nuestro turno.

El desayuno lo llevaron más temprano que de costumbre. Desde el día anterior, varios militares, armados de fusiles-ametralladoras B-Z hacían posta permanente en la torre. Su sola presencia allí era motivo de inquietud.

No había salido el sol todavía, aunque el cielo se inundaba de luz por el este, cuando abrieron la reja del rastrillo. Un tumulto de militares, con cascos y fusiles R-2 con la bayoneta calada, uno junto al otro, tomaron posiciones pegados a la pared de la planta baja, a ambos lados de la reja de entrada. Otro grupo, sin armas largas, pero con bayoneta, formó fila frente a los soldados. En la torre aparecieron varios guardias más portando escopetas para lanzar gases lacrimógenos.

Entonces entró un pelotón de oficiales vociferando. Con un megáfono empezaron a gritar órdenes y amenazas. Nos exigieron desnudarnos y colocar las manos sobre la cabeza, y bajar así a la planta baja. Ya los guardias habían tomado los pisos y repartían planazos a diestra y siniestra.

Nos fueron arrinconando entre los dos lavaderos. El que bajaba las manos recibía golpes para que las subiera. En los pisos, los rezagados eran perseguidos y golpeados con saña. Cuando todos estuvimos abajo —más de 1.000—, a los últimos los empujaron y pegaron por la espalda para obligarlos a echarse hacia delante y juntar los genitales al que tenía enfrente, éste al otro, y así sucesivamente. Aquello motivó una protesta airada y la represalia fue brutal y salvaje: Descargaron infinidad de bayonetazos contra las espaldas y cabezas de los que estaban en la fila de atrás.

Sacaban a algunos y los levantaban en vilo entre ocho o diez guardias. Los tiraban al suelo, boca abajo, y les abrían los muslos y otro entonces le hurgaba con el cañón del fusil entre las nalgas. La vesania no tuvo precedentes. A no pocos prisioneros les hicieron beber agua sucia en las charcas que había en el patio. Les metían la cabeza dentro de ellas y tenían que tragar.

Estábamos tan apretados que éramos como una masa compacta. Los que quedaron atrás no pudieron bajar las manos de la cabeza. Yo estaba en el centro y por eso la multitud nos ponía fuera del alcance directo de los militares. Con las manos, nos tapábamos los genitales para no pegarlos al compañero de delante.

Un rezagado, que bajó por las barandas, cayó sobre los hombros de los demás. Les pidió que le hicieran un espacio para deslizarse hacia abajo, pero era prácticamente imposible. Aquel infeliz, gateando por encima de nosotros, pidiendo que le abriéramos un sitio, era una visión grotesca y absurda.

Así estuvimos más de doce horas. Varios se desmayaron. No se caían, pero con la cabeza inclinada quedaban desmadejados, oprimidos por los que les rodeaban. Muchos tenían ya los pies hinchados.

Lanzaron todas nuestras cosas a la planta baja, menos las camas. Los libros, los alimentos, jabones, cucharas, medias, ropa interior... Arrancaban los tacones a los zapatos. Patearon los espejuelos que quedaron en las celdas y los hicieron añicos. Los jarros y cepillos dentales corrieron la misma suerte.

Jamás hubo, en los veinticinco años de existencia que ya tiene el presidio político cubano, una requisa como aquélla, y yo estuve, hasta 1982, en las peores. Masacres y golpeaduras sí, mayores, con muertos y heridos graves de bala y bayoneta, pero no un destrozo organizado, ni tan despiadado, como «La Pacífica». Además, lo tenían todo preparado para masacramos si nos rebelábamos.

Lo demuestra lo publicado en el antiguo órgano oficial del Partido Comunista, el periódico Hoy, que daba la falsa información de que los presos contrarrevolucionarios de la cárcel de Isla de Pinos se habían amotinado con la intención de apoderarse de la Isla, y que 500 de ellos habían perecido en el intento. Fue el día 11 de setiembre de 1962. Quien dirigió y ordenó aquella requisa fue el Alto Mando de la Policía Política, con la aprobación personal de Castro.

Todas las celdas del primer piso fueron vaciadas y la dirección del penal dio la orden de que no podrían ser ocupadas nuevamente. Esta medida tenía por objetivo dificultar cualquier intento de romper el piso para llegar hasta los explosivos. Al desalojar las celdas del primer piso hubo que distribuir a sus presos entre las demás plantas. Aumentó con ello el hacinamiento. Había celdas hasta con cuatro y cinco prisioneros.

Nuestra derrota fue total. Terminada la requisa procedimos a curar a los heridos de bayoneta y culatazos. Se informó sobre los que por su gravedad requerían ser trasladados al hospital, así como aquellos que precisaban exámenes médicos que permitieran comprobar las lesiones internas que podían haber causado los bayonetazos.

Cuando subía por las escaleras llenas de presos desnudos, una gran desazón me embargaba. Presentía que luego de aquello la represión se recrudecería enormemente. Más del 90 % de nuestras pertenencias se las llevaron o las destruyeron. Las lonas o sacos de las literas estaban cortadas con las bayonetas.

No olvidaré nunca la comida que nos dieron casi a las nueve de la noche: arroz y frijoles negros. Habíamos pasado el día sin probar bocado, ni tomar agua siquiera. La única que habíamos recibido fue la asquerosa que nos cayó encima cuando los guardias, allá arriba, en los pisos, volcaron los tanques de los servicios.

Tuve que usar como plato un pedazo de cartón, pues me habían privado del mío.

# Capítulo XXVI
## ¿La importancia de vivir?

Desorganizados por la barbarie de la requisa, desarticulados los planes de estudio, pensando únicamente en cómo conseguir un pedacito de madera, o un clavo, o el hilo para coser la cama picada, los días se hacían larguísimos, llenos de tensión. Fue cuando se nos ocurrió a Paco Almoina y un pequeño grupo de amigos —René González, Ramiro Machín y otros— fundar, en la celda de Paco, un club. Aquello parecía una idea descabellada, pero funcionó. Logramos conseguir varios sacos de yute que, por haber sido cortados, fueron desechados por sus dueños, y uniéndolos entre sí hicimos una alfombra del tamaño de la celda. Luego las latas vacías que nos entregaron en sustitución de los jarros, las forramos con yute y paja de las bolsas que nos llevaban los familiares. El próximo paso fue procurarnos algunos sobres de té, que por aquellos tiempos entraban con regularidad, y desde las cinco hasta las nueve, con los zapatos quitados, que dejábamos en el pasillo, nos sentábamos en la alfombra, al estilo yoga y entre libaciones de té nos dedicamos a leer en grupo uno de los pocos libros que se salvaron de la requisa: La importancia de vivir, del famoso pensador chino Lin-YuTang, texto que sobrevivió gracias a que estaba oculto tras una portada revolucionaria: El izquierdismo: enfermedad infantil del comunismo, de Lenin.

Terminábamos las reuniones a las 9 de la noche, hora en que tocaban la corneta, para ir cada cual a su piso.

Inspirados en la lectura misma, bautizamos aquel tiempo que pasábamos deleitándonos con los filósofos chinos, como la hora del «Silencio Elocuente». Disfruté aquel libro grandemente y reíamos con los filósofos-pillos, o con el profundo Lao-Tsé y las sabrosas observaciones del autor. Estas horas eran como un remanso en medio de la vorágine de aquellos días.

El segundo libro que leímos fue El Príncipe de los Zorros, y vivimos y compartimos las aventuras del duque de Orsini. Leíamos por turnos, y terminábamos en un pasaje de la novela de gran expectación, que nos hacía aguardar con ansiedad infantil el episodio del día siguiente.

Primero la derrota de la invasión de Bahía de Cochinos, luego la requisa, amén de la amenaza constante de ser volados con los explosivos si se producía un improbable ataque al país, fueron las causas del desencanto y la frustración de muchos prisioneros. Las guerrillas en las montañas habían sido aplastadas y sólo pequeños focos de valientes campesinos sobrevivían; pero no constituían una promesa real de derrocamiento del régimen. Todos estos acontecimientos gravitaban sobre el presidio y determinaron que cientos de prisioneros optaran por acogerse a los planes de Rehabilitación Política.

La situación familiar también influyó en la decisión de muchos de aquellos hombres. Se lanzaron a la lucha sacrificando familia y hogar, sin importarles sus propias vidas, tratando con su aporte personal de impedir que el comunismo se apoderara del país. Pero al ser detenidos, la Policía Política se ensañaba contra sus parientes, saqueaban sus casas, en muchos casos los despojaban hasta de los muebles, y si tenían una vivienda hermosa, los echaban de ella, como sucedió con la de mi esposa Martha, cuando su padre fue detenido. Como todos los muebles estaban a su nombre, les quitaron el televisor, el refrigerador y el tocadiscos, pues estos artículos escaseaban en el país. También confiscaron la cuenta de ahorros que la familia tenía en el Banco.

La revolución dictó una resolución mediante la cual todos los bienes de quienes atentaran contra el Estado serían confiscados. Luego las turbas piqueteaban frente a los hogares de los presos, como hicieron frente a mi propio hogar. Agentes de la Gestapo cubana, vestidos de civil, lidereaban las manifestaciones «espontáneas» de repudio de la población contra los familiares de los contrarrevolucionarios. Ya la familia quedaba marcada para siempre, y sus componentes eran como apestados. La esposa y los hijos de un «traidor» a la revolución eran expulsados del trabajo.

Hasta a los hijos pequeños, en la escuela, llegaba la marejada de odio. Los niños regresaban a sus hogares llorando por los insultos que sus condiscípulos les gritaban. Además, los marginaban de toda actividad, y esto se hacía con la aprobación tácita de los maestros, que se veían obligados a tener que aceptar tales prácticas, pues de lo contrario corrían el riesgo de perder sus empleos.

La represión hacia los familiares condenaba a éstos asimismo a la miseria y al perpetuo hostigamiento. A mi familia, que vivía en un segundo piso, le cerraban la llave de paso del agua, y mi madre y hermana tenían que ir hasta la casa de la familia de otro preso, que vivía enfrente, para acarrearla en cubetas. Sufrían toda clase de humillaciones y recibían diarios atropellos. Por ejemplo, mi madre hacía una larga cola con su cartilla de racionamiento en el establecimiento que le correspondía. Cuando llegaba su turno, el miliciano que distribuía el producto, en compañía de la presidenta del Comité de Defensa, le decía que se había terminado. Mi madre sabía que no era cierto, pero no podía protestar. Salía de la cola y de inmediato veía cómo entonces seguían distribuyendo el producto que a ella le habían negado, y que le pertenecía.

Este suplicio de los familiares de los presos políticos, se agravaba a medida que la revolución iba radicalizándose. Represión, hostigamiento de toda índole, atropellos, hambre, terror; ése era el cuadro familiar. En la cárcel, los comisarios políticos explotaban esta situación, creada por la revolución misma, para coaccionar al prisionero. Los llamaban a entrevistas y les pintaban el panorama de sus hogares. Muchas veces era a través del propio comisario político que el preso conocía la realidad y magnitud de la tragedia de su familia, porque ésta, en las cartas o visitas, para no ocasionarle más preocupaciones, nada le contaba.

El comisario, con actitud bondadosa y paternal, como si de verdad se sensibilizara con aquellos hechos terribles, iba relatándole acerca de la madre enferma, sin medicinas, los días sin comer, el hijo descarriado por la falta de autoridad paterna... Le insinuaba que todo eso podía cambiar si él deponía su actitud; él debía pensar en su familia, no ser egoísta. La revolución era generosa y estaba dispuesta a darle una oportunidad.

—¿Quién ayuda a tu familia? —preguntaba el comisario—. ¿Los yanquis le mandan algún dinero? Tu familia está abandonada a su suerte. Nadie se ocupa de ella. Te utilizaron a ti para atentar contra la revolución y ya ves que es precisamente la revolución la que se preocupa por tus familiares y por ti mismo.

Este tipo de trabajo fue planeado y ejecutado por la Dirección General de Rehabilitación Política de Cárceles y Prisiones.

Cada uno de los que aceptaron tenía una muy especial circunstancia, y por eso no entré jamás a juzgar la decisión de aceptar la rehabilitación política. Sabía que muchísimos de ellos no cambiarían nunca de ideales, y que sufrían terribles conflictos interiores al dar aquel paso, que me separó, pero sólo físicamente, de grandes amigos a los que sigo queriendo como hermanos. No todos los hombres están obligados a ser héroes o a resistir indefinidamente. Otros usaron la rehabilitación como una vía para salir a la calle y continuar la lucha. Hubo casos que lo hicieron así, y fueron fusilados; o los regresaron a la cárcel. Aunque, en realidad, los ejemplos son muy pocos.

\* \* \*

En octubre de 1962, aún en la prisión, conocimos de inmediato la presencia de cohetes soviéticos en Cuba. La información nos la proporcionó el aparatito de radio.

Dio comienzo una gran actividad entre los militares, porque, indudablemente, el país estaba en peligro de ser invadido por los Estados Unidos. Todos los terrenos alrededor de las circulares fueron sembrados de largos y filosos postes de madera contra el descenso de paracaidistas que pudieran ser lanzados para tomar la prisión. Varias baterías instaladas apuntaban hacia nosotros, y los técnicos que se ocupaban del TNT activaron los explosivos para hacernos volar en mil pedazos.

Fueron días angustiosos. Como íbamos conociendo los acontecimientos, sabíamos que podía estallar una guerra nuclear. Es sabido que nunca estuvo el mundo en más peligro que en aquella ocasión. Si ocurría, nosotros seríamos los primeros muertos.

Por encontrarse el país en estado de alerta, se ordenó apagar todas las luces. El presidio quedó completamente a oscuras, así como todas las instalaciones cercanas: dependencias, viviendas de los guardias, etcétera. Nunca vi oscuridad tan impenetrable. No podía uno mirarse las manos siquiera, aunque pasaran horas y las pupilas se adaptaran; y para trasladarse a los servicios por los pasillos, era necesario ir contando los soportes de la baranda metálica sobre la que se deslizaba la mano. Tal era la oscuridad que al encender una cerilla se iluminaba casi toda la circular.

Los grupos de vigilantes encargados de impedir que en el momento preciso nuestros carceleros pudieran hacer estallar los explosivos, no dormían casi. Se redoblaron las guardias porque la oscuridad total creaba dificultades.

Cuando terminó la crisis, a finales de octubre, Castro, con la promesa de Kennedy a Moscú de que Cuba no sería invadida, ordenó desactivar las cargas de TNT. Meses más tarde serían retirados los explosivos que desde abril de 1961 nos amenazaron con su horrorosa presencia.

Luego de «La Pacífica», el peso del pequeño paquete familiar que se permitía lo rebajaron a 7 kilos, y podía recibirse sólo cada dos meses. Además, no podía llevar leche en polvo. Poco duraría la nueva disposición.

Se había producido un traslado interior en febrero, estando nosotros en las celdas de castigo. A Benito, mi futuro suegro, lo situaron en la circular tres. Carrión y otros amigos íntimos fueron cambiados para la uno.

Comencé a escribirle a Martha clandestinamente. Para hacerlo utilizaba amigos que habían pasado al Plan de Rehabilitación, recibían visitas frecuentes y tenían contactos con civiles que colaboraban con nosotros.

\* \* \*

El día que iniciaron la construcción de una nave de unos 80 metros de largo, nadie sospechó siquiera lo que ocurriría. Se filtró, a las pocas semanas, la noticia de que allí darían las visitas. La estaban levantando en el corral situado al lado de la circular dos y pensamos que la construían para que pudiéramos guarecernos del sol y de la lluvia. ¡Qué ingenuos!

Aquella nave estaba dividida a lo largo por dos telas metálicas, de agujeros pequeñísimos, separadas una de la otra por una distancia de medio metro. El día que sacaron el primer grupo a visita se produjo una protesta. A través de aquellas mallas casi no se distinguían los rostros. Los niños lloraban asustados. Les decían que del otro lado de la tupida tela metálica estaba su papá, y ellos trataban de adivinar la faz amada a través de los minúsculos agujeros. La medida, de una crueldad sin límites, impedía todo contacto familiar. Ni un beso a la madre, a la esposa, a los niños. Decidimos, por unanimidad, no aceptar la visita en aquellas condiciones. Los que se encontraban en los planes de rehabilitación política, no recibían la visita con las dos mallas de por medio. Las diferencias en el trato a unos presos y otros iba acentuándose. Cada vez más y más.

No todos los que aceptaban el Plan de Rehabilitación eran llamados. Únicamente iban a buscar unos cuantos. Nosotros no lo sabíamos, pero obedecía a una estrategia malignamente calculada. Mas si alguna filosofía ignora el comportamiento humano y cómo funcionan la psique y los impulsos del hombre, es sin duda el marxismo. Y por eso se equivocaron en sus valoraciones.

\* \* \*

Unos meses después de ser condenados los invasores de Bahía de Cochinos, el gobierno cubano seleccionó a 214 de ellos, a los que Castro había puesto el precio de 100.000 dólares cada uno como rescate. Fueron llevados a la prisión de Isla de Pinos y confinados en uno de los salones del pabellón de castigo. Se mantenía con ellos una vigilancia especial, para que no pudieran entrar en contacto con el resto del presidio.

Castro había expresado su interés en canjear a los invasores por tractores y medicamentos. Y se iniciaron las negociaciones a través de Donovan, abogado norteamericano experto en tratos con los comunistas para liberar prisioneros.

Una fría mañana de diciembre de 1962, los invasores abandonaban el presidio, vestían pantalones oscuros y camisetas amarillas. La alegría de verlos partir fue grandiosa. En todas las ventanas se agitaban manos y pañuelos. Con aquel adiós a los que trataron de liberar a Cuba del comunismo se abría una nueva esperanza para nosotros: se había sentado el precedente de que el gobierno cubano admitía ese tipo de negociación y en consecuencia nosotros podíamos ser también negociados. Veinte años después, esta idea de ser canjeados se mantendría todavía.

\* \* \*

Dos días después de que la invasión de Bahía de Cochinos fue derrotada, comenzó el traslado de los prisioneros desde el teatro de la guerra hacia La Habana.

El capitán Osmany Cienfuegos, la camisa abierta, las mangas dobladas y una metralleta en la mano, gritaba órdenes. Los invasores, formados de dos en dos y rodeados por una nutrida guarnición, esperaban los transportes que los llevarían a las cárceles de la capital.

Cuando el camión rastra culateó hacia ellos, no pensaron que iban a meterlos allí. Era un vagón completamente cerrado, con el número 319, de la Compañía «Expreso Internacional, S.A.», que había sido confiscada por el gobierno. Por una de esas ironías que sólo se producen en las novelas, entre los prisioneros que subirían al camión de la muerte se encontraba Mike Padrón, el antiguo propietario de la empresa.

El miliciano Fernández Vila, perteneciente al Instituto Nacional de Reforma Agraria (INRA), pasó lista. Llamó a 149 prisioneros para que montaran. Hubo protestas porque eran demasiados y el hacinamiento no les permitía moverse siquiera. De otra parte, el vagón no tenía entradas suficientes de aire.

Osmany Cienfuegos los amenazó con hacerlos subir a bayonetazos y la guarnición se cerró más aún alrededor del grupo...

—¡Vamos a asfixiarnos ahí! —gritó uno de los prisioneros.

—Mejor, así no tendremos que gastar balas en fusilarlos —respondió el capitán Cienfuegos.

El último en subir fue el invasor Máximo Cruz.

La rastra, con su carga de hombres, partió rumbo a occidente, hacia La Habana. Adentro el aire comenzó a faltar. Con desesperación buscaban los pequeños intersticios por donde entraba un poco, pero no el suficiente para todos. Cuco Cervantes iba en aquel grupo. Asmático crónico, había sido rechazado al principio para formar parte de la brigada invasora, pero su decisión de luchar por la libertad de su patria hizo que lo aceptaran. Ahora sus pulmones necesitaban oxígeno con urgencia. René Silva lo ayudaba, levantándolo para que acercara la nariz a uno de aquellos agujeros y respirara.

El ambiente fue enrareciéndose. Un calor infernal agravó la situación. Cervantes agonizaba. René ya no podía levantarlo. Sobre el cadáver de Cervantes cayó el de René. Cuando la rastra llegó a su destino, nueve de aquellos hombres habían fallecido por asfixia: Pepe Millán, José Ignacio Macías, Santos Gil Ramos, Emilio Quintana, Moisés Santana, José Viraleyo, Pedro Rojas, René Silva y Cuco Cervantes.

El gobierno cubano, para aplacar en algo el escándalo que provocaron aquellas muertes, concedió la libertad a familiares de los fallecidos que se encontraban en las cárceles políticas, pensando que así restaba gravedad al crimen cometido. Fue por eso que llamaron a Ulises. Su hermano René había sido uno de los muertos. La familia había decidido no comunicárselo para ahorrarle un nuevo sufrimiento. Por esta razón Ulises no podía sospechar que su traslado no era para otra cárcel en Cuba, sino para Estados Unidos.

René había desembarcado para liberar a Cuba y devolverle así la libertad a su hermano. Al menos esto último lo había conseguido.

Cuando Ulises nos saludó desde el rastrillo de la circular tres, donde lo esperaba un jeep, el cielo era gris y las ráfagas de aire frío ululaban entre los hierros de las ventanas, que no podían ser protegidas desde adentro por orden de la dirección.

Se había informado que don Tomás de Aquino, un negro viejo que vivía en el segundo piso, tenía fiebre muy alta. Se pidió autorización para colocar un saco en la ventana, pues su celda daba al norte y el viento helado soplaba con fuerza. Desde la requisa de «La Pacífica», en que se habían llevado los toldos, estaba prohibido usarlos.

Durante toda la noche el viento norte sopló helado... Cuando llamaron para el recuento, el cuerpo grisáceo de don Tomás no tenía vida. Murió a causa del frío, dijeron nuestros médicos.

* * *

153

Llegaron los traslados entre circulares. Lenin decía que el preso debía ser movido constantemente y se cumplían sus orientaciones al pie de la letra. El objetivo que se persigue es el de desestabilizar al prisionero. El traslado lo fuerza a disolver los planes de todo tipo que ha elaborado, a romper el círculo de amigos... Esto lo desorienta, lo afecta psíquicamente y gasta entonces sus energías en la nueva adaptación. Con los frecuentes traslados, los planes de evasión quedaban desbaratados.

Salí sin saber a qué circular me asignaban. Resultó ser la número uno. En la requisa frente a la reja de entrada revisaron las pocas cosas que conservaba y me quitaron la mitad.

Los amigos me esperaban en la planta baja para ayudarme a cargar la cama y los bultos, y tratar de encontrarme un espacio, cosa muy difícil. Se había inventado una forma de colocar una tercera litera entre las dos fijas a la pared, al igual que colgar hamacas de sacos de yute, porque era la única manera de que cupieran cuatro o cinco en aquellas celditas.

Boitel y Carrión estaban allí. El encuentro con ellos fue una gran alegría. Boitel vivía en el segundo piso con Pérez Medina, amigo desde cuando los dos éramos libres. Primo de Neno, el que me regaló el rosario y lanzó un camión lleno de tropas por un desfiladero.

Conseguí un lugar en la celda 53 del segundo piso, con Wilfredo Noda, uno de los mejores poetas de la prisión y amigo leal y extraordinario.

Aquella circular, a la que jocosamente llamamos de los «Generales y Doctores», parodiando el título de la conocida novela de Carlos Loveira, estaba formada por un personal seleccionado cuidadosamente por la dirección del penal. Concentraron allí a todos los profesionales, universitarios, estudiantes, dirigentes de organizaciones anticastristas, políticos, ex oficiales de alta graduación del Ejército de Batista y de Castro, funcionarios de los dos gobiernos y elementos considerados por el régimen como peligrosos.

Esta selección tenía el objetivo de distanciar a los miles de presos que estaban en las tres circulares restantes de los que el gobierno llamaba cabecillas o ideólogos. Pensaban las autoridades de la prisión que así los presos, sin la orientación de los que más alto nivel académico tenían y de los dirigentes políticos, serían más fácilmente manejables para llevarlos al Plan de Rehabilitación. Este enfoque, equivocado, lo mantuvieron durante años. El tiempo demostraría que la conciencia de cada hombre, sus escalas de valores y su orgullo personal, le harían resistir sin necesidad de que otros le señalaran el camino a seguir.

Desde el punto de vista intelectual, aquel tiempo en la circular uno fue para mí la Edad de Oro del presidio en Isla de Pinos. La astucia de nuestros familiares para pasar en las requisas los libros que nos traían nos proporcionó una abundante cantidad de textos sobre todo el saber humano. Ocultas en el doble forro de las cajas de cartón, se colocaron hojas de una Biblia, que poco a poco se fue integrando dentro. Así pasaron varias Biblias, en cientos de paquetes.

Las actividades culturales, con todos aquellos libros, se intensificaron. Logramos introducir unos cursos de idiomas y a la semana se habían hecho decenas de copias manuscritas. Las libretas no alcanzaban y cuando terminábamos una, borrábamos sus hojas con la suela de goma de los zapatos de tenis. Con este método, una libreta podía usarse hasta cinco veces.

La alimentación se redujo a la mínima expresión, especialmente después del ciclón Flora, que en 1963 azotó Cuba de manera terrible, dejando cientos de muertos y arrasada la provincia de Oriente.

La dirección del penal se presentó en las circulares recabando nuestra ayuda: nos pidieron que donáramos ropa, frazadas... Muchos familiares nuestros vivían en las zonas afectadas, y además por solidaridad humana lo hicimos gustosos. Fue impresionante ver presos, que no tenían ni para suplir sus más elementales necesidades, dar lo poco que poseían —frazadas, una camiseta, calcetines—, para aliviar a los damnificados del ciclón. Varios camiones con nuestro aporte se sacaron del presidio. Aquel invierno pasé un frío intenso. Había donado, como casi todos, mi única manta. Luego conseguí un saco de yute y le cosí unos trozos de nylon, material que protege mucho porque no deja escapar el calor, y con eso me abrigaba de noche.

Increíblemente, la dirección del penal nos comunicó que durante tres meses habíamos donado nuestro almuerzo para las víctimas del ciclón Flora. ¿Qué clase de gobierno es aquel que tiene que acudir a los presos para que lo socorran en un desastre?

Llevaban al mediodía unos tanques de agua caliente y grasosa en la que nadaban algunos macarrones. De inmediato se bautizó aquello con el nombre de «sopa de tubos». En la tarde, un poco de harina de maíz amarga y un pan.

El hambre nunca fue mayor. Hubo quienes se dedicaron a la caza de gorriones, que eran allí abundantes. Daba pena ver a hombres, empujados por el hambre, pasar horas y horas con un tirapiedras vigilando a los pájaros.

A la circular solían entrar gatos por la noche. Pronto se hicieron trampas para cazarlos. Y un gato se convirtió en un codiciado manjar. La primera vez que lo comí aprecié su carne como la más exquisita que había probado en mi vida. Si tenía uno la suerte de que al gato lo atraparan amigos, podía comer un pedazo.

Como he dicho, mi primer paso para superar los escrúpulos que acarreaba de la calle, fue comer los caldos y granos con gusanos; así que comer gato no significó un sacrificio. Sabía que había pueblos que los criaban para alimentarse. Era un problema de falta de hábito en su consumo.

Unas palomas silvestres picoteaban por las tardes bajo las ventanas de las celdas. Yo fui uno más de los que preparó trampas para cazarlas. Un hilo fuerte con un grano de maíz en su extremo, y pegado a éste un anzuelo pequeñito, fabricado allí mismo. Otros colocaban complicados lazos. Yo jamás logré atrapar así una paloma.

Desde el primer piso, un grupo con mucha iniciativa planeó cazar uno de los cerdos pequeños que pertenecían a la cría de alguno de los militares y que andaban sueltos por todo el presidio.

Hicieron una soga, sacrificaron pedazos de sus mazorcas de maíz para atraer al cerdo y lograron enlazarlo. Ellos sabían que no cabría por entre los barrotes de la ventana. Fue una operación de un salvajismo brutal. El animal daba unos chillidos tremendos, pero en cuanto estuvo a la altura de la ventana, unas manos le cerraron el hocico con fuerza. Otro sacó un envase de yute y lo colocó debajo del animal con el objetivo de que la sangre no cayera a tierra. Al mismo tiempo, con una sincronización perfecta, lo apuñalaron y despedazaron con una velocidad increíble. Lo fueron cortando en trozos que cupieran por entre los barrotes y en un santiamén estuvo dentro, descuartizado.

Comenzaron entonces las llamadas de grupos de presos a la dirección del penal. Todos los días llamaban a 20 ó 30. Casi siempre eran los mismos. Dirigentes de organizaciones contrarrevolucionarias, o presos que tenían alguna ascendencia o relieve por su cargo o representatividad.

El objetivo de las llamadas era ofrecerles la rehabilitación política. Les argumentaban lo de siempre: que era inútil la resistencia, que los familiares seguían abandonados, sin ayuda...

Los que aceptaban tenían que firmar una planilla renegando de todas sus creencias y adoptando el marxismo como nueva razón de vida.

Se daba la situación de que cientos de prisioneros que habían solicitado la rehabilitación no eran llamados, pues la dirección los consideraba inocuos dentro de la circular. Mientras tanto iban haciendo una labor de zapa, desmoralizadora entre los que se negaban a dar ese paso. Intentaban, al mismo tiempo, captar a jefes de organizaciones, a presos cuya decisión podía, según la creencia de los militares, influir de manera determinante en la actitud de los demás.

El grupito de norteamericanos había sabido que Donovan, el abogado que intervino en el canje de los prisioneros de Bahía de Cochinos, viajaba a Cuba con el afán de lograr una negociación en favor de ellos.

La Embajada suiza, que se ocupaba de los intereses de Estados Unidos en Cuba, había visitado a los norteamericanos, informándoles de cómo iban las gestiones.

Un día los llamaron. Sólo dejaron a Vidal Morales y a Rafael del Pino en la circular. Los dos se sintieron abatidos. Ambos eran cubanos con ciudadanía americana, pero conocían a Castro y su odio tenaz contra sus enemigos.

Una tarde, mientras meditaba echado en su camastro, llamaron a Vidal Morales. Se levantó de un salto y rodeado de amigos recogió sus pocas pertenencias. Lo llevaron al pabellón donde se encontraban los demás norteamericanos. El director Tarrau, lamentando que lo hubieran llamado, le dijo que se había salvado a última hora.

Allá en la circular quedó el único ciudadano norteamericano excluido del canje por el propio Castro: Rafael del Pino. Era el 13 de abril de 1962. Vidal Morales notó que para él este número tenía una significación especial: un 13 de diciembre lo detuvieron, fue juzgado un 13 de marzo y ahora, otro día 13, daba el primer paso hacia la libertad. ¡No todas las veces el número era fatídico!

Del pabellón los trasladaron a La Cabaña, donde los encerraron en un salón aislado. El día 21, Donovan fue a visitarlos para comunicarles que al día siguiente partirían con él rumbo a los Estados Unidos. En los últimos momentos, Jack de Saldo, otro preso que cumplía 10 años, y Johnny Spíritu, se sumaron al grupo. Cuando los conducían a la sede de la Policía Política para vestirlos con ropas de civil, Spíritu fue separado, y no volvieron a verlo nunca más.

A las 10.30 de la mañana un avión de la Cruz Roja despegaba del Aeropuerto Internacional de Rancho Boyeros con destino a la base militar de Homestead, en La Florida.

Cuando la simpática azafata, Kay Burnett, les dijo a los emocionados pasajeros que podían zafar sus cinturones de seguridad, abrió dos botellas de champaña para brindar, y Donovan, mirando el litoral habanero que iba quedando atrás, les dijo:

—¡Ya estamos en aguas internacionales, ya ustedes son libres!

Todos aplaudieron con entusiasmo y más de un par de ojos se nublaron de llanto.

El doctor Dean Wyentbales, del U. S. Public Health Service, los examinaba con la ayuda del doctor Bighinetti, de la Cruz Roja. Tres de aquellos pasajeros norteamericanos respiraron con un alivio especial. Toda la negociación se había llevado a cabo especialmente por ellos, para evitar que cayeran en manos de los soviéticos. Eran Carswell, Danbrunt y Taransky —al menos ésos eran entonces sus nombres—, oficiales de la Agencia Central de Inteligencia (CIA), a los que la KGB buscaba con ahínco desde hacía años y que nuevamente se le escapaban.

# Capítulo XXVII
## El juicio a los pilotos

Los meses fueron pasando y la decisión de no aceptar las visitas con aquellas telas metálicas se mantenía unánime.

Martha y yo continuábamos, con mil trabajos, escribiéndonos. Ideamos un método de escritura invisible, muy elemental, pero que nos dio resultado. Como estaba permitida la entrada de libretas escolares, Martha, siguiendo mis instrucciones, preparó una tinta invisible, que se podía confeccionar muy fácilmente: en agua hirviendo se agregaba un poco de almidón de yuca, hasta formar un líquido de la consistencia de una pasta muy suave. Luego, utilizándola como si fuera tinta, podía escribirme. La pluma trazaba las letras con el suave brillo del líquido, que muy rápidamente desaparecía, absorbido por el papel.

Cuando yo recibía estas libretas, para revelar la escritura agregaba unas gotas de tintura de yodo a un poco de agua. Después mojaba un algodón en este líquido y lo pasaba por las hojas. Entonces iban saliendo las letras precisas, claras, legibles con facilidad.

Martha se convirtió en una verdadera experta. Después se le ocurrió, para poder escribir con más velocidad y no tener que mojar la pluma, conseguir una estilográfica nueva, que no hubieran cargado nunca con tinta, y la llenó con la solución de almidón.

Cada dos meses recibía yo una libreta completa escrita por ella. Era una gran alegría para mí ir revelando cada página. Cuando por razones de seguridad necesitaba mandarle a decir algo, usaba el mismo método.

A veces, incluso, enviaba la carta por la requisa. Tenía una táctica que no fallaba: usaba una hoja grande, de rayas, escribía mi mensaje oculto, debajo de la línea, y a continuación, sobre la misma línea, redactaba una carta elogiando el «buen trato» que recibía de las autoridades. Y con eso era suficiente: mi carta llegaba sin falta a manos de Martha.

Ella debía usar dos formas para revelar: la misma empleada por mí, o el calor, porque yo no siempre podía obtener el almidón de yuca. Cuando eso ocurría, para escribirle usaba una aspirina disuelta en agua, pues el ácido acetilsalicílico reacciona al calor. Lo mismo sucedía con un medicamento llamado *Pahomín*, un antiespasmódico que había en el botiquín, o jugo de limón, y cuando no tenía ninguno de ellos, utilizaba el que no faltaba jamás: los orines.

Aquella correspondencia con Martha era mi más importante dedicación entonces. Gracias a ellas nos íbamos adentrando uno en el otro. Ya Martha no era la jovencita de quince abriles. Ahora tenía diecisiete y los dos íbamos fabricando en nuestro mundo de letras un futuro muy hermoso que compartíamos con fervor y esperanza.

Aquella amistad llenó de ternura y fe nuestras vidas. Comenzamos a sentirnos como amigos de siempre, como dos seres queridos que hacía mucho tiempo no se encontraban. Para mí fue un dulce apoyo, un sostén firme que me ayudaba grandemente. No le había declarado mis sentimientos, pero aun sin esas palabras ya sentía que había alguien que pensaba en mí, que esperaba por mí, además de mi familia.

Su padre, Benito, había sido ubicado también en la circular uno. Y aunque no pudimos tomar la misma celda, vivíamos ambos en el segundo piso.

El cambio amplió el círculo de amigos y pasé meses muy entretenidos. Por las noches solíamos reunirnos en mi celda el ex comandante Claudio Medel, Carrión, Neugart y yo, y la pasábamos muy bien, en agradables tertulias donde la literatura, la historia y la filosofía eran temas favoritos.

Medel, de memoria prodigiosa, era capaz de ofrecer conferencias sobre historia de las guerras. Sus exposiciones en este tema eran brillantes, y esperadas con interés. En una ocasión pronunció, para los estadounidenses, en inglés, una charla sobre la guerra civil norteamericana y éstos comentaron que jamás habían escuchado en su propio país nada tan completo. Quizá no sabían que Medel daba esas mismas conferencias cuando era profesor de la Academia de Altos Estudios Militares y que era autor de media docena de libros, algunos publicados en Estados Unidos por estar considerados entre los mejores. Se había especializado en Napoleón y fue quien organizó y dirigió el Museo Napoleónico de Cuba, propiedad del millonario Julio Lobo, el magnate azucarero.

Veterano de la Segunda Guerra Mundial, artillero de cola de un «B-26», fue siempre un estudioso excepcional. Su dominio del francés le valió un ascenso inesperado cuando una misión de alto nivel militar de Francia arribó a Cuba. Era el único en el Estado Mayor que hablaba francés.

Al triunfo de la revolución de Castro, Medel se encontraba en el Estado Mayor. No tuvo problema alguno, pues los barbudos necesitaban de su capacidad. El mismo Raúl Castro buscaba su compañía con preferencia. Cuando se produjo la primera gran conspiración, en 1959, la llamada «trujillista», que involucró a los ex militares de Batista, Castro limpió el Ejército encarcelando a los encartados y expulsando al resto.

Medel estaba entre los conspiradores. Cuando Raúl Castro lo supo, fue a verlo y le dijo con furia:

—¡Medel... estabas conspirando tremendamente!

—Muy modestamente, comandante, muy modestamente —fue la respuesta de Medel, que pasó a la historia de aquella conspiración como una de las más recordadas anécdotas.

\* \* \*

El tiempo transcurría con vertiginosa rapidez. Por entonces me había trazado un intenso plan de estudios, desde el amanecer hasta que ya no podía seguir por falta de luz.

Boitel dormía en una hamaca y acostumbrábamos reunirnos diariamente en su celda. Muchas veces analizábamos la posibilidad de un nuevo intento de fuga, pero no hallábamos el medio que nos alentara a ello.

Aquel verano, caluroso en extremo, provocó algunas mangas de viento en Isla de Pinos. Son una especie de tornados pequeños que alcanzan vientos poderosos. En Cuba se les llama «rabos de nube». Un tornado de éstos se llevó varias planchas del techo de la circular y dejó un boquete como de tres o cuatro metros. Por carecer de las grandes tejas de fibra de cemento para reparar la avería, la dirección del penal dejó aquella abertura. Sabían, además, que descender desde el sexto piso por la pared exterior de la circular sin ser vistos por las garitas cercanas era algo prácticamente imposible.

Por aquel hueco entraba el sol, y el lugar se convirtió en un solárium. Sin embargo, curiosamente, a la mayoría no le interesaba tomar sol. Era sólo un grupito los asistentes diarios. Agustín Piñera, ex capitán piloto de la disuelta Fuerza Aérea de Batista, estaba entre los que siempre iban, y allí trabamos una honda amistad. Piñera fue víctima del primer gran atropello y abuso de autoridad de Castro. Fue un hecho cuya monstruosidad recogió toda la prensa del mundo en el mismo año de 1959: la famosa causa de los pilotos, que debió bastar por sí sola para alertar sobre cuál sería el futuro camino de la revolución.

El primero de enero de 1959, cuando Batista huyó, un grupo de pilotos de combate, de los que habían participado en acciones de guerra en la Sierra Maestra contra las guerrillas de Castro, huyó con sus aparatos hacia la República Dominicana o hacia Miami. Los pilotos de enlace y transportes, instructores, mecánicos y personal de tierra no tenían por qué escapar y se quedaron en sus puestos.

El mismo Castro les comunicó, en una reunión que sostuvo con ellos, que la aviación no tendría problemas. Les dijo que él sabía que los que habían atacado a sus tropas eran los que escaparon, y que ahora iba a necesitar de ellos, pues tenía el proyecto de bombardear la Sierra Maestra con juguetes para los hijos de los campesinos. Pero nunca lo hizo. El que sí bombardeó la cordillera del Escambray con ropas y juguetes para las familias campesinas, el 14 de febrero, fue el comandante Eloy Gutiérrez Menoyo, héroe legendario de aquella zona donde peleó bravamente contra los tropas de Batista.

Sorpresivamente, en el campamento militar de Columbia, donde radicaba la Fuerza Aérea del Ejército, todos los pilotos fueron detenidos. A los mecánicos, les dijeron, irían como testigos. Un revolucionario, que había sido exiliado en México, Antonio Sánchez Cejas, fue nombrado por el propio Castro oficial investigador de la causa de los pilotos.

El día que transportaban a los acusados hacia la ciudad de Santiago de Cuba, la esposa de uno de ellos, embarazada, trató de hablar con su marido. Sánchez Cejas la tomó por un brazo y de un fuerte tirón la hizo caer a tierra. Cuando la madre de aquella mujer quiso ayudarla a levantarse, el oficial se lo impidió diciéndole que ella podía levantarse sola. A pesar de todo, la mujer insistió en ver a su esposo. Sánchez Cejas amenazó a las dos, madre e hija, advirtiéndoles que si no se iban por las buenas él las sacaría por las malas. Y tuvieron que marcharse. La mujer con golpes en la pierna y en la boca, por la caída que le provocó Sánchez Cejas.

Y fue precisamente a este hombre a quien el gobierno nombró como fiscal para el juicio. Sería su primer caso, con el que pensaba debutar brillantemente.

Ordenaron un proceso sumarísimo inmediato. El fiscal Sánchez Cejas reunió a los familiares de los pilotos y les comunicó que ellos sabían que la pena de muerte era una sanción normal para los ex militares batistianos y que todos iban a ser fusilados y que así debían aceptarlo.

Los familiares se dirigieron a monseñor Pérez Serantes, el mismo al que Castro pidió que intercediera cuando fracasó el asalto al cuartel Moncada, en julio de 1953, para buscar su protección y obtener garantías para entregarse a las autoridades. En el asalto a este cuartel, un grupo de las tropas de Castro irrumpió en el hospital militar donde se encontraban soldados convalecientes de diversas dolencias y varios enfermos inermes fueron pasados a cuchillo, apuñalados en las camas. Algunos no se habían repuesto todavía por completo del efecto de la anestesia de la reciente intervención quirúrgica y pasaron del sueño limitado al eterno.

Los familiares de los pilotos, con la intervención de Pérez Serantes y del sacerdote Chabebe, lograron que el juicio se aplazara, obteniendo así, al menos, abogados y tiempo para preparar la defensa.

El presidente del tribunal que se constituyó para aquel proceso fue el comandante Pena, jefe de la columna 18 del Ejército Rebelde.

La acusación del fiscal fue de «genocidio», figura delictiva que no aparecía siquiera dentro de la Ley n.° 1 de la Sierra Maestra, promulgada por el comandante Sorí Marín, al que Castro fusilara en 1961. Era por ese código por el que los pilotos estaban siendo juzgados, y el tribunal debía concretarse únicamente a su texto. A los mecánicos, que se les trasladó a Santiago de Cuba en calidad de testigos, una vez allí fueron incluidos en el proceso como acusados.

Lo único que el fiscal logró probar fue que, durante todo el curso de la guerra, sólo 8 personas murieron en los ataques aéreos. Al propio tribunal le constaba que muchas de las bombas lanzadas por aquellos acusados no llevaban los detonadores activados, con toda intención, y de ellas se abastecían de TNT las guerrillas castristas.

Los testigos del fiscal fueron demolidos, no sólo por la defensa, sino por la lógica. Se presentó un señor que decía había recibido cinco balazos de ametralladora en el pecho, disparadas desde un bombardero «B-26». No sabía aquel testigo falso que el calibre de esas ametralladoras es el número 50 y que no existe posibilidad de quedar vivo cuando se es alcanzado por ellas. Se comprobó que lo que había recibido era una descarga de cartuchos de escopeta.

Otra señora, testigo del fiscal, declaró que fue atacada por un avión «Seafury», uno de los aparatos de propela más rápidos que existían. Sin embargo, la mujer identificaba al piloto, llamado Campbell, y lo señalaba en el acto del juicio aseverando que había sido él.

Diariamente, el fiscal arengaba a la población por la radio local contra los pilotos y también utilizaba los periódicos *Sierra Maestra*, *Revolución* y *Surco*, donde los calificaba de asesinos desalmados.

A las 6.30 de la tarde del 2 de marzo, el tribunal dio a conocer la sentencia, que fue leída por el comandante Félix Pena, presidente del tribunal:

> Considerando que este tribunal, consciente de la responsabilidad que asume ante la Revolución, ante el pueblo y ante la historia, por convencido de la nobleza de su proceder, inspirado por los postulados democráticos que la honestidad, amor, equidad y justicia han inspirado este movimiento revolucionario, ejemplo digno para todos los pueblos de América y del mundo.»
>
> Fallamos que debemos absolver y absolvemos a todos y cada uno de los acusados en este proceso, disponiendo al propio tiempo la libertad de los mismos, sólo por esta causa, debiendo dictar al efecto todos los despachos que fueren necesarios para el cumplimiento de esta resolución, así como la notificación de la misma a todas y cada una de las partes.

La reacción del fiscal Sánchez Cejas fue inmediata. Habló con Raúl Castro, que estaba al tanto del juicio. Se dirigió luego a una estación de radio, la C.M.K.C., y desde allí arengó a la población contra el tribunal y los pilotos absueltos, en tanto que turbas comunistas intentaban congregar a los santiagueros para protestar contra el fallo, recorriendo las calles.

Castro, en cuanto conoció la absolución, dio instrucciones al Jefe Militar de Santiago de Cuba, comandante Piñeyro, alias Barba Roja, actual Jefe de la Sección América del Comité Central del Partido, para que los pilotos no fueran libertados.

El capitán Pepín López, que tenía a su cargo la custodia de los pilotos, recibió la orden de no ponerlos en libertad, en contra del fallo del tribunal. Años después, este oficial escapó al exilio y llevó la orden con él. Esa misma noche Castro apareció en el Canal 6 de T. V. dirigiéndose al pueblo:

> «La sentencia absolutoria dictada en el juicio a seguir a los pilotos, será apelada, pues de la misma manera que un criminal de guerra que está inconforme con la sentencia, apela, el Ministerio Fiscal, que representa al pueblo y a la Revolución, tiene el mismo derecho cuando la sentencia no es justa.
>
> Ha sido grave error del tribunal revolucionario absolver a esos pilotos criminales y en prestarle un servicio a Batista, facilitarles aviadores mercenarios a Trujillo y a los enemigos de la Revolución para que de nuevo sean capaces de bombardear la población civil de Cuba.
>
> Sería el colmo de la ingenuidad de un pueblo y de una Revolución, poner en libertad precisamente a los que fueron los más cobardes asesinos y servidores de la tiranía. Los tribunales revolucionarios no necesitan otra prueba que las ciudades y poblaciones devastadas y las decenas de cadáveres de mujeres y niños destrozados por la metralla y las bombas de los aviadores. ¿Es que acaso vamos a darle oportunidad a esos miserables que de nuevo vuelvan a pilotear aviones de bombardeo contra Cuba y escribir otra vez su historia siniestra de luto y tragedia desde cualquier base de Santo Domingo u otro país donde se han refugiado los grandes culpables de la tiranía?
>
> Para eso no se hizo la Revolución, y los que estamos al frente no podemos permitir que se cometa semejante error. Ésta es una cuestión que atañe a la seguridad de la ciudadanía. Por eso nos vemos obligados a intervenir en este asunto, ya que no podemos guardar silencio frente a semejante peligro. El pueblo de Santiago de Cuba no debe inquietarse, porque la sentencia será apelada y un tribunal recto juzgará de nuevo los hechos».

Estas palabras de Castro decidieron de antemano el futuro de los pilotos. Ya todos sabían, antes de celebrarse el nuevo juicio, que serían condenados. Para Castro, abogado, la «santidad de la cosa juzgada» nada significaba. Para los tiranos, éstas son fantasías.

La verdadera razón por la cual Castro quería encarcelarlos estaba expresada en su discurso. No podía absolverlos porque eran oficiales jóvenes, formados y graduados en Estados Unidos, que no iban a seguirlo en su rumbo marxista, y que con toda seguridad lo combatirían. Eran potenciales y peligrosos enemigos. Los coroneles y oficiales antiguos, hombres maduros que pasaban de los 60 años, los oficiales superiores del puesto de mando, fueron investigados y enviados a sus hogares. Castro no les temía por su edad.

Toda la acusación de ciudades devastadas y decenas de cadáveres de mujeres y niños, era pura mentira. El mismo fiscal había admitido que durante los dos años de guerra la aviación causó solamente ocho muertos. Algunos de éstos por accidente, como el ocurrido en el poblado de Sagua de Tánamo, donde una caja de parque, lanzada desde un avión, cayó sobre la casa de un campesino, provocando una víctima. Los pilotos fueron acusados de bombardear este caserío, que se demostró había sido incendiado por tropas de infantería, primero del ejército de Batista y después por el propio Castro. Igualmente fueron acusados del bombardeo de la iglesia del poblado de Güeynabó, cuando nunca existió allí una iglesia.

Castro nombró un nuevo tribunal formado por servidores de su absoluta confianza, presidido por el comandante Manuel Piñeyro, que condenó a 30 años de cárcel a los pilotos y a 10 a los mecánicos. La sentencia incluía trabajos forzados.

A los abogados defensores del primer juicio, Peña Jústiz y Arístides D'Acosta, los expulsaron del ejército y fueron además separados de sus cátedras en la Universidad de Oriente, donde eran profesores. El primero terminó en la prisión, donde se encontraría con sus defendidos. El comandante Félix Pena, presidente del primer tribunal, el que absolvió a los acusados, y el teniente auditor Parúas, solicitaron al comandante Yabor, también miembro del tribunal, que presentara sus renuncias al Presidente de la República, Urrutia, las cuales fueron aceptadas.

Unos días después, el comandante Félix Pena apareció muerto dentro de su automóvil. Tenía un balazo de calibre 45 alojado en el corazón.

Hubo versiones acerca de aquella muerte. Una, que se suicidó avergonzado por la injusticia cometida contra los pilotos y por la humillación que sufrió por parte de Castro, de la cual fue testigo toda la nación. Otra, que fue asesinado de manera tal que pareciera un suicidio. Lo cierto es que la misma noche Fidel y Raúl Castro, visiblemente contentos, fueron a un partido de béisbol. Llamó la atención que no asistieran al entierro y no enviaran siquiera una nota de pésame a la madre del comandante Pena.

Con la monstruosidad jurídica que significó el juicio de los pilotos, cuanta injusticia e irregularidad cometió el gobierno de Batista quedó igualada por la revolución. Nunca más los que censuraron los atropellos batistianos pero apoyaron aquel acto, tendrían moral para la crítica.

Yo conocí a los pilotos, entre los que tengo grandes amigos. Además de Piñera, Estévez, Campbell, un gigantón de ébano, los hermanos Bermúdez, en fin, a todos. Conocí también al doctor Peña Jústiz, el valeroso abogado defensor que murió después como consecuencia de la prisión.

# Capítulo XXVIII
## Trabajos forzados

Fue Piñera el que me inició en la observación de las estrellas y el estudio de la astronomía. En las noches claras, subíamos al sexto piso y por el hueco del techo y una ventana que daba hacia el este, esperábamos la salida de las constelaciones Orión, Can Mayor, Leo. Por el día estudiaba textos siderales. Poco a poco, las estrellas comenzaron a serme conocidas: Sirio, Arturo, Rígel formaron entonces parte de mi mundo.

Algunos amigos que me veían buscando por las ventanas una estrella, me decían que iba a volverme loco. Para mí resultó una dedicación apasionante y muy pronto se me unieron otros interesados en el tema. Uno de ellos fue Fernando López del Toro. Había entrado a Cuba clandestinamente desde Miami, para combatir a Castro. Su detención, a tiro limpio, junto a Vladimir Ramírez y a Roberto López Chávez, fue una de las más sonadas acciones ocurridas en La Habana. ÉL y Roberto vivían en la misma celda. Eran amigos inseparables. Los dos morirían en la cárcel años más tarde: Fernando suicidado, Roberto en huelga de hambre.

La alimentación, carente en lo absoluto de vitaminas y proteínas, y sin una cantidad suficiente de calorías, dejó sentir sus consecuencias. En los recuentos, los reclusos comenzaban a desmayarse y era frecuente que durante el día se produjeran varios casos con aquellas fatigas.

La situación se denunció constantemente. El jefe de los Servicios Médicos de la prisión era un militar de apellido Alvarez, que había estado en Argelia en una «misión internacionalista» y que en lugar de estetoscopio andaba siempre con una pistola y disparaba para las circulares por divertirse. Toda gestión con él resultó inútil.

Un día, el jefe de los Servicios Médicos del Ministerio del Interior, en una visita de inspección, llegó hasta nosotros. Se suponía que fuera médico, pero no lo era. Había sido viajante de medicina. Este señor, el «doctor» Herrera Sotolongo, comunista español, había huido a Cuba como consecuencia de la guerra civil española y por obra y gracia de la solidaridad de la revolución cubana se había convertido en jefe de los Servicios Médicos de todas las cárceles de Cuba, y había que dirigirse a él llamándole «doctor», pues de lo contrario no respondía. De medicina no sabía nada, por supuesto, pero era elemento de confianza. Se le planteó la necesidad de examinar a los más enfermos y comenzaron a hacer análisis de sangre por grupos.

Uno de los reclusos que trabajaba en el hospital iba a las circulares y, a través de la reja, los presos sacaban el brazo. Los primeros resultados fueron alarmantes: tres millones o tres millones y medio de glóbulos rojos. Hubo casos con dos millones y pico nada más. A éstos, en camillas, para que no caminaran, se los llevaron con urgencia al hospital.

La dirección del penal, alarmada, consultó a La Habana... Y pararon los análisis. Hacía casi dos años que las proteínas y vitaminas habían desaparecido de la dieta. La salud de infinidad de reclusos estaba quebrantada.

En el pequeño paquete de ayuda que enviaban los familiares sólo podía entrar harina de trigo, gofio de maíz o dulces, y cualquier tipo de polvo que no fuera leche o chocolate. Recuerdo que mi madre me hacía unos bloquecitos, como si fueran dulces, que ella misma preparaba en la casa. Estaban formados por huevos deshidratados al sol e hígado de res, también pulverizado y aglutinado con azúcar. No sabían bien, pero eran proteínas. Esto me permitía, burlando la vigilancia, ingerir algunas proteínas cada 60 días. Por otra parte, Martha había logrado conseguir vitaminas y molía las tabletas y las agregaba al gofio de trigo. Para mí, que conocía la consecuencia de la avitaminosis, se me hizo como una obsesión tratar de no padecerla. Subsistir era en mí un propósito y una dedicación constantes.

En el país, la adquisición de proteínas en polvo u otros alimentos deshidratados era imposible. Sencillamente no existían.

Fue debido a esta desnutrición general entre los presos que después de años, por primera vez, nos dieron carne de chivo. Era una carne en conserva, apestosa, hedionda, que llenaba con su penetrante olor toda la circular. Para mí, que la devoré con fruición, resultó un plato inolvidable.

Después incluyeron un huevo hervido tres veces por semana. Aparecieron pepinos en rodajas y se inició una mejoría en los alimentos. No podíamos estar débiles y anémicos para lo que nos tenían preparado, y que nosotros no éramos siquiera capaces de sospechar.

Fue entonces que Manolo Ray —ex ministro de Obras Públicas del primer gobierno de Castro y jefe de uno de los más grandes movimientos anticastristas—, desde el exilio anunció una invasión a Cuba. El 20 de mayo fuimos sacados de las circulares numerosos prisioneros y trasladados al edificio del pabellón de castigo, donde nos instalaron en dos salas. Estábamos allí como rehenes. El jefe de la guarnición, capitán Morejón, fue a decirnos claramente que cuando sonara el primer tiro, nosotros seríamos ejecutados. Nuestra sala se comunicaba, por el saloncito frente a los servicios, con la otra a través de una alta ventana enrejada y ante la única puerta de entrada emplazaron una ametralladora.

Sabíamos que existía una situación de crisis, una amenaza de invasión y teníamos que conocer lo que estaba ocurriendo. El costado de nuestra sala, con altas ventanas, daba hacia la circular tres. Ideamos entonces la comunicación con esta circular.

Colocamos dos camas, una sobre la otra, y Villardefranco y yo subimos hasta alcanzar la ventana. Rogelio Villardefranco era un magnífico y experimentado telegrafista. Hicimos unas cuantas señales hasta que los de la tres nos vieron. De inmediato buscaron a uno de los telegrafistas de allá y se estableció el contacto. Todas las tardes subíamos a recibir el boletín de noticias. Villardefranco recibía y yo copiaba en una hoja de libreta, que titulaba *¡Ahora sí...!* y que ilustraba con un repartidor de periódicos, muy estilizado, que corría con ejemplares de diarios bajo el brazo.

Una vez nos vio un guardia. El capitán Morejón entró en la sala. Mandó a hacer silencio y comenzó muy correctamente a decir que había disposiciones de la prisión que prohibían a los ciudadanos detenidos allí asomarse a las ventanas, pero se fue enardeciendo en su arenga y terminó con amenazas groseras. Al retirarse, ya en la reja, gritó:

—¡Al maricón que se asome otra vez por una ventana, hay orden de tirar a matar..., ya lo sabe...!

Pero tomando precauciones, continuamos asomándonos. No podíamos suspender la comunicación. Durante los días que pasamos allí la alimentación mejoró de manera notable. Ocurrió algo verdaderamente inconcebible para quienes son ajenos a una vida como la que llevábamos nosotros. En el otro salón, González Rojas, un ex oficial de alta graduación del gobierno anterior, tenía un dolor de muelas terrible.

Sabiendo que Cepero estaba en nuestra sala, lo llamó pidiéndole le sacara la muela. Toda gestión con los militares para que lo atendieran fue inútil, y eso que solamente había que cruzar la calle.

La única manera de hacer la extracción era a través de los barrotes de aquella ventana que comunicaba los salones. Todo el instrumental de que disponía Cepero eran unas tenazas y un destornillador. Se desinfectaron lo mejor que se pudo.

Entre varios compañeros izaron y sostuvieron del otro lado de la reja al paciente rabiando de dolor, mientras del lado de acá se hacía lo mismo con Cepero para que pudiera tener las manos libres. Rojas se aferraba a los hierros, con la boca abierta y la cabeza hacia atrás.

La tenaza de Cepero metida entre los hierros, se cerró alrededor de la muela. Cuando el puño firme del dentista se movió desarraigando la pieza, sin anestesia, los nudillos de Rojas se tornaron blanquecinos. Sus manos parecían soldadas a los barrotes.

Cepero tiró con fuerza. Fue una extracción impecable, única, sin precedentes. Estoy seguro que jamás se hizo una como aquélla en prisión, y mucho menos en tales circunstancias.

Un mes exactamente estuvimos allí. El 20 de junio nos ordenaron recoger nuestras pertenencias. Boitel, Fernando Pruna y yo íbamos juntos.

Nos llevaron para la circular tres. Éramos 150 hombres. Pero a las tres o cuatro semanas, se produjo un nuevo traslado, ahora general, masivo. Una jornada agotadora. Cientos de presos con todas sus pertenencias de un corral a otro, de una circular a un corral. Así terminaron la selección que habían hecho del personal.

Los que estábamos en la uno volvimos a reunirnos ahora en la cuatro. Ya todo estaba listo para comenzar el plan de trabajos forzados, el más grande derroche de violencia que se desató en toda la historia del presidio de Isla de Pinos, sólo superado años después en la cárcel de las celdas tapiadas de Boniato.

El inicio del trabajo forzado fue precedido por una ola de terror y represión que tenía como objetivo amedrentarnos. Ya la dirección del Ministerio del Interior había calculado que tendrían que matar a muchos de nosotros.

Llamaron al plan «Camilo Cienfuegos», nombre de uno de los comandantes que peleó con Castro en la guerrilla y militante de la Juventud Socialista Popular, denominación que usaba el Partido Comunista desde 1944. Camilo Cienfuegos desapareció misteriosamente en un vuelo de la provincia de Camagüey a La Habana.

El 9 de agosto de 1964 se inició la formación de las primeras cuadrillas de trabajo forzado en los edificios que albergaban entonces a presos políticos *plantados*, esto es, aquellos que no aceptaban el Plan de Rehabilitación.

Sin ningún motivo, sin una sola causa que lo justificara, la guarnición irrumpió en el edificio seis. Desde que entraron empezaron a golpear a diestra y siniestra. Invadieron los pisos altos destrozando todo lo que encontraban en las celdas. A los cinco minutos los heridos y contusos sumaban decenas.

Los guardias iban enardeciéndose, pues saber que inspiraban terror era algo que los complacía. Se regodeaban en ello.

El teniente Porfirio García, jefe del Orden Interior, dirigía la requisa personalmente, bayoneta en mano, pegando sin contemplaciones, y sus hombres emulando con él en el castigo. Fue el propio teniente Porfirio el que le hundió la bayoneta a Ernesto Díaz Madruga. La primera estocada se la clavó sobre la ingle, reventándole la vejiga. Luego, cuando iba cayendo, el sargento Matanzas, secuaz de Porfirio, volvió a apuñalarlo, rematándolo.

En el suelo le dieron de patadas. Lo agarraron por los tobillos y lo arrastraron escaleras abajo. Iba golpeando los escalones con la cabeza; de la boca le salían buches de sangre negruzcos. Ya era cadáver.

El asesinato de Ernesto, la primera víctima del plan de trabajos forzados, tuvo por objetivo hacernos comprender que lo mismo podía sucedernos a nosotros y que supiéramos que nuestras vidas no tenían valor alguno para ellos.

Ya las circulares uno, dos y tres y el edificio seis estaban saliendo a trabajar. Nosotros no habíamos sido llamados y algunos pensaron, por encontrarse allí un personal clasificado —estudiantes, profesionales y los que más representación política tenían— que no iban a sacarnos a laborar. También se encontraban en aquella circular los ancianos y los impedidos físicos, con lo que fortalecían su teoría los que consideraban que seríamos simplemente espectadores de la tragedia que ya sufrían los demás.

Yo compartía entonces la celda con Richard Heredia, el que, en los primeros días de nuestra detención, junto a Carlos Alberto Montaner, participó en un intento de abrir un agujero en la pared del calabozo de la Policía Política.

Un grupo de los que habían pasado al Plan de Rehabilitación, para ganarse los favores del enemigo, no les bastó con su hundimiento personal y su desmoralización, sino que además, por propia iniciativa, escribieron y montaron una obra de teatro a la que llamaron *La libertad a tres pasos*.

El argumento presentaba a los que habíamos decidido resistir y quedarnos en las circulares como elementos antisociales, drogadictos, delincuentes y homosexuales, verdaderos desalmados, lo mismo que decían de nosotros los comunistas en su campaña de difamación.

La obra justificaba el que ellos hubieran dado el primer paso; aceptar la Rehabilitación Política, porque entre nosotros era imposible vivir.

Este bochornoso espectáculo se estrenó en el comedor de la prisión de Isla de Pinos y llevaron presos de todo el país, incluyendo mujeres.

El «éxito» fue rotundo. El Ministerio del Interior se encargó de representar la obra en todo el país y fue exhibida en los teatros de la capital e incluso en la televisión.

En tanto, la represión dejaba un saldo de cientos de heridos, golpeados y el primer muerto.

El mismo teniente Porfirio entró a nuestra circular, se dirigió al rejero y le dijo que ordenara al personal que sería llamado que bajara de inmediato. Ya traían las listas confeccionadas desde la dirección y formados los bloques de trabajo. Cada bloque estaba integrado por cuatro cuadrillas y éstas, a su vez, por unos cincuenta prisioneros.

Yo fui llamado y asignado al bloque 20, en el que estaba la mayoría de mis amigos, a excepción de Boitel, que lo clasificaron con el de los estudiantes. Carrión, Pruna, Gustavo Rodríguez, los pilotos y otros doscientos más componían nuestro batallón de trabajo.

Se produjo un incidente mientras estábamos en la planta baja. Unos compañeros, desde el cuarto piso, comenzaron a gritarle asesino al teniente Porfirio. Éste se viró para el rejero dándole las quejas, pero los que estaban arriba continuaron sus gritos.

Cierto que era un asesino, que había matado a Ernesto, pero le desagradaba que se lo señalaran. Fue a la puerta y ordenó que acudiera la guarnición... A los cinco minutos la tropa, armada con fusiles y bayoneta calada, con el capitán Morejón al frente, llegaron frente a la reja del rastrillo como perros furiosos.

Los presos comenzaron a cantar el Himno Nacional. Los que estábamos en la planta baja seríamos los primeros en chocar con la guarnición. Me vi hecho trizas y tuve miedo. A mi lado estaban Pruna y Carrión. Les sugerí que nos fuéramos acercando a la torre central, para protegernos. No podíamos abandonar la planta baja, ni subir a los pisos, ni correr por dentro.

El teniente Porfirio bufaba porque la guarnición no había ido armada con bayonetas de mano, sino con fusiles y así no podían entrar.

Abrieron el cerrojo. Nosotros estábamos en tensión, preparados para la paliza. Pero el capitán Morejón entró solo, las notas del Himno Nacional terminaron y desde el cuarto piso se escuchó la voz de Mario Gavilán:

—¡Capitán..., aquí lo único que se ha hecho es cantar el Himno Nacional y a ningún cubano, esté en un bando o en el otro, puede ofenderle el Himno...!

Se había hecho un silencio cargado de presagios y temores. Hubo un momento de titubeo en el capitán Morejón...

—¡Está bien...! —fue lo único que dijo. Volvió las espaldas y se marchó. Ese día, gracias a la intervención oportuna y serena de Gavilán, nos salvamos de una buena golpiza.

Rivero Caro, periodista, fue uno de los primeros que decidió no trabajar, y así lo comunicó al oficial que estaba organizando los bloques. Tomaron nota de su nombre y también del de Alfredo Izaguirre, que fuera el director de periódico más joven de toda la América, miembro de la Sociedad Interamericana de Prensa (SIP). A su cargo tenía el diario *El Crisol*, de La Habana, nacionalizado por el gobierno.

Alfredo había participado en diversas acciones contra el régimen de Castro. Entró y salió muchas veces de Cuba clandestinamente, planeaba un atentado a Raúl Castro. Después, un ataque a la base naval norteamericana de Guantánamo, enclavada al sur de la provincia de Oriente, que se interpretaría como una acción de venganza de Castro. Esto tenía la intención de provocar una intervención armada de Estados Unidos que daría al traste con Castro. Pero los órganos de Seguridad del Estado descubrieron el complot y Alfredo fue detenido. Pasó muchas semanas condenado a muerte, esperando todas las noches ser llevado al paredón de fusilamiento. Ser miembro de la SIP influyó de manera decisiva en que Castro cambiara la pena máxima por la de 30 años de reclusión.

La operación coordinada por la Agencia Central de Inteligencia, tenía para los que la idearon el nombre de «Operación Patty»; la Policía Política cubana llamó a su operación «Candela».

Uno de los casos más importantes, por su trascendencia, había sido éste. Las autoridades cubanas hicieron una película en la que relataban toda la operación y la sagacidad de los órganos de la Seguridad del Estado. Con el título de Patty y Candela fue exhibida en los cines de Cuba. En torno a esta película se produjo un fenómeno interesante. Alfredo, que se suponía que resultara un elemento odioso para los espectadores, ya que había tratado de destruir la revolución, era enviado por la CIA y representaba a la sociedad capitalista, del antihéroe se convirtió en el héroe, porque la mayoría de los que acudían a los cines compartían los mismos deseos y ansias de libertad por los que él luchaba.

Yo tuve ocasión de comprobar esto, años más tarde, cuando en el hospital de la prisión del Combinado del Este, en La Habana, las enfermeras se interesaban por conocerlo, con visible admiración por él y cuanto representaba.

La Policía Política retiró la película de los cines, por considerarla no conveniente.

Al primero que llamaron por negarse a trabajar fue a Rivero Caro, y con Alberto Muller y su hermano, los llevaron a las celdas de castigo. Estos dos últimos se integrarían más tarde a los bloques, no sin antes ser golpeados y obligados a trabajar.

A Rivero Caro lo golpearon también. Después lo sacaron a trabajar unos días solamente, aislado, en los alrededores de las circulares, cavando en las zanjas paralelas al cordón. Luego quedó confinado a las celdas. Mucho tiempo después, casi a los dos años, cuando lo trasladaron a la prisión de La Cabaña, todavía llevaba en las espaldas huellas de los golpes recibidos, que le dejaron marcas como de quemaduras.

Alfredo Izaguirre había decidido, serenamente, luego de un análisis que me comentó, no trabajar nunca. Sabía que se exponía a quedar mutilado o hasta a que lo mataran a golpes, pero su decisión era inconmovible.

Cuando lo metieron en las celdas de castigo, lo dejaron tranquilo dos o tres días. Al cabo de ellos lo fueron a buscar el teniente Porfirio, el sargento Matanzas y varios guardias armados con fusiles.

Desde la circular vimos a Alfredo escoltado por aquel pelotón. Lo condujeron al fondo del cuartel, por donde corría una zanja que transportaba las aguas albañales. Pretendían que Alfredo, con una lata, moviera hacia delante los excrementos que se acumulaban en los bordes. Alfredo se negó siquiera a tocar la lata.

El teniente Porfirio le explicó que lo único que tenía que hacer era agacharse y mover un poco la lata y con eso sería suficiente. Para los militares era una cuestión de principios; se trataba de romper su resistencia, de hacerlo claudicar, de someterlo, de obligarlo a renunciar, a contradecirse. Pero Alfredo —lo veíamos desde la circular—, sin molestarse siquiera en hablar, movía la cabeza diciendo NO.

Lo primero que hicieron fue escacharle la lata contra la cabeza, hiriéndolo. Y comenzó una golpiza brutal. La hoja de una bayoneta saltó al chocar contra su frente y el sargento «Matanzas» se quedó con la empuñadura en la mano.

Luego de la primera andanada, el teniente Porfirio volvió a insistirle, tratando de convencerlo de que era mejor para él que aceptara trabajar, aunque fuera tan sólo un minuto.

La actitud de Alfredo se hizo más terca aún, si es que eso era posible. Y volvieron a golpearlo. Pararon y le ofrecieron incluso llevarlo a Cuba, que para un prisionero en Isla de Pinos era una de las perspectivas más ansiadas. Pero Alfredo, con el rostro ensangrentado, siguió diciendo que no. Lo estuvieron golpeando y deteniendo el castigo a ver si claudicaba. Pero fue inútil. Enardecidos, furiosos, lo pincharon con las bayonetas y golpearon con las culatas de los fusiles hasta que Alfredo perdió el conocimiento.

Así, desmayado, sangrante, lo agarraron por pies y manos y lo tiraron en la parte de atrás de un jeep.

Desde las circulares tres y cuatro, decenas de ojos seguíamos lo que estaba sucediendo.

Cuando lo estaban sacando del jeep, comenzó a recobrarse. Lo lanzaron en el piso de la celda y a los pocos minutos apareció el doctor Agramonte, el nuevo médico militar de la prisión, acompañado de otro de pequeña estatura. Fue éste el que se agachó junto a Alfredo, que yacía en el suelo, boca abajo. Lo levantó con esfuerzo y le

169

colocó la rodilla en la espalda a manera de apoyo, para poder reconocerlo. Revisó los bayonetazos. No tenía presión arterial. Lo desnudaron por completo, dejándole únicamente las botas. Alfredo los escuchaba, pero no tenía fuerzas para hablar.

—¡Hay que llevárselo en seguida! —le dijo el médico pequeño al doctor Agramonte, un negro alto y corpulento.

En una camilla, tapado completamente con una sábana, lo entraron al hospital. Sólo las botas asomaban un poco. Los que lo vieron llegar creyeron que estaba muerto. Lo examinaron. Tenía rotos los huesos de la nariz, varias heridas y contusiones por todo el cuerpo. Debido a que uno de los bayonetazos se lo habían dado en el pliegue de la nalga, en el nacimiento del muslo y cuando estaba acostado boca abajo, esta herida no se veía, ya que por la posición del cuerpo quedaba cerrada, y escapó a la inspección médica.

Le administraron suero. Al ser acostado nuevamente boca arriba, la herida del pliegue de la nalga se abrió y comenzó a sangrar. Empapó la colchoneta y la atravesó goteando en el piso. Cuando lo descubrieron, ya Alfredo agonizaba en estado de coma, a los umbrales de la muerte. Transfusiones urgentes para devolverle los litros de sangre perdidos lo salvaron.

Quince días después, Alfredo no podía levantarse todavía de la cama. La paliza bárbara lo había dejado con grandes hematomas por todo el cuerpo. La inflamación de la cara y el derrame por el golpe que le fracturó la nariz le formó como unos arcos violáceos bajo los ojos. En esas condiciones volvieron a meterlo en las celdas de castigo, sin ningún tipo de asistencia médica.

Alfredo Izaguirre fue el único preso que no ejecutó trabajos forzados ni un minuto, ni un segundo. Y su nombre pasó a la Historia de la Rebeldía del Presidio Político Cubano.

# Capítulo XXIX
## La Cantera

A los integrantes del bloque 20 nos llamaron para darnos botas y ropa de trabajo, porque al siguiente día saldríamos.

Al amanecer, un «rejero» daba la voz de levantarse para el recuento. Todavía el cielo estaba oscuro y una débil claridad asomaba por el este. Luego de contarnos, a la planta baja, a recibir el desayuno: un poco de agua caliente con azúcar y un pan un poco mayor que un huevo, pero no mucho más.

Había gran expectación en casi todos. Aquello de salir a trabajar fuera de los alrededores de la prisión indudablemente significaba un verdadero acontecimiento. Los bloques de la circular tres, que ya estaban saliendo antes que nosotros, nos contaban que los presos eran llevados por toda la Isla, sembrando y cosechando cítricos, fertilizando pastos, limpiando potreros.

Nos mandaron formar afuera, de dos en fondo. Cada bloque tenía un jefe y un cabo por cuadrilla. Éstos iban armados con pistolas y una bayoneta al cinto o en la mano. El jefe de la cuadrilla a la que fui asignado era un mulato al que conocía uno de los nuestros, Cáceres. Este guardia había pertenecido a una hermandad religiosa a la que Cáceres también perteneció. No obstante sus supuestas creencias, se convertiría en uno de los más represivos y sanguinarios militares: lo apodamos Pedro la Maldad, porque él mismo decía que «siempre estaba en la maldad», palabra cuya última letra nunca pronunciaba.

El cabo pasó lista, no por nombres, sino por los números. Cuando terminaron, el jefe de bloque, «Escambray», ordenó la salida.

Nos dirigimos a la entrada principal. Allí esperaban los camiones que nos transportarían al área de trabajo y la guarnición que nos escoltaría. Cientos de guardias, algunos con jaurías de perros policías, al estilo de los nazis.

Otra vez el conteo detrás de los camiones antes de abordarlos. El convoy salió escoltado por un camión lleno de guardias. Sobre la caseta de éste un fusil ametrallador «B-Z» fabricado en Checoslovaquia, apuntaba hacia nosotros.

Torcimos a la izquierda, rumbo al pueblo de Nueva Gerona. Antes de cruzar el río Las Casas volvimos a doblar por la carretera que conduce al aeropuerto. Un cúmulo de recuerdos me invadió. Varios años atrás hice aquel recorrido, también escoltado por guardias, aunque en un clima más hostil y represivo aún. Al menos ahora podía mirar sin coacción: la vez anterior estaba prohibido hacerlo.

Pasamos el aeropuerto. A la derecha kilómetros y kilómetros sembrados de mangos. Fue una orientación del propio Castro; se gastaron millones de pesos en aquel plan y resultó un desastre. El terreno no era el adecuado para este tipo de cultivo, pero ninguno de los ingenieros agrónomos se atrevió a contradecir al dictador y sólo unos pocos frutales dieron mangos. Lo mismo ocurrió cuando aquella demencial campaña de sembrar café caturra en las ciudades. En los parques, en los solares yermos, en jardines y balcones, por todas partes había que sembrar aquella planta. Castro había anunciado que tendrían café en abundancia. En una ocasión, en plena efervescencia de la nueva y genial idea del Comandante en Jefe, éste, en unión de un grupo de diplomáticos, en el llamado Cordón de La Habana, los apabullaba con la idea del café. Pero un funcionario inglés acreditado en la FAO le dijo rotundamente que de aquel café jamás recogerían un grano: ésa era la opinión de un especialista. Castro saltó indignado y se armó tal discusión que tuvieron que mediar los otros diplomáticos para poner fin al incidente.

El especialista de la FAO tenía razón. Nunca nadie tomó café de aquellas plantas. Y no se habló más del asunto, considerado tabú. Pero cuando en Londres este funcionario inglés coincidía con delegaciones cubanas, con una sorna y malicia tremendas, les preguntaba por el café caturra del Cordón de La Habana.

Los camiones entraron por un camino de tierra roja bordeado de árboles medianos. Esperaba allí un civil encargado de la finca estatal. Los guardias se bajaron y cruzaron la línea de arbustos, abriéndose en un círculo que nos rodeó por completo.

El trabajo que nos tenían asignado era el de fertilizar —a mano, por supuesto— los cuartones sembrados de pangóla, una hierba para pasto del ganado. Tenían preparadas unas bolsas de yute con un tirante para poder colgarlo del hombro. A ese saco le llamamos en Cuba «jabuco», palabra indígena. Los sacos de abono se amontonaban a lo largo del campo. Era nuestro primer día de trabajo y también de los militares, por lo que la desorganización fue grande.

A medida que avanzábamos, el cordón de guardias avanzaba. Nos movíamos dentro de una amplia circunferencia de fusiles, bayonetas y perros. Siempre en terreno llano, desprovisto de árboles, por lo que cualquier intento de fuga era suicida.

Desde el primer día se tuvo conciencia de resistir y sabotear lo que nos mandaran a hacer. Recuerdo que la manera de repartir el abono fue increíble. Había llovido los días anteriores y el terreno estaba lleno de charcos. En ellos se vaciaron, a escondidas de los guardias, muchos sacos de abono, que se tragaba el agua sin dejar huellas. Se hizo desaparecer una caja de machetes por unas grietas del suelo. Con el fertilizante que gastamos en aquella sesión de trabajo, podría haberse abonado veinte o treinta veces más terreno.

Regresamos al atardecer, sin incidente alguno. Al día siguiente nos llevaron más lejos, a un lugar que llamaban «El Bobo», cercano a la costa norte de la Isla. La tarea consistía ahora en limpiar de hierbas, con el azadón, los alrededores de los árboles de mango, también sembrados en aquella zona, y hacerles un ruedo halando la tierra para formar un montículo.

Una de las formas de resistencia era no apurarse, hacerlo todo con lentitud. Habían designado dos presos para que trabajaran en cada árbol. Gustavo Rodríguez y yo nos habíamos quedado atrás. El cabo la Maldad nos exigía que nos apuráramos, pero continuamos al mismo ritmo. Entonces nos sacaron del grupo y nos llevaron aparte.

Casi toda la mañana estuvimos en el mismo árbol. El jefe del bloque, «Escambray», había sido alertado y vino hacia nosotros. Ya empuñaba la bayoneta y estaba dispuesto a golpearnos con ella. El que más cerca estaba de él era Gustavo, que lo vio y se le encaró tomando una posición defensiva con el azadón agarrado con ambas manos, como se toma el arma larga para defenderse en la esgrima de fusil.

«Escambray» lo notó y se detuvo:

—¡Suelta la guataca!

Gustavo no se movió.

—¡Suéltala…!

—No voy a soltarla, cabo.

«Escambray» comprendió que Gustavo no se dejaría golpear sin defenderse.

Fueron unos minutos de tensión. Se quedaron los dos en silencio. ¿Por qué no sacó la pistola y le dio un balazo? Siempre me lo he preguntado.

«Escambray» se destacaría como uno de los más violentos en la represión, pero aquél era su segundo día de trabajo. Quizá por eso.

Al tercer día nos destinaron a la cantera. Allí el jefe de la guarnición era un militar muy alto y flaco, negro como el azabache, llamado Holé, hijo de haitianos.

Nos esperaba el teniente «Pomponio», al que habían encomendado la jefatura de nuestro bloque. Fue directamente hacia mí y me sacó de la fila. Me condujo ante el cabo Holé:

—Éste es uno de los que se fugó con Boitel, así que busca para él la mandarria más grande que haya aquí. Dale órdenes a los guardias.

Hole me miro con curiosidad.

—Ven conmigo —me dijo.

Fuimos hasta la casa de las herramientas, buscó y me entregó una mandarria de 12 kilos. Casi no podía con ella, me la eché al hombro y tomé el camino de tierra que llevaba al área de trabajo, siguiéndole a él. Una pared de granito se alzaba al costado izquierdo, mirando hacia el mar. Ésta era una barrera natural. Luego una cerca de malla, semicircular, encerraba toda la instalación de la cantera. Había garitas con ametralladoras cada 50 metros.

Los explosivos habían ido despedazando la mole granítica. Grandes bloques se amontonaban al pie del farallón, y pedazos de roca que nosotros debíamos romper con la mandarria en otros más pequeños. También tenía aquella cantera una arenera, y el cuarto para la cal, donde metían a los castigados, que salían casi ciegos y con las manos y pies en carne viva. Había un molino de piedras, y un comedor.

Fernando Pruna había sido el primero en tomar las armas y alzarse contra Castro en el macizo montañoso que conforma la Sierra de los órganos, en la región occidental de la Isla. Con él, Nena, entonces su novia, el padre de ésta y un grupo de seguidores, entre ellos el norteamericano Austin John, Abel Nieves y otros.

De inmediato, luego de ser detectados, contingentes de tropas castristas iniciaron la persecución. El acoso no fue difícil por la superioridad numérica, y, luego de varios choques, tras un intenso tiroteo fueron capturados.

Pruna, condenado a muerte, no fue fusilado gracias a peticiones de clemencia hechas a Castro por algunas federaciones estudiantiles de universidades norteamericanas donde había estudiado. Estas cosas todavía eran posibles en 1959.

Un año después también era trasladado a la prisión de Isla de Pinos el comandante Blanco, quien dirigiera la operación de captura de Pruna, pero como un prisionero más, por oponerse a Castro. Ahora Pruna, el ex comandante Blanco —que fue siempre un magnífico compañero— y yo, estábamos en el mismo grupo, todos con mandarrias.

Cada mandarriero tenía un ayudante provisto de una larga barreta de hierro, puntiaguda. Su trabajo consistía en introducirla en las grietas de las rocas. Mi compañero con la barreta era Peñita, uno de los pilotos de la fuerza aérea.

Una mandarria es un instrumento que, como todos, hay que saberlo manejar. Ninguno de los que estábamos allí había empuñado una nunca en su vida. Uno de los cabos que pertenecía a la dotación de la cantera se acercó. Cojeaba visiblemente.

—¿Tú no has picado piedra nunca?

—No, cabo, nunca.

—Pues más vale que aprendas. Dame acá la mandarria, que les voy a enseñar. Y que luego no diga nadie que no sabe. Aquí hay que producir.

Se recogió las mangas, echó hacia atrás la cartuchera de la pistola y empuñó la mandarria.

—Miren —señaló—. Lo primero que tienen que ver es la veta de la piedra. Fíjense que aquí cambia de color. Sobre esa veta deben golpear.

Era cierto, la parte inferior del pedrusco tenía una zona oscura y otra más clara, perfectamente definidas las dos. Y levantó la mandarria. En sus manos parecía que no pesaba. Al rebotar aprovechaba el impulso y la llevaba a lo alto, sobre el hombro. Cuando golpeó dos o tres veces, la piedra se abrió a todo lo largo de la veta. Luego siguió golpeando y la partió en pedazos más pequeños.

Al marcharse, intenté imitarlo. Era mejor aprender, porque así me agotaría menos. Al principio no lograba hacer rebotar la mandarria y cuando la dejaba caer contra la piedra, como la tenía fuertemente agarrada por el mango, la vibración del choque me transmitía como un corrientazo a los brazos. Fui dándome cuenta que al chocar debía abrir las manos un poco, y entonces rebotaba y con un ligero impulso volvía a llevarla arriba.

Gustavo, Pruna y Campbell, físicamente muy fuertes, también iban usando la mandarria muy bien. Los bloques enormes que estaban al pie de la cantera habían sido perforados para colocarles los cartuchos de dinamita y demolerlos. Fue entonces que a Tony Copado se le ocurrió la idea de obstruir aquellos barrenos con barro.

Cuando tocaron la campana para ir a almorzar, los artilleros militares se dirigieron a los bloques para colocar las cargas y descubrieron que estaban obstruidos.

Holé mandó a formar y nos amenazó con violencia. Nos ofendió, nos insultó y juró desbaratarnos a golpes si volvía a suceder una cosa como aquélla.

No teníamos la protección que requieren los obreros que trabajan de picapedreros en las canteras. Ni botas, ni espejuelos. Las esquirlas de roca traspasaban el pantalón como verdaderos proyectiles y se incrustaban en las piernas. El brillo enceguecedor del sol en las piedras nos fue comiendo la vista. Se sabe que es necesario el uso de lentes especiales para este trabajo.

Días después logré combinar la mandarria con la barreta. Gustavo y yo estábamos de pareja otra vez. Cuando el cabo pasaba cerca, trabajábamos; en cuanto se alejaba, dejábamos de hacerlo. Pero a medida que pasaba el tiempo, ellos iban creando nuevos procedimientos para obligarnos a rendir más.

«Manzanillo», el cabo que nos enseñó a usar la mandarria, y otro a quien apodaban Perro Prieto, comenzaron a golpearnos por sistema. El objetivo era aterrorizarnos. Desde temprano iniciaban las palizas. A bayonetazos. Y exigían que rompiéramos más piedras. A los de la arenera que extrajeran más arena y a los cargadores de piedras que llenaran los camiones con más rapidez. Cuando los camiones llegaban a cargar con prisa, formábamos largas filas desde donde estábamos rompiendo las piedras para crear una cadena humana. De mano en mano iban pasando los pedazos de roca. El primero se inclinaba, levantaba el pedrusco con las dos manos y con un ligero balanceo lo pasaba al de al lado, y éste a su vez al otro. Quien desde lejos viera aquello podía figurarse que contemplaba un extraño ballet.

En algunas ocasiones, las filosas aristas de la piedra cortaban las manos, pero la cadena no podía detenerse por eso, y las piedras blanquecinas de granito iban manchadas de sangre. Si a alguno se le caía una piedra se producía una interrupción inmediata del ritmo de trabajo, y el cabo corría hacia el causante y lo golpeaba con la bayoneta. El estar inclinado hacia delante, con los brazos colgando y balanceándolos como un péndulo para pasar la piedra al de al lado, provocaba fuertes dolores en la espalda. Casi no había tiempo para estirarse y obtener así un poco de alivio. Si los cabos nos sorprendían en ese gesto, nos venían encima: —¡Dobla el lomo...! —y descargaban un planazo con la bayoneta.

* * *

Eloy Gutiérrez Menoyo había nacido en España, se crió en Barcelona. Su padre fue uno de los fundadores del Partido Socialista Obrero Español (PSOE).

Sus hermanos habían muerto. Uno en la guerra civil española y el segundo, Carlos, en Cuba, en la más heroica de las acciones de todo el proceso revolucionario: el asalto al Palacio Presidencial, que tenía como objetivo matar al dictador Batista. Castro y su movimiento nada tuvieron que ver con aquella acción.

La familia de Eloy huyó de España durante la guerra civil y se refugió en Cuba. Opuesto al régimen dictatorial, Eloy se alzó en la zona montañosa del Escambray, en el centro de la Isla, y fundó allí el Segundo Frente Nacional del que fuera su Comandante en Jefe. Libró cruentos combates contra el ejército y bajó victorioso a la huida de Batista.

En aquella zona era jefe indiscutible y disfrutaba de las simpatías de todo el campesinado.

Pero Eloy luchó para establecer en Cuba un régimen verdaderamente democrático y no otra dictadura. Por eso, cuando comprendió que Castro se erigiría en tirano, huyó del país. Tiempo después, regresó con un pequeño grupo de hombres armados que trataron de ganar las montañas para continuar la lucha. Pero fue atrapado.

Lo condenaron a treinta años de prisión.

Estaba con nosotros en el bloque de la cantera. Los militares habían recibido instrucciones de Curbelo, el delegado de la Policía Política en Isla de Pinos. Todos vimos cómo aquella mañana el jeep de Curbelo entró en la cantera y se entrevistó con el comisario político y el cabo Luis. Nuestra intuición, aguzada en olfatear el desastre y el horror, nos alertaba de que algo pasaría.

A media tarde llamaron a Eloy. Estaba cargando piedras y las amontonaba como habían indicado los militares. El cabo Luis y otro guardia que hacía sólo pocos días que estaba allí como encargado de la cantera, lo flanqueaban mientras iba rumbo a la puerta de salida, por el camino polvoriento de tierra amarillenta. Se detuvieron casi frente a las casetas de la entrada.

Fernando Pruna regresaba de la carpintería donde había estado reparando el mango de una mandarria. En realidad miró a Eloy y a los cabos sin sospechar siquiera lo que iba a suceder y de lo cual sería el testigo más próximo. Sólo unos escasos 30 metros lo separaban de los tres hombres cuando el cabo Luis extrajo la bayoneta, a espaldas de Eloy, ajeno a la agresión, y le descargó un planazo. Eloy se viró como una tromba, furioso.

Pruna se detuvo. El cabo lanzó varias estocadas a Eloy tratando de herirlo con la punta de la bayoneta, y fue cuando el otro militar, que no había golpeado a nadie hasta ese momento, extrajo su bayoneta y comenzó a pegarle. Eloy ya no tenía posibilidades de evitarlo. En un gesto instintivo de conservación levantó los brazos para detener los planazos.

Desde lejos contemplamos la bárbara golpiza. Todos dejamos de trabajar. Algunos presos gritaron y los guardias de las garitas quitaron el seguro a los fusiles ametralladores, listos para usarlos contra nosotros.

Pruna no se movía. Estaba allí, frente al espectáculo bestial, como si se tratara de algo fuera de la realidad. No comprendió que también podían golpearlo a él. Pero, ¿cómo seguir andando mientras estaban agrediendo a uno de sus compañeros? Ante un hecho como aquél no era posible continuar trabajando. Ese paréntesis de horror, de angustia, lo detiene todo: el cuerpo y la mente. Se rompe absolutamente cualquier contacto con otra realidad que no sea la que contemplan los ojos con asombro, con incredulidad, con espanto, como si todos los sentidos perdieran su capacidad para cualquier otra actividad y sólo existieran para la visión monstruosa del aniquilamiento de un hombre por otros hombres.

Y a Pruna no se le ocurrió otra cosa que contar los bayonetazos que Luis descargaba sobre las espaldas de Eloy, que ya ni siquiera podía levantar los brazos para cubrirse de los golpes. Pruna contó 122 planazos.

Eloy trastabillaba. Además de los planazos le estaban dando puñetazos. Cayó a tierra ya sin fuerzas. Allí siguieron asestándole puntapiés.

El cabo Luis llamó al camión de volteo del molino de piedras, que era manejado por un preso del Plan de Rehabilitación. Éste, nerviosísimo por lo que estaba ocurriendo, no detuvo el camión junto a Eloy, el cual estaba tendido a los pies de los dos cabos, de bruces sobre la tierra amarillenta del camino. Se pasó y tuvo que dar marcha atrás. En su nerviosismo, por poco los atropella.

Entre Luis y el otro militar alzaron el cuerpo inconsciente de Eloy. Lo agarraron por brazos y piernas, lo balancearon para impulsarle y lo arrojaron dentro del camión. Inmediatamente subieron y le dijeron al chófer que partiera. Éste arrancó tan bruscamente que por puro milagro no tumbó a los dos guardias.

Creía el chófer que irían al hospital, pero el cabo Luis le gritó que torciera hacia abajo, en dirección a la cuadrilla que se encontraba rompiendo piedras en el área sur de la cantera. Allí estaba el terrible «Perro Prieto», llamado así por su ferocidad. Tiraron a Eloy del camión y se lo dejaron a «Perro Prieto».

Cuando vimos que, en lugar de seguir con él rumbo al hospital, lo habían bajado allí, nos desconcertamos. No podíamos comprender por qué. Mas pronto lo supimos. Eloy comenzó a recuperar el conocimiento. El mismo «Perro Prieto» lo ayudó a incorporarse, y cuando estuvo de pie, el cabo desenfundó su bayoneta y volvió a golpearlo con saña, hasta que Eloy perdió otra vez el conocimiento y rodó por tierra.

Entonces «Perro Prieto» se le sentó encima, encendió un cigarrillo, aspiró el humo con fuerza y luego, levantando la cabeza hacia el cielo, lo fue dejando escapar muy lentamente...

Se había hecho un silencio absoluto en todos. No se escuchaba ya uno solo de los gritos que se dejaron oír al principio, cuando le dieron la primera paliza a Eloy. El terror flotaba ominosamente, ocupando todos los minutos.

Volvió Eloy a recobrar el conocimiento un rato después y volvió «Perro Prieto» a golpearlo. Así lo repitió varias veces.

De aquella paliza, que le reventó un oído, Eloy quedó afectado para siempre con mareos. Su convalecencia duró semanas. Era irreconocible. La cara la tenía como un amasijo rojinegro y edematizado. En la espalda, las heridas producidas por las bayonetas le dejaron marcas que dos años después no se le habían quitado todavía. Uno de sus ojos fue lesionado en la retina, pero no ha podido saberse exactamente la seriedad de dicha lesión, pues para ello es necesario que lo examinen especialistas con equipo adecuado. En el momento de escribir este recuento, Eloy, junto a otras decenas de prisioneros, lleva tres años en celdas tapiadas, sin ropa, totalmente incomunicado, sin correspondencia siquiera y con prohibición absoluta de recibir asistencia médica. Para ello tiene que aceptar la Rehabilitación Política.

# Capítulo XXX
## El Hermano de la Fe

Para el recuento a las cinco de la madrugada se exigía formar de frente a las celdas. Un rato después, los jefes de bloque iban apareciendo y le decían al rejero que mandara bajar su bloque. El rejero pedía atención... Entonces gritaba el número del bloque y le ordenaba bajar. Luego llegaban otros jefes y se repetía la misma llamada. Los militares querían un cumplimiento inmediato de las órdenes. La salida simultánea de mil hombres no era posible, y algunos no bajaban en el acto, y los cabos se encolerizaban. Como medida para solucionar la situación, la dirección ordenó que, pasado el recuento, todos, sin excepción, tenían que bajar. Ningún preso podía quedarse en los pisos, ni en la cama, aunque estuviera enfermo.

Entraban el desayuno, que no había variado. El único cambio era en la temperatura: agua con azúcar, un poco más caliente que antes. Si el bloque llamado no había cogido aún su desayuno, entonces se les daba el turno para desayunar. Se salía a formar apurando el pedazo de pan. Bastaba que quedaran algunos presos rezagados por los pisos para que los jefes de las circulares llamaran a la guarnición.

Entonces venía la golpiza. Irrumpían armados de bayonetas, palos, cadenas, y a los que atrapaban en los pisos los trituraban a cadenazos, a palazos...

Estas irrupciones de la guarnición se iniciaron luego de que el capitán Morejón dijera que al que resistiera un solo año el Plan de Trabajos Forzados y no pidiera la rehabilitación política de rodillas, él le iba a dar una medalla de oro. Simbólicamente perdió, porque de los cientos de presos que se habían anotado para pasar al Plan de Rehabilitación, cuando comenzó el trabajo forzado, por orgullo, por amor propio, para que no pensaran que se iban porque la situación se agravaba, muchos de ellos abandonaron su idea y decidieron «plantarse».

El Plan de Trabajos Forzados tuvo una consecuencia que escapó a los «especialistas» en la conducta humana del Ministerio del Interior. El presidio se cohesionó de forma monolítica. Ante la agresión y el enemigo común golpeando, hostigando, torturando, se produjo una sensibilización e identificación total, y cada vez que golpeaban a otro era como si lo golpearan a uno mismo; cada vez que asesinaban en los campos a uno de nosotros, era un hermano al que mataban y nos dolía el alma y la sangre. La angustia, el horror, fueron uniéndonos más y más.

Aquellas apariciones súbitas de la guarnición ya no eran otra cosa que un instrumento de terror para que no tuviéramos la más mínima tregua.

Una madrugada, estando todavía dentro del tiempo dado por ellos mismos para presentarnos en la planta baja, dos camiones militares, cerrados, que no llamaron la atención de nadie, se detuvieron frente al rastrillo y decenas de guardias armados con cuanto instrumento sirve para golpear penetraron a la circular. Pero desde que el primero se tiró del camión se dio la voz de alarma y cientos de nosotros pudimos ganar la planta baja por las escaleras o descolgándonos desde el primer piso hasta el suelo, el cual sólo quedaba a un metro y medio de altura aproximadamente.

Ya los guardias habían tomado las escaleras que iban de la planta baja al segundo piso y las andanadas de golpes eran tremendas.

Mohamed y Botifol eran dos compañeros de los más queridos en todo el presidio. El primero, terminando ·su carrera de medicina fue encarcelado; Botifol, un camagüeyano dedicado a la cría de ganado, procedía de las filas del Partido Auténtico. Ahora estaban los dos atrapados allá arriba. Trataron de ganar las escaleras para que la guarnición no les cortara el camino, pero no lo lograron. Los gritos de protesta, de ira, llenaban la circular.

Los guardias estaban haciendo una carnicería en las escaleras; una lluvia de cadenazos, bayonetazos y palos rompía cabezas y brazos.

Mohamed y Botifol se detuvieron en el segundo piso, aterrorizados. Sabían lo que les esperaba inevitablemente. Un terror animal los asaltó. Aunque los dos eran muy inteligentes, en aquellos momentos actuaban atávicamente.

Y de pronto, una tropa de militares desaforados, enardecidos, los avistó y se precipitó hacia ellos. Mohamed y Botifol no vacilaron; no les importó encontrarse en un segundo piso. Ciegos de terror se lanzaron al vacío, creyendo quizá que tendrían una caída sin consecuencias. El impacto les rompió los tobillos. Fue lo menos que pudo ocurrirles. Dios los protegió, pues era una caída para matarse.

* * *

Aquel sábado, las cuadrillas de prisioneros regresaban a las circulares al atardecer. Miles de presos, rodeados de fusiles y bayonetas, iban llegando en silencio desde los campos de trabajos forzados, formando apretadas filas de hambre, de sudor, de cansancio. Sucios, descalzos algunos y otros con las ropas hechas jirones. Tenían los hombros caídos, las espaldas encorvadas como si soportaran sobre ellos todas las amarguras y miserias humanas. Los fangosos caminos y carreteras que daban acceso al presidio de Isla de Pinos, y las de la propia prisión, rodeadas de altas alambradas, se llenaban con las largas columnas de hombres que terminaban otra agobiante jornada en las ciénagas infestadas de mosquitos, en las canteras, en las plantaciones de cítricos que abonó nuestra sangre. Más de 6.000 presos políticos albergaba ya el gigantesco campo de concentración.

Algunos habían entrado a los edificios. Se escuchaban las voces de los cabos jefes de cuadrillas gritando que aceleraran el paso. Pero los prisioneros, desnutridos y con un cansancio de siglos, caminaban lentamente. Aquello era normal, la misma letanía de todos los días, mes tras mes..., año tras año. Luego descargaban unos bayonetazos o palos sobre los que abrían la marcha y la fila caminaba un poco más de prisa.

El bloque 26, con sus cuatro cuadrillas, avanzaba despacio por la carretera que corría paralela a nuestro edificio. Estaban fatigados, extenuados. Más que caminar se arrastraban, sin fuerzas casi para levantar las piernas. Los guardias exigían más velocidad en la marcha y amenazaban agitando en el aire los machetes y bayonetas. Hicieron un esfuerzo los prisioneros, pero los custodios querían más y empezaron a dar planazos... «¡Apúrense, hijos de puta...!», gritaban mientras descargaban su rabia. Retumbaban los machetes y bayonetas contra las espaldas de los presos. Hubo un desorden en la fila, y se metieron los guardias entre ella para seguir golpeando con furia y violencia. Los primeros hicieron un esfuerzo sobrehumano y avanzaron huyéndole a los golpes. De pronto, un preso, mientras descargaban sobre su espalda andanadas de plan de machete, levanta los brazos al cielo y grita mirando a lo alto: «¡Perdónalos, Señor, que no saben lo que hacen!». Ni un gesto de dolor, ni un temblor en la voz; era como si no fuera suya la espalda sobre la que caía una y otra vez el machete arrancando la piel... Los ojos claros de El Hermano de la Fe fulguraban, los brazos abiertos al cielo azul pidiendo perdón para sus verdugos. Era en ese instante

179

un hombre increíble, sobrenatural, maravilloso. Cayó el sombrero de su cabeza. Tenía los cabellos blancos. Muy pocos de los que le conocieron sabían su nombre verdadero. Era como un caudal inagotable de fe y lograba trasmitirla a sus compañeros en las situaciones más difíciles y desesperadas. «¡Mucha fe, hermano...!», repetía constantemente, y a su paso dejaba una estela de optimismo y paz.

A Gerardo todos lo llamábamos simplemente El Hermano de la Fe. Predicador protestante, había dedicado su vida a difundir la palabra de Dios. Su prédica más hermosa era él mismo. Cuando llegó a la cárcel de La Cabaña, miles de prisioneros se apretujaban en aquellas galeras sin espacio. Se dormía en el suelo, en los rincones, debajo de las camas. Y el temor y la muerte recorrían todas las noches nuestro tiempo, porque eran noches de fusilamiento. No sabíamos nunca si volveríamos a ver al compañero que se despedía rumbo a los tribunales. Las descargas de fusiles rompían en pedazos los pechos de los cubanos que se enfrentaban a la dictadura atea y esclavista. Aquellos fosos centenarios se estremecían con los gritos viriles de «¡Abajo el comunismo!» o «¡Viva Cuba libre!». Y en aquellos instantes de angustia tremenda, El Hermano de la Fe decía que el prisionero era un privilegiado porque Dios lo había llamado a su lado. A muchos ayudó a enfrentar la muerte con valor y serenidad. Y así iba y venía constantemente entre los grupos, infundiendo fe, tranquilizando los ánimos, dando apoyo. A muchos auxilió, a muchos consoló.

Todos los días, cuando abrían las galeras, él las recorría buscando a los enfermos y quisieran éstos o no, se llevaba las ropas sucias. Y allá lo veías, con un pedazo de saco de yute o de nylon amarrado con un cordel a la cintura, a manera de delantal, frente a montañas de ropa... Alto y encorvado sobre los lavaderos, sudaba a chorros.

Nos sacaba de las literas para participar del culto. «¡Levántate, cachorro de león, que el señor te llama!» A El Hermano de la Fe no podía decírsele que no. Si notaba a alguien pensativo y apesadumbrado, le decía: «Quiero verte en el culto esta tarde...» Y había que ir. Sus prédicas eran de una belleza primitiva, y él tenía un magnetismo extraordinario. Desde un púlpito que se improvisaba cubriendo con una sábana unas cajas viejas de bacalao, y una sencilla cruz, la voz atronadora de El Hermano de la Fe nos daba sus sermones diariamente. Luego se cantaba a coro himnos de alabanza a Dios que él escribía en envolturas de cigarrillo y repartía a los presentes. Muchas veces la guarnición desbarataba estos minutos de oración a golpes y culatazos, pero no lograban atemorizarlo.

Cuando lo llevaron a los campos de trabajos forzados de Isla de Pinos organizó lecturas bíblicas y coros religiosos. La tenencia de una Biblia era un hecho subversivo. Él tenía, no sabíamos cómo, una pequeñita que lo acompañaba siempre.

Si algún compañero, fatigado o enfermo, se iba quedando atrás en el surco o no había acumulado la cantidad de piedras que debía romper a mandarriazos, El Hermano de la Fe aparecía allí. Delgado, musculoso, tenía una resistencia increíble para todo esfuerzo físico y adelantaba el trabajo del otro salvándolo así de una paliza. Cuando alguno de los custodios pasaba por detrás de él y le descargaba un bayonetazo, El Hermano de la Fe se erguía como un resorte, entonces miraba a los ojos del guardia y le decía: «¡Que el Señor te perdone...!»

Éramos mil y pico de presos en aquel edificio. Todos sentíamos un gran cariño y admiración por aquel hombre.

A las cinco de la madrugada comenzaban a salir las cuadrillas para el trabajo. Desde antes debíamos estar en el enorme patio central bajo techo y rejas. A veces en los pisos altos quedaban algunos rezagados. Cuando esto sucedía, la guarnición entraba y arremetía a golpes contra todos. Y allí, alentándonos, estaba El Hermano de la Fe, «¡No tienten al diablo, hermanos...!», les decía a los morosos. Mientras hacíamos larga cola para coger el «desayuno» —agua caliente con azúcar—, muchas veces El Hermano de la Fe contaba historias bíblicas, o nos hacía reír con sus originales y personalísimas apreciaciones sobre el pecado y la conducta de los hombres. «No se olviden que yo viví en el pecado y conocí las tentaciones», nos decía. Su más grande empeño lo constituía el que no odiáramos. Casi todas sus prédicas llevaban ese mensaje.

* * *

Mi bloque se quedó fijo en la cantera. Los demás se movían por toda la Isla, sembrando cítricos, recogiéndolos, dándoles mantenimiento, cortando a mano el pasto y realizando otras tareas agrícolas. En la cantera, los guardias eran cada vez más represivos. Aburridos quizá por la monotonía, inventaban nuevas formas para alimentar su sadismo.

Uno de ellos solía llevar un caballo con el cual recorría toda el área. Cuando quería divertirse, lanzaba el caballo a la carrera y enarbolando un machete golpeaba por la espalda a los presos, como si fuera uno de esos soldados de caballería que cargan contra el enemigo, en este caso desarmado y sin posibilidades de defenderse, porque eso significaría su muerte. Con el impulso del caballo y del golpe, el preso caía a tierra y el guardia se reía a carcajadas de su triunfo al abatir al enemigo.

La cantera era la zona de trabajo más cercana al presidio. Estaba solamente a cinco minutos de las circulares. No obstante, nos llevaban siempre en camiones. Muchos días, todavía sin salir el sol, ya estábamos en camino. Pero, en compensación, también era el bloque que regresaba antes.

Entonces la circular, con todos los presos fuera, era como un inmenso coliseo vacío. Sólo quedaban dentro los enfermos y el personal de limpieza. Era el mejor momento para bañarse, porque cuando entraban los demás, las duchas no alcanzaban. Así lo hacía yo cuando por algún motivo tenía que quedarme. Luego subía a la celda, generalmente para aprovechar la luz natural y, pegado a la ventana, estudiar. Por las noches proseguía a la luz de una diminuta lámpara cuyo combustible sustraía sacándolo de los tanques de los camiones, con un pequeño frasquito atado a un cordel que introducía dentro del tanque en un descuido de los escoltas, pero siempre con algunos de mis compañeros vigilando. Un poquito de petróleo hoy, otro dentro de un par de días, me iban resolviendo la luz.

Mis amigos me decían que iba a quedarme ciego; pero a mí no me preocupaba. Logré conseguir un texto de geología con ilustraciones y me apasionaba en su estudio, que al día siguiente podía ejercitar en una clase práctica en la cantera.

Para mí, las rocas no eran simplemente piedras. Sabía que en la composición de aquel granito que rompía estaban presentes el feldespato, la mica, el cuarzo. Me fascinó el mundo de las rocas. Creo que esta actitud investigativa frente a la naturaleza me ayudó grandemente. Algunos de mis compañeros se sentían curiosos cuando me veían examinar con cuidado un pedazo de roca.

En los mármoles y granitos suelen encontrase pequeñas chispas o pepitas de oro. Y también la pirita de hierro, llamado oro de tontos, que tanto atrae al desconocedor. El oro está presente en cantidades tan ínfimas que no es comercialmente explotable.

Recuerdo que Campbell, en una pequeña cajita de fósforos, iba guardando granitos de oro, porque pensaba fundirlo un día y hacer con él un anillo para su novia.

Cuando podía burlar la requisa me llevaba pequeñas nuestras de minerales para estudiarlos con detenimiento dentro de la circular. Al entrar en el presidio nos registraban. Al principio era un cacheo rápido. Podía entonces pasar una piedra pequeña escondida en el doble forro de un calzoncillo deportivo. También me hice una bolsita que colgaba del cinto por dentro y quedaba sobre la pelvis y era más cómodo.

Los demás bloques salían al amanecer y regresaban empezando la noche. Doce y catorce horas de trabajo. La comida, aunque había mejorado, no cubría las necesidades mínimas de nutrición.

Seguían cocinando en el penal y el almuerzo lo llevaban en camiones al lugar donde estuviera el bloque trabajando. Se cenaba siempre en la circular. Los alimentos eran depositados en tanques galvanizados de los que se usan para botar la basura; y aunque nuevos, no eran apropiados para esos fines.

A los bloques que estaban a una hora de camino la comida les llegaba, en ocasiones, fermentada, pues en la cocina tenían que lavar decenas de tanques y no lo hacían con la pulcritud que se requería. Los restos de las comidas anteriores que quedaban en los intersticios y ranuras del fondo, se corrompían y creaban así colonias de bacterias y fermentos que provocaban frecuentes diarreas.

$$* \quad * \quad *$$

La dirección del penal comunicó una noche que recibiríamos a las visitas en el comedor, sin las odiosas mallas de alambre. Y que además autorizarían que los visitantes nos llevaran un paquete de ayuda familiar con los alimentos que quisieran. La visita se realizaría cada 45 días aproximadamente.

El júbilo en toda la circular fue extraordinario. Después de años sin ver a nuestros familiares, aquella posibilidad nos llenó de ilusiones. Pensé en mis padres, en mi hermana y en Martha, a la que vería al fin. Luego de años de frecuente correspondencia clandestina, nuestra identificación se había hecho tan profunda que todo en nosotros pedía un encuentro.

La autorización del paquete con alimentos era una inteligente medida de las autoridades. Ellos nos utilizaban como esclavos y nuestros parientes nos alimentaban. Ya en el país se había establecido la cartilla de racionamiento para los artículos de primera necesidad, y lo que pudieran llevarnos sería con un enorme sacrificio, desprendiéndose de las cuotas irrisorias destinadas a ellos o adquiriendo alimentos en la bolsa negra a precios exorbitantes, con el riesgo incluso de ser encarcelados por un delito de «atentado contra la economía popular», previsto y sancionado por las leyes revolucionarias con penas de tres a seis años de cárcel.

Si en los registros periódicos que efectuaban en las carreteras a los ómnibus y vehículos procedentes de las zonas rurales ocupaban a algún ciudadano uno o dos kilogramos de carne, lo sancionaban. Y si éste resultaba familiar de un preso político, entonces el ensañamiento era mayor, como sucedió con el hermano de Luis Zúñiga, al que le hicieron un registro en la casa, buscando cartas del hermano encarcelado y descubrieron una lata con veinte chorizos. Como la cuota de este alimento era de uno para dos personas al mes —y no siempre se distribuía— nadie podía justificar la tenencia de una lata completa, a menos que una familia de 40 personas habitase en la misma casa. El hermano de Zúñiga se salvó de que lo acusaran de habérsela robado debido a que la lata era española, y él pudo probar que era obsequio de un diplomático amigo suyo. No obstante, lo acusaron, por tener 20 chorizos en su casa, del delito de «ACAPARAMIENTO», también previsto en las leyes, y por esto lo llevaron a la cárcel.

Las visitas las organizaron por bloques. Y comenzaron por la circular número tres. Nos fijaron las fechas para las nuestras.

Al fin llegó el día de la visita, la primera en los dos últimos años y meses.

Nos sacaron al comedor para registramos. Varios pelotones de guardias esperaban. La requisa fue vejaminosa. Hubo que desnudarse por completo, dejando la ropa a un lado para que la revisaran hasta la última costura. Debíamos abrir la boca para que miraran dentro, y si notaban que el preso tenía dentadura postiza, lo obligaban a quitársela. También podían mandamos levantar los testículos. Un guardia se agachaba y miraba para comprobar que no había ningún papelito escondido.

Era una obsesión la que tenían por impedir que saliera una denuncia, una carta que tuviera un valor testimonial. No se permitía llevar absolutamente nada a las visitas, excepto el jarro de aluminio.

A las diez de la mañana aproximadamente apareció en la carretera el contingente de familiares. Los encuentros fueron dramáticos, cargados de una emoción conmovedora. Los abrazos ansiosos, las lágrimas y la alegría, todo mezclado en aquellos momentos del encuentro ansiado durante años.

Llegó mi familia. Mi padre fue el único que dejó escapar una lágrima. Mi madre y hermana, más fuertes en esos instantes, expresaban su alegría besándome y abrazándome las dos al mismo tiempo.

Sólo podían entrar tres familiares por cada recluso. Martha logró pasar con una familia amiga. Su presencia fue inolvidable para mí. Más de tres años habían transcurrido desde que nos viéramos por primera vez. La adolescente que tanto me impresionó entonces se había convertido en una hermosa muchacha, ya casi con 18 años, más alta, más mujer, más bella, más elegante.

Cuando llegó y nos miramos a los ojos, sin pronunciar una palabra, se ruborizó. Por dentro no habíamos dejado de estar juntos desde aquel 5 de septiembre. Nos sabíamos ya íntimos para siempre. Las palabras no son necesarias cuando la comunicación de las almas lo dice todo.

Nuestra charla fue como tomarnos de las manos y entrar en un mundo maravilloso, creado por el amor que sentíamos y compartíamos. Todo desapareció a nuestro alrededor, las gentes, el lugar, y éramos como la primera pareja de enamorados bajo un cielo abierto y azul inundado de luz que no nos faltaría nunca. Bajo él nos encontramos siempre, dejando atrás celdas y cerrojos, angustias y tristezas.

Pero al día siguiente de nuevo a las canteras. Con el agravante de que luego de la visita la comida empeoró: ahora era un caldo grasiento, con algunas patatas podridas. En una ocasión en que el director Tarrau entró con un grupo de oficiales en una inspección a la planta donde fabricaban los bloques, precisamente estaban sirviendo el rancho. Decididamente, Cepero fue hacia el grupo con su almuerzo. Se detuvo frente al director y los oficiales, extendiendo el plato con aquel caldo. Hubo un momento de silencio, de expectación. Esperábamos que los guardias se lanzaran sobre Cepero, a golpearlo, a apartarlo por la fuerza de la presencia del director. Pero no ocurrió así.

—Esto no es suficiente comida para quienes trabajan como nosotros. No alcanza para subsistir.

El teniente Tarrau impasible, miró el plato y luego a Cepero.

—Nosotros lo sabemos, por eso se la damos.

Y virando la espalda siguió conversando con los otros oficiales, mostrándoles el funcionamiento de la máquina de hacer bloques.

No pasaba un día sin que alguien recibiera una paliza brutal. A Lito Riaño le dieron cien planazos de bayoneta, contados por los que presenciaron el abuso.

*　*　*

Los zapatos que recibí, dañados por las rocas, se rompieron. Mas yo aceleré el proceso de envejecimiento frotándolos en la pared de la celda para desgastarlos; una labor paciente, de preso. Y una mañana le comuniqué al jefe de mi cuadrilla que los zapatos estaban rotos y se los mostré. Fue así como pasé a formar parte del grupo que se estaba quedando en la circular, sin salir a trabajar.

Aquellos días los aproveché al máximo. Un silencio grande me permitía estudiar todo el tiempo.

# Capítulo XXXI
## Las aguas negras

Era el principio de los trabajos forzados y todavía no habían ideado sacarnos a trabajar sin zapatos. Al menos era lo que pensaba aquella madrugada cuando fuimos llamados a la planta baja. Un pequeño grupo de enfermos, envueltos en frazadas, tiritando de fiebre o respirando dificultosamente por el asma, fueron obligados a salir y formar afuera del edificio. Luego, cuando el militar jefe de la circular terminaba de dar salida a todas las cuadrillas, los mandaba entrar. Lo mismo hacían con los que no teníamos zapatos ni ropas. Yo aguardaba allí, con los demás, y entretenía aquellos minutos observando el planeta Saturno, al que todas las madrugadas venía siguiendo en su recorrido. El bloque 20, al que yo pertenecía, salió el último, rumbo a las canteras.

Cerca de ochenta hombres formábamos aquel contingente, algunos sólo en calzoncillos, otros con chancletas y la mayoría descalzos. Como los que nos estábamos quedando sabíamos que al almacén, situado frente por frente a la circular nuestra, no habían llegado zapatos ni ropas, algunos enfermos cedieron su lugar a otros que tenían zapatos, pues sólo el 2 % de la población penal podía quedarse sin acudir a los campos de trabajo por enfermedad. Si había 30 enfermos, de entre ellos era necesario elegir a 20. Los otros, aunque estuvieran enfermos, tenían que salir; a rastras si era preciso, pero salir.

Me extrañó que no mandaran entrar. Fue entonces cuando llegó un pelotón de guardias, al frente del cual venía Juan Rivero, aquel que siendo escolta nos cuidaba en las celdas de castigo. Rivero era de esos militares a los que se les suben los grados a la cabeza. Llegó a ser jefe de bloque y más tarde del Orden Interior y director de un campo de concentración.

Se quedó unos minutos mirándonos, y sonrió con sorna cuando terminó la inspección. Llamó al jefe de la circular y le pidió la lista de los enfermos, que estaban formados frente a nosotros, en la carreterita que conducía al rastrillo. La examinó e hizo una señal con la cabeza. El jefe de la circular ordenó a los enfermos que entraran.

Llegó entonces otro pelotón armado con bayonetas de mano y nos ordenaron formar en filas de dos en fondo. A partir de ese instante se notaba ya la hostilidad hacia nosotros. Echamos a andar rumbo a la salida de la prisión; los guardias que nos escoltaban por ambos lados habían sacado las bayonetas y las enarbolaban con gritos y amenazas. Pasamos frente a las casitas de los militares y los edificios de la dirección, traspusimos las alambradas por la puerta principal y doblamos a la derecha, hacia el este. Por momentos la violencia aumentaba. Ya habían golpeado a varios y los que encabezaban la fila eran empujados para que marcharan más rápido. La caminata se hacía dificultosa porque la mayoría íbamos descalzos. Las espinas y guijarros no nos permitían una marcha cómoda como la de los guardias, calzados con botas.

Aquella zona nos era totalmente desconocida, pues nunca habíamos trabajado por allí. Bueno, en realidad yo la conocía un poco, ya que cuando los preparativos para la fuga, desde la circular la observé con el catalejo. Por allí se encontraba la «mojonera», una zanja en la que desembocaban todas las aguas negras de la prisión, no solamente las de los presos, sino también las de las instalaciones de la dirección, viviendas de los militares, talleres, hospital, cuartel, etc. Allí desembocaban los excrementos de unas ocho o nueve mil personas. Cuando analizamos la posibilidad de escapar por el alcantarillado, tuve información sobre esta zanja. Al principio de la alcantarilla, un hombre, desde el patio interior de la circular, podía reptar por el tubo, pero más adelante éste se estrechaba e impedía el paso. Los que construyeron la prisión también pensaron en que un día algún preso podía intentar escapar por allí. A pesar de que avanzábamos rumbo a la zanja, no pensé que aquel podía ser nuestro destino.

Al llegar a unos arbustos apareció un pequeño sendero de tierra rojiza. Aquí nos esperaba un nuevo pelotón, igualmente armado con fusiles y bayonetas caladas, que se sumó al cordón. Ya aquello tomaba un aspecto preocupante; los empujones y golpes en las espaldas y cabezas continuaron. El teniente Juan Rivero marchaba al frente, con dos sargentos y un militar sin gorra; por la calidad de su uniforme, todos sabíamos que este último era un oficial de la Policía Política.

Sentía una angustia incontrolable; intuía, tenía la certeza de que aquello terminaría mal. No se trataba de sacarnos a trabajar descalzos simplemente, había algo más detrás de toda aquella movilización tan rara. Ya uno estaba acostumbrado, como los perros de Pávlov, a reaccionar ante los estímulos conocidos. Una requisa era terrible, pero se conocía, se sabía lo que iba a ocurrir, lo que podía sucedernos individualmente, sus consecuencias. Sabíamos que nos darían golpes en la escalera, al salir, al regreso, pero ya uno estaba preparado para lo que se avecinaba. Pero ahora no, ahora ignorábamos lo que nos ocurriría. La interrogante, la incertidumbre actúa en el prisionero más angustiosamente que en otras personas, porque se sabe impotente, sometido a la voluntad de hombres que no lo consideran siquiera un semejante. Los carceleros, en las dictaduras de cualquier tipo, están formados por lo peor de las fuerzas represivas, por los embrutecidos de alma, de mente. Y todos allí, en aquella fila que marchaba a empujones, teníamos los mismos pensamientos; no podíamos hablar, pero compartíamos un idéntico temor a lo desconocido. Muchos tenían ya los pies heridos y sangrantes, pero eso no les importaba a los guardias, y el que disminuía la marcha era lanzado hacia delante bruscamente, a empujones.

Cruzamos un riachuelo. Los pinos rumorosos nos rodeaban. Ahora el suelo era rocoso; a trechos afloraban islotes de esa roca llena de aristas cortantes, formadas por millones de minúsculos caparazones de foraminíferos, que en Cuba se llama «diente de perro». Tratábamos de evitarlas, pero eran más y más cada vez. Ya se hacía difícil encontrar una porción libre de esas rocas, y así llegamos a una cerca de alambre de púas. Los primeros que intentaron cruzarla levantando con cuidado los alambres para pasar entre ellos, fueron golpeados para impedírselo. Les ordenaron que saltaran. Estaba prohibido pasar entre los alambres, había que dar el salto para caer con los pies descalzos del otro lado, sobre las rocas afiladas. El propósito era que nos hiriéramos las plantas de los pies, que la roca nos cortara.

Hubo quien cayó del otro lado, y el dolor, provocado por alguna arista filosa que se hundía en su carne, le hizo doblar las rodillas; al levantarse, éstas le sangraban también. En cuanto el preso caía le gritaban que corriera... Me agarré de uno de los postes de la cerca y con un impulso salté, pero aferrado al madero para suavizar la caída. No calculé que eso me haría quedar muy cerca de los alambres de púas; y al fallarme el tobillo derecho por los huesos que tenía fuera de lugar desde que me lesioné en la fuga, se me dobló la rodilla izquierda, giré y tropecé con los alambres. Las púas se me clavaron en la rodilla, rasgaron el pantalón y la piel, dejándome las cicatrices para siempre. Nos obligaron a correr. Si los demás se sentían como yo en aquellos instantes, estarían aterrorizados. Mil ideas alimentaban mi terror. Creí que seríamos ametrallados; como estábamos fuera del cordón y lejos de la prisión, podían decir que era una fuga masiva. La sangre de la rodilla iba manchando el pantalón.

Frente a nosotros estaba la zanja de aguas negras y en su superficie, flotando, islotes de excrementos; encima de ellos nubes de moscas verdes. La fetidez típica de las aguas albañales, de aquellas mismas asquerosas, llenaba el ambiente.

Los cabos, a una orden del oficial de la Policía Política, la emprendieron con nosotros. A empellones, usando también los fusiles, nos obligaron a entrar en aquella inmunda zanja. Caí en las aguas negras empujado de frente, y no pude evitar que me llenara la boca ni que me inundara los ojos. La zanja tenía seis u ocho metros en su parte más ancha. El pretexto para aquella tortura era que había que limpiar el fondo para evitar que se obstruyera el canal. En algunos lugares, el agua daba al pecho o a la barbilla, según la estatura del preso; el fondo irregular y con bruscos declives hacía que algunos se hundieran de pronto al pisar en falso. Había que sacar algo del fondo, una piedra, un poco de basura, cualquier cosa, aunque fuese un poco del lodo, y llevarlo hasta las orillas, ocasión que aprovechaban los guardias para golpearnos con las bayonetas. La incómoda posición y el tener sólo la cabeza y los hombros fuera del agua, motivó que nos dieran los golpes en la cara, en el cuello, en los hombros. Muchos sangraban por las heridas y cortaduras.

Aquel espectáculo era indescriptible. Si alguno no se sumergía lo suficiente, era sacado a la orilla y golpeado. Mientras estábamos en el centro de la zanja no era fácil golpear con las bayonetas. Entonces buscaron unos palos para pegarnos desde lejos. Otros guardias, deseosos de participar en el castigo, nos lanzaban piedras. Fue en aquellos momentos cuando nos ordenaron avanzar hacia el tramo más estrecho de la zanja. Precisamente en aquella parte una capa de excrementos cubría casi toda la superficie, estancando el agua, que sólo fluía por un pequeño canal. Íbamos avanzando entre aquel mar de mierda. Cada vez que nos sumergíamos, con las manos apartábamos los excrementos para meter la cabeza. Los cabellos estaban empegotados, los oídos y las heridas de los pies y las ocasionadas por las bayonetas de la guarnición eran como puertas abiertas a la infección, a la contaminación. Los guardias, ebrios de morbosidad, disfrutaban con aquella tortura; les deleitaba vernos hundir la cabeza en las aguas podridas. No perdían ocasión para pinchar con la bayoneta o apoyar la bota en la cabeza de uno y empujar para obligarnos a sumergirla. Nada después de esto puede ser peor, pensaba yo en aquellos instantes angustiosos, mientras pedía a Dios que me diera fuerzas para resistir. Ya me habían golpeado varias veces y las heridas de la rodilla me ardían, irritadas por la acción de las aguas fétidas.

Estábamos negros, tanto que a varios metros se hacía difícil reconocer a los amigos. Era como si nos hubieran teñido en un tanque de tinte oscuro.

Hacia el mediodía nos sacaron de la zanja. Sentí que había vencido la nueva prueba. Aquél había sido un castigo bárbaro. En silencio los presos nos mirábamos: hombres maltrechos, irreconocibles, cubiertos de detritus. El sol quemaba y fueron secándose el pelo y las ropas llenas de excrementos. Los guardias se tomaban un descanso. Nosotros formábamos de pie bajo el sol.

Juan Rivero y el oficial de la Policía Política se paseaban alrededor nuestro, contemplando con no disimulada satisfacción nuestro estado. Dieron la orden de marchar y partimos, unos renqueando, otros apoyados en los hombros de sus compañeros. Aquella comitiva no parecía real, era como una visión surrealista, inconcebible. La sed me secaba la garganta. Cuando recordaba los borbotones de agua infecta que había tragado, sentía náuseas y unos deseos tremendos de llegar a la

187

circular para bañarme, para saciar la sed... Estábamos exhaustos, casi al final de la resistencia física. Pero no nos conducían a la prisión, sino que íbamos en sentido contrario, hacia la costa. Dieron orden de hacer alto frente a un pozo, para tomar agua. Cuando los militares terminaron, se nos dio permiso a los presos para que bebiéramos; pero ni uno solo de nosotros se movió, y estábamos sedientos. Fue una reacción espontánea de repudio, de rechazo.

Los militares insistieron y llevaron un recipiente con varios litros. Nadie aceptó. Pensando que quizás el agotamiento, el hambre de meses y meses podía ser usada para humillarnos aún más, Juan Rivero dijo que iba a traernos almuerzo en aquellas circunstancias. Pero uno de los presos le respondió:

—Juan Rivero, ¡abajo el comunismo!

No había terminado cuando la guarnición completa cayó sobre nosotros, golpeándonos con saña, y a paso doble nos arrearon hasta la laguna donde desembocaba la zanja. El recorrido de aquel tramo fue de una brutalidad indescriptible. Las piernas, entumecidas por las horas dentro de las aguas pútridas y el cansancio, no obedecían. El que caía era golpeado con salvajismo. Casi a rastras, en un esfuerzo titánico, llegamos. Aquélla era una tembladera de excrementos. El terreno, con muy buen drenaje, absorbía casi toda el agua, y lo que dejaba era un depósito gigantesco de mierda; pero no sólo de defecaciones de seres humanos: desembocaba también la porquería de medio millar de cerdos de una cochiquera cercana, de la que se desprendía una fetidez insoportable. Había además algodones ensangrentados: las compresas sanitarias de las mujeres de los guardias; y vendas, procedentes del hospital con toda seguridad; y cuanta inmundicia existía. Aquí el enjambre de moscas proporcionaba como música de fondo un zumbido constante.

Mario Morfi había sido de los más castigados. Se ensañaron con él, y Juan Rivero dio órdenes de golpearlo repetidamente. Morfi entró en la laguna después de las larguísimas horas en la zanja y sufrió un calambre. Las piernas, agotadas, no le respondieron y comenzó a hundirse en la mierda: trataba de asirse inútilmente a un apoyo que no existía; gritó a sus compañeros más cercanos para que lo auxiliaran. Los más próximos intentaron ayudarlo, pero los guardias, iracundos, arremetieron a golpes contra ellos, para impedir que llegaran a donde estaba Morfi. Gritaban que lo dejaran, que no tenía nada, que estaba fingiendo para que lo sacaran.

No recuerdo escena más dramática que aquélla. Estaba a unos quince metros de Morfi; todos mirábamos hacia él, veíamos cómo se iba hundiendo lentamente. Los guardias habían manipulado los cerrojos de los fusiles colocando balas en las recámaras y amenazaban con disparar a los que trataban de acercarse a Morfi, que se hundía hasta los hombros, la barbilla, la nariz. Y sin pensarlo, los más cercanos se dirigieron al compañero a punto de perecer. Morfi había perdido el conocimiento y sólo la parte alta de la cabeza sobresalía. Calimano y Kelo fueron los que primero llegaron a él, seguidos por otros. Los guardias no dispararon, pero golpearon a los que se precipitaron a socorrerlo.

Morfi fue sacado de la tembladera y llevado junto a otro prisionero, que estaba herido en una pierna como consecuencia de una golpiza que le dio un guardia a quien habíamos apodado Mosquito por su cuerpo esquelético. Morfi estaba aturdido. Aún sin recuperarse fue tirado en un camión que había llevado alimentos a la guarnición. Se logró que autorizaran a un preso, Franco Mira —uno de los invasores de Bahía de Cochinos, y que murió poco después en la cárcel—, para que acompañara a los heridos a la circular, por si necesitaban ayuda en el trayecto. Trató de darle un poco de

188

agua para ver si recobraba el conocimiento, pero uno de los guardias le arrebató el recipiente y gritó:

—¡Que se muera ese hijo de puta, así tendremos uno menos que cuidar!

Seguimos todavía unas dos horas más metidos en la mierda. Regresamos caminando. No recuerdo viaje ni caminata más larga ni más penosa, ni regreso más deseado. Sólo pensaba en bañarme y desinfectar las heridas; sabía el peligro que significaban, por su alto índice de contaminación, las aguas albañales y los excrementos.

Eran las últimas horas de la tarde. Las heridas llenas de mierda se secaron; los excrementos en los oídos y el pelo se secaron también. Aquella agua venenosa produjo infecciones en los ojos, hubo varios casos de hepatitis y una serie de trastornos digestivos. Morfi, como consecuencia de tener los oídos llenos de excrementos, sufrió una infección, tuvo una perforación del tímpano y quedó para siempre con problemas de equilibrio. Además de varios tumores provocados por los golpes.

Cuando los tres compañeros llegaron a la circular, inicialmente no fueron reconocidos; había que acercarse a ellos para distinguir sus rostros ennegrecidos, y el pelo embadurnado, y las ropas negras. Fueron bañados y curados, y contaron lo sucedido. Habían transcurrido casi 12 horas desde nuestra salida y nadie sospechaba a dónde nos habían llevado. La circular aguardaba nuestro regreso. Se llenaron los pasillos. Cuando aquella comitiva de hombres maltrechos, arrastrando los pies, exhaustos, entramos a la planta baja, nuestros compañeros entonaron las notas del Himno Nacional. Parte de los ochenta hombres todavía no habían rebasado la reja de entrada y la guarnición, indignada por el recibimiento, nos propinó una golpiza de despedida. Yo era uno de los últimos y la punta de una bayoneta me hirió la muñeca izquierda cuando trataba de esquivar la estocada. La represalia por cantar el Himno Nacional no se hizo esperar: cerraron las llaves del agua hasta el día siguiente, y no pudimos bañarnos.

Pasaron sólo dos días, al cabo de los cuales llegó un camión de zapatos y todos los que no teníamos fuimos provistos de los mismos. Entonces controlaron la entrega de ropas de trabajo mediante una tarjeta, donde consignaban la fecha y aparecían los artículos. Ya la habían puesto en vigor en otra circular y aparecieron ropas y botas supuestamente recibidas por los presos y que nunca les fueron entregadas.

Cuando nos presentaron aquellas tarjetas para que las firmáramos, nos negamos. Al primero que quisieron obligar a firmar fue a Rolando de Vera; lo metieron en el sótano y le dieron una paliza pero no firmó. Llevaron a cinco o seis más, los golpearon, pero tampoco firmaron. Esto los hizo desistir. De todas maneras, dos años después se descubriría que los cabos jefes de bloques falsificaban nuestras firmas, robándose así miles de artículos: botas, frazadas y ropa, que en el mercado negro alcanzaban un precio muy alto.

\* \* \*

Estaba rompiendo piedras cuando me comenzaron los temblores: unas sacudidas de escalofríos me recorrían el cuerpo. Trabajando a pleno sol sentía frío. Una sudoración abundante me empapaba. Me encontraba muy mal, con una debilidad que no me permitía casi caminar.

Al día siguiente y al otro no tuve fiebre, pero el agotamiento que sentía iba en aumento. Al tercer día otra vez la fiebre alta con aquellas sacudidas y temblores que me hacían estremecer de frío. No podía ya con la mandarria.

Yo no lo sabía, pero había sido contagiado por los mosquitos de la mojonera, y tenía paludismo. Las fiebres terciarias me estaban aniquilando. No se había podido lograr que me llevaran al médico, pues, desaparecidos los accesos de fiebre, no presentaba ningún síntoma exterior que hiciera considerar que mi mal era urgente.

Una tarde, en la circular, los médicos descubrieron el bazo muy inflamado y se sospechó entonces, por la periodicidad de las fiebres, que pudiera ser paludismo. Me reportaron al médico militar que esta vez accedió a que me remitieran al hospital.

En efecto, los análisis demostraron que tenía esa enfermedad. Pero no había allí quinina para curarla. Por suerte, Alcides Martínez, uno de mis compañeros, tenía unos frascos de tabletas de un medicamento contra el paludismo, y con ellas pude iniciar el tratamiento.

A los pocos días me trasladaron para la circular dos. Cuando llegué, pregunté por Obregón, mi compañero de causa, y dio la casualidad de que el preso que compartía la celda con él se había mudado y quedaba su lugar vacante. Y para la 84 del cuarto piso subí con mis cosas.

Fue una sorpresa cuando regresó Olver y me encontró allí. El traslado me reunió también con viejos amigos que estaban en la circular uno y cuatro: Casanovas, Oscar Fernández, Celestino Méndez y otros muchos.

Al día siguiente me incorporaron a su mismo bloque, el 16, que estaba levantando cercas de alambres en una finca que dividían en cuartones para aplicar el sistema de pastoreo intensivo que había recomendado a Castro el francés Voisin.

Me asignaron con Olver la tarea de regar alambre. El trabajo del bloque se iniciaba colocando los gruesos postes madres; luego tiraban una guía y venían detrás los que abrían los agujeros para ir enterrando los postes. Trabajaban por parejas. Uno de ellos, con la pesada barreta de hierro, iba rompiendo la tierra, removiéndola. El otro, con la excavadora de mano, la iba sacando.

Al llegar, las parejas tomaban sus herramientas. Luego se formaba la fila y todos comenzaban al mismo tiempo, sin prisa, demorándose todo lo posible.

Nadie podía abrir otro agujero hasta que el último lo hubiera hecho. La resistencia era organizada, constante. Cuando se dilataba mucho el tiempo para terminar un hueco, el cabo comenzaba a agitar y apurar con amenazas, que podían terminar en andanadas de bayonetazos, de manera indiscriminada, sobre cualquier espalda.

Detrás de la brigada de los excavadores venían los que colocaban los postes. Un camión lleno de éstos volcaba la carga y una cuadrilla de presos los iba metiendo en los huecos.

Entraba en acción entonces la brigada de Yuyo Panetteli y Pepe Gómez, los alineadores y pisoneros. Éstos se ocupaban de volver a echar tierra y piedras alrededor del poste e irla golpeando con un pisón para que quedara firme. Y tenían que ir quedando alineados a la misma altura. Yuyo se subía sobre el alambre que iba de un poste de madera al otro, se colocaba la mano en forma de visera sobre los ojos y adquiría el aspecto de un marino oteando el horizonte. Yuyo usaba, como todos, un sombrero de guano, grandote, que le daba, junto con sus inseparables gafas de cristales calobar, verdosas, un aspecto muy singular.

Cualquiera que los veía, a él y a Pepe Gómez, dando gritos de: «¡Un poco más a la izquierda, ahora el otro poste que sale hacia la derecha!», hubiera pensado que aquél era un trabajo a conciencia. Pero no era así: en los primeros meses de lluvia, la mayoría de las cercas se caerían.

*   *   *

Al cumplirse el primer aniversario del asesinato de Ernesto Díaz Madruga, todos los prisioneros decidimos salir a los campos de trabajo forzado sin llevar sombrero, en señal de duelo.

La silenciosa demostración fue impresionante. Aquellas legiones de hombres con la cabeza descubierta en mudo homenaje a la memoria de los caídos, se convirtió desde entonces en una práctica que se repetía al día siguiente de ser asesinado uno de los nuestros.

La guarnición, que pronto conoció el significado de aquella consigna, nada pudo hacer para impedirla; y, furiosos, los guardias canalizaban su impotencia redoblando las golpizas esos días en el campo y extendiendo la jornada de trabajo dos o tres horas más de lo habitual.

# Capítulo XXXII
## Un comisario distinto

La violencia de la guarnición, dirigida por el capitán Morejón, dejaba diariamente un saldo de decenas de heridos y golpeados en cada circular.

Las requisas, únicamente para seguir aterrorizando, eran constantes. El cabo Almanza le vació un ojo a Domingo Fernández de una estocada con la bayoneta. Marcané, uno de los más furiosos y agresivos militares, rompió una bayoneta sobre la espalda de Rafael Márquez, porque cuando iniciaba una golpiza se enardecía y no sabía cómo parar.

Ricardo Vázquez e Israel Abreu, mi amigo y compañero de trabajo en el Ministerio de Comunicaciones, decidieron no trabajar más y se declararon en huelga de hambre. Les dieron una paliza, que se repitió varios días.

A la salida de la circular, cuando todavía estábamos sin contar, el cabo la Maldad comenzó a pegarle a Eulogio Cantero. De las circulares gritaban que ya estaba bueno; pero el guardia, enfurecido por los gritos, seguía golpeando como un poseído; gritaba y bufaba, cosa que no hacía Eulogio, que era el que estaba recibiendo el castigo. Cientos de presos contemplamos la bárbara escena. Unos contaron 120 planazos, otros 112.

Aquel mismo día, el cabo Escambray, jefe del bloque 6, llegó más temprano que de costumbre a buscar a sus presos. Todos notaron que estaba visiblemente de mal humor. Al arribar al área de trabajo que estaba en pleno campo, alejada de toda población o vivienda, se inspiró posiblemente. Mandó formar y ordenó a todos, rodeados por un círculo de bayonetas, que se desnudaran. Y así, en cueros, hizo trabajar al bloque.

* * *

«Algo ha funcionado mal», debieron decirse las autoridades, incapaces de entender que un ser humano es algo más que una máquina. No concebían que aquellos mismos cientos de prisioneros que tiempo atrás habían solicitado ir al Plan de Rehabilitación, luego de comenzar los trabajos forzados, la ola represiva y los golpes, se negaran a aceptarlo. Y la conclusión a que arribaban era que hacía falta más represión, más terror, para que todos, por desesperación, marcharan masivamente a la rehabilitación política. Pero no consiguieron otra cosa que hacer más sólida la resistencia, que la actitud de rechazo y desprecio hacia un enemigo tan despiadado e inhumano se radicalizara aún más. Con los bloques estaban saliendo los comisarios políticos. El nuestro fue sustituido y una mañana el nuevo, acabado de graduar en el último curso del Ministerio del Interior, llegó para ir con nosotros al campo.

Era muy joven —23 años—, se llamaba Leonel Urquiza y tenía un aspecto distinto al de los anteriores. Se había criado en el seno de una familia burguesa, había sido estudiante y era un muchacho con verdaderos deseos de saber. Sentía una curiosidad especial por conocernos a nosotros, los presos políticos, que representábamos, según le habían dicho, lo peor de la sociedad, lo más abominable.

En el curso que le impartieron en el Ministerio del Interior, le dijeron que los presos políticos éramos asesinos despiadados, viciosos, explotadores capitalistas, proxenetas y, por supuesto, todos agentes de la Agencia Central de Inteligencia (CIA).

Al igual que ocurría en Rusia en los primeros años de la revolución bolchevique, el comisario político era la más alta autoridad, y los militares estaban subordinados a sus decisiones y orientaciones. Lo primero que hizo éste fue subir con nosotros al camión, un hecho sin precedentes, porque los comisarios viajaban con la guarnición.

Nunca nos había ocurrido aquello. Se produjo una situación incómoda; estábamos acostumbrados a charlar en los viajes, comentar las noticias, pero con un militar entre nosotros nada de eso podía hacerse. Defendíamos nuestra intimidad como grupo. Él lo notó, pero no le importó.

A la hora del almuerzo, tradicionalmente, el comisario se quedaba con los otros militares. Pero éste fue a unirse a nosotros. Entonces éramos un pequeño grupo formado por Celestino, Carlos Betancourt —un periodista muy dinámico y combativo —, el doctor Suárez Mata, que murió poco después por falta de asistencia médica, Buria, uno de los pilotos y yo. Siempre almorzábamos juntos, bajo cualquier árbol si lo había, o al sol inclemente.

El comisario nos pidió permiso para sentarse entre nosotros, y así lo fue haciendo todos los días. Era un joven apasionado por la cultura, por la filosofía y por el arte. Nuestra actitud no fue la de iniciar un ataque virulento contra el régimen, sino demostrarle, en primer lugar, que no éramos lo que le habían dicho. Tiempo más tarde, él mismo nos confesó:

—Me habían dicho, antes de venir aquí, que me encontraría con criminales, drogadictos, con personas vacías y sin ideales; pero no ha sido así. He visto a revolucionarios que ayudaron al ascenso de la revolución, a estudiantes, profesionales, campesinos. Ustedes no son lo que me dijeron.

Ya esta aseveración implicaba muchas cosas. Se daba cuenta que lo habían engañado. Y nosotros, por esa primera brecha, le señalaríamos otros engaños.

El doctor Suárez Mata, en aquellos ratos breves que teníamos para almorzar, explicaba temas de filosofía e historia, de los que era un atento alumno el comisario político. Conoció así ideas prohibidas en la sociedad que defendía. Solía llevar el periódico Granma, órgano oficial del Partido Comunista de Cuba, para que nosotros le diéramos nuestra interpretación. Y le señalamos los objetivos doctrinarios y no informativos de aquel periódico. Entonces, por las noches, él escuchaba las noticias en las estaciones extranjeras, y a la mañana siguiente nos las traía. Como teníamos radio en las circulares, pudimos verificar que eran ciertas sus informaciones y no una treta de la Policía Política.

La simpatía de aquel muchacho por nosotros era visible. Siempre nos buscaba, le apasionaba hablar, preguntar. Le advertimos que fuera cuidadoso en sus expresiones en el seno de sus compañeros.

Era el encargado de entregarnos las cartas, y lo hacía en el campo. Como una prueba de deferencia, no abría las del grupo nuestro. Además, se me ofreció a mí para sacarme correspondencia cuando quisiera, como un favor especial. No obstante, por parte de algunos otros de los 200 presos del bloque recibía gran hostilidad. Nuestra labor con él, por razones de seguridad, no podíamos divulgarla.

Él era la máxima autoridad en el bloque. Cuando se presentaba alguna situación crítica o amenazas de agresión, lo llamábamos aparte y le informábamos lo que podía ocurrir; por ejemplo, cuando separaban a uno de los nuestros que sabíamos podía recibir una paliza por parte de los jefes de cuadrilla. Los comisarios políticos, que aparentaban ser humanos y pacíficos, eran los que en muchos casos señalaban a un preso para que le dieran una paliza. Él mismo nos lo contaba. Así sucedió con Paco Almoina, a quien otro comisario político ordenó fuese golpeado por su resistencia al trabajo, pues había ensañamiento con él.

Un día llevaron el bloque a una zona cercana a la costa que habían desbrozado para sembrarla de pangola. Eran cientos de hectáreas de una arenilla blancuzca. Los camiones no podían entrar hasta el lugar y tuvimos que internarnos por los caminos recién abiertos con los bulldozers. La tarea consistía en regar los mazos de hierba que servían como semilla. El terreno debía quedar cubierto. Luego un tractor iría volteando la tierra para taparlas, y así quedarían sembradas.

Con rapidez, el cielo comenzó a cubrirse de nubes. Cúmulos potentes se elevaban desde el horizonte. Se retorcían allá arriba y las corrientes de aire y su turbulencia les daba la apariencia de que hervían. Y rompió el aguacero, impetuoso, torrencial. Empapados, tuvimos que agruparnos. Los guardias formaban un círculo alrededor nuestro. Estuvo lloviendo casi dos horas.

El camión que tenía que llevar el almuerzo no pudo hacerlo porque uno de los puentes de la carretera que daba acceso al lugar donde nos encontrábamos fue arrastrado por la corriente. A las cuatro de la tarde iniciamos la marcha de regreso. Lo hicimos con las ropas mojadas y sin un bocado en el estómago. A uno y otro lado del camino el agua estancada formaba grandes charcos. Dos tractores habían quedado atascados, hundidos en la tierra gris. Nosotros mismos avanzábamos con el agua por los tobillos o a media pierna, chapoteando. Los guardias que nos flanqueaban lo hacían por la parte más alta del camino, donde se había acumulado la tierra movida y desplazada por las cuchillas de las motoniveladoras.

Leonel, el comisario político, caminaba con nosotros. Recuerdo que recogí unos pequeños lirios silvestres que coloqué en el bolsillo de la camisa, y que trataría de entrar a la circular. La debilidad, el agotamiento, el estar empapados de pies a cabeza no debilitó en lo absoluto el alto espíritu de aquella columna de prisioneros. Y con entusiasmo comenzamos a tararear la marcha de nuestro himno invasor. A medida que íbamos cantando, nos sentíamos renovados, vigorizados, y caminábamos más aprisa. Ya los soldados tenían que apurarse para igualar nuestro paso. Así, durante unos cinco minutos, hasta que el jefe del bloque, el cabo Richard, ordenó detenernos.

—¡Alto..., alto...! —gritó corriendo hacia el frente de la columna. La guarnición no podía seguir al grupo de presos famélicos.

—¿Qué les pasa a ustedes? —nos gritó—. ¿Es que quieren reventar a los guardias...?

Éramos presos, muchos ya maduros, con el cabello encanecido, estábamos agotados por el trabajo, hambrientos, pero con esa energía y vigor que nacen de adentro del hombre y que nada tienen que ver con las calorías que haya ingerido. Leonel, el nuevo comisario, no pudo evitar la pregunta, con admiración:

—¿De dónde sacan ustedes la resistencia? ¿Qué los mantiene?

—La sacamos de la única fuente imperecedera, de la que nos alimentamos: el AMOR.

Y, tomando el puñado de lirios, agregué:

—Estas flores son mucho más poderosas que las bayonetas; existen antes que ellas, y cuando las bayonetas desaparezcan, seguirán existiendo...

Leonel me miró, y se quedó como sumergido en un profundo pensamiento. Creo que comprendió mi mensaje.

Aquella tarde fue decisiva para él. Al regresar lo esperaba una carta de su familia. A su padre, trabajador en una fábrica de la barriada de Guanabacoa, en La Habana, lo habían llevado a una asamblea laboral por no haber asistido a la jornada dominical de «trabajo voluntario», y lo aniquilaron. Aquello lo decidió todo.

En una reunión con los otros comisarios políticos, se opuso a los planes de represión que se fraguaban, y cometió el error de defendernos desde el punto de vista humano.

Unas horas más tarde recibía instrucciones de no salir del área del presidio. Pero aun así, bajo situación de arresto, fue hasta la circular. Mandó a que el rejero me llamara, y en una cajetilla de fósforos, para que los escoltas, si estaban mirando, no lo notaran, me hizo llegar una carta. En ella me explicaba su decepción del sistema que había defendido y la situación que tenía.

Luego no volvimos a verlo. Supimos que fue sometido a un juicio y acusado de debilidad ideológica por haberse dejado confundir por el enemigo. Terminó en la cárcel. Años más tarde Carlos Betancourt lo encontraría en la prisión de Guanajay.

Los comisarios políticos designados al bloque posteriormente jamás quisieron conversar con el grupito que habíamos acogido a Leonel.

La represión en el bloque, luego de lo ocurrido con Leonel, se agudizó. Dividieron el personal en dos grupos de unos cien presos cada uno, y llegó como jefe Ventura, un verdadero sádico, un cuatrero que se convertiría en un azote, no solamente para los prisioneros, sino inclusive para los camioneros y los pocos campesinos que todavía conservaban algunas aves o cerdos. Ventura no regresaba jamás con las manos vacías. Lo mismo robaba troncos y tablas que frutos y aves, al Estado o a los particulares. Si veía un cerdo decía que era salvaje, lo mataba a tiros y se lo llevaba. En los mismos camiones transportaba el producto de sus fechorías. Se detenía frente a su casa, en la carretera que iba al sur, y allí bajaba lo hurtado.

No había un solo día en que Ventura dejara de propinar una paliza a alguien. Solía decir que si el régimen cambiaba, él sabía que en la democracia, por golpear a presos, sólo lo condenarían a unos meses de cárcel.

Formados en fila, esperando ser contados, estábamos una mañana fría y gris. Ventura empezó a repartir planazos, se ensañó con Manino y le lanzó una estocada a fondo con la bayoneta. Con una agilidad felina Manino saltó hacia atrás, escabullendo el cuerpo, y gracias a sus reflejos salvó la vida. La punta de la bayoneta le hirió el pecho, a la altura del corazón. Unos centímetros más y lo hubiera matado.

El cabo pasó lista, con prisa, y salimos rumbo a los camiones. Ya las cuadrillas del edificio 5 y algunos presos de la circular uno llenaban la explanada. Era el griterío de siempre. Los militares increpando a los chóferes, a los presos, y las columnas de prisioneros subiendo a los camiones. A ratos se escuchaba el golpe seco dado con una bayoneta, o se veía a un escolta empujando a algún preso con una mano mientras con la otra empuñaba un machete o un palo. Pero ésta era la rutina de todos los días. Todas las mañanas sucedía lo mismo. Ya casi no se le daba importancia. A veces golpeaban al compañero a nuestro lado, al abordar los transportes; o mientras el cabo recorría las filas contando al personal, le daba un bayonetazo o lo agredía con un bastón de madera, y la ignominia ni siquiera motivaba un comentario especial. Subíamos al camión y seguía la conversación como si nada hubiera sucedido. Había como una aceptación de aquella infame realidad.

Nuestra cuadrilla fue destinada esa jornada a limpiar extensos potreros llenos de hierbas malas. Desde que bajamos, los cabos comenzaron a golpear, y llovían las amenazas. El cordón de seguridad se estrechó más que nunca y trabajábamos literalmente dentro de un círculo de bayonetas agresivas. Estábamos alineados en hileras y a una orden del cabo levantábamos los picos y los dejábamos caer para arrancar de raíz las malas hierbas. No se escuchaba la voz de un solo preso, nada más las de los cabos, que gritaban exigiendo un mayor ritmo en el trabajo. De pronto comenzaron a descargar bayonetazos sobre nuestras espaldas; los guardias, iracundos, recorrían la larga fila, y se detenían a trechos para golpear a cualquiera. Había una tensión grande. Yo sentía lo de siempre: aquel nudo en el estómago, como si me lo retorcieran desde adentro. Sabía que era un síntoma de miedo, y trataba de controlarlo. Respiraba más hondo que de costumbre y procuraba que mi pensamiento estuviera muy lejos de allí. Los picos se alzaban y caían lentamente, arrancando los duros terrones y dejando al aire las raíces. De tanto entrar y salir de la tierra las puntas de los picos se pulían y brillaban al sol como si fueran de plata. Trabajábamos en silencio, pero al mismo ritmo, casi como en la cámara lenta del cine, en una resistencia constante. Quizás esa oposición tenaz es la que no deja al hombre sentirse esclavo. A mi lado trabajaba Luis Alberto, uno de los más jóvenes. No llegaba a los 25 años, pero había sido golpeado con saña en las semanas anteriores y estaba aterrorizado.

—Armando...

Con el rabillo del ojo lo miré. Estaba a dos metros escasos de mí y luego de arrancar de un rotundo picazo un montón de hierbas se acercó un poco más.

—Necesito que me ayudes... No puedo resistir más esto...

Había desesperación en su voz.

—Clávame el pico en el pie. Así tendrán que llevarme a la enfermería y podré pasar unas semanas sin venir a los campos de trabajo.

Comprendí que Luis Alberto estaba bajo un estado de tensión tremenda; su voz temblaba suplicante. Traté de tranquilizarlo.

Muchos pedían a un compañero de trabajo que lo hiriera con los machetes o picos. Se fingía un accidente y así el herido podía estar ausente unos días o unas semanas, todo dependía de la gravedad de la lesión.

—Cálmate, Luis Alberto. Nosotros hemos pasado situaciones más difíciles que ésta y hemos podido resistirlas. No te dejes arrastrar por un estado de ánimo momentáneo. Recuerda que una herida en un pie puede dejarte consecuencias para siempre, y tú eres muy joven. Mira cómo aquí todos resisten y hay algunos que por la edad pueden ser tu padre... Contrólate...

Escuchamos los gritos del cabo y unos bayonetazos, y dejamos de hablar, concentrándonos en el trabajo.

El cabo pasó de largo detrás de nosotros. Luis Alberto volvió a insistir:

—¡La próxima vez vendrá a darme a mí..., seguro que vendrá a darme!

—Trabaja, piensa en otra cosa, Luis Alberto. Estás dejándote dominar por los nervios. Todos estamos igual que tú y seguimos aquí... Tú no eres más débil que los demás —trataba de levantarle el ánimo—. Si los otros resisten, ¿por qué no vas a resistir tú también?

Las maldiciones del cabo y las amenazas se acercaban de nuevo y me concentré en mi trabajo. Levanté el pico y cuando iba a dejarlo caer, un poco detrás de mí, a la izquierda, escuché un quejido sordo, como un estertor, como un chillido casi... Luis Alberto se había clavado el pico él mismo. Lo había descargado sobre su pie

196

izquierdo. El extremo agudo de la herramienta perforó la bota, atravesó los huesos del pie a la altura del empeine, astillándolos, y asomó por la suela... Luis Alberto cayó a tierra retorciéndose de dolor... Había soltado el pico y éste, clavado a su pie todavía, se bamboleaba grotescamente.

Casos como el de Luis Alberto vi muchos. La autoagresión por terror a los campos de trabajo forzado fue una salida para quienes perdían el control de sus mentes. Tomar la decisión de autoagredirse implicaba un proceso de lucha interna. La primera vez que surgía la idea se desechaba, pues todavía el instinto de conservación podía más. Pero la resistencia interior se iba relajando en concordancia con las golpizas o asesinatos en los campos.

En el sexto piso había un preso que ayudaba a los que querían quebrarse los brazos. Llegaron a crear toda una técnica. El brazo era envuelto en unas toallas bien ajustadas y colocado entre dos banquitos o soportes de madera; el verdugo levantaba una barra de madera y descargaba el golpe, que rompía el hueso con un crujido amortiguado, y sin romper la piel, aunque a veces eran necesarios varios golpes para fracturarlo. La víctima se retorcía de dolor, palidecía y sudaba frío. Algunos, que llevaban semanas de angustia pensando en aquel momento, se derrumbaban psíquicamente y caían como en un letargo, como si se hundieran en una pesadilla. Comprendían la magnitud de lo que habían hecho y se prometían no repetir jamás una cosa así. Otros, por el contrario, lo volvían a hacer.

Ante las autoagresiones, la guarnición decidió sacar a trabajar incluso a los que tuvieran un brazo fracturado. Hubo un preso, en el edificio cinco, que se partió entonces el otro brazo. El cabo de la cuadrilla, sintiéndose burlado, hizo lo que no esperaba nadie: lo sacó así mismo. Sabía que no podía trabajar, pero lo golpeó con la bayoneta. Al día siguiente, cuando el cabo lo llamó, tuvieron que transportarlo en el vagón de mano que se usaba para botar la basura: se había fracturado las dos piernas. Entonces sí que no pudieron llevárselo al campo.

Los golpes, el terror, actuaban como factores desencadenantes para muchos que tenían sedimentados viejos traumas, y la angustia y el horror los enloquecieron. Salir al campo de trabajo podía significar la muerte, además de los golpes, o la mutilación. La imaginación de aquellos infelices buscó mil formas para evitar el trabajo forzado, porque era una manera de mantenerse vivos. Además de las fracturas, hubo quienes se extrajeron, con una jeringuilla, el líquido sinovial de las rodillas; otros se inyectaban petróleo o se hinchaban como monstruos frotándose plantas urticantes. O utilizaban abejas para que les picaran en el miembro o en las mejillas. También hacían unas bolsitas de tela llenas de sal húmeda con las que se raspaban la piel. La acción de la sal formaba unas llagas horribles, que además se escarbaban para no dejarlas cicatrizar.

Por entonces el médico militar que visitaba las circulares era el doctor Agramonte. Para que un prisionero enfermo no fuera al campo, se requería su aprobación. Por orden de la dirección sólo podían quedarse veinte enfermos en cada circular. Los encargados de reportarlos eran nuestros médicos, que vivían con nosotros. Pero, ¿cómo elegir entre ochenta o cien enfermos quiénes podían quedarse y quiénes no? Lo que acordaron fue reportarlos a todos, y que la selección la hicieran los militares. El que decidía entonces era este médico, Agramonte.

Entraba a las circulares y se sentaba en la mesita del botiquín. Los enfermos hacían cola afuera. Los iba pasando, sin mirarlos siquiera, y los seleccionaba al azar. Otras veces se burlaba de ellos.

Cierto día un enfermo, con una mano lesionada, se presentó ante él. Agramonte le dijo que no tenía nada que le impidiera ir al trabajo. El preso protestó y defendió su condición de enfermo.

—Mira, para que te deje aquí adentro tienes que amputarte un dedo —le respondió Agramonte, y mandó a pasar al siguiente enfermo.

No mucho tiempo después volvió el recluso que había rechazado. Algo vio el doctor Agramonte en su expresión que lo asustó. El preso alzó el puño cerrado, lo abrió y dejó caer sobre la mesita, ante los ojos desmesurados del doctor Agramonte, el dedo pulgar de la otra mano, que se había cercenado.

—Ahí está el dedo que usted me pidió.

El médico se levantó, y pálido, descontrolado, comenzó a gritar casi histéricamente:

—¡Ustedes están locos..., locos...! —y lo repetía mientras se alejaba con precipitación.

Nunca más el doctor Agramonte entró a los edificios. Desde entonces hacia su trabajo en el rastrillo, del otro lado de las rejas.

# Capítulo XXXIII
## Campos de concentración y asesinatos

Los pronósticos del Ministerio del Interior de que no resistiríamos un año sin pedir la rehabilitación política de rodillas, se esfumaban. La medalla de oro que prometió el capitán Morejón la habíamos ganado, y no uno solo como él dijo, sino miles y miles.

Ellos habían confiado en el terror que desplegarían. El fracaso los hizo desatar una violencia desesperada. Mas, paralela a la vesania de los militares, había ido naciendo en nosotros una conciencia profunda, una determinación inflexible de resistir, de no claudicar. Ibamos venciendo el terror, íbamos endureciéndonos, convencidos de que éramos símbolo de la resistencia. No podían hacernos renunciar a los principios que nos enorgullecían y definían. Seguíamos resistiendo, pero con tranquilidad. No era una resistencia fanática y oscura, sino diáfana y meditada, producto de nuestra esencia misma, de la fe y el amor a Dios, a la Libertad.

Estos valores son una especie de alimento inagotable para el hombre que cree en ellos y yo no tenía la resignación de aceptar mansamente lo que viniera, como un dictado inevitable; sabía, estaba convencido de que era una etapa difícil de un viaje, como la tormenta que sorprende al barco en plena mar; pero que, como ella, pasaría. Dejarla atrás, vencerla, dependía de la serenidad y firmeza con que se empuñara el timón.

Recuerdo a aquel amigo, un poeta llamado Soret, que mandó a hacer silencio desde la planta baja. Tenía una voz potente, atronadora:

—¡Señores...! —dijo con acento trémulo. Lo miraban fijamente—. Quiero despedirme de ustedes... Me voy a acoger al Plan de Rehabilitación Política... Me voy para donde están los hombres..., ¡porque aquí lo que hay son titanes!

\* \* \*

En la Isla comenzaron a construir tres enormes campos de concentración. Uno en la finca «La Reforma», otro en una granja llamada «Mella» y el tercero al sur, en el Valle de los Indios.

Cuando pasábamos por aquellas zonas, veíamos el avance de las obras.

El gobierno tenía planeado evacuar la prisión de Isla de Pinos para convertirla en museo, porque Castro había estado preso allí durante unos meses. Pero había estado preso no en los edificios, en las circulares, ni siquiera en una celda, sino en un área del hospital reservada para él, con todas las comodidades, visitas diarias, libros, patio todo el día, etc.

Así lo escribía el propio Fidel Castro; de una de aquellas cartas, la escrita el 4 de abril de 1955 son los siguientes párrafos:

«Yo tengo sol varias horas todas las tardes y los martes, jueves y domingos también por la mañana. Un patio grande y solitario, cerrado por completo con una galería. Paso allí horas muy agradables.

No te había dicho que arreglé mi celda el viernes. Baldié el piso de granito con agua y jabón primero, polvo de mármol después, luego con lavasol y por último agua con creolina. Arreglé mis cosas y reina aquí el más absoluto orden. Las habitaciones del Hotel Nacional no están más limpias... Me estoy dando ya dos baños al día «obligado» por el calor . ¡Que bien me siento cuando acabo! Cojo mi libro y soy feliz en ciertos instantes.

Me voy a cenar: spaghetti con calamares, bombones italianos de postre, café acabadito de colar y después un H Upmann 4, ¿No me envidias? Me cuidan, me cuidan un poquito entre todos... No le hacen caso a uno, siempre estoy peleando para que no manden nada. Cuando cojo sol por la mañana en shorts y siento el aire de mar, me parece que estoy en una playa, luego un pequeño restaurant aquí. Me van a hacer creer que estoy de vacaciones! ¿Qué diría Carlos Marx de semejantes revolucionarios?»

En otra carta escrita en junio del mismo año 1955 decía:

«Comunicaron mi celda con otro departamento cuatro veces mayor y un patio grande, abierto desde las 7 am hasta las 9 y 30 pm. La limpieza corresponde al personal de la prisión, dormimos con la luz apagada, no tenemos recuentos ni formaciones en todo el día, nos levantamos a cualquier hora; mejoras estas que yo no pedí, desde luego. Agua abundante, luz eléctrica, comida, ropa limpia, y todo gratis. No se paga alquiler . ¿Crees que por allá se está mejor?»

Presos rehabilitados y unas cuadrillas de la circular nuestra trabajaban en el Campo de la Reforma, construido al estilo típico de los campos de concentración; las barracas estaban al centro y eran de paredes de ladrillos y techos de planchas de fibrocemento. Alrededor se levantaban dos altas cercas de alambre sostenidas por postes de concreto curvados hacia afuera sobre los que se extendían alambradas de púas. Las garitas poseían reflectores y ametralladoras.

La situación de aquellos campos de concentración era muy estratégica desde el punto de vista del trabajo, porque se encontraban en las áreas de más actividad laboral. De esa forma los presos no tendrían que ser movidos por toda la isla. Pero en sus planes el Partido no consideró la resistencia tenaz de los prisioneros, decididos a no ir a los planes de rehabilitación para que el gobierno no tuviera presos que trabajaran como esclavos.

El 9 de enero de 1966, los jefes de bloque se reunían en la dirección del penal con el director Tarrau. La reunión duró sólo minutos. Fue un análisis breve del por qué los presos contrarrevolucionarios no aceptaban la rehabilitación. El método que acordaron para conseguirlo fue una verdadera operación de terror. Los jefes recibieron allí instrucciones sanguinarias y se les dejó las manos libres para matar prisioneros en cada bloque y generalizar el terror.

Esta información nos llegó de inmediato, y junto con ella experimentamos en nosotros mismos el recrudecimiento de la violencia. Los militares se ensañaban, alentados por la orden. Las golpizas se hicieron sistemáticas. Los cabos del bloque 18, Luis y Guesternay, fueron quizá los más sádicos de cuantos pasaron por las prisiones. Siempre andaban borrachos, y cuando los camiones se internaban en los campos, lejos de carreteras o caminos, bajaban a los presos y, rodeados por la guarnición, que nos apuntaba con sus fusiles ametralladores, la emprendían a golpes contra nosotros.

Estos dos guardias cometieron, en su afán sádico, vilezas tales como obligar a los presos a arrancar hierbas con la boca, a comer tierra. Siempre buscando que se rebelaran para matarlos.

Cuando los presos protestaban por alguna agresión, los escoltas del cordón empezaban a disparar. Así mataron, en el bloque 31, a Eddy Alvarez y a Dany Crespo.

A Julio Tan quiso humillarlo el cabo Arcia, jefe de su cuadrilla, obligándolo a arrancar las hierbas con las manos. Tan se negó. El cabo, bayoneta en mano, le fue encima, agrediéndolo. El preso, tratando de esquivar las estocadas, cayó al suelo. Por detrás, otro de los guardias lo golpeó con un azadón. Fue el momento esperado por Arcia para clavarle la bayoneta en el muslo y moverla en forma circular para agrandar la herida. Julio Tan murió desangrado a los pocos minutos.

Diosdado Aquit había recogido su plato y ya formaba frente a los camiones, como todas las tardes. El cordón de escoltas se encontraba muy cerca y listo para subir a su transporte después que los presos, una vez contados, hicieran lo mismo en el suyo. Soplaba un viento fuerte. El sombrero de Aquit salió volando y cayó a unos metros. El preso pidió autorización al jefe de la cuadrilla para salir de la fila a recogerlo y el militar le respondió que esperara un momento, que iba a contar. Al terminar podría recogerlo. El cabo inició el recuento, llegó al final, giró y le hizo señas al preso de que ya podía recoger el sombrero. Aquit salió, dio dos o tres pasos, se inclinó y ya no volvió a levantarse. Desde el fondo de la fila, uno de los escoltas le vació un cargador de fusil AK en la espalda.

—Eso es para que no vuelva a salir de la fila sin permiso —comentó señalándolo con el cañón humeante.

\* \* \*

Roberto López y yo habíamos estado juntos desde 1961. Era un joven idealista, pecoso y simpático. Se declaró en huelga de hambre. Dijo que no trabajaría más, pues no estaba dispuesto a seguir soportando los atropellos.

Cuando aceptaron llevárselo de la circular, se creyó que lo ingresarían en el hospital; pero la comitiva continuó hacia las celdas de castigo y allí tiraron a Roberto. Para hacer más dolorosa su agonía, le cortaron el agua.

El capitán Morejón entró en la celda y le preguntó qué era lo que quería, y Roberto le respondió que lo único que deseaba era que le pusieran flores al morir. Los que estaban en las celdas contiguas escuchaban claramente todo lo que sucedía en la de Roberto.

Eran semanas las que llevaba en huelga. La sed agravó su estado y apresuró el desenlace. En su agonía pedía agua. Los de las otras celdas les gritaron a los guardias que se la dieran, pero lo que hicieron fue sacarlos a ellos y propinarles una paliza con gruesos alambres eléctricos trenzados.

Toda la madrugada se escuchó a Roberto clamar por agua.

Dos o tres de los escoltas abrieron la reja. Entraron hasta el fondo, donde, en el suelo, yacía Roberto; se detuvieron cuando ya las botas estaban casi tocando el rostro cadavérico.

—¿Quieres agua? —le preguntó uno de los guardias—. Pues toma orines —y sacó el miembro y le orinó en la cara, en los ojos, en la boca entreabierta.

Roberto murió al día siguiente.

201

Frente al presidio, a los costados de las oficinas del penal, había un grupo de casas habitadas por los funcionarios de la prisión y sus familiares. Una de ellas era la del doctor Condi, director del hospital. Vivía allí con su esposa, joven y muy imaginativa. Esta muchacha tenía la costumbre de ofrecernos unas sesiones nocturnas contra las cuales se tuvo que hacer una campaña entre los presos para rechazar el espectáculo.

Casi todas las noches, cuando el esposo salía a las reuniones y asambleas, ella apagaba toda la casa y encendía únicamente la luz del cuarto, cuya ventana, abierta de par en par, daba hacia el presidio. Se situaba entonces frente al espejo quedando de espaldas a nosotros y empezaba a despojarse de la ropa, lentamente, como si fuera una de esas profesionales del nudismo.

Completamente desnuda se contemplaba en el espejo. Luego comenzaba a peinarse: el pelo largo le caía hasta la mitad de la espalda y lo alisaba con gesto provocativo. Con el peine se levantaba los cabellos, sacudía la cabeza, y los dejaba caer. Pasaba entonces a posar frente al espejo. Se colocaba las manos en la cintura o las deslizaba por los senos y caderas acariciándolos voluptuosamente, y se movía rítmicamente, en una danza lúbrica.

¿Qué pasaba por la mente de aquella mujer? Sabía que cientos de ojos la devoraban desde las ventanas del presidio, que las miradas cargadas de deseo taladraban el espacio. Miradas de hombres que llevaban años sin contacto sexual. Tal vez, en sus sueños lujuriosos, ella se veía poseída por nosotros en una orgía indescriptible.

Muy pronto la guarnición la descubrió y nunca más aquella ventana volvió a abrirse. Días después, el médico y su exhibicionista esposa fueron trasladados.

Hubo presos que llegaron a la conclusión de que era mejor recibir dos o tres palizas grandes seguidas, que una cada dos días durante meses. Pero de los miles que éramos llevados a los campos, sólo ocho o diez tuvieron valor para aceptar las consecuencias de negarse a seguir trabajando.

Uno de éstos fue Pilotico. La golpiza que le dieron no tuvo precedentes. Años después, su espalda toda era una cicatriz, como si le hubieran pegado una plancha al rojo vivo en la piel. Sólo quienes vimos y supimos de aquello podíamos creerlo. A los que mucho después lo conocieron, les costaba trabajo asociar la cicatriz con los golpes.

Boitel también decidió no trabajar más. Luego de la paliza, se declaró en huelga de hambre y lo llevaron al hospital. Allí lo ataron a la cama con sogas, y varios militares y enfermeros presos lo alimentaban a viva fuerza con tubos de goma que le introducían por la nariz hasta el estómago. Pasó varios meses así, hasta que lo trasladaron a las celdas de castigo. Allí se había concentrado el pequeño grupo de los que se negaron a trabajar, unidos a Izaguirre, Rivero Caro y Nerín, que llevaban en las ergástulas más de un año aislados.

Los castigados también iban a aquellas celdas, y cientos de prisioneros pasamos por ellas. Era algo así como la capital de la represión. Desde que llegaba el preso, los guardias lo rodeaban con los cables eléctricos escondidos a la espalda. Le preguntaban con cuál cable quería que le dieran. Había dos, el «flaco» y el «gordo»; el primero era el más grueso. De todas formas, terminaban golpeando con los dos y con los machetes. Si los guardias estaban de mal humor lo disipaban sacando a los prisioneros y propinándoles golpizas que los enardecían y les permitían desahogar su mal genio.

Paco- Pico estaba en una de aquellas celdas. Había tenido constantes problemas en su bloque de trabajo por la actitud rebelde que mantenía. Por esta razón lo enviaron al confinamiento solitario. Al caer la tarde, uno de los guardias abrió la reja y le dijo que saliera. El prisionero creyó que iban a darle una de las tandas habituales de golpes. Salió al pasillo. A unos metros, otro guardia le apuntaba con un fusil. Quizá Paco-Pico no sospechó siquiera que aquella escena y la oscura boca del cañón sería lo último que verían sus ojos.

El estampido retumbó por los rincones, seguido de otro más.

Paco-Pico, con el pecho atravesado por las balas, cayó al suelo.

El guardia que abrió la reja, muy nervioso, le dijo al cabo Arcia, el mismo que mató a Julio Tan, que iba a llamar al hospital para que se lo llevaran.

—¡Todavía no..., déjalo que se desangre bien! —le contestó Arcia.

Pasaron los minutos, que se convirtieron en horas. Una charca de sangre se agrandaba bajo el tórax de Paco-Pico. Cuando el camión de la basura se detuvo frente a los pabellones de castigo, subieron los tanques de los desperdicios. Luego a Rolando Movales (Paco-Pico), ya con la rigidez de la muerte.

—¡Está tieso como un palo! —exclamó uno de los militares. Lo tiraron en el camión, sobre la basura. Y así se aparecieron con su cadáver en el hospital.

\* \* \*

Celestino y Buría me invitaron a planear una fuga. Conocían de mi intento anterior y querían que lo ensayáramos otra vez. La fuga sería desde los campos de trabajo. Nada fácil, pero no imposible. El plan tendría una variante, con la que pensábamos aumentarían las posibilidades de evadimos. No trataríamos de salir de la Isla de inmediato, porque el mayor riesgo estaba precisamente en ello. Fingiríamos haberlo hecho, pero permaneceríamos escondidos. Luego, ya con la vigilancia disminuida, creyendo que nos habíamos ido, resultaría más fácil salir de la Isla de Pinos.

Era conocido que los presos comunes que se fugaban desde años atrás de las vaquerías o de otros centros de trabajo y se internaban en los pinares o ciénagas, se entregaban por falta de alimentos.

La vigilancia y el terror de los campesinos hacía imposible tocar a puerta alguna en busca de comida o ayuda. Las autoridades confiaban en esta circunstancia.

Dije a mis compañeros que la única manera de subsistir no era con reservas de alimentos previamente enterrados en algunos lugares, sino comiendo lo que fuera: grillos, lagartos, ranas, reptiles y los vegetales conocidos que sabíamos eran comestibles. Propuse que nos ejercitáramos empezando desde ese momento a comer insectos. La idea, al principio, pareció un poco violenta. Pero fue aceptada, aunque Celestino y Buría no la acometieron de inmediato. Yo sí lo hice.

Había leído que los orientales, en algunas regiones de Asia, comían grillos y los consideraban excelentes. Los de la Isla eran grandes y jugosos. Me fui preparando mentalmente. Y una mañana decidí comer el primer grillo crudo. Antes de echármelo a la boca, le aplasté la cabeza para evitar que pudiera morderme la lengua. Para ser el primero, no me desagradó su sabor.

Una semana después ya me comía todos los días treinta o cuarenta de estos insectos. Tenía a todos mis amigos del bloque cazándolos para mí.

Estábamos cortando un pasto llamado hierba de elefante; es una caña alta que alcanza casi dos metros de altura, y el bloque estaba fijo en aquellos plantíos.

Como todas las mañanas acudíamos temprano al mismo lugar, coloqué unos sacos de yute sobre un terreno arenoso. Por decenas, los grillos se refugiaban debajo de ellos; tuve así mi propio criadero. Cuando niño, lo hacía de esta forma para usarlos como cebo en la pesca de la trucha... Los demás, tan sólo por el espectáculo de verme comerlos, me los buscaban con interés. Pensarían que no andaba muy bien de la cabeza. Igualmente desde hacía algunas semanas, cuando trabajábamos en los sembrados de pangola, Obregón y yo empezamos a comer esta hierba. Seleccionábamos los tallitos jugosos y los masticábamos largamente. Parecíamos rumiantes, todo el día extrayendo el jugo de esta planta. Yo había leído un artículo acerca de los valores nutritivos de la pangola en un texto de ganadería que tenía Alfredo Sánchez, mi vecino de celda. A manera de broma, Obregón y yo les decíamos a los demás que si querían estar fuertes como un toro, no se comieran al toro, sino lo que come el toro. Y muchos se aficionaron y se unieron a esta práctica.

Del grillo pasé a comer lagartijas y ranas; luego pequeñas culebras, porque ya el majá, un reptil del orden de los boidos, pariente de la boa, que llega a alcanzar en Cuba varios metros, estaba considerado como un plato muy codiciado por su carne limpia y exquisita. También comía, entre otras cosas, tubérculos crudos, huevos de pájaro y los retoños de la hierba de elefante. Todo lo que caminaba, volaba o nadaba, era comestible. En los potreros, donde pastaban las reses, les disputaba la miel de purga que les echaban en los comederos; eran calorías y las necesitaba. Mi estómago de hierro la toleraba muy bien, de maravilla.

Consideraba que el lugar para comprobar si podía alimentarme con lo que me proporcionara la naturaleza era antes de la fuga, pues así, si se me producía una enfermedad, podía contar con la ayuda de nuestros médicos en las circulares. En realidad, jamás me sucedió nada.

Pude ir sustituyendo algunos de los alimentos que llevaban al penal por los que yo ingería en el campo. También aumenté la cantidad de insectos comestibles por mí, tales como los saltamontes, más grandes que el grillo, y abundantes en los campos, aunque de sabor acre más fuerte.

El trabajo en aquel lugar consistía en cortar con machetes las cañas del pasto y luego subirlas a los camiones; esta planta está cubierta por una fina pelusa que se metía entre la ropa y el cuerpo produciendo una picazón tremenda. Socarrás y yo, que estábamos llenando los camiones, no lo hacíamos al ritmo que deseaba el cabo de cuadrilla. Nos castigaron sacándonos fuera del área y poniéndonos a cortar la caña. Designaron un escolta especial para que nos amenazara y apremiara en el trabajo. Los cabellos de este militar eran amarillos, no tenía dientes y usaba unos guantes rojos tejidos. Iba armado con una metralleta y un machete. Toda la tarde, hasta que dieron la orden de recoger para el regreso, estuvo provocándonos, de manera directa a Socarrás, instándolo a que echara a correr, para ametrallarlo; pero no nos movimos del lugar. Les hicimos conocer a los demás presos esta situación.

A la mañana siguiente, el guardia desdentado con los guantes rojos nos estaba aguardando. En el camino nos dio un planazo a cada uno, y desde que llegamos inició las amenazas de que nos golpearía si no trabajábamos más aprisa. Siguió provocando a Socarrás; hasta llegó a empujarlo con la metralleta. Yo grité para que nuestros compañeros supieran lo que sucedía y esto lo neutralizó un poco.

Serían las diez de la mañana. Teníamos cinco minutos para comer un poco de gofio de trigo que enviaban los familiares. En las sabanas cubanas hay una variedad de serpiente pequeña, llamada «jubo». Capturé una de medio metro aproximadamente; la tenía agarrada con fuerza y sólo su cabeza sobresalía de mi mano cerrada. Se me enroscaba frenética en el antebrazo. Me sacudí el guante de la mano derecha y la agarré con las dos manos.

—¡Vamos a merendar!

—¿Te vas a comer el jubo?

Socarrás me lo dijo un poco en broma, por mi decisión de comer cuanto animal se ponía a mi alcance. Pero yo le contesté muy firme:

—¡Sí!

El guardia me observaba con curiosidad. Y lo menos que se imaginaba fue lo que vio. Con un rápido movimiento, me metí la cabeza del jubo en la boca y le clavé los dientes con fuerza: una dentellada feroz que le trituró la espina dorsal y le desgarró la carne. Luego corté con los incisivos, y de un tirón separé el cuerpo del que brotaba la sangre en pequeños chorros que me salpicaron la cara.

El guardia salió corriendo y gritando a buscar al jefe del bloque, y yo escupí la cabeza y tiré el animal, que todavía se retorcía.

\* \* \*

El terreno de la parte central de la Isla de Pinos está compuesto por rocas ferruginosas. Incluso los guijarros están cubiertos de óxido de hierro. Precisamente en esta zona se desencadenaban tormentas eléctricas terroríficas en verdad.

Cortábamos con machetes grandes extensiones de pangola. El cielo se oscureció y un estruendo horrísono inició las descargas. Detrás se precipitó la lluvia y los truenos se oían cada vez más cercanos.

Un rayo partió uno de los alambres de la cerca, otro corrió sobre uno en forma de bola de fuego, haciéndolo saltar también.

De los escoltas hubo quien lanzó el fusil lejos de sí.

Muy cerca se levantaba una antigua capillita de madera, edificada en el lugar donde se mató en un accidente de aviación el hijo del antiguo propietario de la finca, Cajigas. Allí habían colocado una imagen de la virgen de Santa Bárbara, que la revolución arrancó de cuajo. Quedaban sólo el pedestal y la caseta. Antes de la revolución, los familiares del que murió y los campesinos de los alrededores, creyentes en la Virgen, solían llevarle flores.

Nos refugiamos allí, y con nosotros entró Guilio, el guardia jefe de la cuadrilla, joven, alto y corpulento. Sólo diez o doce cupimos. Los demás tuvieron que quedarse fuera, bajo el aguacero torrencial. Al cabo se le notaba el nerviosismo: con un pañuelo se secaba constantemente las manos temblorosas, y tenía el semblante demudado. El labio inferior le temblaba visiblemente. Estaba aterrorizado. Comprendimos que le tenía miedo a los rayos que caían a pocos metros.

En cada descarga, un corrientazo recorría las paredes de la antigua capillita. Celestino, Márquez y yo, para que el cabo lo escuchara, comenzamos a hablar.

—¡Es muy peligroso tener los machetes aquí dentro, el hierro atrae los rayos!

No habíamos terminado cuando el cabo dio la orden de tirar todos los machetes para fuera. Pero los rayos seguían cayendo sin cesar. En verdad era una tormenta impresionante. El cabo estaba pálido, no podía ocultar su terror. Y seguimos conversando para asustarlo aún más.

—Bueno, ahora sin los machetes dentro es un poco más seguro estar aquí... No hay nada de metal que atraiga los rayos.

—Lo único que queda es la pistola del cabo —dijo Celestino. Y, muy nervioso, éste nos preguntó si creíamos que la pistola podía ser un peligro.

—Sí, por supuesto —le respondió Márquez—. Yo fui militar y las instrucciones que nos daban siempre, en situaciones así, era que nos despojáramos del arma. Yo recuerdo que en San Antonio de los Baños, en la base militar, uno de mis compañeros, por no quitarse la pistola, murió carbonizado por un rayo...

No había terminado Márquez de hablar y ya tenía el cabo el cinturón con pistola y todo en la mano. Desde la puerta llamó al jefe del bloque y le lanzó el arma para que se la cuidara.

Aquel hombre, con su terror atávico a los rayos, era como un animal acosado.

Las descargas, violentísimas, se sucedían y el suelo y las paredes eran recorridos por los corrientazos. Seguimos conversando.

—Aquí existía una Santa Bárbara, que es precisamente la Virgen de los Rayos; por eso en estas ocasiones los creyentes siempre; acuden a ella. Quizá la virgen, molesta porque destruyeron su imagen, se esté ahora tomando venganza.

Estas palabras se iban filtrando en la mente del cabo, que conocía las creencias que practicaban sus propios padres y abuelos. Y en las que él mismo creció y se formó. Pero como ahora era de la Juventud Comunista había renunciado a ellas, al menos teóricamente.

—Yo creo que es mejor salir de aquí —dijo por fin el cabo, muy nervioso.

—No..., afuera es todavía más peligroso. Además, cabo, el hombre no puede escapar de las iras de la naturaleza y de Dios cuando los ofende.

Y, en ese preciso momento, un rayo enceguecedor cayó casi en la misma puerta llenando el aire de un fuerte olor a azufre.

—Nada podemos hacer —decía Celestino con acento de lúgubre resignación—. Únicamente puede salvarnos encomendarnos a Dios, sólo eso.

Otro rayo y otro. Pensamos que el cabo echaría a correr, loco de pánico.

—Afuera es como suicidarse —prosiguió Celestino—. Sólo podemos salvarnos rezando, pues esto es un castigo de Santa Bárbara. Vamos a rezar, no nos queda más que eso...

—«Padre nuestro que estás en los cielos...» —Otro rayo... y el cabo, casi ininteligiblemente, con un balbuceo, se unió a nuestra oración.

\*   \*   \*

Los detalles para la fuga se iban completando. Conseguimos un mapa enorme, que medía casi tres metros cuadrados. Lo usaban las cuadrillas que se dedicaban a dividir las tierras en cuartones para cercarlas. No cabía en la celda, era imposible desplegarlo por su tamaño, y lo dividimos en ocho porciones.

Las requisas a la entrada eran superficiales: un rápido cacheo; si bien había algunos cabos que se esmeraban para impedir que el prisionero entrara algo del campo. Lo que más se trataba de pasar eran pedacitos de madera para hacer fuego y calentar un poco de agua con azúcar o gofio en el invierno.

La madera se preparaba en el campo, en trocitos planos y cortos. Se introducían amarrados a las piernas, casi debajo de los testículos, o metidos en la espalda, debajo del cinturón. Por supuesto que el prisionero se arriesgaba a represalias si lo sorprendían. En verdad, algunos cabos hacían la vista gorda y permitían pasar las maderitas, siempre que se hiciera con discreción. En otros bloques esto no era posible.

También se dejaba lo que se quería entrar escondido en uno de los tragantes alrededor de la circular. Al día siguiente, los que limpiaban por fuera lo recogían y entraban escondido en el latón de los enseres de limpieza. Así pasamos el mapa.

Hay una anécdota simpática, digna de ser contada. El jefe de la circular dos presumía de su infalibilidad en cuanto a que un preso no podía pasarle nada que él no descubriera. Una tarde, el mismo capitán Morejón, delante de los presos que estábamos siendo requisados para entrar, le dijo a este militar que abriera bien los ojos.

—A mí no hay preso que me pase nada —le contestó el jefe de la circular.

—Esta gente, si te haces el bobo, te pasan un saco de abono para allá dentro, y ni te enteras.

El militar sonrió autosuficiente. Y los presos aceptaron el reto en silencio. Aparecería ese saco de abono dentro, seguro que sí.

Pero, ¿cómo entrarlo si pesaba cien kilos? Las cuadrillas que estaban regando abono se ocuparon de hallar la forma. Primero zafaron uno de los sacos de fertilizante. Pero sólo fue abierto dos o tres pulgadas, deshaciendo cuidadosamente el cosido de fábrica, y por esa pequeña abertura se vació el contenido. Este saco lo llevaron hasta la puerta de la circular y allí lo dejaron. Luego, los de la limpieza lo entraron y lo subieron al sexto piso.

Y entonces una labor de hormigas se inició. Cientos de hombres entraban todos los días puñados de abono en los bolsillos, en bolsitas, en cajas de fósforos. Poco a poco el saco se fue llenando; cuando estuvo repleto, fue cerrado utilizando exactamente los mismos huequitos por donde había entrado el hilo cuando lo cosieron en la fábrica.

Una semana después fue descubierto en una requisa y la guarnición quedó consternada. Durante mucho tiempo no se habló de otra cosa. En el campo, los militares y los comisarios políticos trataban de indagar para saber cómo había sido aquello. Nunca lo supieron. Ahora se conoce por primera vez, en este relato.

# Capítulo XXXIV
## Otra vez La Cabaña

En invierno tiritábamos de frío. No nos daban ropas de abrigo ni permitían que nuestros parientes las enviasen. Teníamos que taparnos con viejos sacos de yute que mandaban del almacén. Estos sacos se rifaban y por este motivo sólo unos pocos afortunados los adquirían. En el campo, la lluvia nos empapaba hasta los huesos. Muchos no pudieron resistir la inclemencia del tiempo, las ciénagas, el trabajo aniquilador. Aparecieron casos de tuberculosis, neumonías, etc. Los escoltas y cabos de cuadrillas se paseaban bien abrigados con capas de agua militares. Nosotros temblábamos de frío bajo la lluvia y no podíamos dejar de trabajar. El fango a media pierna, las plagas de mosquitos devorándonos. Cuando llegábamos a una zona infestada de estos insectos, ya sabíamos lo que sucedería. Siempre, al bajar de los camiones, nos formaban y contaban. Entonces esperábamos hasta que el cordón de escoltas fuera tirado a nuestro alrededor. Si era zona baja y pantanosa, si había mosquitos, la orden del jefe del bloque era siempre la misma:

—Dejando las camisas aquí.

Nos obligaban a trabajar sin camisa para que los mosquitos pudieran picarnos mejor. Para protegernos algo llevábamos escondidos pedazos de jabón ruso, un jabón de lavar apestoso, hediendo, y con él nos frotábamos sin que nos viera el jefe de la cuadrilla. Al diluirse con el sudor se formaba una espuma pastosa que repelía bastante a los mosquitos. Pero, otras veces, ni eso nos salvaba.

Siempre había casos de fiebres palúdicas y otros males de origen desconocido. Los que trabajaban con los zapatos rotos eran atacados por las niguas, pequeños insectos de la familia del arador de la sarna, que se metía bajo las uñas y formaban quistes infecciosos llenos de pus, dolorosos, molestos, asquerosos. Intentábamos curarlos con agua hirviendo y petróleo.

Las garrapatillas también nos infestaban. Son pequeñísimas, como piojos, y se meten en las axilas, genitales, cejas, cabeza. Todavía hay presos que sufren de enfermedades transmitidas por estas garrapatillas y por garrapatas mayores.

Igualmente, algunos prisioneros quedaron casi ciegos y otros perdieron por completo la visión de uno de los ojos a consecuencia de la toxoplasmosis, enfermedad causada por un hongo que ataca y destruye la retina. Tal es como le ocurrió a Antonio Domínguez. Una de las soluciones para acabar con las garrapatillas era afeitarse todo el cuerpo, incluyendo cejas, genitales, cabeza, de modo que aquellos malditos bichos no tuvieran ni un vello donde esconderse.

Largas filas de heridos formaban frente a los botiquines de las circulares: las componían los que habían sido bayoneteados en el campo o cuyas cabezas les habían sido rotas con las culatas de los fusiles. Allí les ponían un parche de vendas y, al día siguiente, de nuevo para el campo. Los heridos de bala en el trabajo eran llevados para el edificio del hospital. Algunos se salvaron milagrosamente, como Napoleoncito, al que un proyectil le rozó la arteria femoral.

Llevábamos al campo un poco de algodón y vendas. Se encargaba de transportarlo uno de nosotros, a quien llamábamos eufemísticamente el enfermero del bloque. Este material estaba autorizado para las curas urgentes, para taponar heridas.

Todo esfuerzo por lograr que la Comisión de los Derechos Humanos de la ONU aceptara siquiera estudiar nuestras denuncias, resultaba estéril. Se hizo llegar a este organismo detalladas informaciones acerca de las torturas, los asesinatos, los planes para volarnos con los explosivos instalados en las circulares, pero todo fue inútil. La prestigiosa Comisión tenía oídos sordos y ojos ciegos para lo que sucedía en las cárceles políticas cubanas.

Exactamente lo mismo ocurrió con la Cruz Roja Internacional. Hablarle de violaciones de los derechos humanos en Cuba era algo inaceptable para ellos. Los presos políticos cubanos no existían sencillamente... ¿Por qué preocuparse entonces?

Años más tarde, la Cruz Roja terminó por creerlo. La ONU lo sabe, todos ellos individualmente conocen los horrores de las cárceles cubanas, pero no se atreven a condenar a Cuba en sus asambleas anuales.

La segunda parte de nuestro plan de fuga contemplaba, como variante, una salida de la Isla hacia los cayos cercanos. Para ello pensábamos fabricar una balsa hecha con dos troncos de palma, unidos por alambres. La palma que crecía en aquella zona era de tronco no muy grueso y hojas anchas como abanicos.

Para obtener los troncos de palma que necesitaríamos, ideamos una manera rapidísima y silenciosa de cortarlos. En un antiguo polígono para prácticas de tanques de guerra, habíamos encontrado líneas de comunicación soterradas. Miles de metros de alambre fino de acero que los presos entramos a la circular enrollados a la cintura.

Con este alambre fabricamos un instrumento muy eficaz para cortar. Se tomaban tres o cuatro hilos de alambre y se entorchaban con otro como las cuerdas de una guitarra: se unían bien los extremos y se fijaban a dos pedazos de madera cortos, del grueso de un habano. Este alambre de acero entorchado se frotaba con rapidez contra lo que quería cortarse, y lo cortaba todo, hasta hierro; la madera era como suave arcilla. Lo probamos en el campo. Bastaba menos de un minuto para cortar un tronco de palma, y como el corte era tan fino, si no había aire que moviera las hojas, la palma se quedaba como si no estuviese cercenada.

* * *

Cuando el rejero, con una lista en la mano, mandó a que toda la circular hiciera silencio, no tuve ni la más remota idea de lo que sucedería. Escuché mi nombre y el de muchos de los amigos más cercanos

—Pruna, Celestino — y de inmediato la orden de que recogiéramos todas las pertenencias, menos las camas. Íbamos a ser trasladados.

Algo anormal había en aquel traslado. El personal que había concurrido con las listas no estaba compuesto por los oficiales conocidos; y por la hora no parecía un traslado interno. Quizá nos llevaran para el campo de concentración del Valle de los Indios, al sur de la Isla, pensamos muchos; pues se rumoreaba que los más conflictivos para ellos serían trasladados a aquel campo.

Salimos entre adioses y muestras de afecto de los amigos. Buria no había sido llamado. Otra vez un traslado rompía planes de fuga. Nos condujeron a un local junto a la planta eléctrica. Allí nos hicieron una requisa que nos dejó sólo con una fracción mínima de lo poco que llevábamos.

Y llegaron unos camiones. Sacaron del hospital a Boitel y a algunos de las celdas de castigo, entre ellos a Izaguirre, Rivero, Nerin y otros.

Pero no nos conducían a los campos de concentración del sur de la Isla, sino que, por el contrario, las especulaciones acerca de nuestro traslado dieron un vuelco hacia el optimismo: el presidente Johnson le había pedido a Castro que permitiera la salida de prisioneros políticos cuando el éxodo por Camarioca, aquel puerto de la costa norte de la provincia de Matanzas por donde los exiliados cubanos en Miami fueron a buscar a sus familiares.

Los camiones salieron por la carreterita que corre junto a las alambradas del este. Desde las ventanas del reclusorio pañuelos, manos diciendo adiós y gritos de júbilo nos despedían. Éramos unos ciento cincuenta hombres, seleccionados especialmente. Sólo una vez se había producido una salida como aquélla: la de los invasores de Bahía de Cochinos, cuando fueron canjeados.

Al llegar al puente sobre el río Las Casas, torció la comitiva a la derecha y desembocó en el muelle. Éste había sido tomado militarmente con extraordinarias medidas de seguridad. Las entradas estaban bloqueadas por carros patrulleros y en los techos veíamos apostados a militares armados con fusiles ametralladores.

Nos esperaba el ferry. Fue entonces cuando llegó un jeep con Huber Matos y Cruz, uno de sus antiguos oficiales, al cual condenaron junto con él.

Ya aquello sí fue excepcional. Por primera vez, el ex comandante Matos era sacado de su incomunicación y veía a otros prisioneros. La posibilidad de un canje cobró entonces más consistencia. Habían reunido, en aquel puñado de hombres, a lo más representativo del presidio, o a presos destacados por alguna razón. La presencia de Huber Matos era como una confirmación de esta teoría: se trataba del prisionero más aislado y connotado de todas las cárceles castristas.

Abordamos el barco y nos sentamos en el salón. Desde mi sitio, cerca de la popa, veía por los cristales la ametralladora emplazada apuntando hacia nosotros. Toda la cubierta estaba tomada por militares y agentes de la Policía Política vestidos de civil.

A Huber lo situaron aparte, en la segunda cubierta del barco, sentándolo en una silla junto a su compañero.

El ferry necesitaba ser halado por un remolcador que lo llevaría hasta Batabanó, puerto al sur de la provincia de La Habana, pues sus motores estaban averiados. Cuando abandonamos la desembocadura del río, una lancha patrullera se colocó a babor, escoltándonos. En la proa, desenfundado, un cañón de 20 mm, y sobre la caseta del timonel, una ametralladora. Los marineros estaban descalzos y sin camisa. Atardecía. El sol se acercó al horizonte: era un globo enorme y rojo que tiñó de púrpura las aguas.

La tarde era de una belleza imponente. Atrás, las cordilleras de la Isla de Pinos parecían como lomos azulosos de grandes dinosaurios. Y entre ellas se veían ya las lucecitas del presidio. Una bruma gris iba envolviendo las cilíndricas moles de las circulares.

Para quienes íbamos allí, la visión del presidio, a lo lejos, en el atardecer, sobrecogía. Se hundió el sol en el mar y nosotros en íntimos pensamientos. Se escuchaba el correr del agua abierta enrollándose en un abrazo de espuma que desde mi lugar yo podía ver. No se oía una sola voz.

Pensaba también que podíamos salir canjeados, porque se habían estado realizando muchas gestiones. Rumores constantes fortalecían esta esperanza, que se mantuvo por más de veinte años, alentada algunas veces por las propias autoridades. Ellos usaban estos métodos para elevar el espíritu del preso; lo alimentaban anímicamente para luego dejarlo caer. Estos cambios bruscos producían unas crisis depresivas que iban

210

deteriorando al prisionero, minando sus reservas psíquicas. Las alzas y bajas repentinas dejaban huellas de desconcierto y angustia.

Pero ahora ocurría algo fuera de todo cálculo: abandonábamos Isla de Pinos.

En el mismo asiento íbamos Pruna, Luis Pozo y yo; un poco más allá Boitel, al que no veía desde hacía más de un año. Estaba rodeado por varios amigos. Cuando se quedó solo me acerqué a él y comentamos lo más importante que había sucedido desde la última vez que nos vimos. Boitel estaba muy delgado, pero siempre con aquella energía y entusiasmo que contagiaba a todos.

Unas doce horas duró el viaje. Ya amaneciendo el día 29 de mayo de 1966 llegamos a Batabanó. Allí las medidas de seguridad eran aún mayores. Los techos de los almacenes y las bocacalles se habían convertido en nidos de ametralladoras. Decenas de militares formaban dos filas por entre las cuales íbamos saliendo en pequeñas partidas de ocho o diez hombres.

Autobuses ingleses «Leyland» nos esperaban. Fuimos entrando. El último asiento, completo, estaba ocupado por seis guardias armados con metralletas checas. Cuando estuvimos sentados, cuatro o cinco militares se apostaron junto al conductor, apuntándonos con sus armas. El asiento frente a la puerta de emergencia estaba también ocupado por escoltas. Habían dispuesto medidas de seguridad para que nadie pudiera intentar una huida. Cinco o seis autobuses formaban la comitiva, que partió lentamente entre un corre-corre de jeeps militares que gritaban órdenes a los conductores.

En nosotros seguía vigente la idea del canje, que dentro de una hora, más o menos, quedaría confirmada o desechada.

Cuando los autobuses, siempre escoltados por numerosos patrulleros de la Policía Metropolitana y la Política, tomaron la Vía Monumental, rumbo a la prisión de La Cabaña, las acciones del canje comenzaron a bajar. Y al torcer, ya de manera inequívoca, hacia la tétrica fortaleza, otras preocupaciones y análisis irrumpieron en nuestro cerebro.

Sin embargo, regresar de Isla de Pinos a La Cabaña era algo así como la mayor ilusión que teníamos todos cuando salíamos a los campos de trabajo forzado, de donde no se sabía si volveríamos vivos.

La guarnición de La Cabaña, mandada entonces por un oficial de raza negra, nos aguardaba con una agresividad tremenda.

A pie cruzamos el foso donde se alzaba el poste carcomido con la pared de sacos al fondo. El «Matadero de Castro», como lo llama el pueblo. El fatídico paredón. Atados al poste aquel, miles de cubanos han sido ejecutados.

Nos metieron en la nave donde daban las visitas a los presos, dividida al centro por dos paredes de fina malla de alambres, como las que colocaron en la prisión de Isla de Pinos. Numerosos guardias nos esperaban para la requisa. Había entre ellos varias mujeres militares. Tuvimos que desnudarnos en su presencia, invitados por las bayonetas y las amenazas de los guardias. Fue una situación embarazosa. Aquellas mujeres miraban nuestra desnudez con verdadero descaro.

Entre nosotros había un mulato al que hacíamos bromas por el tamaño exagerado de su pene. Cuando una de las mujeres militares lo descubrió, llamó la atención de las demás, y bromeaban con aquella contemplación.

En aquella requisa no nos dejaron casi nada. Únicamente una muda de ropa interior, un par de medias, el jarro y los objetos de aseo personal. Nos despojaron de todo lo demás.

Cuando entramos en el patio, de las galeras nos aplaudieron. Los que veníamos de la Isla éramos recibidos con admiración. Se conocía en todas las cárceles lo que estaba sucediendo allá y la heroica resistencia que hacían los presos frente a los bárbaros planes del gobierno.

Nos destinaron a la galera 7, la última, la más pequeña, la más lóbrega, la más aislada, la más oscura y peor de todo el patio, donde tenían a un grupo de ex militares condenados a muerte. Donde apenas cabían 80 hombres apretados, metieron 225. Las torres de cuatro y cinco camas de hierro casi rozaban el techo. Al centro un pasillo tan estrecho que nada más cabía una persona. Al espacio que quedaba entre un grupo de camas y otro, sólo se podía entrar de costado.

Ya había pasado la hora del almuerzo, que lo servían a las 9 de la mañana. El desayuno lo daban a las 4 de la madrugada: agua caliente azucarada y un pan. A las dos de la tarde era la hora de la comida. El resto del tiempo había que estar con el estómago vacío hasta la siguiente madrugada. Nunca antes la comida fue tan exigua ni las autoridades la usaron tan marcadamente como instrumento represivo como en aquella ocasión.

El hambre que había entonces en la prisión de La Cabaña no tenía comparación, ni siquiera con la de la cárcel de Isla de Pinos.

Cuando, a las dos de la tarde, nos enviaron al comedor —instalación que habían improvisado en el patio colocando unas largas mesas bajo un techo de planchas de fibrocemento—, las rejas de las galeras estaban llenas de compañeros nuestros que querían saludarnos.

Bernardo Alvarez estaba en la galera doce. Levanté la mano cuando lo divisé y uno de los guardias me fue encima y me golpeó el brazo con la bayoneta. No podía levantarse la mano para saludar, ni podíamos dirigirles la palabra a nuestros amigos. No obstante, algunos lo hicieron y los escoltas empezaron a sacarnos de las filas a golpes de bayoneta y a tomar los nombres para suspender las visitas. Pero los presos, en lugar de dar sus verdaderos nombres, daban otros. Algunos dijeron Leonardo da Vinci, Albert Einstein, y otros nombres célebres. Los guardias anotaban cuidadosamente. Jamás habían oído hablar de ellos.

La comida aquella no la he olvidado nunca: eran tres cucharadas de arroz con unos huesos de pollo, sin absolutamente nada de carne. Cuando digo tres cucharadas, no exagero: eran exactamente tres..., las conté. Además de un pan. Era todo. Jamás vi una ración como aquélla.

Un guardia, por el reloj, contaba dos minutos. Al cabo de ellos había que levantarse, hubiera terminado o no el preso de comer, pero al menos para el arroz aquel sobraba el tiempo.

Estaba prohibido llevarse el pan para la galera. A los que no lo sabían y lo mostraban en la mano, se lo quitaron. Todo estaba dirigido a hacernos sentir la presión del hambre, pues, ¿qué podía importarles que nos lleváramos el pan para comerlo más tarde?

Al regreso estuve meditando acerca de aquella situación. Hubo muchos que se indignaron con la restricción de alimentos. Que los presos se alteraran: ése era el propósito de los guardias. Comprendí que con aquella medida intentaban manipularnos, humillarnos, reducirnos a base del hambre. Y decidí, al día siguiente, imponerme una medida de autodisciplina que ejercitara y fortaleciese mi voluntad.

Por la tarde ráfagas huracanadas y una lluvia torrencial precedieron a una perturbación ciclónica tropical. Al día siguiente seguía lloviendo y no hubo almuerzo, ni comida. Al anochecer ya había escampado y un pelotón de guardias y varios oficiales se detuvieron junto a la reja para que saliéramos y nos contaran. Dijeron que formáramos de dos en fondo. Así lo hicimos. Se abrió la reja y entre dos filas de militares abandonamos la galera a paso rápido. De pronto los guardias, que estaban armados de bayonetas, bastones de madera y de hierro, nos atacaron a golpes exigiéndonos que corriéramos.

Correr en la forma que ellos querían, a paso doble por todo el patio, constituía para nosotros una humillación que querían imponernos, y como no la aceptamos, nos daban golpes indiscriminadamente.

Mi pareja era Candedo, con casi 1,90 metros de estatura y delgado. Había un murito de un pie de alto en la puerta de la galera, levantado para contener el agua, pues, al llover, aquel rincón del patio se inundaba. Al salir y entrar había que saltar por encima de él, bajo la andanada de golpes. No todos salvaban este obstáculo y caían a lo largo. Entonces los molían a palos.

Las autoridades convirtieron en un asunto de principios hacernos correr a paso doble, y nosotros también de resistir. Aquélla decisión nos costaría muchas palizas. Dos veces al día se efectuaba el recuento: al amanecer y al atardecer. En la primera torre de camas, junto a la reja, vivía Eugenio de Sosa. Era él quien anunciaba el recuento cuando los oficiales encargados de esta tarea entraban al rastrillo. Asimismo nos alertaba cuando la tropa llegaba para requisas.

Ya todos estábamos bajo una gran tensión porque sabíamos que nos golpearían al salir y al entrar.

\* \* \*

El hambre pegaba el estómago al espinazo y los presos inventaron métodos para burlar la vigilancia y llevarse el pan a la galera. Idearon, por ejemplo, esconderlo dentro del zapato, y así, aplastado bajo el pie, lo pasaban. Era un pan pequeño, gomoso, elástico. También lo introducían en una bolsita bajo los testículos. Luego, a las 9 de la noche, cuando el hambre se hacía más aguda, se le agregaba sal, lo único que sí teníamos, y se comía, bien salado, para detrás hartarnos de agua.

Pronto comencé a poner en práctica mi decisión de no dejarme manipular por el método que estaban usando con los alimentos. Cuando me senté frente à las tres cucharadas de arroz, separé una y luego me comí las otras dos. Celestino y Pruna me decían que yo estaba loco. Les dije que era una manera de poner a prueba la voluntad y el carácter. Si al día siguiente me daban dos cucharadas, les dejaría una.

Para mí aquel proceder fue algo así como una victoria. Desde entonces siempre me sobraron los alimentos.

Los días que daban harina de maíz, la comida era más que una tortura. Este alimento lo servían hirviendo y cuando apenas habíamos podido echarnos una cucharada en la boca, terminaban los dos minutos y había que ponerse de pie y abandonar el comedor con el estómago vacío.

Como podíamos llevar el jarro con agua, de inmediato resolví esta cuestión. Sencillamente vertía el agua en la harina hirviente, la revolvía un poco y me tomaba parte de aquel caldo.

\* \* \*

213

En el botiquín había un sillón dental y un dentista. Pero como si no existiera, porque había orden de no arreglar caries a ningún preso. Solamente se usaba para los militares.

El jefe militar del botiquín era oficialmente un médico de 82 años, llamado Blanco, que había sido expulsado del Colegio Médico hacía muchísimos años, antes de la revolución, por estar complicado en la muerte de una paciente a la que practicó un aborto, que era a lo que se dedicaba.

La revolución lo rehabilitó. Vestía de verde olivo y usaba una gorra que le daba aspecto de inspector de tren. Siempre llevaba un cabo de tabaco apagado en la boca. Sólo iba por aquel botiquín de cuando en cuando y para firmar algunos papeles.

Quien mandaba allí en realidad, y estaba todo el tiempo en el botiquín, era un guardia viejo llamado Fundora, flaco y bilioso, con la cara marcada por la viruela. Hay una anécdota con este militar que hizo época en aquella prisión. Carlos tenía una muela cariada, ¿mas, cómo lograr que se la empastaran? Aquel Fundora era el único que podía autorizarlo. Pero era un individuo soez, déspota y con ínfulas de poder. Otros presos habían intentado con él que se las atendiese, pero sin éxito.

Carlos se informó acerca del hombre. Había sido tintorero, ingresó en 1959 en el Ministerio del Interior y era guardia desde entonces. Se había hecho una bata blanca como las que usan los médicos y se paseaba por el botiquín vigilando todo, metiéndose y opinando en lo que hacían los médicos presos, que estaban aterrorizados con aquel vejete que podía suspenderles la visita si lo quería, o mandarlos a las celdas de castigo.

Dos veces por semana podíamos ir al botiquín. Daban una aspirina o un jarabe para el catarro y algunas tabletas para el asma.

Un día Carlos fue y recibió un frasco de jarabe antiasmático y dos tabletas de aminofilina contra el asma también. Y se fue entonces directamente hacia Fundora, que estaba junto a la puerta de entrada, y casi se paró en atención frente a él.

—Con su permiso, doctor, ¿me permite una consulta un momento?

El rostro de aquel guardia se transformó. Su fatuidad no le dejaba adivinar que Carlos se burlaba de él. Le había dicho doctor y eso lo colmó de felicidad. Tenía la voz muy ronca. Carraspeó y le preguntó qué deseaba.

Yo tuve que volverme porque se me escapaba la risa.

—Mire, el médico aquel que está en la última mesa me ha recetado estas cucharadas y las pastillas, pero me parece que no tiene mucha experiencia y en verdad que no me inspira confianza. Por eso vengo a preguntarle a usted para que me haga el favor de decirme cómo debo tomar estas medicinas y si cree que están bien recetadas.

—Bueno... —y miró el frasco con detenimiento, como estudiándolo—, tómese una cucharada al acostarse y si tiene ahogo por la mañana, tómese otra —le recetó. Carlos le dio las gracias y se fue. Dos días después volvió a verlo.

—No sabe usted lo bien que me hizo el tratamiento que me indicó. Gracias a él pude dormir de lo mejor... Yo sabía que usted tenía más experiencia que el médico aquel y que está más familiarizado con las medicinas que ningún otro aquí. Su vanidad, inflada por Carlos, siguió hinchándose.

—Yo he visto este botiquín en años anteriores —continuó—, pero en realidad nunca ha funcionado como ahora. Desde que usted está al frente de él, las cosas han mejorado mucho. Se nota que es usted hombre acostumbrado a mandar y que sabe hacerse respetar. Aquí se ve en seguida el orden y la disciplina. Era demasiado para aquel infeliz.

214

—Bueno, yo siempre he sido así, ¿sabe? —le dijo y sonrió con suficiencia—, porque a mí me gustan las cosas bien hechas, y los que trabajan conmigo tienen que entrar por el aro.

Durante varios días le dio sesiones como aquéllas, alabando sus conocimientos y alimentando su ego. Una tarde se lanzó a fondo para lograr su propósito.

Cuando lo saludó y le preguntó cómo se sentía, Carlos, con cara de angustia, le respondió que no había dormido en casi toda la noche.

—¿Se le acabó el jarabe del asma?

—No, es que tengo una pieza cariada y me ha estado doliendo mucho. Estuve preguntando para ver si me la arreglaban, pero me dijeron que tenía que ser autorizado por el Ministerio. Imagínese, ¿cómo voy a conseguir esa autorización?

—¿Quién le dijo eso? ¿Para qué estoy yo aquí? Qué Ministerio ni Ministerio, aquí el que manda soy yo. Y llamó al dentista, un preso que adulaba a los militares hasta la humillación. En cambio con sus compañeros era despótico, grosero.

—¡Arréglele la muela que tiene picada este recluso! El dentista quedó como atontado

—Vamos, ¿no oyó?

# Capítulo XXXV
# La lucha contra el uniforme azul

La tarde de aquel recuento fue inolvidable. La guarnición nos golpeaba al salir. Candedo, el que salía conmigo, resbaló cuando saltamos, pero en el aire le pude tender la mano para que se apoyara. No obstante, aunque nuestra detención fue cosa de segundos, bastó para que los guardias nos propinaran una andanada de golpes. Como recuerdo de aquellas golpizas conservo para siempre sus marcas en la cabeza.

La guarnición había recibido instrucciones de hacernos trotar por todo el patio. Lo manifestaron así; pero nosotros ya habíamos decidido no obedecer.

Varios oficiales y los dos guardias del patio se lanzaron contra los primeros de la fila, golpeándolos con las bayonetas y mandándolos hacia el rastrillo. El resto de la fila entró en la galera. Entonces el teniente jefe del Orden Interior cerró la reja y nos quedamos unos 35 presos afuera. Se generalizó una lucha entre la guarnición y nosotros. Toledo, al que llamábamos Muñeca, estaba frente a la galera del botiquín. Era de pequeña estatura, pero de un valor temerario: él solo se estaba peleando contra cinco o seis guardias que lo tenían arrinconado entre la pared y un enorme tanque de agua. El teniente Lirbano cambió unos golpes con él y desistió. Muñeca era una máquina de pelear.

Los hermanos Bayolo también estaban enfrascados en lucha con otros guardias. Castroverde arrancó la paleta de madera de un pupitre y con ella pasó al ataque. Ya la sirena de la guarnición estaba sonando y los guardias del techo disparaban ráfagas de ametralladora al aire para darle más urgencia a la alarma.

Ricardo estaba arrinconado en la puerta del rastrillo. El guardia del patio, un mulato alto y fuerte, trataba de pincharlo con la bayoneta. Ricardo esquivaba las estocadas y los planazos con los antebrazos, hasta que el guardia lo hirió a la altura de la muñeca. Cuando Ricardo se vio sangrando, se enfureció, y ciego de ira acometió y le asestó un derechazo en el medio del pecho. El militar abrió los brazos, la bayoneta se le escapó de las manos y dio contra la pared.

El griterío desde las otras galeras no cesaba, ni tampoco la sirena. Y de pronto los refuerzos de la guarnición irrumpieron en el rastrillo.

Orozco, un preso que había entrado clandestinamente en el país, para que no cundiese el pánico gritaba que nos fuéramos retirando, pero sin correr. Había sido oficial del Ejército y conocía la importancia que tenía no aterrorizarse. Ibamos hacia nuestra galera. Orozco seguía gritando que nadie corriera. A su lado marchaba Pepe Márquez; yo estaba temblando de miedo, de pánico. Ya frente a la galera 8 el terror pudo más que yo y por miedo a que me golpearan me uní a los que corrían.

Decenas de guardias, algunos descalzos y sin camisa, pero blandiendo todo tipo de armas para golpear y herir, llenaron el patio. Al frente, vestido impecablemente, iba un oficial de la Policía Política.

Nos golpearon con furor. Bajo aquel diluvio de cadenazos, bayonetazos y estacazos nos fueron empujando hasta el fondo del patio, que se estrechaba formando un ángulo frente a nuestra galera. En ese lugar, cuando éramos un apretado racimo de hombres aterrorizados, se ensañaron con nosotros más todavía.

El oficial de la Policía Política mandó detener la golpiza y nos endilgó una arenga acerca del poderío y fortaleza de la revolución. Después ordenó que nos llevaran para las celdas de castigo.

Cuando llegamos a ellas, nos metieron a todos juntos. Formábamos un grupo tan compacto que casi impedía a los escoltas cerrar la reja. Ni siquiera era posible sentarse. Así nos tuvieron toda la noche. Se nos inflamaron los tobillos y las piernas.

No dormimos. Pensábamos que al día siguiente nos sacarían para las celdas contiguas, que estaban vacías; pero no lo hicieron. Dos días y medio nos mantuvieron de pie.

* * *

El agua estaba estrictamente racionada en la prisión de La Cabaña. Teníamos que hacer cola para recibir la cuota que nos correspondía: un litro diario para cada uno. Para beber y para asearse.

Un militar era el encargado de vigilar el reparto, y controlaban el agua desde afuera. Un par de veces por semana daban unos baldes para el baño. En el patio se acumulaban los tanques de basura. Bajo ellos y a su alrededor gusanos y podredumbre. Las moscas por miles y la fetidez constante. Cuando había viento los papeles sanitarios, sucios, se esparcían por todas partes.

El hacinamiento obstaculizaba bajar de las literas. Las bóvedas aquellas goteaban y las grandes manchas de humedad se iban coloreando de verde y gris.

En época de lluvia era peor, ya que sobre algunas literas calan goteras. Con unos pedazos de nylon se hizo una especie de canal para desviar las gotas y que corrieran por las paredes.

Allí estaba el grupo de militares de la dictadura de Batista. Habían sido condenados a muerte y desde 1959 aguardaban su ejecución.

La noche del 29 de enero de 1967 sacaron a Elizardo Necolardes, que llevaba ocho años en la cárcel, y lo fusilaron. Aquello causó estupor entre los condenados a muerte, que pensaron se iniciaban las ejecuciones para ellos. Se supo después que en uno de sus viajes a la provincia de Oriente, mientras pronunciaba un discurso, un viejo amigo de Castro le recordó a gritos desde el público que Necolardes, que había sido político batistiano en aquella zona, todavía estaba vivo. Castro se volvió hacia uno de los capitanes ayudantes y le ordenó en voz alta que lo fusilaran de inmediato.

La falta de ropas para el invierno nos hacía tiritar de frío. Cercana al litoral, la prisión de La Cabaña es azotada por los frecuentes fríos que soplan del norte, hacia donde están orientadas las galeras. El termómetro baja hasta los tres y cuatro grados centígrados, a veces menos.

Nuevamente conseguí un saco de yute, que forré con pedazos de nylon. Lo cosí especialmente bien en los bordes para evitar que las chinches, abundantísimas en aquella galera, se escondieran en él.

Las visitas eran por entonces cada tres meses y se efectuaban a través de dos mallas de tela metálica, como habían intentado que fuese en Isla de Pinos. Yo no acudía a ellas, pues me habían prohibido que viese a mis parientes durante seis meses, como a tantos otros. Nos daban entonces una carta cada tres meses. También usaban la correspondencia para manipularnos. En ocasiones le decían al preso que tenía dos cartas, una de la esposa y otra de la madre, que eligiera una. Cuando me daban la carta, no la leía de inmediato. La colocaba sobre mi cama y la abría al día siguiente. Seguía ejercitando mi voluntad.

El día que nos llegó la noticia del desmantelamiento de la prisión de Isla de Pinos fue de una gran alegría. Comenzaba el mes de marzo de 1967. Luego de sacarnos a nosotros, las autoridades interpretaron que los que quedaban allí no tendrían dirección, pues todos los dirigentes o «cabecillas» —como nos decían los comunistas— estábamos en La Cabaña.

Desataron entonces la ofensiva final. Asesinaron a muchos, mutilaron a decenas, hirieron a cientos, en un último esfuerzo por quebrar la resistencia de aquellos héroes que todo lo soportaban con estoicismo. Las autoridades se habían hecho el propósito de liquidar el presidio y para su desesperada maniobra de llevar a los presos a los planes de rehabilitación empleaban todos los recursos.

Un nuevo plan fue iniciado por ellos. Los prisioneros que sacaban de Isla de Pinos eran diseminados a todo lo largo del país, en campos de concentración y cárceles cerradas de gran seguridad. Los situaban lo más lejos posible de sus familias, en zonas remotas. Esta operación tenia como objetivo la desestabilización emocional del preso, ya que para la nueva etapa que iniciarían, intentaban romper los puntos más firmes de resistencia.

Al llegar a sus lugares de destino les entregaban un nuevo uniforme, de color azul, el mismo que usaban los presos por delitos comunes y los rehabilitados. Los que se negaban a ponérselos eran golpeados por especialistas en lucha cuerpo a cuerpo del Ministerio del Interior.

En Pinar del Río, en los tres campos de concentración de «Sandino», los métodos que se usaron fueron más brutales que en ninguna otra prisión. Encapuchaban y hundían en pozos, atándolos con sogas por debajo de las axilas, a los que no aceptaban el uniforme; los quemaban con tabacos encendidos, los agarraban por el pelo y les golpeaban la cabeza contra la pared hasta que caían al suelo sin conocimiento. Luego los vestían y los amarraban con sogas. A los dos días, sin darles agua ni alimentos, los desataban, y si el preso se quitaba el uniforme, volvían a propinarle otra paliza. No respetaron ni a los ancianos ni a los enfermos.

Los que resistieron todas las torturas y no se vistieron, fueron conducidos sin ropas para la prisión provincial, ubicada en el kilómetro 5 ½ de la carretera que va al poblado de Luis Lazo, en la provincia de Pinar del Río. Allí, en un pabellón especial con celdas a los dos lados, aglomeraron a todos los que iban llegando de los diferentes campos de concentración de la provincia: Taco-Taco, Sandino 1, 2 y 3, El Brujo, etc. Fue por eso que a esta prisión se la llamó «La ciudad desnuda».

El director de la misma, Edmigio González, era un teniente de hablar gangoso y nariz aplastada al que apodaban el Ñato. Este personaje es conocidísimo por todos los presos de Cuba, dados su ferocidad y sadismo. Solía decir que de La Habana hasta la extrema provincia de Oriente mandaba Fidel Castro, pero que en su provincia, la de Pinar del Río, mandaba el Ñato, y él mismo se decía el apodo; pero si algún preso se atrevía a mencionarlo y él se enteraba, lo molía a golpes.

Acostumbraba llevar presos a su despacho y cuando los tenía en frente, les decía que él sabía que le llamaban Ñato, y quería que se lo dijeran en su cara. Lógicamente, el prisionero no decía absolutamente nada. El Ñato insistía en tono amenazante en que le dijeran el apodo. Y la emprendía a golpes, gritando frenético:

—¡Dime Ñato..., dímelo..., dímelo...!

En unas semanas no quedó un solo preso político en el antiguo reclusorio de Isla de Pinos.

El teniente Tarrau, el director del penal, por sus méritos en dirigir toda la violencia y las torturas y los asesinatos, fue ascendido por el propio Castro a miembro del Comité Central del Partido Comunista, se le concedió el grado de comandante y fue nombrado jefe de Instrucción Política del Ministerio del Interior. Representaba la conciencia moral de la élite de la revolución. Era el hombre que encababa las normas de comportamiento del revolucionario.

Pero Tarrau era aficionado al alcohol y a las mujeres jóvenes. Y así el viejo sátiro produjo un escándalo en la lujosa barriada de Miramar cuando se bañaba desnudo en la piscina de su mansión con varias jovencitas que, borrachas, salieron a la calle. El incidente no se pudo ocultar. La Policía Política, por razones obvias, echó tierra al asunto y Tarrau recibió un consejo. Su cargo no estaba acorde con el escándalo: las bacanales debían celebrarse con total discreción.

Pero el comandante Tarrau, con su automóvil marca «Alfa Romeo», regalo del propio Castro, seguía correteando por las calles y exhibiéndose con muchachas por toda La Habana. Su último escándalo, con una jovencita menor de edad, colmó la paciencia de Castro, porque dañaba la imagen pública del Partido. Fue expulsado del Comité Central, despojado del grado de comandante y destituido como jefe de Instrucción Política del Ministerio del Interior y enviado a sembrar pangola a la provincia de Camagüey.

Lo mismo sucedió con Efigenio Amejeiras, el primer flamante jefe de la Policía de Castro, aficionado a la marihuana y a las bacanales. Tuvo que ser expulsado en una causa que incluyó a decenas de funcionarios revolucionarios que no supieron ser discretos en sus «entretenimientos», entre ellos el representante de Cuba en las Naciones Unidas, Raúl Roa. A aquella purga se le llamó la de la «dolce vita». Al igual que Tarrau, Amejeiras fue castigado con su grupo a la siembra de pangola.

Eliminado Tarrau, el Ñato tomaba la batuta como el director más temible y represivo de todo el país. Sus ascensos llegaban con rapidez. Había convertido la cárcel del 5 ½ en Pinar del Río en su feudo. En cierta ocasión, los presos políticos que se encontraban en una de sus galeras, tuvieron una fuerte discusión con el Ñato porque se negaban a ponerse el uniforme azul de los criminales comunes. Éste mandó levantar dos muros de medio metro de altura, uno frente a cada una de las dos únicas rejas. Luego se aparecieron con mangueras e inundaron la galera.

—Si ahora no se visten, dejo de llamarme el Ñato.

Tuvo así a los presos varias semanas, subidos a sus camas, sin poderse bajar, pues vivían prácticamente dentro de una piscina. Como la letrina y el urinario estaban bajo el agua, era imposible usarlos, y cuando los presos hacían sus necesidades, los excrementos quedaban flotando.

Entre los presos que fueron obligados a vestirse de azul se crearon grupos que organizaron un frente de resistencia dentro de los campos de concentración. Su labor fue muy valiosa. Tanto daño hacían que fueron separados y enviados a cárceles cerradas, incomunicándoseles y tomando represalias contra ellos.

En la prisión de La Cabaña, el cambio de uniforme se efectuó sin apelar a la violencia. Los que no aceptamos el uniforme fuimos despojados de todas nuestras pertenencias y de la ropa que habíamos usado hasta aquel momento —un uniforme amarillo de caqui— y trasladados a galeras completamente vacías. Esto ocurrió en los últimos días del mes de julio de 1967.

Éramos más de trescientos en cada galera. A la hora de dormir no cabíamos materialmente sobre el suelo. Teníamos que acostarnos uno pegado al otro. Aun así, había que turnarse para que todos pudiéramos dormir; de modo que un grupo de unos treinta siempre tenía que permanecer de pie a la entrada.

Con nosotros, los que estábamos en la prisión de La Cabaña, se había eliminado ya el último grupo que conservaba el antiguo uniforme amarillo.

Unos días después, en el periódico Granma, órgano oficial del Partido Comunista, aparecía una información que exhibía fotos de las circulares de Isla de Pinos, y decía que los presos contrarrevolucionarios se encontraban ya en granjas de rehabilitación a todo lo largo de la Isla. Señalaba, asimismo, que sólo un grupito de recalcitrantes permanecía todavía en prisiones cerradas.

Ése había sido el objetivo del gobierno: que todos aceptáramos el uniforme azul para así diluirnos en la gigantesca masa de más de cien mil presos comunes que había entonces. Pretendía hacer desaparecer la categoría de preso político, y adscribirnos a la de delincuentes.

No importaba que no nos hubiésemos acogido a la «rehabilitación». Miles de los vestidos de azul tampoco lo habían hecho, rechazaban el plan, mantenían una actitud combativa, pero su ubicación física en los campos de concentración, llamados eufemísticamente «granjas» por los comunistas, les hacía posible publicar la mentira. El vestir el mismo uniforme azul, se los permitía.

A los pocos días, las autoridades iniciaron una verdadera ofensiva de ofrecimientos para que los rebeldes se vistieran. Les prometían trasladarlos a prisiones cercanas a las residencias de sus familiares, revisarles las condenas para rebajarles años, ubicarlos en granjas, autorizarles pases de 48 horas que les permitiera ir a sus casas.

A medida que los días pasaban, muchos que no veían otra salida para su situación, decidieron aceptar la ropa azul. Cuando esto ocurría, los sacaban en el acto y se los llevaban de La Cabaña. Luego los instaban a que hablasen con sus amigos y procuraran convencerlos de la inutilidad de su rechazo del uniforme. No todos se prestaron para esa labor de proselitismo en favor del uniforme de preso común.

Poco a poco, el número de los que estábamos sin ropa se fue consolidando. Los que decidieron irse, lo hicieron casi todos en las primeras semanas. Entre ellos, Alfredo Carrión.

Él había deseado siempre fugarse y vio aquí una oportunidad. A muchos de los que se vestían en La Cabaña los mandaban para el campo de concentración de Melena Dos. Carrión logró que lo llevaran allá. Y se anotó como voluntario para salir a trabajar. Él y Lino López Quintana habían elaborado un plan de fuga, que pensaban poner en práctica, y todos sus esfuerzos los dedicaron a ese propósito.

Una cuadrilla de prisioneros era sacada en una carreta tirada por un tractor. Detrás los seguía el camión con los escoltas.

Durante semanas, Carrión y Lino estudiaron el recorrido, escrutaron los campos sembrados de caña de azúcar y los caminos que los cruzaban. Observaron que en uno de ellos el tractor, al doblar en una curva, levantaba una nube de polvo que lo envolvía todo, impidiendo la visibilidad a los escoltas del camión.

Carrión y Lino se lanzaron de la carreta en el momento justo en que ésta dobló. El polvo rojizo fue una densa cortina que los protegió de la guarnición. Se escondieron entre las hierbas de la cuneta hasta que pasó el camión. Luego se internaron en las plantaciones de caña.

Cuando la carreta llegó al campo y contaron a los prisioneros, notaron que faltaban dos. De inmediato se dio la alarma y camiones cargados de tropas se dispersaron por todos los caminos para cercar el área. Situaron postas en todas las encrucijadas y pidieron de inmediato refuerzos al cercano pueblo de Melena del Sur, de donde llegaron decenas de milicianos. Con perros y gritos de los guardias se inició la búsqueda y el acoso.

Carrión y Lino acordaron separarse, para tratar de escapar individualmente. Pensaron que así tendrían más posibilidades de lograrlo. Los campos de caña se convirtieron en un hervidero de guardias. Y en una trampa.

Carrión pudo salir de uno de los cuadros sembrados y pasar al de enfrente antes de que los militares tomaran el camino que los dividía. Cuando llegó al otro lado fue a hacer lo mismo con el siguiente. Pero el miliciano que estaba apostado detrás de unos arbustos lo vio salir cautelosamente, mirando hacia los lados. Carrión, en cambio, no lo vio y creyó que el camino estaba despejado. El miliciano apoyó el cañón del fusil «R-2» en la horqueta de una rama, y con absoluta comodidad, desde la espesura, apuntó y disparó.

Carrión se desplomó a tierra. Estaba herido en una pierna, pero no se movió. Era muy inteligente y sabía que si se movía volverían a dispararle. Su única posibilidad de salvar la vida consistía en permanecer quieto. Sintió cuando el miliciano se acercaba, las botas pisando las hojas crujientes de las cañas secas. Y lo escuchó detenerse a sus espaldas. Carrión no se volvió, pero le dijo al miliciano que no disparara, que estaba herido. Y entonces escuchó los estampidos. Los proyectiles, a boca de jarro casi, lo atravesaron de lado a lado.

Esa misma noche, con un grupo de amigos, en un bar del pueblo de Melena del Sur, el miliciano, conocido por Jagüey contaba toda la historia de aquel contrarrevolucionario escapado, y cómo le dijo que no disparara.

—imagínense, yo estaba loco por estrenar mi «R-2»!

Lino López fue golpeado cuando lo capturaron. Era primo del entonces ministro del Interior, comandante Sergio del Valle, hoy ministro de Salud Pública y uno de los jerarcas del Partido.

Más tarde, Lino desapareció. A sus familiares, luego de meses de indagación, la Policía Política les informó que había muerto al estallarle una mina mientras intentaba escapar por la base norteamericana de Guantánamo. Mas, ¿por qué entonces no les entregaron el cadáver? La desaparición de Lino continúa envuelta en el misterio.

La familia de Carrión tuvo más suerte. Recibió un telegrama del Ministerio del Interior informando de su muerte.

Luego dirían que trató de asaltar la guarnición de la prisión.

Los citaron para una funeraria donde tendrían el cadáver una hora antes de enterrarlo. Pero cuando los familiares llegaron, la Policía Política tenía tomado el local, con guardias en la puerta. Un oficial llamó a Hilda, la madre, y a la novia de Carrión, Margarita, para advertirles que si escuchaban un solo sollozo se llevarían el cadáver de inmediato, que no querían lloriqueos. Tampoco les permitieron que vieran el cuerpo atravesado de balas. Todo el tiempo un militar estuvo junto a la caja.

El velorio no duró una hora. A los cincuenta minutos sacaron el féretro. Un militar mestizo, alto, vistiendo la gabardina verde olivo, exclusiva de la Policía Política, se sentó junto al chófer de la carroza fúnebre. La seguía otro automóvil cargado de militares.

En el cementerio de Colón, el funeral fue rapidísimo. No toleraron decir ni una sola palabra como despedida de duelo a las doce o catorce personas que allí se congregaron. En cuanto colocaron la losa encima de la bóveda, les comunicaron que tenían que irse. Las mujeres quisieron rezar unas oraciones, pero lo prohibieron también, y las dispersaron conminándolas a abandonar de inmediato el lugar en tono amenazante.

Un guardia quedó de posta allí. Mi esposa Martha y la novia de Oscar Fuentes, otro preso amigo de Carrión, se refugiaron en la capilla del cementerio, desde la cual se veía la bóveda en que estaba depositado el cadáver. Durante algún tiempo continuaron vigilando al guardia. Cuando al atardecer decidieron marcharse, todavía seguía la custodia.

*   *   *

Con los que se fueron, ya todos podíamos dormir en el suelo; quedaba espacio de sobra.

Aquel año, los frentes fríos entraron más temprano que nunca. Ráfagas de viento, helado para nuestra falta de ropas, barrían las galeras.

El preso siempre saca de donde no hay. Algunos lograron conseguir, con los que les llevaban los alimentos, un pedazo de cartón, un trozo de papel tiznado y engrasado proveniente de la cocina, y con eso se tapaban las piernas, o lo colocaban entre el suelo frío y el cuerpo.

Entonces, las autoridades establecieron requisas diarias, al atardecer, para buscar esos pedazos de papel y cartón o cosas similares.

Un jefe de Orden Interior dijo una tarde que el frío sería el que nos obligaría a vestirnos. Ellos habían confiado en que no resistiríamos el invierno sin ropas, y lo aguardaban con regocijo. Ya hasta los militares de posta lo comentaban:

—Vamos a ver qué van a hacer cuando llegue el frío —nos decían. Y el frío llegó. Cuando nos quitaron la ropa, nos hacinaron en tres galeras, mientras otras cuatro o cinco permanecían vacías. Había sido durante el verano calurosísimo del trópico. Ahora que llegaba el invierno, y para que sintiéramos más el frío, nos dispersaron por aquellas galeras, que habían permanecido vacías con ese fin.

No se podía dormir. El viento soplaba toda la noche. Recuerdo que con un amigo del plan de rehabilitación que trabajaba en el botiquín, conseguí un rollo de papel higiénico. Yo dormía entonces lo más cerca posible de la pared. Se me ocurrió la idea de enrollarme el papel sanitario alrededor del cuerpo, como si fueran las vendas de una momia. Es increíble el grato bienestar que una cosa tan ligera como ese papel me producía. Era como si me hubiera vestido con un pantalón de lana. Pero me duró sólo dos noches. Lo descubrieron y también me quitaron el papel higiénico.

Los militares llamaban a los presos al azar para proponerles que se vistieran. Argumentaban, falsamente, que el uniforme anterior se había agotado en los almacenes y que no se fabricaría más, que ésa era la razón por la cual tenían que dar la ropa azul. Decían que aceptarla no tenía implicaciones políticas. Pero ni ellos mismos se lo creían.

Por entonces, el director de la prisión de La Cabaña era el teniente Justo Hernández de Medina. Se mostró muy político en el trato desde que llegó. Además, tenía instrucciones del Ministerio de suprimir el golpe como sistema. Este hombre manifestó que era opuesto a la tortura y que consideraba que ningún preso debía ser maltratado. Para él lo único que podía considerarse violación de los Derechos Humanos era el golpe. La incomunicación total, la negación de correspondencia, visitas, libros, mantenernos sin ropas, dormir en el suelo, subalimentarnos e infligimos torturas psíquicas, no atentaba en lo absoluto contra los Derechos Humanos.

Una de las primeras innovaciones que puso en práctica fue la de mandar buscar a los presos a su despacho para conversar con ellos, interesándose especialmente en las razones por las que rechazábamos la ropa azul, y arguyendo en favor de que la aceptáramos. Me dijo en una ocasión que la revolución estaba obteniendo grandes logros y me invitó a recorrer la ciudad de La Habana para que viera que algunas cosas habían mejorado.

—Mire, teniente —le respondí—, supongamos que ustedes han logrado un nivel de vida material superior al de cualquier país capitalista, donde hay de todo en abundancia. Yo seguiría discrepando, porque mis discrepancias son ideológicas, no de carácter material. Discrepo por la falta de libertad, no por la escasez de artículos de consumo. Por eso no me interesan los «logros» de la revolución.

El Ministerio del Interior estaba apelando a todos los recursos para lograr que nos vistiéramos. Debido a ello, la situación en los campos de concentración a donde trasladaban a los uniformados de azul, mejoró notablemente. Hubo como una pausa en la represión. Les concedían visitas frecuentes. Varios de los que se habían vestido fueron puestos en libertad; pero todo esto no era más que un señuelo con el que pensaban íbamos a vestirnos los demás. Seguían trayendo algunos de los que se habían ido para que contaran a sus amigos lo bien que se estaba allí, en contraste con la situación nuestra, muertos de hambre y de frío.

Yo había logrado comunicarme con Martha algunas veces gracias a los que trabajaban en el botiquín, pero de manera muy esporádica. No obstante, una mañana el director del penal me llamó para decirme que ella estaba en la puerta de la prisión, al frente de los familiares de los demás presos, en labor de agitación y arengando contra los militares por las medidas del Ministerio con relación a nosotros. Que si volvía la meterían en la cárcel, que buscara la manera de avisarle.

La realidad fue que habían dicho que permitirían que nos trajeran una frazada y ropa interior de lana. Aquél fue un invierno crudo. Los familiares, que sabían el frío que estábamos pasando, al día siguiente se aparecieron con las ropas. Cuando llegaron, ningún militar sabía nada. Avisaron a la dirección y salió el director negando rotundamente el permiso para entrar la ropa de invierno. Martha discutió y él la amenazó y la acusó de cabecilla del grupo. Luego fue a verme para transmitirme la amenaza de que iban a encarcelarla.

Por entonces la alimentación decreció al mínimo. En los almuerzos daban un caldo de harina de maíz y una sola y única hoja de lechuga. A hoja por persona. Mohamed y Misthray alertaron acerca de las manifestaciones de avitaminosis. Se dieron muchos casos de conjuntivitis y otras enfermedades por falta de vitaminas.

Logramos conseguir listas de los alimentos que teóricamente recibíamos los prisioneros. Estos menús eran confeccionados en la dirección del penal. Aparecían, por ejemplo, macarrones, carne, ensalada, pan y dulce, y lo que en verdad nos daban era aquel nauseabundo caldo de harina, un pan y la hojita de lechuga.

Así, con esos menús fantasmas, llenaban una tablilla en la cocina. Cualquiera que llegara y revisara las hojas de la comida del mes, pensaría, sin duda, que los presos eran las personas mejor alimentadas del país.

¿Qué ocurría en realidad con esos comestibles que aparecían en el papel como dados a nosotros y que nunca recibíamos?

Pues que se destinaban a la cocina de los guardias y, si algo quedaba, se lo llevaban los militares para sus casas. El robo —del que dijo Castro en un discurso en el Comité Central que se había convertido en una institución, que minaba los cimientos de la revolución— era práctica habitual en las prisiones. Los jefes hurtaban del almacén las cajas de latas de carne rusa, grasas, dulces en conserva, etc. Esto fue una constante en todas las cárceles.

En la de Boniato, por ejemplo, desde mi celda, que daba a la cocina, yo veía todas las tardes al sargento Buena Gente echar en una lata de cinco galones conservas, pescados, cebollas, etc., y luego colocar un nylon y rellenar la parte superior con sobras, que decía eran para alimentar unos cerdos que tema en su casa. Todas las tardes lo hacía.

# Capítulo XXXVI
# **Los desnudos**

El invierno, a medida que avanzaba, se hacía más riguroso. En Cuba pueden registrarse temperaturas hasta de 1 y 2 grados sobre cero. Pero el frío, que no nos permitía dormir, no era suficiente para rendirnos ni para quebrar nuestra resistencia.

Entonces las autoridades del penal idearon otros métodos. Lo iniciaron en la cárcel del 5 1/2, en Pinar del Río, en el feudo de el Ñato, el feroz director de aquella prisión.

Los presos estaban completamente desnudos. Cuando salían a limpiar los pasillos, por pudor algunos se habían conseguido pedazos de papel y con un hilo improvisaban unos taparrabos para cubrir sus genitales. Pero, cada cuatro o cinco días, la requisa los despojaba hasta de esos taparrabos.

Decidieron, para obligarlos a claudicar, meterlos en celdas con cinco o seis presos comunes de la peor ralea, criminales envilecidos por los años de cárcel, en un clima de violencia y donde lo único que imperaba era la ley del más fuerte.

Cuando metían a un prisionero político allí, los militares les decían a los delincuentes que podían hacer con él lo que quisieran, sin problemas, en una invitación abierta a que lo violaran.

También fracasó ese intento. La mayoría de los presos comunes tenían, además de respeto, admiración por los presos políticos debido a su actitud frente a la guarnición y al sistema.

En toda la historia de la cárcel una sola vez se dio el caso de que presos comunes participaran con la guarnición dando golpes a un grupo de los nuestros en la prisión de Guanajay. Años después, aquellos delincuentes que nos golpearon fueron eliminados uno a uno por otros presos comunes que conocieron del hecho y tomaron venganza por su propia mano.

\* \* \*

Una mañana llamaron a varios de nosotros. El oficial de la Policía Política que fue a buscarlos, acompañado de dos guardias de la prisión, le comunicó al jefe de galera que no guardara almuerzo para ellos, que no volverían. Por la tarde se llevaron de nuestra galera a otros cinco y de las demás galeras también extrajeron prisioneros.

No teníamos explicación para aquellos traslados, no sospechábamos siquiera a qué obedecían. Sí escuchábamos, a los cinco minutos de salir los presos, el ruido del carro jaula que se usaba para transportarnos. Entonces comenzaron los rumores, propalados por la guarnición misma, de que les ponían la ropa azul y que los que no la aceptaban eran trasladados para un cayo inhóspito, al sur de la Isla, donde tenían hasta que procurarse sus alimentos y vivir a la intemperie acosados por las plagas de mosquitos. Incluso circuló el rumor de que estaban siendo enviados a la Unión Soviética.

Entretanto, seguían llevándose grupos que no regresaban.

Silvio Martínez y yo fuimos llamados juntos.

La incertidumbre, las mil interrogantes que nos hacíamos día a día, ahora acuciaban nuestro cerebro más intensamente.

Nos sacaron de la galera y en un rincón del patio dos barberos nos hicieron un ridículo pelado con una máquina, cortándonos todo el cabello menos un mechón de pelo sobre la frente. Sin ropas, el aire helado me ponía la carne de gallina. Todo el tiempo estaba erizado. Salimos del rastrillo, escoltados por guardias armados con fusiles «AK» y bayoneta calada. Nos introdujeron en el corral donde daban las visitas. A los pocos minutos nos hicieron señas de que echáramos a andar.

Ibamos uno al lado del otro, pero el guardia nos ordenó caminar en fila india. Una foto nuestra, caminando así, desprovistos de ropas, entre dos guardias con fusiles y bayonetas caladas, hubiera estremecido al mundo. Pero no es fácil obtener fotos dentro de las cárceles comunistas.

A los lados de aquella carretera adoquinada por esclavos hacía dos siglos, había guardias en atención, con cascos de guerra y fusiles con bayonetas. Cada diez o quince pasos uno.

Yo iba forzando mi cerebro, obligándolo a trabajar a toda capacidad, y con esa angustia de no saber qué esperaba y presintiendo siempre lo peor.

En aquella mañana del cinco de octubre de 1967 todo era gris, el cielo, el aire.

Ya nos acercábamos a las instalaciones de la dirección y se abrió una puerta de la que salió el director. Le dijo a uno de los guardias que introdujeran a Silvio en un local a la izquierda y a mí en otro a la derecha. Cuando entré, de un vistazo lo capté todo. Dos sillas, un buró pequeño con unos folletos marxistas y sobre una caja de madera un montón de uniformes azules. Había también una puerta clausurada con tablas atravesadas. Yo estaba seguro que desde ahí me estaban espiando. Otra caja volcada y unos uniformes en un rincón con más folletos daban la impresión de que allí se habían producido luchas.

Estaba seguro de que entrarían a golpearme y a vestirme por la fuerza, pues también se había rumoreado esa posibilidad. Mas me había preparado para ello y ya no sería una sorpresa para mí que me golpearan.

Creyendo que por entre las ranuras de las tablas de la puerta era vigilado, quise dar la apariencia de una tranquilidad que estaba muy lejos de sentir. Me senté en una silla y abrí uno de los folletos. Jamás supe lo que decía. En aquel instante de peligro que yo presentía, me encomendé a Dios, con gran fervor, y sentí como una tibia oleada que me confortaba interiormente y me infundía valor para lo que pudiera acontecer...

Escuché voces y de inmediato se abrió la puerta. Mi madre y Martha fueron literalmente empujadas dentro de la habitación. Yo hubiera querido que la tierra bajo mis plantas se abriera y me tragara. Mi primera reacción fue la de abrazarme a mi madre para ocultar mi desnudez. Martha era mi novia. Teníamos un idilio maravilloso, pero aquella canallada de los militares de hacerla pasar estando yo sin ropas, era una vesania incalificable.

De inmediato entraron el director, el entonces teniente Lemus, jefe de Cárceles y Prisiones, y un capitán de la Policía Política, alto y canoso, llamado Ayala. Me alargaron un uniforme azul diciéndome que me vistiera y que si lo hacía me darían un permiso de 48 horas para ir a la casa con mi familia. Querían explotar aquella situación, el pudor y la vergüenza de encontrarme en circunstancias tan bochornosas.

Mi respuesta airada fue que eran unos inmorales y unos chantajistas, y que no iba a vestirme de azul. Les dije a mi madre y a Martha que se marcharan en seguida y avisaran a los demás familiares que no vinieran, que no se prestaran a los manejos de nuestros carceleros. Ellas habían sido avisadas por un telegrama en el que se les decía que si se presentaban en la prisión les autorizarían una visita.

226

Les di un beso a cada una y se fueron. Muy cortos habían sido los minutos que duró la presencia de mi madre y mi novia allí, pero a mí me parecieron eternos. Entonces, el teniente Lemus me gritó indignado que qué consecuencias esperaba yo de la actitud de rebeldía que mantenía.

—Yo no espero nada, teniente, simplemente actúo de la manera que estimo correcta.

—¡Mentira, ustedes creen que por rechazar la ropa el gobierno los canjeará y enviará a los Estados Unidos!

—Lo que usted piense no me interesa, teniente.

—¡Que se lo lleven! ¡Vamos a ver si va a vestirse o no!

Me sacaron de aquel saloncito y cruzando la calle me introdujeron en otro donde tenían un colchón de judo. Allí estaban los que habían desaparecido desde que los militares comenzaron la operación aquélla.

¡Habían pasado lo mismo que yo!

Pero no todos resistieron el choque, y unos cuantos aceptaron el uniforme azul.

Hubo el caso de un prisionero en cuyo expediente aparecía el nombre de una muchacha con la cual sólo tenía vínculos de amistad. No obstante, la hicieron entrar en la habitación estando él sin ropas. Aquellas represiones afectaban siempre a algunos presos y el grupo de recalcitrantes, como nos llamaban, iba reduciéndose.

Nos sentamos sobre el colchón de judo. En un rincón, algunas sillas amontonadas y unas cajas de madera vacías. El local había sido acondicionado apresuradamente para nosotros, pues pertenecía al área de oficinas. Había un pasillo, al final del cual montaba guardia un escolta, de espaldas a nosotros. A su lado, la puerta de un servicio que al cerrarse producía gran ruido.

Me interesó en seguida aquella oficina, porque según decían los que estaban allí, un par de veces al día entraban los militares. La examiné y me di cuenta que no era difícil abrir la puerta forzándola. Preparamos la operación. Dos o tres harían un grupito como si estuvieran esperando turno para entrar al cuarto de baño. Así, en caso de que el guardia se volviera, le obstruirían la visión. Luego, cuando tiraran de la puerta del baño, yo forzaría la otra y el ruido quedaría apagado por la del servicio.

Así lo hicimos y entré rápidamente en la oficina, Había varios escritorios. Y fui abriendo sus gavetas; descubrí que guardaban publicaciones extranjeras conseguidas por los familiares de los presos en embajadas, pero que no llegaban a manos de éstos. Igualmente había cartas. Recuerdo que una de aquellas revistas relataba algo acerca de una hija de Stalin que había huido de la Unión Soviética. Pero lo más interesante fueron los folletos de orientación a los comisarios políticos de cómo hacer una labor de zapa a través de los familiares de los presos.

Había además un informe que mencionaba la existencia de un grupo de presos contrarrevolucionarios —nosotros— contra los cuales se habían ensayado todas las medidas de presión físicas y psíquicas para que aceptaran la rehabilitación política, pero inútilmente.

Otros folletos muy interesantes completaron mi botín y a una señal convenida salí de la oficina. Con discreción fuimos leyendo aquel material. En entradas sucesivas de otros que se animaron a hacerlo, sacamos libros y más impresos.

Al día siguiente nos mudaron para un salón más grande para dar cabida a los que iban llegando. La pared del fondo de este salón daba al patio uno, donde se encontraban los rehabilitados. Allí tenía amigos y sabiendo que la pared levantada por las autoridades era una simple división de ladrillos, comencé a hacer un agujero con el mango de la cuchara, haciéndola girar en forma circular para ir perforando el ladrillo. En escasas horas ya teníamos un hueco del grueso de un cigarrillo en su parte más estrecha.

Miré y al primero que vi fue a Ronald Lipper, el canadiense que años más tarde, al ser liberado, escribiría un libro de sus años en la prisión.

Con él logré sacar una notita para Martha.

Dos días más tarde nos devolvieron al patio y después llamaron a unos cincuenta prisioneros. A mí entre ellos.

Fuimos los primeros en viajar sin ropas por toda la Isla. Dentro del carro-jaula era imposible vernos. En sus cuatro calabozos hicimos un viaje fatigoso de cerca de 900 kilómetros. Orinábamos y defecábamos dentro del mismo carro, en unas latas. Era el día 27 de febrero de 1968. Situarnos lo más lejos posible de nuestros familiares había sido uno de ios procedimientos empleados sistemáticamente por las autoridades.

Nuestro nuevo destino fue la cárcel de Boniato en la provincia de Oriente, al otro extremo de Cuba. Al llegar, ya la guarnición nos estaba esperando. Nos pasaron al área donde tenían lugar las visitas y allí mismo nos hicieron la requisa. Nos despojaron de los zapatos y en sustitución nos entregaron unas botas rústicas. De allí al pabellón dos, que era el que nos habían destinado. Consistía en un pasillo con 20 celdas a cada lado, abiertas, lo que nos permitía movernos en su interior hasta la reja principal. Hacía mucho más frío que en La Habana, quizá porque el presidio está en el fondo de un valle. Había que dormir sobre el piso, pues las celdas no tenían camas ni literas. Bernardo Alvarez y yo compartimos uno de aquellos calabozos.

Esa misma noche, por unos presos comunes, supimos que otro grupo de prisioneros políticos estaban aislados en el hospitalito. Como nosotros, ellos también rechazaban el uniforme azul. Eran cerca de una veintena y los teman encerrados en los cubículos donde alojaban a los tuberculosos y otros infecciosos, así como a los condenados a muerte, aquellos a quienes aguardaba el paredón de fusilamiento. Las celdas eran espaciosas, pero estaban tapiadas a la entrada por planchas metálicas y sólo tenían una ventana enrejada al fondo. Las autoridades les habían prometido que al menos les entregarían ropa interior para cubrir su desnudez, y frazadas para el frío. Pero no había pasado de ser una promesa. Llevaban ya meses durmiendo en el suelo de granito.

El 13 de noviembre, cuando el frío entraba en ráfagas heladas por la ventana enrejada del fondo, el jefe de Orden Interior, el teniente Jauto, se presentó para dar respuesta a las constantes demandas de los prisioneros de que les entregaran la ropa interior y las mantas de invierno prometidas.

—Si no quieren pasar frío, tienen que aceptar el uniforme azul, y si no les gusta pueden declararse en huelga de hambre. Y se marchó.

Al día siguiente, los prisioneros aceptaron el reto: devolvieron el agua azucarada del desayuno y se declararon en huelga de hambre. A las pocas horas volvió el teniente Jauto, mandó a que abrieran la reja y les quitó los recipientes donde guardaban el agua para beber.

—La huelga de hambre la realizan ustedes y la de sed va por nosotros —los desafió con insolencia.

A los tres días, el director provincial de Cárceles y Prisiones, y delegado del ministro del Interior, teniente Povadera, los visitó para amenazarlos y anunciarles que si no deponían su actitud y aceptaban el uniforme, les irían preparando las cajas para enterrarlos, porque los dejarían morir de hambre. El Ministerio del Interior no reconocía más que una categoría de presos: la de delincuentes, y por ello tenían que usar el uniforme designado.

A las seis de la tarde del mismo día algunos fueron sacados de sus cubículos. Troadio encabezaba el grupo. Estaba muy debilitado por el tiempo sin comer ni beber, con los labios agrietados, deshidratados. Los huelguistas habían acordado que si se producía una división del grupo porque los llevaran para diferentes cárceles, cada cual resolviera sobre el terreno lo que estimara más conveniente hacer.

Quedaron en el hospitalito Morales, Peña y otros. A los cinco días de huelga, un médico, preso por un delito común, de apellido Rodríguez, que inspeccionaba los calabozos, informó al oficial Castillo, jefe militar del hospitalito, que a partir de aquel momento una complicación podía acarrear la muerte a cualquiera de ellos.

Esa misma noche, varios guardias entraron a las celdas y a la fuerza condujeron a los reclusos al salón del botiquín. Los ataron a unas camillas y les pusieron sueros en las venas de los brazos. Todos los días se repetía esta manera de hidratarlos.

Un cambio en la dirección de la prisión llevó al teniente García, viejo militante del Partido Comunista, a la jefatura de la misma. Visitó a los huelguistas y les prometió que si comían, al día siguiente les darían ropas y frazadas. Ya habían transcurrido 17 días. Aceptaron con la condición de reiniciar la huelga si no se cumplía la promesa.

Pero la cumplieron. Cuando el teniente García fue a visitarlos le preguntaron por los que se habían llevado y reclamaron su regreso, ya que se había solucionado la situación. El director les informó que ese grupo, al cambiar de prisión, había actuado con más inteligencia que ellos, porque se habían vestido.

—Para que vean qué bien se encuentran, mañana mismo los traeremos —agregó —. Podrán hablar con ellos y verán que es absurda e inútil la resistencia de ustedes. El Ministerio decidió cambiar el uniforme y ustedes deben aceptarlo.

Al día siguiente los llevaron a la dirección. Allí estaban J. Vázquez, Argeciras, Pavón y otros, a los que habían ubicado en el campo de concentración «Tres Macíos». El relato que hicieron de lo que habían pasado allí era espeluznante. Pero faltaban tres, que indudablemente habían podido resistir; mas no por mucho tiempo, pues acabaron por vestirse.

Fue en aquellos días que Rivero, Guevara, Trujillo y ocho ex brigadistas de Bahía de Cochinos llegaron a Boniato, y el 27 de febrero arribaba nuestro grupo procedente de La Cabaña.

El médico y preso común Artemio Rodríguez comentó en voz alta que había llegado una cordillera de presos políticos, desnudos, procedentes de La Cabaña. Lo hizo con la intención de que nuestros compañeros, aislados en los cubículos del hospitalito, lo supieran. Esto significó para ellos un respaldo tremendo. Ya sabían que no estaban solos, y nuestra presencia equivalía a algo así como un refuerzo para resistir. No es lo mismo la resistencia aislada, o en núcleos pequeños, que cuando se sabe que un grupo numeroso se apoya y sostiene mutuamente. No importa que no se puedan ver o comunicarse: basta con saber que están en la misma prisión. Era como si por debajo de los suelos echáramos raíces y éstas se unieran subterráneamente en un acto de solidaridad.

Al grupo del hospitalito lo utilizaron como conejillos de Indias. Mandaron a buscar a sus familiares para que ellos los forzaran a vestirse. Las madres, las esposas, los hijos les pedían que se vistieran: temían que fueran a enfermar o a morir. Claro que antes de conceder la visita, los instructores daban una charla política a la familia, diciéndole que si los presos se vestían mejorarían sus condiciones y la ilusionaban con promesas de ponerlos en libertad. Pero si no aceptaban el uniforme —añadían amenazadoramente— la revolución no toleraría más posiciones de fuerza por parte de los presos, y lo que les esperaba sería lo peor. Los familiares sabían que las autoridades no se detenían ante nada y que la vida del preso, para ellos, seguía valiendo muy poco.

Las visitas, patéticas, entre ruegos y lágrimas de los familiares pidiéndoles que se vistieran, terminaban en unos minutos, porque se realizaban en presencia de los militares. Y éstos las daban por finalizadas cuando veían que la decisión del preso era firme. Sin embargo, algunos aceptaron el uniforme. Ibamos siendo cada vez menos los rebeldes.

Los que no aceptaron fueron ubicados en las celdas bajo la escalera de la dirección. Pero al anochecer los sacaron e introdujeron en los carros-jaula. Eran 13. El director García subió al vehículo y los fue mirando uno a uno. Señaló a Nápoles y ordenó que lo bajaran. En su lugar subieron a Morales, que había quedado en la celda, pero que había discutido con él, y al que le tenía un odio que no podía ocultar. García conocía el destino de aquel grupo y quería que fuera también el de Morales.

La comitiva partió por la carretera que conduce al pueblo de Bayamo. Al llegar a éste siguió rumbo a Manzanillo, al sur de la provincia. A media noche llegaron al campo de concentración de «San Ramón». El carro-jaula se detuvo y bajaron a Peña, Alcides, Rivero y otros. Estaban fuera del campo, un resplandor rojizo los iluminaba. Eran irnos 30 guardias armados con fusiles y alumbrándose con antorchas de petróleo que flameaban al viento. El jefe de la tropa era el teniente Beci, un negrito flaco y famoso en toda la zona por su crueldad en el trato a los prisioneros.

Cuando querían aterrorizar a cualquier preso en la región, bastaba con que le dijeran que se lo enviarían a Beci.

Se alejaron por un sendero entre matorrales. Se veían a lo lejos los reflectores de las garitas y las luces de las barracas. Rivero volvió la cabeza hacia el campo y uno de los guardias le golpeó con la mano abierta.

Llegaron a una loma cortada en una de sus laderas y donde habían construido, como si fueran nichos, seis celdas minúsculas en las que no era posible permanecer de pie por su escasa altura. Los colocaron frente al paredón de tierra, al costado de las celditas. Las luces de los mechones de petróleo, movidas por el viento, daban un aspecto siniestro a la escena.

El teniente Beci y el jefe del Orden Interior, acompañados por un oficial de la Policía Política, llamaron a Nieves.

—¡Desnúdate...!

Nieves se negó.

Llamaron a Peña, Alcides, Rivero, que también se negaron a quitarse la ropa interior y las camisetas. Entonces los guardias, a una orden del oficial de la Policía Política, los atacaron a puñetazos y patadas y les arrancaron los calzoncillos y camisetas. Luego metieron a seis dentro de una de aquellas celditas.

Como a todos no les era posible acostarse, una parte de ellos tuvieron que mantenerse sentados, con las piernas recogidas, en una oscuridad total. Cuando amaneció les llevaron el desayuno, consistente en un pedazo de pan y un poco de agua caliente débilmente azucarada.

Las restantes mazmorras estaban ocupadas por presos comunes. Tan infrahumanas consideraban estas celdas las autoridades que el tiempo máximo para permanecer allí era de una semana.

Nieves fue el primero a quien llamaron los militares al mediodía siguiente. Lo sacaron a un fangal, frente a las celditas. Lo rodeaban diez o doce guardias. El mismo oficial de la Policía Política de la noche anterior le preguntó si no iba a vestirse con el uniforme azul, y como el preso lo rechazara comenzaron a golpearlo hasta derribarlo. Luego de arrastrarlo por el fango, lo metieron de nuevo en la celda.

Después sacaron a Rivero, y a los demás. Peña fue el último. A cada uno le dieron una paliza con mangueras de goma y bayonetas, y los encerraron en los calabozos con los delincuentes comunes.

Esta práctica de confinar a los prisioneros políticos en celdas con comunes, para quebrar su resistencia, fue muy usada desde principios de la revolución. El vivir con presos comunes, en la misma celda, agrava aún más la situación del político. Se crea un clima de absoluta desconfianza y de constante peligro con aquellos criminales envilecidos, que eran además alentados por las autoridades para que cometieran cualquier atrocidad.

La difícil situación decidió a los seis prisioneros políticos a declararse en huelga de hambre. Pero antes les explicaron a los comunes que no era una acción dirigida contra ellos. Fueron estos mismos presos los que se encargaron de dramatizar más aún el estado físico de los huelguistas. A los pocos días los devolvieron a su celda original y sólo así depusieron la huelga. El objetivo de la misma se había conseguido.

Les redujeron la ración de alimentos a tal extremo que en todo el tiempo que pasaron allí, únicamente un día les llevaron huevo hervido. Alcides se comió todas las cáscaras.

A los 60 días escucharon a un tropel de guardias que hablaban a gritos y maldecían a alguien. Se abrió la puerta del pasillo y en la oscuridad pudieron distinguir que arrastraban a un hombre. Pasaron frente a ellos y lo tiraron en la celda de al lado. Cuando los guardias se fueron, llamaron al recién llegado, pero no recibieron respuesta.

Al amanecer, Alcides llamó nuevamente al preso desconocido. Éste era nada menos que Napoleoncito. Lo habían arrastrado desde el carro-jaula hasta las celdas, estaba cubierto de fango y tenía magullado todo el cuerpo. Les contó entonces lo que estaba ocurriendo en «Tres Marios», donde encerraban a los prisioneros en celdas similares a aquéllas, también situadas fuera del campo.

Napoleoncito, Morales, Balbuena y otros más habían sido despojados de la ropa interior en la misma forma que los de «San Ramón», es decir, a golpes. Desnudos, en plena noche, rodeados por una veintena de guardias, los guiaron a través de unos matorrales hasta donde estaban situadas las horribles «gavetas», llamadas así por su forma larga y estrecha. Fueron las más terribles celdas de cuantas existieron nunca en toda la historia del presidio cubano. Cuando Alcides fue llevado a una de estas gavetas no podía acostarse, porque no cabía en ella y sus hombros quedaban comprimidos entre las dos paredes. Su ancho era de dos cuartas y tres o cuatro dedos, y tenía de largo 1,52 metros. También poseía el típico agujero para defecar.

Los situaron en dos celdas contiguas. Al frente un pasillito con una puerta de cinc. El piso, ligeramente inclinado, iba subiendo hacia la pared del fondo.

Suprimieron el pan del desayuno, sustituyéndolo por dos galletas chicas. Una sopa en el almuerzo y en la tarde harina de maíz muy amarga, de la que usaban para alimentar al ganado. A consecuencia de esta alimentación, a Morales se le presentaron unas diarreas que unos días después incluían sangre. Se lo informaron al militar que les llevaba el rancho, pero la respuesta era siempre la misma: que se vistieran si querían tener asistencia médica.

En cuclillas pasaban los días y las noches. Esto les originó edemas en las piernas. Trujillo fue el primero en sufrirlos, y poco después todos tenían las extremidades inferiores hinchadas, con la piel brillante como si fuera a reventar.

Como el hueco para las necesidades fisiológicas estaba un poco atrás, hacia el fondo, cuando los que estaban más lejos de él tenían que usarlo, todos debían moverse, como una masa compacta. Si hay algo penoso y desagradable es defecar con otras personas pegadas físicamente a uno. Se decidió que el último que lo usase quedaría sobre él hasta que el próximo lo sustituyera. Pensaban que después de aquello nada podía ser peor... hasta que el hueco se tupió y los excrementos comenzaron a esparcirse por la celda-gaveta.

Discutieron si se declaraban en huelga de hambre. Pero la mayoría consideró que debían esperar un poco más, para demostrarles a las autoridades penitenciarias que ellos podían resistir por muy brutales e infrahumanas que fueran las condiciones.

En lugar de defecar en el agujero de la celda comenzaron a tirar los excrementos al pasillito, donde se fueron acumulando. Igualmente orinaban fuera de la celda. Al poco tiempo era tanta la fetidez que los guardias, que sólo permanecían allí unos minutos, no podían controlar las náuseas y vomitaban. Los gusanos aparecieron por cientos, en los rincones, en el hueco atascado de excretar y en el depósito de mierda del pasillo: lo invadieron todo.

Morales seguía con las diarreas de sangre.

Afuera había un canal de madera para bebedero de las reses y donde los guardias se lavaban los dientes. Y era precisamente esa agua, llena de los espumarajos de la pasta dental, la que daban a los presos para tomar.

La gravedad de Morales, que también empezó a orinar sangre, lo decidió a declararse en huelga de hambre, cuando por un ataque de artritis, infecciosa como supo tiempo después, se le inmovilizaron una pierna y una mano. A pesar de estar aquejado de terribles dolores, cadavérico, de nada servían las demandas de asistencia médica o que al menos lo sacaran de allí. Si no aceptaba el uniforme, no tenía derecho a nada, le decían las autoridades. Lo único que se consiguió fue que sacaran a Trujillo para revisarlo y quitarle los gusanos que le habían cundido el pelo. También Morales estaba lleno de pequeños gusanos.

En aquel ambiente de podredumbre y miasmas, con el pasillo lleno de excrementos, llevaron un suero para ponérselo a Morales, cuyo estado físico se deterioraba por días. Los carceleros no querían que nadie muriera: se buscaba mantener a los prisioneros en la frontera entre la vida y la muerte, para tratar así de que ellos, por temor a morir, se vistieran.

Un militar le dio siete pinchazos para acertar con la vena, y el suero, de 1.000 cc., no se lo aplicaron a gotas, sino abierto a toda la fluidez que permitía el calibre de la aguja. Morales comenzó a temblar por la rapidez con que entraba el líquido en su torrente sanguíneo. La inflamación era mayor y la artritis no lo dejaba moverse. A Napoleoncito le atacaron también las diarreas. Pero lo único que hicieron con él fue trasladarlo a otra gaveta.

Morales continuó con la huelga de hambre y cuando los militares estuvieron convencidos de que su decisión era inquebrantable lo sacaron y por la fuerza le pusieron el uniforme. No les fue difícil, porque Morales casi no podía moverse. Aun así, lo amarraron para llevarlo a la prisión de Boniato. Lo metieron en una celda con un miembro de la Juventud Comunista, que había sido detenido cuando iba con la novia hacia La Habana y le ocuparon un paquete con dos kilos de café que le llevaba a su madre.

Morales, semiparalizado, no podía quitarse el pantalón que le habían puesto a la fuerza y le pidió a este muchacho que le hiciera el favor de quitárselo, pues tenía que ir al servicio. Cuando el joven lo hizo, Morales tomó el pantalón y lo lanzó al pasillo, rejas afuera, junto a la camisa de la que él mismo había logrado despojarse.

Esto motivó la llegada inmediata del teniente Castillo que lo amenazó con devolverlo a las gavetas.

—Pueden llevarme para donde les dé la gana, teniente, yo no les temo —le respondió Morales.

Los demás reclusos de las gavetas decidieron también declararse en huelga de hambre.

Pero las autoridades no estaban dispuestas a permitirlo, y al primero que sacaron fue a Nieves. Lo arrastraron por el fango y los hierbazales hasta una de las garitas del campo de concentración. Allí lo ataron a una cama de hierro y le pusieron un suero, luego de coserlo a pinchazos. Nieves logró zafarse y lanzó el botellón contra el piso, haciéndolo añicos. Lo golpearon hasta que perdió el conocimiento. Llevaba en ese momento varias semanas en huelga de hambre.

También arrastrándolos por el fango sacaron a Rivero y a Alfredo Peña. Pero entonces cambiaron el método. Los primeros días tiraban al preso en la hierba, boca arriba y entre varios guardias lo inmovilizaban. Uno de ellos, desde atrás, metía la cabeza del prisionero entre sus rodillas, le colocaba un palo bajo la nariz y presionaba hacia arriba. Esto producía un dolor irresistible y el preso tenía que abrir la boca. Entonces le echaban jarros de caldo, que estaba obligado a tragar quisiera o no.

Aquel método se repetía diariamente. Después desecharon el palo para lastimar la nariz y emplearon una cuchara como palanca. Le tapaban la nariz y cuando el prisionero abría la boca buscando aire, introducían una o dos cucharas entre sus dientes, en forma vertical, para que ya no pudiera cerrarla. Luego le vertían el caldo en la garganta. Como los presos forcejeaban, les rompían los dientes y herían sus encías y labios.

El estado físico de Napoleoncito empeoraba. Las diarreas no cesaban. La noche en que lo sacaron de su celda llovía torrencialmente. Se lo llevaron arrastrándolo por los brazos, el cuerpo desnudo. No dijo nada, ni profirió una queja. Sentía dolorido el muslo en la parte donde había recibido el balazo en la cárcel de Isla de Pinos, en los campos de trabajo forzado. Ahora le estaban aflorando los años de maltratos. Lo rodeaban cuatro guardias con capas para protegerse de la lluvia. Él los veía desde abajo, tirado en el fango. Un militar colocó a su lado el farol de petróleo que llevaba y los otros tres lo sujetaron. Iba a ponerle un suero. Napoleoncito contó los pinchazos que aquel soldado le dio en su intento por localizar la vena: 17 veces le introdujo la aguja en el antebrazo.

Más de seis meses resistieron. Al cabo de ellos, las autoridades comprendieron que nada podían hacer para quebrar la resistencia de los prisioneros. Todos los días tenían que alimentarlos a la fuerza. Algunos se introducían los dedos en la garganta para provocar el vómito y devolver así el caldo metido en sus estómagos. La firme decisión de aquel grupo salvó al resto de los presos rebeldes de tener que pasar por lo mismo. Si hubieran flaqueado, si hubieran aceptado el uniforme azul, a nosotros nos habrían dado idéntico tratamiento. Las «gavetas» del campo de concentración «Tres Macíos» y

«San Ramón» fueron un horroroso plan experimental para los que rechazaban el uniforme de los reclusos comunes. Lo verdaderamente heroico de quienes fueron sus víctimas es la comprensión que tuvieron de que de su actitud dependía que los demás pasaran por las gavetas o no. Siempre tuvieron conciencia de esto. Y el alto espíritu de compañerismo y responsabilidad que asumieron fue también una fuerza que los ayudó a ellos mismos a resistir.

Muchos días antes de que los sacaran, Alcides había perdido la noción de dónde se encontraba. Deliraba y desde su gaveta Rivero, el predicador protestante, le pedía que no hablara y tratara de dormir.

Cuando, tiempo después, llegó a la prisión de Boniato, Alcides no recordaba —ni todavía recuerda hoy— cómo transcurrieron los últimos días que pasó allí.

Alfredo Peña, luego de cinco semanas de diario suplicio, arribó a Boniato inválido. Una infección en las articulaciones le impedía caminar; tuvimos además que sacarle gusanos del cabello. Estaba literalmente cubierto de hongos.

Balbuena no pudo regresar a la normalidad. Las torturas de las gavetas fueron las causantes de la pérdida de su razón. Se lanzó al vacío para morir destrozado en el patio central de la prisión del Príncipe, en La Habana.

# Capítulo XXXVII
# La cárcel de Boniato

La prisión de Boniato está formada por cinco edificios de dos plantas, largos, y con cuatro alas o salones a cada lado. Entre una y otra sección hay un patio interior cerrado por un alto muro con alambradas. Los edificios están unidos entre sí por un largo pasillo central, tapiado con mallas de acero.

Al anochecer se presentaba ante nosotros un espectáculo increíble: el de las ratas y las lechuzas, ave rapaz nocturna muy común en Cuba. Aquellos patios se llenaban de cientos de ratas, grandísimas; eran tantas que sólo viéndolas podía creerse: alrededor de cien o ciento cincuenta en cada patio. A pleno día, algunas decenas salían a corretear por entre las grietas terrosas del patio y sobre los pequeños parches de hierba. Nada impedía la proliferación de estos roedores, a no ser las lechuzas, que se engullían varias todas las noches. No se les echaban raticidas; más bien ocurría lo contrario: al fondo de la cocina, grandes montones de desperdicios producían alimentos suficientes para ellas. Los bordes de las aceras que corrían junto a los edificios estaban llenos de cuevas de ratas.

Las lechuzas, con graznidos de júbilo, se lanzaban sobre ellas, las alzaban entre sus garras y volvían al borde del techo para despedazarlas allí. Desde las ventanas nosotros contemplábamos atentamente la cacería.

A los pocos días el jefe del Orden Interior, acompañado de otros guardias, entró a la sección, dirigiéndose hasta el final, a un saloncito que en épocas anteriores había sido comedor. Allí nos reunió. Cuando trató de decir algo, las palabras no le salían.

—¡Bueno..., yo...!

Y lo intentó nuevamente. Pero lo único que pudo articular fue una frase:

—¡Aquí hay mucho aire y el aire es bueno para el órgano...!

Todos nos miramos, conteniendo la risa.

Y entonces repitió la misma frase y todos irrumpimos en aplausos que lo sacaron del apuro. La demostración nuestra de regocijo lo hizo sentirse feliz. Era casi analfabeto. Hinchó el pecho y se fue luego de su elocuente discurso.

Y allí mismo lo bautizamos el Órgano, y así lo llamamos siempre.

Al otro día el director, con un oficial de la Policía Política, nos visitó. No saludaron siquiera en un alarde de poder que no podían ni querían ocultar. Fueron también al saloncito, miraron las ventanas y se quedaron esperando que alguno de nosotros se dirigiera a ellos, método que usaban con frecuencia en sus modales despectivos.

Pero como nadie los miró, ni se les acercó, el director García preguntó dónde estaba el responsable de la sección, y cuando Perdomo, un preso político nombrado por nosotros para que hablara con los militares, se identificó, el oficial de la Policía Política se dirigió a él:

—Hay una disposición del Ministerio del Interior que dice que tienen que vestirse con el uniforme azul, o de lo contrario tendrán que atenerse a las consecuencias.

—Teniente, nosotros no somos delincuentes, ni estamos tampoco en los planes de rehabilitación. Los convenios internacionales sobre trato a los prisioneros, de los que el gobierno cubano es signatario, dicen que a los presos políticos no se les puede obligar al uso de uniformes y menos si es el mismo de los criminales. Aquí ninguno de nosotros va a aceptar el dichoso uniforme.

—Ustedes no son presos políticos, sino contrarrevolucionarios. En los países socialistas no hay presos políticos. Eso para empezar, y nosotros somos los que mandamos en Cuba, y no toleramos posiciones de fuerza de nadie. O se visten, o todo el rigor de la revolución caerá sobre ustedes. No vamos a permitir ni un solo acto más de indisciplina. Así que ustedes sabrán lo que hacen. Los uniformes están allá afuera.

—Ninguno va a vestirse, teniente...

—Ya veremos si se visten o no —dijo el teniente de la Policía Política, conteniendo la ira y con un rictus en la boca que le confería un aspecto extraño, como una mueca, y caminó hacia la reja seguido del director.

A la media hora, varios pelotones tomaron el pasillo que une los edificios, estacionándose muy cerca de nuestra sección. Llegaban armados de machetes, cadenas, barras de hierro, madera y bayonetas. Luego se les unieron otros armados con fusiles.

Desde que arribó el primer pelotón se dio la alarma entre nosotros. Tuvimos una asamblea relámpago y decidimos no dejarnos golpear impunemente, porque ya estábamos hartos de soportar golpes. No los dejaríamos entrar mansamente.

Los guardias miraban hacia nuestras celdas, señal inequívoca de que venían a golpearnos. Fue entonces cuando apareció el oficial de la Policía Política. Habló con ellos, pero no pudimos escuchar lo que les dijo. Gesticulaba colérico. Cuando terminó la arenga de odio, los guardias se encaminaron a nuestra sección. Abrieron la reja. Pero de la parte de adentro habíamos formado una masa humana que bloqueaba la entrada. Nos habíamos armado asimismo con los palos usados para fregar los suelos, zapatos, escobas y los destupidores de servicios.

Y comenzó la batalla, los guardias a cadenazos y palos contra nosotros, tratando de abrir una brecha para penetrar por ella y molemos a golpes. Como la reja tenía sólo poco más de un metro de ancho, nos era posible cubrirla para impedir que pasaran. Onofre, los hermanos Bayolo, Ortiz, el Pacífico, Perdomo, esgrimiendo los palos de trapear se batían con los guardias, que acostumbrados a golpear sin riposta, no comprendían aquella reacción nuestra.

De nada sirvieron los gritos de los oficiales arengándolos. Los guardias armados con fusiles, que estaban detrás de ellos, nada podían hacer. Hubiera bastado disparar contra nosotros para entrar, pero al precio de matar a algunos, y evidentemente en ese momento no tenían instrucciones de llegar a tanto.

Al calor de la pelea, Santiago Bayolo y el Pacífico avanzaron y salieron fuera, y la paliza que les dieron fue grande. Milagrosamente, Bayolo salvó la vida, porque le hundieron una bayoneta muy cerca de la región inguinal. A él Pacífico le rajaron la cabeza de un cadenazo, y sobre su piel oscura — era negro como el azabache— corría la sangre roja y abundante que llegaba al cuello y hombros.

Desde el edificio del frente, donde estaban los presos comunes observando el combate desigual, se levantaron gritos de admiración. Aquellos hombres, acostumbrados a vivir bajo el terror, como nosotros mismos, estaban contemplando algo inusitado. La resistencia que ofrecíamos a los carceleros les arrancó gritos de solidaridad hacia nosotros. Seguramente era la primera vez que veían un acto como aquél. En represalia, parte de la guarnición entró a su sección y los desbarató a golpes.

Desde que la guarnición se retiró, llevándose a dos de los nuestros, se creó una tremenda tensión. Esperábamos que regresaran en cualquier momento.

Organizamos una posta rotativa para vigilar toda la noche, pero apenas dormimos del sobresalto, pensando que aparecerían en cualquier instante con gases lacrimógenos o granadas de humo. Así amaneció, y a media mañana nos comunicaron que seríamos trasladados.

Con fuerte guarnición nos condujeron rumbo al edificio uno, bajo un clima de presagios y de tensión. Fuimos despojados de zapatos y cucharas y ubicados en celdas grandes, que teóricamente debían ser para seis presos, pero en las que metieron cerca de veinte en cada una. Fui destinado a la primera de todas.

Un contingente de oficiales y soldados invadía escaleras y pasillos. Pudimos ver muy activo al teniente de la Policía Política que había ordenado la golpiza.

Las celdas no tenían instalación sanitaria de ningún tipo y las ventanas habían sido tapiadas. A la entrada de la sección se encontraban los servicios colectivos y las duchas, que no funcionaban, y a cuyo costado habían fabricado un depósito alto de cemento donde se almacenaba el agua. En lo adelante, para ir a las letrinas, habría que llamar al militar.

La sala que quedaba frente a la nuestra fue desalojada. Las medidas de incomunicación eran parte del tratamiento.

Cuando llegó la hora de dormir, comprobamos que sólo cabíamos 19 sobre la superficie del suelo, y ubicados de tal manera que no quedaba un solo centímetro libre entre nuestros cuerpos. Hubo que colocar los jarros de aluminio en la reja porque no había espacio ni para ellos en el piso.

Nos turnamos para poder dormir todos. El que no podía acostarse tenía que permanecer de pie en un rincón, casi sin poderse mover. A la mañana siguiente sacaron a Alberto para otra de las celdas, que sólo tenía 17 presos.

La primera noche no dormí ni un instante, y creo que pocos pudieron hacerlo. El suelo de granito se enfriaba como si fuera hielo.

A mi lado dormían Kike Fernández y Ramonín Quesada, ex comandante revolucionario que había peleado en las montañas contra el dictador Batista, y frente por frente, pies con pies, otro ex comandante revolucionario, Ramón Güín, que había luchado también contra el dictador anterior. En el momento de escribir estas líneas, todavía Güín permanece en las cárceles cubanas con otros comandantes que combatieron junto a Fidel Castro.

Cuando alguien tenía necesidad de ir a los servicios era una verdadera odisea. Comenzaba llamando al militar de guardia que hacía la posta en el rastrillo. Del otro lado de la reja de entrada habían colocado un paraván de cartón tabla para impedir que pudiéramos ver hacia afuera. Generalmente el guardia se hacía el que no oía. Esta práctica es típica de las guarniciones de la provincia de Oriente. El militar más acomplejado y abusador de todo el país es el oriental; además, les habían exacerbado sus sentimientos regionalistas contra los de la capital. Aquellos escoltas consideraban que si un recluso les llamaba, no debían responder jamás al primer llamado, ni al segundo, ni al quinto: había que desgañitarse gritando para ser atendido. Era una forma de demostrar su autoridad.

Algunos reclusos, con fuertes cólicos y diarreas —que jamás abandonaban al preso —, no podían esperar, con las consiguientes consecuencias.

El no hacer caso los soldados cuando los llamaban, el no molestarse en responder siquiera era una de las más constantes humillaciones que sufría el recluso. Entonces, como respuesta, comenzamos a sacudir las rejas, a golpear sus barrotes, todos al mismo tiempo. Era esto quizá lo que más les irritaba a los guardias. El delito más grave en la prisión de Boniato consistía precisamente en hacer sonar las rejas, lo cual no podían impedir los soldados porque aquellas celdas tenían todo el frente de barrotes y era fácil estremecerlas. En cuanto empezaba la algarabía, acudían en el acto, y este tipo de protesta se convirtió en un arma.

Éramos cien hombres aproximadamente. Al levantarnos había que llevarnos al servicio. El guardia abría la primera celda y salíamos todos juntos al tanque donde depositaban el agua. Únicamente podíamos lavarnos la cara. El baño sólo estaba autorizado determinados días a la semana y era rotativo.

Pronto cambiaron la norma y se les ocurrió sacar a los presos por la mañana uno a uno. Era una medida provocadora. El tiempo mínimo que podía emplear un guardia —que lo hacía con toda su calma— en sacar a un preso, acompañarlo a las letrinas, esperar a que hiciera sus necesidades y regresarlo a la celda, no era menos de cinco minutos. Es decir, necesitaría 8 ó 9 horas para sacarnos a todos.

Esto, lógicamente, motivó una reacción por parte nuestra. Así que comenzamos a orinar por el pasillo. Hubo quienes no pudiendo aguantar más, defecaban en la celda y tiraban hacia fuera los excrementos.

A los pocos días el pasillo ofrecía un aspecto tan nauseabundo que irritaba a los militares que tenían que entrar todos los días hasta el final del corredor para efectuar los recuentos. Pero tenían que soportarlo o modificar sus dictados. El asco que reflejaban sus caras y la fetidez fueron, además de un azote para nosotros, aliados nuestros.

El día que uno de los guardias resbaló tratando de saltar un charco de orines y cayó sobre él, desencadenó y aceleró la solución del problema. Los guardias dijeron que no entrarían más si no limpiaban. El jefe del Orden Interior, nada menos que el conocido Órgano, fue a parlamentar. Me designaron para que tratara el asunto. Conmigo iban Ramonín Quesada y Alberto Bayolo.

Cuando el Órgano abrió la boca empezó a decir disparates. Parece que había escuchado hacía muy poco la palabra «resplandece» y quiso impresionarnos con su uso.

—De ustedes «resplandece» que nosotros resolvamos el asunto.

El uso que le dio a aquella palabra hizo que Ramonín no pudiera contener la risa. Yo pude, y todavía no sé cómo. Pero se resolvió la situación. Prometieron sacarnos en grupos para el servicio y colocaron en el pasillo, frente a las celdas, unas latas de cinco galones para depositar los orines. Se usaba una lata pequeña y luego, a través de la reja, se vertía el contenido en la grande.

Esta medida significó un gran alivio, sobre todo en las noches, pues cuando alguien necesitaba ir a los urinarios despertaba a todos con sus gritos llamando al guardia.

La información que podíamos obtener era muy escasa. La ventana de los servicios estaba clausurada con unas tablas clavadas al marco. Por una pequeña ranura atisbé hacia el patio y con gran alegría descubrí a un preso amigo de mi futuro suegro, y también mío, Jesús, que allá abajo paseaba tomando un poco de sol.

El guardia, cuando abría una celda, generalmente lo hacía en la confianza de que todas las ventanas estaban clausuradas; cerraba la reja principal y nos dejaba en el pasillo, lo cual me permitió llamar a Jesús cuando lo vi acercarse y calculé que estaba debajo de la ventana. La primera vez no atinó a comprender quién lo llamaba ni de dónde partía la voz. La segunda sí: Jesús era muy ágil y muy dinámico y con disposición a la ayuda. Le dije lo que necesitaba y la manera de hacérmelo llegar.

Al día siguiente deshilaché una de las frazadas que se usaban para limpiar el suelo y fabriqué un hilo con una bolita de jabón en la punta para que le diera peso. Entre varios movimos un poco la tabla de la ventana. Otros vigilaban para evitar que el guardia pudiera sorprendernos.

Jesús esperaba abajo. Ató el paquetico con lo que le había pedido y lo subí con prisa. Para mí aquello era un tesoro: un repuesto de bolígrafo, dos pedazos de papel fino y una hebra de hilo fuerte. De haber sido descubierto en aquel acto, Jesús hubiera recibido una golpiza y un largo confinamiento en las celdas de castigo. Había en él valor personal. Era un hombre entrado en años, pero aventajaba a muchos jóvenes en decisión.

Al otro día le tiré una carta para Martha. Nuevamente había logrado romper la incomunicación. Y en verdad me sentía satisfecho.

Solamente una sección de las celdas estaba ocupada por nosotros en aquel pabellón. Las del frente permanecían vacías y con unas cortinas de sacos de yute, improvisadas por la guarnición para que no pudiéramos mirar hacia afuera, pues era el primer edificio y daba a las dependencias de la dirección.

Enrique Cepero ideó un plan de fuga. En nuestra situación menesterosa, sin recursos, era algo bien difícil. Lo principal era conseguir las ropas, pues nosotros no teníamos. Pero gracias a la habilidad extraordinaria del sastre de nuestro grupo, Mario Díaz, este primer obstáculo quedó vencido.

Con unas frazadas y sábanas, confeccionó dos mudas de ropa. Pepe Fernández acompañaba a Cepero en la espectacular acción.

Todo fue realizado a la perfección. Pasaron a las celdas del frente luego de un genial escamoteo que hicieron días antes a los guardias al cambiarles una de las cadenas que cerraba la reja por otra que tenía un eslabón roto.

Bajaron por donde habían cortado los barrotes. Pero no lograron alejarse mucho, pues fueron sorprendidos por la guarnición y llevados a las celdas de castigo.

Tiempo después, Cepero intentaría otra vez escapar de la cárcel de Guanajay vestido con un uniforme militar que él mismo confeccionó, pero a unos cortos metros de la salida fue reconocido por uno de los guardias y capturado.

Una tarde, Jauto, el jefe de los comisarios políticos, me llamó para comunicarme que mi padre estaba preso, condenado a 20 años de prisión y que si me vestía con el uniforme azul me llevaría a verlo al campo de concentración de Manacas, en la provincia de Las Villas.

Aquella noticia me consternó. Era algo que no había esperado jamás. Pero le respondí que no me interesaba su ofrecimiento. No pensaba vestirme por ninguna razón, absolutamente por ninguna.

Años después, conocería lo sucedido con mi padre. Tenía un amigo llamado Roberto Herrera, que fue detenido por conspiración contra el Estado. Mi padre trasladaba a la familia de éste desde la provincia de Las Villas hasta La Habana cuando Herrera estaba en la prisión de La Cabaña. Se portó con él como un hermano más que como un amigo. Pero Herrera se fue a los planes de rehabilitación política, y en un acto de colaboración y de cooperación con la Policía Política, denunció a mi padre diciendo que había conspirado con él en 1960. Mi padre, por esta causa, fue a la cárcel. Le afectó profundamente la traición del que creyó su amigo.

Muchísimo me preocupó la noticia de su encarcelamiento: Un nuevo sufrimiento se añadía a mi existencia, quizás el más preocupante de todos, porque significaba necesidades, miseria y el acoso para mi familia. Mi madre y hermana quedaban solas, desamparadas y más señaladas todavía, porque, además de mí, ahora también mi padre era un preso político.

La peor de cuantas noticias había recibido en los años de cárcel fue aquélla. También lo sentía por mi padre, ya entrado en años y enfermo. Pero nada podía hacer, sólo asimilar el duro golpe y fortalecer más todavía mi fe frente al nuevo contratiempo. Otra prueba más, un nuevo reto a mi resistencia. Sin embargo, medité, analicé mi postura: ¿valía la pena mi conducta rebelde? Bastaba con que dijera que aceptaba el uniforme azul y al día siguiente partiría rumbo a La Habana, y al otro estaría visitándome mi familia. Esto, indudablemente, mitigaría el efecto del encarcelamiento de mi padre. Para mi madre y mi hermana sería un alivio grandísimo. ¿Y para Martha? ¿Sería capaz de comprender mi actuación, de aceptarla? Estaba seguro que sí, que materialmente la aceptaría, pero, ¿la comprendería interiormente? Yo la había preparado desde el primer día, le había manifestado claramente que no pensaba variar mi conducta. Siempre le explicaba lo que hacía y por qué. Ahora un cambio en mi comportamiento podría parecer inconsecuente.

No creo que el hombre deba ser dogmático, sino que, por el contrario, sus criterios deben evolucionar. Pero hay algo en lo que no puede ceder: sus convicciones o valores éticos, que son como pilares que lo sostienen interiormente. Si se resquebraja uno solo de ellos, el edificio íntegro de su vida puede venirse abajo.

Yo sentía, cuando analizaba mi proceder, que de cambiar, como querían mis carceleros, mis estructuras internas peligraban. Dudaba, pero entonces acudía a Dios, y de Él sí que nunca dudé, y encontraba nuevamente el camino y mis análisis se hacían diáfanos y reiniciaba la marcha con una nueva provisión de fe y esperanza.

Los grupos que rechazamos el uniforme azul fuimos dispersados por todas las prisiones y campos de concentración del país: la cárcel de Camagüey, la de Holguín, la de Manzanillo, en Pinar del Río, en Guanajay, el Castillo del Príncipe, La Cabaña y otras.

Habíamos acordado que no aceptaríamos ninguna solución hasta tanto no volvieran a reunirnos a todos en La Habana. Así el objetivo del Ministerio del Interior, de debilitarnos al disgregarnos para presionar sobre cada uno de nosotros aisladamente, quedaba neutralizado por nuestra decisión.

En muchas cárceles emplearon las golpizas sistemáticas para obligarnos a vestirnos. También el confinamiento en calabozos con las paredes y el suelo cubiertos de asfalto derretido, pegajoso, que dejó para siempre marcas en la piel de los prisioneros.

El jefe de Cárceles y Prisiones, capitán Medardo Lemus, participó personalmente, con un nutrido grupo de guardias, en apaleamientos a prisioneros en el castillo de San Severino y en el campo de concentración de Agüica en la provincia de Matanzas. Fue allí donde García Plasencia, un prisionero al que le cayeron a golpes, le dio un puñetazo al capitán Lemus en pleno rostro. Luego lo desbarataron a golpes. Cuando escribo estas líneas, todavía García Plasencia guarda prisión, hace más de 20 años.

La existencia de los prisioneros políticos desnudos fue denunciada ante gobiernos y organismos internacionales, pero éstos no se molestaron en responder. Amnistía Internacional guardó silencio. Era entonces su dirigente Sam McBride, que recibió el Premio Lenin de la Paz, que como se sabe es concedido por el Soviet Supremo de la URSS a quienes defienden los intereses de la Unión Soviética, su política exterior y sus concepciones ideológicas. Este mismo Sam McBride, diez años después, en julio de 1978, presidía una conferencia sobre Derechos Humanos, celebrada en Venezuela para denunciar las violaciones que se producían en América Latina. Correcto y caballeroso, saludó a mi esposa, que participaba en la conferencia, no sabiendo quién era. Cuando Martha inició su discurso y el señor McBride escuchó decir que en Cuba se violaban los Derechos Humanos, perdió toda compostura, chilló histérico y le prohibió que siguiera hablando. Martha trató de continuar su exposición y el señor McBride empezó a golpear fuertemente su mesa y a gritar por el micrófono a los que hacían las traducciones simultáneas que no tradujeran sus palabras, impidiendo de esta manera, y ante la consternación de todos los presentes, que ella continuara hablando. Al día siguiente, en la primera plana del diario venezolano Ultimas Noticias, un cintillo a toda página decía: «SE VIOLAN LOS DERECHOS HUMANOS EN CONFERENCIA SOBRE DERECHOS HUMANOS.» El resto de la prensa también comentaba con duras críticas el incidente.

El señor McBride no quería escuchar nada acerca de la violación de los Derechos Humanos en Cuba. ¿Qué habría pensado el Soviet Supremo si él lo hubiera permitido? Quizá le hubiesen retirado la medalla Lenin de la Paz, y sus comparecencias por Radio Moscú.

* * *

Pasaron varios meses, el gobierno de Castro se convenció de que nuestra posición, luego de que se marcharon los que no estaban convencidos del todo en cuanto a sostenerla, se había consolidado. Cierto que el resultado había sido favorable para el régimen. La mayoría había aceptado el uniforme azul.

Fue entonces cuando nos llamaron y partimos otra vez, en los mismos car ros-jaulas, rumbo a La Habana. El Ministerio había cursado la orden de que nos reconcentraran a todos en la prisión de La Cabaña.

Momentos antes de partir de la prisión de Boniato, un soldado se nos acercó, miró receloso hacia los lados y cuando se convenció de que no era escuchado por otros guardias nos dijo en un susurro que iban a darnos lo que nosotros queríamos: el uniforme que habíamos tenido antes.

El viaje de regreso a La Habana, aunque de más de 12 horas y harto de incomodidades, resultaba grato, pues significaba el regreso a la capital, a la información, a la cercanía de nuestros familiares, que aun cuando no podíamos ver, sentíamos muy próximos, al otro lado de la bahía habanera.

En Camagüey se nos unió otro vehículo-jaula con prisioneros desnudos procedentes de otra cárcel.

Al llegar a La Cabaña, entrando al rastrillo, nos dieron calzoncillos y una toalla. La mayoría ya estaba concentrada allí; sólo faltábamos nosotros y un grupo del campo de concentración «San Ramón. El trato de los militares fue poco agresivo, el reencuentro con los viejos compañeros nos daba gran alegría. Nos ubicaron en la galera 13. Y anunciaron la visita del ministro del Interior, el comandante Sergio del Valle, uno de los hombres de confianza de Castro.

Apenas entró, rodeado de media docena de guardaespaldas, empezó a hablar. Dijo que ya lo del uniforme había terminado, que volverían a dar el que nos habían quitado. Añadió que no se tomarían medidas contra el que no quisiera aceptarlo, que incluso se le darían los mismos derechos que a los vestidos.

Pero a muchos aquellas palabras nos lucían falsas, hipócritas, engañosas. Nos preguntamos por qué si ellos nos habían tenido durante más de un año sin ropa, golpeándonos, torturándonos, de pronto tenían tanto interés en que volviéramos a aceptar el uniforme que nos quitaron. Valía la pena analizar eso, estudiarlo. Además había otras cuestiones que tratar: por ejemplo, el régimen de visitas, correspondencia, asistencia médica, condiciones de vida, etc. Debíamos esperar antes de aceptar la ropa. Muchas cosas habían sucedido.

Boitel era uno de los promotores de este planteamiento. Pero la mayoría se vistió y sólo quedamos unos 250 esperando a ver cómo los comunistas desarrollaban su estrategia.

Al principio, el mismo ministro del Interior había dicho que todos podíamos quedarnos juntos en la misma galera, los que aceptaran y los que no. Pero a los pocos días hubo una separación y los que estábamos sin ropa fuimos llevados a las galeras 12 y 13.

Fijaron los días de visitas. Y autorizaron la confección de unas bermudas o shorts y la entrada de pulóveres blancos y sin cuello para acudir así al encuentro de nuestros parientes.

Colocaron unos tabiques e hicieron diez o doce separaciones en la larga nave de visita, de modo que podíamos estar al lado de nuestros familiares.

El encuentro con ellos fue de una alegría inmensa, inefable.

Mi madre, mi hermana y Martha me contaron todo lo ocurrido en los últimos tiempos. Aquellas visitas, luego de meses y meses sin vernos, y la angustia de querer conocerlo todo en unos minutos, producían una turbación enorme. Antes ya la había experimentado y por eso llevaba una lista, confeccionada con tranquilidad, de los asuntos que me interesaban prioritariamente. En aquellas visitas utilicé el doble forro que tienen los calzoncillos atléticos como bolsillo secreto. Luego se pondría de moda su uso para la entrada y salida clandestina de correspondencia. Entonces la vigilancia de las autoridades había disminuido.

Nos permitían permanecer varias horas en el patio tomando sol, y el trato de la guarnición se suavizó. Todo obedecía a una estrategia, la de que los no vestidos no viéramos diferencia alguna con los uniformados y acabáramos aceptando la ropa, cosa que necesitaban para poder iniciar el nuevo plan de destrucción del presidio político.

Muy pronto se demostrarla que teníamos razón los desconfiados.

# Capítulo XXXVIII
# <u>Martha detenida: nuestra boda</u>

Las condiciones de vida empezaron a deteriorarse. No se cumplían las promesas de asistencia médica adecuada, no se trasladaban a los locos a un centro apropiado y no entregaban la correspondencia. Tuvimos que devolver los alimentos porque faltaban treinta o cuarenta raciones. Como no las repartían, nos quedábamos todos sin comer. Se propuso una huelga de hambre, en la que participarían los vestidos con el uniforme amarillo y nosotros.

Para demostrarles a las autoridades la firmeza de nuestra decisión, sacamos todos los alimentos que teníamos dentro de las galeras: un poco de azúcar, harina de trigo y algunas galletas del paquete familiar que nos estaban permitiendo recibir cada 90 días. Colocamos todas estas bolsitas ordenadamente frente a cada galera. Sólo ingeríamos agua, y era bueno que los militares lo supieran.

A pesar del recuerdo traumatizante de la última huelga de hambre general en la cárcel de Isla de Pinos, había la decisión de vencer en ésta, disposición mental que es factor importantísimo en una huelga de hambre. Todos se sentían engañados. Habíamos ganado la batalla del uniforme con estoicismo, asimilando vejámenes y trato inhumano. Nuestra resistencia los obligó a ceder, pero la desesperación, la falta de perspectivas de la mayoría, con enormes deseos de salir de aquella situación, hizo aceptar nuevamente el uniforme amarillo que habíamos usado desde siempre. Cierto que era lo que al principio pedíamos casi todos; pero la prisa demostrada por las autoridades en devolverlo debió despertar sospechas y llevamos a esperar unos días para aceptarlo, planteando además mejoras en las condiciones de vida.

Los dos primeros días que rechazamos los alimentos pasaron sin incidentes; pero al tercero evacuaron a los presos rehabilitados que trabajaban transportando los tachos desde la cocina y los sustituyeron por militares que colocaron frente a cada galera tanques y grandes cazuelas con olorosos alimentos, como nunca antes los habían preparado, pensando que quebrarían con ello nuestra decisión.

Una noche, ya pasada la semana, el teniente Lemus, jefe de Cárceles y Prisiones, se apareció en el patio con varios oficiales y por unas listas llamó a 25 prisioneros, considerados por ellos como dirigentes e instigadores de la huelga. Los ex comandantes revolucionarios Huber Matos, Eloy Gutiérrez Menoyo, César Páez; también llamaron a Bernardo Alvarez, los hermanos Bayolo, Lauro Blanco y otros. Yo formaba parte de ese grupo.

Nos llevaron hasta el rastrillo. Huber Matos y yo fuimos los últimos en entrar. Todo parecía indicar que iban a sacarnos del patio, pero hubo un cambio de orden y regresamos a la galera 18, la última de todas, vacía, aislada completamente, y allí nos dejaron.

Desde el siguiente día, una delegación de oficiales del Departamento de Cárceles y Prisiones comenzó a meterse en nuestra galera a discutir la situación, insistiendo en que no iban a conceder absolutamente ni una sola de nuestras demandas, porque no aceptaban posiciones de fuerza. Nosotros pedíamos el cumplimiento de lo que habían prometido: asistencia médica, visitas mensuales, alimentos suficientes para todos, que nos sacaran al patio diariamente a tomar aire y sol.

La dirección del penal creyó que separándonos del resto de los prisioneros podían desbaratar la huelga. Creían que éramos los que la dirigíamos, y se equivocaban.

Largas horas dedicaban los oficiales a discutir con Tony Lamas, con César Páez, con Húber Matos. Hacían todo lo posible por permanecer varias horas con nosotros, con el fin de crear suspicacias en el resto de los prisioneros y fomentar celos y dividimos; pero a medida que transcurrían los días y nada conseguían, las autoridades empezaban a comprender que la determinación de continuar la huelga era inexorable y que ésta sería llevada hasta sus últimas consecuencias.

Hubo anécdotas dignas de recordar, como lo sucedido con el doctor Micó Urrutia, un anciano frisando los setenta años. Su aspecto, luego de tres semanas sin comer, era cadavérico como el de los supervivientes de los campos de concentración nazis. Fueron a plantearle que si deponía su actitud de inmediato le darían la libertad.

—Yo no abandono a mis compañeros mientras se encuentren en una situación difícil —les dijo.

Ni uno solo de los enfermos —y los había graves— desistieron de la huelga. Aldo Cabrera había tenido dos infartos, a Fernández Gámez se le cubrió el cuerpo de unas costras escamosas, Luis Lara no retenía el agua en el estómago, vomitaba todo el tiempo; como él, había algunos más para quienes la huelga de hambre se convertía en una doble tortura.

En tanto, los militares seguían colocando frente a las galeras apetitosas comidas en grandes tachos. Pero no pudieron tentar a nadie.

Martha fue la primera en saber lo que estaba ocurriendo por una carta mía que logré enviarle, y avisó a muchos familiares de los demás presos que, dos días después, se presentaban en la primera posta de la entrada y esperaban allí hasta que les dieran noticias de nosotros, de la situación en que nos encontrábamos.

Otras mujeres se dirigían a las dependencias del Ministerio del Interior, pero siempre recibían la misma respuesta por parte de los funcionarios: mientras no depusiéramos nuestra actitud de fuerza, no habría solución.

A la segunda semana, patrullas de militares impidieron el acceso a la puerta de la prisión y nuestras madres, esposas, hermanas, se quedaron en un camino de tierra que une La Cabaña con el Castillo de El Morro. Todo el día permanecían las mujeres bajo el sol o la lluvia. Los hombres no podían acudir, porque si lo hacían irían a parar a la cárcel.

A mediados de octubre la tensión y la incertidumbre decidió a los familiares a dirigirse a la secretaria de Castro, Celia Sánchez, para pedirle que intercediera en nuestro favor. Desde la prisión se encaminaron a sus oficinas. Para no llamar la atención, fueron retirándose en grupos y se reunieron en la Calle 23, en la barriada del Vedado, y de allí salieron por la calle K buscando la Calle 19, donde vivía Celia Sánchez. Algunos transeúntes les preguntaban extrañados qué sucedía y cuando se lo informaban huían despavoridos. Los vecinos se metían en sus casas, cerrando las puertas, y hubo quienes gritaron que ojalá nos muriésemos todos los que estábamos en huelga.

Cuando doblaron por la calle K, un jeep militar se les acercó; los soldados les aconsejaron que se retiraran a sus casas, advirtiéndoles que así nada lograrían. Pero las mujeres decidieron continuar. No era una manifestación clásica con carteles, o gritando consignas. Simplemente un grupo numeroso de mujeres caminando juntas, en silencio.

Pero de pronto carros patrulleros, con las sirenas ululando, aparecieron por todas las calles, bloqueándolas. Los policías se lanzaron de los vehículos como si se tratara de una cacería de criminales peligrosos. Las ancianas fueron arrastradas sin misericordia, atropelladas y metidas a empujones en los automóviles; a las más jóvenes las golpearon dándoles bofetadas.

Martha, junto a otra señora, había logrado escapar, pero miró hacia atrás y vio a su amiga Inés, la esposa de Raúl del Valle, debatiéndose entre las manos de un policía, que la agarró por las muñecas y la arrastró hasta meterla en un patrullero. Por compañerismo y lealtad hacia la amiga, Martha no quiso dejarla sola y corrió hasta ella. Las introdujeron en el mismo automóvil, llevándolas para la jefatura central de la Policía Nacional Revolucionaria, en las calles de Cuba y Chacón. Las sentaron en unos bancos de cemento, junto a las demás mujeres atrapadas en la redada.

Apareció el jefe de los carros patrulleros, capitán Justo Hernández, el mismo que siendo director de La Cabaña amenazó a Martha con encarcelarla. Estaba histérico, chillaba y daba gritos diciendo que eran todas agentes de la CIA.

Llegaron otros patrulleros de la Policía Política para llevarlas a la dependencia principal de la misma, a la antigua Villa Maristas, la Lubianka cubana. Inés, que conocía la ojeriza que contra Martha tenía el capitán Hernández, trató de ocultarla colocándose frente a ella. Mas cuando halaron a Inés para meterla en los carros, aquél la descubrió.

—¡Miren quién cayó en el jamo! Ahora sí vas a pudrirte en la cárcel.

En la sede de la Policía Política fueron despojadas de todo lo que llevaban. A Martha le quitaron hasta los espejuelos, a pesar de que les dijo que no veía sin ellos.

—Aquí no le harán falta, no hay nada que ver.

Las pasaron una a una a un saloncito, y varias mujeres policías las desnudaron completamente. Terminado el registro humillante, las llevaron al archivo para fotografiarlas y ficharlas. Luego las separaron y metieron en celdas diferentes.

Un teniente fue a buscar a Martha y la condujo a una de las tantas oficinas de aquel laberinto. Allí la esperaba, sentado detrás de un buró, un oficial mestizo, de unos cincuenta años, que comenzó a interrogarla. Quería saber quién había organizado la manifestación a casa de Celia Sánchez, y por qué lo habían hecho.

Martha le respondió que sus familiares iban a morir en una huelga de hambre que ellos habían provocado al no darnos lo más elemental para subsistir.

Entonces el oficial le dijo que ellas estaban dirigidas y pagadas por la CIA, y que todo había sido planeado desde el exterior. Martha no pudo evitar sonreírse y el militar se molestó. Luego la preguntó si ella no nos había propuesto, a su padre y a mí, que pasáramos al Plan de Rehabilitación, pues era la solución ideal, ya que la revolución, humana y justa, daba la oportunidad de reintegrarse a la sociedad socialista a aquellos que quisieron destruirla. Martha le respondió que ni para nosotros ni para ella la rehabilitación era una solución, que no íbamos a negar a Dios cualesquiera que fueran las consecuencias.

—Pues va a tener mucho tiempo para pensar en eso —fueron las últimas palabras del oficial, y Martha creyó que pasaría largos años en la cárcel.

La devolvieron a su celda, donde sólo una vez la puerta se abrió para entrarle un plato con el rancho; pero ella no probó ni un bocado.

Volvieron a sacarla. No sabía qué tiempo había transcurrido, si era de noche o de día. Largos pasillos, subir y bajar escaleras. Otro oficial la esperaba, alto, joven. No la acusó de agente de la CIA. Fue amable. Comenzó hablando de la guerra en Vietnam y de los niños que estaban matando allí los norteamericanos, y que si ella era cristiana» como decía, debía estar indignada por esos crímenes monstruosos que cometían los yanquis.

Martha le contestó que, según ellos, los norteamericanos eran los culpables de todos los males del mundo, que no se hablaba de los que mataban los comunistas del norte que invadían Vietnam del Sur. Que en las guerras no morían los causantes de ellas, porque ésos estaban cómodamente sentados detrás de sus escritorios, mientras morían los infelices.

Luego el oficial le habló de las bondades de la revolución, que era capaz de ayudar a un contrarrevolucionario a integrarse a la sociedad. Llegó a decirle que con la revolución habían terminado las torturas a los presos. Martha se echó a reír en su cara y él, con fingida ingenuidad, le dijo que no comprendía por qué se reía. Trató muy sutilmente de que Martha le dijera si la orientación de ir a la casa de Celia Sánchez había salido de la prisión. Quiso chantajearla insinuándole que ellas cumplirían largas condenas en la cárcel si no confesaban.

Más tarde, a solas en su celda, que permanecía sin luz, pensaba preocupada en Inés y Josefina, la madre de Nacer. De nuevo ignoraba qué tiempo había pasado cuando volvieron a llamarla. Otra vez pasillos y escaleras desiertas. Llegaron a un salón donde estaban las demás. Allí tuvieron que escuchar una larga exposición de amenazas y acusaciones, hasta que finalmente les dijeron que por esta vez iban a pasar por alto lo que habían hecho.

A Josefa, la madre de Martha, la llamó la Policía Política y le dijo que permaneciera en una esquina que ellos le señalaron y que no se moviera de allí. Ya muy de madrugada les ordenaron a Martha y a Inés que caminaran hasta donde estaba Josefa. Se encontraron y abrazaron llorando.

Al día siguiente terminó la huelga.

A los 21 días, nuestra firme decisión obligó a las autoridades a ceder ante la justeza de las demandas.

Abrieron las galeras y unos pocos, haciendo un esfuerzo tremendo, salimos al patio, abrazándonos jubilosos. Para los más graves, que no podían sostenerse, llegaron las ambulancias y los trasladaron a la prisión del Castillo del Príncipe, donde radicaba el Hospital Nacional de Reclusos. A los menos graves les pusieron sueros en las mismas galeras, porque las diez o doce camas de la enfermería estaban ocupadas. El corre-corre de médicos y sanitarios era constante.

Cuando Eloy y yo tratamos de regresar a nuestra galera, el director de la prisión, teniente Cosme, nos interceptó, acompañado por el jefe de Cárceles y Prisiones. Nos dijeron que no podíamos irnos de aquella galera, porque el grupo que la habitaba obedecía a una clasificación del Ministerio del Interior. Evidentemente buscaban aislarnos.

Durante los primeros días nos alimentaron con caldos y puré. Citaron a los familiares para la primera visita. Mi buen amigo, el doctor Otto García, un prisionero que trabajaba en la enfermería, me descubrió unas manchas oscuras que formaban como un collar sobre el pecho: era pelagra, una enfermedad carencial.

Los alimentos mejoraron y nos íbamos reponiendo. No obstante, la asistencia psiquiátrica que demandábamos para los locos no la proporcionaban. Algunos casos habían sido informados para que los recluyeran en un hospital adecuado, entre ellos el de Rafael Socorro, un joven estudiante que enloqueció de terror en los campos de trabajo forzado de Isla de Pinos.

Huber Matos se levantaba el primero de todos, y por eso descubrió el cuerpo que colgaba de la reja. Socorro se había ahorcado con unas tiras de sábanas.

Huber llamó a Tony Lamas y a Atilano, y entre los tres descolgaron el cuerpo, mientras se llamaba a gritos al escolta para que abriera la reja.

Tony lo llevó en sus brazos hasta la enfermería. Ya estaba muerto. Era el 14 de febrero de 1969, día de San Valentín, esto es, de los enamorados. Afuera, la madre y la novia de Socorro, con otros familiares, Martha entre ellos, intentaban que les permitieran vernos en atención a la fecha. Cuando el carro fúnebre pasó junto a ellas, la novia de Socorro no sospechó que en él iba el cadáver del hombre que amaba.

Los meses que siguieron a la huelga fueron los más tranquilos de toda nuestra estancia en la prisión. Pero no era más que una tregua en la que los militares elaboraban nuevos planes para lo que constituía una obsesión perpetua en ellos: romper nuestra resistencia, hacernos claudicar, bajar la cabeza y decirles «Sí, comisario, he estado equivocado, acepto la rehabilitación política porque el comunismo es el único sistema justo que puede dar felicidad a la humanidad».

En otros sistemas políticos dictatoriales, el prisionero puede ser torturado durante los interrogatorios para arrancarle una confesión, incluso puede ser asesinado; pero el hostigamiento en las prisiones de las dictaduras comunistas no tienen paralelo. Los horrores y la tortura comienzan desde el mismo día del arresto y no terminan nunca mientras el prisionero mantenga sus criterios, sus ideales, sus creencias; veinte años después lo siguen machacando para obligarlo a claudicar.

Lenin dijo que la moral comunista estaba subordinada a los intereses de la lucha de clases, y que si era necesario arrastrarse por el lodo para lograr sus objetivos, un comunista no debía vacilar en hacerlo. Es decir, ellos no tienen ética. El fin justifica los medios, es la premisa marxista. Por esta razón, se sabían incapaces de resistir lo que nosotros resistíamos. Había en ellos un complejo de inferioridad ante nuestra capacidad para aguantar años y años; capacidad que ellos no podían comprender.

—¿Qué los mantiene a ustedes? —preguntaron algunas veces.

De ser ellos los que hubiesen estado en la cárcel, no habrían vacilado en fingir para que cesara el martirio. Por eso fueron colaboradores de los nazis en los campos de concentración y en sus prisiones. Fingir es una actitud normal en los comunistas. Prometen, para alcanzar el poder, un régimen de libertades, de justicia, de respeto a la dignidad del hombre, y luego implantan la más feroz de las dictaduras, como ha sucedido en los países del este de Europa, en Vietnam, Camboya, donde asesinaron a dos millones y medio de personas, o en Cuba. El comunista puede decir que es cristiano, masón o mahometano; mentir es una táctica, que no le ocasiona conflictos internos, ni cargo de conciencia alguno.

Pero nosotros no. Tenemos conceptos firmes, esenciales para nuestra conducta en la vida. Sin ellos, sin esos principios, sin esa ética, no concebimos la existencia. Era precisamente eso lo que ellos querían romper.

Las autoridades del penal sabían perfectamente lo que sucedía cuando los presos intentaban engañarlos fingiendo que renunciaban a sus convicciones y pasaban al Plan de Rehabilitación. Los carceleros sabían que la farsa, al cabo de cierto tiempo, es asumida por el farsante en virtud de un mecanismo psicológico al que los expertos llaman disonancia cognitiva.

Si un hombre se ve obligado a mentir constantemente y a renegar de los valores que sostienen su vida, la terrible humillación que sufre se va haciendo cada día más intolerable, y para asimilarla, para evitarla, acaba por asumir realmente el punto de vista de su verdugo. Así ocurrió con algunos de los que aceptaron la rehabilitación política. Curiosamente, con los de más alto nivel intelectual, médicos, estudiantes, etc.

Esto le sucedió también a algunos prisioneros norteamericanos en Corea, y así suele ocurrirles a las personas víctimas de secuestros políticos. Es el «síndrome sueco», una rara ironía del espíritu muy bien conocida en los países del Este, y mil veces repetida en los famosos procesos de Moscú y Praga.

Algunos solicitamos a la Dirección del Ministerio autorización para casarnos; creímos que era el momento propicio para hacerlo dada la supuesta política conciliadora que estaban desplegando. El padre de Martha y yo queríamos que ella se fuera de Cuba, a vivir con sus hermanos en el extranjero. Era necesario para su seguridad luego de haber sido detenida y fichada por la Policía Política.

Martha, después de mil argumentaciones de su padre y mías, cambió su decisión de quedarse en Cuba y aceptó marchar al extranjero. La de ella era una de las pocas familias que habían quedado rezagadas cuando las listas de solicitudes para abandonar Cuba fueron aprobadas. En aquella ocasión decenas de miles de personas marcharon a los Estados Unidos en los llamados Vuelos de la Libertad, en 1965. Desde entonces ella hubiera podido irse.

Una mañana, en la oficina de los militares, firmamos los documentos legales y quedamos así casados. Aquel acto no tenía para nosotros absolutamente ningún valor espiritual. Nos sentiríamos y seríamos en verdad esposos cuando nos uniéramos ante Dios.

Como una especial concesión a las dos parejas que nos casamos nos dieron 15 minutos en la nave de visitas, bajo la vigilancia de los escoltas. Pero, cuando Martha saliera de Cuba, lo haría como mi esposa. Habíamos hablado acerca de lo útil que sería su trabajo en el extranjero en favor de mi liberación. Planeamos toda una serie de actividades con el objetivo de crear una campaña de opinión que obligaría a Castro a soltarme. Ella tenía facultades para llevarlas a cabo, pues era una verdadera activista.

Martha respondió con creces a las esperanzas que deposité en ella.

# Capítulo XXXIX
## Un enviado del... Vaticano

Boitel y un pequeño grupo se declararon en huelga de hambre y fueron trasladados al Hospital Militar, a la sala que allí tiene bajo su autoridad la Policía Política. Varias semanas sin ingerir alimentos hicieron que Boitel ya no pudiera valerse por sí mismo, debilitado su organismo por huelgas anteriores y por los maltratos de los años de cárcel. Junto a él, Carmelo Cuadra se retorcía con dolores en el abdomen. La asistencia médica estaba condicionada a la deposición de la huelga, pero la tenacidad de los prisioneros era inconmovible. Tres días después, Carmelo moría de una complicación hepática. Esto decidió a las autoridades a ofrecer asistencia médica a los demás huelguistas. Era el mes de abril de 1969.

Con el paso de los meses comenzaron las autoridades a incumplir las conquistas de nuestra protesta anterior y nos lanzamos a otra huelga reclamando trato humano. De inmediato la dirección del penal aisló nuestra galera, vaciando la de al lado porque sabían que podíamos comunicarnos con los presos internados allí a través de agujeros que atravesaban las gruesas paredes.

Los reclusos vestidos de azul de la galera 34 tuvieron visita y así entraron cartas para los que nos encontrábamos en huelga. Habíamos hecho intentos por recogerlas, pero sin resultado.

Llevábamos dos semanas en huelga. Todos los días traían los tachos con alimentos, como hacían siempre, para quebrar nuestra decisión de no comer.

La guarnición abría entonces las puertas de todas las galeras. Fue entonces, aprovechando esa circunstancia, que coordinamos un plan para pasar un paquetico de cartas para nosotros que estaba en la galera 14. Eloy Gutiérrez Menoyo, el ex comandante guerrillero, Machín y yo lo preparamos todo. Sabíamos que los guardias estaban emboscados en la galera del botiquín y tras los tanques de agua para interceptarnos y apoderarse de nuestra correspondencia clandestina.

Raúl Fernández salió de la galera 15 haciéndose el tonto, y de pronto lanzó el paquetico a Eloy. Éste lo tomó como un balón de fútbol y me lo pasó por debajo de las piernas cuando ya los guardias estaban sobre él. Yo, que atrapé el paquete, se lo pasé en igual forma a Machín y éste lo tiró para adentro de la galera. La operación fue tan rápida que los guardias, corriendo hacia nosotros, quedaron desconcertados: ante sus propios ojos, en sus propias narices, les escamoteamos la correspondencia. Se indignaron y empujaron a Eloy contra la pared con las bayonetas de los «AK» hincándole el cuello. Dentro, los nuestros habían desaparecido las cartas, regándolas. Ya no era posible que los guardias las capturaran. Aquel esfuerzo, luego de dos semanas de huelga, fue extenuante para nosotros.

Los altavoces del patio transmitían constantemente alocuciones de las autoridades encaminadas a desmoralizar nuestra resistencia, diciéndonos que quedaríamos impotentes, que la desnutrición nos afectaría el cerebro, que el cuerpo, al no recibir alimentos, se nutría de sus propias reservas, agotando éstas, que disminuía el tamaño del hígado, el corazón, los testículos, etc., etc. Estas «advertencias» iban acompañadas con dramáticos mensajes de nuestros familiares, que se concentraban desesperados a las puertas de la prisión.

A los 15 días, un grupo de huelguistas fuimos separados y destinados a la galera 23, en el área militar. Hicieron una requisa y sin respetar que llevábamos dos semanas sin comer, nos dieron golpes y empujones a su antojo.

Teníamos un pequeño aparato de radio entrado clandestinamente y por él supimos que en todo el mundo se conocía y hablaba de la huelga. Pero los esfuerzos de nuestros familiares ante la Comisión de los Derechos Humanos de la ONU para que interviniera en nuestro favor, fueron nuevamente inútiles. En la requisa ocuparon el aparatito y quedamos entonces incomunicados.

Pasaron tres semanas, cuatro, y comenzaron las deserciones. Diariamente nos visitaban altos funcionarios militares. En el patio, la resistencia empezaba a desmoronarse. Llegamos a los 30 días sin comer, sólo tomando agua.

Fue entonces cuando sacaron al sacerdote católico Loredo. Habían permitido que monseñor Azcárate, obispo de La Habana, lo visitara. Insólita visita que transcurrió a solas en el banco de un parquecito del área militar.

Monseñor Azcárate le dijo a Loredo que nuestra protesta era una tontería, que nada se lograría con ella, que en el extranjero no se conocía siquiera que estábamos en huelga. Azcárate mentía a sabiendas y su visita tuvo el único objetivo de desmoralizarnos. Nosotros mismos, antes de que nos ocuparan el aparatito, habíamos escuchado todo lo contrario. Las estaciones extranjeras informaban de nuestra rebeldía.

Los sacerdotes católicos, desde el triunfo de Castro, estuvieron muy atentos al curso que seguía la revolución. En cuanto comprobaron el rumbo marxista de la misma, se enfrentaron a ella y desde los púlpitos alertaron a sus feligreses del peligro que les acechaba. El 8 de mayo de 1960 todos los obispos cubanos firmaron una pastoral condenando el comunismo.

Todas las escuelas fueron confiscadas por el gobierno, incluyendo las católicas y protestantes, y por ende abolida la enseñanza religiosa.

El 26 de junio de 1961 el vapor Marqués de Comillas llegaba al puerto de La Coruña, España, con cientos de religiosas y sacerdotes expulsados de Cuba. El 17 de setiembre de 1961, Castro desterró a otros 136 sacerdotes católicos. La agresividad del gobierno cubano indudablemente que tuvo un efecto decisivo, porque desde entonces la actitud de la Iglesia católica en Cuba dio un giro de 180 grados. El artífice de las nuevas relaciones de colaboración lo fue monseñor César Zacchi, embajador del Vaticano en la Isla, que se estrenó declarando que Cuba era pagana antes de la revolución y creyente con el comunismo.

La juventud, como un desafío al régimen, llenaba las iglesias. Había un rechazo a ingresar en las milicias y a colaborar con Castro. Fue entonces cuando apareció una carta pastoral firmada por la mayoría de los obispos cubanos, no por todos, ya que algunos se negaron a estampar su nombre en tan vergonzoso documento. En ella se condenaba el bloqueo norteamericano y se pedía al pueblo de Cuba que se esforzara trabajando para ayudar a la revolución a sacar al país del subdesarrollo y culpaba de la miseria y la escasez no al sistema comunista mismo y a sus deficiencias, sino al bloqueo.

La Policía Política había coordinado con los Comités de Defensa de la Revolución la asistencia de claques a las iglesias para que aplaudieran y apoyaran la pastoral. Es necesario señalar que las autoridades cubanas conocían de antemano el contenido del documento, pero no así los sacerdotes, que lo recibieron en sobres sellados y con instrucciones de no abrirlos hasta el momento mismo de leerlo en las misas principales de aquel día domingo. De ese modo no podían prepararse respuestas y tomaría a los feligreses por sorpresa. La colaboración de la dirigencia de la Iglesia católica con Castro era evidente.

Los jóvenes católicos no podían dar crédito a lo que escucharon aquella mañana. Exclamaciones de indignación y discusiones violentas se produjeron en algunos templos y, como ocurrió en la iglesia de Guanabacoa, las misas terminaron a golpes entre los verdaderos creyentes y las turbas comunistas infiltradas entre ellos.

Hubo sacerdotes, como el padre Chaurrondo, de la iglesia de La Inmaculada, en la calle de San Lázaro, en la ciudad de La Habana, que al comenzar la lectura se detuvo y dijo que no valía la pena seguir leyendo aquello. Muchos otros sacerdotes hicieron lo mismo.

El Nuncio del Vaticano aparecía fotografiado con Castro en fiestas y reuniones y seguía haciendo declaraciones. En una de ellas pedía a los jóvenes que ingresaran en las milicias comunistas para ayudar a Castro a defender la revolución de una agresión enemiga. Estos enemigos eran los cubanos anticomunistas que habían huido al extranjero y preparaban una invasión para derrocar al tirano, que precisamente era lo que anhelaban los jóvenes que llenaban las iglesias. El colmo de todas aquellas declaraciones de monseñor Zacchi fueron las de que Castro era un hombre con profundos valores cristianos. Y el tirano le obsequiaba un ómnibus nuevo para trasladar a los seminaristas hasta los campos agrícolas, donde trabajaban, «voluntariamente», para ayudar a la revolución.

Existía entonces lo que llamaban el Cordón de La Habana. Era una extensa franja agrícola que rodeaba la capital y en la que sembraron, siguiendo las orientaciones de Castro, miles de frutales, café y hortalizas con las que se esperaba abastecer a la población habanera. A este lugar, entre otros semejantes, enviaban a los que solicitaban salir del país, y tenían que trabajar allí en condiciones humillantes e infrahumanas.

Los sábados y domingos, el gobierno movilizaba decenas de miles de personas para que laboraran en ese sitio. El pueblo odiaba el Cordón de La Habana, que se mantenía con trabajo esclavo.

Monseñor Zacchi fue acompañando a Castro, y lo fotografiaron con un azadón en la mano. Declaró que el Cordón de La Habana era «la demostración del entusiasmo de un pueblo».

\* \* \*

Desde que el sacerdote Miguel Ángel Loredo fue detenido en su iglesia de San Francisco, se volcaron sobre él represalias y ensañamientos especiales. Fue llevado a los campos de trabajos forzados de Isla de Pinos y ubicado en las canteras, donde debía romper piedras con una mandarria.

Una mañana lo separaron del grupo y lo desnudaron. Acto seguido comenzaron a golpearlo con bayonetas y estacas. Le amorataron la cara a golpes y la espalda, los brazos y las piernas. Sin conocimiento, sangrando por la boca y la nariz, fue remitido al presidio.

La noticia de que Loredo había sido golpeado causó una indignación general. Era muy querido entre los prisioneros y ese mismo día, por todas las vías clandestinas posibles, se informó a los familiares de lo sucedido. El suceso se conoció en todo el país y el rumor alcanzó proporciones nacionales y aun pasó al extranjero.

Monseñor César Zacchi fue llamado por el dirigente cubano Carlos Rafael Rodríguez al Ministerio de Relaciones Exteriores. Se sabe que conversaron por espacio de una hora, en privado. La recepcionista, María Julia del Valle, más tarde exiliada, lo recibió y lo vio salir.

El viernes siguiente, en la revista oficial Bohemia, aparecieron unas declaraciones de monseñor Zacchi donde, traído por los pelos, mencionaba al sacerdote Loredo. Dijo Zacchi que la revolución había sido muy generosa con él, que estaba muy bien, pues no lo habían llevado a una cárcel, sino que lo tenían en una granjita, donde se dedicaba a la apacible tarea de sembrar rabanitos y lechugas.

Así, con esta declaración oficial del Nuncio del Vaticano, quedaba desvirtuada la realidad. Cuando Zacchi hacía esas declaraciones, todavía el sacerdote Loredo no podía levantarse de la cama por los golpes. En atención a sus favores, el 14 de diciembre de 1967 Castro asistió, como invitado de honor, a la consagración episcopal de monseñor Zacchi. Pero ahí no terminaron las atenciones, y meses después, cuando Castro compró una flotilla de automóviles «Alfa Romeo» para él y sus escoltas, encargó uno más, que le regaló a monseñor.

Jamás se logró, luego de la expulsión de los sacerdotes y la llegada de Zacchi, que la Iglesia católica cubana levantara su voz para denunciar los crímenes y torturas, o para pedir que cesaran los fusilamientos. No fue en aquella época sólo la iglesia del silencio, sino algo más: fue la iglesia de la complicidad.

Por eso la visita de monseñor Azcárate, con la intención de desmoralizarnos, no nos tomó de sorpresa. El no sospechaba que habíamos estado escuchando la radio.

Habían transcurrido más de tres semanas desde que nos declaráramos en huelga de hambre cuando una comitiva, al frente de la cual iba el comandante Eduardo Suñol, entró en la galera.

—Yo soy el comandante Suñol y vengo a decirles de parte de Fidel que no vamos a ceder, que se tienen que morir, para que lo sepan.

Pepín Varona estaba acostado en un catre de lona frente a la puerta, esquelético, pálido. Se dirigió al comandante Suñol:

—¿Ya terminó?

—¡Sí, ya terminé!

Entonces Pepín le tiró una trompetilla y comenzó a aplaudir. El comandante Suñol se puso rojo como un tomate, pensé que le iba a dar una apoplejía, pues estaba acostumbrado a inspirar terror, a que su sola presencia hiciera bajar los ojos a la gente.

—Te vas a tener que morir —le dijo a Pepín, y salió con toda su comitiva.

Pero Pepín no murió. El que sí murió fue el comandante Suñol, de forma misteriosa. Meses más tarde, apareció en su automóvil con un balazo en la cabeza.

\* \* \*

Cuando alguien deponía la huelga, afuera lo comunicaban a sus familiares. Un militar era el encargado de hacerlo.

Cuando Martha llegó aquella mañana, otro familiar, confundido, creyó haber escuchado que yo había claudicado, y se lo dijo a ella. Martha se dirigió a un teniente para que buscara en su lista mi nombre. Éste llamó al comisario político Patterson.

—¿Cómo se llama el recluso? —Y sacó la libreta para buscar.

—Armando Valladares —respondió Martha.

—¿Valladares...? —Patterson guardó la libreta con rabia—. Ése no depone la huelga, se muere allá adentro porque es de los cabecillas.

A los 35 días de huelga ya era difícil mantener a los hombres. Sólo una minoría tenía conciencia de que si resistíamos tres o cuatro días más ganaríamos el movimiento. Otros sustentaban criterios diferentes; pero llegamos a la conclusión de que si no deponíamos, como decisión soberana nuestra, las deserciones habrían sido inevitables.

A los 36 días dimos por terminada la huelga. El jefe de Cárceles y Prisiones se presentó en compañía de un primer capitán, perteneciente al grupito de los que habían escapado de Bolivia cuando la aventura del Che Guevara en ese país.

—Ustedes han buscado con esta huelga objetivos propagandísticos: los de difamar a la revolución, porque en todo el mundo se conoció lo que ocurría aquí; pero tendrán que pagar las consecuencias —le dijo amenazante a Eloy Gutiérrez Menoyo.

Y fue cierto. El ensañamiento no tuvo límites. Se llevaron a los que estaban en peligro de muerte al hospital de El Príncipe; a los que quedamos en la prisión nos dieron un caldo de vegetales y a los cuatro o cinco días el mismo rancho carcelario, peor todavía que antes, y no permitieron absolutamente ninguna vitamina o medicamento que sirviera para recuperarnos luego de 36 días sin comer. Hubo compañeros con lesiones cerebrales, que quedaron afectados para siempre por no recibir adecuada atención, como Federico Hernández.

Cuando se le pidió atención para estos casos al médico militar, doctor Batista, un mestizo joven y déspota, se apeló a su condición de médico y se le dijo que ésta debía prevalecer por encima de cualquier otra consideración; pero él respondió que primero era comunista, después militar y en tercer lugar médico.

A los pocos días, un grupo de prisioneros fuimos incomunicados en la galera 34.

Mi suegro, al cumplir los 9 años de cárcel, fue puesto en libertad. Todos los que estábamos sin ropa fuimos trasladados una madrugada, nuevamente, rumbo a la prisión de Boniato.

Se iniciaba una de las etapas más terribles del presidio político cubano, por su violencia, por las torturas y por los muertos. Comenzaba la pesadilla de las tapiadas.

# Capítulo XL
# Una prisión nazi en el Caribe

De todas las prisiones y campos de concentración de Cuba la más represiva es la cárcel de Boniato, en el extremo este de la Isla. Quizás en alguna época anterior no lo fuera tanto para otros presos; pero sí lo ha sido y será siempre para los presos políticos que de las provincias occidentales son llevados a ella. Hasta los reclusos orientales daban domicilios en La Habana porque ninguno quería estar allí, a pesar de la cercanía familiar.

Aun actualmente, cuando se quiere procesar a un grupo de prisioneros; cuando se quiere experimentar biológica y psíquicamente con ellos; cuando se quiere incomunicarlos, golpearlos y torturarlos, la cárcel de Boniato es la instalación favorita de los comunistas cubanos. Hundida en el fondo de un valle, rodeada de campamentos militares, alejada de pueblos y carreteras, es el lugar ideal para ello. Los gritos de los torturados y las ráfagas de ametralladoras no las escucha nadie: se ahogan en la soledad del lugar, se pierden entre las colmas y lomas. Los familiares quedan atrás, muy lejanos, a 1.000 kilómetros de distancia. Cuando en larguísimo y fatigoso peregrinar lograban llegar a las afueras de la institución penitenciaria, ya tenían allí órdenes de hacerlos regresar. La incomunicación es uno de los fines. La cárcel de Boniato es la más incomunicada de todas las cárceles.

Aquel viaje que hicimos a Boniato fue el peor de todos. La capacidad de los carros-jaula era de 22 prisioneros hacinados e incómodos, pero a culatazos y empujones metieron 26.

Ibamos cuatro en un calabozo rodante para tres. Como no cabíamos sentados, me eché entonces debajo del asiento de madera, encorvado y tropezando con las piernas de los otros. Me dormí con el batuqueo del vehículo hasta que Piloto, mareado por el olor de la gasolina y el vaivén empezó a vomitar. El único recipiente que teníamos era mi pote de aluminio, y se lo ofrecí.

Trescientos kilómetros después, en la ciudad de Santa Clara, dieron a cada calabozo una lata para orinar. Volví a echarme bajo el asiento. La lata de orines, con los frenazos bruscos y los baches, salpicaba y mojaba las piernas. Piloto seguía muy mal y ni siquiera teníamos una tableta para aliviar su mareo.

Uno de los carros se rompió llegando a Camagüey. El viaje demoró más de 25 horas. Por fin, a la entrada de la prisión de Boniato, se detuvo la caravana. Al abrir la puerta alcancé a ver una gran valla anunciadora con un letrero que estaba muy en boga: «Cuba, primer territorio libre de América».

Nos bajaron por el fondo de la cárcel y nos condujeron al edificio 5. Al llegar a la sección «C», que era nuestro destino, aprovechando el tumulto de presos y guardias logré pasarle a Enrique Díaz Correa, llegado antes y que estaba adentro, un paquetico que llevé escondido y que contenía un punto de pluma, una foto pequeñita de Martha, unos pedazos de papel fino y un pomito de tinta elaborada en la prisión. De no haberlo hecho así lo hubiera perdido todo en la requisa, porque nos desnudaron y revisaron hasta debajo de los testículos.

Un círculo de caras hoscas y bayonetas caladas nos rodeaba, pero no hubo golpes a la llegada.

La comida de aquella tarde la sirvieron en latas de carne rusa. Fueron 3 cucharadas de macarrones hervidos y un pedazo de pan. Era el 11 de febrero de 1970.

Ese día se inició el plan de exterminio y experimentación biológica y psíquica más inhumano, más brutal y despiadado que ha conocido el mundo Occidental, después de los nazis. Fueron pródigos en maldad, ensañamiento y torturas.

Boniato y sus celdas tapiadas serán siempre una acusación, una prueba de cómo se torturó, enloqueció y asesinó a los presos políticos en Cuba. Si no hubiesen ocurrido todas las demás violaciones de los derechos humanos, lo sucedido en Boniato bastaría para condenar al régimen cubano como el más cruel y degradante que ha conocido el Continente Americano.

Permanecíamos en 40 celdas. Para ir a la letrina, había que llamar al militar. Me extrañó que no fueran a contarnos al atardecer. Mi celda tenía una litera de saco de yute, pero muy hundida.

Al amanecer, la guarnición inundó el pasillo: llegaron dando gritos y cagándose en nuestras madres. Lo de siempre: necesitaban entrar en calor, enardecerse. Golpeaban las paredes y las rejas con el arma que llevaran: hierros enfundados en pedazos de mangueras para que no desgarraran la piel, palos, gruesos cables eléctricos trenzados, cadenas enrolladas en las manos y bayonetas.

No hubo ninguna justificación, ningún pretexto; sencillamente, empezaron a abrir las celdas una a una y a golpear a los presos. La primera fue la de Martín Pérez. Lo recuerdo por su vozarrón maldiciendo a los comunistas, pero sin decir una sola palabrota. Traté de mirar acercándome a la reja y un cadenazo me hizo huir. Tuve suerte de que no me alcanzara la cara, a donde iba dirigido el golpe.

Abrieron la tres, la cuatro, la cinco... A medida que iban acercándose, me sentía temblar interiormente, tenía los músculos contraídos, como en un espasmo, se me hacía dificultosa la respiración y el miedo, la impotencia y la ira se mezclaban en mí cuando escuchaba los golpes sobre las espaldas desnudas y en las cabezas, y el jadeo de la corta lucha, y el cuerpo que caía. Aquel esperar era enajenante, destructivo, aniquilador. Algunos, agotada su resistencia psíquica, sin poder contenerse y antes de que entraran a su celda los soldados que golpeaban, comenzaban a gritar histéricos. Aquellos gritos duplicaban el horror.

El primero que abrió la reja de nuestro calabozo iba armado con una bayoneta; tras él, otros tres bloquearon la entrada. Sólo atiné a ver que otro guardia llevaba una cadena. Nos empujaron al fondo de la celda para tener espacio y poder levantar el brazo armado y golpearnos, porque pegados a nosotros, en el forcejeo de la lucha, se les hacía difícil accionar las cadenas y bayonetas.

Tratábamos de no separarnos, porque sabíamos que era el momento más peligroso. Entonces daban patadas y rodillazos. Caí al suelo y me patearon: de un puntapié en la cara me rompieron el labio inferior, causándome una herida profunda. Cuando recobré el conocimiento tenía la cara sobre un charco de sangre. Mi compañero de celda sangraba por la nariz y tenía fracturada una mano al nivel de la muñeca.

Hubo varios heridos graves. A uno de los hermanos Graiño, el sargento Buena Gente le fracturó el pómulo y escupió muelas partidas. Fue un golpe brutal que le produjo un derrame en todo aquel lado de la cara. A Pechuguita, un campesino de Pinar del Río, pequeño y tranquilo, le abrieron la cabeza. Tan grande fue la herida que le dieron 11 puntos para suturarla.

Todos sin excepción fuimos golpeados, celda por celda.

Después de la paliza, los oficiales y un médico pasaron examinándonos. Sacaban a los heridos y allí mismo un sanitario con un carrito de curas, cosía y vendaba las heridas. Cuando terminaban de vendarnos, decían:

—Después no digan que no les damos asistencia médica.

Y de nuevo para la celda, a esperar la próxima paliza.

Yo estaba amoratado; tenía la cara sanguinolenta e inflamada. Casi no podía tenerme en pie por los dolores en el cuerpo: me habían molido a palos, lacerado. Sin embargo, lo que más me afectaba era esperar a que llegaran a mi celda para golpearme. Aquello me hacía más daño que los golpes mismos. Envidié mil veces no estar en la primera celda: así entrarían, me golpearían y saldría de una vez de aquella tortura de esperar…, esperar… Sentir que se iban acercando a mí, celda por celda, me destrozaba los nervios.

Uno de los heridos más graves de aquella primera ola de violencia fue Odilo Alonso, un español que a finales de la década de los años 50 emigró a Cuba. Le aconsejaron a Odilo que regresara a España cuando Castro confiscó la finca donde trabajaba. Pudo hacerlo, pero dijo que si Cuba lo había acogido como a un hijo, su deber era luchar por su libertad. Y tomó un fusil y se fue a las montañas del Escambray y se unió a las guerrillas que combatían el comunismo. Fue hecho prisionero y condenado a 20 años de cárcel. Rebelde y cristiano, idealista y valeroso, rechazó los planes de rehabilitación y mantuvo hasta el último día una actitud intransigente frente a sus carceleros.

Regresaron por la tarde casi al oscurecer, y se repitió la pesadilla de la mañana: golpes celda por celda, con más heridos.

A gritos nos comunicábamos con las otras secciones del edificio para informar e informarnos de quiénes eran los más gravemente lesionados.

Odilo Alonso amaneció con la cabeza monstruosamente hinchada. No pensé nunca que ésta pudiera inflamarse tanto. La hinchazón rebasaba las orejas de tal modo que daba la impresión que tenía puesto un casquete.

A los tres días de aquellas palizas, dos diarias, algunos ya no podían sostenerse en pie. Martín Pérez orinaba sangre, de Vera lo mismo y otros tenían los ojos amoratados y casi cerrados por los golpes. Pero a los soldados no les importaba: aun en esas condiciones los volvían a golpear.

El sargento Buena Gente, cuyo verdadero nombre era Ismael, pertenecía al Partido Comunista; usaba espeso bigote chorreado al estilo de Pancho Villa. Cuando la guarnición entraba a golpearnos, él daba vivas desaforados al comunismo. Era algo así como su grito de guerra. Pedía a los otros militares que le dejaran los heridos para golpearlos sobre los vendajes, de forma que no pudieran decir que los habían herido dos veces.

Otro sargento hacía lo contrario: golpeaba a los heridos y les decía:

—Para que vuelvan a coserte.

Odilo fue agravándose como consecuencia de los golpes recibidos en la cabeza. Los oídos le supuraban un agua sangrosa, y se le estaba inflamando la cara. No podía tenerse en pie. Sólo entonces fue que lo llevaron al hospital de la prisión.

Ni a los heridos graves les daban siquiera una aspirina. No sacaban a ningún preso fuera de la sección, a no ser que estuviera en peligro de muerte. No era matarnos con rapidez lo que se intentaba, hubiera sido demasiado generoso esperar un gesto así de nuestros verdugos. El objetivo era llevarnos, por medio del terror y las torturas, a los planes de rehabilitación política. Ésa era su meta, y para lograrla estaban dispuestos a nuestro lento e inexorable aniquilamiento. Conducimos hasta los umbrales mismos de la muerte y mantenemos allí, sin cruzarlos. Todo había sido preparado con meticuloso sadismo, a tal punto que antes de salir de La Habana nos habían vacunado contra el virus del tétanos. Así podían bayonetearnos, herirnos a machetazos y rajarnos las cabezas con hierros, en la seguridad de que no íbamos a contraer ese mal.

La actitud que mantuvimos como grupo fue analizada en la revista Moncada, órgano oficial del Ministerio del Interior. El artículo fue escrito por el jefe de Cárceles y Prisiones, Medardo Lemus, y decía que nosotros entorpecíamos con nuestra resistencia los planes del gobierno, encaminados a llevar a todos los reclusos al Plan de Rehabilitación Política, y que esa actitud de rebeldía e indisciplina en el acatamiento de las disposiciones carcelarias era un mal ejemplo para los otros reclusos. Por lo tanto, había que separarnos del resto de la población penal. Cierto. Nuestro comportamiento era un reto a los métodos soviéticos para quebrar al prisionero.

Muchos no pudieron resistir las palizas diarias, el terror, las torturas psíquicas, y se vistieron. Aquellas deserciones causaban un gran dolor: era como si nos fueran arrancando pedazos de nosotros mismos. Yo me sentía disminuido, cada vez que uno de los nuestros se iba. Me unían a ellos años de terror, de penurias y el mismo sueño de libertad.

La capacidad de resistencia es algo muy difícil de medir en el ser humano. Hombres que se habían enfrentado a la dictadura castrista en combates a tiro limpio en las montañas, o en las ciudades, que habían entrado y salido de Cuba clandestinamente en misiones de guerra, que hicieron derroche de valor y heroísmo, no podían, desarmados, enfrentarse al terror, a las incomunicaciones, al confinamiento solitario por mucho tiempo. Y claudicaban. Pero fue preferible así, porque entonces nuestra posición se consolidó.

Enflaquecían los cuerpos por días, huían las fuerzas, flaqueaban las piernas, pero nuestros cimientos interiores se solidificaban, y una fuerza indestructible iba irguiéndose de los rincones más remotos del alma y del cerebro: la fe, que con cada bayonetazo, con cada ignominia, con cada vejación, con cada paliza se afirmaba aún más.

En los calabozos de la dirección del presidio, los que estaban situados bajo las escaleras, tenían a cinco presos políticos hacía casi un año. Estos jóvenes habían entrado al país clandestinamente por las costas de la provincia de Oriente.

Uno de los oficiales de la Policía Política, un teniente al que llamaban el Pinto, que había sido amigo de uno de los prisioneros, los engañó haciéndoles creer que iba a ayudarlos a escapar de la prisión. Sólo uno de ellos no cayó en la celada. Este oficial les facilitó todo lo necesario para abrir el calabozo. Cuando salieron no llegaron siquiera a la primera cerca de seguridad, pues los estaban esperando detrás del hospitalito. Se encendieron de pronto los reflectores y comenzaron a dispararles: los ametrallaron, pero sólo tres cayeron, el cuarto, que se había separado un poco más del resto, quedó fuera del círculo de luz y se protegió detrás de una pila de arena. Gritó que no dispararan más, que se rendía. Le dijeron entonces que saliera con las manos en la cabeza, y cuando lo hizo, el oficial le pidió que caminara hacia el área iluminada por los reflectores. Estando el preso ya dentro del círculo de luz, volvieron a disparar, ametrallándolo. Allí quedaron los cadáveres de Amado Rodríguez, Raúl Valmaseda, Mario Fernández y Rafael Pena. Fue en la madrugada del 19 de marzo de 1971.

Todas las tardes, al anochecer, la voz atronadora de El Hermano de la Fe, como llamábamos a Gerardo, predicador protestante, recorría aquellos pasillos llamando al culto de oración: «¡Levántate, cachorro de león, levántate y anda, que el Señor te espera!», era su forma de convocarnos.

Trataron de impedir nuestras prácticas religiosas, de interrumpir, de desbaratar, de acallar las oraciones y eso nos costó raciones extra de golpes.

La primera vez desataron una paliza en medio del culto, celda por celda. Pero en cuanto salían, allí mismo los golpeados continuaban cantando, y el resto de los presos los imitaba. Era una escena impresionante. Los guardias se movían y daban golpes en lo que parecía una dimensión distinta a la otra en que se oraba o se cantaban alabanzas a Dios. En la celda del frente yo veía a dos presos en el suelo mientras los pateaban. Aquellos de allá, apenas salían los guardias, empezaban a cantar o a orar. Y ya los de aquí, que antes cantaban, eran golpeados ahora. Por encima del escándalo la voz de El Hermano de la Fe entonaba el «Gloria, gloria, Aleluya».

Una noche, en un descuido, abstraído en su lectura, sorprendieron al hermano Rivero, otro predicador protestante, leyendo una pequeña Biblia, entrada burlando la vigilancia de los guardias. Descubrirla fue para los comunistas como hallar un depósito de armas. A los cinco minutos el director de la prisión, el jefe de la Policía Política y un grupo de oficiales se amontonaban frente a la celda de Rivero, un negro viejo todo bondad, cariñoso y dulce con nosotros, pero rebelde y ácido para sus enemigos. Entraron, lo golpearon con un sable de caballería. Por todo el pasillo se escuchaba el chasquido de la hoja de acero contra la espalda venerable del hermano Rivero. No recuerdo cuántos planazos le dieron, pudieron ser 15, 20, quizá más, no sé... Allí mismo, con odio y rabia, despedazaron la Biblia, y lo dejaron a él con la espalda en carne viva.

Mi celda daba a la panadería, por lo que pude hacer contacto con un prisionero que trabajaba en el horno. Como no tenía papel, se me ocurrió usar el de cigarrillos. Escribí una pequeñísima nota a Martha y la escondí dentro de la miga que le saqué a un pan. Para disimularla mejor la redondeé hasta convertirla en una bolita. Después, vigilando cuidadosamente, y con mi colaborador en la entrada de la rampa de la panadería, la lancé por entre los barrotes. Cayó en la carreterita y rodó casi hasta los pies mismos del que la esperaba. Éste no se agachó a recogerla, sino que con los dedos del pie la agarró y la metió dentro del zapato. A la semana siguiente la nota salía escondida en la dentadura postiza de mi amigo. La cartica, afortunadamente, llegó a manos de Martha, que logró sacarla del país, como testimonio del trato que estábamos recibiendo.

En el edificio número cuatro estaban reformando las celdas y convirtiéndolas en los calabozos más inhumanos y represivos que existieron nunca, a excepción de las «celdas-gavetas» de los campos de concentración «Tres Macíos» y «San Ramón».

Día a día veíamos con horror cómo avanzaba la construcción. Experimentamos y sufrimos anticipadamente aquellas celdas. Entre nosotros evitábamos mencionarlas; las mirábamos con angustia, pero nada comentábamos.

Fue un seis de enero cuando nos llevaron del pabellón cinco a las tapiadas, como un siniestro regalo de reyes, aunque ya este día de alegría para los niños había sido abolido en Cuba. Parecía una cripta con 20 nichos a cada lado. Toda la plana mayor de la prisión presenciaba el desfile de nuestros cuerpos famélicos, con los huesos a flor de piel. Algunos arrastraban las piernas, otros sólo con ayuda podían andar. Los que empujaban las sillas de ruedas de los inválidos iban a su vez apoyándose en ellas. Éramos ya ruinas humanas..., ¡y no habíamos empezado todavía! Pero creo que en los ojos de todos nosotros había una vida increíblemente pujante, una llama, un afán, una decisión inquebrantable: la de no doblegarnos. Exteriormente, los ojos era lo único que teníamos vivo. Pero por dentro llevábamos soles y estrellas, la luz, los colores y la vitalidad espiritual que no habían podido arrancarnos los carceleros.

Las celdas tenían unos 3 metros de largo por un metro y medio de ancho; en un rincón un hueco hacía las veces de letrina y sobre él, casi pegado al techo, un pedazo de tubo doblado: la ducha. Desde afuera el guardia de posta, allá en el rastrillo, con dos llaves maestras, abría o cerraba a su arbitrio todas las duchas de uno u otro lado del pasillo.

Cuando los militares terminaron de fabricar las celdas tapiadas de la cárcel de Boniato, quisieron probar sus efectos en los delincuentes comunes. Y metieron allí a los más «guapos», a los más «feroces», a los que llevaban años recorriendo cárceles. Y éstos, para que los sacaran, se cortaban las venas, se tragaban clavos, pedazos de cucharas, hojas de afeitar; preferían que les abrieran el vientre a permanecer allí. El que más aguantó, sólo resistió tres meses.

Esas tapiadas fueron fabricadas especialmente para los presos políticos cubanos. A ellas confiaban lo que no pudieron lograr en todos los intentos anteriores, lo que no pudieron conseguir con el plan de trabajos forzados de Isla de Pinos, con sus ciénagas, canteras y sembrados, con sus torturas, mutilaciones y asesinatos.

Ahora, cuando escribo estas memorias, no puedo evitar el pensar en los cientos de compañeros míos que se encuentran todavía allí, en peores condiciones aún. Hace dos años, para aislarlos todavía más, levantaron un muro a cada lado del edificio y por encima del techo. Luego unieron los dos con una malla de alambre, quedando así aquel pabellón metido dentro de una jaula. Circuitos cerrados de T.V. vigilaban las pasillos.

Los dirigentes de las prisiones estaban satisfechos. Había allí directores de campos de concentración de la provincia y de otras cárceles. Contentos, reían con el mismo orgullo que lo harían filántropos y hombres de bien al inaugurar un hospital o una escuela. Había un tono de burla e ironía en sus voces, algo así como si saborearan por anticipado el triunfo que esperaban. ¡Al fin era una realidad la creación de las tapiadas! Para ello había sido utilizada toda la experiencia en torturas y aniquilamiento de hombres de los rusos, checos, húngaros y alemanes comunistas. Lo mejor de los aparatos represivos de la Europa del Este había sido aportado a aquella obra. Médicos y psicólogos de países comunistas, incluyendo a Cuba, prestaron su asesoramiento científico en lo referente a dietas, calorías, cómo crear situaciones excitantes, provocar enfermedades carenciales, etc.

Cuando estábamos dentro de las celdas, unos oficiales nos dijeron que los comunes más «bravos» no habían podido resistir las tapiadas, y que antes de seis meses nosotros les estaríamos pidiendo perdón de rodillas... Nos empujaron dentro de las celdas y el ruido de los candados y cerrojos fue ahogado por el estruendo de las pesadas puertas metálicas que se cerraban a nuestras espaldas, no sabíamos por cuánto tiempo. Algunos no saldrían vivos de allí.

Por las mañanas, el sol calentaba la plancha de hierro de mi ventana, que daba al este. La celda se convertía entonces en un horno. Se sudaba a chorros, de forma agotadora. La transpiración y la grasa que con ella se expulsaba, adquirían en aquel espacio cerrado y en la oscuridad una fetidez peculiar, hediendo a pescado podrido.

Por la tarde se calentaban las planchas del frente, a medida que avanzaba el sol. Pasábamos semanas enteras sin bañarnos. Cuando se les antojaba o lo ordenaban, los guardias, sentados en el rastrillo, desde un buró, abrían las duchas con sólo dar vueltas a las llaves de paso, y lo hacían a cualquier hora. En verano las abrían cuando las planchas de hierro estaban encendidas. En invierno por la madrugada. Se asomaban entonces al largo pasillo y gritaban que teníamos cinco minutos para el baño. Cuando calculaban que estábamos enjabonados, cerraban las duchas. Y allí comenzaba una gritería infernal. Entonces los guardias se iban tranquilamente para la cocina a conversar con los escoltas del otro edificio. El jabón se secaba sobre nuestros cuerpos y sentíamos cómo la piel pastosa se iba estirando; el pelo se hacía un pegote. Esto alteraba mucho los nervios y los gritos pidiendo agua se convertían en una tortura más. Y todo aquel infierno minaba poco a poco el equilibrio de nuestras mentes. Precisamente ése era el objetivo de nuestros carceleros.

No podíamos tener recipientes para guardar agua, estaba prohibido. Sólo una latica de un cuarto de litro. El hueco-letrina de mi celda se tupió a los pocos días. Alrededor de éste había una pequeña cavidad de cemento que pronto se llenó de orines, excrementos y agua pestilente. Cuando se desbordó, todo el suelo de la celda se cubrió de esa agua podrida y de pedazos de excremento. Hicimos, Pepín y yo, cuanto nos fue posible por destupirlo. Metíamos el brazo por aquel hueco, usábamos las cucharas; pero fueron inútiles todos nuestros esfuerzos. Las gestiones para que lo arreglaran no daban resultado. Cuando abrían la ducha teníamos que pararnos allí, ya había gusanos. El chorro caía directamente en el centro del charco, salpicando las paredes. Vivíamos dentro de una letrina. La peste era insoportable, se incrustaba en las fosas nasales. Era como si tuviéramos constantemente tapones de mierda en la nariz.

Cuando venia la comida cogíamos la latica —como se hacía siempre en situaciones semejantes— en la palma de la mano y haciendo lo posible por no tocar los alimentos; sin usar la cuchara, nos íbamos echando los alimentos directamente en la boca, como si fuera un líquido. ¡Total...!, era siempre lo mismo: macarrones hervidos, fideos, pan..., pan, fideos, macarrones hervidos...

Una noche sacaron a cuatro de los nuestros para otras celdas y en las vacías metieron a dos presos traídos de afuera. Cuando el ruido de cerrojos y candados se apagó, y se marcharon los guardias, tratamos de identificar a los recién llegados. Los de las celdas contiguas los llamaron, pero no respondieron. Se insistió, se les habló en inglés y francés pensando que podían ser extranjeros... Nada. Silencio. Y nos tiramos a dormir. Al día siguiente intentaríamos otra vez saber quiénes eran los recién llegados. Quizá tenían miedo o llevaban poco tiempo en prisión.

Un grito horroroso nos despertó sobresaltados, retumbó en el pasillo, que tenía una acústica tremenda, y de inmediato se escucharon carcajadas, gritos y frases incoherentes... ¡Habían metido a dos locos en aquellas celdas 1 Con la llegada de estos infelices íbamos a despertar bruscamente muchas otras madrugadas. Los dos presos comunes, perdidos en las tinieblas de sus mentes desquiciadas, eran un ingrediente más para desequilibrar las nuestras. Noches enteras pasamos sin poder dormir. Aquellos gritos y chillidos nos alteraban. Los locos dormían de día y de noche no nos dejaban dormir a nosotros.

Cada dos o tres días nos requisaban. El único fin de esas requisas era mantenernos psíquicamente bajo tensión, al igual que la vigilancia, usada para que nos supiéramos vigilados, para que sintiéramos constantemente la represión. La guarnición entraba y los guardias iban abriendo todos los candados; nos paraban en la puerta mientras ellos registraban la celda. Como lo hacían en muchos calabozos al mismo tiempo, éstas eran las únicas oportunidades que teníamos de ver a los compañeros de celdas cercanas.

Luego nos registraban a nosotros y para adentro de nuevo después de confrontamos con la foto de la tarjeta de control.

Cada pasillo o sección tenía un archivo con nuestras fotos, datos y número de la celda. Estas fotos nos las hicieron antes de que llegáramos a las tapiadas. Hubo un compañero nuestro, muy dinámico y rebelde, Alfredo Fernández Gámez, que se negó a que lo fotografiaran. Lo sacaron y le dieron una paliza, lo despedazaron a golpes... y lo fotografiaron. Con estas tarjetas se ejercía un control permanente. Si el guardia espiaba una celda sabía a quién estaba espiando. Sobre algunos de nosotros había una vigilancia especial.

Una noche llegó un prisionero trasladado para que acudiera a un juicio en la ciudad de Santiago de Cuba. Habíamos escuchado los rumores de graves incidentes en el campo de concentración de Manacas, por ello fue grande nuestra sorpresa al conocer que él procedía de allá. Este campo era conocido en todo el país por el rigor de sus celdas de confinamiento y la agresividad de su guarnición, comandada por el director Abraham Claro.

Unas semanas atrás, a media tarde, un carro-jaula se acercó a las puertas del campo. Detrás, un grupo de militares y milicianos caminaba con prisa. Se detuvo la comitiva en la puerta interior de la segunda cerca y el director subió al vehículo. Los presos del campo se aproximaron y escucharon la discusión que en términos violentos sostenían adentro varios prisioneros con el teniente Claro.

Luego bajó el director con el rostro congestionado de ira, tiró la portezuela y se encaminó al edificio de la guarnición; oportunidad que aprovecharon los reclusos de fuera para comunicarse a gritos con los que se encontraban adentro, que les pidieron no se inmiscuyeran, porque el director les había dicho que estaba dispuesto a cualquier cosa y que asumiría toda la responsabilidad.

Aquellos hombres encerrados en el carro-jaula se habían declarado en huelga de hambre como protesta por los golpes y el tratamiento recibido en la cárcel de Santa Clara, de donde habían sido sacados. Ahora querían obligarlos a deponer su actitud.

Decenas de guardias armados con fusiles y metralletas, a paso de carga, se dirigieron a ellos. Un pelotón entró en el camión y a culatazos trataron de bajar a los reclusos, pero éstos opusieron resistencia.

Por solidaridad, por indignación ante el atropello de que eran víctimas sus compañeros, el grupo de prisioneros empezó a gritarle a los militares. Entonces el director ordenó que dispararan sobre ellos. La primera descarga tumbó a varios presos: Oriol Acosta cayó a tierra con el cráneo destrozado por un balazo, muriendo instantáneamente. Había sido un destacado dirigente sindical del sector azucarero que se enfrentó a la dictadura marxista, rechazando halagos y proposiciones que traicionaban a los trabajadores.

Aquel crimen, lejos de atemorizar a los indefensos prisioneros, los enardeció hasta el punto de que echaron mano a cuanta piedra u objeto arrojadizo hallaron en el suelo y lo lanzaron contra los guardias. Luego se precipitaron hacia el lugar donde se encontraban el director y varios oficiales.

La tropa, temiendo herir a los jefes, dejó de disparar, y entonces atacaron con bayonetas y golpes de culata. Los heridos fueron decenas, entre ellos Viamonte, Turiño y Borges Rodríguez, que además de golpes recibió más de diez balazos de metralleta en el cuerpo.

Cuando estuvieron dominados y con las manos en la cabeza, entre gritos y amenazas los subieron al camión-jaula, que con los cristales rotos y muchos impactos de bala partió con cuatro presos políticos. No se conoció nunca el destino de aquellos prisioneros.

Pasaron los meses y un día nos visitó un capitán de la Policía Política. Estaban asombrados y extrañados de nuestra resistencia, y su objetivo era transmitirnos una amenaza.

Nos habían sacado a todos para una requisa. Estábamos desnudos, pegados a la pared y junto a la puerta, cuando entró aquel militar. Su rostro era inexpresivo. No caminaba, sino que marchaba como si estuviera haciendo ejercicios de infantería. Se detuvo a mitad del pabellón, las manos a la espalda, y nos comunicó que la revolución no podía tolerar más nuestra irritante actitud, que si no la deponíamos tendrían que ser enérgicos con nosotros.

Siguió diciendo que la revolución ofrecía una salida sin odios ni espíritu de venganza, pero que nosotros no queríamos aceptarla; que había disposiciones del alto mando del Ministerio del Interior y nuevos planes que pondrían en ejecución si continuábamos en nuestra postura; que habían sido muy tolerantes, pero les estábamos agotando la paciencia.

—La revolución no quisiera tener que volcar todo su rigor sobre ustedes, pero si nos obligan nunca más volverán a ser hombres. No vamos a matarlos, pero quedarán convertidos en guiñapos... ¡No lo olviden! —dijo ya en la reja de salida.

Sus palabras fueron más que simples amenazas.

# Capítulo XLI
# Los experimentos biológicos y sus primeras víctimas

La dieta era confeccionada buscando provocar enfermedades carenciales y trastornos del metabolismo. Los alimentos, únicamente carbohidratos y un caldo grasiento, se pesaban y medían. La harina de maíz y a veces una mezcla de arroz y fideos hervidos, componían básicamente nuestra alimentación.

Calculamos que no llegaba a las 1.000 calorías diarias. Pronto los resultados de la alimentación insuficiente, carente de proteínas y vitaminas, comenzaron a verse. Adelgazábamos por días, por horas. El hambre nos roía el estómago. Fue en aquella época cuando comencé a soñar con mesas servidas abundantemente, y opíparos banquetes. El hambre obsesionaba. Pero ni uno solo de nosotros claudicó por ello. Fueron pasando los meses, monótonos y sin ningún suceso que diferenciara uno de los otros.

El escorbuto es una enfermedad carencial poco frecuente. La produce la falta de vitamina C y se manifiesta por unos como granitos oscuros que van apareciendo en piernas y muslos; también aparecen zonas amoratadas, como si uno se hubiera dado un golpe violento. Las encías se inflaman y enrojecen, y sangran fácilmente al más leve contacto. Se aflojan los dientes y se producen otros trastornos, hasta que, finalmente, el enfermo muere.

Tuvimos los primeros casos de escorbuto. Todos los días alguno de nosotros informaba que habían comenzado a aparecerle los «granitos» negros. Ya algunos conocíamos la enfermedad y la explicamos a los demás. Se dio cuenta a las autoridades, pidiéndoles asistencia médica. Pasaron varios días y fueron unos médicos militares. Examinaron algunos casos. Les tomaban muestras de sangre, orina, la tensión arterial, les hicieron pruebas de tiempo de coagulación y sangramiento; y se marcharon. Regresaron nuevamente con otros médicos extranjeros, rusos o checos que tocaban a los enfermos, palpando, rascando las manchas y anotando datos...

Recuerdo que en una requisa vi a Pepín González Saura. Las manchitas negras y las zonas amoratadas producidas por el escorbuto le habían invadido piernas y muslos. Arnaldo Arroyo fue uno de los casos más graves. Tenia las encías tan inflamadas, que bastaba que se las oprimiera con el pulgar para que de inmediato empezaran a sangrar abundantemente. Arroyo perdió dientes, que se le desprendieron sin dolor.

Piloto, aquel que vomitó en mi jarro, estornudó, y detrás del estornudo le salieron dos chorros de sangre; así de frágiles estaban sus vasos capilares. Estos y otros casos decidieron a los médicos a controlar el brote de escorbuto. No se trataba de que muriera alguien... tan pronto. Nos dieron limonada dos veces al día, a la que agregaban ácido cítrico en polvo.

Estebita nos hacía las noches más agradables contándonos películas que recordaba con asombrosa fidelidad. Pequeñito de estatura, menudo de cuerpo, tenía sin embargo una voz fuerte que le permitía, estando de pie detrás de la tapia de la celda, hacerse escuchar por todos. El local, cerrado, con las puertas metálicas, tenía una buena acústica. Estebita imprimía un interés y riqueza tal a sus relatos, tan minuciosos en detalles, que todavía hoy se confunden en mi memoria películas que vi en realidad con las que contaba él.

Con la pretensión de «adoctrinarnos», nunca dejaban de llevarnos periódicos: los órganos oficiales del Partido y de la Juventud Comunista. Nosotros habíamos asignado a José Carreño, uno de nuestros periodistas presos, para que se ocupara de recibirlos y distribuirlos, pues había que hacerlo rotativamente, ya que sólo eran diez o doce ejemplares para todos. Además, Carreño hacía una gran labor, que consistía en leer las noticias y comentarlas señalando dónde estaba la propaganda, la mentira y el adoctrinamiento dando una explicación. Esta tarea abnegada y diaria de Carreño, un verdadero profesional enamorado de su carrera, fue tremendamente útil, porque entre nosotros había campesinos, obreros, gentes poco politizadas, a los que la propaganda hubiera podido dañar o confundir en algunos aspectos. Gracias a Carreño, eso no sucedió.

Mi voluntad de sobrevivir se fortalecía constantemente, y se convirtió en una determinación que regía mi tiempo y mantenía mi cerebro alerta. A pesar de mi debilidad, tirado en el suelo movía el cuerpo y hacía ejercicios yoga de concentración, y para activar la circulación sanguínea.

Sabía que la penumbra podía dañar la vista, y eso me preocupaba. En la plancha de hierro que sellaba la ventana había tres pequeños agujeros, por los que cabía el dedo meñique, pero no el pulgar: era la entrada para el aire. Por las tardes, cuando ya la plancha se había enfriado, yo pegaba la cara a ella y colocaba primero un ojo, y después el otro en uno de aquellos huecos y miraba hacia el cielo azul y el verde de las colinas. Estos ejercicios visuales los hacía diariamente, y creo que me ayudaron a conservar la vista. Hubo quienes quedaron afectados por aquellos años de tinieblas. Sin embargo, nada podía ver hacia el pasillo. Pegaba el oído a la plancha metálica para tratar de escuchar si los guardias andaban cerca.

Unicamente en la parte inferior de la puerta quedaba un espacio de media pulgada, o un poquito menos, entre el suelo y la reja. Aplastando la cara contra el piso y separados un metro de la puerta, lográbamos ver en esa forma un filito del pasillo. Acostado boca abajo en el suelo, tratando de aprovechar ese hilo de luz de las bombillas que entraba del pasillo por debajo de la puerta, escribí los primeros apuntes, las primeras notas.

Los guardias caminaban en la punta de los pies, deslizándose junto a la pared, para oír nuestras conversaciones. Esto lo hacían continuamente. A veces los de la Policía Política realizaban esta tarea. Como lo sabíamos, para hablar de una a otra celda usábamos una jerga de inglés, francés y español, y palabras creadas por nosotros. Era un lenguaje imposible de entender por ellos. Nunca sabíamos quiénes andaban por los pasillos. Sólo sentíamos ruidos de pisadas, o veíamos sombras fugaces al pasar frente a la ranura de las bisagras de la puerta.

Ya no daban golpes a una hora determinada. A veces pasaban varios días sin golpearnos, para de pronto irrumpir en cualquier momento del día o de la noche. Por eso no había descanso; al menor ruido el preso despertaba sobresaltado, creyendo que la guarnición estaba afuera. Era mejor cuando nos golpeaban únicamente en los recuentos, al amanecer y al atardecer, porque entre paliza y paliza sabíamos que tendríamos unas horas de paz.

En algunas ocasiones llegaban escandalizando y corriendo por las escaleras; golpeaban las puertas con las armas que llevaban para agredirnos, sacudían los candados y gritaban al militar llavero:

—¡Oye, ábreme esta celda!

Pero no entraban. Se iban y nosotros nos quedábamos bajo una gran tensión, pues la adrenalina y todos los mecanismos que se desencadenan cuando se espera una agresión física ya operaban en nuestro organismo. Esto lo practicaban con frecuencia y como en algunas ocasiones regresaban y nos golpeaban, siempre me quedaba esperándolos con la consiguiente ansiedad que provocaban aquellas tensiones.

Los guardias, que eran simples instrumentos, no alcanzaban a comprender estos métodos, y protestaban por lo que consideraban una tonta pérdida de tiempo, una orden que los sacaba del cuartel para nada, por lo que pedían que abrieran las celdas para entrar a machacarnos a golpes.

Los que sí conocían perfectamente lo que estaban haciendo y sus consecuencias eran los psicólogos del Departamento de Evaluación Psíquica de la Policía Política, directores del más ambicioso y criminal experimento del que nosotros éramos conejillos de indias, y al que las autoridades cubanas confiaban sus esperanzas de doblegarnos y llevarnos a la aceptación del adoctrinamiento marxista en los planes de rehabilitación política. Si no lo conseguían con aquel procedimiento, sólo les quedaría ya, después del uso de cuanta violencia física y psíquica pueda imaginarse, la alternativa de asesinarnos.

Exactamente ésa había sido la conclusión de Medardo Lemus, el jefe nacional de Cárceles y Prisiones, cuando, en una comparecencia por televisión que recogiera el periódico Granma, en la edición del 17 de mayo de 1969, respondiendo a una pregunta que le hizo uno de los miembros del panel con relación a qué medidas debían tomarse contra los presos contrarrevolucionarios rebeldes que se negaban a la «rehabilitación», contestó:

—Hay que terminar con ellos.

Y abogó por la «pena capital» para terminar con nosotros. La capacidad de resistencia tiene un límite y hacia él nos llevaban día a día, hora a hora. Iban dañándonos lenta, inexorablemente.

Periódicamente nos sometían a interrogatorios para ir evaluando el experimento y sus resultados. Insistían en que les dijéramos las horas en que nos sentíamos mejor o peor. Lo que nos molestaba más. Lo que soñábamos. Si pensábamos en la familia con frecuencia.

Quienes nos hacían estas entrevistas no iban vestidos con uniforme militar, sino con las batas blancas de los médicos y se mostraban corteses, amables y se decían dispuestos a mejorar un poco nuestra situación. Por ello les interesaban nuestras respuestas, que anotaban cuidadosamente en planillas y cuadernos.

No podíamos negarnos a la extracción de sangre, pues entonces lo hacían por la fuerza y recibíamos golpizas extras. La falta de vitaminas volvió a provocarme pelagra. Ya la había tenido antes y estaba familiarizado con esta enfermedad, que en mí se manifestaba por unas manchas oscuras en los pectorales que me llegaban hasta los hombros en forma de collar. A otros, como Fernández Gámez, la piel se le cubría de escoriaciones. Durante varias semanas agregaban a los alimentos una cantidad excesiva de sal, tanta que al comer abrasaba la garganta. Luego la suprimían totalmente. Con estas prácticas se alteraban los metabolismos de los reclusos. Aquellos que padecían trastornos renales y de la presión sanguínea se agravaban.

La ausencia de proteínas hizo que se presentaran los llamados edemas del hambre o nutricionales. Se hinchaban primero los tobillos y piernas, los muslos, testículos, abdomen y la cara. Los casos que se inflamaban de la cintura hacia arriba eran vigilados por ellos. Sabían que de edematizarse los pulmones, el cerebro y las vísceras la complicación sería mortal. Por esto a los que consideraban ya en peligro de muerte los sacaban y los llevaban al hospitalito, un local especial también sellado con planchas de hierro e incomunicado. Allí esperaban al preso varios médicos y psicólogos; lo pesaban y desde ese instante ejercían sobre él una vigilancia estricta. De inmediato comenzaban las preguntas. Les interesaba más el deterioro mental que el físico. Había interés en saber cómo y cuánto se habían dañado las mentes.

Allí hacían todo tipo de análisis, medían y pesaban los alimentos, al igual que los excrementos y la orina. Tomaban la temperatura y la tensión arterial cada cuatro horas aproximadamente. Las investigaciones duraban unos cuatro o cinco días, al cabo de los cuales suministraban dosis masivas de diuréticos. Los enfermos no podían entonces dormir, porque tenían que levantarse constantemente a orinar. Nos desinflábamos como globos.

Uno de los más graves fue Carreño. Cuando lo sacaron hubo que llevarlo completamente desnudo al hospitalito, porque los muslos no cabían ni siquiera en las tallas grandes de los calzoncillos. En el momento en que los oficiales se lo llevaban me estaban sirviendo el almuerzo, por lo que mi puerta estaba abierta y pude verlo pasar. Casi no lo reconocí de tan monstruosamente hinchada que tenía la cara, así como las piernas, los testículos. Me horrorizó su aspecto y me quedé como hipnotizado. El preso común que servía los alimentos no podía levantar la cabeza porque les tenían prohibido hacerlo para que no pudieran vernos las caras; y se quedó agachado, doblado hacia el piso con el cucharón de harina de maíz en la mano, hasta que el guardia me gritó y entonces alargué mi escudilla.

Cuando a Carreño le dieron los diuréticos y orinó todo aquel líquido retenido en los tejidos, proceso que duró unos cinco días, había perdido 25 kilos de peso.

Los edemas comenzaron en mí por los tobillos, luego fueron ascendiendo a los muslos y genitales. Bastaba una suave presión con el dedo en las piernas durante veinte o treinta segundos para que quedara un hueco, como si en vez de músculos se hubiera presionado arcilla blanda. Aquellos huecos en los tejidos se producían porque la presión del dedo desplazaba el líquido. Luego, lentamente, éste iba ocupando nuevamente el espacio y la cavidad desaparecía. Si la presión se mantenía durante largo rato, entonces producía un hueco mayor, de casi una pulgada de profundidad. En algunas ocasiones, cuando abrían las celdas para el recuento, se les enseñaban aquellas marcas a los militares y éstos, aun en contra de su voluntad, se impresionaban mucho.

También a mi me llevaron al hospitalito cuando el abdomen comenzó a inflamárseme. Al llegar allá, pesé 67 kilos. Luego de pasar todo el proceso de análisis y preguntas, me dieron los diuréticos, y al eliminar los líquidos me quedé en 52 kilos. Había bajado 15 kilos en menos de cinco días. Mi peso, al ser detenido, era de 75 kilos. Me quedé solo en huesos y piel, y de nuevo fui llevado a las tapiadas. Tuvieron que conducirme entre dos militares porque no podía caminar en línea recta. Para entonces se me hacía difícil mantenerme de pie, y daba tumbos contra las paredes de la celda, incapaz de controlar la marcha. Se me adormecían las piernas y sentía como un hormigueo intenso, y calambres.

La memoria me fallaba y sufría de una enorme confusión mental. Perdí la coordinación de algunos movimientos y no encontraba las palabras necesarias para expresarme.

Caí en un profundo estado depresivo. Me alarmaba del menor ruido y esto me producía una taquicardia muy fuerte, que me hacía escuchar los latidos de mi propio corazón como un martilleo incesante. Sentía un miedo inexplicable y no podía encontrar la causa de aquel temor. No sabía exactamente a lo que temía. No era a los golpes, era un miedo que iba más allá de eso. Me sentía muy débil, y no lograba dormir bien. Entonces, cuando creía que la angustia acabaría aplastándome, acudía a Dios. Tirado en un rincón del oscuro calabozo cerraba los ojos e iba a Su encuentro con una plegaria; entonces una sensación de tranquilidad iba ocupando el lugar de la zozobra y me sentía reconfortado, renovado de fe. Siempre acudí a Él en busca de apoyo y paz, y siempre los encontré. Cada jornada la comenzaba con nuevos bríos, con fe y la decisión de continuar el camino y de vencer.

Nunca dejó de haber entre los militares quienes simpatizaban con nuestra causa. El Servicio Militar Obligatorio llevaba al Ministerio del Interior a jóvenes que despreciaban el sistema. No era fácil ganar la confianza de ellos, formados en un régimen que basa sus estructuras represivas en la delación y que concede al soplón honores de héroe. No obstante, yo me dediqué con ahínco a la captación de algunos de estos jóvenes y logré que en diferentes épocas me ayudaran a romper la incomunicación y el aislamiento enviando a Martha mis cartas y trayéndome las de ella. Fue con la ayuda de uno de estos reclutas que salió la primera denuncia de lo que ocurría en las celdas tapiadas de Boniato, escrita en un margen del periódico oficial del Partido, el Granma. Esta denuncia fue publicada en el extranjero.

Muchos de mis compañeros trataban también de captar a estos jóvenes guardianes, y algunos lo lograron. El éxito de ello dependía de una paciente labor, de semanas y meses, y de obtener su colaboración no a base de regalos o dinero que la familia podía darles en la calle, sino procurando exaltar los ideales que todo joven tiene, y comprometerlo, por razones de conciencia y dignidad, a que ayudaran a los hombres que lo habían sacrificado todo para que él se formara en una sociedad libre y no bajo una dictadura feroz. Mi técnica consistía en ir demostrándoles lo indigno que resultaba apoyar aquellas torturas. Les preguntaba cómo podían dormir tranquilos después de pasar un día allí, cómo podían abrazar a sus hijos si los tenían, y a sus padres después de contemplar cómo éramos torturados, golpeados. Poco a poco ellos iban avergonzándose de apoyar, aunque fuera en apariencia, un régimen como aquél.

—Pero, ¿qué puedo hacer yo? —me decían un día.

—Mucho, no se trata de que seas un conspirador activo y constante contra el régimen, pero una ayuda tuya, que para ti es insignificante, puede salvar la vida de los que estamos aquí.

Y entonces le planteaba que sacara una carta, y así comenzaban estos jóvenes a cooperar.

Por razones de seguridad para aquellos que me ayudaron con su valiosa colaboración no deben darse detalles ahora, ni tampoco las técnicas usadas para sacar y entrar la información, así como las medidas que tomábamos para cerciorarnos de que no era un agente de la Policía Política enviado con el fin de infiltrarse, porque aún quedan allá muchos prisioneros que emplean todavía esos medios.

Las semanas seguían pasando y cada día intensificaban más el rigor de aquel encierro. Tenía náuseas y diarreas frecuentes. El pelo se nos caía con abundancia. Aparecieron en la boca unas llagas quemantes, se agrietaron los labios resecos. El que más grave estuvo con estas afecciones fue Jorge Portuondo. También brotaron, por el medio idóneo que encontraban para su proliferación, los hongos, que casi todos padecíamos en los lugares más húmedos y escondidos, del cuerpo. Yo casi no podía tragar de lo doloroso que me resultaba hacerlo.

Ya habían enloquecido algunos totalmente y gemían llamando a sus familiares o estallaban en crisis de llanto y risa. Otros gritaban como si se acercaran los comunistas a golpearnos, pero sólo los veían sus mentes perturbadas. No obstante, cada vez que escuchábamos aquellos gritos de alarma, despertábamos angustiados, porque nuestro terror nos planteaba la interrogante de ¿será cierto?

Comenzaron a darme ataques de asma. Me asfixiaba, pero no nos proporcionaban medicamentos; ni siquiera permitían el uso de un nebulizador para aplacar el ataque.

Pepín Saura, René y muchos otros que también padecían asma estaban en la misma situación. Sólo René había salvado un nebulizador, que de nada servía porque le negaban el líquido descongestionador. Era desesperante escuchar aquellos estertores de seres humanos que se asfixiaban buscando ansiosos una bocanada de aire que no podía entrar por los bronquios obstruidos, y sólo emitían silbidos guturales.

Cuando yo mismo era presa de estos ataques trataba de mantenerme sereno, y respiraba con lentitud; pero aun así era horrible la sensación que me atenazaba de que iba a morir por falta de aire. Hoy pienso en todo aquel espanto como en una pesadilla. Pero no lo fue, mis pulmones tienen enfisemas, están fibrosos, faltos de elasticidad. La negativa de asistencia médica fue total, y fueron inútiles las peticiones de los demás presos para que a los asmáticos nos curaran cuando nos sobrevenían los ataques.

Otro método de tortura usado con muchos de nosotros fue el de llevarnos al hospitalito y hacernos un electrocardiograma, informándonos más tarde, con mucha seriedad, que padecíamos una peligrosa y grave afección cardíaca. Lo atemorizaban a uno con esto y después le ofrecían asistencia médica, la salvación, la salida de aquel hueco, «donde en cualquier momento moriría» por un ataque, a cambio de que se aceptara la rehabilitación política. El propósito de convertirnos en guiñapos anunciado por aquel capitán de la Policía Política iba cumpliéndose con meticuloso rigor. Éramos como espectros. Esqueléticos, como aquellos supervivientes de los campos de concentración nazis, luego de haber perdido 15, 20 y hasta 30 kilos de peso. Otros seguían hinchados, y los hubo que no podían pararse.

Los médicos seguían pasando por las celdas periódicamente. Chequeaban la temperatura, la presión arterial, las pulsaciones, examinaban las mucosas de los ojos y las bocas y hacían algunas preguntas.

La comida seguía siendo la misma: harina de maíz, espaguetis, arroz con fideos, caldo grasiento y un pan. La cantidad insuficiente y el número de calorías escaso, incapaz de cubrir siquiera la mitad del requerimiento mínimo.

Estebita no pudo seguir contándonos sus historias y películas. Durante las últimas semanas su organismo, muy debilitado por las condiciones de vida, se había desplomado; no podía incorporarse siquiera. Se habló con los oficiales del recuento comunicándoles el grave estado de salud de nuestro compañero, pero no hicieron caso.

El 4 de febrero de 1972, Estebita amaneció muerto. Tres días después fallecía Ibrahim Torres, nuestro querido Pire, como le decíamos todos. Sus cuerpos no pudieron resistir aquellos experimentos. Supimos, tiempo después, que cuando la familia de Estebita se presentó en la dirección de la prisión para reclamar el cadáver y darle cristiana sepultura, las autoridades, indignadas, les dijeron que ese recluso se había muerto sin saldar la deuda que tenía con la revolución: la de cumplir los 20 años de cárcel que le habían impuesto, y que por esa razón el cadáver les pertenecía a ellos. Los echaron de allí, y todavía no se sabe dónde enterraron a Estebita. Conocimos más tarde, por un preso común, el doctor Mastrapa, que la conclusión de los médicos era que los prisioneros políticos muertos habían fallecido por debilidad de sus organismos.

Luego de estas dos muertes, los que dirigían aquel plan de exterminio comprendieron que se podían seguir muriendo los más afectados, y el objetivo no era matarnos. Así que decidieron no correr el riesgo de que se produjeran otros fallecimientos.

A los cinco días comenzaron a darnos una cucharada de azúcar. Llevaron frutas y apareció un huevo hervido en la dieta. Aquel cambio en los comestibles tenía por fin levantar un poco nuestras debilitadas defensas, pero no mucho, y lo demostraba el control estricto en lo que nos daban.

Al fin Martha logró salir del país con sus padres. Ella daría a conocer en el extranjero mi situación y la del resto de los prisioneros políticos. Quizá con ello lograríamos sensibilizar a la opinión pública mundial ante los horrores de la cárcel castrista. Castro, como lo hiciera Stalin en la Unión Soviética, negaba la existencia en Cuba de campos de concentración, de prisioneros políticos, de torturas y crímenes en las cárceles.

Martha tema todas las cualidades necesarias para ayudarnos a que se conociera la verdad, y así lo haría.

En una de las cartas que logró hacerme llegar, me contaba cómo la habían obligado a trabajar para el gobierno desde meses antes de la salida. Esta práctica fue instaurada en Cuba por Castro. Cuando alguien solicitaba abandonar el país, era considerado desde ese instante como un traidor a la revolución. Si estaba trabajando era despedido del puesto que desempeñaba y de inmediato trasladado al punto más lejano posible de su hogar, en lo más intrincado del campo, para realizar faenas agrícolas.

Allí pasaba a veces seis y siete meses sin poder ir a ver a sus familiares, porque a 800 ó 900 kilómetros de distancia, con un solo día de descanso a la semana, no tenía tiempo suficiente ni dinero para el viaje de ida y vuelta. Vivían en inmundas barracas, sin condiciones sanitarias adecuadas. Y las mujeres no fueron excluidas de este ensañamiento. Así podían pasar dos y hasta tres años, y a pesar de ello, a algunos al final no les permitían marcharse del país.

Se denunció la situación, se dieron escándalos en la prensa extranjera y el gobierno cubano se vio obligado a suavizar un poco las condiciones del trabajo obligatorio para quienes querían irse de Cuba. Martha fue situada en una marmolera, donde pasaba todo el día. Allí estuvo hasta que partió rumbo a Norteamérica.

Después de la muerte de Estebita y el Pire siguieron mejorando la alimentación, aumentaron las calorías, llevaron frutas y huevos hervidos y nuestros organismos famélicos se recuperaron algo. ¿Hasta cuándo duraría? Como pensaba que no sería por mucho tiempo yo no desperdiciaba nada, ya que era necesario fabricar reservas para lo que viniera. Me comía las cáscaras de los huevos buscando el calcio que podían contener y las cortezas de todas las frutas: plátanos, limones, naranjas, mangos. Si daban las lechugas con raíces y todo, con raíces y todo yo me las comía. Mi voluntad era la de aprovechar al máximo aquella bonanza y recuperarme cuanto fuera posible.

Un día, cuando nos consideraron un poco más repuestos, nos comunicaron que seríamos sacados al patio a tomar sol. Nos parecía algo tan increíble, tan fuera de cuanto podíamos esperar, que creíamos que no sería cierto. Pero nos equivocamos. Abrieron todas las celdas, y por primera vez en años nos pudimos ver todos reunidos

269

en aquel pasillo. El encuentro fue patético. Se abrazaban los amigos llorando de emoción.

Algunos tenían un aspecto tan demacrado, tan cadavérico y una blancura tan especial en la piel, que si no hubiese sido por el fulgor de las pupilas habría podido pensarse que estaban muertos. Tenían los ojos hundidos en el fondo de las cuencas, los pómulos abultados, la piel pegada a los huesos. A Roberto Alonso se le había alterado la posición de los dientes, y a Arroyo se le habían caído algunos. Yo los miraba con una lástima casi hasta las lágrimas, y de pronto noté que los que iba saludando me miraban de igual forma. No comprendí hasta ese momento que mi aspecto era igual que el de mis compañeros.

Pero no todos pudieron bajar al patio a tomar el sol. Encerrados durante años en aquellas minúsculas celdas tapiadas, algunos habían perdido el equilibrio y no eran capaces de caminar en línea recta: lo hacían en forma zigzagueante, como si estuvieran ebrios e iban haciendo eses de una pared a la otra del pasillo. Este fenómeno se producía porque habían perdido la línea de horizonte, la perspectiva de la profundidad. Tendrían que readaptar el cerebelo nuevamente, poco a poco, para volver a caminar en línea recta. Yo titubeaba un poco en la marcha y descendí apoyándome en las paredes. Bajamos las escaleras con el cuidado que en ello pondrían ancianos de ochenta años.

Aquel reencuentro con el aire, con la luz del sol, con el cielo, fue inolvidable y doloroso físicamente para muchos, porque los ojos, después de tan largo tiempo en penumbras, no resistieron el impacto de la brillantez, y había que cerrarlos doloridos. Mi dedicación a mirar hacia fuera por los agujeros de mi tapia determinó que mi molestia fuera poca. Hoy, después de tantos años, lo recuerdo como si acabara de suceder.

El cielo estaba azul aquella mañana y el sol tibio cuando llegué al centro del patio. Pero al mirar hacia las altas colinas que rodean el presidio, me pareció que éstas se me venían encima, como si de pronto echaran a caminar. Eran como olas gigantescas de piedra que avanzaban hacia mí, y creí que me aplastarían. Lo mismo me había sucedido años atrás cuando me sacaron de las celdas de castigo en Isla de Pinos.

Tuve que sentarme en la hierba y cerrar los ojos porque todo me daba vueltas... El mareo era grande. Sólo a unos pasos de mí Martín Pérez, que caminaba, se llevó la mano a los ojos y se desplomó suavemente sobre la hierba, perdiendo el conocimiento; luego otros fueron cayendo. No resistimos aquel súbito encuentro con el sol y el aire. Tuvieron que acudir militares para ayudar al regreso. Esa misma tarde Martín Pérez comenzó a orinar sangre, coágulos negruzcos. Se avisó de inmediato al oficial de guardia. Creimos que le darían asistencia médica, pero hasta allí no llegaba la nueva actitud de los militares. Para ir al hospitalito tendría que abandonar su rebeldía. En abril de 1972, un grupo de cincuenta fuimos llamados. Afuera esperaban ya los carros-jaula. Suponíamos que seríamos llevados para los campos de concentración «Tres Macíos» o «San Ramón», es decir, a las gavetas.

Nos equivocamos. El viaje duró más de veinte horas, y terminó en la prisión de La Cabaña. Un nuevo regreso y un nuevo fracaso de la revolución que hacía un año la había desactivado como cárcel y anunciado a bombo y platillo que ahora existía allí la Academia «Capitán San Luis», uno de los héroes de la revolución cuya más destacada acción fue la de golpear a las presas políticas, cosa que hacía cada vez que se emborrachaba. Nos llevaron para una galera del área militar, la misma en que estuvimos cuando la huelga de 36 días. Era una continuación de la que sirve como cocina militar. Esta galera estaba tres metros por debajo del nivel de la superficie. Un ventanuco, muy arriba, daba a la carreterita, y por él se veían las botas de los militares cuando pasaban.

Allí, en apenas 16 metros de largo por seis de ancho, nos metieron a los cincuenta. Los militares, muchos de los cuales nos conocían, nos rodeaban y miraban con asombro. Yo pesaba entonces unos 55 kilos. Por la expresión de algunos de ellos, se notaba que estaban fuertemente impresionados.

Uno de los soldados no pudo contenerse y preguntó:

—¿De dónde vienen ustedes...?

Y es que en verdad no lo sabían. Cuando los prisioneros son trasladados, la tropa nunca vuelve a saber de ellos.

A la madrugada siguiente comenzaron los problemas. Nos despertamos tosiendo. La galera estaba llena de humo. Sucedía que la cocina militar tenia dificultades con la chimenea y parte del humo salía a través de nuestra galera, por el ventanuco, que tenia además un extractor de aire.

El combustible que usaban era petróleo. Un polvillo negro, impalpable, lo cubría todo en dos o tres días. Teníamos que respirar aquel humo quisiéramos o no. Cuando se metía un paño blanco en las fosas nasales salía negro de hollín y al expectorar, por las mañanas, expulsábamos también flemas negruzcas.

De inmediato hicimos una carta a la dirección del penal informándole que los residuos de la combustión del petróleo podían producir, y producían, desde trastornos respiratorios hasta cáncer, y que no debíamos seguir allí. Estábamos viviendo dentro de una chimenea, porque en verdad la función que hacía nuestra galera era ésa.

El teniente Lirbano, director de la prisión, dijo que había elevado nuestra petición al Ministerio del Interior, porque sin una orden emanada de allá el no podría trasladarnos de galera. Había muchas otras vacías, junto a aquella incluso.

Pasaron las semanas y nada resolvían. El humo, el hollín, resecaban las mucosas de la boca, irritaban los ojos y nos mantenía como embotados. Tratamos de disminuir los efectos tóxicos cubriéndonos la nariz y la boca con pañuelos.

Era tan deplorable nuestro estado físico, que algunos militares se compadecieron. Uno de ellos, cuando estaba de guardia, escondía alimentos extras para nosotros en el fondo del saco del pan. En especial pescados y latas de carne que tomaba de las raciones de la cocina militar, a riesgo de ser descubierto y terminar él mismo en la cárcel.

# Capítulo XLII
# La muerte de Boitel

En aquellos días, mientras nosotros manteníamos una lucha constante con las autoridades de la prisión de La Cabaña para que nos sacaran de la galera-chimenea, en la prisión del Castillo del Príncipe, Pedro Luis Boitel agonizaba como consecuencia de una huelga de hambre que mantenía en protesta por el trato inhumano que recibía. La noticia se conoció en el extranjero. El 7 de mayo, cuando ya hacía más de un mes que Boitel se encontraba en huelga, el doctor Humberto Medrano publicaba un artículo en el Diario de las Américas denunciando lo que estaba sucediendo. Al día siguiente, personalidades y organismos del exilio enviaban cables a la Comisión de Derechos Humano de la ONU, a la Cruz Roja Internacional, rogándoles intervinieran con urgencia para salvar la vida de Boitel. La ONU guardó silencio. Un silencio cómplice.

Siempre débil y muy delgado, su estado físico tardó poco en empeorar. Aun así, su decisión de que no se comunicara a las autoridades que estaba en huelga fue firme, hasta que, ya cuando agonizaba, sus compañeros avisaron a la jefatura del penal que, por supuesto, ya lo sabía.

El primero que acudió fue un sargento ayudante del teniente Valdés, jefe de la Policía Política en aquella cárcel. Cuando el sargento levantó la sábana y vio lo que quedaba de Boitel, abrió los ojos desmesuradamente, dio un paso atrás y salió presuroso a informar a sus superiores.

En verdad era impresionante aquel esqueleto recubierto de piel, que sólo emitía algunos quejidos.

Al rato se apareció el teniente Valdés. También levantó la sábana y, aunque trató de disimularlo, su rostro se contrajo. Se le pidió que sacara de inmediato a Boitel para que le dieran asistencia médica e impedir así su muerte. Valdés miró a quienes le planteaban aquello, volvió luego los ojos a Boitel en el camastro y dijo:

—Yo eso no puedo hacerlo. Informaré al Ministerio del estado en que se encuentra, y que la superioridad decida. Pero pueden estar seguros de que no vamos a ceder a ninguna posición de fuerza. Ya Boitel nos tiene muy cansados con sus huelgas. Si fuera por mí, se moría, y creo que ése será el criterio del Ministerio.

Pasaron las horas y a Boitel no iban a darle los cuidados médicos. Se quejaba constantemente. Sus compañeros estaban silenciosos todo el tiempo, conscientes de que presenciaban la muerte de un compañero y que nada podían hacer para evitarla.

Al día siguiente llamaron insistentemente, pero sólo unas horas más tarde lo sacaron. Habían vaciado un pequeño saloncito allí mismo, en la prisión, al fondo de la sala Fajardo. Esperaban en la puerta el jefe de Cárceles y Prisiones, Medardo Lemus, el teniente Valdés, O'Farrill y otros oficiales.

En lo alto de las ventanas de la otra sala, varios reclusos observaban la escena. Cuando depositaron a Boitel adentro, colocaron un paraván frente a la reja y un sargento quedó de guardia. Con claridad todos le escucharon decir al teniente Lemus:

—¡Cuando deje de respirar, avise. Antes no!

Y se marchó con toda la comitiva.

Toda la noche los presos de la otra sala se turnaron para estar atentos a lo que sucedía. En la madrugada escucharon la voz agonizante de Boitel pidiendo agua. Vieron al sargento moverse inquieto frente a la reja... Pasaron las horas y Boitel no volvió a quejarse. Había muerto después de 53 días en huelga de hambre. Era el 24 de mayo de 1972.

Días después, el teniente de la Policía Política, Abad, de ascendencia libanesa, se presentó en la casa de la señora Clara Abraham, madre de Boitel. Ella se encontraba leyendo la Biblia. La puerta entreabierta fue empujada por el grupo de militares, entre los que iba un médico.

Clara, al verlos, fue asaltada por una de esas premoniciones que nunca engañan al corazón de una madre.

—¡Mi hijo ha muerto...!

—¿Quién le ha dicho a usted eso? —le preguntó extrañado el teniente Abad, pensando que quizás se había filtrado la noticia—. Se equivoca...

—Pero, ¿qué le ha pasado a mi hijo? —insistía la madre.

Un primo de Boitel estaba en la casa y las autoridades lo llamaron aparte para pedirle que le diera la noticia. Pero Clara no esperó. Salió a la calle y se dirigió enloquecida a la prisión del Príncipe. Pero los guardias, que la conocían y sabían que Boitel había muerto, no la dejaron pasar ni la primera de las garitas de vigilancia.

Clara se negó a retirarse y a la fuerza fue introducida en un carro patrullero y conducida a la sede de la Policía Política, la Lubianka cubana, Villa Maristas. La acompañaba una amiga, Noemí, que se negó a abandonarla aunque Clara le insistía que no estuviera con ella.

Otra vez el libanés Abad se apareció en la oficina.

—Vamos a tener que darle la noticia de todas formas, Clara —le dijo.

Ella estaba sentada, pero cuando escuchó aquellas palabras saltó y tomó al teniente por los hombros, sacudiéndolo...

—¿Qué noticia...? ¡Dígame qué noticia es ésa!

El oficial la empujó con violencia. Clara cayó sobre el sofá e iba a levantarse cuando Abad la cortó en seco:

—Su hijo está muerto y enterrado. Y no grite, que no está en su casa, sino en la Seguridad del Estado.

Clara intentó ponerse de pie, pero el teniente Abad la lanzó de nuevo contra el sofá. Ella, bajo una crisis nerviosa, adquirió fuerzas y Abad le abofeteó el rostro, y por la fuerza la metieron en un calabozo. Ya avanzada la noche la llevaron en un carro patrullero de vuelta a su casa. Había guardias de civil en ella. Además habían cortado el teléfono para impedirle que comunicara la noticia a otras personas, y miembros del Comité de Defensa de la Revolución, orientados por la Policía, la amenazaron diciéndole que no podía alterar el orden público con sus gritos. Al día siguiente, oficiales de la Policía Política la visitaron otra vez para informarle el lugar donde habían enterrado el cadáver de su hijo.

El día 30 de mayo, acompañada de otras madres y familiares de presos, Clara trató de llegar, con unas flores, a la tumba donde estaba sepultado Pedro Luis. Con rosarios apretados en las manos, avanzaron por las calzadas del cementerio, rumbo a la zona de fosas comunes, el mismo lote donde enterraban a los fusilados. Pero antes de llegar allí fueron interceptadas, insultadas y agredidas por un grupo de mujeres armadas con bastones de madera envueltos en periódicos, que no les permitieron ni tan siquiera rezar una oración.

Algunas de las agresoras, aunque vestían de civil, fueron reconocidas, pues pertenecían a la guarnición de la cárcel de mujeres.

La muerte de Boitel, el más rebelde de los prisioneros políticos cubanos, llegó a nosotros a través del doctor Gallardo, un médico preso que nos visitaba y que más tarde resultó ser un infiltrado de la Policía Política.

Unas semanas después, en la casa de Alfredo Mesa, oficial del Ministerio del Interior, en la barriada del Casino Deportivo, en las afueras de la capital, y mientras preparaban las escopetas para salir a cazar patos a la Ciénaga de Zapata, el jefe de Cárceles y Prisiones, Medardo Lemus, comentó que Fidel dio la orden de que «liquidaran a Boitel para que no jodiera más».

* * *

Como el humo seguía intoxicándonos, se presentaron dificultades respiratorias en quienes jamás habían confrontado tales problemas. Tosíamos con frecuencia y nos dolía la cabeza.

Por aquel entonces, en virtud de una reestructuración de los ministerios en Cuba, la atención médica en las prisiones, que había estado siempre en manos del Ministerio del Interior, pasó a las de Salud Pública. Muy pocos meses duró esta situación. La Policía Política no podía permitir que sus prisioneros no estuvieran absoluta e íntegramente en sus garras.

No obstante, aquellos días de litigio sirvieron para que una comisión de Salud Pública, formada por civiles, hiciera una visita de inspección. Se les denunció lo del hollín y tomaron pruebas del aire ambiental. El resultado de aquel examen arrojó que era irrespirable. Pero tendríamos que esperar todavía largos meses para que nos sacaran de allí.

Por esa época nos llegó también la información de que las autoridades del Ministerio del Interior, convencidas de que los presos políticos de la cárcel de Guanajay no irían a los planes de rehabilitación, iniciaron nuevas medidas represivas que perseguían humillarlos y obligarlos a una reacción en la que los militares se apoyarían para incomunicarlos e imponerles medidas disciplinarias todavía más despiadadas.

En la visita del mes de setiembre, ya con los familiares esperando afuera, los militares exigieron a los prisioneros que tenían que desnudarse completamente dentro de un círculo de guardias para un registro humillante. Hasta aquel momento, los presos se quitaban el pantalón y la camisa, quedando en calzoncillos.

Normalmente, todos los prisioneros eran sacados juntos al salón donde hacían las requisas, pero aquella vez solamente llamaron a tres. Al llegar allí, en lugar de los cuatro o cinco militares que normalmente los registraban, había unos veinticinco o treinta. Los prisioneros se negaron a desnudarse e informaron al oficial que mandaba el grupo que si las condiciones para salir a ver a sus familiares eran aquéllas, preferían no recibir visita. El oficial les dijo que salieran o no tenían que desnudarse. Los presos continuaron negándose y los guardias se lanzaron sobre ellos, los golpearon y les hicieron trizas las ropas. Luego sacaron a otros y la escena se repitió. Desde los edificios los demás presos comenzaron a gritar y a golpear las rejas. Afuera los familiares escuchaban el escándalo y las maldiciones y palabrotas de guardias y presos cuando eran golpeados.

La visita fue suspendida y durante todo el día el clima de tensión se agudizó.

Al anochecer, cientos de guardias armados de fusiles con bayoneta y escopetas de gases lacrimógenos entraron en el patio. Los comandaba el jefe de Cárceles y

Prisiones, Medardo Lemus. Rodearon los edificios D y E, y comenzaron a sacar a los presos en pequeños grupos hasta el salón de visitas, que también estaba tomado militarmente. Allí los desnudaron a golpes, los apalearon y patearon en el suelo y algunos fueron llevados a rastras para las celdas de castigo.

Así estuvieron masacrándolos hasta que no cupieron más en los calabozos, hasta que no tenían dónde meter a los apaleados. En la madrugada llegaron los carros-jaula y el resto de los prisioneros fueron sacados.

En el salón de visitas los aguardaban unos cincuenta guardias, con porras de goma, cadenas, barras de hierro y bayonetas, Alfredo Mustelier fue de los primeros en caer con el cráneo fracturado: le siguieron Miguel Cantón, con varias costillas quebradas, Ramón Cueto con el rostro desfigurado y cubierto de sangre y algunas costillas rotas a patadas, Osvaldo Fernández con la cabeza herida y un pie roto. Reboredo, uno de los más graves, quedó sin conocimiento y con un derrame que le amorataba la cara y le impedía abrir los ojos. Hay que sumar a éstos otra veintena de heridos graves que no recibieron cuidados médicos hasta dos días después, cuando fueron trasladados al hospital de presos en la prisión del Castillo del Príncipe. Más de sesenta heridos leves, con el resto del personal fueron llevados a La Cabaña.

Pegados al ventanuco, los vimos desfilar por la carreterita del fondo, arrastrando las piernas golpeadas, apoyados en hombros amigos, rodeados de un cordón de guardias armados de bayonetas.

Este episodio, uno de los más sangrientos, es conocido en las cárceles políticas cubanas como «setiembre negro».

Los sucesos de la prisión de Guanajay no constituyeron un hecho aislado, sino que obedecían a una política represiva a todo lo largo de la Isla. En la cárcel de 5 1/2, en Pinar del Río, hirieron gravemente a varios prisioneros y asesinaron a tiros, en el mes de diciembre de 1972, a Lázaro San Martín, otro preso político que dejó su vida entre las alambradas. Se denunció a la ONU la oleada de represión y terror. Como de costumbre, el silencio fue la respuesta.

Un delegado del Ministerio, el teniente Ramiro Abreu, actualmente jefe de la Sección de Centro América del Comité Central, pasaba visitas periódicas a los prisioneros porque estaba haciendo una revisión de nuestros expedientes. En cierta ocasión me dijo que había estado trabajando con el mío, confesándome tranquilamente que si mi juicio lo hubieran celebrado dos o tres años más tarde, la sanción máxima que me habrían impuesto por desafecto a la revolución no hubiera pasado de seis años.

—¿Y por qué entonces me condenaron a treinta, teniente?

—Porque la contrarrevolución en aquellos primeros años era muy poderosa y amenazaba con destruirnos. Tuvimos que defendernos, ser enérgicos. Sabemos que cometimos algunos excesos, y su caso es uno de ellos.

—Y si ustedes admiten que fueron injustos y que se excedieron al condenarme, sabiendo que llevo ya trece años preso, ¿por qué entonces no reparan la injusticia y me ponen en libertad?

—Por la actitud de rebeldía que usted mantiene. Si aceptara ir al Plan de Rehabilitación, en unos meses le pondríamos en libertad.

Años después, muchas otras autoridades me dirían lo mismo. Ellos admitían que habían estado pisoteándome injustamente y yo debía pedirles perdón por meter mi cuello debajo de sus botas. ¡Jamás lo conseguirían!

Se me presentó entonces una infección en los riñones. La cara y los tobillos se me inflamaban y tenía fiebre. Era difícil que nos viera un médico y sólo disponíamos de un sanitario militar. Tuve que escribir decenas de cartas al Ministerio, al director, a la Dirección Provincial y a cuanto funcionario existía. Creo que esta constancia de la gota de agua dio resultados algunas veces. Después de todo, yo no perdía nada con insistir, pues a mí el tiempo me sobraba. Así conseguí que me llevaran al médico y me suministraran antibióticos. Pero el dolor sólo se calmaba unos días. Necesitaba un examen renal y ser visto por un especialista. Comencé a orinar sangre.

Una tarde de aquéllas, el teniente Abreu entró en la galera. Le expliqué lo que me ocurría y tomé un recipiente vacío de suero. Me volví de espaldas y oriné en el frasco. Cuando se lo enseñé estaba rojo de sangre. Dos días después, tres escoltas con ametralladoras me conducían al hospital Calixto García. Tenía una pielonefritis. En el examen general que me hicieron descubrieron también una polineuropatía con la ausencia de algunos reflejos y trastornos de locomoción, a los que yo no había dado importancia.

El 30 de mayo de 1973, día de mi cumpleaños, nos sacaron al fin de aquella galera-chimenea, conduciéndonos al patio dos, donde se encontraban los presos políticos. Nos destinaron a la galera 12 y tuvimos entonces un poco más de espacio y aire. Asimismo nos permitieron tomar el sol tres veces por semana. Pero la prohibición de recibir visitas y paquetes de ayuda familiar se mantenía para nuestro grupo.

Unas semanas después supimos que, luego de una larga agonía, era dejado morir en huelga de hambre, en la cárcel de Santa Clara, nuestro querido compañero García Cuevas. Su fallecimiento tuvo lugar el 23 de junio de 1973. Sólo unos pocos días después, el 7 de julio, en el hospital de reclusos de la prisión del Príncipe, le negaban el oxígeno a Luis Núñez. Se gestionó a todos los niveles que subieran un balón de oxígeno porque Luis se estaba asfixiando con un fuerte ataque de asma. Se llamó al oficial de guardia, se le explicó la gravedad del enfermo, que ya boqueaba. La respuesta fue que había que esperar al día siguiente por el director médico. Luis murió asfixiado esa madrugada.

Se había iniciado tiempo atrás, sin que lo supiéramos con muchos detalles, la nueva política del gobierno de reimponer otras sentencias a los que cumplían sus condenas originales si estos reclusos no aceptaban cambiar su actitud de rebeldía y se doblegaban ante los apremios de las autoridades.

Un año antes de que el prisionero cumpliera su sentencia era llamado a la dirección del penal y le exigían que trabajara en una brigada del Ministerio del Interior acatando la disciplina y condiciones impuestas por la Dirección de Cárceles y Prisiones. Si el prisionero aceptaba, tenía que vestir el uniforme azul de los delincuentes. Lo trasladaban entonces a un frente de trabajo donde debía vivir en barracas en promiscuidad con criminales comunes, con los que a partir de ese momento podía ser y era confundido.

Si no aceptaba rendir sus convicciones, no salía en libertad. Así, una sentencia de seis años podía convertirse en 8, 10 y hasta 13 años, como le sucedió a Julio Rodríguez Lamelas, que tuvo que cumplir más años extra que los que tenía señalados en la condena original. Para esto las autoridades preparaban una farsa de juicio algunas veces; otras, como fue el caso de René Ramos —y tantos otros—, recibían la sentencia de un tribunal al que nunca vieron.

Poco a poco, los rebeldes que cumplían y no admitían las condiciones del gobierno sumaron decenas. Cada año recibían una nueva extensión de su condena, que de esta forma se convertía en cadena perpetua. Ya no podía soñarse con el día en que concluyera la pena. Todos los prisioneros piensan en ese día, que será el más importante de su vida de presos. Es como una ilusión, a veces muy escondida, como una esperanza sumamente remota cuando se está condenado a 20 o más años de cárcel, pero una esperanza en definitiva. La nueva medida arrasó también con ella.

El Ministerio del Interior, luego de usar cuanta tortura, violencia física y psíquica pudiera existir, no sólo contra nosotros sino contra nuestros familiares, sabiéndose incapaz de doblegarnos, frustrados, concibieron la idea de no poner en libertad a los que no se doblegaban. Por supuesto, contra aquella decisión no existía apelación alguna, ni procedimiento legal que pudiera modificarla. La «justicia revolucionaria» abolió todos los principios jurídicos reconocidos internacionalmente, a los que califica como «arcaicos principios del derecho burgués».

# Capítulo XLIII
## Una huelga impuesta

A través de las visitas, establecí un correo clandestino con Martha. Así recibí su primera carta, escrita en pliegos de un finísimo papel, con una letra menuda, microscópica, que yo devoraba con ansiedad.

Se sentía muy mal. Ella se había marchado presionada por mí y con la idea —que entonces se negaba a creer— de que podría sacarme de la prisión. Me confesaba que se sentía inútil, que al menos mientras se encontraba en Cuba podía estar del otro lado de estos muros y fosos, y compartir conmigo el mismo cielo, el mismo sol...

Yo la comprendía y también me dolía su lejanía; pero estaba tranquilo, porque al menos la sabía a salvo de la represión de los comunistas.

Otra de mis denuncias había logrado burlar todas las dificultades y censuras del gobierno y se publicaba en el extranjero, dando a conocer lo que sucedía en las cárceles.

En pedacitos de papel fino que entraban clandestinamente yo le escribía a Martha varias veces a la semana. Para sacarlos los doblaba cuidadosamente en forma de acordeón, que es la manera en que menos abultan. Los envolvía en nylon y los escondía en el doble forro de un calzoncillo «brief»; jamás me separaba de aquellas carticas. Dormía con ellas, e incluso al bañarme las llevaba conmigo, porque los militares entraban sorpresivamente a registrar las galeras y podían descubrirlas.

Cuando le enviaba a Martha algunas informaciones, denuncias o instrucciones, hacía muchas copias para aumentar así las posibilidades de que alguna llegara a sus manos, pues si difícil era burlar la requisa en la cárcel, mucho más lo era sacar la correspondencia del país. Usábamos direcciones de personas amigas en naciones de Europa o América Latina. Sabiendo que la mayor concentración de exiliados se encontraba en Estados Unidos, la correspondencia dirigida a aquel país desde Cuba era destruida algunas veces. La que llegaba de Norteamérica corría la misma suerte.

Los presos teníamos dos elecciones: guardar esos papeles en escondites considerados seguros, tales como huecos en la pared, dobles forros en almohadas, camas, etc., o llevarlos con uno mismo. Yo preferí siempre la última. Así podía defenderlos hasta el último minuto. Por eso siempre que había requisa me asustaba, temeroso de que me descubrieran. En la prisión de La Cabaña, en nuestro patio, había también cientos de rehabilitados, casi todos muy jóvenes y que habían sido detenidos por delitos políticos. En el otro patio, con el cual no teníamos contacto, por estar en otra área, tenían a unos 800 jóvenes del Servicio Militar Obligatorio, encerrados allí por delitos militares.

En las horas de patio hablábamos de lejos con los rehabilitados, porque no les permitían acercarse a nuestra reja. Las autoridades consideraban perjudicial y contagiosa nuestra rebeldía.

Puede ser interesante destacar las características de estos jóvenes. Algunos, con sólo dieciséis años de edad, nacidos y formados dentro de la revolución, eran, sin embargo, antagonistas del sistema. A pesar de que estaban en los planes de rehabilitación, estos muchachos mantenían un alto espíritu combativo contra el régimen. Desde que tuvieron uso de razón aprendieron el arte de fingir, como otros tantos millones en el país. Iban a una concentración en la Plaza Roja de la revolución a escuchar las cantaletas de Castro, lo aplaudían, y salían de allí a prenderle fuego a un almacén o a pintar letreros de «¡Abajo el comunismo!».

Sentían por nosotros, los presos políticos antiguos, un respeto y admiración sin límites, y por ayudarnos arriesgaban su seguridad personal, sus visitas y a sus familiares. Fueron grandes y fieles colaboradores, nos auxiliaron enormemente y teníamos gracias a ellos una verdadera red de información en toda el área del presidio.

A las pocas semanas, la vigilancia de la guarnición que les impedía acercarse a nosotros fue decayendo. Entonces algunos se quitaban el uniforme y quedaban en calzoncillos, y de esta manera lograban entrar a la galera. Conversé mucho con ellos, preguntándoles acerca de todo lo que pasaba en la calle. Me interesaba la extracción, el ambiente familiar, el porqué discrepaban del sistema, sus experiencias, anhelos y criterios sobre el futuro del país. Mientras podía, me pasaba casi todo el tiempo hablando con ellos, pues me brindaban una valiosa información: la de sus propias vidas, que yo iba archivando en la memoria.

Conocí a Lachi, que había intentado varias veces abandonar el país para reunirse con sus padres y hermana, que vivían en Estados Unidos. Cuando ellos salieron de Cuba a él no le permitieron hacerlo por estar en edad del Servicio Militar. Mas cuando lo cumplió, tampoco lo autorizaron a viajar. Desde entonces su obsesión era reunirse con los suyos. Se lanzó a las aguas del golfo en una cámara de camión inflada y protegida con una lona. Un pomo plástico con agua y un cartucho de nylon con unas galletas era todo su equipaje. Pero a treinta millas de la costa cubana, casi moribundo, fue descubierto por un barco soviético.

De La Cabaña salían constantemente grandes contingentes de prisioneros hacia los frentes de trabajo. En el año 1973, la provincia de La Habana, con dos millones de habitantes, tenía una población penal de cuarenta y ocho mil reclusos, incluyendo en esta cifra también a los presos políticos. Estaban repartidos entre cárceles cerradas, como las de La Cabaña, El Morro, Guanajay, El Príncipe, Güines, etc., y los campos de concentración Melena 1 y 2, Quivicán, y los llamados frentes abiertos que existían hasta el número de seis en toda la provincia, a los cuales pertenecían grandes contingentes de prisioneros que construían vaquerías, edificios, escuelas y caminos. Muchos turistas e invitados —entre ellos no pocos intelectuales— ni sospechaban que aquellos obreros que veían construyendo una carretera eran presos.

A este respecto, la revista oficial cubana Bohemia, del 20 de abril de 1973, reconocía el uso de «presos contrarrevolucionarios» en obras públicas, quienes además de contribuir a la agricultura —especialmente en la zafra azucarera— habían terminado de edificar numerosas vaquerías, almacenes, fábricas, escuelas y otras obras en las que se encontraban trabajando.

Decenas de miles de prisioneros, comunes y políticos, cortaban la caña en la provincia de La Habana bajo la promesa de que de acuerdo con los miles de arrobas que cortaran disminuirían su condena. Generalmente fueron engañados. Los comunistas no se sienten obligados a cumplir lo prometido.

Cuando los que salían a cortar caña o a los planes lecheros tenían problemas —trataban de fugarse, discutían con algún militar, etc.—, el castigo era devolverlos a La Cabaña. Por esto siempre teníamos presos recién llegados y así conocíamos lo que estaba sucediendo en las demás cárceles.

Cuando sacaron a Marcelo Díaz del campo de concentración de Manacas, en la provincia de Las Villas, para llevarlo a las instalaciones de la Policía Política, le faltaba muy poco para extinguir su condena. Después de sucesivos interrogatorios y torturas mentales y físicas, le notificaron a sus familiares que se había ahorcado en su celda.

Todos lo conocíamos como Miguelito Cachimba, porque perennemente tenía una pipa curva en la boca, que la mayor parte de las veces permanecía apagada. No hablaba mucho y era un personaje de los tantos que había en aquel patio de La Cabaña. Una tarde, con otro grupo de su galera, lo trasladaron para el campo de concentración Melena 2. Además de las dos altas cercas de malla, rematadas por alambres de púas, existía una tercera llamada de advertencia. Ésta sólo tenía cuatro o seis líneas de alambre y un metro y medio de altura. Su objetivo era impedir que los presos pudieran llegar a la primera, de la que estaba separada por unos tres metros. Este espacio era tierra de nadie, y había orden de dispararle a quien se metiera en aquella franja.

Miguelito Cachimba se paseaba frente a los dormitorios. Eran las 4 de la tarde aproximadamente y casi todos los presos estaban en las barracas. De pronto, Miguelito echó a correr hacia la cerca de advertencia, que de un salto podía salvarse. Pero él no lo hizo así, sino que apoyó un pie en uno de los alambres. El guardia de la torreta lo divisa y le grita dándole el alto. Pero el jefe de Orden Interior le exige al guardia que le dispare. No era necesario. Miguelito estaba bajo una crisis nerviosa y hubiese bastado con tomarlo por un brazo para sacarlo de allí.

Mas el guardia dispara. Alcanzado en una pierna, Miguelito grita. Ha resbalado y está ahora atrapado entre los alambres. El tiro saca a los demás prisioneros de la barraca, alcanzan a escuchar la nueva orden del teniente de que le disparen al preso, y contemplan consternados cómo lo rematan con un fusil ametrallador. Miguelito Cachimba, acribillado a tiros, se bambolea grotescamente sobre la alambrada y luego cae al suelo.

Con las visitas de los uniformados de amarillo y los rehabilitados yo seguía enviando y recibiendo correspondencia. Escribía con frenesí, dando instrucciones a Martha de cómo denunciar nuestra situación ante los organismos internacionales, los gobiernos y la prensa. La propaganda de Castro y de sus voceros en el mundo ahogaba los gritos de los torturados y el clamor de sus víctimas. Cuba era para la mayoría de las gentes en el exterior una especie de paraíso terrenal logrado gracias a la revolución.

La gran prensa respaldaba, con sus informaciones distorsionadas de la realidad cubana, al tirano Castro, y los gobiernos de países capitalistas de Europa le ofrecían apoyo diplomático, comercio y generosas ayudas financieras gratuitas, como es el caso de Suecia.

La Internacional Socialista brindaba entonces su respaldo moral y político al tirano. Veinticinco años después, seguiría haciéndolo sin sonrojarse siquiera.

Las denuncias a organismos internacionales, especialmente a la Comisión de Derechos Humanos de las Naciones Unidas, eran boicoteadas y frenadas por los que apoyaban a Cuba y por ello los cientos de informes y documentos que probaban de manera irrefutable las torturas, crímenes y violaciones de los derechos humanos cometidos por el régimen de Castro eran tirados a los cestos de basura. Tanto en el viejo como en el nuevo continente, se mantenía un silencio cómplice. Era comunista la bota que nos aplastaba el cuello, pero capitalista el pie que la calzaba. Nos causaba profunda tristeza ver aquella indiferencia por parte de quienes debían sentirse solidarizados con nuestro sacrificio. Era indignante, deprimente y doloroso el manto de silencio que sobre la barbarie y los crímenes perpetrados en el presidio político cubano echaban las manos que supuestamente debían levantarse para condenarlos.

Yo había comprendido con resignación que nada podíamos esperar de la indolencia e insensibilidad del mundo libre, que sólo dejaba oír voces indignadas y denunciadoras cuando maltrataban a prisioneros de las dictaduras de derecha. Por esta razón sabía que no sería tarea fácil crear un estado de opinión pública lo suficientemente fuerte como para que se hiciera algo concreto en favor de nuestra libertad. Pero confiaba en Martha, en mis amigos en el exterior y en que Dios nos ayudaría. Con ellos podría hacerlo. También pensaba denunciar mi injusto encarcelamiento, aunque había un peligro para mí: podían matarme. Pero tenía que correr ese riesgo.

Por aquellos días llegó a la prisión un comisario político joven, estudiante universitario, que se mostró muy interesado en conversar con los prisioneros, especialmente con los que estábamos sin uniforme. Este oficial se apellidaba Carasa.

Una tarde, encontrándome en el patio frente a la reja de entrada del rastrillo conversando con unos amigos, se apareció él, y queriendo hacer un chiste me echó un brazo sobre los hombros, diciendo jocoso:

—¿Qué pensarán tus amigos cuando vean que un militar te abraza?

Yo, como respuesta, pasé también mi brazo izquierdo alrededor de su cintura y le contesté:

—¿Y qué pasará si, de pronto, entra uno de tus jefes por ahí y te ve abrazado con un contrarrevolucionario?

La expresión risueña se heló en su rostro, y deshizo el abrazo. Visiblemente asustado retrocedió.

Mis compañeros y yo nos echamos a reír.

—Recuerda que en mi bando se milita voluntariamente, y en el tuyo se fomenta una desconfianza constante entre unos y otros. Castro dice que ningún revolucionario puede ser amigo de un contrarrevolucionario. Nosotros podemos hablar con cualquier militar todo el tiempo a cualquier hora, y eso no despertará sospechas ni suspicacias en el resto de nuestros compañeros. Sin embargo, eso mismo ninguno de ustedes podría hacerlo, tú lo sabes bien.

Carasa duró muy poco tiempo en el cargo que desempeñaba. Fue trasladado y meses más tarde supimos que había sido separado del Ministerio del Interior.

\* \* \*

Cuando abrían las galeras para que los presos salieran al patio, algunos lográbamos burlar la vigilancia y nos mezclábamos con los demás prisioneros.

Fue así como conocí a Pierre Golendorf, un intelectual francés marxista, que había viajado a Cuba y trabajado para el gobierno cubano. Pero Pierre comprobó la falsedad de los cacareados «logros» de la revolución y comprendió que la Isla era una gran finca que Castro mandaba como un mayoral esclavista. Y lo dijo. Y lo escribió. Y reveló en sus cartas la mentira que era la revolución, sin sospechar que la Policía Política requisaba toda su correspondencia.

Lo acusaron, como a todos los que discrepan, de agente de la CIA y lo incomunicaron para interrogarlo.

El fiscal le pidió 25 años de cárcel, pero un oficial investigador le informó que no se preocupara, que recibiría una condena menor, que tampoco tendría que cumplir.

Recibió 10 años. Pero el oficial de la Policía Política no lo engañó, solamente cumplió tres años y dos meses. Ellos lo sabían porque lo habían decidido así en la sede de la Lubianka cubana, que es donde desde hace un cuarto de siglo se imponen los años de condena que reciben en los «juicios» los reos políticos. Los tribunales no hacen más que comunicar las sentencias.

Mis compañeros tenían un poco de hostilidad contra Pierre por sus antecedentes políticos. Era miembro del Partido Comunista francés. A mí no me irritó nunca que alguien pensara de manera diferente y tenía verdadero interés en conversar con él. Y de aquellas rejas hacia adentro todos éramos presos..., pensaba yo.

Aquella tarde, Pierre lavaba uno de sus uniformes en los lavaderos del patio. Me senté en el de al lado, lo saludé y le pregunté qué circunstancias lo habían llevado a la prisión. Para mí sus criterios, sus enfoques de la realidad cubana eran muy importantes e interesantes, porque estaban analizados desde otra perspectiva.

—Ya ves, Pierre, lo que ha hecho el comunismo en nuestro país —le dije—. La dictadura de Batista ha sido sustituida por otra más feroz, más cruel y represiva que aquélla en todos los aspectos. Tú, únicamente por escribir lo que viste, has sido acusado de agente de la CIA y condenado a diez años de cárcel. La nueva tiranía es más implacable que la anterior.

Le hice saber que, con Batista, los comunistas podían hasta participar del gobierno. Carlos Rafael Rodríguez, el actual vicepresidente de Castro, había sido uno de los ministros del gabinete del anterior dictador. Y Blas Roca y Lázaro Peña, también comunistas, disfrutaron de los beneficios de la dictadura batistiana, aun exiliados.

Pierre se mostró sorprendido.

—He comprobado amargamente que muchas cosas aquí no son como las imaginaba. Creí que la revolución cubana era el ideal socialista, que devolvería al pueblo la libertad. Vine aquí como un entusiasta admirador de este proceso, dispuesto a darle todo lo mejor de mí, pero me encontré con un burocratismo implacable, con una nueva clase poderosa que eliminó todas las libertades y con una desorganización que es casi un dogma. El país es gobernado como si fuera un cuartel, por un dictador implacable que lo hace bajo una fraseología revolucionaria con la que ha logrado engañar a tantos como a mí.

—Y lo más dramático es que ese engaño no nos permite a los cubanos que se conozca la verdad de estas cárceles y campos de concentración, de las torturas y crímenes.

—Cierto, Valladares, la mayoría de la izquierda europea es benevolente con Castro, y les parece aceptable que ocurran hechos reprobables que ellos califican como legítimos actos defensivos de la revolución.

—Las dictaduras buenas no existen. Si terribles e injustificables son las de la derecha —continué—, mucho más sanguinarias son las totalitarias de izquierda. La primera le corta un brazo al hombre; la segunda, las cuatro extremidades y además le tritura el cerebro. Stalin y Mao han aniquilado juntos más de ciento veinte millones de personas. Y sus seguidores, como Castro, continuarán haciéndolo, porque, de lo contrario, no pueden mantenerse en el poder.

Pierre y yo nos hicimos grandes amigos. Y cuando no podíamos reunimos en el patio, nos escribíamos. En el mes de junio de 1974 todos los prisioneros fuimos trasladados para el patio número 1, de donde habían sacado a los jóvenes reclutas presos por supuestos delitos militares.

La galera destinada a nosotros era la más pequeña y lóbrega de todas, infestada de chinches y piojos. Del techo colgaban pequeñas estalactitas provocadas por la filtración que en aquella mazmorra empapaba el techo ovalado. Las rejas del fondo habían sido cruzadas por decenas de barras de hierro. Soldadas transversalmente formaban una verdadera red, y en los espacios entre balaustre y balaustre apenas cabían las puntas de los dedos. Las puertas de los servicios habían sido arrancadas.

Aquel traslado daba inicio a otro plan para romper nuestra resistencia. A las ocho de la noche no habíamos probado todavía un bocado, ni agua siquiera, y ordenaron que tendríamos que ir al comedor aceptando nuevas medidas de disciplina y disposiciones, tales como no poder llevarles sus alimentos a los enfermos imposibilitados de levantarse o a los lisiados, y otras que para mi grupo se hacían más difíciles por estar vestidos con calzoncillos únicamente. Pensaron que a esa hora, agotados por la mudanza, el hambre y la sed, íbamos a ceder; pero todos los prisioneros se negaron a concurrir al comedor.

Así transcurrieron dos días, sin comer por parte nuestra. Al tercero, la guarnición, con cascos y fusiles, tomó las azoteas, emplazaron ametralladoras y entonces el jefe de Cárceles y Prisiones, Lemus, con su séquito de ayudantes y escoltas, entró al patio. Se paseó de un lado al otro y dijo que si al día siguiente no salíamos a comer, declararía todo el patio en huelga de hambre y que llevaría su decisión hasta las últimas consecuencias.

Con nuestro grupo, el que más odiaban los carceleros por la actitud de rebeldía e indisciplina adoptada frente a ellos, se ensañaron de manera especial.

Por no estar vestidos, siempre nos habían llevado la comida a las galeras. Ahora se aprovechaban de aquella coyuntura para exigirnos el abandono de nuestra posición política e involucrarnos en una situación en que si éramos derrotados significaría aceptar la rehabilitación política. Ése era el objetivo.

Algunos de nuestros compañeros vestidos de amarillo quisieron compartir nuestra suerte, pero se les explicó que no debían hacerlo. La guarnición nos dio un ultimátum: o cedíamos o nos aplastarían de una vez por todas.

Solamente uno de nuestro grupo nos abandonó después de la amenaza, pidiéndole a la guarnición que le brindara protección, cosa que hicieron de inmediato llevándolo al botiquín, donde la Policía lo rodeó de atenciones especiales mientras sus compañeros agonizaban.

Como queríamos comer, nuestros amigos, burlando la vigilancia de los militares en el comedor, sacaban ocultos algunos alimentos y nos los tiraban por la ventana. Durante varios días estuvimos así, repartiendo quince huevos y diez panes entre cuarenta hombres. Hasta que situaron una posta frente a la ventana.

Al cuarto día, la guarnición se presentó en nuestra galera y nos cambiaron para otra fuera de la zona de presos. Nos despojaron de todo: cepillos dentales, jarros, jabón, medicamentos, y hasta de los nebulizadores contra el asma. En la galera de al lado tenían confinados a Huber Matos, Eloy, César Páez, Lauro Blanco y otros. Nos comunicamos en el acto con ellos y les explicamos la situación. Tony Lamas comenzó a perforar la pared de bloques de casi dos metros de espesor. En el área, por ser la militar, no llamaban mucho la atención aquellos golpes secos, que eran amortiguados enrollando una frazada alrededor de la barreta. Así se ahogaba un poco el ruido.

Terminaron al día siguiente, y con una manguerita de suero nos pasaron entonces agua con azúcar y leche en polvo. Sólo dos días tardaron los guardias en descubrir la abertura. Y de nuevo nos trasladaron, esta vez sin posibilidad alguna de contactos.

Paco Arenal fue designado para que hablara con la guarnición. Todos los días, al comienzo de la mañana, llamaba al oficial de guardia:

—Por favor, queremos desayunar.

—¿Van a aceptar nuestras condiciones?

—Queremos comer sin condiciones políticas.

A la hora del almuerzo y de la cena se repetía la solicitud de que nos dieran de comer. Ni un solo día dejamos de hacerlo. En otras ocasiones habíamos estado en huelga por decisión nuestra; ahora era diferente: eran los militares los que se negaban a darnos alimentos.

A las dos semanas de aquel ayuno obligatorio ya no podía caminar. Los años de maltrato, desnutrición, las enfermedades carenciales y la polineuritis que padecía agravaron con rapidez mi depauperación física. Me fallaba el cuerpo maltratado, pero se agigantaba mi espíritu de rebeldía. Sabía que podía morir, pero no me asustaba aquella posibilidad. Para mis creencias, si sucedía no significaba el fin sino el comienzo de la verdadera vida.

A los veinte días, el capitán O'Farrill, el mismo que participó en la muerte de Boitel, con Lemus y otros oficiales, entró a la galera. El aspecto que ofrecíamos debía de ser deprimente, pues estábamos tirados por dondequiera, sucios, barbudos y esqueléticos.

—¿Por qué están ustedes en huelga de hambre?

Ellos siempre eran así. Nos estaban negando los alimentos que sólo ofrecían a cambio de que claudicáramos, sabían que queríamos comer, y no obstante, con un cinismo inaudito, nos hacían esa pregunta.

—No estamos en huelga de hambre, ustedes lo saben. Todos los días pedimos de comer. Si quieren comprobarlo, manden a buscar los alimentos y ahora mismo vamos a comerlos —les respondió Paco.

—Sí, ustedes dicen eso, pero nosotros sabemos que todo esto ha sido organizado desde el exterior para desacreditar la revolución. Aquí hay varios agentes de la CIA, como Nacer y Chenequene...

Nosotros no lo sabíamos, pero ya en el extranjero se conocía lo que estaba ocurriendo, y ésa era la interpretación que ellos le daban: que se trataba de un complot de la CIA. Nacer y Chenequene, con Paco y otros más, fueron separados del grupo y destinados a un calabozo con escoltas especiales.

En tanto, nuestros familiares vivían días de un dramatismo sin precedentes. A la entrada de la prisión se aglomeraban las madres y esposas suplicando noticias de sus hijos y esposos presos.

Los militares, a los treinta días de estar negándonos los alimentos, comenzaron a dar parte a los familiares de supuestas muertes, pero sin decir nombres. Medida más cruel que aquélla contra nuestros parientes no la recuerdo. Patéticas escenas provocaban cada vez que anunciaban que otro de los huelguistas había fallecido. Algunas madres, deshechas de dolor, decidieron ellas mismas declararse en huelga, alegando que si sus hijos no comían tampoco ellas lo harían. Entre las primeras estuvo Josefina, la madre de Nacer. También mi madre dejó de comer, y muchas más.

Otro ensayo para tratar de romper nuestra resistencia fue el de insistir con nuestros parientes para que nos escribieran pidiéndonos que depusiéramos nuestra actitud. Ellos nos harían llegar esas cartas y se evitaría así que muriéramos. Las madres no vacilaron. Se trataba de la vida de sus hijos y accedieron. Recibí una carta de la mía, haciéndome saber que estaba en huelga y que moriría pronto si yo no renunciaba a mi actitud.

La carta de mi madre me destrozó. Su organismo, envejecido prematuramente por los sufrimientos y el terror, no podría resistir mucho. «¿Y si mi madre moría?», me pregunté.

A varios de mis compañeros les avisaron cuando ya sus madres agonizaban o habían muerto. Les ofrecían llevarlos unos minutos junto al lecho de la moribunda o frente al féretro, pero sólo a cambio de que claudicaran políticamente, de que abandonaran su actitud de rebeldía y aceptaran la rehabilitación. Muchos, no todos, transidos de dolor, se negaron.

Pasé dos días sin dormir. Pensaba en mi madre en grave estado. Fueron jornadas angustiosas. ¿Valía la pena que la sacrificara a ella también, que sólo vivía soñando con el día que me tuviera de regreso a su lado? ¿Cómo sería mi vida futura si me salvaba, pero con mi madre muerta a consecuencia de la situación aquella? ¿Podría, sería capaz de asimilar aquel golpe espantoso? ¡Qué horrible tortura fueron aquellos días!

Bastaba con que llamara al comisario político y le dijera que quería irme para que todo cambiara en un instante. Pero eso significaba la rendición incondicional. Sin embargo, salvaría a mi madre, me salvaría yo mismo y todo sería más agradable. Pero luego, ¿podría escapar a mi conciencia, a mi propio juez, al ser íntimo que me reprocharía siempre el haber actuado contrariamente a mis ideas y criterios, aunque hubiera sido empujado por el dolor y la angustia?

Nuevamente acudí a Dios y me confié a Él y a Su inmensa sabiduría, pidiéndole que me escuchara. Y, como siempre, me escuchó:

Debía continuar el camino emprendido, aunque me destrozara en el empeño, porque el hombre sólo puede vivir tranquilo cuando lo está consigo mismo. Y se disiparon mis dudas. Pero postrado en aquel camastro volví a sentirme triste, angustiado por lo que pudiera ocurrirle a mi madre. Empero, sin una sola duda en mí de que mi lugar era aquél, pasara lo que pasara, y de que allí me quedaría. Las visitas de los oficiales continuaban. A la comitiva del jefe Lemus, se unía la de la Policía Política y un médico militar llamado Torres Prieto, que examinaba a todos. A los que vomitaban o veía más graves les hablaba atemorizándolos con el anuncio de complicaciones hepáticas fatales y les ofrecía asistencia médica si claudicaban.

Todos los días pedíamos los alimentos, y les decíamos que queríamos comer. Habían comenzado a negarnos la comida el 24 de junio, ya había pasado julio y estábamos a principios de agosto. Comprendieron que nuestra decisión desembocaría en el fallecimiento masivo. En cualquier momento podíamos empezar a morirnos; sólo entonces, bajo esa presión, decidieron poner fin a la medida más despiadada que se hubiera tomado hasta ese momento en las cárceles políticas cubanas. Bueno, eso pensábamos nosotros, porque todo no era más que una maniobra de los comunistas.

# Capítulo XLIV
## En silla de ruedas

La mayoría tuvimos que ser regresados a la galera en camillas. De inmediato varios médicos fueron a examinarnos. El diagnóstico que hicieron de mi caso, junto al de otros cinco más, fue alarmante. Los reflejos habían desaparecido y el médico dictaminó una paraplejía fláccida carencial. Los exiguos músculos de las extremidades inferiores eran como una babilla gelatinosa y los superiores tenían limitaciones funcionales.

Los médicos dijeron que los otros cinco casos y yo debíamos ser ingresados cuanto antes en un hospital de rehabilitación física.

Me aplicaron un suero con alguna dificultad: la sangre estaba pastosa.

La alimentación se reinició con pequeñas dosis de agua azucarada y sueros. Al tercer día nos dieron leche fría. Al cuarto, caldo. Pero sin quitarnos los sueros.

Yo pensaba que a los pocos días podría comenzar a sentir, a mover las piernas; pero no fue así. En huelgas anteriores había visto a muchos que les había pasado lo mismo que a mí, pero también conocí a otros, como Liuva del Toro y Pascacio que quedaron en sillas de ruedas. El solo pensamiento de que yo también podía verme así, inválido, me horrorizaba. Al quinto día se apareció toda la oficialidad de la Jefatura de Cárceles y Prisiones. Entraron en la galera y con hostilidad llamaron a Paco para decirle que los que pudieran caminar tendrían que salir al comedor y cumplir todas las disposiciones reglamentarias. Aquello fue como una bomba helada.

—Eso es volver al principio de la situación que generó lo que acaba de pasar. Y además ustedes mismos nos dijeron que para comer no nos exigirían condiciones políticas de ninguna índole. Por eso nos trajeron de regreso —les respondió Paco.

—Nosotros no dijimos eso, ni prometimos nada nunca.

Se echaban atrás. Habían hecho una jugada sucia con cálculos previstos. Luego de haber pasado por aquello, después de la agonía de más de un mes y medio sin comer, ya consumidas todas nuestras reservas, ellos habían calculado que fácilmente seríamos llevados a donde querían. Pensaban que no tendríamos fuerzas para seguir resistiendo. Y era cierto, fuerzas físicas no teníamos, pero sí esa inquebrantable fortaleza espiritual que ellos, ignorantes de la condición y esencia del ser humano, desconocen.

Un murmullo de indignación se levantó de los camastros. Pero lo atajaron de manera insolente:

—Si no les gusta, ya saben lo que pasará. Así que escojan. Y el que no acepte las disposiciones del Ministerio vuelve a la huelga. Arriba... decídanse!

Para asombro de ellos sólo dos se quedaron. Estaban furiosos. No habían previsto nuestra reacción a su chantaje.

Nilo Muiño, oficial de la Dirección de Cárceles y Prisiones, se inclinó sobre mí y de un tirón me arrancó el suero de la vena; un chorro de sangre salió detrás de la aguja. A los demás les hicieron lo mismo.

Me tiraron en una camilla y me sacaron entre dos guardias. Se iniciaba el traslado. El patio lo habían llenado de soldados con cascos y fusiles ametralladores por temor a la actitud del resto del penal.

Antes de llegar al nuevo destino me interceptaron varios oficiales y el doctor Torres Prieto. Este último me insistió en que cambiara de actitud porque si no, me dijo, quedaría inválido para siempre. También los oficiales trataron de convencerme de que debía alterar mi decisión.

Yo no sabía que ya Amnistía Internacional se interesaba en mi caso. Pero ellos sí.

El regreso fue humillante. Me dejaron en el medio de la callecita de la dirección, donde estaban requisando y pelándonos a todos. Me desnudaron por completo y ocuparon así un diario de huelga y unas cartas de Martha. Luego me hicieron un corte de pelo ridículo, con una máquina manual, sin tijeras ni navajas. Nos destinaron a una galera asquerosa, con camastros de lona churrosos y apestosos, y plagada de chinches y piojos.

Esa misma noche regresaron para amenazarnos. A los cinco días comprendieron otra vez que no claudicaríamos, y al sexto, 12 de agosto de 1974, a los 50 días de iniciada la negación de alimentos, dieron por terminada la medida. Valdés, el jefe de la Policía Política, nos dijo, comentando lo sucedido, que la revolución tenia que sacudir la mata a cada rato, que siempre caían algunos capitalistas. Así definía él la operación de 46 días haciéndonos pasar hambre.

Y comenzó la lucha por la asistencia médica. Trajeron a una comisión de médicos del Instituto Neurológico de La Habana. Aquellos neurólogos nos hicieron un riguroso examen y su diagnóstico de nosotros seis fue: paraplejía fláccida nutricional. Recomendaron nuestro ingreso en un hospital especializado. Pero la Policía Política se opuso. Y comencé una lucha, que duraría años, para que me dieran tratamiento médico. Escribí al Ministerio, a los jefes de la revolución, al Comité Central del Partido y a otras mil dependencias.

No teníamos sillas de ruedas y nos arrastrábamos sobre unos cajones de madera. Estaba doblemente preso. En mi litera me tomaba las piernas con las manos y movía todas las articulaciones para evitar su anquilosamiento. Yo no podía quedarme inválido para siempre. Mis amigos me ayudaron dándome movimientos pasivos y masajes. Pero no era suficiente. Napoleoncito, que tampoco podía caminar, fue recuperándose. De Vera y yo seguíamos postrados, al igual que los otros cuatro. A la semana —un 19 de agosto— nos comunicaron que terminaban los caldos y el puré, y de nuevo a comer macarrones hervidos y spam. Este alimento era el «manjar» del presidio: los presos lo habían bautizado con el nombre de «vómito de perro». Procedía de Holanda y era como una pasta suave de carne con una gran cantidad de grasa y almidón, envasada en latas grandes de 1.800 gramos, por la firma HOMBURG.

En la prisión de La Cabaña estaba preso, acusado de agente de la CIA, un holandés, funcionario de su país en La Habana, llamado Paul Redeker. El nos informó que ese producto no era apto para el consumo humano, que se fabricaba con desechos y que había sido pedido en esa forma por el gobierno cubano. Él conocía bien los detalles porque intervino en la negociación. Nos contó que ellos pensaron que sería usado para mezclar con otros piensos para animales. En la calle no existía aquel producto, pues no se le vendía al público. Fue comprado especialmente para los más de cien mil presos cubanos.

En tanto, el doctor Humberto Medrano, presidente del «Comité para la divulgación de los maltratos a los presos políticos cubanos», lograba, gracias a la SIP (Sociedad Interamericana de Prensa), que le cedió su turno, presentarse en la Comisión de Derechos Humanos de la ONU, en Ginebra (Suiza), para denunciar lo que hombres y mujeres sufrían en las cárceles castristas. Allí entregó a la Secretaría de la Subcomisión la documentación que probaba los horrores del presidio político cubano. Listas enormes de torturados, de mutilados y asesinados, así como cartas de prisioneros, salidas clandestinamente, y la relación de los campos de concentración con su exacta ubicación en la Isla.

El doctor Medrano, en su exposición, se apoyó en informes de la Comisión Internacional de Juristas, de la Comisión Interamericana de los Derechos Humanos de la OEA, de la Liga de los Derechos del Hombre, de la Cruz Roja Internacional, de Amnistía Internacional y en otras investigaciones de prestigiosos organismos, que probaban la violación de los Derechos Humanos en Cuba y el trato degradante que recibíamos los presos políticos. Las golpizas, la negación de alimentos, visitas y correspondencia, la reimposición de condenas, fueron denunciadas igualmente por el doctor Medrano.

Mientras leía una relación de los asesinados en los campos de trabajos forzados de Isla de Pinos, Sergei Smirnov, el delegado soviético, lo interrumpió chillando que todo eso era mentira. El doctor Medrano le respondió que eran hechos probados. El soviético Smirnov insistió en que se le quitara la palabra al doctor Medrano y propuso que el informe ni siquiera apareciera en las actas. Se generó una polémica entre los delegados, que debatieron si tenía derecho o no a seguir hablando nuestro compatriota.

Cuando le restituyeron la palabra, el doctor Medrano, obviando la lista de los asesinatos, continuó hablando del presidio político de las mujeres, más cruel e inhumano que el de los hombres.

Y de nuevo se desató la tempestad; el soviético Smirnov seguía chillando:

—Camarada presidente..., camarada presidente..., éste no es el lugar para este tipo de expresiones políticas y esta intervención tiene que terminar.

Se unió a Smirnov el delegado cubano Hernán Santa Cruz, quien pidió que le cortaran la palabra al doctor Medrano. Algunos delegados eran partidarios de que le concedieran cinco minutos, otros, dos. Fue entonces cuando la voz del doctor Medrano retumbó en aquella sala:

—¡Presidente, pedimos aunque sea quince minutos más, uno por cada año de salvajes atropellos que se cometen contra el pueblo y los presos políticos en Cuba!

El presidente, un rumano, le concedió cinco minutos.

El doctor Medrano solicitó que fuera circulada oficialmente la documentación presentada, y que se nombrara una comisión especial que investigara y analizara el cúmulo de pruebas que demostraba las constantes violaciones de los Derechos Humanos en Cuba, el genocidio ideológico y las torturas.

Al igual que el 12 de mayo de 1972, cuando se les pidió que intervinieran para salvar la vida de Boitel, la ONU guardó silencio. La comisión investigadora requerida no fue nombrada, la documentación na fue circulada y semanas más tarde desaparecía misteriosamente. Ocurría en el mes de agosto de 1974. En tanto, Castro seguía fusilando a sus opositores, en las cárceles continuaban las torturas y Cuba aspiraba a la secretaría de la Comisión de los Derechos Humanos de la ONU precisamente.

Para entonces nos entregaban la correspondencia cada tres meses Nunca pude saber exactamente cómo sucedió, pero cuando nombraron un nuevo cartero militar, una tarde se apareció con un paquete de tarjetas postales, y todas eran para mí. Aquello no tenía precedentes, por lo insólito. Y todas, absolutamente todas, eran de Amnistía Internacional. Procedían de Suecia, Alemania, Canadá, Holanda. Fue así como supe que había personas en todo el mundo que conocían ya nuestra situación y mi caso en especial.

Todo se debió a que el nuevo cartero militar se había confundido. Vio allá, en la dirección, aquellas tarjetas, y consideró que eran para entregarlas. Al día siguiente el teniente Ochoa, muy temprano, me pidió que se las devolviera un momento, según él «para ponerles el cuño de autorizadas». Después me las volverían a entregar. Pensó que yo iba a creerle. Pero le dije que las había repartido entre todos mis compañeros, en las 16 galeras.

\* \* \*

Rodríguez Mosquera era asmático crónico, de esos que jamás tienen un día o una noche sin ataques. Tenía una crisis de la que no lo sacaban los medicamentos habituales y con urgencia se le informó a la dirección del penal.

El doctor Valero, un preso común que disfrutaba de la confianza de la dirección, lo examinó y, despótico, autoritario, pues sentía un profundo desprecio por los prisioneros políticos, le dijo que no era nada grave. Pero Mosquera conocía su enfermedad y sabía que mentía. Se le avisó al doctor Torres Prieto y, como respuesta, éste mandó a que le suspendieran los bronco-dilatadores. El 26 de setiembre, Rodríguez Mosquera moría por asfixia.

Tres días después, luego de semanas solicitando que lo atendieran, se le perforó una úlcera a Victoriano Santamaría y murió sin atención médica.

\* \* \*

Seguí escribiendo al ministro del Interior, al vice, al director de la Cruz Roja pidiéndoles asistencia médica. Supe que el teniente Romero, uno de los comisarios políticos, al que todos llamaban «Libretica» porque siempre llevaba una libreta bajo la axila, en la que lo anotaba todo, era el secretario del núcleo del Partido en la prisión.

Lo llamé y le dije que quería entregarle a él, como la máxima autoridad del Partido en la prisión, una carta para que la elevara a la Dirección Provincial. Se asustó. Aquello de que un preso contrarrevolucionario se dirigiera al Partido, escapaba a sus perspectivas. Me preguntó qué sucedía y me prometió ocuparse del asunto. No por eso dejé de seguir escribiendo. Todos los días, cuando el oficial de recuento entraba, yo le tenía tres o cuatro cartas.

Al fin, el 4 de noviembre, me llevaron a un neurólogo. El doctor Joaquín García, luego de un largo examen y *test* muscular, expidió un certificado de ingreso para un hospital de rehabilitación física y diagnosticó «polineuropatía carencial aguda; síndrome carencial y paraplejía fláccida», señalando que sólo un tratamiento intensivo podría recuperarme.

Pero a la Policía Política no le bastó con aquel diagnóstico e hizo que me viera uno de sus médicos de confianza, el doctor Luis Díaz Cuesta, jefe de los Servicios de Medicina Física de La Habana. El diagnóstico fue el mismo, pero señaló, además, atrofia de los músculos de las piernas y déficit en los de los brazos. El 3 de enero de 1975, este médico recomendó mi ingreso en un hospital sin más dilación, o se corría el riesgo de que las lesiones se hicieran irreversibles.

Personas amigas dentro de la prisión me facilitaron fotocopias de todos estos diagnósticos, y yo logré que llegaran a manos de Martha, en el extranjero. Años más tarde, servirían para desmentir rotundamente al gobierno cubano.

Los servicios seguían sin puertas; en su lugar teníamos unos viejos sacos de yute, llenos de parches, podridos. Las moscas eran una plaga que sólo nos dejaban descansar de noche. Se posaban en racimos en todas partes, y con papeles encendidos las quemábamos por cientos; pero a la mañana siguiente, del basurero que estaba al otro lado, a sólo unos cien metros, volaban otra vez hacia nuestra galera. Hasta ciempiés había allí y cuanto bicharraco existe parecía encontrarse a gusto entre sus paredes.

En el botiquín, cuando tenían un paciente con un suero, un enjambre de moscas invadía la gomita y el pomo. No había una instalación sanitaria adecuada, sino una bañera vieja que desaguaba en una lata; cuando ésta se llenaba, el agua originaba un charquero. Las tupiciones eran frecuentes y los excrementos de los servicios, rebosados, había que sacarlos con latas o barrerlos. La fetidez era insoportable. Hubo que romper el patio para desatascar los tragantes, sacar carretillas de tierra y porquería que se amontonaban y sobre ellos las nubes de moscas y guasasas que se metían en los ojos, en la boca... Las diarreas aumentaron, y Carreño, Eguiliort, Llerena y otros contrajeron hepatitis aguda.

Nos daban solamente un litro de agua al día para beber y cubrir todas nuestras necesidades. Es por ello que cuando llovía, sacábamos dos palos por la ventana y de los mismos colgábamos una sábana en forma de canal con la que recogíamos el agua de lluvia en un recipiente que guardábamos con ese fin. Los inválidos seguíamos arrastrándonos en las cajas de madera con la ayuda de nuestros compañeros. En verdad era deprimente aquella impotencia. Conseguir una silla de ruedas requería una tramitación burocrática que podía durar años. Pero nosotros no podíamos esperar tanto.

Una tarde hablé con Menchaca. Era comunista, pero hablaba con claridad y no prometía lo que no podía cumplir. Era uno de esos raros personajes dentro del aparato represivo que mantenía una actitud de respeto hacia el preso. Conmigo siempre se comportó de forma correcta, sin ensañamientos ni abusos. Había calidad humana en él, cosa que muy pocas veces encontré en un funcionario del gobierno cubano.

Desempeñaba el cargo de administrador de los servicios de medicina de la prisión. Le dije que necesitábamos las sillas de ruedas, que yo tenia amigos que podían mandarlas del extranjero, cosa que ellos no ignoraban. Le hice saber que si en una semana no teníamos todos sillas de ruedas, las pediría a mis amigos de Amnistía Internacional. Pocos días después nos las entregaron a los seis. Esto significó liberamos de estar postrados en cama todo el tiempo. Comenzaba para mi una grandísima prueba de voluntad, un reto a mi carácter hiperquinético, que necesitaba constante actividad. Estaba entonces atado a la silla, que pronto incorporé a mi cuerpo y fue como una prolongación del mismo.

En febrero de aquel año 1975, citaron a mi madre a las oficinas de la prisión. La recibieron el doctor Torres Prieto y el teniente Ginebra, jefe de los comisarios políticos. Le dijeron que yo podía morir en cualquier momento y que jamás volvería a caminar, porque las lesiones eran irreversibles. Luego trataron de convencerla para que me escribiera pidiéndome que aceptara la rehabilitación política. Le prometieron que en sólo unos meses me pondrían en libertad.

Ésta era la respuesta a las gestiones y cartas de mi madre a los dirigentes de la revolución solicitando asistencia médica para mí.

* * *

Cuando se descubrió que Enrique Torres tenía cáncer, ya era demasiado tarde. Le quedaban sólo unos meses de vida. Le plantearon que para recibir tratamiento tenía que aceptar la rehabilitación política, y que además lo pondrían en libertad. Él la aceptó, quizás aferrado a esa esperanza última de sobrevivir que tiene todo condenado a muerte. Pero pidió que se lo llevaran de La Cabaña. No quería que sus compañeros lo vieran vestido de rehabilitado. Se lo llevaron, pero a la semana lo regresaron, para que todos lo vieran, para humillarlo, para cobrarle el tiempo que se mantuvo en rebeldía.

Lo sacaban a darle terapia radiactiva. Se desfiguró, cambió el color de la piel, se le cayó el pelo. Le recordamos al teniente Félix Ochoa que sólo le quedaban unas semanas de vida y que ellos habían prometido ponerlo en libertad. El oficial respondió que no podían cumplir lo prometido por razones de seguridad, porque un preso contrarrevolucionario que sabe que va a morir podía tratar de inmolarse atentando contra un dirigente de la revolución.

Cuando Enrique agonizaba, postrado, incapaz de levantarse, la Policía Política preguntó a los médicos y éstos dijeron que sólo le quedaban horas. Entonces le extendieron una licencia para que fuera a su casa. No pudo usarla: murió. Era el 12 de febrero de 1975.

* * *

Las 16 galeras de aquel patio albergaban a unos 1.500 prisioneros. Empezó a faltar el agua y tuvieron que llevar camiones tanques que lanzaban sus gruesas mangueras por todo el patio para suministrárnosla. Pero, durante dos días seguidos, no dieron agua y se agotó aun la de tomar.

El teniente Emilio Bastos, un mulato de 1,90 metros y 120 kilos, era el director. Uno de sus hechos más destacados fue el de golpear y patear en el suelo al norteamericano Frank Emmick, un anciano debilitado por los años de cárcel y dos infartos cardíacos. El teniente Emilio, en respuesta a nuestra solicitud de agua, nos dijo que si queríamos tomarla fuéramos al río.

Ésta y otras provocaciones fueron enrareciendo la atmósfera de tensión que ya existía. Una más fue la de querer pelar a Servando, al que tenían odio por su perenne actitud de rebeldía, que manifestaba ante la guarnición sin temor alguno.

El teniente Mauricio, jefe militar del patio, amenazó con ordenar que le dieran unos electro-shocks a Servando, práctica que desde hacía varios meses estaban empleando con algunos prisioneros y que tres años más tarde, al igual que en la Unión Soviética, sería un método usual de represión.

Esta amenaza motivó el apoyo masivo de los presos a Servando. Por la tarde interrumpieron la comida y encerraron a todos los prisioneros en las galeras, y la guarnición entró al patio provista, además de con fusiles y bayonetas, con caretas antigases y bombas lacrimógenas. Los mandaba el comandante Cabales.

Se situaron frente a la galera, exigiendo que entregasen a Servando para pelarlo. Éste aceptó pelarse, pero dentro de la galera. La guarnición recibió la orden de lanzar las bombas lacrimógenas. El recinto, sin ventilación, se convirtió en un infierno de humo y lágrimas y toses. Los guardias invadieron por asalto la galera. Los presos trataron de hacer resistencia y fueron apaleados.

En las demás galeras, cuando estalló la primera bomba, se entonaron las notas del Himno Nacional y les gritamos insultos de todo tipo a los militares, a la vez que les tiramos cuanto objeto teníamos a mano. Los guardias se replegaron a los costados de las puertas, fuera de nuestra línea de tiro. Fue entonces cuando algo inusitado ocurrió. De las galeras del frente, donde se encontraban los presos rehabilitados, comenzaron a arrojarles a los soldados frascos de cristal, zapatos, palos. Desde la azotea otros guardias dispararon cortas ráfagas de ametralladora a las rejas de los rehabilitados, para obligarlos a separarse de ellas. Algunos resultaron heridos por las esquirlas.

Con accesos de tos, dando traspiés, los ojos enrojecidos y llorosos por los gases, fueron sacando a golpes y patadas a los que estaban en la galera cinco, algunos gravemente heridos. Bruno Salas, Curiel, Juan Machado y varios más, con quemaduras de las bombas, tuvieron que ser llevados al botiquín de la otra zona para curarlos. Servando y otros dos fueron introducidos en las celdas de castigo.

Al día siguiente la guarnición siguió creando dificultades. El teniente Mauricio ordenó medidas disciplinarias que mantuvieron a los presos sin comer hasta las once y media de la noche. Una provocación tras otra, como para probar hasta dónde los prisioneros eran capaces de resistir los atropellos sin chistar.

El clima fue tornándose más tenso.

A la hora de la comida, el teniente Mauricio, acompañado de media docena de guardias, entró al patio, se paseó de arriba abajo con aire desafiante, mirando agresivamente a los presos que formaban cola frente al comedor.

Nuevamente los militares del comedor se negaron a servir la comida a cuatro o cinco por no tener abrochado el primer botón de la camisa y quisieron regresarlos a la galera. Pero éstos se negaron y el teniente Mauricio dio la orden de atacarlos. Él fue el primero en levantar la bayoneta y descargarla sobre los presos.

Eduardo Capote era maestro. Luchó contra la dictadura de Batista en las montañas, junto a Fidel Castro. Pero no lo hizo para instaurar el marxismo, y por enfrentarse a él estaba ahora en la prisión, al final de la fila donde estaban golpeando a sus compañeros.

Un guardia llamado Borróto, empuñando un machete, atacó a Capote, que por instinto de conservación trató de cubrirse la cabeza con el plato. El primer machetazo, dado no de plano sino con el filo, le cortó músculos y tendones, llegando al hueso de su mano izquierda.

No obstante, Capote intentó protegerse nuevamente levantando los brazos, y otro machetazo le alcanzó la mano derecha: sus dedos cayeron al suelo, cortados limpiamente. Sin importarle sus heridas ni la sangre que brotaba de su mano mutilada, el guardia Borroto siguió golpeándolo con saña por la cabeza, por los hombros, por los brazos...

Desde la galera nosotros contemplábamos horrorizados el crimen que estaban cometiendo con Capote y empezamos a sacudir las rejas tratando inútilmente de arrancarlas. Aquella escena me aterrorizó tan brutalmente que en mi cerebro se agolparon imágenes de otras carnicerías que había presenciado en los campos de trabajos forzados, en Isla de Pinos, en las tapiadas de Boniato.

Desde las azoteas, los guardias de posta hicieron varios disparos y en unos minutos el patio se llenó de oficiales. De urgencia sacaron a Capote, que se estaba desangrando. No había ambulancia, ni en el botiquín lo necesario para curarlo. Al fin localizaron el vehículo y se lo llevaron. Los otros heridos fueron atendidos allí mismo, en la enfermería. Anochecía cuando los regresaron a la galera. A la mañana siguiente, mientras barrían el patio, apareció, entre papeles y basuras uno de los dedos, ennegrecido, de Capote.

Días después, cuando un familiar supo lo sucedido a Capote, consternado lo comentó con el primo de éste, René Anillo Capote, viceministro primero de Relaciones Exteriores del gobierno de Castro, que saltó indignado respondiendo que eso era una calumnia para desacreditar a la revolución, porque en las cárceles cubanas no se maltrataba a los prisioneros.

Demetrio Rodríguez trabajaba en el botiquín. Era un prisionero querido por todos. Llevaba diez años en la cárcel. Había pedido una revisión de su condena porque se consideraba inocente de la acusación que le hicieron. Cuando lo llamaron con sus propiedades, fuimos a felicitarlo pensando que salía en libertad. Con él llamaron a Rafael Escalona. El 29 de marzo de 1975 los fusilaron a los dos. Nunca supimos la razón.

La ejecución de anónimos luchadores era continua. Hombres que no pasaban por las cárceles, de los que hablé en otro capítulo, y que eran conducidos directamente al paredón, sin juicio previo, en el anonimato. Algún día se conocerán las cifras de estos fusilados clandestinos.

Una noche cuatro o cinco automóviles se detuvieron frente al foso donde se fusilaba. Desde el fondo de nuestra galera se veía perfectamente. De los vehículos bajaron unos oficiales. Sólo unos minutos después llegó una caravana de ocho o diez coches más. Y entonces hicieron descender a un hombre con los brazos atados a la espalda y amordazado. Lo vi claramente a la luz de los reflectores.

Por la cantidad de militares y los autos en que iban se conocía que era gente importante, y además con un interés especial en ser testigos de aquel fusilamiento. Pienso que su interés obedecía posiblemente a que existía alguna relación o vínculo entre aquella alta oficialidad y el condenado a muerte.

Todos se quedaron hasta que le dieron el tiro de gracia y lo metieron en la caja, como queriendo cerciorarse de que estaba muerto. Fue en la noche del 29 de julio de 1975.

Fuimos testigos de numerosas ejecuciones similares. También solían hacerlas en los fosos del castillo de San Severino, fortaleza-prisión de la provincia de Matanzas. Y en el Morro de Santiago de Cuba, en Oriente.

Cinco prisioneras políticas, por su actitud rebelde, habían sido incomunicadas en un pequeño local de la prisión de La Cabaña, no en la misma área en que estábamos nosotros, sino afuera, del otro lado del antiguo puente levadizo de la fortaleza, en un edificio lleno de cajas de municiones.

Recuerdo que estaba revisando con Pepín Saura un desperfecto en una de las ruedas de la silla, cuando de pronto, viniendo de los fosos, con una claridad perfecta, escuchamos unos gritos:

—¡Asesinos... nos están pegando...!

Era una voz femenina, infantil casi. Me estremeció escuchar aquellos gritos. Guardaba en mi memoria otras voces viriles que retumbaron en los fosos centenarios: las de los que en el momento de ser fusilados gritaban: «¡Viva Cuba libre. Abajo el comunismo!» Pero éstas de ahora me oprimían el alma de una manera diferente.

Sabía que las mujeres eran golpeadas, que las mantenían desnudas en celdas tapiadas, que Lydia Pérez había muerto en el parto, así como el hijo que llevaba en las entrañas, desangrada porque le dijeron que no le darían sangre a una contrarrevolucionaria. Murió en un calabozo inmundo porque le negaron asistencia médica. Y que el esposo, preso en otra cárcel, al conocer lo sucedido se suicidó. Conocía de las incomunicaciones, de las requisas espeluznantes donde guarniciones de hombres les arrancaban las ropas y las arrastraban desnudas luego de apalearlas o lanzarles potentes chorros de agua.

Pero muy diferente era escucharlas gritando, sabiendo que eran golpeadas a sólo unos metros de nosotros y que nada podíamos hacer por evitarlo.

La doctora Ana Lázara Rodríguez fue una de aquellas prisioneras golpeadas. Nueve años después nos vimos, ya los dos en libertad, y me contó que oficiales de la Policía Política se habían presentado allí con otros militares para exigirles, una vez más, que tenían que aceptar la rehabilitación. La enérgica y rotunda negativa de las cinco prisioneras los irritó de tal manera que la emprendieron a golpes contra ellas.

De todas las galeras, los presos comenzaron a gritarles a los guardias: «¡Asesinos..., cobardes!» Esa misma noche, la guarnición irrumpió en el patio en zafarrancho de combate y ordenó que lo recogiéramos todo en cinco minutos porque íbamos a ser trasladados.

# Capítulo XLV
# Sí saben lo que hacen

El calor en el sur de la provincia de Oriente es el más intenso de toda la Isla. Y como la cárcel de Boniato se asienta en el fondo de un valle, en verano es un verdadero horno. La cárcel estaba llena de carteles saludando el primer congreso del Partido Comunista, que se celebraría en setiembre.

Terminaba el mes de agosto y Laureano llevaba padeciendo muchos días de un desesperante dolor de muelas. Una caries enorme había devorado casi toda la pieza, de la que apenas quedaba un cascarón. Se habló con el jefe del edificio, y con los demás oficiales que iban al recuento, para que le extrajeran la muela, pero sin resultado alguno. Ni siquiera le dieron una aspirina para aliviar el dolor.

Las noches sofocantes las pasaba Laureano sin dormir. El tormento del dolor se iba acumulando en su mente, desesperándolo. Se mandó a buscar al teniente jefe de los comisarios políticos para explicarle lo que estaba sucediendo. Respondió que para que le sacaran la muela Laureano tenía que deponer su actitud. Agregó que nosotros sabíamos que mientras estuviéramos en rebeldía no teníamos derecho a recibir auxilios médicos.

Desesperado, Laureano se arrancó la muela con una cuchara y un clavo enmohecido. Fue una operación bárbara. Se destrozó las encías, mas sólo consiguió que se desprendieran pedazos de la pieza. En cambio, le sobrevino una infección que le invadió el maxilar.

Se llamó al oficial de guardia y prometieron, para aliviarle el dolor, ir a inyectarlo y que al día siguiente lo llevarían al médico.

No fueron a inyectarlo.

El preso común que servía el desayuno colaboraba con nosotros y aunque no podía levantar la cabeza porque se lo tenían prohibido, sabía por cuál celda iba. Asimismo, teníamos una manera de burlar la vigilancia de la guarnición. Dentro de la masa de un pan se hundía una notica bien doblada y pequeña. Por la recibida aquella mañana se conoció que la noche anterior el coronel Irvin Ruiz —jefe provincial de la Seguridad del Estado, que años más tarde, al ser sustituido el ministro del Interior, Sergio del Valle, sería degradado junto con otros oficiales de alto rango— había pasado varias horas conferenciando con la oficialidad, y que las postas estaban reforzadas.

Pasaron las horas y no sacaban a Laureano, que ya para entonces tenía fiebre alta y corría el peligro de morir de septicemia.

Cuando llevaron el almuerzo, los presos lo rechazaron. El teniente Elio, jefe del edificio, se presentó a indagar por qué no querían almorzar, y entonces se le preguntó por qué no habían sacado a Laureano, que se encontraba grave.

—Ustedes conocen las condiciones establecidas. Mientras mantenga su actitud, no podemos darle asistencia. Son órdenes superiores.

Uno de nuestros compañeros, Juan González, que estaba designado para hablar con los militares, informó sobre la nueva negativa de nuestros carceleros a darle asistencia a Laureano. Todos tenían presente la muerte de José Ramón Castillo, el último de los nuestros que, también por falta de asistencia médica, había dejado su vida en aquellas celdas tapiadas.

La respuesta que se dio fue la única que estaba al alcance de los prisioneros: golpear las planchas de hierro que tapiaban las puertas con las cucharas de calamina y los jarros y platos. Una respuesta de impotencia y dolor.

En esos instantes había visita de familiares de prisioneros rehabilitados y el director de la prisión la suspendió diciendo que los presos contrarrevolucionarios se habían amotinado y tenían tomado el edificio, hiriendo a varios militares. Lo habían preparado todo muy bien. Cuando los familiares de los rehabilitados fueron desalojados, la guarnición, en zafarrancho de combate, marchó hacia nuestro edificio. En el pabellón de enfrente, los vestidos de amarillo, que no estaban tapiados, los vieron acercarse y bloquearon la entrada de su pasillo con tanques de agua.

Cuando los guardias subían la escalera e iban ya a desembocar en el rastrillo, los presos, parapetados tras los tanques, les tiraron frascos de cristal; la guarnición respondió con ráfagas de ametralladora que abrieron surtidores en los tanques. Luego les dispararon tres granadas de humo y cuando los presos, asfixiándose, abandonaron el refugio, volvieron a disparar y tumbaron dos a tiros. Santiesteban se arrastró y metió al más grave en una celda. Se desangraba.

Los soldados entraron entonces al pasillo de las celdas tapiadas y comenzaron a abrir las puertas. A medida que salían los prisioneros iban siendo empujados a golpes y culatazos hasta el final del pasillo.

Sólo faltaban cinco o seis celdas por abrir. Los presos, golpeados, trastabillaban. La lluvia de golpes sobre ellos, con palos, bayonetas, cadenas, no cesaba un instante; pero, de pronto, como para protegerlos, entre ellos y los agresores se interpuso un hombre esquelético, con el pelo blanco y los ojos fulgurantes, que abriendo los brazos en cruz levantó la cabeza al invisible cielo...

—¡Perdónalos, Señor, que no saben lo que hacen...!

El Hermano de la Fe casi no logró terminar la frase, porque el teniente Raúl Pérez de la Rosa, desde que se interpuso, ordenó a los guardias que retrocedieran y disparó su fusil ametrallador «AK». La ráfaga trepó por el pecho de El Hermano de la Fe hacia el cuello, que quedó casi desprendido, como cortado por un brutal hachazo. Murió instantáneamente. Enrique Díaz Correa, que se encontraba a su lado, trató de sostener el cuerpo ensangrentado, pero el teniente Raúl Pérez volvió a disparar hasta vaciar el cargador del fusil.

Enrique recibió nueve impactos de bala en el cuerpo.

Entonces se desató una verdadera carnicería, organizada, sistemática. El teniente Carranza, de la Policía Política, disparó su fusil y otros guardias lo imitaron y cayeron heridos Roberto Martín Pérez —atravesado el escroto por un proyectil—, Onofre Pérez, Rolando García y otra veintena.

El teniente Figueroa apoyó el cañón de la pistola «Makarof» en la cabeza de Evelio Díaz.

—¡Coge, maricón...!

Y apretó el disparador. Pero la pistola se encasquilló y, maldiciendo, Figueroa la empuñó por el cañón y atacó a Evelio golpeándole la cabeza con la culata.

Los que aún quedaban en las celdas fueron machacados. A Liuva del Toro y a Pascacio los arrancaron de las sillas de ruedas halándolos por los tobillos y arrastrándolos; en esa forma los bajaron por las escaleras mientras sus cabezas golpeaban los escalones. Liuva llegó al primer piso sin conocimiento.

Empuñando los fusiles por el cañón, como si fueran bates de béisbol, apaleaban a los prisioneros que, completamente desnudos, eran evacuados a la planta baja. Así le propinaron un culatazo a Posada, que cayó de bruces contra el suelo. En ese momento no lo supimos, pero la base del cráneo se le fracturó.

Ni un solo prisionero dejó de recibir golpes en aquella orgía de sangre y horror. Desnudos, arrinconados como animales aterrorizados y rodeados por un círculo de bayonetas, se agruparon más de veinte heridos de bala y con otras armas contundentes y cortantes. Arriba, en las celdas, los guardias lo estaban destrozando todo, hasta las ropas. Pasó más de una hora antes de que trajeran camillas. Bajaron a El Hermano de la Fe y a Enrique Díaz Correa y los colocaron en el pasillo que une a los edificios y que está cerrado por mallas de acero.

Los ojos claros de El Hermano de la Fe son ahora como de un cristal duro, opaco, abiertos de asombro. La boca tampoco está cerrada. A su lado Enrique emite un quejido casi inaudible. Está vivo, con nueve proyectiles en el cuerpo, pero se salvará luego de extirparle varios órganos y parte de los intestinos.

Ha empezado a llover y la lluvia entra empujada por el viento a través de la malla de acero. A los costados de los dos cuerpos hundidos en las camillas de lona comienza a estancarse el agua, que, mezclada con la sangre, va adquiriendo un color rojizo, y comienza a caer en un hilillo.

Era el 1ro de septiembre de 1975, Año del Primer Congreso del Partido Comunista de Cuba.

Dos días después, los guardias, disfrazados de presos, simularon un ataque a los militares y filmaron escenas para justificar su bárbaro crimen.

La muerte de El Hermano de la Fe fue conocida muy pronto en todas las cárceles de Cuba y en el exterior. Él repitió antes de morir las palabras de Cristo en la cruz, «Perdónalos Señor, que no saben lo que hacen!». Y todos, cuando se secó la sangre, luchábamos en el interior de nuestras conciencias por lograr algo tan difícil pero tan hermoso como eso de perdonar al enemigo.

Pero para Dios no hay imposibles. Ni para los que lo aman y buscan. Cuanto más feroz era el odio de mis carceleros, más se llenaba mi corazón de esa fe que me daba fuerzas para soportarlo todo; pero no con una actitud conformista o masoquista, sino lleno de alegría, libertad y paz interior, porque Cristo me acompañaba por aquellos laberintos de horror y de muerte.

Medité y pensé mucho en el asesinato de El Hermano de la Fe, uno de los hombres que más he admirado en la vida. La frase de Cristo fue inspirada en el hecho de que sus verdugos no sabían que estaban matando al Hijo de Dios. Pero éstos sí sabían lo que hacían. Mas ello no debía invalidar la capacidad de perdonar.

Una carta mía denunciando lo sucedido en Boniato logró llegar a manos de Martha. El doctor Medrano y un grupo de exiliados la presentaron en la ONU, pero esta prestigiosa institución ni siquiera se molestó en acusar recibo; seguía sorda y ciega cuando se trataba de los crímenes que la dictadura castrista cometía con los presos políticos cubanos.

Cuando nos trasladaron al patio dos de La Cabaña, el mismo en que estábamos antes, nos destinaron a la galera 16, donde se ahorcó el Bitongo un Día de los Enamorados. Pero no estaba abierta como antes la reja que permitía llegar al pasillito exterior, también enrejado, y mirar hacia el patio, hacia el cielo.

Nos dijeron los militares que estaríamos mucho mejor, porque habían creado condiciones de vida apropiadas, que la galera había sido pintada, arreglada y desinfectada.

Cuando entramos era de noche. Estaba en penumbras. Años atrás había estado allí; entonces había 10 bombillas grandes, porque es la galera más larga; ahora sólo quedaban dos. Parecía una cueva. Nos acomodamos lo mejor que pudimos para pasar la noche. Pero dormir fue imposible, las chinches no lo permitían. Ya en la madrugada tuve que pasarme a la silla de ruedas y esperar sentado a que aclarase. Eran los presos comunes los que habían estado viviendo en la galera. En los años que llevaba preso, jamás había visto asquerosidad como aquélla. Las paredes estaban completamente cubiertas por una capa de millones de chinches y carángaños, un piojo grande, que transmite enfermedades con su picadura.

Los servicios, aquellos agujeros a ras del suelo, eran repulsivos. Nacer llamó la atención de los demás diciendo jocosamente que las paredes se movían. Fuimos a verlo y, en efecto, se movían: una nata ondulante de gusanitos, con lomitos brillantes, se retorcía sobre ellas.

Se consiguió un poco de polvo de lavar y se limpió toda la bóveda. Se eliminaron así un poco las chinches y los piojos. Eran tantos que formábamos pilas con ellos, como si hubiéramos barrido un saco de aserrín.

Yo seguía escribiendo al Ministerio del Interior, solicitando asistencia médica. Como respuesta, me llevaron a un hospital para extraerme líquido de la espina dorsal y analizarlo. Estando allá se apareció el teniente Ramiro Abreu, delegado del entonces ministro del Interior. Aquello estaba preparado. Habló algo con los escoltas y éstos se alejaron. Me dijo entonces que la revolución sabía que yo no podía trabajar, pero que en 72 horas me pondrían en libertad si yo les decía, de palabra, sin firmar ningún documento, que aceptaba la rehabilitación política:

—Nadie lo sabrá, pues sabemos que se crean compromisos con los compañeros... —me dijo.

—Lo sabré yo, teniente, y eso sería suficiente.

Insistió con cortesía en sus ofrecimientos.

—La libertad con condiciones no me interesa, teniente. Le agradezco su interés.

Entonces me llevaron a la sala que la Policía Política tiene en el Hospital Militar. En esta instalación se prolongan los métodos de tortura psíquica y aislamiento de Villa Maristas. A los enfermos que están bajo investigación los mantienen en condiciones de represión excepcionales. Fue en aquel lugar donde un capitán me informó que yo no sería ingresado en un hospital civil porque tenían conocimiento de que mis amigos tratarían de rescatarme, algo completamente absurdo.

Los neurólogos me examinan y diagnostican lo mismo que los otros médicos, y como allí no pueden darme el tratamiento requerido me devuelven a la prisión de La Cabaña. Entonces el teniente Ginebra me comunica que están dispuestos a ingresarme de inmediato en un hospital especializado, pero que para ello tengo que aceptar la rehabilitación, que el Ministerio me garantiza que en un plazo no mayor de 90 días seré puesto en libertad.

—Yo no pienso aceptar la rehabilitación, teniente, y como ser humano tengo derecho a recibir asistencia médica sin ninguna condición —fue mi respuesta.

—Ésa es nuestra última palabra, Valladares, piénselo.

Esta negativa rotunda a darme auxilios médicos acabó con mis ya débiles esperanzas de recibirlos. Israel, otro de los inválidos, era tratado con masajes por Cáceres, uno de nuestros compañeros. Yo seguí con mi propio tratamiento de mover las articulaciones. En la silla podía hacer una serie de ejercicios ayudado por los brazos, que se iban recuperando. Si bien es cierto que los ejercicios impedían un avance hacia la atrofia, no eran suficientes para mi total curación.

Me construí una polea que colgaba de la litera que estaba encima de la mía; la fabriqué con unas bandas de lona que colocaba bajo los tobillos. Tirando con las manos de las cuerdas, subía y bajaba mis piernas.

Los músculos seguían blandos, sin tonicidad. Aquel vivir en una silla de ruedas dio una nueva perspectiva a mi vida y las impresiones, y mis estados de ánimo, y mi impotencia frente a un escalón de cemento, que cualquier niño podía salvar y yo no, los fui describiendo en versos, que pronto conformaron toda una colección.

Un día se los mostré a mi amigo Alfredo Izaguirre y le dije que iba a tratar de sacarlos para que los publicaran.

—Si tú publicas esto, en la misma silla de ruedas y por la espalda te fusilan los comunistas —fue su comentario.

—Bueno, si lo hacen, da lo mismo que sea de espaldas o de frente.

Y me empeñé en que aquellos poemas llegaran al extranjero. Escribí veintiuna copias, y sólo una, a través de mi buen amigo Agustín Piñera, llegó a manos de Martha.

*Desde mi silla de ruedas* se publicó y tradujo a varios idiomas.

Fue este libro el que me dio a conocer en muchos países del mundo y contribuyó a que la pared de silencio e indiferencia que existía con relación a los presos políticos cubanos comenzara a agrietarse. La primera edición la logró Martha con la ayuda de amigos en el extranjero.

Sabía que me exponía a la muerte con la publicación del libro, pero era necesario dar un ejemplo. Otros habían muerto en condiciones similares y no habían podido dejar otro mensaje que el de sus mismas muertes, y su rebeldía ante sus victimarios. Yo quise dejar un mensaje rotundo, imborrable; si moría, mis versos serían una constante acusación a la barbarie y al crimen del presidio político cubano. Algo que duraría más que la simple y humana memoria, tan dada a ser opacada por el tiempo.

Mi libro quiso ser un llamado a la conciencia de los hombres libres del mundo para que, mediante mis poemas y prosas, supieran lo que les estaba ocurriendo a los prisioneros de Castro, a aquellos seres —todavía hay cientos de ellos en las cárceles de Cuba— olvidados de todo y de todos. Los únicos en el mundo occidental que por más de veinte años de torturas han sido probados en su fe a la Democracia, en su amor a Dios, a la Libertad y a la Justicia. Hombres del pueblo, sencillos, humildes.

Se convirtió así la poesía en un arma de combate. Los tiranos aborrecen y odian a los poetas, porque son sus voces las que se levantan denunciando sus infamias.

Soñé que un día le crecerían alas a mi silla de ruedas, y mi sueño iba tomándose realidad.

En mi favor concurrieron entonces una serie de circunstancias. Luego de las investigaciones meticulosas que hace siempre, Amnistía Internacional me adoptó como preso de conciencia, y nombró a varios grupos en Alemania Occidental, Holanda y Suecia para que trabajaran en pro de mi libertad.

Por mi correspondencia clandestina con Martha conocía de la actividad de los miembros de Amnistía a favor mío. También por un militar de la prisión, que colaboró conmigo, sabía de la llegada de cientos de tarjetas que me enviaban. Alguna que otra vez, cuando no tenían distintivo y estaban escritas en otro idioma, me las entregaban. Puedo decir que esto contribuyó grandemente a que las autoridades cubanas no me eliminaran físicamente de forma violenta. Ser adoptado por Amnistía

Internacional constituía una especie de protección. Ellos sabían que ya en todo el mundo había personas que estaban al tanto de mi situación.

El grupo número 110, de Suecia, realizó un trabajo extraordinario y a ellos agradezco en gran parte haber salido en libertad.

Día a día, Martha lograba que mi caso y el de mis compañeros fuera conocido, que se publicaran artículos en la Prensa.

*   *   *

Odilo Alonso Fernández, el español, había sido separado de nosotros y trasladado a la cárcel de Pinar del Río; allí fue encerrado en una celda con Sanabria, otro de los presos que se encontraban sin ropas. En más de una ocasión, Odilo fué golpeado. Durante una de esas golpizas en las dependencias de la dirección, lo tiraron contra un lavabo; su cabeza golpeó con violencia y sufrió lesiones en el cerebelo.

Desde entonces tuvo trastornos con el equilibrio. No podía caminar sin apoyarse en las paredes. No le era posible, además, hacerlo en linea recta y por ello andaba haciendo eses, como si estuviera borracho. Tampoco podía acercar una pierna a la otra porque se caía; tenia que andar con las piernas muy abiertas.

Una noche del mes de octubre lo trasladaron para nuestra galera en La Cabaña. Muy querido por todos, hicimos un coro alrededor de él y estuvo contándonos cuanto había pasado en los dominios de el Ñato, el más represivo de los entonces directores de prisiones.

Pasaron semanas, y un frío atardecer llamaron a Odilo. Cuando salió al patio las ráfagas se arremolinaban, levantando algunos papeles. Era el primer norte de la temporada. Dando tumbos Odilo avanzó escoltado por dos guardias. Un short y una camiseta eran toda su vestimenta. Lo sentaron en un saloncito. Odilo ni siquiera sospechaba para qué lo querían. Primero entró el sargento Acosta; después lo hicieron el embajador de España, don Enrique Suárez de Puga, el cónsul y otro funcionario.

El encuentro fue dramático y con toda seguridad inolvidable para el diplomático español. Odilo le contó las torturas a que había sido sometido: cómo le destrozaron los oídos a golpes, cómo echaba sangre por ellos, reventados e infectados. Le contó cómo se le inflamó la cabeza de los culatazos, cómo le fracturaron de un puntapié, estando en el suelo, la clavícula izquierda, y sin recibir jamás asistencia médica. El embajador y sus acompañantes escucharon consternados el relato. Ya se les había hecho llegar, clandestinamente, información del estado de salud de Odilo.

Las autoridades no hubieran querido que los diplomáticos vieran caminar a Odilo. Pero el embajador Suárez de Puga le tendió la mano y lo invitó a andar, comprobando el deplorable equilibrio del bravo español.

Contemplando la escena, con los dedos entrelazados y apoyados en el voluminoso vientre, el sargento Acosta, negro como el azabache, callaba, con el rostro inexpresivo. Nos había contado su historia. Era cortador de caña allá en Oriente, pero si trabajaba con la misma lentitud que hablaba o caminaba, muy poco ganaría. La revolución lo llevó para la capital, le dio un uniforme del Ministerio del Interior, una pistola y lo hizo comisario político. El sargento Acosta era un revolucionario. En la cárcel, más que otra cosa, su función era la de llevar y traer papeles y repartir jabones. En verdad no estaba a la altura del señor embajador español, que hubiera merecido, por su rango, que lo atendiera el director de la prisión, o un funcionario de alto nivel de la Dirección General de Cárceles y Prisiones o de Relaciones Exteriores.

Aquel desprecio por el representante de España era una manera de humillarlo, de pisotear su jerarquía. De toda la fauna de aquella prisión, el sargento Acosta era algo así como el mozo de caballeriza. Y ése fue el funcionario que le asignaron al embajador español para que lo acompañara.

Terminó la visita. El embajador llevaba en dos bolsas grandes algunos artículos para Odilo. Pero el sargento Acosta, sonriendo, ni siquiera se molestó en negar con palabras: lo hizo con la cabeza. Se le veía satisfecho, gozoso. Cuando le contara a sus familiares y amigos que él le había prohibido, nada menos que al embajador de España entregarle los artículos al gallego aquél, no iban a creérselo.

El diplomático siguió insistiendo para que permitieran a Odilo llevarse los medicamentos y las ropas. Empero, el sargento Acosta les respondió que por la actitud política que mantenía el recluso le estaba absolutamente prohibido recibir nada de fuera; agregó que ni siquiera podría verlo un médico que el embajador quería llevar para que lo examinaran.

Por primera vez un diplomático extranjero era testigo, en la misma prisión, de una grave violación de los derechos humanos. Allí, en su propia cara, le estaban diciendo que a su compatriota, enfermo, maltratado, le prohibían la visita de un médico, incluso recibir lo más elemental que requiere un ser humano. El embajador español fue testigo del incumplimiento por parte de las autoridades cubanas de todos los acuerdos internacionales referentes al trato a los prisioneros políticos. Quizá pensó levantar su voz indignada frente al crimen y los atropellos de que era víctima aquel hombre que representaba la hidalguía y el orgullo de España.

Pero, indudablemente, el embajador Suárez de Puga no lo hizo. Pienso que si todo aquello hubiese sucedido en el Chile de Pinochet, el asunto hubiera llegado hasta la ONU y el diplomático habría contado lo que presenció, y miles de denuncias hubieran caído sobre el dictadorzuelo sudamericano. Pero estábamos en la Cuba de Castro, y el señor embajador, sin chistar, se marchó, consiguiendo tan sólo del sargento Acosta autorización para dejarle a Odilo una cajetilla de cigarrillos «Kent», que el propio sargento le arrebató minutos más tarde, pues los cigarrillos americanos son una preciada golosina para los comunistas.

# Capítulo XLVI
# El Combinado del Este

En enero de 1977, el gobierno cubano estrenó una gran prisión, «El Combinado del Este», y todos los prisioneros fuimos trasladados para allá. Como llegaría a albergar hasta 13.500 reclusos volvieron a anunciar que cerrarían la antigua prisión de La Cabaña para restaurarla y convertirla en museo. Tan sólo dos años después, no alcanzando las cárceles por tercera vez, tuvieron que volver a utilizarla como prisión.

La nueva cárcel de «El Combinado del Este» es una gigantesca instalación con talleres y fábricas, entre ellas una que produce paredes y techos prefabricados. Tiene un hospital, que Castro visitó cuando se terminó su construcción. Lo miró atentamente y dijo que debía tener tres plantas y no dos. No hubo quien se atreviera a explicarle que no era posible fabricarle otra planta porque los cimientos no la aguantarían. De inmediato comenzaron a hacer el tercer piso, que terminaron en un tiempo récord. Poco después toda el ala del fondo se hundía más de 12 centímetros en la tierra, y las paredes se agrietaban.

En ese hospital, con otros dos de mis compañeros inválidos, Israel y Pedro, me encerraron en un calabozo al final de una sala. Apenas podíamos mover las sillas, de tan poco espacio que teníamos. Un pasillo pequeño frente a la celda era lo único que significaba un alivio, hasta que el teniente Armando Valdés, un oficial jefe de la Policía Política, dio orden de que nos cerraran el acceso al mismo alegando razones de seguridad.

El resto de nuestros compañeros fueron situados en el edificio frente al hospital. Era fácil mantener comunicación con ellos. Lo que sucedió en aquel hospital es de por sí material suficiente para un libro extenso.

Por primera vez permitían el trato de mujeres con nosotros. En el hospital había decenas de enfermeras que habían sido cuidadosamente seleccionadas por la Policía Política, casi todas esposas de oficiales militantes del Partido Comunista.

El director era el doctor Domingo Campos, un mulato escandaloso, de modales groseros y tremendamente abusivo con los enfermos. A él le expliqué varias veces lo impropio de tenemos encerrados sin permitirnos salir al pasillo. Todos los demás compañeros nuestros, ingresados allí, podían hacerlo; en cambio nosotros, que estábamos en sillas de ruedas, no.

Fue entonces cuando nombraron jefa de enfermeras a Teresa Colunga, una internacionalista que había realizado misiones revolucionarias en varios países, pero con sensibilidad humana. Una tarde, en visita de inspección, llegó hasta aquel hueco donde nos tenían. Había que abrir tres rejas. Yo sufría una crisis de asma.

—Usted tiene que salir al pasillo y tomar aire —me dijo.

Le expliqué la situación.

—Yo soy aquí la jefa de enfermeras. Salga bajo mi responsabilidad.

Al día siguiente, en presencia del psiquiatra, doctor Jesús Edreira, el teniente Valdés amonestó severamente a Teresa, y volvieron a encerrarnos en el calabozo. Poco después, acusada de ser demasiado humanitaria con los reclusos, fue expulsada del hospital.

Llegó entonces Isabel, una mujer bellísima, con grandes ojos verdes y pelo muy negro. Era enfermera y esposa de un oficial del Ministerio del Interior. La hicieron jefa de la sala donde me encontraba yo. Aquella mujer unía a su hermosura, sensibilidad y un trato humano, como debe serlo el de una verdadera enfermera. Pero allí, en aquel hospital, cuando llegaba una enfermera enviada por el Ministerio del Interior, Ana Karelia, la nueva jefa, una negra de cuerpo escultural y cara horrible, le leía la cartilla:

—Aquí debe olvidar todo lo aprendido. Estos pacientes son diferentes. No puede hablar con ellos más que lo estrictamente indispensable. No se les puede brindar apoyo emocional de ninguna índole, porque así lo ha determinado la jefatura. Si la saludan y le preguntan cómo está no debe responder, para no crear absolutamente ningún vínculo de amistad. Ya lo sabe.

Fueron pasando los meses y todas las semanas anunciaban que inaugurarían el salón de operaciones y una sala de fisioterapia con todos los equipos. Aún no había rayos X, ni laboratorio. Aquello era un edificio, pero no era todavía un hospital.

Un día de abril, a las 3 de la tarde, me avisaron que unos doctores iban a examinarme, y me sacaron de la sala. Me esperaban cinco o seis médicos de diferentes especialidades. Toda la plana mayor estaba allí. El doctor Campos, director del hospital, creyó que aquello era para liberarme y se congraciaba conmigo. Dos días duró el chequeo. Me llevaron a la sala de medicina militar del Hospital Naval para hacerme un electromiograma, con un equipo modernísimo, como no existe otro en Cuba, y para uso exclusivo de los militares.

Más tarde sabría que un comandante ayudante del ministro del Interior esperaba aquellos resultados y que todo se debió a una Comisión de parlamentarios europeos que llegaron a La Habana invitados por el gobierno cubano. Algunos de ellos pertenecían a Amnistía Internacional y, al poner pie en tierra, lo primero que hicieron fue preguntar por mí. Pidieron verme y se interesaron por mi estado de salud.

El gobierno cubano, por primera vez, se vio forzado a dar una respuesta acerca de mi caso. Ya aquellos parlamentarios estaban allí y era difícil no responderles.

Fue aquél un interesante informe médico, que en lugar de mi estado de salud, decía: «Fue sancionado a 30 años por haber concertado, en unión de otros individuos, planes de alzamiento armado contra el Estado, y realizado actos de sabotaje, atentados personales a dirigentes de la revolución, acciones terroristas...» y otros mil hechos, todos gravísimos. Seguía diciendo el «informe médico» que yo mantenía una «posición recalcitrante dentro de la cárcel hacía 16 años» y que instaba a los demás reclusos a seguir mi mal ejemplo.

Luego decía que «ha participado en varias huelgas de hambre y debido a ello padece de paresia recuperable de los miembros inferiores y superiores, como consecuencia de una polineuropatía por déficit nutricional. Esta dolencia [seguía diciendo el informe] aparentemente limita totalmente los movimientos de sus extremidades inferiores».

Admitían la enfermedad, pero agregaban que no era tan grave como se decía, porque ellos tenían información de que esa gravedad era simulada, y que yo podía caminar. Cuando el informe del gobierno cubano llegó al extranjero, la respuesta de mi esposa fue contundente, irrefutable, avalada por las fotocopias de diagnósticos de los especialistas cubanos, aquellas que yo logré sacar y que tendríamos que usar algún día.

El informe, aunque en papel del Ministerio de Salud Pública, evidentemente había sido redactado por los únicos que tenían acceso a mi expediente de prisión: los miembros de la Policía Política, que acostumbrados a sus decisiones autoritarias y definitivas, sin réplicas, olvidaron que en medicina las palabras del diagnóstico tienen un significado que describe la enfermedad misma, y cuando se dice polineuropatía carencial, paresia, paraplejía, etc., no puede aseverarse que el enfermo que las padezca camina perfectamente. Es como admitir que el enfermo es mudo, pero agregar que tienen informaciones de que puede hablar.

Cuando mi esposa presentó las fotocopias de los diagnósticos, viéndose agarrada en su mentira, ridiculizada, la Policía Política reaccionó airadamente. Se presentaron en el Hospital Calixto García, interrogaron a las enfermeras y a todos aquellos que tuvieron contacto conmigo, se llevaron de los archivos todas las pruebas médicas, expedientes, etc. Y en el hospital de la prisión hicieron lo mismo. Desde entonces, mi expediente de enfermo estuvo bajo la custodia de ellos.

Meses después, un comandante, en tono muy amable, como sin darle importancia al tema, me dijo:

—Bueno, Valladares, ya pasó bastante tiempo de aquello de las fotocopias. En verdad que fue usted mucho más inteligente que la Seguridad del Estado. —Trataba de inflar mi vanidad—. Pero, aquí entre nosotros, ¿cómo logró sacar las fotocopias?

Yo lo miré como dispuesto a decírselo..., y él insistió:

—Es entre nosotros..., le doy mi palabra que no tengo interés profesional, sólo curiosidad...

Yo volví a mirar a los lados y adquirí un aire conspirativo; bajé la voz, y casi como susurrando:

—Bueno, comandante, si usted me promete que no saldrá de nosotros, se lo diré.

Él me lo prometió, sumamente excitado, ansioso. Entonces yo me acerqué a él y le dije:

—Fue el teniente Valdés, el jefe de Seguridad de la prisión de La Cabaña quien los fotografió.

El militar se volvió bruscamente. Un brillo de ira pasó por sus ojos; pero asimiló la broma y se echó a reír.

—En verdad merezco esa respuesta por tonto. —Y se marchó.

A las dos de la tarde hicieron una requisa en la que nos destrozaron hasta los zapatos y se llevaron los cepillos dentales, cucharas, lápices y libros llevados por las enfermeras. Esto me hizo pensar que el comandante no había asimilado del todo mi respuesta, como yo supuse.

Todavía la prisión no estaba terminada; faltaban algunos edificios, entre ellos el gigantesco de las celdas de castigo: una edificación situada al fondo, de casi 100 metros de largo y unos 30 de ancho. Sería de una planta, sin una sola ventana, y como todas las demás instalaciones, estaría montada sobre cortas columnas de concreto y acero que la separarían del suelo. Llevaría noventa y nueve celdas para confinamiento solitario, concebidas con todo el rigor represivo imaginable.

Los comunistas le buscaron un nombre rimbombante: «disciplinaria»; nosotros, «edificio de los derechos humanos». Como era la obra más atrasada arengaron a los oficiales del Ministerio del Interior para terminarla en un breve plazo y vimos desfilar por allí al general Enio Leyva, viceministro primero, a los coroneles O'Farrill y Medardo Lemus, que había sido ascendido recientemente, y a dos docenas más de mayores y capitanes. A la semana de terminado el edificio de los derechos humanos, sus noventa y nueve celdas estaban ocupadas con prisioneros comunes y políticos, así como con condenados a muerte, que de allí eran conducidos a los fosos de La Cabaña, que seguía siendo el matadero favorito de Castro.

Cuando iban visitantes extranjeros, la mayoría de países comunistas, les decían que aquel edificio era el almacén. Y lo siguen diciendo.

Aparecieron entonces en los escenarios del hospital dos personajes; uno de ellos era el coronel de la Policía Política Manuel Blanco Fernández, antiguo empleado de una compañía petrolera norteamericana que tenía sus oficinas en La Habana. Era un vejete bajito, regordete, con vientre voluminoso y cara rojiza con unas manchas blanquecinas. A este coronel lo apodaban Maño y era un sátiro detrás de las enfermeras del hospital. El otro usaba el nombre profesional de Adrián. Era flaco, mestizo, achinado, y a los pocos días ya le habíamos bautizado con el mote del Capitán Mentira, pues según era de represivo así era de mentiroso.

Un día nos contó a Izaguirre y a mí que su labor en la lucha contra Batista había consistido en atacar con arma blanca los carros patrulleros de la policía —jamás, ni él ni nadie, hizo eso—, y pasando a cuchillo a los tripulantes llevarse sus pistolas y ametralladoras. Cuando hacía esto, sólo tenía 12 años. Según él, había dejado la carrera de medicina en cuarto año, pero una semana después, olvidándose de lo dicho antes, decía que había estado estudiando Derecho o ingeniería. Asimismo, tripuló aviones de observación y submarinos personales, viajó por todo el mundo, en peligrosísimas misiones, trabajando para la Seguridad del Estado cubano y la KGB, al estilo James Bond.

Una tarde le pregunté, como señuelo, si había estado en Paquistán, Letonia, Andorra y otros países extraños. Siempre me respondía que sí. Luego, como sin darle importancia, le pregunté que si había estado en la Atlántida, una isla que estaba frente a España, en el Atlántico. Se quedó pensativo, buscando en los recuerdos, y luego me dijo:

—¡Ah..., sí! Pero poco tiempo, en una escala técnica.

Tuve que hacer un sobrehumano esfuerzo para no soltarle la carcajada en la cara. Su avión, inexistente, había hecho una escala técnica nada menos que en la mitológica isla de la Atlántida. Con este superagente hacíamos el día a su costa, burlándonos de él, tomándole el pelo descaradamente.

Pero estos dos personajes, que trabajaban juntos, fueron muy pronto los más odiados y despreciados por presos, enfermeras y todo el personal del hospital, y hasta por algunos militares. Más que hombres, eran como bestias rabiosas, traumatizados, frustrados, ingrediente indispensable para ser un buen ejemplar de la policía del Estado. A ellos les sobraban esas cualidades. Expulsaron a muchos empleados, enfermeras en especial, por mantener amistad con presos o por no acceder a sus reclamos amorosos. Una de las cosas que hicieron fue visitar mi casa para decirle a mi familia que el alto mando del Ministerio les había dado instrucciones de ocuparse de tramitarles la salida del país.

Era indudable que las gestiones de Amnistía Internacional, mi libro — que ya había tenido una segunda edición— y el interés de políticos e intelectuales en todo el mundo comenzaban a preocupar a las autoridades cubanas. Me les había escapado de las garras, no podían ya matarme porque empezaba a ser conocido. Supe interpretar bien la situación y multiplicaba mis denuncias, escritos y preparaba un nuevo libro.

Por entonces, una amiga de mi familia, a quien habíamos ayudado mucho, Sandra Estévez, fue reclutada por la Policía Política. Ella recogía en diferentes lugares de la ciudad cartas clandestinas para mi madre.

En una ocasión, el capitán Adrián, que no podía callarse nada, para dárselas de muy enterado, me anunció que posiblemente me llevarían a un hospital de rehabilitación, pero que no podría recibir visitas, ni siquiera la de Alicia, y al decirme esto se me quedó mirando sonriente. Alicia era un nombre en clave que yo mencionaba en la última carta a mi madre. Al mencionarlo, el Capitán Mentira, por vanidoso, descubría a su confidente.

De inmediato alerté a mi familia de que Sandra estaba trabajando para la Policía Política. Les dije lo que tenían que hacer y desde aquel momento la utilicé para desinformar a sus amos. Preparé una «gran operación» de un amigo imaginario que viajaría a Cuba para entregarle a Sandra una cámara de fotografía «Minolta». Con ella debía tomar fotos de la cárcel y de unos documentos, y además cumplimentar otras tareas que yo le iría encomendando.

Eran tan torpes que el mismo Capitán Mentira, en un automóvil «Toyota» color amarillo, la llevaba a recoger mis cartas. Si yo no la hubiese detectado ya, lo habría logrado semanas más tarde, cuando uno de los familiares que sacaban mis notas y que conocía al capitán por el mote de el Chino, reconoció a éste cuando acudió junto con Sandra a buscar las cartas.

Después les hice creer que otro libro que había terminado estaba guardado en determinada casa, y que ella iría a recogerlo cuando mi amigo llegara del extranjero. Los enviaba a buscar cartas a direcciones inexistentes o a personas cuyos nombres yo leía en los periódicos apoyando a la revolución. Los tuve así durante meses, corriendo por toda la capital. Me divertían las cartas de Sandra aconsejándome que le dijera dónde estaba el libro, pues estaría más seguro si ella lo guardaba hasta la llegada de mi amigo.

El día que decidí la expulsaran de mi hogar, le pusimos una trampa. Mi hermana le hizo creer que detrás de un cuadro de la sala había escondida una carta mía para Martha. La misma tarde el Capitán Mentira se apareció en mi casa y fue directamente hasta el cuadro y lo descolgó y revisó. Dos días después, cuando Sandra regresó, mi familia le presionó y, desmoralizada, en una crisis de llanto, pidiendo perdón, confesó que el Capitán Mentira la había amenazado con meterla en la cárcel y enviar a Gianni, su pequeño hijo, a la escuela «Camilitos», un internado con régimen militar, si no colaboraba con ellos.

Mi casa era vigilada y por esta razón yo no podía enviar a ninguna persona del hospital o familiar de preso, pues iría a parar a la cárcel. Entonces yo le hacia llegar mi correspondencia a una señora que no tenia vínculo con prisioneros, y ésta, que era amiga de mi familia desde muchos años atrás, la llevaba a mi casa.

Había logrado la colaboración de algunas personas en el hospital, quienes, por su cargo, podían entrar y salir a todas las dependencias. El odio y las represalias que se tomaban contra mí, despertaban admiración, simpatías, compasión y deseos de ayudarme en muchos. Era para ellos algo así como una forma de desafiar al régimen. Cuando yo les contaba que hacía siete años que no teníamos visitas, que tampoco nos permitían recibir o mandar correspondencia, se sensibilizaron, y algunos espontáneamente se ofrecían a sacar una carta para la familia.

En una ocasión le ilustré a una enfermera la libreta en que anotaba la temperatura, y aquellos dibujos volvieron locas a las demás, que querían que también dibujara las de ellas; asimismo nos visitaban y charlaban con Israel, con Pedro y conmigo. Cuando la Policía Política descubrió aquellas visitas de las enfermeras, convocó con urgencia a una asamblea en el salón de actos del hospital y el Capitán Mentira les dijo que la labor que hacíamos nosotros era penetración ideológica y que no podían volver más a nuestro cubículo.

Aun así, algunas se arriesgaron a hacerlo. Con el transcurso de las semanas y el trato diario, Isabel, la hermosa enfermera de ojos verdes, y yo, hicimos amistad. A ella, por ser la que nos atendía, no podían prohibirle que llegara hasta nuestro rincón. Si de pronto entraba un militar, ella entonces guardaba silencio y se limitaba a tomar la temperatura.

El coronel Blanco Fernández, desde que reparó en Isabel, comenzó a asediarla. No le importó que fuera la esposa de un subordinado y camarada del Partido. La perseguía, la quería obligar a que salieran con él, la invitaba a bailar. Una tarde ella llegó visiblemente molesta por las impertinencias del vejete. Le pregunté qué le pasaba y para desahogarse me lo contó y terminó diciendo:

—¿Ese hombre no se da cuenta que puede ser mi padre y que no me llega ni a los hombros?

Tenía razón. En verdad las aspiraciones del coronel Blanco Fernández eran desproporcionadas, Isabel era demasiado mujer para él.

En tanto, en el mes de junio, Martha llegaba a Caracas, en el inicio de un peregrinaje que la llevaría por todo el mundo, reclamando ayuda para mi excarcelamiento. Allí la esperaba el doctor Tebelio Rodríguez, que la presentaría en el famoso programa de la televisión de Carlos y Sofía Rangel, y la haría conocer al diputado José Rodríguez Iturbe, que sería uno de los más importantes luchadores por mi liberación. Él ya había redactado una carta a Castro pidiéndole mi libertad, consiguiendo la firma de la mayoría de los miembros del Congreso.

El ex presidente de Venezuela, don Rómulo Betancourt, se sumó a la campaña y ofreció a Martha su valiosa cooperación. Igualmente lo hicieron todos los partidos políticos democráticos, Prensa e instituciones venezolanas. De allí Martha pasó a Costa Rica, donde continuó su labor para sacarme de la prisión. Los grupos de Amnistía Internacional continuaban trabajando, y de manera muy especial y dinámica el grupo 110 de Per Rasmussen, en Suecia.

Parlamentarios del Canadá se sumaron a las peticiones por mi libertad.

Día a día, la campaña en mi favor era como una bola de nieve ladera abajo. Castro juraba y perjuraba que mientras esa campaña existiera yo no sería liberado, y los recaderos de la Policía Política me llevaban esos mensajes con las veladas amenazas de siempre. Mi respuesta la daba públicamente en una carta dirigida a Martha que decía: «No puedes perder la ofensiva. Si te dicen que me van a fusilar y sólo se impide retirándote y dejando de denunciar, no dejes de hacerlo, por nada, ni nadie.»

Por aquellos días, un suceso llenó de luto el presidio. Fue a propósito de Rafael del Pino, antiguo aliado de Castro cuando en México preparaban el desembarco del Granma, que daría inicio a la lucha guerrillera contra Batista. Una noche en el cuarto de hotel que compartían, Castro confió a Rafael sus planes totalitarios si triunfaba. Decepcionado, Rafael lo abandonó.

Castro nunca se lo perdonó, y al triunfo de la revolución hizo caer a Rafael en una celada. La noche que lo detuvieron fue herido en un intenso tiroteo, y recibió graves quemaduras.

Contaba el mismo Rafael que cuando llevaba más de diez años de cárcel, estando en la sala de la policía, en el Hospital Militar, convaleciente de una operación que lo condenaba a llevar colgado un recipiente para los orines, Castro se apareció una madrugada. Irrumpió en la habitación con sus escoltas. Mordía un grueso tabaco. Lo miró y moviendo la cabeza le dijo:

—Así quería verte, Rafael del Pino..., así...

Rafael estaba con frecuencia hospitalizado. Fue el único ciudadano norteamericano que Castro se negó siempre a libertar, a pesar de que no existieron jamás otros cargos contra él que los de no haber querido seguirlo.

Se le dijo que lo llevarían para el hospital de la prisión y le prepararon un cubículo. Inexplicablemente, el día 21 lo metieron en una de las celdas de confinamiento solitario. En las celdas contiguas estaban Zúñiga y otros presos políticos. La noche antes se escucharon voces de muchas personas en el pasillo y una discusión fuerte con forcejeos. A la mañana siguiente, el 22 de agosto de 1977, descubrieron a Rafael del Pino colgado de las rejas. Dijeron que se había ahorcado con una sábana. Pero nadie vio el cadáver. El Ministerio del Interior se negó rotundamente a entregarlo a los familiares.

*   *   *

El calor en aquel cubículo era infernal, pues las paredes prefabricadas tenían por dentro una armazón de hierros que el sol calentaba durante muchas horas. No se podían tocar las paredes; eran como las de un horno.

Sudábamos a chorros y, para mitigar el calor infernal, nos alejábamos hasta las rejas o nos metíamos en el cuarto de baño. Cuando lavábamos la ropa interior, bastaba colgarla en la parte de las camas que estaba junto a la pared para que se secaran en pocos minutos. Sabía que aquel ensañamiento era conmigo, pero tenían que sufrirlo también mis dos compañeros de celda, y me apenaba que ocurriera así. Ellos compartían estoicamente mi castigo.

Una denuncia mía dio a conocer en el extranjero la situación en que nos tenían, y el gobierno cubano recibió cientos de cartas pidiendo que me dieran trato humano. Tanto fue el clamor que, una tarde, el jefe militar del hospital dio la orden de que nos abrieran las rejas. Habíamos ganado otra batalla a la prepotente Policía Política. Y se robustecía mi criterio de que si lograba elevar la campaña de opinión internacional al nivel adecuado, Castro tendría que ponerme en libertad, quisiera o no. El tiempo me daría la razón.

# Capítulo XLVII
## Traslado al hospital ortopédico

Durante meses estuvimos Israel y yo acumulando todo lo necesario para fabricar un arbolito de Navidad. Guardamos ampollas de inyecciones vacías, trocitos de papel celofán y recortes de cualquier cosa que tuviera colores y brillara, desde la envoltura de un medicamento hasta un cepillo dental desechado o una tapita de plástico. Lo escondíamos todo en diferentes lugares.

Israel fabricó unos muñequitos de algodón y yo decoré cascarones de huevos y pomitos de antibióticos.

La noche del 14 de diciembre, no dormimos. El ingeniero Conde y Angelito, con un palo de escoba y unos alambres, hicieron el arbolito y lo vistieron con unas tiras de papel. Nos quedó precioso, lleno de numerosos adornos. Completaban la decoración navideña unas flores de Pascua de cartón, teñidas con rojo aseptil.

Cuando llegó a oídos de la dirección que teníamos un arbolito de Navidad, se armó un corre-corre. Antes de que el director Campos lo prohibiera, desfilaron muchos para verlo. Hubo enfermeras que no pudieron contener las lágrimas, porque la contemplación del arbolito les hacía recordar las Navidades, abolidas por Castro.

Rita, una enfermera, al verlo exclamó emocionada:

—¡Es el arbolito de Navidad más lindo que he visto en mi vida!

En Cuba los arbolitos de Navidad están prohibidos y se consideran un símbolo oscurantista de la burguesía.

Trataron de obligarme a quitarlo. Me negué, argumentando que representaba mis creencias, y que habíamos depositado una gran carga de amor y ternura en su fabricación, que no íbamos a destruirlo. Por la tarde el jefe de la Policía Política, el teniente Páez Páez, y otros oficiales nos amenazaron, a Israel y a mí, con que si no lo quitábamos nos abrirían una causa común por haber usado algodón del Estado para confeccionarlo. Pero no lo quitamos y entonces ellos, con gran cuidado, se lo llevaron en una moto para la dirección del presidio.

Ordenaron una investigación para depurar responsabilidades y descubrir quién había suministrado el palo de escoba, los alambres, el algodón, etc. La Policía Política interrogó a las enfermeras, médicos y presos comunes que trabajaban en el hospital y declararon la sala en estado de sitio hasta terminar las averiguaciones.

La doctrina bárbara del odio no toleraba el símbolo dulce y misericordioso del amor y se lo llevaron por eso. Pero en el corazón de cada uno de nosotros quedó un arbolito de Navidad eterno: ése nunca podrían llevárselo.

Sólo unos días después, Of Human Rights, una organización radicada en Washington y que desempeñó un importante papel en mi liberación, logró que 49 senadores norteamericanos pidieran a Castro, en una carta que dio a conocer Cyrus Vanee, la libertad de Huber Matos, Angel Cuadra y la mía.

El día que vinieron a pedirme la silla de ruedas para trasladar a otro enfermo, no me molestó en absoluto. Pero la segunda vez me hicieron saber que era de propiedad colectiva. Y yo pasaba horas sin poderme mover de la cama. Además, se le caía una de las ruedas y los brazos estaban rotos. Por esto pedí una a Amnistía Internacional de Holanda. La Cruz Roja holandesa la tramitó con el director de la Cruz Roja cubana, el doctor Luis Angel Torres Santrayll. Un buque cubano la cargó en Holanda. A la semana siguiente de haber llegado a las dependencias de la Cruz Roja en La Habana, una persona amiga me lo hizo saber.

Y comencé a reclamarla. Pero el Capitán Mentira también se interesó en ella. Con un descaro inaudito fue un día a decirme que la silla no había llegado a Cuba nunca. Yo le hice una descripción del lugar donde la tenían, con todas sus características. Mi madre fue varias veces a la Cruz Roja para que se la entregaran, pero la despedían con pretextos.

Un día se presentó en mi casa un individuo. Le dijo a mi madre que había estado conversando conmigo y que yo había decidido renunciar a la silla y donarla al Ministerio del Interior, y entonces le alargó un documento para que ella lo firmara. Era uno de los compinches del Capitán Mentira; pero mi madre, aleccionada por mí, no firmaba nada.

Fracasado el intento de engañarla, que los hubiera provisto de un documento renunciando a la silla, pues ésta iba dirigida a mi madre, el Capitán Mentira la amenazó abiertamente con que si volvía a reclamarla, Seguridad del Estado lo consideraría como una actividad contarrevolucionaria y no le permitirían salir del país nunca. Para el Capitán Mentira se había convertido en una cuestión de principios quedarse con la silla de ruedas.

Ya la Policía Política sabía que conmigo no existían posibilidades de diálogo para silenciar la campaña internacional. Entonces volvieron a mi casa y le propusieron a mi madre que le escribiera una carta a Martha pidiéndole que suspendiese todas las gestiones que estaba haciendo por mi excarcelación, con la promesa de que, si lo hacía, en el próximo mes de diciembre estaríamos todos en Estados Unidos.

Mi pobre madre, anciana y llena de esperanzas, se ilusionó con el engaño. Pero Martha tenía instrucciones definitivas: ni siquiera debía hacer caso a una carta mía pidiéndole que detuviera la campaña, porque la letra puede falsificarse; ni tampoco a una conversación telefónica, ya que la voz podía imitarse. Solamente a mí, en persona, podía escucharme.

Como lo de la carta de mi madre tampoco les dio resultado, fueron a parlamentar conmigo, diciéndome que ellos querían darle una solución a mi caso, y que sólo lo obstaculizaba la campaña que había en mi favor y las actividades de Martha. Mi respuesta fue una andanada de denuncias para Amnistía Internacional y periódicos y el envío de más material para el próximo libro. Con los comunistas, callarse es un error, ceder un solo centímetro es fatal.

Volvieron a insistir con mi madre, esta vez proponiéndole que ella sola saliera del país para detener la campaña. Para convencerla le dijeron que yo era su hijo y que por eso ella tenía más autoridad en mis asuntos que mi esposa. Decían a mi madre que Martha no quería que yo quedara en libertad, porque a costa mía estaba viajando por el mundo y viviendo muy bien. Siguieron diciéndole que si ella les hacía caso, en un plazo de seis meses, después de finalizar la campaña, permitirían mi salida y la del resto de los familiares. Tampoco les dio resultado. Yo estaba satisfecho y no tenía prisa. En 18 años había aprendido a esperar. Sabía que la bola de nieve se hacía cada vez más grande y acabaría por arrollarlos. El tiempo era mi aliado, y mi fuerza la fe.

De los que estábamos en la prisión, Sales, Ernesto Díaz, Cuadra y yo habíamos logrado que se publicaran nuestros libros en el extranjero. Por esta razón estaban indignados contra los que escribíamos. Una noche se llevaron a Sales, Ernesto y Fibla a la sede de la Policía Política para amenazarlos y decirles que no iban a permitir que les abriéramos un frente intelectual en el extranjero. Ernesto les contestó que no teníamos que pedirles permiso a ellos para publicar nuestros escritos. Y allí mismo, en aquellas celdas enajenantes, compuso una colección de poemas que publicaría más tarde.

Ya no tenían método que ensayar. El Capitán Mentira, en una de sus visitas al hospital, sacó del bolsillo las planillas que mi familia había presentado solicitando la salida del país. Yo le pregunté cómo él las tenía, pues se suponía que estuvieran en el Departamento de Inmigración. Me respondió que por orden del alto mando de la Seguridad del Estado eran ellos los que ahora manejaban la situación. Eso quería decir que la salida del país de mis familiares estaba condicionada a mi conducta. Los tenían como rehenes.

Esa misma noche escribí a Martha contándole lo sucedido para que lo denunciara. La bola de nieve no podía detenerse.

Una noche varios coroneles fueron hasta mi cubículo a comunicarme que sería trasladado a un hospital especializado. Se iniciaba el vergonzoso diálogo entre el gobierno de Castro y un grupo de cubanos del exterior, organizados en un comité integrado en su mayoría por elementos frustrados que devinieron instrumento del gobierno cubano y agentes de la Policía Política.

El Ministerio del Interior ordena entonces traslados y clasificaciones. Los extranjeros son separados de nosotros. En un local aparte sitúan a norteamericanos, ingleses, bolivianos y al español Eloy Gutiérrez Menoyo, el antiguo combatiente guerrillero. Cuando, años más tarde, el Partido Socialista arribara al gobierno en España y pidiera la libertad de Eloy, Cuba respondería, como pretexto para legitimar las torturas, que no era español.

Tony Cuesta había combatido contra Batista. Como tantos otros que lo hicieron para devolver a Cuba la libertad, se sintió traicionado por Castro y tuvo que huir al extranjero. Desde allí organizó los «Comandos L», que se dedicaron a hostigar las costas cubanas y a operaciones de infiltración.

Tony, con sus hombres, había cumplido numerosas misiones en Cuba. En una de ellas, cuando casi la finalizaba exitosamente, fue descubierto.

Su potente lancha logró alejarse bajo el fuego de las baterías de la costa, y durante horas estuvo eludiendo la persecución de las «Konsomoles» soviéticas, que finalmente lo acorralaron. Incendiada la lancha por el fuego de las ametralladoras enemigas, heridos y muertos sus compañeros, Tony decidió volar con su embarcación. Arrancó la espoleta a una granada y, sin soltarla, metió la mano en los tanques de combustible.

Una explosión horrísona lo lanzó por los aires. Sintió cuando lo estaban halando del pelo para sacarlo del agua. Trató de tomar la pistola, pero no pudo, ni nunca más podría: la granada le había arrancado la mano de cuajo más arriba de la muñeca, dejándole manco. Lo intentó todavía con la otra y volvió a hundirse, pero esta vez no en las oscuras aguas del litoral habanero, sino en las profundidades de la inconsciencia.

Varias semanas después, despertó en el Hospital Naval. Su 1.90 metros de estatura casi no cabían en el lecho. En la cara, brazos y tórax llevaría para siempre el negro tatuaje de la pólvora que se incrustó en su carne junto con fragmentos de metralla, así como en los ojos. Tony no veía.

Cuando recobró el conocimiento, empezaron a interrogarlo. Era lo que les interesaba; por eso lo habían rescatado del mar. Tony exigió que lo viera un especialista. Éste le examinó las lesiones en los ojos y ordenó operarlo sin pérdida de tiempo, ya que podía recobrar el 70 % de la visión. Pero si demoraba quizá nunca más volvería a ver.

La Policía Política no permitió que lo operaran. No le habían salvado la vida por humanidad, sino para interrogarlo, como hicieron con Clodomiro Miranda, aquel que fusilaron con las heridas llenas de gusanos.

Y Tony quedó ciego y manco. Aquel gigantón, con su alegría y optimismo, fue uno de los ejemplos más admirables y edificantes que tuvimos. Era ciego, pero con tanta luz por dentro que podía darla a sus compañeros.

Ahora estaba en el hospital. Lo llevaron para ponerlo en libertad con un primer grupito de enfermos que Castro iba a enviar a Estados Unidos para demostrar su «buena voluntad». Al primero que liberaron fue al poeta Miguel Sales, por quien había también una campaña en el exterior, y era muy conocido.

El Capitán Mentira se dedicó a recorrer todos los domicilios de quienes conocían a mi familia para advertirles que no podían tener contactos conmigo, ni visitar mi casa. Añadió que la Seguridad del Estado sabía que ellos me sacaban correspondencia y los meterían en la cárcel si volvían a hacerlo.

Luego visitó a los familiares de los presos más cercanos a mí. Tengo la sospecha bien fundada de que un informante les había dado los datos. Era alguien que en la prisión de La Cabaña vigilaba atentamente todos mis pasos, porque yo solía cambiar con frecuencia de correos. Algunos que usé estando en La Cabaña, pero que no utilizaba hacía meses, fueron visitados. Ya el informante no estaba conmigo para suministrar nuevos datos y la Policía Política que no poseía el don de la adivinación se guiaba por viejos informes. Hubo un hecho meses atrás que confirmó mi sospecha de que era vigilado por uno de nuestro grupo. Un día hicieron una requisa general. Los inválidos fuimos separados y al único que le registraron la silla de ruedas fue a mí. Estaban esperándome con destornilladores de estrías. Me levantaron y fueron directamente a zafar el doble forro del asiento, donde yo había escondido, antes de coserlo cuidadosamente, cartas, fotocopias de periódicos extranjeros y otros documentos. Sin duda, alguien que me vio esconder allí todo aquello dio el soplo. Y yo sospechaba quién era. También otros lo sospechaban, pero no podíamos demostrarlo.

La ofensiva de amenazas y terror de la Policía Política tenía el objetivo de cerrarme todas las vías para enviar o recibir correspondencia. El momento político no era oportuno para incomunicarme en una celda de aislamiento. Hasta los familiares, amistades y vecinos de Martha en Cuba fueron víctimas de las amenazas. Mi familia fue condenada al ostracismo.

Una comitiva de jerarcas llegó una tarde al hospital. La encabezaba el general Enio Leyva, viceministro primero del Interior. Detrás, una tropa de escoltas. Pidió verme y el Capitán Mentira fue a buscarme a mi cubículo.

El general estaba visiblemente borracho. Su afición al alcohol y ciertas debilidades ideológicas serían la causa de su posterior degradación y de que lo enviaran a trabajos agrícolas en la provincia de Pinar del Río. Me saludó sonriente, y tuteándome me dijo:

—Yo creo que ese libro tuyo, Valladares, exagera algunas cosas.

—No es mi libro, general —le contesté, sonriente también—, es nuestro libro.

—¿Cómo nuestro libro? No entiendo eso.

—Sí, general, porque el argumento lo pusieron ustedes. Yo no hice otra cosa que escribirlo.

—La verdad que todos éstos —dijo refiriéndose a los otros oficiales que lo acompañaban— son unos comemierdas, porque tú lograste, en sus propias narices, sacarles un libro y burlar todas las requisas. ¿Cuánto tiempo hace que no tienes una visita?

—Ocho años, general.

—Bueno, ordenaré que te den una visita. Ya ves que te tratamos bien; ahora no puedes decir que te damos golpes o torturamos. Y además, vamos a llevarte a un hospital para que recibas tratamiento. ¿Por qué no escribes un libro diciendo eso?

—Lo haré, general, en cuanto la revolución escriba otro relatando cómo fuimos golpeados, torturados y asesinados en los campos de trabajos forzados en Isla de Pinos y en la cárcel de Boniato.

El general no se inmutó y respondió que esas cosas habían sucedido hacía muchos años por deficiencias de los cuadros políticos de la revolución. Luego, quitándose la gorra, me dijo:

—Mira, yo tengo dos años menos que tú y sin embargo tú luces muchísimo más joven. Así es que no te hemos tratado tan mal.

—En mi aspecto tiene mucho que ver la satisfacción interior del individuo, general. Seguramente que usted no duerme con la tranquilidad de conciencia y espiritual con que duermo yo.

Allí terminó la conversación, porque el general, sin sonreír esta vez, me miró unos segundos con ojos enrojecidos y expresión indescifrable, y le preguntó algo a uno de sus coroneles ayudantes mientras se alejaba.

Días más tarde, en octubre, el Capitán Mentira me fue a buscar para el tan anunciado traslado.

—Va para el hospital «Julito Díaz» —le dijo a mis compañeros de sala.

Yo me volví y le dije a Izaguirre y a los demás:

—Voy para cualquier otro hospital menos para ése.

Y en efecto, así fue. Me llevaron al ortopédico del Vedado. Habían preparado una habitación a la que tapiaron las ventanas con planchas de madera. La puerta permanecía cerrada siempre, como clausurada, y la bloqueaba un militar con ametralladora. Únicamente una enfermera, la jefe de sala, fue autorizada a entrar, por ser de absoluta confianza. El marido era un comandante del Ministerio del Interior. Empero, en contra de lo calculado por ellos, esta enfermera se sensibilizó con mi situación y cuando ellos lo descubrieron me sacaron en el acto, y la hostigaron. El Capitán Mentira la interrogó y la amenazó para que no volviera a tener contacto conmigo.

Fui a parar al hospital «Frank País. Mientras, el gobierno cubano libertaba a 28 presos políticos enfermos y lisiados que llevaban 20 años en las prisiones. Aquél era el momento para darme la libertad, como hicieron con los otros que estaban inválidos. Entonces yo hubiera sido uno más de los miles que salieron, mi caso no habría alcanzado la notoriedad que alcanzó y yo estaría en cualquier lugar del mundo con mi esposa Martha tratando de organizar mi vida. Los coroneles de la Policía Política fueron los grandes promotores de la campaña de opinión en mi favor. Ciegos de odio, no pudieron ver que muchas personas en el mundo estaban al tanto de mi situación. Ellos han sido mis mejores agentes publicitarios, los más útiles, los que demostraban día a día la veracidad de mis denuncias.

En el nuevo hospital cambió el trato completamente. Habilitaron para mí un cubículo con mesas de fisioterapia y bascular, y tanques para hidromasajes. Designaron a uno de los técnicos de confianza, Luis Manuel, militante de la Juventud, para que me aplicara el tratamiento. Me atendían el director, doctor Alvarez Cambra, y la enfermera jefe del hospital, Esperanza Ortiz, los dos miembros del Comité Central del Partido.

Me permitían hablar con todos, salir a los jardines y tomar el sol, y semanas después visitas de mi madre y mi hermana. En aquellas condiciones creí sinceramente que sería liberado. De la misma forma que cuando estaba en una situación difícil escribía a los amigos de Amnistía Internacional y los demás contándoles mi caso, lo hice entonces comunicándoles el cambio.

Un día, el coronel Carlos, uno de los jefes, me dijo complacido que ya mi nombre no aparecía en el listado de Amnistía Internacional y que no me negaba que al gobierno cubano le afectaba lo que esta prestigiosa organización decía. Me sentía bien y mi curación avanzaba. Quise comprobar si mi técnico era un informante de la Policía Política y le comenté a él solo, cuando el escolta cuidaba fuera, que por la radio extranjera habían dado la noticia de que mi esposa se entrevistaría con Manley, el Premier de Jamaica.

Al día siguiente, el Capitán Mentira se apareció para decirme que mi esposa no lograría nada viendo a Manley, y así confirmé que mi técnico era un informante. Luego le di una carta para que la llevara al correo y también la entregó al Capitán Mentira.

En tanto, se publicaba la tercera edición de mi libro. La bola de nieve no se detenía. El PEN Club francés se interesó en mí y me nombró miembro de honor de su sección.

El nuevo presidente de Venezuela, Herrera Campins, incluye en la agenda de conversaciones con La Habana, mi libertad. Y da instrucciones al embajador en Cuba de contactar con mi familia. Ya le habían planteado a Castro mi liberación, pero éste le respondió al diputado venezolano José Rodríguez Iturbe, que hasta que no volviera a caminar no saldría de Cuba, que yo era el único que no podía salir del país en una silla de ruedas.

La organización Of Human Rights, en Washington, consigue que decenas de representantes norteamericanos firmen una nueva carta pidiendo a Castro mi libertad y se fundan en Europa comités de lucha para el mismo fin.

Castro rabia. Dice a un grupo de parlamentarios venezolanos que la revolución no tolera posiciones de fuerza y que no sería puesto en libertad si no cesaba la campaña en mi favor. Sin embargo, el gobierno cubano intenta negociar y la Embajada de Cuba en Venezuela envía un recado a Martha diciéndole que si ella se lo solicitaba, el gobierno me pondría en libertad. Martha viaja a Caracas, pero no acude sola a la cita que tiene con el cónsul general de Cuba, Amado Soto, sino que la acompaña nuestro gran amigo el diputado José Rodríguez Iturbe, a la sazón presidente de la Comisión de Relaciones Exteriores del Senado venezolano.

Por entonces, las relaciones entre Caracas y La Habana marchaban a tropezones, y fue por esto que el embajador cubano Norberto Hernández, al ver al doctor Rodríguez Iturbe, se adelantó con la mano extendida y una amplia sonrisa. Quién sabe qué ilusiones se hizo con la presencia del prestigioso diputado.

—¿A qué debemos el honor de su visita, licenciado?

—Mi visita no es oficial, aunque sí oficiosa. Vengo acompañando a la señora Valladares.

La sonrisa del embajador cubano desapareció.

La conversación de Martha con el cónsul Soto fue breve. Le propuso que publicara una carta desmintiendo todo lo que se había dicho acerca de mí y que a la vez prohibiera a organismos internacionales, periodistas e intelectuales que hablaran de mi caso. A cambio de ello, el gobierno cubano prometía ponerme en libertad en unas semanas.

Martha se negó rotundamente.

\* \* \*

Mi mejoría iba viento en popa. Ya lograba pararme con esa armazón de hierros que impide que las rodillas se doblen y podía sostenerme entre las barras paralelas.

Por las tardes, siempre con el escolta, salía a los jardines, podía conversar con otros enfermos, y conocí así a dos muchachas con secuelas de polio, Alicia y María Luisa, que dieron a mi tiempo en aquel hospital gran alegría y ternura. Para ellas fabriqué un regalo subversivo en Cuba, un arbolito de Navidad en miniatura, y se lo entregué en una cajita que abrieron a escondidas en su cubículo.

Conmigo había atenciones especiales. Me tenían en la misma sala reservada a los extranjeros y deportistas. Había allí sandinistas convalecientes de operaciones, angolanos, yemenitas, etc. Únicamente los deportistas y los extranjeros tenían derecho a recibir yogur y otros alimentos, como la mantequilla, mientras el resto de las salas, donde estaba el pueblo, no merendaba. Sólo los extranjeros y deportistas tienen aire acondicionado, el resto de los enfermos no, excepto la sala de niños.

Un ataque de asma me asfixiaba hacía dos días. Aquel hospital no tenía sala de urgencia y en gravísimo estado fui remitido al Hospital Militar. Me acompañaban el escolta y una enfermera, que en todo el trayecto me iba ayudando a respirar manipulándome el tórax. Casi asfixiado me bajaron, el rostro amoratado. Hubo que aplicarme un resucitador artificial «Mark 8» con oxígeno a presión positiva e inyectarme ampollas de otros medicamentos en las venas, y todo urgentemente.

Cuando regresamos al «Frank País» la enfermera fue amonestada por acompañarme. No sirvió de nada que se defendiera diciendo que lo había hecho por razones humanitarias, porque era la enfermera de guardia y el médico le ordenó ir, ya que mi estado lo requería. El doctor Humberto Barrera, secretario del núcleo del Partido, le dijo:

—¡Total, si se hubiera muerto no se perdía gran cosa!

En contra de lo que ellos calcularon —engañados por su propia propaganda de 20 años— de que la gente no se iba a acercar al «preso», poco a poco lo fueron haciendo. Se creó a mi alrededor un círculo de admiración y simpatía por parte de enfermeras, pacientes, empleados y los niños para quienes dibujaba.

El antihéroe se convertía en héroe. Entonces, el Capitán Mentira fue a la sala de niños y dijo a las madres que yo estaba preso porque quería dinamitar las guarderías infantiles. Ninguna lo creyó, y así me lo dijeron.

Para impedir aquella peligrosa situación, me aislaron en un cubículo anexo al despacho del director. Compartíamos el mismo cuarto de baño. Me tenían así bien controlado e incomunicado. Desde aquel segundo piso, cuyas ventanas daban a los jardines, siguieron saludándome enfermeras, empleadas, y los niños me gritaban llamándome por mi nombre.

El 2 de marzo de 1978, en el teatro del hospital, convocaron a una asamblea general donde Enrique Otero, dirigente del Partido, arremetió contra los que me saludaban y con amenazas prohibió que lo siguieran haciendo.

315

Pero Alicia, mi linda amiguita peruana, desde su silla de ruedas, todas las tardes levantaba la mano y me decía adiós. Entonces Esperanza Ortiz, la jefa de enfermeras, quiso prohibírselo diciéndole que yo era un criminal.

—Nunca he conocido a nadie más bueno que él —le respondió Alicia —. Y lo seguiré saludando.

Al día siguiente fue notificada de que tenía que abandonar el hospital y avisar a su familia en Perú. La acusaron de ser una mal agradecida a la revolución.

El director Alvarez Cambra la visitó en su cuarto para amenazarla si decía algo de mí en el extranjero. En la aduana la esperaba la Policía Política y trataron de registrarla, pero ella, que tenía instrucciones mías, se opuso y exigió la presencia de un funcionario de su Embajada. Alicia llevaba una carta para Martha, que logró sacar.

Allí arriba, donde me confinaron, no podían subir ni las enfermeras. Todos los días le daban al escolta, para que me los entregara, unos sobres con pastillas y anotado en un cartón las horas de tomarlas. Colocaron un balón de oxígeno y me dieron ampollas de líquidos. Cuando tenía asma, entre estertores y bocanadas de aire, debía ponerme a romper ampollas y prepararme los aerosoles y manipular las llaves de los relojes.

Las personas que ellos mismos habían autorizado a visitarme, fueron detenidas por la Policía Política, interrogadas, aterrorizadas.

Durante meses prohibieron la visita de mi madre. Yo continuaba con el tratamiento. Dentro del mismo cuarto, colocaron las barras paralelas y la mesa. Habían cambiado al técnico. Ahora era una muchacha, bonita, militante de la Juventud Comunista. También cambiaron al Capitán Mentira.

Dijeron que permitirían la salida del país de mi familia, pero cuando ya tenían número de vuelo y las maletas preparadas les comunicaron la suspensión del permiso de salida. Días después, el coronel Carlos y el sustituto del Capitán Mentira me plantearon que sólo les permitirían salir de Cuba si yo escribía una carta renegando de mis amigos en el extranjero y prohibiéndoles a ellos y a toda persona, periódicos y organizaciones que hablaran acerca de mi caso o publicaran mis trabajos literarios. Y que yo desmintiera cuanto habían dicho en mi defensa. Les hice saber, tranquilamente, que jamás escribiría esa carta.

—Pues jamás saldrá su familia —me respondió el coronel.

Luego de varios meses, autorizaron nuevamente la visita de mi madre y mi hermana.

Yo tenía un escolta que hacía alardes de las palizas que había dado a los prisioneros en los campos de trabajo forzado. Aquella mañana, cuando mi familia llegó, le avisaron a él. Bajó al vestíbulo del hospital y les dijo que no podían subir. Mi hermana le argumentó que estaban autorizadas y que era la hora de la visita. Sin que existiera una razón, sin respetar que eran dos mujeres y una de ellas muy anciana, las maltrató de palabra, les manoteó y les gritó que se largaran o mandarla a buscar un patrullero de la policía para que se las llevara detenidas.

Accidentalmente, aquel atropello lo presenció una delegación extranjera presidida por la filipina Stefania Abdaba Lim, subsecretaria general de las Naciones Unidas, que se encontraba allí como representante de la Comisión para el Año Internacional del Niño. Si algunos de los integrantes de aquella delegación lee este libro, seguramente recordará aquel incidente donde una anciana y una mujer eran atropelladas por un policía. Fue el día 9 de mayo de 1979, en el vestíbulo del hospital «Frank País», en La Habana.

Ya el gobierno cubano había liberado a dos mil y pico de prisioneros políticos, con cientos de comunes mezclados entre ellos. Y declaraba la falsedad de que el resto no estaba incluido en el indulto porque eran terroristas. Cerrada la vitrina de exhibición, volvimos a los métodos habituales: se inició entonces una nueva ola represiva a todo lo largo de las cárceles del país. Trasladaron a cien prisioneros políticos a las tapiadas de la cárcel de Boniato, despojándolos de todas sus pertenencias.

Ocurrió entonces que, animados por una estación de radio clandestina y un locutor que se identificaba como el Comandante David, decenas de jóvenes se lanzaron a la lucha activa. Aparecían en La Habana letreros contra el comunismo y contra Castro.

En la provincia de Pinar del Río incendiaron nueve casas para almacenar tabaco. En La Habana eran pasto de las llamas algunas fábricas y cines, y en las calles aparecían octavillas contra la dictadura. Esto provocó cientos de detenciones. Pocos meses después, al regresar a la prisión, conocería a muchos de los autores de estos hechos.

En la cárcel de Pinar del Río y en la prisión de «Kilo 7», en Camagüey, propinaron golpizas brutales a los presos políticos y los incomunicaron, dejando a los heridos sin asistencia médica. Mientras, los pelotones de ejecución en una sola noche segaban las vidas de seis jóvenes en el paredón de fusilamiento de La Cabaña.

*   *   *

Un congreso de intelectuales en París me nombró Presidente de Honor, y mi buen amigo el francés Pierre Golendorf, fundó en Francia un Comité por mi liberación al que se adhirieron prestigiosos intelectuales como Fernando Arrabal, Henri Levi, Eugène Ionesco, el actor Ivés Montand y muchos otros.

Mis amigos venezolanos siguieron insistiendo con el gobierno cubano en mi liberación. Una comisión de alto nivel llegada de aquel país visitó mi casa. El doctor Rodríguez Iturbe, Leopoldo Castillo y otros funcionarios comprobaron la vigilancia y el acoso a que estaba sometida mi familia por parte de la Policía Política.

Las peticiones que hicieron para que les permitieran verme fueron rechazadas. En las conversaciones sostenidas con el fin de mejorar las relaciones entre ambos países, la parte venezolana mantenía como una constante mi libertad. Esto motivó que meses después, cuando el embajador venezolano en La Habana, César Rondón Lovera, comunicaba a Carlos Rafael Rodríguez, antiguo ministro del dictador Batista y ahora del dictador Castro, la llegada de otra comisión de alto nivel de su país, éste preguntara:

—¿El doctor Rodríguez Iturbe vendrá en esa comisión?

—Con toda seguridad —respondió el embajador—. ¿Por qué?

—Porque ese hombre, en lugar de tratar los asuntos que interesan a nuestros países, desde que llega lo único que hace es preguntar: «¿Y el poeta Valladares..., y el poeta Valladares?» Y ya veo a Valladares hasta en la sopa.

El embajador Rondón Lovera sonrió y le recordó a Carlos Rafael Rodríguez que yo era uno de los intereses de Venezuela.

—¿Por qué no lo ponen en libertad y liquidan esa situación desagradable? —agregó.

Carlos Rafael Rodríguez movió la cabeza en forma negativa:

—Valladares es un prisionero de Fidel; él es el único que puede tomar decisiones.

En tanto, yo no dejaba de hacer ejercicios ni un solo día. El tratamiento de fisioterapia iba dando sus frutos. Ya había dejado los aparatos largos y usaba unos cortos que solamente llegaban hasta debajo de las rodillas. Caminaba dentro de las paralelas y casi todo el movimiento lo hacía con mis músculos. En tres o cuatro meses más no necesitaría la ayuda de aparatos para caminar.

En marzo de 1980 aparece mi segundo libro, *El corazón con que vivo*, un volumen con testimonios, relatos, poemas y documentos, que provocó verdadera histeria entre los coroneles de la Policía Política. Fue un bocado imposible de digerir por las autoridades. Una noche, el coronel Maño, con un ataque de rabia, irrumpió en mi cubículo acompañado de seis u ocho oficiales más. Uno de ellos tomaba fotos.

—¡Va para la prisión nuevamente!

Estaba frenético, el labio inferior, colgante, le temblaba de ira. Yo lo comprendía: su deseo era golpearme, pero con toda seguridad tenía instrucciones de no hacerlo. Era lo único que podía contenerlo.

Intenté acercarme a la mesita para recoger mis pertenencias y el coronel se interpuso.

—De aquí no puede tocar nada.

—¿Y mis propiedades? —le pregunté refiriéndome a calcetines, ropa interior y otros artículos que tenía allí.

—Se le entregarán a su familia.

Y no me permitieron llevarme ni el cepillo de dientes.

Rodeado por los oficiales que lo acompañaban, que en lo absoluto estaban molestos, fui sacado de la habitación. Dos de ellos, con gran cuidado, cargaron la silla de ruedas y bajamos las escaleras mientras el de la cámara no cesaba de hacer fotos. Así me llevaron hasta el fondo del hospital, donde aguardaban varios carros patrulleros.

El coronel Maño y el capitán Léster se quedaron para requisar mi habitación y apoderarse del botín de guerra, formado por artículos muy codiciados: navajitas de afeitar marca «Gillette», calcetines, ropa interior, pulóveres —algunos nuevos—, colonia, pañuelos, plumas, etc., que Martha le había hecho llegar a mi madre con algunos diplomáticos amigos.

Los oficiales que me condujeron de regreso a la prisión, fueron gentiles, me ofrecieron cigarrillos, aparte de esto no hablaron una sola palabra en todo el trayecto. Estuvieron dando rodeos por casi una hora, que yo no acertaba a comprender, hasta que la planta les transmitió una consigna y entonces, a gran velocidad, nos dirigimos a la cárcel del Combinado del Este.

Allí esperaba el fotógrafo que estuvo accionando su cámara en el hospital. Me condujeron al cubículo al final del pasillo de la sala «C». Habían colocado dentro unas paralelas, una mesa de fisioterapia y lo que jamás esperé: allí estaba la silla de ruedas que envió Amnistía Internacional de Holanda. Me hicieron fotos junto a ella. Indudablemente que mis denuncias constantes los obligó a entregarla, luego de años de litigio.

Cuando se marcharon y cerraron la reja que me cortaba el acceso al pasillo, mis compañeros ingresados en la salita se acercaron a saludarme. Estuvimos charlando largo rato. Luego intenté cambiar de silla para usar la nueva y comprobé que las gomas estaban desinfladas, y que no había bomba neumática para llenarlas. Me la entregaron, hicieron fotos, pero no podía usarla.

Al día siguiente, hablé con el director del hospital, teniente Odisio Fernández, pidiéndole me enviara un técnico para continuar los ejercicios. Estaba entusiasmado y alegre por estar entre los míos, y además con todos los equipos podía seguir el tratamiento, que era mi mayor interés. Por eso me sorprendió que el director médico me informara que tenía órdenes del coronel Blanco Fernández de no darme el tratamiento de fisioterapia. Iban a una nueva ofensiva y con las fotos de aquellos equipos en mi celda tratarían de respaldar sus mentiras diciendo que yo no quería hacer ejercicios. Volvían a sus represalias, con la seguridad e impunidad que les proporcionaba el poder absoluto.

Fue entonces cuando Castro, lleno de soberbia porque un grupo de cubanos, por la fuerza, se asilaba en la Embajada del Perú, anunció que quitaría la fuerte guarnición que la custodiaba, e igual haría con las demás Embajadas de países libres asentadas en La Habana. En sus delirios paranoicos, que ya le han hecho declarar que la CIA dirige ciclones domesticados contra Cuba, o que le bombardean con hongos que atacan los sembrados de tabaco y caña, llegó a creer que sólo unos pocos maleantes se asilarían en la sede diplomática del Perú al retirar la guardia. Su equivocación fue grande, porque, en sólo unas horas, más de diez mil habaneros lograron entrar: estudiantes, obreros, militares, profesionales. Y cerca de cinco mil fueron detenidos en los alrededores, entre ellos humildes campesinos que de los pueblos cercanos, con un bulto al hombro, seguidos de la esposa y los hijos, indagaban cómo se iba a la Embajada del Perú.

Luego, cuando Castro invitó a los exiliados cubanos en Estados Unidos a que fueran a Cuba a buscar a los familiares que quisieran emigrar, se inició el éxodo por el puerto del Mariel, en el que lograron salir unas 140.000 personas y se quedaron 600.000 en listas de espera.

Entre los primeros deportados se encontraban los presos comunes, porque Castro quiso dar la imagen de que sólo los delincuentes discrepaban del marxismo y no así las personas decentes. Para ello, a criminales aún en las cárceles los documentaron como si hubiesen estado en la Embajada peruana, y los enviaron a Estados Unidos.

Desde mi ventana veía el patio del edificio 2. Sacaron a los presos comunes y escuché gritar a los tenientes Calzada y Salcines que los que quisieran irse del país formaran una fila. Muchos salieron, otros renunciaban a ello por razones sentimentales, por no dejar a sus familiares, a los hijos, que sabían tendrían que abandonar para siempre, o por temor a que fuese una trampa. Cuando ninguno más salió, la guarnición, a golpes, los hizo pasar a la fila de los que se marchaban. Muchos de los obligados a irse, meses más tarde, volvieron en frágiles embarcaciones a recoger a sus hijos y esposas. Yo conocí a varios ingresados en el hospital. Un año después, el gobierno cubano los llevó hasta alta mar y allí los abandonaron en unos botes destartalados con unas latas de agua para que regresaran a Estados Unidos. A causa de esto se ahogó una veintena; sólo algunos afortunados tocaron otra vez tierra en las costas de la Florida, sus familias quedaron en Cuba, quizá para siempre.

\* \* \*

Carmen López era de las mejores enfermeras. La escuchamos gritar en un acto que organizó el núcleo del Partido Comunista del hospital como repudio a los que se iban.

—¡Que se vayan..., que se vayan...!

319

Su voz enardecida sobresalía por encima de las demás. ¿Por qué gritarla así?, pensaba yo, pues la sabía muy desafecta al sistema.

Al día siguiente, cuando estaba a punto de subir a un barco en el Mariel, que la llevaría a Estados Unidos, el doctor Margollez la descubrió y delató a la Policía Política y la sacaron de la fila negándole la salida.

* * *

En un hospital de California, Thomas White convalece de una operación de cáncer en el estómago. Cuando está solo se para, levanta el frasco del suero y camina por la habitación. Se está entrenando.

Pide el alta, pero los médicos se la niegan. Todavía no puede abandonar el hospital, pero Thomas White sabe que se acerca el día de su última misión sobre Cuba. Ya ha realizado muchas otras y quiere hacer también ésta. Y escapa del hospital. Con su piloto, Melvin Lee, un veterano de Vietnam, despega rumbo a la isla de Cuba para dejar caer su carga, pero no de bombas, sino de octavillas cristianas. Es la prédica del amor, la palabra del Señor que desde el aire lanza Tom White por miles para los campesinos cubanos.

Una tormenta los obliga a descender en una población del sur de la provincia de Oriente y son capturados por las autoridades. Algunas octavillas pegadas al fuselaje y regadas dentro del aparato los delatan.

Luego de largos interrogatorios los condenan a 24 años de cárcel, acusados del delito de propaganda religiosa.

Cuando supe que estaban allí mismo, en la prisión del Combinado del Este, le escribí a Tom saludándolo y agradeciéndole su sacrificio, de verdadero cristiano. Tom pertenece a la organización «Cristo al mundo comunista», que no se detiene ante peligro alguno en su tarea de evangelización.

Tom me conocía, además de por los otros prisioneros, por la prensa de Estados Unidos. Cuando recibió mi carta hizo gestiones y logró que lo ingresaran en la sala donde me tenían encerrado en un cubículo. Yo dormía cuando me despertó alguien que llamaba a la reja. Era Tom White.

Me contó que me había imaginado como un anciano encorvado, blanco en canas; a mi vez le dije que yo también lo imaginé a él un anciano de cabellos blancos. Tom es el típico joven norteamericano, alto, delgado, rubio, de ojos claros y espejuelos. Tenía 31 años, estaba casado con una costarricense y era padre de dos niños preciosos.

Tom White es una de las personas que más me ha impresionado de cuantas he conocido; por su sencillez, por su vivir cristiano, por la grandeza y bondad de su corazón, por su entereza en momentos difíciles.

En pocos días hicimos una grande y profunda amistad. Pasábamos todo el tiempo conversando. Tenía una habilidad y una sangre fría extraordinarias para escurrirse hasta el primer piso donde consultaban a enfermos de otras cárceles y llevar y recoger los correos clandestinos.

—No te olvides que mi trabajo es ése precisamente: infiltrarme —me decía con una sonrisa burlona.

Cuando conseguí una máquina fotográfica para retratar el local donde me tenían, fue Tom el que tomó las fotos. La delación de un preso común, que vio la operación, provocó que oficiales de la Policía Política irrumpieran en mi cubículo buscando la cámara. Lo revolvieron todo y ocuparon dos rollos de película sin usar. Pero no pudieron encontrar la máquina fotográfica. Uno de los tantos médicos la tenia consigo, pero terminada la requisa me la devolvió porque corría el riesgo de que lo registraran. Personas amigas la ocultaron entonces en el cuarto de baño de los militares. Declararon al hospital en estado de sitio, reforzaron las postas y todo el que entraba o salía, era registrado minuciosamente. La Policía Política iba de un lado a otro con traíllas de perros, pero nada pudieron descubrir.

A los pocos días, un preso común llamado Hernán, en colaboración con la guarnición, subió a la azotea y buscando por el hueco del respiradero, encontró la remara, que colgaba hacia el exterior, por la ventana del baño.

En las visitas, tratando de localizar el rollo de película, tomaron medidas excepcionales, y en los registros desnudaron a las mujeres y a los hombres. Tom White logró una vez más burlar la requisa y sacar el rollo, que hizo llegar a manos de Martha. Entonces fueron publicadas las primeras fotos mías en silla de ruedas. Asesté así un buen golpe a la Policía Política, que luego me cobrarían con creces. Lo sabía. Pero estaba satisfecho porque había podido demostrar que no eran infalibles.

# Capítulo XLVIII
# Robertico

De nuevo logré romper la incomunicación. Colaboradores amigos sacaron una carta mía denunciando la nueva situación y Martha la hizo llegar a los grupos de Amnistía Internacional que trabajaban por mi libertad.

En Francia, el escritor Eduardo Manet consiguió que se recitara, en una obra teatral, uno de los poemas de mi primer libro, el que relata la balacera en la prisión de Boniato. Esto provocó diversos comentarios. Muchos defensores de Castro, de los engañados con la revolución cubana, se negaron a creer lo que escuchaban, por lo horrible y monstruoso que les parecía.

El PEN Club francés me otorgó entonces el premio «Libertad». Mientras tanto, en Suecia, Britt Arenander, secretaria del PEN Club en ese país y cuya ayuda fue valiosísima para mí, dio a conocer mi caso con detalles en un libro que tituló precisamente El caso Valladares (Fallet Valladares). Por la aparición de este libro y la gestión personal de Britt, el PEN Club sueco me nombró miembro de honor.

Los coroneles de la Policía Política, rabiosos de odio, volvieron a equivocarse al redoblar las medidas de represalias contra mí, dándome razón para seguir denunciándolos.

Como aquél era el Hospital Nacional para reclusos llevaban a prisioneros de todas las cárceles. En la de La Cabaña tenían a los nuevos presos políticos: los que pintaban letreros o realizaban sabotajes o los acusados de diversionismo ideológico, casi todos profesores universitarios que se opusieron a las violaciones de los Derechos Humanos. Entre éstos el profesor Ricardo Bofill, que dos años después sería protagonista y víctima de sucesos conocidos en todo el mundo. Cuando cumplió su condena original quedó en libertad, pero no le autorizaban la salida de Cuba. La Universidad de la Sorbona, en París, le invitó a impartir unos cursos de sociología, pero la Policía Política siguió negándole la salida. En una ocasión, la Policía recibió la confidencia de que Bofill se había asilado en la Embajada de Francia y rodeó esa sede diplomática. Pero ya él estaba adentro. Sólo la abandonó porque el embajador Pierre Decamps le garantizó que el vicepresidente de Cuba, Carlos Rafael Rodríguez, le había prometido que le autorizarían a marcharse del país, y que no tomarían represalias contra él. No cumplieron su promesa.

Meses más tarde, los periodistas franceses Renaud Delourme y Dominique Nasplèzes llegan a Cuba y van a la casa de Bofill a visitarlo. La Policía Política, que vigila al disidente, los detiene. Son sometidos a interrogatorios durante nueve días y luego expulsados del país. Bofill desaparece, y tiempo después se conoce que ha sido condenado en un juicio secreto a 12 años de prisión acusado por conversar con periodistas capitalistas sin autorización del gobierno.

Otros marxistas disidentes fueron Elizardo Sánchez, Enrique Hernández y su esposa Marta, que se refugiaron en la Embajada del Perú, de donde hubieran podido salir quizás al exilio, pero ingenuamente se acogieron a un salvoconducto del gobierno cubano que les garantizaba les permitirían abandonar Cuba. Mas, en cuanto pusieron un pie en la calle, fueron detenidos. A ella la mandaron a la cárcel de mujeres y a él para La Cabaña.

Muchos prisioneros de allá iban semanalmente al hospital y a través de ellos establecí un correo. La ayuda que me brindaron aquellos amigos fue muy útil y no ofrezco más detalles del funcionamiento de esta red porque actualmente mis compañeros en la cárcel usan estas vías para comunicarse esporádicamente con el exterior.

El clima en la prisión era de violencia generalizada. Durante más de 20 días, el coronel Pacheco le negó alimentos a los presos políticos para obligarlos a que aceptaran medidas disciplinarias. En las celdas de castigo daban unas palizas brutales.

Había allí un militar llamado Sardiñas, alto, negro, corpulento. Era tuerto, y el ojo muerto, con una mancha gris que le cubría toda la pupila, le daba un aspecto grotesco. La ferocidad de este hombre no se saciaba con nada. El 6 de agosto de 1980 mató a golpes al preso común Celso Oliveras Blanco. Cuando sacaron el cadáver de la celda y lo trasladaron al botiquín de guardia del hospital tenía un costado hundido, y hematomas por todo el cuerpo. Sin embargo, una noche que yo tiritaba de frío por la fiebre, este mismo guardia tuvo un gesto humanitario, hizo lo posible por ayudarme, trató de conseguirme una manta y el teniente Castillo se lo prohibió.

En la sala F moría Bernardo Carmona, otro preso común, con el hígado reventado a patadas por Frank, el temible «rompehuesos», interrogador del DTI (Dirección Técnica de Investigaciones). El día 13 del mismo mes de agosto descubren que en la celda 2201 del edificio 2, cinco degenerados sexuales tenían secuestrado hacía cuatro días a un jovencito de dieciséis años, al que violaban diariamente. Lo habían atado boca abajo en una litera y así abusaban de él. Este muchachito, Abel López, sólo llevaba 22 días preso y hacía dos semanas que había sido arrojado a aquella celda. Otro jovencito, que escuchó decir que él sería el próximo, dando gritos alertó a la guarnición. De ese modo descubrieron el hecho. En una ambulancia se llevaron al violado para el hospital, con graves desgarraduras en el recto. Lo mismo le hicieron al sobrino de Julio Camacho Aguilera, actual secretario del Partido Comunista en la ciudad de La Habana y miembro del Comité Central, lo violaban y le iban quemando la espalda con gotas de nylon derretido al fuego.

Y precisamente en aquellos días, en Caracas, en un congreso sobre prisiones, los delegados cubanos Merchante y Dorticós Torrado, ex presidente de Cuba rebajado a ministro de Justicia, y que más tarde se pegaría un tiro en la cabeza, «porque le dolía la espalda» —según dijo Castro—, declaraban que el trato al delincuente en las prisiones de Cuba era humano y científico.

Una noche recibo en aquel cubículo la insólita visita del doctor Álvarez Cambra. Había ido a verme para que yo desvirtuara el hecho de que el coronel Blanco Fernández había prohibido que me continuaran dando tratamiento médico, quería él que yo lo atribuyera a una decisión mía, cosa que negué de manera rotunda. Aquello no fue más que un formulismo para justificar las mentiras y maniobras del coronel Blanco Fernández.

\*　\*　\*

Ni siquiera los extranjeros estuvieron a salvo de la ola represiva. Terence Stanley Child era inglés; estaba prisionero en Cuba desde hacía unos meses. Cuando supo que Edward Heath, el ex primer Ministro y líder del partido conservador de su país, para congraciarse con Castro, visitaría La Habana, le hizo una carta denunciando los atropellos y torturas a que estaba sometido y se la entregó al teniente Salcines.

Lo llevaron a las celdas de castigo y Sardiñas le dio una golpiza de advertencia. Stanley estaba aterrorizado. Cuando lo devolvieron al edificio sufría fiebres muy altas, de una desconocida infección pulmonar. Yo lo conocí en el hospital.

El jefe de su sección, el teniente Calzada, también muy corpulento, volvió a golpearlo; lo pateó en el suelo y después lo amenazaba constantemente con propinarle otra paliza. A continuación lo despojó de los libros y de las fotos de su esposa y familiares. El embajador inglés —decía Stanley— era sordo y mudo a las denuncias que él hacía.

Día a día, el teniente Calzada lo fue aterrorizando, y Stanley se hundió en un profundo estado depresivo. El teniente Calzada le dijo que iba a darle otra golpiza y entonces Stanley, presa de un terror insuperable, decidió suicidarse. Escribió dos cartas; una la metió dentro de un libro de un amigo que vivía en otra celda —él vivía solo en la suya— y la otra la dejó en su litera, para despistar a los guardias y que no se dedicaran a buscar la carta que generalmente dejan los suicidas. Las dos decían lo mismo: que no podía seguir soportando las torturas.

Cuando los militares lo encontraron colgado de la reja, y leyeron su carta, de inmediato trajeron los libros del muerto y los retratos familiares. Lo colocaron todo como si siempre los hubiera tenido él, y sacaron fotos.

A media mañana, en el carro del pan, se llevaron el cadáver. Era el día 28 de enero de 1981, natalicio del apóstol de Cuba, José Martí, el mismo que había dicho: «Contemplar un crimen en calma es cometerlo.» Quizá Mr. Edward Heath no lo sabía.

Por absurdo que parezca esto, al día siguiente el teniente Calzada reunió a los extranjeros y los amenazó con que iban a condenar a cinco años más de cárcel al preso que fuera sorprendido ahorcándose.

El 5 de febrero del mismo año, un grupo de oficiales irrumpió en mi cubículo exigiéndome que los acompañara para una supuesta conversación con el director del hospital. Quise negarme y el teniente Sanabria se me echó encima torciéndome un brazo a la espalda. Me amenazaron. Decidí salir. Desde que dejé la sala, camarógrafos de la Policía Política escondidos en lugares determinados me tomaban películas. Al regreso yo los descubrí.

Dos días después, el sábado 7, y ya sin ocultarse, regresaron con cámaras y potentes reflectores, que no habían usado antes, por lo que deduje que la falta de luz había echado a perder la anterior filmación. Me habían sacado al pasillo y traté de regresar al cubículo. Ellos estaban ya apuntándome con las cámaras. Entonces el teniente Calzada me persiguió, deteniendo la silla de ruedas por los manubrios; quise volverme para quitarle las manos y me golpeó en el cuello con el canto de la mano. Perdí el conocimiento.

Me contaron después mis compañeros que acudieron los médicos y dijeron que tenía 160 pulsaciones por minuto, consecuencia del golpe recibido en la nuca. Desmayado como estaba, en lugar de pasarme a la cama, me sacaron al salón. Me aplicaron una careta de respiración y me inyectaron un medicamento en la vena.

Uno de los oficiales de la Policía Política, cuando vio que me estaba recobrando, me apremió para que abriera los ojos y levantara la cabeza. Pero yo estaba tan aturdido que me dejé caer a un costado de la silla. Entonces el de la Policía Política empuñó uno de los reflectores, me arrancó la toalla que llevaba al cuello y dijo a los demás:

—¡Verán cómo ahora levanta la cabeza! —y me fue aproximando el reflector encendido, lentamente, calculando que yo no lo resistiría. Yo sentía cómo me estaba quemando aquel calor insoportable.

«¡Ayúdame, Dios mío!», fue lo único que dije en mi interior. Y me hice a la idea de que no era caliente lo que me acercaban, sino frío, un pedazo de hielo. «Es frío..., frío...», me repetía en un esfuerzo sobrehumano por engañar a mis sentidos. No sé cuántos minutos duró aquello, pero para mí fueron siglos de un agotamiento psíquico inimaginable, hasta que el torturador, indignado al no poder lograr su propósito, me pegó el reflector en el cuello. No me moví. En el borde de metal, a gran temperatura, se quedó mi piel.

—¡Llévense a este hijo de puta!

Fue lo último que escuché y las botas militares lo único que vi, porque seguí con la cabeza colgando hasta que me dejaron en mi cubículo y me supe solo. Al día siguiente, la ampolla de la quemadura de primer grado era revisada por el director médico.

Meses más tarde, el mayor Guido me diría tranquilamente que las quemaduras no constituían un acto de tortura, porque el oficial no había tenido la intención de quemarme, sino de obligarme a levantar la cabeza, y que las quemaduras habían sido de primer grado, que si hubieran sido de tercero sí. Y me argumentó que la tortura comenzaba a existir cuando se tenía la intención premeditada de ejecutarla.

El 14 de marzo, el nuevo director, coronel Edmigio Castillo, con un aparatoso despliegue de fuerza despoja al resto de los prisioneros políticos del uniforme amarillo para obligarlos a aceptar la rehabilitación. Ya todos estábamos sin ropas. Pero sigue la represión y a los que estábamos desde 1967 sin uniformes nos quitan camisetas, pulóveres, sábanas, dejándonos únicamente un calzoncillo. Prohíben los medicamentos de urgencia a los enfermos crónicos, y a Roberto Montenegro, en las celdas de castigo, lo golpean y patean, rompiéndole la nariz y un ojo. El ex comandante Mario Chanes, que asaltara con Castro el cuartel Moncada, estuviera con él en la prisión y lo acompañara en el desembarco del Granma, la guarnición lo golpea brutalmente y también lo arrojan en las celdas de castigo.

El sargento Medina es fuerte como un toro; no tiene cuello, su cabeza maciza, cuadrada, está como empotrada en los hombros. Un día, cuando terminaba la visita, los familiares —como siempre— formaban una larga fila esperando que dentro del edificio contaran a los prisioneros para comprobar que no había evasión y dar la autorización de salida a los visitantes, una mujer saludaba a su hijo; la separaba del edificio el verde polígono. Muchos presos se ponían de acuerdo con sus familiares para sacar un pañuelo por las celosías del edificio y así aprovechar hasta el último minuto para saludarse. Pero aquella madre, presa de un dolor intenso, el de dejar al hijo tras las rejas, en un ataque de nervios, queriendo estar más cerca de él todavía, agitando su pañuelo y gritando, «¡Mi hijito..., mi hijito...!», echó a correr hacia el edificio. Hubiera bastado tomarla por el brazo o llevarla al hospital para inyectarle un calmante. Pero el que salió a interceptarla fue el sargento Medina. Le gritó, pero la mujer, histérica, no lo escuchaba, seguía corriendo.

—¡Mi hijito..., mi hijito!

El sargento Medina la alcanzó, la agarró por un hombro y la emprendió a puñetazos con ella, de tal manera que rodó por tierra sin conocimiento.

De los edificios se levantó un rugido de indignación y gritos de asesino y cobarde. El hijo de aquella infeliz madre se lanzó contra las rejas y cuando llegaron los guardias les fue encima; pero poco pudo hacer: él también rodó por tierra apabullado a golpes.

En esa época se hablaba mucho de la película norteamericana Jaws (Tiburón). Con su título en español se bautizó al sargento Medina. Desde entonces se le apodó El tiburón sangriento.

Aquella tarde del 2 de abril, acompañando a la guarnición, el sargento Medina entró violentamente en mi celda y casi me levanta en vilo con silla de ruedas y todo. Me arrastró y lanzó contra una pared.

—¡Y te agarro y te estrello contra el suelo! —me dijo enfurecido, y yo estaba seguro de que lo haría. Aquella requisa fue para apoderarse de todas mis propiedades, en especial de mis trabajos literarios.

Cinco días después, el teniente Castillo me sacó del hospital, confinándome a una celda del pabellón de castigo. Indudablemente la escalada de represalias contra mí iba en aumento.

El edificio tiene tres pasillos. Sólo hay celdas a un lado y para llegar a ellas es necesario abrir primero una puerta de madera, que da a una especie de pequeño vestíbulo y éste a la reja de la celda. Sobre el techo de este vestíbulo, muy alta, se abre una claraboya. Adentro, una meseta de concreto para dormir. El único espacio libre lo ocupaba la silla de ruedas. Al fondo, al nivel del piso, la letrina. Pero a los dos días me dieron una caja de madera con un hueco como mueble sanitario. Por la noche la oscuridad era total, y al atardecer enjambres de mosquitos entraban por la claraboya. Dormir era entonces imposible.

Me destinaron al pasillo donde se encontraban casi todos los condenados a muerte. Cuando llegué había 67 esperando a ser fusilados acusados por delitos comunes y políticos. Meses después, cuando me sacaron, sólo quedaban 13 con vida, que también ejecutaron.

Los que servían los alimentos y hacían la limpieza eran castigados comunes. Mi afición y constante dedicación a conversar con ellos, y especialmente con los jóvenes, me había ganado la amistad y el respeto de muchísimos que todavía no había nacido cuando llegué a la cárcel. En seguida se corrió entre ellos que me habían llevado para las celdas de castigo. Nosotros teníamos organizado un grupo de estos muchachos en sus edificios respectivos, piso por piso, y nos ayudaban a recibir y enviar correspondencia, libros, periódicos e información de todo tipo. Así sabíamos lo que pasaba en otras cárceles, los presos que ingresaban diariamente en la nuestra, comentarios de los militares, etc.

La segunda noche la pasé en la silla de ruedas, así como muchas otras. Los primeros intentos por dormir sobre la plancha de concreto habían resultados infructuosos, la incomodidad me lo impedía. Los ataques de asma eran frecuentes y no tenían medicamentos; los pedí, pero no me los dieron. Al fin el agotamiento de aquellos días y noches en la silla de ruedas, tosiendo todo el tiempo, me vencieron; el cuerpo me pedía tenderme aunque fuera sobre una de esas tablas erizadas de los fakires.

Fue entonces cuando llevaron un grupo de jóvenes que fueron recogidos por llevar el pelo largo. En Cuba, cualquier conducta que salga de los patrones establecidos por el régimen es más que suficiente para que el ciudadano vaya a la cárcel.

Algunos de aquellos jóvenes fueron detenidos por la policía al negarse a cortar las etiquetas a los blue-jeans (a los pitusas o vaqueros como se les llama en Cuba), porque hay una disposición de mayo de 1981 que prohíbe a los cubanos circular por la calle con un pantalón vaquero que lleve una etiqueta extranjera, o una bolsa que tenga el anuncio de una marca foránea.

Las autoridades consideran que la exhibición de la etiqueta de un producto capitalista es precisamente una campaña de penetración ideológica del imperialismo norteamericano.

Los blue-jeans entraban en Cuba en la misma forma que entran en los países del Este, en la Unión Soviética, en Checoslovaquia. Los llevan los marinos mercantes, los extranjeros y los diplomáticos. Pero en Cuba ocurrió algo muy interesante. Cuando los cubanos en el exilio fueron autorizados a visitar a sus parientes en Cuba, llevaron gran cantidad de blue-jeans y se produjo un fenómeno social, los jóvenes que tenían esta prenda de vestir, comenzaron a agruparse por el solo hecho de tenerlas, esto ya era como una identificación y lo usaban también como una demostración de rechazo al sistema. El hecho de tener un blue-jean era una manera de identificarse como no afecto al régimen, porque la juventud del partido tiene orientaciones de sus dirigentes, publicadas en los periódicos incluso, en el sentido de que ningún joven comunista debe usar una prenda capitalista. Eso está considerado como debilidad ideológica.

El mismo Raúl Castro pronunció un discurso sobre esa obsesión de algunos jóvenes por lo que llamó «bisuterías de la sociedad capitalista».

Ya la revolución se había pronunciado sobre este asunto en la declaración del Primer Congreso Nacional de Educación y Cultura que llegó, entre otras, a las conclusiones siguientes:

«Que la revolución debe orientar una política consecuente en relación a la moda, que neutralice o impida la entrada de tendencias de la moda que se originan en países capitalistas de gran desarrollo y cuya base económica y mercantil e ideológica deben tenerse presentes y que cuando la aceptamos indiscriminadamente deviene un factor de dependencia cultural».

Otra de las conclusiones decía que «es necesario el enfrentamiento directo para la eliminación de las aberraciones extravagantes».

Es interesante saber que, desde 1967, existe en Cuba un organismo estatal llamado Buró de la Moda, el cual decide la manera de vestir de los cubanos.

Los muchachos que limpiaban me habían conseguido unos periódicos, con los cuales me protegía un poco de los mosquitos. Dormía inquieto. En la oscuridad algo me llamó la atención súbitamente: dos manchitas verdosas, brillantes. Eran los ojillos de una rata y me senté sobresaltado; el recuerdo de aquella otra que me había roído los dedos de la mano en la prisión de Isla de Pinos, acudió a mi cerebro con terror.

Las ratas de las cloacas son grandes y entran a través de los tubos de las letrinas, que allá tenían cuatro pulgadas de diámetro: una verdadera autopista para estos roedores.

Nada hay que inquiete más al prisionero en una celda a oscuras que las ratas, silenciosas, hambrientas, acechando siempre. No se puede conciliar el sueño, y el sobresalto es constante, creyendo que están a punto de morder. A veces entran varias, y si están muy hambrientas se envalentonan y atacan. Para bloquearles la entrada usé los zapatos metiéndolos a presión por las punteras en el hueco del servicio. Después que lo hice me sentí más tranquilo, casi contento. En cualquier situación, por difícil que sea, ciertos logros son un alivio, una alegría.

Generalmente, entre los presos que ponían a trabajar en las celdas de castigo, había soplones de la guarnición; por esto no quise intentar ningún contacto, hasta que me enviaron uno. Siempre el contacto debe llegar dé afuera y el incomunicado debe evitar desesperarse, porque se puede confiar a un soplón. El que llegó a mí me lo mandaba Eduardo Delgado, un estudiante universitario de medicina que junto a Raudel

Rodríguez, de la Facultad de Matemáticas, había decidido fundar una organización para cambiar el orden político y social de Cuba. Los dos habían nacido cuando Castro estaba ya en el poder, se formaron en los valores marxistas, eran miembros de la Juventud Comunista y tenían 20 años de edad. Fueron condenados a muerte. Estaban en el mismo pasillo esperando el resultado de la apelación. Es decir, sus vidas estaban en manos del presidente del Consejo de Estado, de Castro, que ordenaría fusilarlos.

Ellos me suministraron lápiz y papel, y así iniciamos nuestra correspondencia clandestina. Supe que un sueco-español estaba castigado allí, acusado de agente de la CIA. Era Ramón Ramudo, a quien escribí en seguida; ya él conocía de mí a través de la prensa europea.

Los días transcurrían idénticos y sólo el traslado de los reos a los paredones de fusilamiento rompía la monotonía.

La violencia de aquel pabellón era aberrante. Diariamente, dirigidas por el teniente Mejías, se daban sesiones de palizas. Sacaban a los castigados de los calabozos al saloncito de la entrada. Desde mi celda, a sólo cuatro metros de separación, yo escuchaba con un estremecimiento el chasquido de las bayonetas y machetes descargados con saña sobre los cuerpos de los prisioneros.

Un atardecer escuché quejidos en una celda muy próxima a la mía y una vocecita infantil que decía:

—¡Sáquenme de aquí..., sáquenme de aquí..., yo quiero ver a mi mamá...!

Creí que mis sentidos me estaban jugando una mala pasada, pues no podía concebir hubiesen metido a un niño en aquellos calabozos.

—¡Sáquenme de aquí..., sáquenme de aquí..., yo quiero ver a mi mamá...! —seguía repitiendo lastimeramente.

Aquellos lamentos me dolían en el alma. No había duda de que allí había un niño. Días más tarde, conocí toda la historia de Robertico.

Tenía doce años. Iba por la calle sólo tres o cuatro meses atrás. Vio un automóvil aparcado junto a la acera. Estaba abierto y sobre el asiento había una pistola. La tomó y jugando la apuntó al cielo, a imaginarios blancos. Estaba cargada y sonó el disparo. Un comandante del Ministerio del Interior, el imprudente que dejó la pistola abandonada y abierto el automóvil, salió cuando escuchó el estampido; vio a Robertico, que se había quedado paralizado por el susto, y le quitó el arma. Lo abofeteó y lo condujo a una estación de policía.

Lo condenaron hasta la mayoría de edad y lo remitieron a la prisión del Combinado del Este. Lo destinaron a un pabellón donde tenían a criminales de la peor calaña. En Cuba no existe clasificación de presos y mezclan a todo tipo de sentenciados. A los pocos días varios de aquellos desalmados violaron a Robertico, que con desgarraduras graves y hemorragias tuvo que ser ingresado en el hospital. Cuando le dieron de alta, ya en su expediente habían estampado un cuño que decía «homosexual», y lo llevaron para el pabellón que tienen destinado a ellos en todas las prisiones.

Creo que hay muy pocos ejemplos en la historia de la represión a los homosexuales como la desatada por el gobierno cubano. Los homosexuales fueron perseguidos, acosados. La revolución se ensañó con ellos. Los detenía en las calles únicamente por la forma de caminar, o por vestir un pantalón estrecho, o empolvarse las mejillas.

Fueron así llevados por miles a la provincia de Camagüey donde instalaron campos de concentración que llamaron la UMAP, que eran las siglas de «Unidades Militares de

Ayuda a la Producción». Allí reunieron a los desafectos a la revolución, a los Testigos de Jehová, a los Adventistas del Séptimo Día, a sacerdotes católicos tales como Monseñor Alfredo Petit Vergel, actual rector del Seminario «San Carlos y San Ambrosio», en la ciudad de La Habana. También el actual Arzobispo de La Habana, Monseñor Jaime Ortega Alamino fue llevado a los campos de trabajo forzado. Todos los sacerdotes católicos iban a pasar por estos campos. Ya el gobierno cubano había pedido la relación de los mismos y comunicaron a los obispos la decisión del gobierno de que en grupos de cinco tendrían que sumarse al trabajo obligatorio.

Todo ciudadano que por su conducta no encajaba en la nueva sociedad fue llevado a aquellos horribles campos de la UMAP. Muchos fueron los torturados, los mutilados, los asesinados. Conocí a unos Testigos de Jehová que fueron desnudados, amarrados a unos postes y azotados. Todavía tenían las espaldas amoratadas de los golpes cuando fueron trasladados a la prisión de Isla de Pinos.

Una campaña de presiones en el extranjero, en la que participaron Jean Paul-Sartre, Gian Giacomo Feltrinelü, Carlos Franqui y otros, obligaron a Castro a desmantelar los campos de trabajo forzado de la UMAP.

Entonces los homosexuales fueron dispersados por todas las cárceles del país en las que se abrieron secciones dedicadas a ellos. Yo vi estas secciones en la prisión del Castillo del Príncipe, en la cárcel de Boniato, en la prisión de «El Combinado del Este». Existen actualmente en todas las cárceles porque la represión a los homosexuales no ha cesado nunca.

Robertico, sin serlo, fue a dar a una de estas secciones, donde la represión, la humillación, las burlas a su condición sexual, y los castigos corporales son horribles.

Robertico era tan pequeñito y menudo de cuerpo que cabía por entre los barrotes de las rejas. Una noche salió de su celda para tratar de ver en el televisor de los militares un programa de comics. Lo descubrieron y lo tiraron para las celdas de castigo. Lo sacaban tres veces por semana para inyectarlo, porque padecía de blenorragia, una enfermedad venérea. Me contó un militar que no tenía siquiera vellos en el pubis.

Todos los días, cuando anochecía, se asustaba por la oscuridad y suplicaba que lo sacaran de allí y lo llevaran a ver a su madre. Se hacía entonces en todo el pabellón un silencio impresionante. Estoy seguro de que a los hombres que se encontraban en las celdas aquellas, endurecidos por la violencia y los años de cárcel, se les ablandaba el corazón pensando quizás en sus madres, en sus propios hijos, que como Robertico podían caer allí.

Por eso la noche que los guardias, nerviosos quizá por su llanto y súplicas de que lo sacaran, entraron a golpearlo, un rugido unánime se levantó de todas las celdas. Luego, el teniente Mejías prohibió a los soldados que lo golpearan con bayonetas o cadenas, porque era muy pequeño. Dijo que sólo podían hacerlo con sogas trenzadas.

Semanas después, el teniente Mejías me comunicó que un tribunal me había celebrado juicio y condenado en ausencia por mis escritos y poesías, y que tenía que permanecer en las celdas de castigo por tiempo indefinido.

Yo había logrado organizar una red de comunicación con mis compañeros a través de un grupo de presos comunes. Ningún contacto existía entre el edificio de castigo y el resto del penal. Con uno que cumplía su sanción de aislamiento envié las instrucciones.

Hacía falta un punto para dejar y recoger la correspondencia, y elegimos el basurero general de la prisión como buzón; de ese modo todas las tardes cuando llevaban los tanques podía tener correo.

Continuaban fusilando prisioneros, comunes y políticos. Los tres hermanos García Marín, que ocuparon la sede del Vaticano en La Habana, en diciembre de 1980, pidiendo salir del país, fueron fusilados. Me contaron los supervivientes de esa causa que la jerarquía católica autorizó y colaboró en un plan para que fuerzas especiales de la Policía Política, haciéndose pasar por una delegación llegada del Vaticano, disfrazados de sacerdotes, entrara en la sede diplomática y redujera por la fuerza a los allí refugiados, dos de los cuales estaban armados. Ellos nada sospecharon porque les habían anunciado la visita de esta delegación, y me contaron que los vieron bajar del automóvil de la Nunciatura y se confiaron.

Como si no hubiera sido suficiente castigo fusilarle a los tres hijos, la atribulada madre de los García Marín recibió 25 años de condena, que está extinguiendo actualmente con otros once familiares.

Sardinas, el militar tuerto, estaba propinando una golpiza a uno de aquellos infelices que tuvo la desgracia de caer en las celdas. Era casi al anochecer. Los gritos de la víctima pidiendo perdón eran estremecedores. Por esta razón, Rodolfo Alonso, que sólo tenía 21 años y estaba condenado a muerte por intento de sabotaje, no pudo permanecer impasible y pidió al militar que no lo siguiera golpeando. Sardiñas se enfureció, lo sacó también a él de la celda y le dio una paliza lanzándolo al suelo y pateándolo. El compañero de causa de Rodolfo, otro joven como él, era Abilio González. Habían sido sorprendidos cuando intentaban prenderle fuego a unos autobuses. En represalia contra la familia, la esposa de Abilio y sus dos hijos pequeños fueron sacados de su casa y echados a la calle.

El 13 de junio de 1981 sentí que me llamaban desde el saloncito de salida. Era Rodolfo:

—Hermano Valladares, nos vamos...

—¿A dónde van? —pregunté, porque me extrañó aquello.

—Al paredón, ya vinieron a buscarnos.

Se me hizo un nudo en la garganta. Creía que nunca más, luego de veinte años en las cárceles, iba a tener que pasar por el trance doloroso de despedir compañeros rumbo a la muerte.

La voz de Rodolfo era serena, calmada, firme.

Repitió una frase que yo le decía en mis cartas, cuando los trataba de ayudar para el momento aquel:

—Dejamos las páginas de la vida para ingresar en las de la historia—. Y me encargó saludar a varios compañeros que había conocido cuando pasaron castigados por las celdas. No sabía qué decirle.

—Bueno, Rodolfo, ¡Dios te acompañe, nada temas y pórtate entero hasta el final.

Con ellos sacaron a Emilio Reloba. Los fusilaron esa misma noche.

\* \* \*

Una madrugada llevaron a un preso común que había gritado ¡abajo Fidel! Desde que llegó, lo rodearon y comenzaron a golpearlo exigiéndole que gritara ¡Viva Fidel Castro!

Pero cuanto más gritaba aquel infeliz, más le pegaban. Los cuatro o cinco guardias que lo golpeaban se enardecieron; la voz del preso dándole vivas a Fidel Castro casi no se escuchaba, jadeaba bajo la lluvia de planazos de acero.

—¡Más fuerte, cojones, más fuerte! ¡Grita viva Fidel Castro más fuerte! Y descargaban las bayonetas sobre el prisionero hasta que, sin conocimiento, éste cayó al suelo. Sentí el ruido del cuerpo cuando era arrastrado por el largo pasillo hasta su celda. A la mañana siguiente volvieron a sacarlo antes del almuerzo.

—Así que tú fuiste el que gritó anoche ¡abajo Fidel! —escuché que le decía su nuevo verdugo—. Pues grita ahora que viva.

Y otra vez lo molieron a golpes mientras daba vivas al dictador. Unos años atrás, en 1959, muchos militares fueron fusilados por hacer lo mismo, pero pidiendo a los revolucionarios que gritaran viva Batista.

Todos los días daban ocho o diez palizas. Y por eso se rebautizó aquel pabellón con el nombre de «Palacio de los gritos».

Cuando Juan Serrano, un guardia del poblado de Guane, en la provincia de Pinar del Río, entraba de posta, el silencio en aquel pabellón podía cortarse con un cuchillo.

—Al primero que respire lo voy a abrir de arriba abajo como un bacalao.

Era su amenaza para todos los castigados.

Y no se escuchaba a los presos ni respirar. Pero Juan Serrano no podía dejar de golpear, alucinado él mismo por aquel mundo demencial. Para él, golpear era como para el drogadicto recibir su dosis de heroína. Cuando el cuerpo se lo pedía, abría una celda cualquiera y sacaba a un preso. Lo llevaba al saloncito donde tenían, en un gran mural, las normas disciplinarias del pabellón de castigo.

—Lee esto bien alto —le decía al infeliz, que ya sabía lo que le esperaba. Y el preso iniciaba la lectura.

—¡Más alto... Te dije que leyeras más alto!

Y con sus propios gritos iba motivándose, acalorándose, enardeciéndose. El preso se desgañitaba, pero era inútil.

—¡Más alto, cojones..., más alto...!

Y comenzaba entonces a descargar golpes sobre su víctima, que la mayor parte de las veces le suplicaba que no le pegara más.

Como Serrano había otros, verdaderos enfermos, que no podían dejar de golpear.

Recibía correspondencia de Eduardo y Raudel, eran en verdad dos jóvenes extraordinarios. Cada vez que fusilaban a condenados a muerte, ellos sentían que inexorablemente se les aproximaba su hora.

«Morir por la Patria sólo es comparable a vivir por ella», me escribía un día Eduardo. Y era cierto; para ellos vivir era una tortura, siempre a la espera de que los fusilaran al siguiente día. Vivían por la Patria para morir por ella. Eduardo me había pedido que le escribiera a su madre, cuando me sacaran de las celdas, para contarle cómo habían sido sus últimos instantes. Quizá las últimas cartas que escribió Eduardo fueron las que sacó Ramudo y las llevó a Suecia.

La red para comunicarme con mis compañeros, formada por los presos comunes, funcionaba muy bien. Cuando Martha hacía alguna declaración, ésta era escuchada en el aparato de radio clandestino y llegaba a mí.

Un día tomaron medidas sin precedentes. Se presentaron en mi celda, la requisaron y me ocuparon papel y lápiz. Entonces llevaron a un carpintero que colocó un cerrojo con candado en la puerta de madera del pasillo. Eso no lo habían hecho jamás. Y designaron a un escolta especialmente para mí, que tenía las llaves colgadas al cuello con un cordón.

Yo había logrado salvar de la requisa una cuchilla de afeitar y una hojita de las usadas para recetas médicas. Corté una astilla de la tabla que me servía de asiento en la silla de ruedas, luego la agucé y dándome un corte en uno de los dedos, fui exprimiendo gota a gota lo que sería la tinta. Escribí así, con mi propia sangre, una poesía. A pesar de la incomunicación y las medidas extraordinarias adoptadas, alguien se atrevió a sacarla. Y llegó a Martha y se tradujo y publicó en varios idiomas. Fue esto lo último escrito por mí en la prisión. He aquí el poema:

> Me lo han quitado todo
> las plumas
> los lápices
> la tinta
> porque ellos no quieren
> que yo escriba
> y me han hundido
> en esta celda de castigo
> pero ni así ahogarán mi rebeldía.
> Me lo han quitado todo
> —bueno, casi todo—
> porque me queda la sonrisa
> el orgullo de sentirme un hombre libre
> y en el alma un jardín
> eternamente florecido.
> Me lo han quitado todo
> las plumas
> los lápices
> pero me queda la tinta de la vida
> —mi propia sangre—
> y con ella escribo versos todavía.

Cuando el mayor Guido, gordo ventrudo con aspecto de luchador de sumo, el teniente Mejías y otros oficiales se presentaron en mi celda y me dijeron que recogiera mis cosas, que iba trasladado, creí que había terminado el castigo. Pero al decirme Guido, con ostensible hostilidad:

«Vamos a ver si ahora vuelve a escribir», sospeché que no había terminado el castigo. Y tenía razón.

# Capítulo XLIX
## La última incomunicación

Al llegar al hospital, noté que no había nadie. Indudablemente, habían encerrado a todos, incluyendo enfermeras y empleados. Los pasillos de la planta baja estaban desiertos. En el hueco donde debía ir el ascensor, había colocada una reja. Desde hacía cinco años esperaban que la maquinaria burocrática canalizara la solicitud del ascensor, hecha en 1976, pero que se habían olvidado de incluir en los presupuestos. A los enfermos recién operados había que subirlos y bajarlos en camillas por las escaleras, haciendo mil piruetas. Así me subieron a mí, en la silla de ruedas, los militares que me acompañaban. Cuando llegamos al segundo piso, torcieron a la izquierda, hacia la sala F. La habían vaciado. Avanzamos por ella hasta el final, a un cubículo de unos cuatro metros cuadrados. Lo habían pintado todo de blanco brillante, paredes y techo, y en éste habían instalado diez grandes tubos de neón de más de un metro de largo cada uno. Una cama y una mesita de cabecera componían el mobiliario.

El gordinflón Guido sonreía, sus ojillos brillaban como disfrutando de antemano lo que habían ideado sus cerebros represivos. Pasaría allí más de un año; y en torturas psíquicas, los peores meses del presidio. Pero, curiosamente, fue aquel tipo de encierro inhumano el que aceleró la bola de nieve de la campaña en mi favor. El ensañamiento, la aberración, el odio de mis carceleros, se convirtieron en una gran ayuda para mí.

La Policía Política había iniciado una feroz campaña de descrédito destinada a destruir mi prestigio, haciéndome pasar por asesino y torturador de la policía secreta de Batista, ocultando el hecho de que al ser detenido yo era un funcionario del gobierno revolucionario. En la prensa de la época no aparecía ninguna referencia a mi supuesta condición de feroz torturador. De haber sido cierto, Castro me habría fusilado como a tantos otros que sólo por sospechas fueron ejecutados.

La campaña de difamación, típica de todos los regímenes marxistas, contra quienes discrepan de la dictadura, fue coordinada por el Instituto Cubano de Amistad con los Pueblos (ICAP), una de las agencias de la seguridad del estado, dirigida por el comandante René Rodríguez, persona, por demás, acusada actualmente en los tribunales de los Estados Unidos como uno de los responsables de la introducción de drogas en ese país.

La operación se inició con algo insólito: que dejaran llegar hasta mi celda de prisionero incomunicado a un periodista. Desde que lo vi, acompañado por oficiales de la represión, sabía que todo obedecía a un plan contra mí. De ahí mi renuencia al principio a conversar con él, a permitirle hacerme fotos. Más de una hora emplearon en tratar de convencerme. En ese tiempo, mi cerebro trabajaba a toda capacidad. Sabía que se trataba de una canallada y que podían atribuirme declaraciones que no hubiera hecho. Entonces les ofrecí escribir una carta y unos versos. Aceptaron todos. Quienes leyeran mi carta comprenderían en el acto mi desconfianza en aquel periodista, porque comenzaba diciendo: Me ha pedido usted una entrevista para su revista. He preferido escribir, cualquier criterio, comentario o interpretación de lo que se ha conversado será, fuera de lo que dice esta carta, un enfoque del periodista. Esta carta no tiene una sola tachadura, ni borrón alguno y su publicación debe ser íntegra.

Estaba seguro que la publicación de alguna infamia contra mí tendría de inmediato una respuesta contundente e indignada de mis amigos en el exterior. Y fue así exactamente, porque la publicación incluía un carné de la policía de Batista torpemente falsificado, en el que se afirmaba que el color de mis ojos era pardo cuando en realidad es negro y se daba como fecha de mi nacimiento otra diferente a la verdadera. Por último, para colmo de la chapucería, se anotaban mis medidas en el sistema métrico decimal, cuando con anterioridad a la revolución la talla de los cubanos se medía en pies y pulgadas, y el peso en libras, no en kilogramos.

Poco después, en 1981, en el boletín de información que lleva el N.° 3, el ICAP distribuyó (y aún distribuye) un folleto firmado por un tal Luis Adrián Betancourt, del servicio de información del Instituto Cubano de Amistad con los Pueblos, titulado «Desde la silla del engaño», escrito con el objeto de «informar debidamente a los amigos de Cuba en el exterior» sobre el caso Valladares. En el folleto se contradice la información que aparece en el carné falsificado. Éste dice claramente que ingresé en la policía secreta de Batista en mayo de 1958 y el folleto, en su página 3, que fue en octubre de 1957, cosa por otra parte imposible por no tener yo entonces la edad requerida. En publicaciones posteriores, luego que salí de la cárcel y pude denunciar la mentira, el carné aparece recortado en su lado derecho, para que no se vea la fecha falseada.

Cuando yo digo que los grandes promotores de la campaña de opinión en mi favor fueron, sin quererlo, por supuesto, los coroneles de la Policía Política, no exagero. La propaganda contra mí se convirtió en un boomerang para ellos. La Policía Política, insensible e ignorante del comportamiento humano, acostumbrada a despreciar a su propio pueblo, que, amordazado por el terror, no puede replicar ante una injusticia, olvidaba que en los países donde hay libertad no sucede así, y que hay personas que se sienten impactadas por un hecho como el que ellos presentaban, calumniando a un prisionero que con veinte años de cárcel, únicamente por un delito de opinión, en una silla de ruedas, lo mantenían en condiciones inhumanas y degradantes, incomunicado por completo y no le daban la oportunidad de defenderse de las acusaciones de ser un torturador y un criminal feroz, un agente de la CIA y otras mil falsedades.

La Policía Política jamás calculó la reacción que desencadenaría su artículo difamatorio. Por solidaridad se inició en Europa una campaña para apoyarme. El Comité por la defensa de Valladares de Francia, por iniciativa de Fernando Arrabal, dio a conocer un manifiesto firmado por Jorge Semprún, Ionesco, Bernard Henry Levi, Ivés Montand, Pierre Golendorff, los poetas Philippe Sollers y Pierre Enmanuel, y muchas otras personalidades.

Como consecuencia de este gesto, el Diario 16 de Madrid, en su suplemento «Disidencias», solicitó que cuantos quisieran adherirse a la protesta contra la difamación del gobierno cubano, lo hicieran enviando sus firmas a esa publicación. Esto originó un movimiento de apoyo al que se sumaron cientos de personas e intelectuales de todo el mundo, tales como Octavio Paz, Camilo José Cela, Mario Vargas Llosa, Ernesto Sábato y muchísimos más que forman una larguísima lista. Durante semanas, las cartas de adhesión estuvieron llegando al Diario 16 cuya participación fue muy importante en la consecución de mi libertad.

El PEN Club francés entregó personalmente una carta al embajador de Castro en París, en la cual, tras afirmarle que tenían informes de que yo era víctima de torturas, le notificaba: «Esperamos su respuesta antes de informar a la opinión pública, a

Amnistía Internacional, a la Comisión de Derechos Humanos del Consejo de Europa y a todas las organizaciones internacionales con las que estamos relacionados.»

En tanto, los efectos de la reacción internacional llegaban a Estados Unidos y la embajadora norteamericana ante la Asamblea de las Naciones Unidas, la inigualable y extraordinaria Jeanne Kirkpatrick, denunciaba con detalles, en el seno de la organización mundial de las naciones, la situación en que me encontraba. Yo no podía responder, mi indefensión era total, ni siquiera conocía los documentos falsificados que publicaba el gobierno cubano; pero había quienes, indignados por la evidente calumnia, asumían la defensa de mi caso.

Todos, en Occidente, conocen que es una práctica habitual en la Policía Política de los países comunistas la falsificación de documentos. Esto lo explicó detalladamente, cuando escapó al oeste, el mayor Stanislav Levchenko, de la KGB, que coordinaba actividades de espionaje en Japón durante los años 1975-1979, ocultando su identidad verdadera bajo la cobertura de un periodista de la revista Tiempos Nuevos. Más de una docena de falsificaciones de documentos y cartas oficiales del gobierno norteamericano se descubrieron, entre ellas una misiva apócrifa de Alexander Haig —que era comandante supremo de las fuerzas aliadas en Europa—, supuestamente dirigida a Joseph Luns, secretario general de la OTAN. También falsificaron una carta a nombre del Rey de España. Otros ejemplos son los denunciados por el secretario de Estado de la R.FA. CarlDieter Sprager que ponen al descubierto la campaña de difamación contra los adversarios del comunismo. Uno de los más conocidos fue el del entonces presidente federal, Heinrich Lubke, la Televisión alemana en el telediario de más audiencia dijo que el señor Lubke había colaborado con los nazis construyendo campos de concentración. La campaña estaba dirigida y organizada por la Alemania Comunista.

Uno de los más recientes ejemplos, a finales del año de 1984, fue el envío de una carta a firmas alemanas, en papel y sobre oficiales del Ministerio de Comercio Norteamericano, con membretes y todo. En ella se les exigía una información detallada de los productos que exportaban a los países del Este y dejaba flotando la sospecha de que colaboraban con los comunistas. Esta carta era falsa y su objetivo fue el de crear desconfianza y hostilidad contra USA.

A esta práctica llaman los comunistas «AKTIVNYYE MEROPRIYATIVA» (medidas activas), e incluye una variada gama de acciones, entre ellas la promoción de campañas en los medios de información con documentos falsificados. Eso fue lo que hizo la Policía Política cubana pero con una errónea valoración del resultado, que arrojó un saldo muy positivo para mí al despertar la curiosidad sobre mi caso y llamar la atención de muchos que no lo conocían, o lo conocían poco. Nuevamente el odio era derrotado.

Mas, como represalia, ya que no podían matarme de forma escandalosa, se ensañarían torturándome con los medios más sofisticados de que disponían. Mi familia también sería víctima de su rencor.

\* \* \*

Cuando me quedé solo en aquel cuarto, no era capaz siquiera de sospechar el tiempo que pasaría en él y las condiciones de vida que me habían reservado mis carceleros.

La reja de entrada daba a un pasillo cuyas ventanas habían sido selladas con planchas de madera, impidiendo de esa manera que yo pudiera ver siquiera la claridad del día. La sala, completamente vacía, eliminaba toda posibilidad de comunicarme con otros presos. Además, no existía una sola ventana y el baño estaba dentro de la misma habitación. Cuando abrí el grifo para tomar agua, no salió ni una gota; llamé al escolta y le pedí que abriera la llave de paso: conocía el hospital y su funcionamiento y por ello sabía que se podía cerrar el agua por secciones. Me respondió que él no podía hacer nada, sólo informar al oficial de la guardia especial. Supe así que los que me vigilaban pertenecían a una guarnición especial.

Por orden de la Policía Política, ninguno de los militares que normalmente hacían guardia en el hospital debía tener contacto conmigo. Los que me vigilarían en lo sucesivo serían seleccionados por ellos, y tendrían que ser todos miembros del Partido.

Observando la pared descubrí que habían quitado los interruptores de la luz. Llamé nuevamente al militar y le dije que me hiciera el favor de apagar, que iba a dormir.

—No se puede apagar —contestó.

Le insistí en que no era posible dormir con diez lámparas encendidas sobre la cabeza.

—Lo siento, pero son órdenes superiores y no puedo apagarlas.

Comprendí entonces que no se apagarían nunca. Un sueño reparador sólo puede lograrse en un dormitorio a oscuras o en penumbras. Se sabe que bajo luces brillantes se puede dormir, pero no se descansa. Ése era justamente el objetivo que perseguían: no dejarme descansar.

El calor en aquel lugar era insoportable, porque además de que la pared del fondo era calentada por el sol, exactamente debajo estaba la cocina del hospital donde, al amanecer, se encendían grandes hornillas de petróleo que caldeaban el suelo y convertían el cubículo en un verdadero infierno. Y era pleno verano.

Aunque las ventanas del pasillo, frente a mí, estaban selladas, por las de la sala, que sabía abiertas, entraban enjambres de mosquitos. Tuve noches de matar más de doscientos.

Mi primera noche la pasé dormitando a ratos. Creí que en colchón dormiría a pierna suelta, pero las luces no me dejaban. Echado en la cama no podía abrir los ojos porque los diez tubos de neón me herían las pupilas. Tampoco podía mirar a las paredes, porque su blancura resplandeciente también me hería la vista.

Al otro día no me llevaron desayuno. Lo reclamé al militar y me explicó que él no podía salir de la sala, que tenía que esperar que alguien fuera. Le expuse que no había agua, ni recipiente de ninguna clase, y que necesitaba además artículos de aseo personal: jabón, papel sanitario, pasta y cepillo dental.

Por los ruidos provenientes de la cocina, supe, aquel primer amanecer, que eran aproximadamente las cuatro de la mañana, pues recordaba que a esa hora llegaban los cocineros para iniciar su jornada diaria. Adentro tenía un día perpetuo, un día artificial, infinito. Carecía absolutamente de cualquier indicio que me señalara si afuera había luz o no.

El agua me la daban únicamente a las horas de comida. De nada valían mis peticiones de un recipiente para guardar un poco. Sudaba más que en ningún otro encierro anterior; la sábana pronto estuvo empapada y también el colchón. No me daban jabón, ni abrían la llave de la ducha para poder bañarme. Tampoco me proporcionaban papel sanitario.

Dos semanas permanecí en estas condiciones humillantes, al cabo de las cuales el mayor Guido fue a visitarme. Por supuesto que él conocía lo que estaba ocurriendo, pero parte del juego consistía en que yo se lo informara, y así lo hice. En un gesto magnánimo ordenó entonces al escolta que me trajera jabón, un tubo de pasta dentífrica y un recipiente para guardar un litro de agua, y me prometió que daría instrucciones al jefe de la guardia especial para que una vez al día abrieran la ducha. Invariablemente, ellos siempre eran los portadores de las buenas noticias, los únicos que podían conceder desde un simple jabón hasta una autorización para bañarse. Los dueños absolutos de vidas y haciendas.

—Ya ve usted, Valladares, que todo va solucionándose —me dijo con mal disimulada ironía.

—Parece que sí, mayor, pero me gustaría saber cuál es la causa de este encierro excepcional, propio de recién detenidos sujetos a interrogatorios.

—Usted lo sabe, Valladares, tenemos que tomar medidas drásticas para que no siga enviando falsas denuncias al extranjero de que le estamos dando un trato inhumano. Aquí no podrá seguir escribiendo. Ésa es la razón, y usted es el único culpable de la situación en que se encuentra.

—¿Así que yo soy el culpable de andar en una silla de ruedas y de estar aquí? —le respondí en tono sarcástico, que pareció no captar.

—Sí, porque usted se niega a aceptar las medidas disciplinarias que rigen todo establecimiento penitenciario; no sólo aquí, también en las cárceles de los países capitalistas existen; y allí sí son en verdad inhumanos, porque tienen como único objetivo castigar al hombre.

—Pero las normas de disciplina en las cárceles de los países libres no tienen como objetivo obligar al prisionero a que renuncie a sus ideas y creencias y adopte las de sus carceleros, como ocurre en Cuba, mayor. Además, en los países libres no hay prisioneros políticos, porque no se persigue a nadie por sus ideas, ni se encarcela por discrepar del gobierno, como ha sucedido aquí con tantos, yo entre ellos.

—Usted se equivoca. Valladares, en los países capitalistas hay miles de prisioneros. En Estados Unidos las cárceles están llenas de puertorriqueños, latinos y negros que se ven obligados a delinquir presionados por una sociedad inhumana y explotadora que los margina, discrimina y viola sus derechos sistemáticamente. Esos hombres son verdaderos presos políticos, porque discrepan de una sociedad injusta que quisieran cambiar. Ustedes no, ustedes han tratado de impedir las conquistas del proletariado y sus aspiraciones.

—Parece que las aspiraciones de ese proletariado no concuerdan con las de la dictadura marxista, porque la enorme mayoría de los presos políticos está integrada por obreros y campesinos, hombres de extracción humilde. Son ésos los que han conspirado, los que se han alzado en armas en las montañas.

—Sí, pero engañados por la propaganda y las mentiras del imperialismo, que los han usado como instrumento de su política agresiva contra la revolución.

En realidad, el mayor Guido emitía sus argumentos con tanto ánimo, que cualquiera hubiera podido pensar que creía en ellos. Por supuesto, yo no.

A las dos semanas iniciaron una nueva política. Una mañana me trajeron el almuerzo tan sólo una hora después del desayuno y a las dos horas siguientes la comida.

Cuando le pregunté al guardia la hora me dijo que eran las ocho de la noche. Yo no sabía la hora exacta, pero estaba seguro que no eran las ocho. Abajo, en la cocina, el ajetreo de tanques y calderos terminaba a las cinco de la tarde, y todavía yo lo escuchaba. Comprendí que pretendían perderme en el tiempo, y dediqué entonces mi interés de manera especial a que no lo lograran. Conocía que en las celdas de la sede de la Policía Política usaban esos métodos. A más de encerrar al prisionero en sótanos donde no llega jamás un ruido del exterior, y privarlo de todo punto de referencia, le incluían drogas en los alimentos para tenerlo durmiendo un día completo. Luego, cuando en realidad era de noche, le llevaban el desayuno.

En el lugar donde me tenían les sería más difícil, porque aunque nada podía ver recibía los ruidos del exterior, que pronto tuvieron para mí un significado concreto como asideros para dividir el tiempo. Me sirvió de ayuda mi dedicación anterior a la observación de todo el movimiento del hospital, cuando me encontraba ingresado allí, antes de ser llevado a las celdas de castigo.

Así conocía que sobre las diez de la mañana, todos los días menos los domingos, el camión del almacén central traía los abastecimientos para el día siguiente. Y se detenía precisamente debajo de las ventanas selladas frente a mi calabozo, y el chófer, para que los presos bajaran los sacos de víveres, desde que llegaba lo hacía tocando el claxon.

Tampoco podían callar los altavoces situados en todas las torretas y edificios del penal, que daban la orden de hacer silencio a las 10 de la noche y la de levantarse a las 5,30 de la madrugada. Yo vivía atento a las conversaciones que sostenían en los bajos del edificio los militares y los presos. Estos últimos sabían que yo me encontraba allá arriba, pero nada pudieron decirme nunca, ya que el preso común jefe de la cocina, a quien todos conocían por el Pury, era un colaborador y confidente de la Policía Política, que lo tenía situado allí para estar al tanto de todo lo que sucedía. Incluso hasta dormía en el local.

Los alimentos los llevaba el oficial de guardia, los míos y los del escolta. Se los entregaba a éste, que cerraba de nuevo la reja de entrada y luego iba hasta el fondo, a la sala, y me alcanzaba mi bandeja. Yo tenía, desde el primer día, el hábito de preguntarles la hora. Entonces recibieron instrucciones y pasaron unos días en que entraban sin reloj. No obstante, yo seguía preguntándoles, pero me respondían que no sabían. Como aquello era un poco burdo, parece que recibieron otras órdenes; las de entrar alterando la hora al reloj. Yo los miraba y me daba cuenta; luego les preguntaba, y haciéndome el tonto si la que me daban era muy adelantada, les comentaba:

—¡Cómo se me ha ido el tiempo! Yo creía que era más temprano.

Y ellos se iban convencidos de que me habían engañado.

Poco a poco, fueron siendo más represivos en todos los aspectos. La ropa de cama, sudada y apestosa de la grasa del cuerpo, no la cambiaban, y no tenía ninguna posibilidad de obtener una limpia. El colchón daba asco. El agua para el baño sólo duraba unos minutos. El cubículo tampoco se había barrido en semanas.

Me sentía como embotado. Cada mañana, al despertar, estaba cansado por el efecto agotador de las luces. No podía nunca dejar de fruncir el ceño para entrecerrar un poco los ojos. No había manera de escapar al brillo de las lámparas. Entonces se me ocurrió la idea de enrollarme las medias alrededor de la frente, sobre las cejas, formando así una visera que me protegía un poco los ojos. Si escuchaba los pasos del guardia, me las quitaba en seguida. Por la situación de las bombillas del pasillo, antes de que alguien llegara yo podía ver su sombra.

338

Todas las mañanas, en cuanto abría los ojos, dedicaba un largo rato a repetir el día, el mes y el año en que estábamos. Hay reclusos que suelen hacer rayitas en la pared, o cualquier otro tipo de marca. Pero si los cambian de calabozo, pierden entonces esas anotaciones. Yo las tenía donde no podían quitármelas: en la mente. Ya en la noche preparaba el día siguiente anunciándome: «Mañana será el día tal del mes tal», sin olvidar el de la llegada del hospital.

Recibí entonces la visita del doctor Roberto Puente, subdirector del hospital y teniente del Ministerio del Interior, que, sin embozo alguno, me dijo que había estado en una misión intenacionalista en El Salvador. Yo sabía que otros oficiales de la dotación de la prisión habían sido enviados al Salvador, pero en verdad Puente lo decía de manera alardosa y no lo creí mucho, le gustaba darse importancia.

Este hombre es uno de los torturadores más sádicos que conocí en la cárcel, lleno de complejos y de maldad. Su falta de humanidad y de ética profesional es inconcebible. Para ahorrar medicinas a la revolución, suprimió los tratamientos a cientos de enfermos crónicos, y a pacientes que vomitaban sangre de un extraño virus que azotó la prisión, los dio de alta y los envió de nuevo a los insalubres calabozos. A Eugenio Silva y a Juan González, que eran enfermos de cuidado —Silva sufría de una gravísima úlcera— los echó del hospital únicamente por su negativa a aceptar los planes de rehabilitación del gobierno.

El fin de su visita era explorar mi estado de ánimo y el efecto del «tratamiento». Recuerdo que le pregunté la fecha. Yo la sabía con exactitud, pero noté que él se había quitado y guardado el reloj en el bolsillo delantero del pantalón, pues la hebilla de la pulsera había quedado fuera.

—¿Usted no sabe qué día es hoy?

—No, doctor, hace ya muchos días que no lo sé.

Sonrió satisfecho y entonces me dijo la fecha, sólo que con cuatro días de adelanto.

Después le hablé de las luces y de su efecto, que él conocía bien como médico. Me respondió que no hacían daño alguno, que él dormía siempre con las luces encendidas.

—Doctor, usted sabe que hay una campaña de la revolución para ahorrar electricidad, y que deben tenerse encendidas la menor cantidad posible de luces. Tenga cuidado no vayan a acusarlo de contrarrevolucionario por este despilfarro de luz.

A un cínico como el doctor Puente no había otra forma de responderle que con la burla y la ironía.

\* \* \*

Las semanas pasaron. Las requisas de la Policía Política eran periódicas, en evitación de que yo pudiera conseguir, no se sabe de qué forma, papel o algo que sirviera para escribir. A pesar de que los militares de mi escolta eran escogidos cuidadosamente, los sustituían con frecuencia para impedir que con el trato diario pudieran establecer relaciones conmigo. Pasaron muchos por allí y uno de ellos, que se sensibilizó con mi situación al verme encerrado en aquellas condiciones, sintió curiosidad y me preguntó una noche por qué me tenían así. Ocurría un fenómeno interesante. El militar de guardia, que tenía que permanecer 24 horas en un cubículo anexo al mío, del que no podía salir ni un minuto, se aburría, y alguno hubo, conversador, que se acercó para charlar. Éste fue uno de ellos. Cuando terminé de contarle mi historia, que escuchó con interés, pude notar una expresión mezcla de admiración y pena en su rostro.

—A mí me habían dicho que usted era un criminal, que tenia planes para dinamitar los círculos infantiles y matar a los niños.

—Eso es lo que siempre dicen para evitar que ustedes se acerquen a mí.

—También la Seguridad ha dicho que está terminantemente prohibido hablar con usted.

—Claro, porque sucede lo que ahora, que yo puedo explicar mi verdad y ustedes, teniendo las dos versiones, pueden hacer un análisis y llegar a sus propias conclusiones. La Seguridad no quiere que ustedes sepan la verdadera, por eso les dicen que soy un asesino.

Aquél era un hombre bueno, como tantos otros que conocí a lo largo de mis años de cárcel, pero limitado por el terror. A partir de aquella noche, fueron muchas otras las que hablamos largamente aquel militar y yo.

Lo menos que imaginaba el gordiflón Guido era que cada tres días yo leía el periódico. Pero este privilegio sólo duró un mes.

La mañana que comenzaron las obras en la sala, yo escuchaba los mandarriazos y el trasiego de los ladrillos. No podía ver nada, pero supe que habían levantado dos paredes que dividieron la sala, dejando separados mi cubículo y otro anterior al mío, del otro lado del muro. A los dos días habían terminado el trabajo y entonces me encontraba tan aislado como jamás antes lo estuvo preso alguno. Varios días después escuché un ruido de hierros, tuercas y planchas de metal en el cubículo de al lado. Habían subido equipos de gimnasia, las barras paralelas, mesas, los aparatos para caminar, lámparas de calor y todo lo necesario para un tratamiento de fisioterapia.

A la puerta se asomaron el doctor Roberto Puente y un oficial de la Policía Política, ayudante del mayor Guido. Éste era todo lo contrario; flaco como un espagueti y de frente abombada y desproporcionada. Decía llamarse Beltrán. Era joven y muy correcto y amable en el trato. Tenía 12 años cuando yo fui detenido.

—Ya está lista su sala particular de fisioterapia, y con todos los hierros. Esto es para que usted vea que la revolución, sin consideraciones políticas, contempla al hombre como ser humano por encima de todas las diferencias.

—Sí, doctor... Mis condiciones de vida y aislamiento, las luces perpetuas, la humillación diaria, la negación de las cosas más elementales que necesita un ser humano, son una confirmación de eso que acaba usted de decir...

Se puso rojo. El teniente salió en su ayuda, hablaba suavemente.

—No, Valladares, esta situación actual no ha sido generada por nosotros, sino por usted mismo, que nos ha obligado a tomar estas medidas preventivas. Y tiene suerte de estar preso en una cárcel comunista, donde se respeta la integridad física del recluso. Si esto fuera una de las cárceles de los países capitalistas, ya lo hubieran matado o le darían palizas.

—Ya las palizas me las dieron, teniente. ¿No conoce usted la historia de los campos de trabajo forzado, y la de la prisión de Boniato? Y no es precisamente una cárcel capitalista... —y me reí con gusto.

Este tipo de respuesta los exasperaba. El comunista prefiere la contestación exaltada, sin control, el exabrupto; pero la verdad, dicha tranquilamente en sus propias caras, los sublevaba; y como lo que yo decía no podían refutarlo, se marcharon.

Que accedieran a darme asistencia me pareció un poco extraño. Pero me alegraba; yo no recibía tratamiento porque el coronel Blanco Fernández había prohibido al director del hospital que continuara con él, aunque estaba seguro informaba a sus jefes que yo lo rechazaba.

Ellos eran los todopoderosos, tenían el dominio absoluto y disponían a su antojo no sólo de sus prisioneros, sino del pueblo cubano íntegro, de sus vidas y voluntades.

Al día siguiente el mayor Guido, su ayudante Beltrán y otro oficial, me visitaron. Estaban estrenando los nuevos uniformes exclusivos para la Policía Política. Tela de la más alta calidad y un modelo que los distinguiría del resto de los uniformados. En sólo unas semanas, el pueblo sentiría terror de aquel traje.

—Bueno, Valladares, como ya nadie habla de usted, como ya su esposa Martha no aparece en los periódicos, ni le ofrece nadie un micrófono para hacer declaraciones — Guido le daba una especial entonación a sus palabras —, hemos decidido proseguir el tratamiento de fisioterapia. Si ha demorado tanto ha sido porque nosotros no cedemos ante presiones de nadie. La revolución ha desafiado al imperialismo yanqui y, hablando vulgarmente, hemos hecho la política que nos ha salido de los pantalones.

—Sí —lo relevó el teniente Beltrán—, todo pasa y sabíamos que los intereses de la prensa capitalista duran poco. Ya se cansaron de utilizarlo a usted como instrumento para desacreditar a la revolución. Sus amigos lo olvidaron ya, Valladares, y ahora somos nosotros los que venimos en su ayuda para darle la atención médica que necesita.

Yo sabía que aquella decisión no era en absoluto espontánea; la Policía Política es ajena a todo sentimiento humano, son robots para reprimir y su actitud estaba determinada por lo único que hace a los comunistas conceder algo a sus prisioneros en rebeldía: las presiones internacionales. El hecho de que Guido y Beltrán recalcaran que ya nadie me mencionaba y que había terminado la campaña en mi favor y que mis amigos me habían olvidado, fueron las noticias más alegres y que más me reconfortaron desde que me metieron en aquella caverna con bujías perpetuas. Yo las interpreté como todo lo contrario. Y no me equivocaba.

No sabía nada, no conocía un solo hecho concreto, ni los detalles, pero estaba tan seguro de que la campaña a mi favor iba ladera abajo, como la indetenible bola de nieve. Y lo demostraba, para mí, de manera indudable, el que ellos cedieran en su obstinación de no darme fisioterapia.

En la UNESCO, uno de los testaferros de la tiranía castrista, el director de la oficina de Normas Internacionales, señor Karel Vasak, en la sesión del 4 al 12 de mayo de 1981, declaraba inadmisible que mi caso fuera tratado en ese organismo, y me acusaba de no haber sido pintor ni poeta antes de ser encarcelado y de haber sido juzgado por delitos comunes. Para dar una imagen de veracidad a sus calumnias y falsedades, ocultaba que era el gobierno cubano quien le había suministrado aquella mendaz información. La carta, fechada el 18 de junio de 1981 y enviada a Martha por la UNESCO, seguía diciendo que yo estaba sometido a un régimen penitenciario normal y que recibía una atención médica adecuada. En aquellos momentos, y desde muchísimos meses atrás, yo me encontraba tirado en una lóbrega celda de castigo, asfixiándome por ataques de asma, y durmiendo sobre una placa de concreto. El señor Vasak, dignísimo representante de la UNESCO, y servidor de la dictadura cubana, le reportaba a ésta un magnífico servicio. Pero, a excepción de los delegados comunistas, ningún otro creyó al señor Vasak. Luego de mi excarcelación me reuní en la sede de la UNESCO, en París, privadamente, con las delegaciones de Francia, Inglaterra, Alemania Occidental, Estados Unidos, España y otras, y les expliqué detalladamente lo acontecido.

El primer día que me sacaron al tratamiento, asistieron el mayor Guido, el teniente Beltrán y el doctor Puente, que sería desde entonces el que dirigiría personalmente los ejercicios, siguiendo un plan del doctor Álvarez Cambra. Hicieron de aquella salida toda una ceremonia. Las ventanas del cubículo donde habían acondicionado el gimnasio estaban cerradas, pero no tapiadas. El teniente se colocó frente a ellas y el escolta lo mismo. Guido quedó junto a Puente, presenciando el tratamiento.

Calor, masajes, movimientos y luego la colocación de los aparatos de hierro atados con correas para caminar entre las barras paralelas.

Al término de aquella primera sesión, que duró casi toda la mañana, me sentí agotado. Pero estaba contento, y puse todas mis fuerzas físicas y psíquicas en el propósito de recuperarme cuanto antes.

A los pocos días, un coronel me fue a ver para informarme que mi alimentación sería mejorada como parte del tratamiento. Únicamente para eso fue su visita. Y al día siguiente sucedió algo portentoso, inconcebible: me llevaron un litro de leche, medio pollo, frutas y ensalada. El milagroso menú se repitió por la tarde.

Sin duda, estaban decididos a rehabilitarme físicamente. Yo sospechaba que todo estaba encaminado a neutralizar la campaña para que se me diera asistencia, pero era algo más que eso. Como ya se había decidido mi libertad, toda aquella manipulación tenía como finalidad borrar las huellas de las torturas que me condenaron a la doble prisión de una cárcel y de una silla de ruedas. No había ninguna preocupación humana o profesional en ellos al brindarme el tratamiento que durante años organismos internacionales, mis amigos y yo mismo habíamos solicitado con insistencia e inútilmente. Obedecía a un interés malvado. En aquel año y medio nadie pudo saber de mí, ni lo que estaba sucediendo en aquella dependencia cerrada por paredes y ventanas tapiadas. No querían que se conociera que me estaban dando fisioterapia, y ocultaban a cal y canto este secreto. Porque de haberse conocido que me estaban devolviendo la facultad de caminar, a nadie en Europa hubiera sorprendido verme descender de un avión por mis propias piernas y no en una silla de ruedas, como esperaban que lo hiciera.

La Habana diría que yo no estaba inválido. Sus voceros y agentes en el extranjero repetirían lo mismo. Y lo repetirían como si se hubiese dicho que me habían amputado un brazo y todos me vieran con los dos en su sitio. Siempre se dijo que mi enfermedad era recuperable, y así fue. Detrás de mi recobrada capacidad para andar no había ningún milagro ni misterio, sino una manipulación. Los mismos que me enfermaron me curaron, pero en un absoluto secreto.

Castro había dicho al doctor Rodríguez Iturbe, diputado venezolano y presidente de la Comisión de Relaciones Exteriores del Senado de su país, que yo no saldría jamás de Cuba en una silla de ruedas. Y me preparaban para que fuera así.

A pesar de la calidad de los alimentos, las luces seguían encendidas y las requisas continuaban. Un día me ocuparon una tapita de cartón, la del litro de leche, y se presentó el jefe militar del hospital preguntándome para qué la quería, e hicieron un registro.

Día a día, mis piernas iban fortaleciéndose; el tratamiento intensivo proseguía; a veces me lo aplicaban hasta los domingos. Otro médico de la Policía Política, cuyo nombre jamás supe, se sumó al equipo de fisioterapia. Masajes, calor, ejercicios, equilibrio, caminar entre las barras. Uno frente a mí y otro detrás me empujaban por el pecho y la espalda. Yo iba adquiriendo más y más dominio de mis movimientos.

El tratamiento se realizaba en un clima de tensión y casi en silencio. Los médicos sólo hablaban si tenían que hacer alguna indicación, y en la forma más escueta y seca posible.

Pronto pude volver a usar los aparatos cortos. Habían pasado varios meses y ya caminaba entre las barras, cada vez con mayor soltura, apoyándome muy poco en ellas.

Cuando terminaban las sesiones de fisioterapia, regresaba a mi cubículo.

# Capítulo L
# <u>Rumbo a París</u>

Para mantener entrenada la mente y la facultad de hablar, yo organizaba charlas con un imaginario auditorio. También repetía mis conocimientos de materias académicas, e improvisaba conferencias de historia, geología, etc. Y todo en voz alta. Lo que hizo más de una vez acercarse a los escoltas, que no llegaban hasta la reja, pero que me espiaban, pensando tal vez que había enloquecido.

Por aquella época tenía necesidad de escribir, pero resultaba imposible hacerlo. Se me ocurrió entonces la idea de componer poesías de memoria. Y así inicié una nueva experiencia. Cuando había repetido, hasta aprendérmelo de memoria, el primer verso, iba en busca del segundo. Luego de aprendidos estos dos, componía el tercero, y así hasta completar la estrofa, y luego el poema, que yo repetía diariamente muchas veces para fijarlo en mi mente. Todas estas poesías, cuando se las dije a Fernando Arrabal en su casa de París, noches después de mi salida de Cuba, me pidió que las grabara en cinta magnetofónica y me invitó a escribirlas, temeroso de que se perdieran, ¡Cuánta razón tuvo Arrabal! De no haberlo hecho, unas semanas después ya no era capaz de repetirlas. Estos poemas aparecieron en un volumen titulado *Cavernas del silencio*, editado por Playor, en Madrid.

Existía una situación que hoy puedo comprender porque analizo las razones que la motivaron. Los de la Policía Política sabían que yo me iba y no estaban de acuerdo; se les escapaba la víctima y trataron de torturarme cuanto pudieron. Las luces y los mosquitos me agobiaban. La noche que llegué a París le mostré la espalda a Fernando Arrabal: estaba acribillada por los insectos y llena de pústulas producidas por las picaduras que se infectaron.

No sólo volcaron su odio enfermizo contra mí, sino también contra mis familiares. A mi madre, bajo la amenaza de encarcelar a mi hermana, la obligaron a escribirme una carta en la que decía que yo era un enemigo del pueblo y que merecía la incomunicación, que yo no tenía cómo agradecerle a la revolución cuanto hacía por mí. Cuando el mayor Guido me entregó la carta y terminé su lectura, sabía que la habían obtenido bajo amenazas. En varias partes del texto repetía lo bueno que era el comandante Blanco Fernández. Lo hicieron para disfrutar de que mi propia madre se refiriera en esos términos al coronel que ordenaba el trato represivo que yo recibía. Sabían todo lo que me laceraba que mi misma madre me escribiera defendiendo a uno de mis verdugos.

Ellos citaban con frecuencia a mi hermana a la sede de la Policía Política y aprovechaban que mi madre quedaba sola para aterrorizarla. Un día mi hermana, a mitad de camino, se llenó de valor y regresó. Se dijo a sí misma que si querían interrogarla y amenazarla tendrían que ir a buscarla a la casa. Y cuando entró sorprendió a uno de los oficiales de la Policía Política dictando una carta a mi madre, que iba dirigida a Amnistía Internacional. Al reunirme con mi familia en Estados Unidos, mi madre me contó que la obligaron a redactar y firmar muchas otras cartas y a hacer declaraciones —a personas extranjeras que ellos llevaban a la casa— desmintiendo lo que yo denunciaba.

Cuando mi hermana se negó a ir a la sede de la Policía Política, la fue a buscar el coronel Blanco Fernández. Le enseñó una sentencia donde aparecía condenada a 12 años de cárcel, sin haber ido jamás a juicio. La hizo recoger artículos personales y se la llevaron para la cárcel de mujeres. La tuvieron esperando hasta el anochecer con el pretexto de que faltaban unos trámites, y la devolvieron a casa advirtiéndole que al día siguiente volverían por ella. Así se lo hicieron varias veces. Debido a este hostigamiento, mi hermana terminó en el psiquiatra: todavía hoy se encuentra bajo tratamiento.

En una ocasión, para registrarle el bolso, fue maltratada físicamente por el mismo coronel Blanco Fernández y por el Capitán Mentira. Mi anciana madre sufrió muchas amenazas. Un día, el Capitán Mentira se presentó en la casa y les dijo que renunciaran a la salida del país, que para ellos sólo había tres posibilidades:

1) Convertirse en comunistas.
2) Conspirar contra la revolución.
3) Escapar clandestinamente de Cuba en un bote.

Todos estos atropellos perpetrados contra personas indefensas.

\* \* \*

El tratamiento avanzaba, las piernas se fortalecían y ya podía flexionar las rodillas y alzarme un poco, aunque todavía con la ayuda de los brazos. Pasaba horas caminando dentro de las paralelas.

Uno de mis escoltas, Mariano Corrales, conversador en extremo, solía hablar mucho conmigo. Buscaba mi conversación para mitigar su soledad, pero en algunos detalles yo notaba su odio contra mí. Había estado destacado en Angola y me contó cómo su batallón participó en la invasión de Zaire y la forma en que penetraron en el territorio de aquel país y el primer choque con tropas belgas y las setenta bajas que éstas les ocasionaron, mientras Castro juraba que allí no estaban sus soldados. Era mestizo y un día sacó la cartera para enseñarme la foto de la esposa, una mujer blanca.

—Ahora, con la revolución, todos somos iguales —me dijo sonriente. Cosa por demás falsa, porque en Cuba el matrimonio entre negros y blancos existió desde principio del siglo como práctica normal. Aquella mujer blanca y un juego de muebles de sala que construyó él mismo con unas viejas maderas eran su gran orgullo.

En algunas ocasiones, yo sentía que entraban personas a la sala y escuchaba, muy apagado, el ruido de pasos en el cubículo contiguo al mío. La pared, en lo alto, casi llegando al techo, estaba llena de agujeros producidos por deficiencias en la construcción. Cualquiera de ellos podía servir para vigilarme desde el otro lado. Fue el sargento Corrales el que me convenció de ello, pues un día, cuando fui a hablarle, me respondió en forma airada, diciendo cosas que yo comprendí en el acto iban dirigidas a terceras personas que nos estaban viendo y oyendo. El, que pasaba largas horas hablando conmigo, ni me miraba a la cara ahora, me entregó la bandeja apresuradamente y salió del cubículo como alma que lleva el diablo.

Los meses pasaban lentos, arrastrándose. Yo continuaba repitiendo de memoria mis poesías. Tenía ya casi veinte y entretenía mis horas en eso.

Una tarde, el mayor Guido y su ayudante me hablaron de la Legalidad Socialista. Les respondí que según esas leyes yo debía ser liberado a los 20 años de cárcel. El teniente Beltrán me dijo que la Seguridad del Estado tenía su propia interpretación de las leyes, que él conocía bien el tema porque estaba estudiando Derecho en la Universidad de La Habana. Me resultó tan incongruente aquello, que se lo dije:

—Para mí, señores, que ustedes estén estudiando leyes, es como si alguien pasara largos años aprendiendo cirugía y al graduarse se fuera a trabajar a una carnicería descuartizando reses.

Cuando les dije aquello, se enfurecieron, me dijeron que era una falta de respeto.

—No, no es una falta de respeto; ustedes lo que hacen con las leyes es eso: descuartizarlas.

\* \* \*

Yo no supe, hasta mi salida, que Martha había realizado un viaje por países de Europa en busca de apoyo para mi liberación.

Políticos, periodistas e intelectuales la recibieron en España y también en Francia, donde Fernando Arrabal escribió una carta al presidente Mitterrand. A esa carta se adjuntó otra de Martha pidiéndole una audiencia. En Suecia fue atendida por el grupo 110 de Amnistía Internacional. Per Rasmussen había conseguido, desde hacía más de un año, que la coalición no socialista en el gobierno solicitara mi excarcelación, al tiempo que me brindaba asilo político y trabajo en aquel país.

Funcionarios del propio gobierno sueco recibieron a Martha con verdadera solidaridad.

Per Rasmussen logró, además, luego de mil peripecias, que Pierr Schori, secretario internacional del Partido Socialdemócrata y actualmente subsecretario de Relaciones Exteriores de Suecia, aceptara hablar unos minutos con Martha.

La entrevista se produce muy temprano en la mañana, en el «Hotel Continental» de Estocolmo. Pierr Schori no está interesado en que lo vean con la esposa de un prisionero político de Castro. No permite que Per y Humberto* estén presentes. No quiere testigos. Todo es como a escondidas, clandestinamente.

—Señora, si quiere usted hacer algo en favor de su esposo, le aconsejo que no continúe con la campaña de publicidad y denuncias. Así nunca lo sacará de la prisión.

—Schori aconsejaba exactamente lo mismo que las autoridades cubanas. Igual «consejo» le había dado Regis Debray en Francia por medio de una tercera persona—. Estas cosas deben hacerse muy calladamente...

—Sin embargo, señor Schori —replicó Martha—, cuando un prisionero de las dictaduras de Chile o Argentina es maltratado, ustedes lo denuncian y escandalizan. ¿Es que piensan todavía que Cuba es un paraíso?

—No, seguramente que no; muy pocos creemos ya en Europa que Cuba es un paraíso —dijo mirando sus dos relojes, uno en cada muñeca.

—Y si lo saben, si conocen lo que está sucediendo, y que la cubana es una dictadura implacable, que ha terminado con todas las libertades, ¿por qué no lo dicen?

—Porque sería dar armas a los norteamericanos.

Martha no le respondió; pero pensó que aquélla era una conducta inmoral, carente de honestidad y de toda ética. Se concretó a mi caso:

—No es inteligente seguir manteniendo a mi esposo en prisión, porque cada día son más y más los que se unen a la campaña por su libertad, y eso daña la imagen que Castro quiere mantener de él y de su régimen en el exterior.

---

\* Humberto López Guerra, cineasta cubano exiliado en Suecia.

—Señora, en Castro chocan la inteligencia y la soberbia —volvió a mirar los relojes—. Y siempre triunfa la soberbia —terminó diciendo.

Martha se levantó, comprendió que la insistencia de Schori en mirar los relojes intentaba finalizar la entrevista-relámpago, y quiso adelantársele. Antes de separarse, Pierr Schori le advirtió que la conversación con él no debía ser conocida por la Prensa. Quizá no quería provocar la soberbia de Castro.

Ramón Ramudo, el español-sueco, fue liberado luego de que la Policía Política cubana cambió la acusación original que le había hecho de agente de la CIA por la de contrabandista en pañuelos de seda, delito muy perseguido en Cuba. Ramudo logró sacar las cartas que yo le había escrito en las celdas de castigo en trozos de periódicos, y llegó con ellas a Estocolmo.

Fue el último que tuvo contacto conmigo, y por una de esas extrañas coincidencias, que Dios prepara, Martha estaba aún en la capital de Suecia cuando Ramudo, flaco y amarillo, todavía con la huella de la prisión y las torturéis en la mirada, se enteró de su presencia allí. Este encuentro de los dos y el testimonio de Ramudo ante la televisión de Suecia, donde mostró mis cartas, fue de un valor extraordinario, porque la Prensa de todo el mundo recogió sus declaraciones.

De Suecia, Martha sigue a Noruega, donde la maravillosa actriz Liv Ullman, junto con un grupo de periodistas e intelectuales, sensibilizados por lo que Martha les contó, fundan un comité para trabajar por mi libertad en Oslo, y desde la Europa nórdica, de hielos perpetuos, la bola de nieve, incontenible ya, aplastará la soberbia de Castro que, al menos esta vez, a pesar de los augurios de Pierr Schori, no triunfaría; por el contrario, tendría que ceder.

\* \* \*

Continúa mi tratamiento. Van pasando los meses de ejercicios diarios, ya puedo andar entre las barras paralelas sin la ayuda de aparatos ortopédicos, ponerme en cuclillas y dar pequeños saltos en el lugar, como si estuviera corriendo. Para mí, los primeros pasos en el camino de mi restablecimiento tuvieron un valor indescriptible: ¡Volvía a sostenerme sobre las piernas, volvía a vencer otro obstáculo! Tengo varios huesos del pie derecho desplazados, aquellos que me fracturé en 1961 durante mi fuga de la cárcel y que soldaron fuera de su articulación. Los médicos, cuando ven las radiografías, dicen que es imposible ominar con esas lesiones sin una notable cojera. Pero yo no cojeaba. Me impuse no hacerlo y torciendo el pie en sentido contrario, fui ejercitando nuevos músculos hasta lograr compensar la deficiencia.

Curiosamente, a pesar de tener ya las piernas fortalecidas y poder hacer trote suave y cuclillas en el mismo lugar, dentro de las paralelas, o en el baño antes de tomar mi ducha diaria, en cambio no podía caminar por el cubículo sin apoyarme en algo. Lo impedía la pérdida de la línea de marcha, aquel mismo descontrol que en la cárcel de Boniato nos hacía andar zigzagueando. Por esta causa me veía obligado a seguir utilizando la silla de ruedas.

Si intentaba ir desde mi cama al baño atravesando el cubículo, la marcha era errática, y la primera vez que lo ensayé no pude mantener la línea y fui a parar a la pared del fondo. Necesitaba, para concluir aquella etapa del tratamiento, espacio abierto para que el cerebelo volviera a tener la perspectiva de profundidad de que carecía entre aquellas cuatro paredes. Pero el secreto de mi recuperación física tenían que guardarlo hasta el último minuto.

Una tarde, otro especialista vino a reconocerme: me hizo un test muscular, me observó haciendo los ejercicios y me explicó que con unos días solamente en más espacio recobraría la línea de marcha.

Días después, el doctor Puente subió una bicicleta de gimnasio y comencé a ejercitarme en ella.

Los médicos intensificaron el tratamiento, mañana y tarde. Se acercaba mi salida, que yo no sospechaba siquiera. Sin embargo, la tortura continuaba. Aquella dualidad carcelaria era grotesca, demencial. La comida continuaba siendo abundante y de calidad, pero no me suministraban ni una tableta. Algo me provocaba alergia y me estaba llenando el cuerpo de ronchas, además de producirme una picazón desesperante, pero no me daban medicamentos. Una aspirina era tan difícil de conseguir como ver el sol.

Una madrugada, un grupo de coroneles se presentó en mi cubículo y me ordenaron recoger lo que tuviese allí.

—El general quiere verlo —dijo el jefe del grupo.

La caravana, compuesta por tres carros, partió de la prisión. Llegamos a Villa Maristas, la sede de la Lubianka cubana, un enorme complejo de edificios.

Me dejaron en una celda de los larguísimos pasillos. Por aquellos calabozos pasaron decenas de miles de cubanos que fueron sometidos a interrogatorios enajenantes para arrancarles confesiones bajo la presión de las torturas. Muchos no pudieron resistirlo y murieron. Luego la Policía Política informaba que se habían «suicidado».

El expediente de «suicidado» en aquellos tétricos calabozos, ha servido para desvirtuar el asesinato de Eurípides Núñez, un dirigente obrero que fue secretario general del sindicato de trabajadores de la conocida fábrica de tabacos «H. Upmann». También fue liquidado en esta forma el profesor de Filosofía de la Universidad de La Habana, Javier de Varona; el médico y activista por los Derechos Humanos, doctor José Janet; el comandante del Directorio Revolucionario y ex ministro de Comercio Exterior de Cuba, Alberto Mora; tan sólo por citar los casos de figuras conocidas, pues la lista de víctimas anónimas, de hombres y mujeres sencillos, cuyos nombres no trascienden, y que han desaparecido en aquellos calabozos, es interminable. No hay listas ni detalles, jamás nadie es testigo de detenciones. El terror cierra los ojos y los labios.

Los ciudadanos pueden ser arrestados por simples sospechas y ser mantenidos bajo proceso de investigación e interrogatorios durante años, como sucedió con el disidente marxista y profesor universitario de economía, Elizardo Sánchez Santa Cruz, a quien por dos años tuvieron en aquellos calabozos, sometido a todo tipo de presiones, en un intento por arrancarle una confesión que involucrara a otras personas, así como su autoacusación.

Uno de los casos típicos de tortura física y mental que conocí, es el del médico Mario Zaldívar, que fuera clínico del Hospital Militar de La Habana. Fue sometido a cámaras de congelación y calentamiento alternos, así como a golpizas. Luego lo amenazaron con tomar represalias contra su familia si contaba lo ocurrido. La última vez que lo vi estaba aterrorizado.

A Manuel del Valle, luego de interrogatorios apremiantes y torturas, lo sacaron una madrugada, atado de pies y manos; lo condujeron al tétrico «matadero de Castro», donde lo amordazaron con esparadrapo y le esposaron las manos a la espalda alrededor del madero, y lo fusilaron con balas de salva. Esta práctica, la de fusilamientos falsos, se usó constantemente.

Orlando García Plasencia y muchos otros de sus compañeros, fueron detenidos por una abortada conspiración que tenía, entre otros planes, el de atentar contra la vida de Castro. Proyectaban dispararle con un bazuca. Uno de los complotados, una mujer joven llamada Dalia Jorge, no pudo resistir los interrogatorios. Completamente desnuda, la situaban frente a un grupo de oficiales. Si para un hombre es humillante y deprimente mostrarse en cueros ante sus verdugos, para una mujer lo es infinitamente más. Poco a poco, con aquellas técnicas de interrogatorio, la celda fría y el terror, obligada a exhibirse desnuda, las resistencias de Dalia Jorge se desmoronaron. Delató entonces a todos sus antiguos compañeros e informó cuanto conocía. Mientras García Plasencia y otros del grupo sufrían torturas, ella deambulaba por la instalación, porque le habían concedido cierta libertad dentro de aquella zona. Cuando sintió en sus entrañas la formación de un nuevo ser, no pudo saber cuál de aquellos oficiales que la habían poseído era el padre.

Para arrancarle a García Plasencia una confesión que implicara a otros supuestos conspiradores, lo torturaron durante semanas. Completamente desnudo, le ataban las manos a la espalda y lo obligaban a subirse sobre dos depósitos de hielo, frente a un aparato de aire acondicionado que enfriaba al máximo. Un militar lo vigilaba sentado ante un tanque de agua con hielo. Si dolorido por el contacto de las plantas de los pies con el hielo, García Plasencia se bajaba, el guardia le lanzaba una jarra de agua helada.

Luego de semanas torturándolo así, pasaron a amarrarlo con cuerdas, en posición fetal, con la cabeza metida entre las rodillas; cuando orinaba se empapaba la cara con sus propios orines. También lo ataban por los hombros y con la cabeza encapuchada lo sumergían en agua casi hasta la asfixia. Otra vez le dijeron que lo introducirían en el pozo de los cocodrilos. Me contaba García Plasencia que mientras lo iban bajando él calculó la distancia que lo separaba del agua, y recogió los pies. Pero de todos modos sintió el lomo viscoso y áspero de los cocodrilos, que no eran otra cosa que los carapachos de inofensivas tortugas.

Una madrugada se apareció el propio Castro.

—¿Por qué no disparaste contra mí? —le preguntó—. Eres un cobarde.

El prisionero no respondió y Castro lo abofeteó. García Plasencia estaba maniatado y completamente desnudo.

Hoy, más de 20 años después, sigue desnudo en la prisión del Combinado del Este.

*  *  *

El calabozo que me asignaron en la sede de la Policía Política tenía una abertura por la que el guardia del pasillo se asomaba constantemente. Esto tiene por finalidad que el preso se sienta siempre vigilado.

A las pocas horas fueron a buscarme toda una cohorte de coroneles y ayudantes. Me esperaba un hombre como de cuarenta y ocho años, en un despacho lujosísimo, con alfombras y cortinas rojas. Era el general jefe de la Lubianka.

—Valladares, lo hemos traído aquí, porque vamos a ponerlo en libertad... y posiblemente lo dejaremos irse del país.

La noticia no tuvo el efecto que esperaban, y el general lo notó. Yo había conocido casos de prisioneros que habían sido manipulados, ilusionándolos con esa idea.

—¿No le agrada la noticia, Valladares?

—¿Y por qué van a ponerme en libertad, general? —le dije sin creerlo mucho. Había mantenido desde muchos años atrás la conducta de no ilusionarme con nada que ellos dijeran.

—Porque la revolución irá dándole solución a casos como el suyo, a pesar de su hostilidad en la prisión y su rechazo a los planes de reeducación política. —Y miró el reloj, un «Rolex» de los que regala Castro y que se han convertido en Cuba en prueba de las simpatías personales del dictador —. Ya es muy tarde, debe descansar.

Se puso en pie para agregar:

—Sabemos que usted necesita un poco de ejercicio al aire libre, y debe tomar un poco de sol, porque está muy pálido. Mañana, el compañero Alvarez Cambra, su médico, vendrá a verlo. Él ha estado orientando su tratamiento y se mantiene al tanto de cómo ha evolucionado.

No pude dormir en lo que quedaba de madrugada. La noticia de que iban a darme la libertad era algo que no esperaba y a lo que no podía dar crédito; temía que fuera una nueva jugada de la Policía Política y trataba de adivinar qué maquinación ocultaban. Quizá querían ilusionarme con la idea de mi excarcelación para más tarde plantearme la aceptación de alguna condición, como firmar que aceptaba la rehabilitación o cualquier otra cosa por el estilo. Mi experiencia con enemigos capaces de todo me decía que debía sospechar hasta el último minuto y que ellos no iban a libertarme a cambio de nada. Yo no podía sospechar siquiera que ya el nivel de opinión pública mundial tan ansiado por mí había llegado a la altura necesaria como para obligar a Castro a liberarme, pese a su soberbia y a su juramento de que mientras hubiese campaña a favor mío, no lo haría.

La tarde siguiente, el doctor Alvarez Cambra me visitó; muy gentilmente me dijo que me llevarían al gimnasio y me sacarían a caminar al terreno de deportes.

Primero me hicieron recorrer los pasillos, apoyado en unos oficiales. Luego me condujeron al gimnasio, donde me esperaba el general. En los días sucesivos me hacían subir y bajar escaleras, primero despacio, luego más aprisa. Día a día fui adquiriendo habilidad. Una mañana, acompañado del doctor Alvarez Cambra, salí al polígono deportivo. Los primeros pasos seguían siendo titubeantes; entre él y el general fui avanzando. Del otro lado me tomaban películas.

El doctor Alvarez Cambra me explicó que el cerebelo se readaptaría en seguida, y así fue. A través del general supe que no sólo me iban a dar la libertad, sino que me permitirían salir del país.

Le respondí que lo aceptaba, pero siempre y cuando mi familia pudiera también marcharse de Cuba. Me dijo que eso tenía que consultarlo a nivel superior.

Cuando me sacaron al polígono comencé a darle la vuelta, despacio primero, al día siguiente un poco más de prisa, a trote corto después.

—Cuando pueda correr bien se irá —me decía el general.

Le pregunté por lo de mi familia y me dijo que le habían respondido que no podía ser incluida.

—Entonces, general, no acepto la salida. No me iré sin mi familia. Ustedes los han estado hostilizando durante años, los han mantenido como rehenes, bajándolos casi del avión por represalias contra mí; ahora no voy a irme y dejarlos. Ellos lo tienen todo listo, pasaportes, visados, pasajes, etc. No es justo que sigan sufriendo en un país donde se les discrimina y hostiga.

—Usted está loco, no sabe lo que dice, su familia se irá más adelante.

—No, general, no acepto eso.

—Mire, mañana vendrá una persona que hablará con usted y lo hará cambiar de parecer.

Al día siguiente estaba en el terreno deportivo haciendo ejercicios cuando el general llegó acompañado de un señor de bigotes, alto y de tez clara. Era Pierre Charasse, el embajador interino de Francia. Fue en la conversación con él que supe al fin el porqué de mi liberación. El presidente Mitterrand se la había pedido a Castro y éste había accedido. Me enseñó la copia de un cable de la presidencia francesa: se esperaba mi llegada a París en los próximos días y la Prensa mundial ya estaba dando la noticia.

Dios me iluminó. Comprendí en unos segundos que el juego había cambiado, que mi posición era fuerte.

Le expliqué al señor Pierre Charasse la situación de mi familia y todo lo que habían hecho con ella. Le pedí que transmitiera mi agradecimiento al presidente de Francia. Pero agregué:

—Prefiero seguir en un calabozo comiendo harina de maíz, pero con la conciencia tranquila, que comer un pato a la naranja en el «Maxim's» de París sintiéndome traidor a mi familia.

El embajador fue muy gentil. Trató de hacerme razonar. Seguramente a él, que sabía que yo llevaba 22 años en la cárcel, mi negativa a acompañarle a París, a la libertad, tuvo que parecerle una locura.

Cuando se marchó, me embargó una gran tranquilidad. Yo sabía que lo más importante era vivir en armonía con la propia conciencia, actuando como se cree que debe hacerse, sin tener en cuenta las consecuencias. Mi verdadera libertad era ésa, la que Dios da al hombre interiormente. No podía dejar atrás a mi familia. En los regímenes marxistas las toman como rehenes —esta práctica es bien conocida en todo el mundo— para imponer el silencio a los que están en el extranjero.

Empero, la reacción del general fue de indignación. Cuando me mandó a buscar, la ira congestionaba su rostro. Me repitió —cosa que habían venido diciéndome por años— que ellos no aceptaban posiciones de fuerza y que Castro, cuando supo mi planteamiento, dijo que me pudriera en la cárcel.

—Vamos a darle la última oportunidad. Valladares.

—Se lo agradezco, pero sin mi familia no me iré, general.

Esa noche, con gran hostilidad, me regresaron a la prisión. El clima era tenso. Los mismos coroneles que días atrás se deshacían en atenciones y gentilezas conmigo, como para borrar en unas horas los años de torturas e ignominias, no me hablaban. Un silencio total reinó entre ellos y yo en todo el camino.

Dos días después, las autoridades trajeron a mi familia, a la que acompañaba el señor Charasse. Mi madre y yo nos abrazamos después de muy largos años sin vernos; mi hermana me besaba emocionada. Estaban felices de verme caminando. Nada sabían del tratamiento que me habían dado en secreto, para que no pudieran informarlo. Cuando meses atrás preguntaban por mí, los oficiales les decían que yo me negaba a recibir tratamiento.

Supe entonces que en conversaciones entre Castro y el gobierno francés se decidió incluir a mi familia en la negociación. Aun así, les expliqué que yo no creía en las palabras de Castro.

—Martha ha esperado por ti veintiún años; ni ella ni tú merecen que se dilate más el encuentro de ustedes —me dijo mi hermana abrazándome—. Vete, mi hermano, que nosotros al menos estamos en la calle, y tú has sufrido mucho y mereces un poco de felicidad... Vete y que sea lo que Dios quiera...

—No sientas pena —me dijo mi madre—, nuestro sueño era verte libre, y ya puedo morir tranquila.

*   *   *

De nuevo me trasladan a la sede de la Policía Política. Otra vez los coroneles estaban sonrientes y obsequiosos.

El día de la partida me volvieron a tomar películas en el campo deportivo, dándole la vuelta.

Cuando me sacaban de la celda, el oficial que me acompañaba lanzaba un silbido para avisar que iba con un preso, señal que utilizaban para avisarse y que no me cruzara con otros detenidos. Allí nadie debe verse. Otras veces, el prisionero era encapuchado.

Un preso, en el pasillo lateral, enloquecido, empujó al guardia y echó a correr, llegó a las escaleras y dando un alarido se lanzó de cabeza por ellas. ¿Quién habrá sido aquel infeliz?, ¿qué torturas habrá sufrido para realizar aquel acto?

Me dieron un traje, un abrigo y una maleta.

La última conversación con el general jefe fue una velada amenaza de que mi familia se quedaba y que de mí dependía que le permitieran salir o no, insinuándome que si hacía declaraciones contra Cuba no saldrían nunca.

—Los brazos de la revolución son largos, Valladares, no lo olvide... —Y quedaba implícita una siniestra amenaza contra mí.

Nada respondí. Mi mente estaba fuera de aquel despacho, lejos... muy lejos, en París, donde me aguardaba Martha, mi Penélope real. En 1979 yo le había escrito un poema que terminaba con una premonición, un canto a la esperanza, a su angustiosa espera...

> Llegaré a ti
> esta vez no lo dudes
> ya está decidido nuestro encuentro
> a pesar del odio y los abismos.

Llegó la hora de la partida. La comitiva de varios coches enfiló la avenida de Rancho Boyeros, rumbo al aeropuerto internacional José Martí. El avión partiría a las 7 p.m. Un sol rojo, como de sangre, teñía la tarde de grana y en mi corazón elevé una plegaria de Gracias a Dios que me ayudó a esperar contra toda esperanza, y le pedí por mi familia a la que no permitieron ir a despedirme, por mis compañeros que quedaban atrás, en la noche eterna de las cárceles políticas cubanas.

Los autos corrían veloces y una mezcla de melancólica tristeza y alegría me fue hundiendo en los recuerdos de veintidós años... Recordaba a los sargentos Porfirio y Matanzas hundiendo las bayonetas en el cuerpo de Ernesto Díaz Madruga; a Roberto López Chávez agonizando en una celda, clamando por un poco de agua y los guardias que le orinaban en la cara, en la boca; a Boitel, que también a los cincuenta y tantos días de huelga, le negaron el agua porque el propio Castro había dado orden de eliminarlo, y después a Clara, su atribulada y anciana madre, golpeada en las dependencias de la Policía Política por el teniente Abad, únicamente porque quería saber dónde habían enterrado a su hijo; recordaba a Carrión con un tiro en la pierna pidiendo al miliciano Jagüey que no le disparara más, y éste, sin compasión, ametrallándolo por la espalda; y pensaba que otros oficiales semejantes a los que me rodeaban habían prohibido a los familiares que lloraran en la funeraria bajo la amenaza de llevarse el cadáver.

Recordé a Estebita, al Pire, que amanecieron muertos en las celdas tapiadas, víctimas de los experimentos biológicos. A Diosdado Aquit, al Chino Tan, a Eddy Molina y a tantos otros asesinados en los campos de trabajos forzados.

Una legión de espectros, desnudos, lisiados, cruzó por mi mente, al igual que las requisas horrorosas con cientos de heridos, los mutilados, la dinamita para volarnos, las celdas de confinamiento con su régimen de golpizas, las manos macheteadas de Eduardo Capote. Campos de concentración, torturas, mujeres golpeadas en las cárceles, el militar que me lanzaba excrementos y orines al rostro, las golpizas que les propinaron a Eloy, a Izaguirre. Martín Pérez con los testículos heridos a tiros. El llanto de Robertico llamando a su mamá.

Y en medio de aquella visión apocalíptica, de mis terribles vivencias, entre el humo grisáceo de la pólvora y la orgía de golpes y de sangre, y de prisioneros tumbados a tiros, un hombre, famélico, esquelético, con el pelo blanco, los ojos azules fulgurantes y el corazón lleno de amor, levantando los brazos al invisible cielo y pidiendo clemencia para sus verdugos...

«¡Perdónalos Señor, que no saben lo que hacen...!», mientras una ráfaga de ametralladora destrozaba el pecho de El Hermano de la Fe.

\* \* \*

«Desde nuestro punto de vista, nosotros no tenemos ningún problema de derechos humanos: aquí no hay desaparecidos, aquí no hay torturados, aquí no hay asesinados. En 25 años de revolución, a pesar de las dificultades y los peligros por los que hemos atravesado, jamás se ha cometido una tortura, jamás se ha cometido un crimen.» (Declaraciones de Fidel Castro a periodistas franceses y norteamericanos en el Palacio de la Revolución, en La Habana, el 28 de julio de 1983. Y publicadas en el periódico Granma en la edición del 10 de agosto del mismo año.)

# Apéndice gráfico

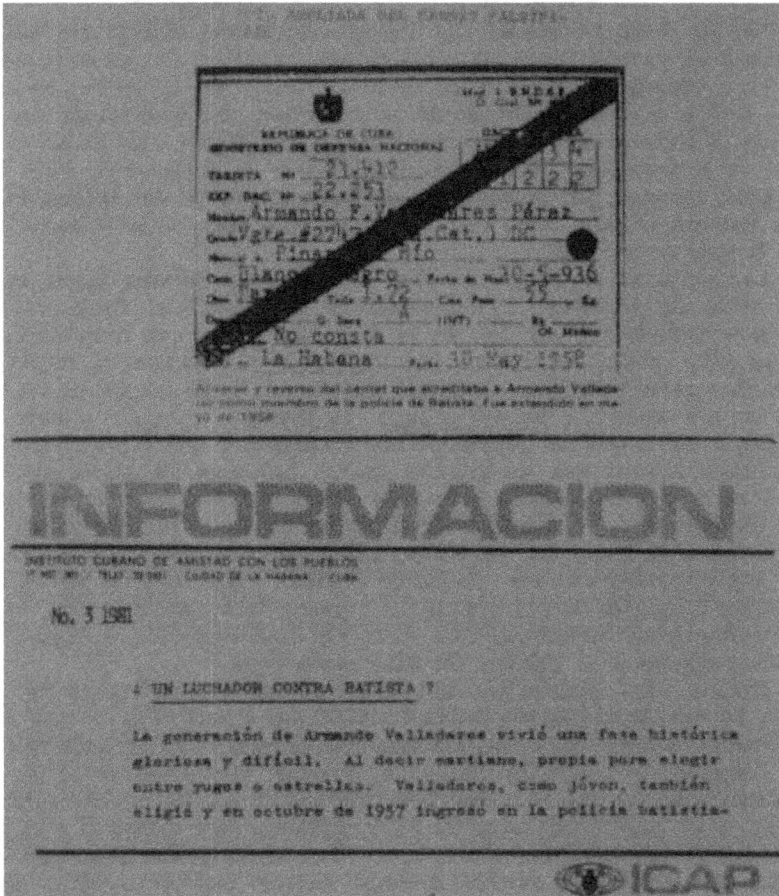

Un carnet torpemente falsificado en el que se afirma que el color de mis ojos es "pardo" cuando en realidad son negros. Se daba como fecha de ingreso a la Policía mi fecha de nacimiento, y como fecha de nacimiento otra diferente a la verdadera, (se adjunta certificación de nacimiento). Y por último en el colmo de la chapucería se anotan mis medidas en el sistema métrico decimal, cuando hasta hace apenas diez años la talla de los cubanos se medía en pies y pulgadas, y el peso en libras, no en kilogramos. Otra contradicción se presenta aquí en el folleto que repartía el ICAP (Instituto Cubano de Amistad con los Pueblos), el n°. 3 de 1981 dice en su página 3 que yo ingresé en la Policía en octubre de 1957, y el carnet falsificado dice en mayo de 1958.

REPUBLICA DE CUBA
MINISTERIO DE DEFENSA NACIONAL

TARJETA N° 23.412
EXP. DAC. N° 22.253
Nombre: Armando F.V... ares Pérez
Grado: Vgte.#2747 ...Cat.) DC
Natural de: Pinar... Río
Calle: Blanc...gro        Fecha de Nac 30-5-93
Ojos: Par...    Talla 1.72    Cma. Peso 55
...    G. Sang. A    (INT)...
... No consta
... La Habana    Fecha 30 May 1958

MANO IZQUIERDA | MANO DERECHA
Mod. 3. B.N.D.S.P.
O. Gral. N°

Identifikationspapirer for politimanden Valladares. Valladares benægtede og benægter stadigvæk at have været indrulleret i Batistas politikorps. Ved at hævde, at han var poet, fik han status som samvittighedsfange i de vestlige medier.

nete fik mulighed for et job i kommunikationsministeriet.

I december 1960 blev en Armando Fernado Valladares, sammen med en række andre, anholdt i et hus i Marianao i Øst-Havanna af statssikkerhedsstyrker, som havde lagt et net ud for at fange en gruppe kontrarevolutionære, som var anført af en Oliver Obregon, ex-sergent i Batista's hær. Man kunne nu spørge: hvad lavede en 'digter' i en sådan sammensværgelse? Var han gruppens 'ideolog'? Eller var han måske ansvarlig for propagandaen?

Nej, på ingen måde. Obregon's bande, som Valladares tilhørte, gav sig af med terrorisme. De fyldte små cigaræsker med geleagtige eksplosiver og anbragte dem på offentlige steder, ligesom de fremstillede dynamitpatroner

fyldt med små spidser, der fik samme funktion som shrapnel-ladninger – en slags fragmentationsbomber.

Den perverse idé at skjule eksplosiver i cigaretuier, som endda let kunne tiltrække sig børns opmærksomhed, minder desværre om andre terrormetoder, som den nordamerikanske imperialisme senere benyttede under den grusomme krig mod det vietnamesiske folk, og som blev anvendt af Israel under overfaldet på Libanon.

De statssikkerhedsembedsmænd, der deltog i anti-terroristiske operationer mod den pågældende gruppe, erindrer ikke 'digteren Valladares' eller nogen intellektuel, der skulle være involveret i den sammensværgelse, som bl.a. fabrikerede sit sprængstof i et hjemnehus, kendt som en vin-bodega ved

navn Alfonso el Chino. "Det drejede sig om tidligere militær- eller politifolk", sagde en af dem, som i dag er pensioneret. "CIA leverede eksplosiverne, og de påtog sig at anbringe dem, hvor de kunne gøre størst skade". Det vides med sikkerhed i dag, at CIA dengang udviklede et intenst program for at ødelægge Cuba, og kort efter kom jo også invasionen i Svinebugten.

Dømt for terrorisme

Terror, sabotage, skader, dynamit var de ord, som gik igen og igen under retssagen mod gruppens medlemmer i 1961, og det var som sagt heller ingen tvivl om oprindelsestedet for det materiale, såsom geleagtig eksplosiv C-3, som kom fra CIAs lagre. Hvordan stammer den løgn, at Valladares kom i

14                                    CUBA-BLADET

Al demostrar yo que la fecha de nacimiento era falsa y que no nací en 1936, en posteriores publicaciones del falso carnet, el gobierno cubano recorta la última cifra. 2. Observen la contradicción: El documento de arriba a la derecha, dice: "ingresó el 7 de octubre 1957. Cosa imposible, porque era menor de edad. El carnet dice que ingresé el 30 de mayo de 1958.

— DIARIO LAS AMERICAS  MARTES 10 DE MAYO DE 1986

## Gana Armando Valladares el ·pleito· a "L'Humanité"

### Por ARIEL REMOS

Armando Valladares, poeta, ex preso político cubano y actualmente Embajador de EE.UU. en la Comisión de Derechos Humanos en la ONU, ganó en primera instancia la demanda que por difamación in-

(Pasa a la Pág.15-A Col.1)

(Viene de la Pág.1-A)

terpuso contra el periódico *L'Humanité* de París.

Valladares se consideró difamado por dicho periódico cuando lo llamó terrorista, torturador, asesino y falso poeta. (Precisamente, en libros de texto de español en los colegios franceses, Armando Valladares ha sido incluido, considerándolo uno de los mejores poetas del mundo)

El Tribunal de Alta Justicia de París, condenó a la Sociedad Nueva de *L'Humanité*, al director André Carras y al periodista Patrick Besson, a pagar a Valladares la cantidad de 20.000 francos franceses, por concepto de daños y perjuicios, basado en que había sido "denigrado y difamado". Asimismo, la sentencia condena a *L'Humanité* a publicar el texto de la propia sentencia.

---

## Le Monde

... Le Monde ● Mercredi 5 novembre 1986  3

## Europe

### GRÈCE

#### Le directeur d'un hebdomadaire condamné pour diffamation envers le dissident cubain Armando Valladares

ATHÈNES
de notre correspondant

« l'obscurantisme », « une horde de tortionnaires et de tueurs », « la crème du stalinisme » : ont, selon le tribunal, durablement lésé M. Valladares.

L'avocat français de M. Valladares, M° Jacques Miquel, vous assister au procès, n'a pas pu non plus y participer, le règlement de la CEE estimant la libre exercice de la profession d'avocat dans tous les pays membres n'étant pas encore applicable en

---

Le directeur du journal satirique

## Des excuses pour Valladares ←

*Le poète cubain rescapé des prisons castristes avait été diffamé par le CCFD. Il a reçu des excuses officielles.*

Dans un document contant aux enfants handicapés à

---

# LE FIGARO

premier quotidien national français

A X X LUNDI 29 JUIN 1987 (N° 13 320) - EDITION DE 5 HEURES - PRIX 4,50 F

---

SÁBADO
1 DE NOV. DE 1986
EL MIAMI HERALD

## Valladares gana juicio a semanario de Grecia

ATENAS —(UPI)— El editor de un semanario izquierdista satírico fue sentenciado el viernes a tres meses y medio de prisión al ser declarado culpable de difamar al poeta cubano Armando Valladares y a dos soviéticos, miembros de una organización de derechos humanos con sede en París.

El editor de *Pontiki* (Ratón), Costas Papaioannu, fue declarado culpable de difamar a Valladares y a los disidentes soviéticos Vladimir Bukovsky y Leonid Pliutch.

Valladares, Bukovsky y Pliutch son miembros de la organización Resistencia Internacional, que se opone a los regímenes del bloque soviético.

Una corte de Atenas determinó que la revista difamó a los miembros de Resistencia Internacional al describirlos como "víboras, tramposos, torturadores y fascistas".

El artículo de *Pontiki*, que transcribió una nota de la revista nicaragüense *Soberanía*, atacó al grupo por haber apoyado un pedido de legisladores estadounidenses de otorgar ayuda a los contras en su campaña por derrocar al gobierno de Managua.

El semanario griego fue declarado culpable de difamación por describir a Valladares como "ex oficial de la policía del régimen de Batista, convertido en poeta por la Agencia Central de Inteligencia de Estados Unidos".

---

Demandas por casos de difamación ganados por Valladares.

## Pedro Luis Boitel

Dirigente estudiantil y revolucionario. Ultimado en la prisión por orden del propio Castro.

## Clara Abraham de Boitel

Cuando fue a preguntar dónde habían enterrado a su hijo Pedro Luis, el teniente de la Seguridad ABAD, la golpeó.

## Ibrahim Torres

Fue una de las víctimas de l[...] experimentos biológicos. Amaneció muerto en su celda.

## Cuco Cervantes

Expedicionario de los que fue encerrado en un camión hermético y murió asfixiado.

## René Silva

Iba en el mismo camión, ayudaba a respirar a Cervantes alzándolo hasta una ranura de la pared. Su cadáver cayó sobre el de Cervantes.

## Osmani Cienfuegos

Miembro del Comité Central del Partido. Fue quien encerr[...] a los prisioneros en el camión Falleció en Cuba en 2025, a lo[...] 94 años.

## Alfredo Carrión

Estudiante de Derecho. Fue mi compañero de celda y como un hermano para mí. Lo liquidaron disparándole por la espalda, cuando herido en una pierna pidió que no lo mataran.

## Julio Tan Texier

Lo mataron a bayonetazos en los campos de trabajos forzados.

## Jesús Carreras

Comandante revolucionario. Tenía problemas con el «Ché» Guevara, que ordenó lo fusilaran junto al también comandante William Morgan.

**Fernando Pruna y su esposa**

Se alzaron en 1959 contra Castro en las montañas. Pruna fue el testigo más cercano a Eloy Gutiérrez Menoyo cuando le dieron la paliza en la cantera.

**Carlos Alberto Montaner**

Brillante ensayista y escritor. Juntos intentamos escapar de la policía política. Falleció en 2023 a los 80 años de edad en España.

**Benito López Alonso**

Padre de mi esposa, a la que conocí cuando ella iba a visitarlo a la prisión.

**Manuel Márquez Trillo**

Juntos estuvimos años en las tapiadas de Boniato. Falleció en Miami en 2003 a los 75 años de edad.

**Jorge Portuondo**

Fuimos compañeros de cuadrilla de trabajos forzados. En los Planes de Experimentación Biológica de la Cárcel de Boniato, fue de los más graves. Murió en Miami en 2021.

**Thomas White**

Norteamericano condenado a 24 años por volar sobre Cuba lanzando octavillas religiosas. Él me hizo una foto clandestina. Falleció en Abril de 2012 en Oklahoma.

**Benjamín Brito**

Fue el valiente guía en nuestra fuga espectacular. Logró exiliarse en Venezuela.

**"Chaguito" González**

Fue el que dio la señal para que saltáramos cuando nos fugamos. Se exilió en Miami.

**Celestino Méndez**

Junto a Buria planeamos mi segunda fuga. Fuimos compañeros de trabajos forzados. Vive en Miami.

**Dr. Emilio Adolfo Rivero**

Fue torturado durante meses para arrancarle una confesion. Sufrió años de confinamiento. Falleció en Miami, el 26 de mayo de 2011 a la edad de 75 años.

**Eduardo Capote**

Revolucionario que luchó contra Batista. Tiene las manos mutiladas a machetazos en la prisión de la Cabaña.

**Vicente Socarrás**

Estábamos castigados aparte de los demás en los campos de trabajo. Fue allí donde arranqué la cabeza a un pequeño reptil para impresionar al escolta.

**Mario Morfi**

Estuvo a punto de morir hundido en la charca de excrementos.

**Carlos Betancourt**

Periodista combativo. Compartimos el trabajo forzado. Fue uno de los del grupo que captamos a un Instructor Político. Se exilió en Miami.

**Dr. Alberto Vivas**

Fue el que se burló del Jefe de los Comisarios Políticos. Se exilió en Venezuela.

**Orlando Peña**

Uno de los supervivientes de las «gavetas» y de los más torturados. Vive en Miami.

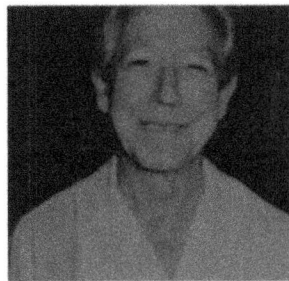

**Rogelio Villardefrancos**

Telegrafista. Los dos juntos colgados de una ventana manteníamos las comunicaciones. Se exilió en Miami.

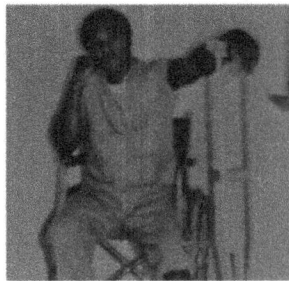

**Sergio Bravo**

Cuando me fugué, en la requisa posterior le dieron un balazo en pierna, pero no era necesario amputarla.

## Pierre Golendorf

Antiguo militante del Partido Comunista Francés. Nos conocimos en prisión. Fue quien tradujo mi libro al francés que me dio a conocer en Europa. Murió en 2022 con 102 años.

## Roberto Martín Pérez Rodríguez

Uno de los presos más antiguos del mundo. Recibió un balazo en los testículos en la matanza de Boniato.

## Román Abraham Aceituno

Fue uno de los heridos graves en la paliza de Guanajay.

## Roberto Perdomo

Oficial revolucionario. Fuimos detenidos el mismo día. Dijo al Director de Boniato que nunca usaríamos el uniforme de los criminales comunes y así fue.

## Mario Chanes

Uno de los Comandantes que con Castro asaltó el cuartel Moncada y más tarde desembarcó del Granma. Fue condenado a 30 años de prisión. Murió en La Habana en 2016.

## Eloy Gutiérrez Menoyo

Español. Jefe del Segundo Frente Nacional del Escambray que peleó contra Batista. Cumplió 22 años de prisión. En 2012 falleció en La Habana a los 77 años.

## Enrique Díaz Correa

Cuando trató de sostener el cadáver del Hermano de la Fe, recibió 9 impactos de bala.

## Alfredo Izaguirre

Fue el único prisionero que no realizó nunca trabajos forzados. La paliza, bayonetazos y culatazos lo tuvieron al borde la muerte. Se exilió en Miami.

## Oscar Rodríguez "Napoleoncito"

Uno de los héroes de las «gavetas» de «San Ramón» y «Tres Marios». Fue herido de bala en un muslo.

## Alcides Martínez

Otro de los héroes de las «gavetas». Fue torturado casi hasta la locura. Se exilió en Miami.

## Chichi del Valle

Simularon su fusilamiento con balas de salva. Fue torturado durante meses e interrogado por el propio Raúl Castro. Logró exiliarse.

## José Carreño

Superviviente de las tapiadas de Boniato y de los Planes de Experimentación Biológica, donde fue uno de los más graves afectados.

## Dr. Enrique Cepero

Colgado de una reja, sacó una muela a través de los hierros al ex-comandante Rojas. Usó unas tenazas. También se exilió a los Estados Unidos.

## Pepin Varona

Fue el que abucheó al comandante Suñol, enviado por Castro para amenazarnos. Vive en Miami.

## Dr. Humberto Medrano

Fue el primero que presentó en la ONU documentación y pruebas irrefutables de torturas en Cuba. Las pruebas desaparecieron de los archivos oficiales.

## Alicia Gambeta

La persona que conocí en el Hospital Ortopédico. Por su amistad conmigo le suspendieron el tratamiento médico y fue expulsada de Cuba. Fue amenazada por el miembro del Comité Central del Partido, Dr. Álvarez Cambra.

## Ramón Ramudo

Español-sueco. Miembro del Partido Socialista de Suecia. Nos conocimos en las celdas de castigo de la prisión de La Habana. Conoció a Robertico, niño de 12 años preso allí.

## Julio Rodríguez Lamelas

Fue condenado a seis años. Por no aceptar la rehabilitación política lo mantuvieron en la cárcel 13 años.

**Cmdte. Julio García Olivera**

**Teniente Julio
Tarrau**

Era el encargado de hacernos volar con TNT colocado bajo los edificios de la prisión de Isla de Pinos. Murió en Cuba a la edad de 85 años.

Fue Director de la Prisión de Isla de Pinos, responsable de muchas muertes, mutilaciones y torturas.

Armando Valladares llegó a París el 22 de octubre de 1982, en diciembre del mismo año, Martha y él, contrajeron matrimonio en la iglesia católica de Saint Kieran en Miami, Florida. Vivieron unos meses en París y luego se mudaron a España.

Valladares creó allí la coalición de Comités Pro-Derechos Humanos en Cuba y junto a Vladimir Buckovski fundó en París "Resistencia Internacional", organización que agrupó por vez primera a todos los que luchaban contra las dictaduras, fueran de izquierda o derecha.

Sus memorias del presidio político bajo el régimen de Castro, fueron leídas por el entonces presidente Ronald Reagan. Su hija Maureen le había proporcionado el libro y la sugerencia de nombrar a Valladares Representante de los EE.UU. en la comisión de los Derechos Humanos de la ONU.

Su éxito frente a la delegación norteamericana ante Naciones Unidas, mereció la más alta distinción que otorga el departamento de Estado a una delegación, el "Superior Honor Award" concedido en Agosto de 1988.

Como un reconocimiento individual, en enero de 1989, el presidente Ronald Reagan le concedió la "Presidential Citizens Medal", una de las más altas condecoraciones que puede recibir un ciudadano civil en los Estados Unidos.

Actualmente Martha y Armando Valladares viven junto a su familia en el sur de la Florida, al frente de la **Fundación Valladares** y de **Valladares Project** en favor de niños de todo el mundo, combatiendo el trabajo y abuso infantil.

Por igual continúa su lucha por la libertad de Cuba y en defensa de los derechos humanos.

www.ingramcontent.com/pod-product-compliance
Lightning Source LLC
Chambersburg PA
CBHW031943090426
42739CB00006B/70

* 9 7 8 0 9 9 0 8 5 1 5 3 0 *